해커스 중국어

해설이 상세한

HSK 7-9급

실전모의고사

최신 출제 경향으로 고득점 완벽 준비!

문제집

추가 자료 해커스중국어 china.Hackers.com

중국어 인강(할인쿠폰 수록) · HSK 기출 사자성어 · 회차별 고득점 대비 어휘집(부록)

해커스

해커스 중국어

해설이 상세한

HSK 7-9급

실전모의고사

문제집

해커스

차례

문제집

[책속의 책]

모의고사용 MP3
듣기 문제별 분할 MP3
통역 모범답변 MP3
말하기 문제별 분할/모범답변 MP3

 주제별로 완벽 대비하는
통번역 추가문제 모음집
PDF&MP3

 모음집 바로가기

 통역·말하기 모범답변
쉐도잉 연습 프로그램

 프로그램 바로가기

* 교재의 모든 MP3, PDF 및 프로그램은 해커스중국어 사이트(china.Hackers.com)에서 무료로 다운로드 및 이용하실 수 있습니다.

해설집

[해석·해설·모범답안]

해커스가 알려 드리는
HSK 7-9급 정복을 위한 막판 5일 학습법

최신 출제 경향의 모의고사로 HSK 7-9급 시험을 대비한다!

HSK 7-9급의 **최신 출제 경향을 철저하게 분석**하여, 실전에 가까운 난이도의 모의고사를 총 3회분 수록하였습니다. 이를 통해 **시험 유형을 정확하게 파악하고 실전 감각을 길러서** HSK 7-9급 시험에 대비할 수 있습니다.

시험장에서 적용 가능한 상세한 해설로 공부한다!

시험장에서 적용할 수 없는 단편적인 설명 방식의 해설은 정답을 선택하는 데 큰 도움이 되지 않습니다. 그러므로 **실제 시험장에서 그대로 적용할 수 있는 문제풀이 전략과 정답이 한눈에 보이는 상세한 해설**을 제공하는 <해커스 해설이 상세한 HSK 7-9급 실전모의고사>로 학습하면, 실제 시험장에서 제대로 실력을 발휘할 수 있습니다.

모범답안 학습을 통해서 답안 구성 실력을 향상시킨다!

쓰기 영역과 말하기 영역의 모든 문제에 대해 **답안을 구성하는 아웃라인과 모범답안을 수록**했으며, 시험장에서 바로 활용 가능한 표현 및 문장으로 모범답안을 구성하였습니다. 제공된 모범답안을 바탕으로 자신의 답안을 보완하고 개선할 수 있으며, 잘 쓰여진 모범답안을 많이 접하면 답안을 효과적으로 구성하는 방법도 익힐 수 있습니다.

총 4종의 MP3로 듣기와 말하기 실력을 키운다!

모의고사용, 듣기 문제별 분할, 통역 모범답변, 말하기 문제별 분할/모범답변 MP3 총 4종의 MP3를 제공합니다. 이를 통해 실제 음원 속도가 너무 빨라 지문의 내용을 이해하기 힘든 듣기 영역과 많은 수험생이 입을 떼기 어려워하는 통역과 말하기 영역을 집중적으로 공략할 수 있으며, 중국어 듣기 실력과 말하기 실력을 제대로 키울 수 있습니다.

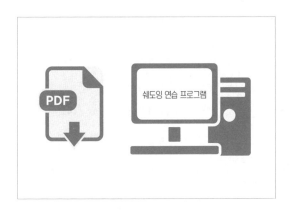

모르는 어휘는 바로 찾고, 고득점 대비 어휘는 집중 암기한다!

문제 바로 아래에 어휘 및 표현을 상세하게 정리해 두었으므로, 문제를 풀다가 모르는 어휘가 나와도 바로 찾아 해석할 수 있습니다. 또한 회차별로 어려운 사자성어, 신조어, 전문용어 등 어휘를 따로 모아둔 부록 「회차별 고득점 대비 어휘집」을 집중적으로 암기한다면, 새로운 어휘에 대한 두려움이 사라지고 시험에 대한 자신감이 생길 것입니다.

통번역 영역과 말하기 영역을 집중적으로 학습한다!

HSK 7-9급 시험에 다른 HSK 급수에는 없는 통번역 영역과 말하기 영역이 추가되었으므로 보다 철저한 대비가 필요합니다. 따라서 「주제별로 완벽 대비하는 통번역 추가문제 모음집 PDF&MP3」과 「통역·말하기 모범답변 쉐도잉 연습 프로그램」으로 통번역 영역과 말하기 영역을 집중적으로 학습하면, HSK 7-9급 시험의 새로운 영역을 더욱 완벽하게 대비할 수 있습니다.

HSK 7-9급 및 IBT 시험 정보

시험 대상

HSK 7-9급은 중국어를 제2외국어로 사용하는 학습자를 대상으로 하며, 높은 수준의 중국어를 구사하는 중국 내 석박사 단계의 학생, 각국의 중국어 전공생 및 중국어를 사용하여 학술연구를 진행하거나, 경제·문화·과학 기술 교류 업무를 하는 학습자를 대상으로 합니다.

급수 구성

- HSK는 1급에서 9급까지 총 9개 급수로 구성되어 있으며, 1급에서 급수가 올라갈 수록 난이도가 올라갑니다.
- HSK 1급 ~ 6급은 급수별로 응시할 수 있으며, 7-9급은 하나의 시험으로 시험 성적에 따라 급수가 나누어집니다.

시험 구성 및 시험 시간

- HSK 7-9급은 듣기·독해·쓰기·통번역·말하기의 다섯 영역으로 나뉘며, 총 98문항이 출제됩니다.
- 듣기·독해·쓰기·통번역 제1부분(번역)까지는 필기 시험(笔试)으로, 통번역 제2부분(통역)과 말하기 영역은 구술 시험(口试)으로 진행됩니다.

시험 내용		문항 수			시험 시간
		객관식	주관식	합계	
듣기	제1부분	10	–	40	약 30분
	제2부분	9	3		
	제3부분	15	3		
독해	제1부분	28	–	47	60분
	제2부분	5	–		
	제3부분	–	14		
쓰기	제1부분	–	1	2	55분
	제2부분	–	1		
통번역	제1부분	–	2	4	41분
	제2부분	–	2		
말하기	제1부분	–	1	5	약 24분
	제2부분	–	3		
	제3부분	–	1		
합계		67문항	31문항	98문항	약 210분

* 통번역 제1부분 시험이 종료된 후 구술 시험 시작까지 약 30분간의 쉬는 시간이 주어집니다.

시험 접수

- HSK 7-9급은 현재 IBT 또는 홈테스트의 시험 방식을 채택하고 있습니다.
- HSK 한국사무국 홈페이지(https://new.hsk.or.kr/) 또는 HSK 시험센터(https://www.hsk-korea.co.kr)에서 접수합니다.
- 국내 포털 사이트에서 'HSK 접수'로 검색하면 다른 시험센터에서 고사장을 선택하여 접수할 수 있습니다.
- 통번역 영역의 지문은 외국어로 제시되며, 시험 접수 시 한국어/영어/일본어/베트남어/태국어 중 하나의 언어를 선택해야 합니다.

시험 당일 준비물

수험표

유효한 신분증

시험 결과

- HSK 7-9급 성적표에는 듣기·독해·쓰기·통번역·말하기의 영역별 점수와 총점이 기재되며, 영역별 만점은 100점으로 총점은 500점입니다.
- HSK 7-9급은 응시자의 성적에 따라 HSK 7급 불합격, 혹은 HSK 7급, 8급, 9급으로 급수가 나누어집니다.

■ IBT 응시화면

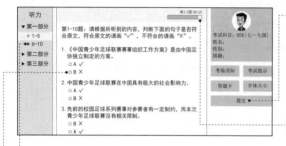

1 시험 진행 중 '답안지 제출' 버튼은 클릭하지 않습니다.

- IBT 시험은 시험 시간이 종료되면 답안지가 자동으로 제출됩니다. '답안지 제출' 버튼을 누르는 즉시 답안지가 제출되어 문제를 더이상 풀 수 없으므로, 시험 종료 전에 '답안지 제출' 버튼을 미리 클릭하지 않습니다.

2 영역별 풀이 시간이 화면에 표시됩니다.

- 화면 우측 상단에 영역별로 남은 시간이 표시되므로 문제를 푸는 중간에 남은 시간을 쉽게 확인할 수 있습니다.

3 문제 번호를 클릭하면 해당 문제를 바로 볼 수 있습니다.

4 IBT 시험은 화면이 새로고침 될 때 선택지의 순서가 바뀝니다.

- 예를 들어 15번 문제를 풀다가 다시 1번 문제를 클릭했을 때 선택지의 순서가 바뀌어 있습니다. 하지만 선택지의 순서가 바뀌더라도 내가 선택한 답은 그대로 유지되므로, 당황하지 않고 문제를 풀면 됩니다.

■ IBT 유의 사항

1 IBT 시험은 필기구와 메모지를 사용할 수 없습니다.

- 시험 중 필기구와 메모지를 소지하여 발견될 경우 부정행위로 처리됩니다.

2 영역별 풀이 시간이 종료된 후에는 이전 영역으로 돌아갈 수 없습니다.

- HSK 시험은 영역별로 풀이 시간이 주어집니다. 따라서 한 영역을 끝낸 후 프로그램상의 풀이 시간이 남았다고 해도 이전 영역으로 돌아가거나, 이후 영역을 미리 볼 수 없습니다.

IBT FAQ

Q1 쓰기와 번역의 답안지 작성 화면은 원고지 형식인가요?

A 아닙니다. IBT 쓰기와 번역의 답안지 화면은 원고지가 아닌 메모장과 같은 빈 화면입니다.

Q2 쓰기와 번역의 답안을 입력할 때, 문단의 첫 문장은 두 칸 띄어 써야 하나요?

A 아닙니다. 쓰기와 번역의 답안을 입력할 때, 문단의 첫 문장은 띄어쓰기 없이 바로 작성하면 됩니다.

Q3 중국어는 어떻게 입력하고, 언어는 어떻게 변환하나요?

A 중국어 입력 프로그램인 Sogou 입력기를 사용합니다.
Alt+Shift를 동시에 누르면 한/중 언어 변환이 가능하고, Shift만 누르면 중/영 언어 변환이 가능합니다.
* Sogou 입력기 다운로드 및 설치 방법: <shurufa.sogou.com> 사이트 접속 → 컴퓨터 운영체제 선택 → 설치

Q4 중국어를 입력할 때, 병음을 모르는 한자는 어떻게 입력하나요?

A HSK IBT 시험에서 사용하는 Sogou 입력기에서 필기 인식 기능을 활성화하면, 마우스로 원하는 중국어 글자를 직접 입력할 수 있습니다.
* 중국어 필기 인식 기능 사용 방법: Sogou 중국어 입력기 우측의 사각형 모양 아이콘 클릭 → 手写输入(필기 인식) 클릭 후 사용

Q5 통역이나 말하기 영역에서 메모란에 작성한 내용이 점수에 반영되나요?

A 통역과 말하기 영역에서 메모란에 작성한 내용은 점수에 반영되지 않습니다.
단, 쓰기와 번역에서 제시되는 빈칸은 메모란이 아닌 답안 작성칸이므로, 작성한 답안은 점수에 반영됩니다.

HSK 7-9급 영역별 출제 형태

■ 듣기

제1부분 뉴스 듣고 일치·불일치 판단하기
- 총 2개의 뉴스가 출제되며, 각 뉴스를 듣고 이와 관련된 5개의 문제에 대한 일치 여부를 판단하는 형태입니다.
- 총 문항 수: 10문항 [1번~10번]

제2부분 대화 듣고 답을 고르거나 작성하기
- 총 2개의 대화가 출제되며, 각 대화를 듣고 이와 관련된 6개의 문제에 대한 답을 고르거나 작성하는 형태입니다. 대화 1개당 답을 고르는 문제는 4~5개, 빈칸을 작성하는 문제는 1~2개가 출제됩니다.
- 총 문항 수: 12문항 [11번~22번]

제3부분 장문 듣고 답을 고르거나 작성하기
- 총 3개의 장문이 출제되며, 각 장문을 듣고 이와 관련된 5~7개의 문제에 대한 답을 고르거나 빈칸을 작성하는 형태입니다. 장문 1개당 답을 고르는 문제는 5~7개, 빈칸을 작성하는 문제는 0~2개가 출제됩니다.
- 총 문항 수: 18문항 [23번~40번]

■ 독해

제1부분 장문 독해
- 총 4개의 장문이 출제되며, 각 장문을 읽고 이와 관련된 7개의 문제에 대한 정답을 고르는 형태입니다.
- 총 문항 수: 28문항 [41번~68번]

제2부분 순서 배열하기
- 문맥에 맞게 단락의 순서를 배열하여 하나의 지문을 완성하는 형태입니다. 제시된 단락 중에는 이미 순서가 배열된 단락이 있으며, 문맥상 다른 단락들과 논리적으로 연결되지 않아 정답이 될 수 없는 단락이 1개 있습니다.
- 총 문항 수: 5문항 [69번~73번]

제3부분 지문 읽고 질문에 맞는 답변 쓰기
- 총 2개의 지문이 출제되며, 각 지문을 읽고 이와 관련된 7개의 문제에 대한 정답을 작성하는 형태입니다. 정답은 10글자 이하로 작성해야 합니다.
- 총 문항 수: 14문항 [74번~87번]

■ 쓰기

제1부분 그래프 보고 글 쓰기
- 총 1개의 문제가 출제되며, 그래프를 보고 이를 묘사하고 분석하여 200자 내외의 글을 쓰는 형태입니다. 15분의 시간이 주어집니다.
- 총 문항 수: 1문항 [88번]

제2부분 논증하는 글 쓰기

- 총 1개의 문제가 출제되며, 문제에서 제시된 주제에 대해 근거를 들어 나의 의견을 주장하는 600자 내외의 글을 쓰는 형태입니다. 40분의 시간이 주어집니다.
- 총 문항 수: 1문항 [89번]

통번역

제1부분 한국어 자료 읽고 번역하기

- 총 2개의 문제가 출제되며, 한국어 자료를 읽고 이를 중국어로 번역하는 형태입니다. 35분의 시간이 주어지며, 주어진 시간 내에 2개의 자료를 모두 중국어로 번역해야 합니다.
- 총 문항 수: 2문항 [90번~91번]

제2부분 한국어 자료 읽고 통역하기 `구술 시험`

- 총 2개의 문제가 출제되며, 한국어 자료를 읽고 이를 중국어로 통역하는 형태입니다. 한 문제당 준비시간 1분, 답변시간 2분이 주어집니다.
- 총 문항 수: 2문항 [92번~93번]
- 통번역 제2부분부터는 구술 시험으로, 시험 시작 전 아래와 같은 이름, 국적, 수험 번호를 묻는 질문이 나옵니다. 응시자는 각 질문에 10초 동안 답해야 하며, 수험 번호는 수험증 번호(准考证号)가 아닌 응시자 번호(考生序号) 5자리만 말하면 됩니다.

---

1. 你好！你叫什么名字？（10秒）안녕하세요! 당신의 이름은 무엇입니까?

2. 你是哪国人？（10秒）당신은 어느 나라 사람입니까?

3. 你的序号是多少？（10秒）당신의 번호는 몇 번입니까?

말하기

제1부분 자료 읽고 문제에 답변하기 `구술 시험`

- 총 1개의 문제가 출제되며, 자료를 읽고 문제에 맞게 답변하는 형태입니다. 준비시간 3분, 답변시간이 3분 주어집니다.
- 총 문항 수: 1문항 [94번]

제2, 3부분 단문 듣고 질문에 답변하기 `구술 시험`

- 단문을 듣고 질문에 답변하는 형태로, 제2부분은 1개 단문에 95번~97번 총 3문제가 출제되며, 단문을 읽어주는 음성이 끝나면 준비시간 없이 질문에 바로 답변해야 합니다. 제3부분은 1개 단문에 98번 1문제가 출제되며, 단문을 읽어주는 음성이 끝나면 준비시간과 답변시간이 각각 3분씩 주어집니다.
- 총 문항 수: 4문항 [제2부분: 95번~97번 / 제3부분: 98번]

HSK 7-9급 목표 달성을 위한 맞춤 학습 플랜

5일 학습 플랜

• 높은 수준의 중국어 실력을 갖추고 있어서, 7-9급 응시 전 문제만 풀어보고 싶은 학습자

일차	날짜	학습 내용
1일차	/	★ 실전모의고사 제1회 ☆ 부록 「실전모의고사 제1회 고득점 대비 어휘」 암기
2일차	/	★ 실전모의고사 제2회 ☆ 부록 「실전모의고사 제2회 고득점 대비 어휘」 암기
3일차	/	★ 실전모의고사 제3회 ☆ 부록 「실전모의고사 제3회 고득점 대비 어휘」 암기
4일차	/	★ 실전모의고사 제1회~제3회 듣기 영역은 틀린 문제 한 번 더 풀고, 통역 및 말하기 영역은 모범답변 한번 더 복습 ☆ 부록 「실전모의고사 제1회~제2회 고득점 대비 어휘」에서 잘 안 외워지는 어휘 한번 더 암기
5일차	/	★ 실전모의고사 제1회~제3회 독해 영역은 틀린 문제 한 번 더 풀고, 쓰기 영역 및 번역은 모범답안 한번 더 복습 ☆ 부록 「실전모의고사 제3회 고득점 대비 어휘」에서 잘 안 외워지는 어휘 한번 더 암기
시험일	/	**시험장에 가져가면 좋을 학습 자료** **듣기 문제별 분할 MP3를 담은 휴대폰** *- 시험장 가는 길에 계속 들어요~*

실전모의고사 학습법

1. 문제를 풀기 전, 해설집 p.167의 부록 「회차별 고득점 대비 어휘집」을 먼저 익히면 문제를 더 쉽게 풀 수 있습니다.

2. 모의고사 문제를 풀 때는 시계를 준비하여, 실제 시험장에서 문제를 푸는 것 처럼 시간을 엄수합니다.

3. 듣기와 독해 영역은 채점 후 점수가 낮은 부분 위주로 집중 복습합니다.
   (1) 듣기 점수가 낮을 경우, 듣기 문제별 분할 MP3를 활용하여 직청직해가 될 때까지 반복해서 듣습니다.
   (2) 독해 점수가 낮을 경우, 틀린 문제 위주로 다시 풀어보되 잘 모르는 어휘는 바로 찾아 암기합니다.

4. 쓰기·통번역·말하기 영역은 문제를 풀어본 후, 모범답안 위주로 집중 복습합니다.
   (1) 쓰기 영역은 문제를 풀어본 후, 답안 아웃라인을 토대로 답안을 다시 한 번 써봅니다. 이후 모범답안과 나의 답안을 비교해보며, 모범답안을 집중적으로 학습하여 다양한 표현과 어휘를 익힙니다.
   (2) 통번역 영역은 문제를 풀어본 후, 모범답안과 나의 답안을 비교해보며 통번역 TIP을 집중 학습합니다. 이때 통역은 모범답변 MP3를 듣고 여러 번 반복해서 따라 말하는 연습을 하면, 말하기와 발음 실력을 동시에 향상할 수 있습니다.
   (3) 말하기 영역은 문제를 풀어본 후, 답변 아웃라인을 토대로 답변을 다시 말해봅니다. 이후 모범답변과 나의 답변을 비교해보며, 모범답변을 집중적으로 학습하여 다양한 문장과 표현을 익힙니다. 이때 말하기 문제별 분할 MP3로 단문에서 잘 안 들렸던 부분 위주로 다시 한번 듣고, 모범답변 MP3로 여러 번 반복해서 따라 말하는 연습을 하면 말하기와 발음 실력을 동시에 향상할 수 있습니다.

7일 학습 플랜

• 중국어 실력을 어느 정도 갖추고 있어서, 실전모의고사만으로 원하는 급수를 취득하고 싶은 학습자

일차	날짜	학습 내용
1일차	/	★ 실전모의고사 제1회 ☆ 부록 「실전모의고사 제1회 고득점 대비 어휘」 암기
2일차	/	★ 실전모의고사 제1회 복습 ☆ 부록 「실전모의고사 제1회 고득점 대비 어휘」에서 잘 안 외워지는 어휘 한번 더 암기
3일차	/	★ 실전모의고사 제2회 ☆ 부록 「실전모의고사 제2회 고득점 대비 어휘」 암기
4일차	/	★ 실전모의고사 제2회 복습 ☆ 부록 「실전모의고사 제2회 고득점 대비 어휘」에서 잘 안 외워지는 어휘 한번 더 암기
5일차	/	★ 실전모의고사 제3회 ☆ 부록 「실전모의고사 제3회 고득점 대비 어휘」 암기
6일차	/	★ 실전모의고사 제3회 복습 ☆ 부록 「실전모의고사 제3회 고득점 대비 어휘」에서 잘 안 외워지는 어휘 한번 더 암기
7일차	/	★ 실전모의고사 제1회~제3회 마무리 복습 ☆ 부록 「회차별 고득점 대비 어휘집」에서 잘 안 외워지는 어휘 한번 더 암기
시험일	/	**시험장에 가져가면 좋을 학습 자료** **듣기 문제별 분할 MP3를 담은 휴대폰** - 시험장 가는 길에 계속 들어요~

실전에 바로 적용하는

문제풀이 전략

 문제를 본격적으로 풀어 보기 전에, 실제 시험
장에서 바로 적용 가능한 문제풀이 전략을 학습
해 두면, 효과적으로 실전 대비를 할 수 있습니다.

听力 듣기

◉ 출제 유형

듣기 제1부분은 주로 스포츠나 과학 기술, 시사 관련 뉴스가 출제된다. 뉴스 길이가 길고 음원 속도가 빠르므로 뉴스를 들으면서 동시에 각 문제의 일치 여부를 판단하는 것이 중요하다.

◉ 문제풀이 전략 및 전략 적용

STEP 1 문제를 읽으며 뉴스 주제 예측하기

음성을 듣기 전, 문제를 재빨리 읽으며 어떤 내용의 뉴스가 나올지 예측한다. 어떤 내용의 뉴스가 나올지 대비하면, 뉴스를 들을 때 전반적인 내용을 빠르게 파악할 수 있다.

<문제>

> **1.** 法律援助是为经济困难的人或特殊案件当事人提供有偿法律服务的法律保障制度。（　　　）

▶ 문제에서 언급된 **法律援助**(법률 지원)와 **法律保障制度**(법률 보장 제도)를 통해 법률 지원 보장 제도에 관한 뉴스가 나올 것임을 예측할 수 있다.

STEP 2 뉴스를 들으면서 일치·불일치 판단하기

뉴스의 흐름에 맞춰 순서대로 문제의 일치 여부를 판단한다. 5번 문제까지 일치 여부 판단이 끝난 후, 남은 시간에는 다음 지문의 문제를 재빨리 읽어두어 다음 문제를 준비한다.

<음성>

> 　　法律援助是指由政府设立的法律援助机构或者非政府设立的合法律师事务所，为经济困难的人或特殊案件当事人无偿提供法律服务的一项法律保障制度。法律援助是社会公平正义的重要保障，因此政府十分重视法律援助工作。2003年7月，国务院公布了《法律援助条例》，这对开展法律援助工作起到了一定的指导作用。不过《法律援助条例》存在着援助机构设置不统一、不规范，经费管理使用体系不健全等一系列问题。……

▶ 음성에서 **法律援助是指**……**为经济困难的人或特殊案件当事人无偿提供法律服务的一项法律保障制度**(법률 지원이란……경제적으로 어려운 사람이나 특수 사건 당사자에게 무상으로 법률 서비스를 제공하는 법률 보장 제도를 가리킨다)라고 했는데, 문제에서는 법률 지원은 경제적으로 어려운 사람이나 특수 사건 당사자에게 유상으로 법률 서비스를 제공하는 법률 보장 제도라고 했으므로, 불일치로 판단한다.

정답 1. x

제2부분 | 대화 듣고 답을 고르거나 작성하기 [11번~22번, 총 12문제]

🎯 출제 유형

듣기 제2부분은 주로 인터뷰나 토론, 비즈니스 협상 관련 대화가 출제된다. 음성에서 언급된 내용과 알맞은 선택지를 고르는 객관식 문제와 음성에서 언급된 표현을 그대로 받아쓰거나 질문에 대한 답을 쓰는 주관식 문제가 출제된다.

🎯 문제풀이 전략 및 전략 적용

STEP 1 선택지 또는 빈칸 작성 문제를 읽으며 대화 주제 예측하기

음성을 듣기 전, 선택지 또는 빈칸 작성 문제를 재빨리 읽어 어떤 내용의 대화가 나올지 예측한다. 이때 선택지에서 반복적으로 사용된 어휘나 특정 분야와 관련된 어휘를 확인하면, 대화 주제를 쉽게 예측할 수 있다.

<선택지>

> **11.** A 提纯后的黄金
> B 完好无损的机器
> C 出故障的机器人
> D 组成机器的零件

▶ 선택지의 **机器**(기계), **零件**(부품)을 통해 기계 부품과 관련된 대화가 나올 것임을 예측할 수 있다.

STEP 2 대화를 들으며 정답의 후보를 고르거나 빈칸 내용 작성해 두기

대화를 들으며 정답의 후보를 고르거나 빈칸 내용을 작성해 둔다. 정답의 후보가 2개 이상일 수 있으므로 대화에서 언급된 선택지들을 잘 기억해 두고, 빈칸을 작성하는 문제는 대화에서 문제의 내용이 언급될 때 바로 빈칸에 들어갈 내용을 작성해 둔다.

<음성>

> 女: 今天我们辩论的主题是"成大事者应不应拘小节"。我方观点是，"成大事者应不拘小节"。"不拘小节"一词出自《后汉书·虞延传》，形容待人处事不拘泥于小事，不为小事所约束，多指不注意生活小事。古今中外，很多成大事者都是不拘小节的。
> 男: 我方观点是，"成大事者应拘小节"。如果把"大事"比作一台机器，那么"小节"就是组成这台机器的无数个零件。机器再先进再结实，也会因零件的缺失或故障而无法运作，从而使所有辛苦和努力全都白费。……

▶ 남자가 언급한 "小节"就是组成这台机器的无数个零件('사소한 일'이 바로 이 기계를 구성하는 무수한 부품들이다)을 듣고 선택지 D 组成机器的零件(기계를 구성하는 부품)을 정답의 후보로 고른다.

STEP 3 질문을 들으며 정답 확정하기

질문을 듣고 선택해 둔 정답의 후보나 작성해 둔 답을 확인하여 정답으로 확정한다.

<질문>

> **11.** 问：男的将"小节"比喻为什么事物？

▶ 질문이 남자는 '사소한 일'을 어떤 사물에 비유했는지 물었으므로 선택지 D가 정답이다.

정답 11. D

제3부분 | 장문 듣고 답을 고르거나 작성하기 [23번~40번, 총 18문제]

출제 유형

듣기 제3부분은 주로 과학이나 경제, 역사와 관련된 객관적인 정보를 설명하는 다큐멘터리 또는 사람들 앞에서 화자의 의견을 전달하는 연설, 강연 등의 장문이 출제된다. 음성에서 언급된 내용과 알맞은 선택지를 고르는 객관식 문제와 음성에서 언급된 부분을 그대로 받아쓰는 주관식 문제가 출제된다.

문제풀이 전략 및 전략 적용

STEP 1 선택지 또는 빈칸 작성 문제를 읽으며 장문 주제 예측하기

음성을 듣기 전, 선택지 또는 빈칸 작성 문제를 재빨리 읽어 어떤 내용의 장문이 나올지 예측한다. 이때 선택지에서 반복적으로 사용된 어휘나 특정 분야와 관련된 어휘를 확인하면, 장문의 주제를 쉽게 예측할 수 있다.

<선택지>

> **23.** A 夏季靠冰雪项目吸引更多游客
> B 人们对冬季冰雪旅游项目持悲观态度
> C 专业运动员无法带动冰雪旅游行业的发展
> D 人们在不同季节对冰雪旅游的关注度不同

▶ 선택지의 冰雪旅游项目(빙설 여행 상품), 冰雪旅游行业(빙설 여행 업계)를 통해 빙설 여행과 관련된 장문이 나올 것임을 예측할 수 있다.

STEP 2 장문을 들으며 정답의 후보를 고르거나 빈칸 내용 작성해 두기

장문의 흐름에 맞춰 순서대로 각 문제의 정답의 후보를 고른다. 언급되지 않은 것을 고르는 문제와 같이 정답의 후보가 2개 이상일 수 있으므로 대화에서 언급된 선택지들을 잘 기억해 두고, 빈칸을 작성하는 문제는 문제의 내용이 언급될 때 바로 빈칸에 들어갈 내용을 작성해 둔다.

<음성>

> 冰雪经济对经济社会的高质量发展具有重要的推动作用。举冰雪旅游行业为例，作为一项具有明显季节性特点的旅游项目，冰雪旅游淡季往往是夏季。"冬季一票难求、夏季一客难求"这一说法尽管有些夸张，但如何尽最大努力做好淡旺季均衡发展，是长期困扰冰雪旅游行业的难题。对于经济相对不发达的地区，与冰雪经济有关的经济业态可以促进地区经济社会的发展。随着装备技术的进步、冰雪消费意识的觉醒、户外运动需求的增长，冰雪旅游将不再是冬季的"专利"和北方的"专利"，南北并进的格局正在逐步形成。……

▶ 음성에서 언급한 举冰雪旅游行业为例, 作为一项具有明显季节性特点的旅游项目, 冰雪旅游淡季往往是夏季。"冬季一票难求、夏季一客难求"这一说法尽管有些夸张(빙설 관광 산업을 예로 들면, 계절적 특성이 분명한 관광 상품으로서 빙설 관광의 비수기는 종종 여름입니다. '겨울에는 한 표 구하기가 어렵고, 여름에는 손님 한 명 구하기가 힘들다'는 말은 비록 과장이지만)을 듣고 선택지 D 人们在不同季节对冰雪旅游的关注度不同(사람들은 다른 계절에 빙설 여행에 대한 관심도가 다르다)을 정답의 후보로 고른다.

STEP 3 질문을 들으며 정답 확정하기

질문을 듣고 선택해 둔 정답의 후보나 작성해 둔 답을 확인하여 정답으로 확정한다.

<질문>

23. 问："冬季一票难求、夏季一客难求"说明什么问题？

▶ 질문이 '겨울에는 한 표 구하기가 어렵고, 여름에는 손님 한 명 구하기가 힘들다'는 어떤 문제를 나타내는지 물었으므로, 선택지 D가
정답이다.

정답 23. D

출제 유형

독해 제1부분은 주로 지문에서 언급된 세부 내용을 묻는 문제, 특정 단락 또는 지문 전체의 주제를 묻는 문제, 밑줄로 표시된 어휘의 의미를 묻는 문제, 빈칸에 들어갈 어휘를 고르는 문제가 출제된다.

문제풀이 전략 및 전략 적용

<문제>

　　最近广州一家语言文化公司研发了名为"优谷朗读"的语言类平台，该平台分为有声文化和语言教学两大板块。"优谷朗读"的有声文化板块被广泛应用于校园、军队、工会和公共文化空间，平台中融合了线下场景、线上平台、数据成果、活动开展和宣传传播五个方面的内容。[41]"优谷朗读"这一语言类平台以科技为文化赋予了更多的可能性，不仅将有声文化系列产品推广到了少数民族地区和乡村地区，[41]还广泛普及了普通话。

　　与"优谷朗读"相似的数字技术正在深刻地改变着人类的生活和学习方式，语言文字的数字化建设正在引领社会语言文字进入新的形态。语言文字数字化以语言文字的规范化和标准化为基础，提升了语言文字的承载力和传播力。[42]目前，中国已形成了系统较为完善的语言文字规范标准＿＿＿＿，语言文字数字化以语言文字为基础，高质量发展了语言文字事业。……

41. 关于"优谷朗读"的语言类平台，可以知道什么？

　　A 有利于普及普通话

　　B 体现了文字的发展方向

　　C 尚未为少数民族提供服务

　　D 语言教学板块主要被用于公司

42. 根据上下文，第二段空白处最适合填入的词语是：

　　A 体质

　　B 体系

　　C 问卷

　　D 效应

STEP 1 질문 또는 선택지 읽고 핵심어구 확인하기

질문을 읽고, 질문의 핵심어구나 묻는 포인트를 확인해 둔다. 이때 질문에 핵심어구가 없는 경우에는 선택지에서 핵심어구를 확인해 둔다.

▶ 41. 질문이 '유구 낭독'의 언어 플랫폼을 통해 무엇을 알 수 있는지 물었으므로, **"优谷朗读"的语言类平台**('유구 낭독'의 언어 플랫폼)를 핵심어구로 확인해 둔다.

　　42. 질문이 두 번째 단락의 빈칸에 들어갈 어휘로 가장 알맞은 것을 물었으므로, 각 선택지를 핵심어구로 확인하고 의미를 파악해 둔다. 선택지 A는 '체질', B는 '체계', C는 '설문지', D는 '효과'라는 의미이다.

STEP 2 지문 읽고 정답 고르기

지문에서 질문 또는 선택지의 핵심어구가 그대로 언급됐거나 관련된 내용이 언급된 부분 주변에서 정답의 단서를 찾은 다음, 정답의 단서나 지문 전체를 통해 유추할 수 있는 내용의 선택지를 정답으로 선택한다.

▶ 41. 질문의 핵심어구와 관련하여, 지문에서 **"优谷朗读"这一语言类平台……还广泛普及了普通话**('유구 낭독'이라는 이 언어 플랫폼은……표준어도 보급시켰다)라고 했으므로, 선택지 A **有利于普及普通话**(표준어를 보급하는 데 도움이 된다)가 정답이다.

　　42. 지문에서 빈칸 주변이 '현재, 중국은 이미 시스템이 비교적 완전한 언어 문자 규범 표준 ＿＿＿＿를 형성했다'라는 문맥이므로, 빈칸에는 언어 문자 규범 표준이 시스템적으로 잘 형성되어 있다는 것을 나타내는 어휘가 들어가야 한다. 따라서 선택지 B **体系**(체계)가 정답이다.

정답 41. A 42. B

제2부분 　순서 배열하기 [69번~73번, 총 5문제]

🔵 출제 유형

독해 제2부분은 주로 각 단락에서 특정 표현, 앞뒤 순서를 나타내는 표현을 키워드로 하여 순서를 배열하거나, 앞뒤 문맥을 파악하여 논리의 흐름에 맞게 순서를 배열하는 문제가 출제된다. 제시된 단락 중 이미 배열된 단락이 있으며, 다른 단락들과 논리적으로 연결되지 않아 정답이 될 수 없는 단락이 1개 있다.

🔵 문제풀이 전략 및 전략 적용

<문제>

[A]　幼虫是蝴蝶生命周期中的第二个阶段。幼虫从卵中孵化出来后，需要吃掉大量的植物叶子，以获取能量和营养。蝴蝶危害农业主要是在幼虫阶段。幼虫一般要经历5次左右的蜕皮。

[B]　蝴蝶分布于世界各大区域，它因其对生态环境变化的敏感性，成为了重要的生态环境指示物种。这是因为蝴蝶的成虫大多会吸食花蜜，它们在采蜜的过程中，对自然界许多植物起到传播花粉的作用。

[C]　幼虫成熟后会变成蛹，这个过程被称为蛹化。在这个阶段，幼虫会经历巨大的转变。在蛹的内部，幼虫的身体会逐渐分化为成虫的各个部分，包括翅膀、触角、口器等。蝴蝶的蛹可能悬挂在树枝上，隐藏在叶子中，或埋藏在土壤中。

[D]　蝴蝶的生命周期一般经历四个阶段。蝴蝶的生命周期开始于雌蝶在寄主植物上产下的卵。不同种类的蝴蝶卵有不同的颜色和纹理，每个卵通常只有几毫米大小。卵的表面有蜡质壳，防止水分蒸发。经过一段时间后，卵会孵化出幼虫。

......

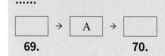

69.　　　　70.

STEP 1　첫 순서에 들어갈 단락 배열하기

특정 대상을 소개 또는 정의하는 내용이 포함된 단락을 첫 순서로 배열한다.

▶ 이미 배열된 A를 제외한 나머지 단락에서 첫 순서에 들어갈 단락을 찾아서 배열한다. D에서 **蝴蝶的生命周期**(나비의 생명 주기)를 언급하며 나비의 생명 주기 중 첫 번째 단계를 소개하는 내용이 포함되어 있으므로, D를 첫 순서로 배열한다.

STEP 2　나머지 단락에서 단서를 찾아 배열하기

나머지 단락에서 특정 표현이나 앞뒤 순서를 나타내는 표현을 키워드로 찾아 순서를 배열하거나, 각 단락의 앞뒤 문맥을 파악하여 논리의 흐름에 맞게 순서를 배열한다.

▶ 이미 배열된 A에서 **幼虫是蝴蝶生命周期中的第二个阶段。**(유충은 나비의 생명 주기 중 두 번째 단계이다.)라고 했다. C에서 **幼虫成熟后会变成蛹**(유충이 성숙해지면 번데기가 된다)이라고 했으므로, 단계의 순서에 따라 번데기에 대해 설명하는 내용이 뒤에 와야 하므로, C를 A 뒤에 배열한다.

[배열할 수 없는 단락]
B는 지문에서 언급된 **蝴蝶**(나비)라는 키워드가 포함되어 있다.그러나 지문 전체적으로 나비의 생명 주기를 단계별로 설명하고 있는데, B는 나비가 생태 환경의 중요한 지표종인 이유에 대해 언급하고 있으므로 배열할 수 없는 단락이다.

정답 69. D　70. C

제3부분 지문 읽고 질문에 맞는 답변 쓰기 [74번~87번, 총 14문제]

🔵 출제 유형

독해 제3부분은 주로 지문에서 언급된 세부 내용을 묻는 문제, 특정 단락 또는 지문 전체의 주제를 묻는 문제, 지문에서 밑줄로 표시된 어휘의 의미를 묻는 문제, 빈칸에 들어갈 어휘를 쓰는 문제가 출제된다.

🔵 문제풀이 전략 및 전략 적용

<문제>

> 　　古代人对家庭和家庭教育的重视，落实到古代文学的层面，主要体现为家书、家训两种代表性的文体。家书指的是内外亲戚之间往来的书信，属于古代书信文化的范畴。家训则是某一家庭或家族中的长辈用来训诫、教导晚辈的行为规范。家书和家训这两种文体都有着悠久的历史，对个人、家庭乃至整个社会都起到了良好的作用。具有代表性的家书和家训有《傅雷家书》、《曾国藩家书》、《章氏家训》、《颜氏家训》等。这些跨越千年、留存至今的众多家书和家训有着不可忽视的历史价值和文学价值，是宝贵的传统文化财富。……

74. 家书和家训具有什么价值？

>

STEP 1 질문 읽고 핵심어구 확인하기

질문을 읽고, 질문의 핵심어구나 묻는 포인트를 확인해 둔다.

　▶ 질문이 가서와 가훈은 어떤 가치가 있는지 물었으므로, **家书和家训**(가서와 가훈), **价值**(가치)을 핵심어구로 확인해 둔다.

STEP 2 지문 읽고 10글자 이하로 답변 쓰기

지문에서 질문의 핵심어구가 그대로 언급됐거나 관련된 내용이 언급된 부분 주변에서 정답의 단서를 찾는다. 정답의 단서를 통해 답변을 10글자 이하로 작성한다.

　▶ 질문의 핵심어구와 관련하여, 지문에서 **家书和家训**有着不可忽视的**历史价值和文学价值**(가서와 가훈은 무시할 수 없는 역사적 가치와 문학적 가치를 지니고 있다)이라고 했으므로, 해당 부분에서 언급된 **历史价值和文学价值**(역사적 가치와 문학적 가치)을 그대로 답변으로 쓴다.

정답 74. 历史价值和文学价值

写作 쓰기

🔵 출제 유형

쓰기 제1부분은 주로 순위·분포를 나타내는 막대 그래프/원 그래프 또는 추이를 나태내는 선 그래프가 출제된다. 그래프의 항목과 수치를 단순히 나열하기보다는 그래프에서 두드러지는 부분을 특징으로 잡아서 비교 분석하는 내용이 포함되어야 한다.

🔵 문제풀이 전략 및 전략 적용

<문제>

88. 以下是有关2018年-2022年A省肉类产量的统计图，请对图表进行描述与分析，写一篇200字左右的文章，限定时间为15分钟。

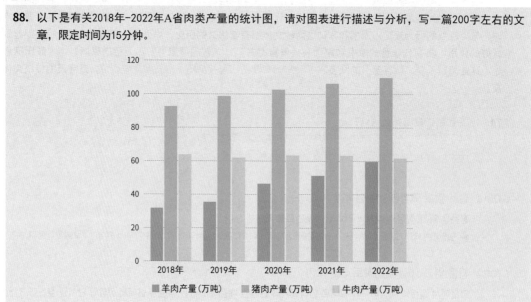

羊肉产量(万吨)　　猪肉产量(万吨)　　牛肉产量(万吨)

STEP 1 그래프 보고 세부 내용 분석하기

제시된 그래프가 무엇에 대한 것인지 확인한 후, 수치가 크거나 작은 항목, 변화폭, 전반적인 추세 등 그래프에서 두드러지는 특징을 잡아 비교 분석한다. 그런 다음 간단한 결론을 도출한다.

STEP 2 분석한 내용을 바탕으로 아웃라인 구상하여 200자 내외의 글 쓰기

분석한 내용을 바탕으로 '서론 → 본론 → 결론'의 흐름으로 아웃라인을 구상하여 200자 내외의 글을 쓴다. 먼저 그래프의 전체적인 주제와 그래프에서 가장 눈에 띄는 특징을 언급한 다음, 그래프에 제시된 내용을 묘사한 후, 분석한 내용을 언급한다. 결론으로 그래프를 통해 도출할 수 있는 내용을 언급하며 마무리한다.

순위·분포를 나타내는 그래프는 주요 요인, 경향 그리고 앞으로의 전망 등을 결론으로 도출할 수 있으며, 추이를 나타내는 그래프는 좋은 추세를 유지하는 방안, 나쁜 추세를 개선하는 방향과 같이 조사 결과와 관련된 제안 등을 결론으로 도출할 수 있다.

<아웃라인>

서론 주제 및 특징	• 제시된 그래프의 주제는 2018-2022년 A성(省)의 육류 생산량과 관련된 내용임을 언급한다. 그리고 그래프의 전체적인 추세를 나타내는 내용을 언급한다.
본론 묘사·분석 내용	• 세 가지 육류 중 생산량이 가장 적은 것을 언급한다. 양고기 생산량이 꾸준히 증가하여 2022년에는 소고기 생산량과 거의 비슷하다는 특징을 언급할 수 있다. • 마지막으로 소고기 생산량은 일정한 수준을 꾸준히 유지하고 있다는 점을 언급한다.
결론 분석 결과	• 이 추세가 지속된다면 A성(省)의 돼지고기와 양고기 생산량이 안정적인 성장을 유지할 것이라는 내용을 결론으로 마무리한다.

<모범답안>

서론
주제 및 특징

본론
묘사·분석 내용

결론
분석 결과

上面的图表所显示的是有关2018年到2022年A省肉类产量的统计图。据统计图可知，从2018年到2022年，产量排在首位的是猪肉，且呈现出持续上升的趋势。在三种肉类中，产量最少的是羊肉。在2018年，羊肉产量为31.9万吨，约占当年牛肉产量的一半，但到了2022年，羊肉产量增加到59.8万吨，接近当年的牛肉产量，这说明人们对羊肉的需求大幅增加。除此之外，牛肉产量虽然整体上大于羊肉产量，但产量变化不大，始终保持在一定的水平。如果当前趋势持续下去，A省猪肉和羊肉的产量将会保持稳定增长。

제2부분 | 논증하는 글 쓰기 [89번, 1문제]

◐ 출제 유형

쓰기 제2부분은 문제에 '论证你的观点(당신의 관점을 논증하시오)'과 같은 표현이 사용되어 제시된 주제에 대해 어떻게 생각하는지 논증하는 글과, '赞不赞同(동의하는가)'과 같은 표현이 사용되어 제시된 주제에 동의하는지를 논증하는 글이 출제된다.

◐ 문제풀이 전략 및 전략 적용

<문제>

> 89. "良药苦口利于病，忠言逆耳利于行"出自《史记·留侯世家》，意思是"良药多数是带苦味的，却有利于治病；忠实的劝告多数是不动听的，但有利于人们改正缺点"。请写一篇600字左右的文章，谈谈你对这句话的认识并论证你的观点。

STEP 1 문제 읽고 아웃라인 구상하기

제시된 문제를 읽고, '서론 → 본론 → 결론'의 흐름으로 아웃라인을 구상한다. 주제에 대해 어떻게 생각하는지 논증하는 글을 작성할 때는 서론으로 주제에 대한 나의 생각을, 본론으로 의견 및 근거 1~2개와 실천 방법을, 결론으로 나의 의견을 재언급하며 마무리한다. 주제에 동의하는지를 논증하는 글을 작성할 때는 서론으로 동의 여부 및 주제를, 본론으로 근거 2~3개를, 결론으로 나의 의견을 재언급하며 마무리한다.

<아웃라인>

서론 주제	• 제시된 문장 '좋은 약은 입에 쓰지만 병에 이롭고, 충언은 귀에 거슬리지만 행실에 이롭다'에 대한 본인의 생각을 간단하게 밝힌다.
본론 의견 및 근거1, 실천 방법	• 당나라 황제 당태종과 대신의 이야기를 예시로 들며, 역사상 위대한 업적을 이룬 사람은 대부분 타인의 비판과 의견을 받아들인 사람이라는 내용을 근거로 작성한다. • 실천 방법으로 자신의 잘못을 용기내서 인정하고 타인의 의견을 겸허히 받아들이면 성장할 수 있다는 내용을 작성한다.
결론 의견 재언급	• 제시된 문장에 대한 본인의 생각을 다시 언급한 후, 귀에 거슬리는 말이 오히려 성장에 도움이 된다고 판단되면 겸허하게 받아들이고 고치려고 노력해야 한다는 내용으로 글을 마무리한다.

STEP 2 구상한 내용을 바탕으로 600자 내외의 글 쓰기

구상한 내용을 바탕으로 논증하는 글을 600자 내외로 쓴다. 이때 주제에 벗어난 내용을 쓰지 않도록 유의하며, 문제에 제시된 명언에 대한 설명을 답안에 최대한 활용하는 것이 좋다.

<모범답안>

서론
주제

　　我认为"良药苦口利于病，忠言逆耳利于行"这句话很有道理。人生病了就要吃药，我们都知道很多药味道很苦，却有利于治疗疾病。忠实的劝告也一样，有些话虽然不好听，甚至会让我们心里难受，但是有利于我们改正缺点。

본론
의견 및
근거 1,
실천 방법

　　"良药苦口利于病，忠言逆耳利于行"这句话通俗易懂，其中蕴含的道理却能启发我们深入思考。这句话旨在教育我们要勇于接受批评，虚心采纳意见。纵观历史，凡是取得突出成就的人大都勇于接受别人的批评和意见，从而成就了伟大的事业。唐朝皇帝唐太宗和大臣的故事就是最好的例子。唐太宗可以说是唐朝最开明的皇帝，他的身边有一个特别善于规劝的大臣。那个大臣性格耿直，先后给唐太宗规劝了200多次，经常会让唐太宗大怒，但他从不退缩屈服，等唐太宗息怒后继续规劝。唐太宗深谙"良药苦口利于病，忠言逆耳利于行"的道理，因此他再怎么生气也没有处罚那个大臣，反而重用了他，每一次都会慎重地思考他的意见，并尽量采纳。唐太宗也因此开创了唐朝的辉煌盛世。

　　正所谓"金无足赤，人无完人"，每个人都有缺点，都会犯错误，但重要的是有没有勇气正视和纠正自己的错误。我们都爱听好听的话，但如果在生活中只听好话，执迷不悟地沉醉于自己取得的小小成绩中，那么就永远不可能继续进步。只有敢于自我批评，并虚心接受别人的意见，才会不断成长。

결론
의견 재언급

　　综上所述，我们要懂得"良药苦口利于病，忠言逆耳利于行"的道理。每当听到让我们心里不舒服的话时，先不要急着生气，而是要去判断那些话是否有助于我们的成长和进步，如果是，就应该虚心接受，并努力去改正，让自己不断成长和进步。

翻译 통번역

제1부분 한국어 자료 읽고 번역하기 [90번~91번, 총 2문제]

출제 유형

통번역 제1부분은 주로 지식 정보나 중국 문화와 관련된 한국어 자료가 출제된다. 총 35분의 시간이 주어지며, 1문제당 '번역하기 10~15분 → 번역한 내용 검토하기 3~5분'으로 시간을 적절하게 분배하여 답안을 완성해야 한다.

문제풀이 전략 및 전략 적용

STEP 1 한국어 자료를 바로 중국어로 번역하기 [약 10~15분]

제시된 한국어 자료를 답안 작성칸에 한 문장씩 바로 번역한다. 번역할 때 중국어가 떠오르지 않는 어려운 한국어 표현은 뜻을 풀어서 번역하고, 1:1로 대응하는 중국어가 떠오르지 않으면 쉽게 바꾼 뒤 번역하면 더 수월하게 번역을 할 수 있다.

<문제>

> **90.** 많은 사람은 젊은이들이 더 이상 독서에 관심을 갖지 않고, 주의력을 쇼트 클립과 소셜 플랫폼에 돌렸다고 생각한다. 하지만 사실상 젊은이들은 독서를 포기하지 않았다. 쇼트 클립과 소셜 플랫폼은 젊은이들 마음 속의 [1]고민과 궁금증을 풀어주지 못하기 때문에, 젊은이들은 고전 저서를 다시 꺼내 들었다. 많은 사람은 인터넷 공간에서 독서 노트와 독서 소감 등을 공유하는 것을 좋아하는데, 그들에게 독서는 단순한 [2]심심풀이 행위가 아니라 깊은 정신적 추구이다. 많은 젊은이가 다시 독서[3]에 빠져드는 것은 그들이 문학 작품에서 인생의 깨달음과 삶의 이치를 얻기를 간절히 바라고 있기 때문이다. 스트레스가 갈수록 커지는 현대 사회에서 독서는 피로가 극에 달한 젊은이들을 위로하고 그들이 삶의 본질을 이해할 수 있도록 도와준다.

STEP 2 번역한 내용 검토하여 최종 번역본 완성하기 [약 3~5분]

작성한 내용을 검토하여 최종 답안을 완성한다. 작성한 내용을 검토할 때는 빠트린 부분이 없는지, 오타가 없는지, 문장 부호를 적절하게 사용했는지 등을 위주로 체크하면 더욱 완성도 높은 번역본을 완성할 수 있다.

<모범답안>

> 　　很多人以为，年轻人不再对阅读感兴趣，而是把注意力转移到了短视频和社交平台上。但事实上，年轻人没有放弃阅读。短视频和社交媒体无法[1]解答年轻人心中的[1]困惑和疑问，因此年轻人重新拿起了经典著作。很多人喜欢在网络空间里分享读书笔记和阅读感悟，对他们来说，阅读不是简单的[2]消遣行为，而是一种深层的精神追求。很多年轻人之所以重新[3]沉迷于阅读，是因为他们渴望从文学作品中得到人生的启示和生活的道理。在压力越来越大的现代社会中，阅读可以安慰疲惫不堪的年轻人，帮助他们读懂生活的本质。

<번역 TIP>

> **[1] 고민과 궁금증을 풀어주다**
> '고민과 궁금증을 풀어주다'는 호응어휘 解答困惑和疑问으로 번역하면 더욱 자연스러운 중국어 표현이 된다. 이때 解答 대신 回答를 사용해도 된다.
>
> **[2] 심심풀이 행위**
> '심심풀이 행위'는 消遣行为이다. 이때 消遣行为가 떠오르지 않으면 '한가한 시간을 보내는 행위'로 의미를 풀어 度过空闲时间的行为로 번역할 수 있다.
>
> **[3] ~에 빠져들다**
> '~에 빠져들다'는 시간, 장소, 대상, 목적 등을 이끄는 보어 于를 활용하여 沉迷于로 번역할 수 있다.

제2부분 · 한국어 자료 읽고 통역하기 [92번~93번, 총 2문제]

🎯 출제 유형

통번역 제2부분은 주로 지식 정보나 중국 문화와 관련된 한국어 자료가 출제되고, 1문제당 준비시간 1분과 답변시간 2분이 주어진다.

🎯 문제풀이 전략 및 전략 적용

STEP 1 한국어 자료를 한 문장씩 중국어로 통역해 보며 메모하기 [준비시간 1분]

준비시간 1분 동안 제시된 한국어 자료를 한 문장씩 중국어로 통역해 본다. 이때 통역해 본 문장의 앞부분을 자료 하단에 제시되는 메모란에 재빨리 메모해 두면 답변할 때 활용할 수 있다.

<문제>

92.   박물관 문화재는 인류의 귀중한 역사 문화 유산이며 인류의 지혜와 창의력의 ¹결정체이다. 그러나 시간이 흐르면서 이 문화재들은 ²파손될 위험에 처해 있다. 이 문제를 해결하기 위해, 최근 몇 년 동안 여러 곳의 박물관이 디지털 보호 ³방식을 채택하기 시작했다. 디지털 보호를 통해 박물관의 문화재 정보를 디지털 정보의 형태로 전시하고 보존할 수 있다. 이렇게 하면 문화재의 파손을 방지할 수 있을 ⁴뿐만 아니라, 또한 문화재의 전시와 연구를 위해 보다 편리하고 효율 높은 수단을 제공할 수 있다.

STEP 2 한국어 자료와 작성한 메모를 보면서 정확한 발음으로 통역하기 [답변시간 2분]

준비시간이 끝나면, '삐-' 소리와 함께 2분의 답변시간이 시작된다. 답변시간에는 제시된 한국어 자료와 메모해 둔 내용을 함께 보면서 정확한 발음으로 통역한다. 이때 빠르게 말하려 하기보다는 어법 실수 없이 또박또박 말하는 것에 더 유의한다.

<모범답변>

    博物馆文物是人类宝贵的历史文化遗产，是人类智慧和创造力的¹结晶。然而随着时间的推移，这些文物²正面临着被破损的危险。为了解决这一问题，近年来多家博物馆开始³采用数字化保护的³方式。通过数字化保护，可以把博物馆的文物信息以数字信息的形式展示并保存下来。这样做⁴不仅可以避免文物被破损，⁴还可以为文物的展示和研究提供更加便捷和高效的手段。

<통역 TIP>

¹ 결정체
'결정체'는 结晶이다. 이때 结晶이 떠오르지 않으면, '성과'로 쉽게 바꿔서 成果로 통역할 수 있다.

² 파손될 위험에 처해 있다
'파손될 위험에 처해 있다'는 被를 활용하여 正面临着被破损的危险으로 통역할 수 있다.

³ 방식을 채택하다
'방식을 채택하다'는 호응어휘 采用方式 또는 采取方式로 번역하면 더욱 자연스러운 중국어 표현이 된다.

⁴ ~뿐만 아니라, 또한
'~뿐만 아니라, 또한~'은 호응어휘 不仅……, 还…… 또는 不但……, 而且……로 번역하면 더욱 자연스러운 중국어 표현이 된다.

口语 말하기

제1부분 자료 읽고 문제에 답변하기 [94번, 1문제]

◉ 출제 유형

말하기 제1부분은 주로 강의, 전시회 관람, 체험활동 등과 같은 주제의 자료가 제시되고, 이를 활용하여 다른 사람에게 일정이나 프로그램 등을 소개하는 형태 또는 자료에 근거하여 나의 의견이나 관심사를 말하는 형태로 출제된다. 3분의 준비시간과 3분의 답변시간이 주어진다.

◉ 문제풀이 전략 및 전략 적용

STEP 1 문제 파악하고 자료를 읽으면서 답변 구상하기 [준비시간 3분]

준비시간 3분 동안, 제시된 자료의 문제를 먼저 읽고 자료에서 어떤 내용을 중점적으로 파악해야 하는지 확인한 후, 자료를 처음부터 읽으면서 '상황 언급 → 자료 내용 언급 → 마무리'의 흐름으로 답변 아웃라인을 구상한다.

답변을 구상할 때는 문제에서 제시된 상황을 먼저 간단하게 언급한 후, 자료를 보며 구체적인 내용을 말하고, 답변을 정리하는 짧은 한 두 문장으로 마무리한다. 나의 의견을 묻는 문제가 있으면 자료를 보며 이에 근거하여 내 의견을 함께 설명한다.

<문제>

94. 上海青少年科技节——科学之夜

日期	时间	活动名称	活动内容	活动地点
3月1日-3月5日	17:00-21:00	未来数字之城	互联网"医院"	上海环球港
			数字生活	
			科普游戏及知识问答	
			虚拟现实体验	
		航天追"星"之旅	DIY火箭发射塔	钱学森图书馆
			机器人之家	
			"两弹一星"科学导师课堂	

【注意事项】

（一）"两弹一星"科学导师课堂因可容纳人数有限，需提前在网上预约。

（二）部分模型可在现场购买，购买时出示学生证可得到15%的优惠。

（三）可凭门票参与幸运抽奖活动，但每人仅限抽取一次。

（四）参观场馆时，请遵循场馆的入场流程，不可携带违禁物品。

如果你是科学老师，你希望你的学生去参加"上海青少年科技节——科学之夜"活动，请你给学生们介绍一下活动的具体内容以及注意事项。

＜아웃라인＞

상황 언급	• 학생들에게 '상하이 청소년 과학의 날 – 과학의 밤' 행사의 구체적인 내용과 주의사항을 알려줄 것이라고 언급한다.
자료 내용 언급	• 과학의 밤 행사가 진행되는 날짜, 시간, 행사 명칭과 내용, 장소를 차례로 언급한다. • 제시된 4개의 주의 사항을 언급한다. 소개 대상은 학생이므로 일부 모형은 현장에서 구매 가능하며, 구매할 때 학생증을 제시하면 할인된다는 점을 반드시 언급한다.
마무리	• 이번 기회를 통해 새로운 체험을 하길 바란다는 내용으로 답변을 마무리한다.

STEP 2 구상한 답변 아웃라인을 토대로 자료 보며 답변하기 [답변시간 3분]

준비시간이 끝나면, '삐-'소리와 함께 3분의 답변시간이 시작된다. 제시된 자료와 구상한 답변 아웃라인을 떠올리며 정확한 발음으로 답변한다. 이때 빠르게 말하려고 하기보다는 어법 실수 없이 차근차근 말하는 것에 더 유의한다.

＜모범답변＞

상황 언급 —　　大家好，我来给大家介绍一下"上海青少年科技节——科学之夜"活动的具体内容和注意事项。

自료 내용 언급 —　　首先，说一下具体内容。3月1日到3月5日下午五点到九点将有"未来数字之城"和"航天追'星'之旅"两个活动。"未来数字之城"活动包括互联网"医院"、数字生活、科普游戏及知识问答和虚拟现实体验，活动地点是上海环球港。"航天追'星'之旅"活动包括DIY火箭发射塔、机器人之家和"两弹一星"科学导师课堂，将在钱学森图书馆开展。

　　其次，说一下注意事项。一共有三个注意事项。第一，由于"两弹一星"科学导师课堂可容纳人数有限，所以需提前在网上预约。第二，部分模型可以在现场购买，购买时出示学生证可以得到15%的优惠。第三，可以凭门票参与幸运抽奖活动，但每人只能抽取一次。第四，参观场馆时，应该遵循场馆的入场流程，不能携带违禁物品。

마무리 —　　最后，希望你们能积极参与，并通过这次机会，获得一次崭新的体验。

제2부분 단문 듣고 질문에 답변하기 [95번~97번, 총 3문제]

◯ 출제 유형

말하기 제2부분은 단문을 듣고 질문에 답변하는 형태로, 주로 논설문이나 실용문, 이야기와 같은 단문이 출제된다. 답변 준비시간은 별도로 주어지지 않고, 바로 답변시간이 주어진다. 단문 내용을 그대로 활용하여 답변하는 95~96번 문제는 문제당 30초의 답변시간이 주어지며, 단문 내용과 관련하여 나의 의견을 답변하는 97번 문제는 2분의 답변시간이 주어진다.

◯ 문제풀이 전략 및 전략 적용

STEP 1 단문 들으며 내용 메모하기 [음성 약 1~2분]

단문을 듣고 준비시간 없이 바로 질문에 답변해야 하므로, 단문에서 언급되는 세부 내용을 최대한 많이 메모해 둔다. 특히 논설문은 화자가 언급한 주장이나 사례를, 실용문은 단문의 취지와 주요 내용을, 이야기는 중심 사건이나 교훈과 관련된 내용을 위주로 메모해 두면 답변에 활용할 수 있다. 메모할 때는 단문 내용을 그대로 받아쓰기보다는 핵심표현을 위주로 메모한다.

<음성>

> 95最近飞盘运动成为了许多年轻人的健身新宠，在各大足球场和操场上，都会出现飞盘爱好者的身影。它不仅被看作是一项运动，更被塑造成了一种年轻态的"生活方式"。飞盘运动之所以受到追捧，一是因为飞盘运动场地自由并且门槛较低。其中，门槛较低是年轻人热衷于飞盘运动的最主要的原因，但这并不意味着它只是简单无脑的运动。二是因为飞盘运动能锻炼人的灵活性。飞盘运动中包含了许多身体基本素质训练，而且运动量并不小。人们在进行抛、接、跑、跳、扑等动作的过程中，不仅能锻炼肌肉的灵活性，还能加强身体各部位的协调能力，消耗大量热量，这对身体健康有诸多益处。飞盘运动能让更多的年轻人放下手机，走出办公室的"格子间"和家门，暂时忘记繁杂的工作与生活。人们还可以在运动过程中认识志同道合的朋友，这就是飞盘运动最大的意义。96我认为玩飞盘时安全和快乐同样重要。因此为了安全，在参与飞盘运动前一定要做好热身运动，并且运动结束后也需要放松一下肌肉。

STEP 2 95번, 96번 질문 듣고 답변하기 [문제당 답변시간 30초]

95번과 96번은 주로 단문을 활용하여 단문의 주제나 관련 세부 내용을 답하는 문제가 출제된다. 질문은 주로 의문사 의문문으로 제시되므로, 의문사 자리에 해당 내용을 넣어서 한 문장으로 답변하면 더 수월하게 답변할 수 있다. 답변이 끝나고 남은 시간에는 작성해 둔 메모를 다시 확인하면서 지문 내용을 떠올리고, 다음 질문에 답변할 준비를 한다.

<음성>

95. 问：最近哪种运动成为了年轻人的健身新宠？

<모범답변>

> 最近飞盘运动成为了年轻人的健身新宠。

▶ 질문이 최근 어떤 스포츠가 젊은이들에게 인기를 끄는 운동이 되었는지 물었다. 음성에서 **最近飞盘运动成为了许多年轻人的健身新宠**(최근 플라잉 디스크 스포츠가 많은 젊은이에게 인기를 끄는 운동이 되었다)이 언급되었으므로, **最近飞盘运动成为了年轻人的健身新宠。**(최근 플라잉 디스크 스포츠가 젊은이들에게 인기를 끄는 운동이 되었습니다.)이라는 완전한 문장으로 답변한다.

<음성>

> **96.** 问：说话人认为玩飞盘时什么和快乐同样重要？

<모범답변>

> 说话人认为玩飞盘时安全和快乐同样重要。

▶ 질문이 화자는 플라잉 디스크를 할 때 무엇이 즐거움만큼 중요한지 물었다. 음성에서 我认为玩飞盘时安全和快乐同样重要.(나는 플라잉 디스크를 할 때 안전이 즐거움만큼 중요하다고 생각한다.)가 언급되었으므로, 说话人认为玩飞盘时安全和快乐同样重要. (화자는 플라잉 디스크를 할 때 안전이 즐거움만큼 중요하다고 생각합니다.) 라는 완전한 문장으로 답변한다.

STEP 3 97번 질문 듣고 답변하기 [답변시간 2분]

97번은 주로 단문을 활용하여 나의 의견을 답변하는 문제가 출제된다. 질문을 듣고 작성한 메모를 활용하여 '나의 입장 → 이유 → 마무리'순으로 답변하면 더욱 짜임새 있는 답변을 할 수 있다. 답변할 때는 정확한 발음으로 답변하고, 빠르게 말하려 하기보다는 실수 없이 또박또박 말하는 것에 유의한다.

<음성>

> **97.** 问：你认为飞盘运动有益处吗？请说出原因。

<아웃라인>

나의 입장	• 플라잉 디스크 스포츠가 좋은 점이 있는지에 대한 나의 입장을 언급한다. 이 주제의 경우 좋은 점이 있다는 입장으로 답변을 전개하는 것이 좋다.
이유	• 플라잉 디스크 스포츠가 신체적 건강 측면에서 좋으며, 근력을 기를 수 있고, 칼로리가 많이 소모된다는 내용을 언급한다. • 플라잉 디스크 스포츠가 정신 건강 측면에서 좋고 스트레스를 풀 수 있으며, 운동성 뿐만 아니라 재미와 오락성까지 가지고 있다는 내용을 언급한다.
마무리	• 플라잉 디스크 스포츠는 좋은 점이 많다는 내용으로 나의 입장을 다시 한 번 언급하고 마무리한다.

<모범답변>

나의 입장 — 我认为飞盘运动有很多益处，以下是我的观点。

이유 — 首先，我认为飞盘运动对人的身体有好处。虽然飞盘运动看起来只有简单的动作，但实际上它是一种能考验灵活性的运动，包含了许多身体基本素质训练。人们可以通过飞盘完成多种多样的动作，在完成各种动作的过程中，不仅可以锻炼肌肉，还可以增强身体各部位的协调能力。此外，飞盘运动的运动量并不小，参加一场比赛往往要消耗大量的热量。
其次，我认为飞盘运动有利于人的精神健康。飞盘运动能让人们放下手机、电脑等电子产品，走出办公室和家门，释放心理压力。在进行飞盘运动的过程中，人们可以暂时忘记工作和生活带来的烦恼。人们还可以在运动中扩大交友范围，结交很多有相同爱好的朋友，和朋友们一起享受运动带来的快乐，这能使人们对工作和生活抱有更大的热情。也就是说，飞盘运动不仅具有运动性，还具有趣味性和娱乐性。

마무리 — 综上所述，我认为飞盘运动有很多益处，这是一项对身体和精神都有好处的运动。

제3부분   단문 듣고 질문에 답변하기 [98번, 1문제]

🔘 출제 유형

말하기 제3부분은 단문을 듣고 질문에 답변하는 형태로, 주로 속담·성어·도덕적 가치와 관련된 단문이 출제되고, 이에 대한 나의 관점을 표현하는 문제가 출제된다. 준비시간 3분, 답변시간 3분이 주어진다.

🔘 문제풀이 전략 및 전략 적용

STEP 1 단문 들으며 내용 메모하기 [음성 약 1분]

단문을 들을 때, 단문에서 언급되는 내용을 최대한 많이 메모해 둔다. 속담·성어·도덕적 가치와 관련된 중심 사건이나 특정 대상의 특징 및 관련 정보 등을 메모해 두면 답변에 활용할 수 있다. 이때, 단문에서 언급된 속담·성어·도덕적 가치 표현은 놓치지 않고 반드시 메모해 둔다.

<음성>

> 张海迪是自学成才的中国著名作家。她年幼时因患血管瘤导致高位截瘫，自那以后，她与病魔持续抗争，过上了和普通人不同的生活。张海迪生活无法自理，因此当时没有学校愿意收下她，张海迪只能在家自主学习。正所谓"谷要自长，人要自强"，对于张海迪来说，家就是她的学校，在这个特殊的学校里，她依靠自己的意志力自学了很多课程，成为了精通多门专业的人才。后来，张海迪从其他作家写书的经历中得到了启示，决定走上文学创作的道路，用自己的文字给别人带去正能量。1983年，张海迪开始从事文学创作，她先后翻译了数十万字的英文小说，还编著了《生命的追问》、《轮椅上的梦》等书籍。由于她长时间在轮椅上用胳膊支撑身体，因此磨破了一只又一只衣袖，肘关节的皮肤也磨坏了一层又一层。在这种艰难的状况下，她依旧坚持"谷要自长，人要自强"的精神，不屈服于命运，坚持写作，努力将自己顽强的精神传达给了众人。

STEP 2 질문 듣고 아웃라인 구상하기 [준비시간 3분]

준비시간 3분 동안 작성해 둔 메모를 활용하여 답변 아웃라인을 구상한다. 아웃라인은 '나의 관점 → 단문 줄거리 → 느낀점 → 마무리'순으로 구상하면 더욱 짜임새 있는 답변을 준비할 수 있다.

<아웃라인>

나의 관점	• '곡식은 스스로 자라야 하고, 사람은 스스로 강해져야 한다.'라는 정신은 배울 만한 가치가 있다고 언급한다.
단문 줄거리	• 장하이디는 장애가 있어 집에서 공부할 수밖에 없었지만, 그녀는 많은 영어 작품을 번역했고 책을 쓰기도 했으며, 줄곧 휠체어에 앉아 생활했기 때문에 피부가 벗겨지기도 했지만 여전히 다른 사람들에게 강인한 정신력을 전달하고 있다는 내용으로 간단하게 언급한다.
느낀 점	• 살면서 우리는 다양한 어려움에 직면하게 되는데, 사람이 진정한 성공을 하려면 반드시 자신의 노력에 의지해야 하고 장하이디처럼 긍정적인 태도를 유지해야 한다는 내용을 느낀점으로 언급한다.
마무리	• '곡식은 스스로 자라야 하고, 사람은 스스로 강해져야 한다.'라는 정신을 가지고 있어야 한다는 내용으로 나의 관점을 다시 한 번 언급하고 마무리한다.

STEP 3 구상한 아웃라인 떠올리며 답변하기 **[답변시간 3분]**

준비시간이 끝나면, '삐-' 소리와 함께 3분의 답변시간이 시작된다. 구상한 아웃라인을 떠올리며 정확한 발음으로 답변한다. 이때 빠르게 말하려 하기보다는 실수 없이 또박또박 말하는 것에 유의한다.

<음성>

98. 问：根据材料，请你谈谈对"谷要自长，人要自强"的情感认知。

<모범답변>

나의 관점 — 　我认为"谷要自长，人要自强"的精神是值得我们学习的。

단문 줄거리 — 　首先，根据材料，我们可以知道张海迪是一个懂得"谷要自长，人要自强"的人。她小时候不幸残疾，所以只能自己在家里学习。后来她不仅翻译了许多英文小说，还写了书。因为一直生活在轮椅上，她的皮肤都被磨破了，但她还是将自己顽强的精神传达给了别人。

느낀 점 — 　其次，这个故事让我明白，在日常生活中，我们会遇到各种困难，在这种时候，应该像张海迪一样坚持"谷要自长，人要自强"的精神。一个人要想获得真正的成功，就必须要靠自己的努力，只有努力才是通往成功的最佳道路。正是因为张海迪不向命运低头，一直保持积极上进的态度，所以她最终获得了成功。自强的人拥有上进心，因此会不断学习、不断付出努力。做一个自强的人，可以使自己更加进步。

마무리 — 　综上所述，我们应该要有"谷要自长，人要自强"的精神，在遇到困难时，要保持积极的态度，做一个自强的人。

<통역·말하기 모범답변 쉐도잉 연습 프로그램> 제공
china.Hackers.com

해커스 해설이 상세한 HSK 7-9급
실전모의고사
제1회

* 실제 시험을 보는 것처럼 시간에 맞춰 실전모의고사를 풀어보세요.

잠깐! 테스트 전 확인 사항

1. 휴대 전화의 전원을 끄셨나요? ······················ ☐
2. 시계가 준비되셨나요? ····························· ☐

中文水平考试

HSK（七—九级）

注　意

一、HSK（七—九级）分五部分，共98题：

　　1. 听力（40题，约30分钟）

　　2. 阅读（47题，60分钟）

　　3. 写作（2题，55分钟）

　　4. 翻译（4题，41分钟）

　　5. 口语（5题，约24分钟）

二、全部考试约210分钟。

一、听 力

第一部分

第1-10题：请根据所听到的内容，判断下面的句子是否符合原文，符合原文的请画"✓"，不符合的请画"✗"。

1. 北院区位于北京西北郊，建筑面积十分庞大，且紧挨着故宫本院。　　　（　　）

2. 故宫博物院北院区建成以后，每年可展览的文物数量将增加到2万至3万件。　（　　）

3. 书画作品对温度、湿度和光照的要求格外高，而现有的展出环境难以满足这些要求。　（　　）

4. 北院区将直接采用故宫古建筑样式，并融入一些现代元素，建成以后会成为一座简洁、厚重、大气的艺术殿堂。　（　　）

5. 该新闻报道了故宫博物院北院区开建的主要原因以及该院区带来的积极影响。　（　　）

6. 第三十一届世界大学生冬季运动会在中国黑龙江省哈尔滨市举行。　　　（　　）

7. 中国女子冰壶队凭借扎实的基本功，在本次世界大学生冬季运动会上获得了冠军。　（　　）

8. 无论是在短道速滑女子500米项目，还是在短道速滑男子500米项目，中国队选手都获得了奖牌。　（　　）

9. 中国队单板滑雪运动员都来自同一所学校，这反映出单板滑雪项目在中国的地区集中化程度较高。　（　　）

10. 这则新闻主要谈的是参加世界大学生冬季运动会的各国选手的实力和获奖情况。　（　　）

第二部分

第11-22题：请选择或填写正确答案。

11. 联合国教科文组织是联合国系统内成员国最多，并且_____最广的专业性机构。

12. A 《世界遗产名录》   B 世界自然保护联盟
    C 国际古迹遗址理事会   D 《人类非物质文化遗产名录》

13. 以下是申报《世界遗产名录》的流程，请在空白处填上恰当的内容。

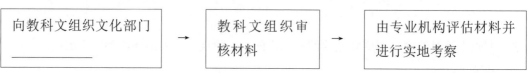

| 向教科文组织文化部门 _____ | → | 教科文组织审核材料 | → | 由专业机构评估材料并进行实地考察 |

14. A 是最早参与申报的国家   B 有40项自然遗产被列入名录
    C 申报成功的项目数量位于前列   D 连续三年成为申报量最多的国家

15. A 中医针灸   B 传统拔罐法
    C 中医的望闻问切   D 中药的制药方法

16. A 相同的项目已被申报过   B 申报的项目数量已经超限
    C 项目范围不太符合申报标准   D 相关项目在世界上没有竞争力

17. A 销售手工制成的围巾　　　　　　B 产品只在欧美地区销售
    C 所雇佣的设计师都来自国外　　　　D 规模在国际上处于领先的地位

18. A 总共有两种样式　　　　　　　　B 莫代尔属于厚款围巾
    C 面料分为薄款和厚款　　　　　　D 厚款面料的围巾定价更高

19. 男的一开始给出了多少折扣？　　_____

20. A 愤愤不已　　　　　　　　　　B 犹豫不决
    C 委婉拒绝　　　　　　　　　　D 勉强同意

21. A 水路运输　　　　　　　　　　B 铁路运输
    C 航空运输　　　　　　　　　　D 公路运输

22. A 签订销售合同　　　　　　　　B 检验产品质量
    C 确认相关条款　　　　　　　　D 商议保险类型

第三部分

第23-40题：请选择或填写正确答案。

23. A 有较高的文学水平　　　　　　　B 创作了许多戏剧作品
　　C 在科举考试中屡次成功　　　　　D 创作出了有名的科幻小说

24. A 对小说篇幅有明确的限制　　　　B 主要由实际发生的事件构成
　　C 较为重视故事中的奇幻情节　　　D 故事中只有对现实生活的描写

25. A 有大量真实人物登场　　　　　　B 小说中的内容充满了悬念
　　C 刻画人物的手法非常鲜明　　　　D 故事中出现的鬼怪很有个性

26. A 良心的不安与煎熬　　　　　　　B 自己对美好生活的憧憬
　　C 社会的多样性和多变性　　　　　D 想要对抗现实的坚韧意志

27. A 构建了全新的宗教　　　　　　　B 吸取了各国文学的精华
　　C 语言艺术风格别具一格　　　　　D 反映了当时人们对自由的渴望

28. A 应加强关于粮食安全问题的政策研究
　　B 应把确保粮食安全作为乡村振兴的头等任务
　　C 应通过确保粮食安全，消除社会不平等现象
　　D 应把粮食安全问题列入G20峰会的优先议题中

29. A 属于公益类中央企业　　　　　　B 受千变万化的市场的影响
　　C 主要业务范围包括粮油生产　　　D 是中国最大的农产品储备集团

30. A 给偏远地区的农民们提供了无息贷款
　　B 精准地把握了农民企业家的多样化需求
　　C 构建了一套有特色的资金集中管理体系
　　D 在政策的允许下，合理调整了农产品的市场价格

31. A 收购政策性粮食　　　　　　　　B 构建自己的收储网络
　　C 推出各种农业贷款项目　　　　　D 运营农业科技示范基地

32. 中储粮将争取建立数字化粮食收储管理体系，并提高＿＿＿＿＿＿＿＿。

33. A 中储粮的历史沿革及其独特的经营理念
　　B 中储粮在管理体制改革方面作出的努力
　　C 中储粮在国家粮食安全方面所作出的贡献
　　D 中储粮有关的争议事件所暴露出的社会问题

34. 部分无法适应气候变化的物种可能会由于栖息地的萎缩，生存资源变得紧张，从而产生＿＿＿＿＿＿＿＿＿＿。

35. A 为了更具生存优势　　　　　　　B 为了满足后代的需要
　　C 为了降低被病菌感染的几率　　　D 为了同一环境内其他物种的生存

36. A 造成生物多样性的丧失　　　　　B 加剧植物间的物种竞争
　　C 发芽和枯萎时间发生变化　　　　D 加快植物内部的营养流失

37. A 会随着温度的上升减缓生长速度　　B 躯体会根据周围环境的变化而变色
　　C 躯体上滋生的寄生虫会阻碍人体代谢　D 它们所携带的细菌会导致疾病的传播

38. 气候变化引起的各种极端气候现象会导致＿＿＿＿＿＿＿＿＿，造成传染病和自然疫源性疾病的增加。

39. A 只购买新能源汽车　　　　　　　B 快速发展农业经济
　　C 因地制宜进行植树造林　　　　　D 饲养更多濒危保护动物

40. A 气候变化影响到了全球经济　　　B 气候变化给全球物种带来了危害
　　C 气候变暖加快了动物的繁衍速度　D 气候变暖使南极动物的生存空间缩小了

二、 阅 读

第一部分

第41-68题：请选择正确答案。

41-47.

数据标注指的是使用自动化的工具，从互联网上抓取和收集包括文本、图片、语音在内的数据，然后对这些数据进行整理与标注。简单来说，就是通过对数据贴标签、做记号、标颜色等方式，标示出目标数据的不同点、相似点或类别，以此达到让机器学习的目的。

我们的生活与人工智能的结合变得更加紧密，数据标注也应用到了各个方面。在电商领域，数据标注能够深度挖掘数据，建立有关消费者的数据，帮助企业预测消费者的需求趋势，以此优化产品价格与库存；在安防领域，数据标注在城市道路监控、车辆人流检测和公共安全防范方面得到了广泛的应用；在金融领域，高质量的数据标注提高了金融机构的业务效率。

数据标注是传统制造升级为智能制造，信息计算升级为人工智能的必要环节，其质量直接决定了机器智能化的程度，数据标注使机器成为了"天才"。其实人工智能是经过大量的训练和积累而实现的。人工智能训练的基础是数据，这些训练数据的原始数据需要人为地"标签化"，并通过标注这一行为，赋予这些数据能够被机器所_____的特性，这样数据才能被用于机器的训练。机器通过这些大量且有效的数据总结规律，最终形成自己的工作模式，变得越来越"聪明"。

数据标注离不开数据标注师，数据标注师是随着人工智能的兴起而出现的新兴职业。训练人工智能时需要大量经过标注的数据，数据标注工作最初一般是由人工智能工程师来完成的，但随着人工智能所需的数据量不断增加，数据标注师逐渐独立为一种新的职业。通常，数据标注师在拿到原始数据以后，会根据项目需求对数据进行分类处理，将数据统一为人工智能可以识别的信息。此外，数据标注师还需要与算法工程师等相关工作人员积极沟通，不断提升数据标注的效率和质量。

数据标注属于人工智能行业中的基础性工作，因此需要大量数据标注师从事相关工作，以满足人工智能训练数据的需求。不过，随着标注工具的不断优化，智能化辅助工具能帮助数据标注师减少大量重复性工作，因此未来单纯依靠人工的纯手工标注工作会大量减少，而数据标注工作的门槛可能会提高。

41. 关于数据标注，下列哪项**不正确**？

A 能够让机器得以学习
B 收集多种多样的数据
C 所有步骤均由机器自动完成
D 可以标示目标数据的不同点

42. 第二段主要谈的是什么？

A 数据标注的特殊性
B 数据标注在多领域的应用
C 标注数据时的具体操作方法
D 数据标注师应遵守的注意事项

43. 在电商领域，能用数据标注来做什么？

① 深度挖掘数据
② 预测消费者的需求
③ 接纳消费者的意见
④ 标注用户的面部特征

A ①②
B ①④
C ②③
D ③④

44. 根据上下文，第三段空白处最适合填入的词语是：

A 歪曲
B 识别
C 俯首
D 申领

45. 下列哪项属于数据标注师的工作内容？

A 修改人工智能的程序
B 对数据进行分类处理
C 管理数据的使用权限
D 采购所需的人工智能设备

46. 未来纯手工标注工作为什么会减少？

A 智能设备可以承担所有工作内容
B 人工智能领域不再需要人工操作
C 智能化辅助工具会减少重复性工作
D 数据标注师群体已经达到饱和状态

47. 上文主要谈的是：

A 数据标注的历史沿革
B 从事数据标注工作的优缺点
C 数据标注行业蓬勃发展的理由
D 数据标注的概况及其衍生出的职业

48-54.

　　每到春节，处处洋溢着浓浓的年味，中国人会热热闹闹地贴春联、买年货、吃美食、放鞭炮，但除了这些，还有一个重要的过年活动，那就是全家人聚在一起看春晚。

　　春晚是春节联欢晚会的简称，它是中央广播电视总台在每年除夕之夜为了庆祝新年而开办的综合性文艺晚会。春晚正式开办于1983年，2014年被定为国家项目。春晚涵盖小品、歌曲、舞蹈、杂技、魔术、武术、戏曲、相声等多种艺术形式，把现场观众和电视机前的观众带入到狂欢之中。春晚已给几代中国人带来了无数的欢声笑语和难忘的回忆，它陪伴很多家庭走过了数十年的历程，而观众也见证了春晚的成长与变化。

　　其实春晚的历史可以追溯到1000多年前的宋朝，当时就已经出现了类似春晚的文娱活动，甚至还出现了"难忘今宵"这个春晚闭幕词。按照宋朝惯例，每年正月初一朝廷要举行国宴，皇帝、文武百官以及周边各国派来的"贺正旦国信使"都会前来参与。席间有歌舞、百戏、杂剧等文娱节目，这种春节国宴和现在的春晚十分相似，所以很多人称之为宋朝的"春晚"。宋朝的"春晚"不但有文娱表演，而且还有报幕员，类似于现在的节目主持人。报幕员登场时总是手持一个小道具——"竹竿拂尘"，因此报幕员被称为"竹竿子"。宋朝所有大型文娱表演都由"竹竿子"来主持节目。"竹竿子"念的报幕词被称为"教坊词"，一般由翰林学士撰写，北宋著名的文学家苏轼就曾写过几套"教坊词"。

　　根据苏轼在1089年写的《紫宸殿正旦教坊词》，可以还原出宋朝"春晚"——春节国宴的大致过程。春节国宴照例要喝九盏酒，每喝一盏酒，则欣赏不同的文娱节目。第一盏酒与第二盏酒的文娱节目为歌舞：先由艺人唱曲子，然后舞者入场，给观众展现完美的舞姿。第三盏酒的节目是非常精彩的"百戏"，艺人在戏竿上表演上竿、跳索、倒立、折腰、踢瓶等动作，这就是现在的杂技。喝第四盏酒时，"竹竿子"登台致词，讲一些吉祥喜庆的祝福语，之后艺人们登场合唱。合唱毕，则饮第五盏酒，这时轮到小儿队登场表演大型舞蹈。小儿队由200多名年约十二三岁的少年艺人组成，他们身着花衫，手执花枝，分成四列进场，领头的四名紫衫少年手举贴金牌子，牌子上面写着小儿队的队名。小儿队舞毕后，陆续有艺人表演杂剧、歌舞和蹴鞠技术。饮至第九盏酒，皇家相扑手上演相扑赛。随着第九盏酒饮毕，相扑表演结束，"竹竿子"登台致闭幕词，至此春节国宴圆满地落下_____。

　　在形式上，宋朝的春节国宴与现在的春晚有很多相似之处，而且两者都很好地打造了"普天同庆，盛世欢歌"的节日景象。但宋朝的春节国宴只是给皇帝、贵族和官员们表演的，平民百姓只能远远地驻足观看，而春晚却不同，它给很多普通百姓带来了节日的喜庆。

48. 关于现在的春晚，可以知道什么？

    A 以投票方式选出主持人团队   B 在每年的正月初一晚上播出

    C 数十年来经历了很多成长和变化   D 节目结束后，所有观众合影留念

49. 画线词语"难忘今宵"的"宵"与下列哪个括号中的词语意思相近？

    A 共度佳（节）   B （昼）夜不宁

    C 通宵达（旦）   D 朝（夕）相处

50. 宋朝的春节国宴和现在的春晚有什么共同点？

    A 允许普通百姓参与活动   B 淡化了社会上的等级观念

    C 是人们宣泄负面情绪的最佳渠道   D 给观众表演各种形式的文娱节目

51. 宋朝春节国宴的报幕员为什么被称为"竹竿子"？

    A 舞台和屋顶都是用长竹竿搭建的   B 报幕员手持名为"竹竿拂尘"的小道具

    C 报幕员需要像竹竿一样笔直地站在台上 D 被选拔的报幕员身形像竹竿一样又瘦又高

52. 关于宋朝的春节国宴，下列哪项正确？

    A 每盏酒对应的节目内容均不相同   B 喝酒次数一般由"竹竿子"来确定

    C 由翰林学士撰写报幕词并主持节目   D 在宴会开始时，会让外国使者登台致辞

53. 第四段主要谈的是什么？

    A 宋朝春节国宴的彩排过程   B 宋朝春节国宴的整体流程

    C 宋朝国宴的举办宗旨和目的   D 宋朝国宴中各节目所具有的含义

54. 根据上下文，第四段空白处最适合填入的词语是：

    A 内幕   B 字幕

    C 序幕   D 帷幕

55-61.

　　位于中国云南的丽江古城在1997年被联合国教科文组织列入了《世界遗产名录》，它是一座驰名中外的高原古城，与同为国家历史名城的四川阆中、山西平遥、安徽歙县并称为"保存最为良好的四大古城"。丽江古城是一座没有城墙的古城，这里有着光滑洁净的青石板路、全手工建造的土木结构房屋和无处不在的小桥流水。

　　人们常说"不进木府等于白去丽江古城"，木府原是木氏土司的府衙，如今是古城的标志。富丽堂皇的木府有着悠久的历史。在明洪武十五年，纳西族首领阿甲阿得归附明朝，明太祖朱元璋赐其汉姓"木"，并封其为土司。所谓土司，是元、明、清时期在西北和西南地区设置的由少数民族首领充任并世袭的官职。这个家族拥有汉族的姓氏"木"姓后，便以"世袭土官知府"的身份＿＿＿＿＿丽江。木氏土司代代承袭，一直沿袭到清朝时期。木氏家族管理了丽江四百多年，在自然环境优美的狮子山下，建造了规模宏大的木府。木府被誉为辉煌建筑艺术之苑，它充分体现了明代中原建筑的特点，同时保留了唐宋中原建筑古朴的流风余韵，府内沟渠纵横的布局，还展现了纳西族传统文化的精神所在。木府又是名木古树、奇花异草汇聚一体的园林，它介于皇家园林与苏州园林之间，充分展现了纳西族广纳多元文化的开放精神。木府的气势和恢弘不亚于皇家的宫殿，甚至连见多识广的徐霞客看到木府以后，都不禁感叹"宫室之丽，拟于王者。"现在木府成为了人们到丽江古城必游的景点之一。

　　除了木府，丽江古城的四方街也是古城里不可忽视的景点之一。丽江古城是中国古代南方贸易通道"茶马古道"上的重镇，而四方街则是这个重镇的贸易中心，这让四方街成为了丽江古街的代表。四方街是由成排连接的店铺围成的一块近似长方形的广场，位于古城的核心位置。四方街名字的由来有两种：一是这里广场的形状很像方形的大印，于是土司把它取名为"四方街"，取"权镇四方"之意；二是这里的道路通向四面八方，是人流和物流集散地，所以叫"四方街"。古往今来，白天这里商贾云集，生意兴隆，连周围的几座桥都成了专门卖某些商品的地方，如"卖豌豆桥"、"卖鸭蛋桥"。到了夜晚，特别是节日的夜晚，四方街又成了各族儿女的歌坛舞池，在这里人们燃起篝火，对唱山歌，跳芦笙舞，通宵达旦。明代著名诗句"一匝芦笙吹未断，蹋歌起舞月明中"，正是这种盛况的真实写照。

　　丽江古城内还有科贡坊、古桥、五凤楼等值得人们探索的景点。丽江古城是一座具有较高综合价值的历史文化名城，集中体现了地方历史文化和民族风情。它的存在为人类城市建设史和人类民族发展史的研究提供了宝贵资料。

55. 关于丽江古城，下列哪项**不正确**？

　　A 位于中国云南地区　　　　　　　B 被定为世界文化遗产

　　C 是设施最完善的历史名城　　　　D 是一座历史悠久的高原古城

56. 根据上下文，第二段空白处最适合填入的词语是：

　　A 统治　　　　　　　　　　　　　B 笼统

　　C 治学　　　　　　　　　　　　　D 监视

57. 丽江古城的木府有哪些特点？

　　① 气势能与皇家宫殿媲美　　　　　② 风格与苏州园林完全一致

　　③ 蕴含着纳西族的精神文化　　　　④ 反映了清朝建筑的风采与面貌

　　A ①②　　　　　　　　　　　　　B ②④

　　C ①③　　　　　　　　　　　　　D ③④

58. 四方街为什么成为了丽江古街的代表？

　　A 它是由木氏土司选定的　　　　　B 它的形状像一个长方形大印

　　C 它是丽江古城重要的贸易中心　　D 所有的权力机关都集中在四方街上

59. 关于四方街，可以知道什么？

　　A 其中心是"卖鸭蛋桥"　　　　　　B 从古到今热闹程度不分昼夜

　　C 名字由明朝皇帝朱元璋所取　　　D 在古时只允许纳西族人通行

60. 根据上文，丽江古城的存在有什么积极意义？

　　A 增加了藏族人和汉族人的来往　　B 有利于研究城市建设和民族发展

　　C 为国家的水利基础设施建设提供了蓝本　　D 增强了人们对非物质文化遗产的保护意识

61. 上文主要谈了什么？

　　A 丽江古城与其他古城的共同点　　B 丽江古城重要景点的历史和特点

　　C 古代诗人对丽江古城褒贬不一的评价　　D 国家对丽江古城实施的主要经济措施

62-68.

近日，生态环境部同其他有关部门印发了《重点管控新污染物清单》，这一清单对中国加强新污染物管控工作、防范环境风险与健康风险意义重大。

新污染物是指那些具有生物毒性、环境持久性、生物累积性等特征的有毒有害化学物质。这些化学物质会给生态环境和人体健康带来较大危害，但有些尚未被纳入环境管理范围内，有些则现有管理措施不足。与常规的污染物相比，新污染物在环境中所存在的量不高，甚至有些只是以微量存在，但具有难降解、有毒有害、持久性强的特性，其危害**不容小觑**，因此应该要有相应的对策。

新污染物有"新"和"环境风险大"两大特点。"新"可以从两方面来理解，一方面，相较于人们熟悉的二氧化硫、PM2.5等常规污染物，新污染物是那些不为人们所熟知的污染物质，比如持久性有机污染物、微塑料等。另一方面，新污染物种类繁多。目前全球新污染物已超过二十大类，而每一类又包含数十种或上百种化学物质。随着人们健康意识的不断提升和环境监测技术的不断发展，可被识别出的新污染物预计还会增加。

"环境风险大"主要体现在危害严重性、风险隐蔽性、环境持久性、来源广泛性和治理复杂性五个方面。危害严重性在于新污染物的多种生物毒性；风险隐蔽性指的是许多污染物的短期危害不明显，但当人们发现它的危害时，它可能已**悄无声息**地通过多种途径进入到了环境中；环境持久性指新污染物在环境中难以降解，因此容易长期蓄积在环境中和生物体内；来源广泛性是指众多行业都能产生新污染物；治理复杂性则指新污染物治理起来较为复杂，这是因为新污染物具有持久性和生物积累性，即使以低剂量排放到环境中，也可能会影响环境和人体健康。

治理新污染物，需要从源头、过程、末端三个方面抓起。首先要按照《重点管控新污染物清单》的要求，禁止、限制重点管控新污染物的生产和加工。其次，要对在生产过程中排放有毒有害化学物质的企业，依法实施相应措施；最后，为了降低新污染物对环境带来的风险，需要对各行业实施新污染物治理示范工程，持续开展对新污染物的评估与监测活动，在最大程度上减少新污染物的产生和排放。

近年来，中国在有毒有害化学物质环境风险管理方面积累了很多实践经验，这为新污染物的治理工作打下了较好的基础。相信国家在新污染物的治理上能取得令人_____的成效。与此同时，新污染物涉及的行业众多，替代品和替代技术的研发也很难，因而需要多部门跨领域协同治理。

62. 第二段主要谈的是什么？

A 新污染物产生的过程　　　　　　B 新污染物的定义和危害

C 新污染物的种类及区分方法　　　D 新污染物的源头和治理方案

63. 画线词语"不容小觑"在文中表示什么意思？

A 不可改变　　　　　　　　　　B 不能轻视

C 不容易看见　　　　　　　　　D 不允许接近

64. 关于新污染物的特点，可以知道什么？

A 新且种类繁多　　　　　　　　B 更新换代的速度快

C 会掩盖其他的污染物　　　　　D 比普通污染物更容易处理

65. 跟第四段画线词语"悄无声息"意思相反的一项是：

A 鸦雀无声　　　　　　　　　　B 不声不响

C 万籁俱寂　　　　　　　　　　D 不绝于耳

66. 下列哪项**不属于**新污染物的治理方法？

A 依法对企业实施相应措施　　　　B 开展新污染物治理示范工程

C 扩大企业的生产规模和范围　　　D 管控新污染物的生产加工过程

67. 根据上下文，最后一段空白处最适合填入的词语是：

A 瞩目　　　　　　　　　　　B 安定

C 不屑　　　　　　　　　　　D 荡漾

68. 根据上文，作者最可能支持的观点是：

A 新污染物能够被人类完全消除　　B 未来可被识别的新污染物将逐渐减少

C 新污染物的治理很难取得显著的效果　D 新污染物的治理需要多方的共同努力

第二部分

第69-73题：请将顺序被打乱的语段重新排序，完成一篇逻辑连贯的文章。
其中一个选项为干扰项，需排除；画线选项无需排序。

[A] 插花艺术在隋唐时期在宫廷中盛行，并开始有了系统的技术手法和相应的原则。例如在每年牡丹盛开的季节，宫廷中都要举行牡丹茶话会，茶话会上对插花所用的工具、放置场所、水质以及几架形状都有严格的规定。在赏花期间，还要谱曲、咏诗讴歌，并畅饮美酒。唐朝时期把每年农历二月十五定为"花朝节"，纪念百花的生日。这体现了隋唐时期追求花卉文化的风气鼎盛，插花艺术在这一时期得到了迅速的发展。

[B] 中国插花艺术源远流长，是中国花文化重要的组成部分。在中华文明萌芽的时候，花就与人们的生活息息相关。在已出土的史前时期的陶器、玉器、青铜器上，都可以看到精美的花卉纹饰。战国时期的诗集《离骚》中有这样的诗句："纫秋兰以为佩"，说明那时已有人喜欢采摘香花佩戴在身上。当时人们喜欢赋予花卉以某种寓意，可见花卉在战国时期已经进入了文化领域。

[C] 随着朝代的更替，插花艺术在技艺上、理论上都形成了完备的体系。明代初期的插花作品造型丰满，寓意深刻。明代中期的插花追求简洁清新，色彩淡雅，疏枝散点，朴实生动，不追求华贵，常用如意、灵芝、珊瑚等来装点。而到了明代晚期，花道发展进入了黄金时期。这一时期中国插花理论日臻完善，有许多插花艺术专著相继问世。

[D] 宋代插花的花器，如花瓶、花盆已经有特有的造型，能与日用器皿区别开来，各大窑口几乎都有生产专门用于插花的花器。当时既有婉约大方的竹筒插花，也有用商周鼎彝作花器的插花作品。插花容器的制作在宋朝时期得到了改良，人们发明了三十一孔花盆、六孔花盆等。同时，宋朝人对花架也十分讲究，这大大促进了陶瓷、漆雕等工艺的发展。

[E] 清代以后由于战祸连年，许多宝贵的插花图片和资料丧失殆尽，各地不同风格流派之间的切磋交流受到了影响。当时国民经济的持续衰落，影响到了属于文化范畴的插花艺术，使之走向低潮。这种局面延续了近百年，直到近十几年来才得以复苏。

[F] 魏晋南北朝时期是插花艺术发展的初期阶段，这个时期"佛前供花"的习俗使插花文化渐成气候。佛前供花大多以荷花和柳枝为主要花材，不讲究插花艺术造型。当时人们为了保持花朵的新鲜，开始尝试将花插入水中栽培，于是插花出现了用盘装花和用容器盛水装花的新形式。这个时期的插花艺术已经有了供人们欣赏的作用，但基本是把花"养"在花器中而已，没有特意追求构图和制作技巧。

[G]　清代初期的插花艺术仍沿袭明代传统风格，流行写景式插花、组合式插花和谐音式插花。但是纵观清朝三百年，插花艺术一直走下坡路，花道在此时开始衰落。

[H]　进入宋代，插花艺术达到了极盛。受理学观念的影响，此时的插花艺术不只追求愉悦，还特别注重构思时的理性意念。花材也多选用有深度寓意的松、柏、竹、梅、兰、水仙等上品花木。插花构图突破了唐代的富丽堂皇，以"清"、"疏"的风格追求线条美，所以有人把当时的插花作品叫作"理念花"。从此，这种以插花为手段，以提高精神世界修养为目的的生活方式开始形成，这种方式被称为花道。

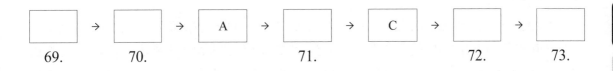

69.　　70.　　A　71.　　C　72.　　73.

第三部分

第74-87题：请回答下列问题，答案字数要在十字以内。

74-80.

　　与鳄鱼、蛇、蜥蜴这类不能调节体温的动物不同，人类在环境温度变化的情况下依然能保持相对稳定的体温，这是因为人体的体温调节机制比较完善。人类无论是生活在酷寒的北极地区，还是生活在炎热的赤道附近，体温基本上都能维持在稳定的水平。

　　关于人类体温的普遍说法来自于一位名叫卡尔·温德利希的德国医生。在1851年，他通过收集和分析超过25000人的腋下体温数据，得出了结论——人的标准体温为37℃。长期以来，这成为了医学界的圭臬。

　　根据这一结论，专家们认为成年人的体温达到37.7℃的时候就属于发烧。然而在生活中，人们出现眼睛胀痛、脑门发热等症状时，体温在37℃以下的情况却比比皆是，而有的人体温在37.7℃的时候才会出现明显的发烧症状，并伴有头晕、乏力、腹泻等。可见，37℃这个标准体温并不适用于所有人，把37.7℃定为发烧的基准也不一定准确。

　　根据长期的统计研究可以了解到，人类的核心体温正在下降，现代人的体温通常在36.5℃左右，有的人体温测出来在37℃，可能不会有任何事，但有的人可能会感觉到发烧和不舒服。美国斯坦福大学的研究人员针对人类体温下降的问题进行了研究，他们找到了19世纪近9万多份美国军人的体温报告，并将这些体温数据与人们现在的体温进行了比对，结果发现美国男性的平均体温从37.2℃下降到了36.6℃，下降了0.6℃，而美国女性的体温也下降了0.32℃。也就是说，自19世纪以来，成年人的平均体温在持续下降，每十年下降0.03℃，在不到200年的时间里，人的平均体温从37℃降到了36.6℃。

　　以前人类的正常体温维持在37℃，是因为较高的体温能抵抗细菌、病毒、真菌、病原体等致病因子。但是人类社会经历了<u>前所未有</u>的变革，医疗卫生条件和饮食环境得到了大幅改善，因此现在的人已经很少染上疟疾、肺结核等疾病，即使不幸被感染，也能通过药物治疗得到康复。人体发热的几率减少，正常体温也随之降低了。此外，人们的生活条件也发生了很大的变化，人们可以用空调、暖气等来调节环境温度，所以大脑中的体温调节中枢对外界环境温度变得相对不敏感，身体的发热能力也就下降了。

　　人类平均体温的下降究竟是好事还是坏事？专家指出，对每个个体来说，体温的高低会直接影响身体健康。临床发现，在正常的体温范围内，体温相对较高的人免疫力也相对较强。体温越高，基础代谢率也越高，免疫细胞的活力也就越强，这样人体能更好地阻挡致病因子的"入侵"。而体温越低，基础代谢率也越低，因此免疫细胞处于低位运行的状态，身体自然就更容易受到致病因子的"攻击"。但是睡觉的时候正好相反，较低的体温有利于提高睡眠质量，因为体温下降时代谢率和血流速度也会随之降低，人自然睡得更香。

　　体温能够反映人体多方面的情况，对人类来说，只有将体温控制在合适的范围内，身体才会更加健康。

74. 环境温度变化时，人为什么依然能保持相对稳定的体温？

_____

75. 为了得出人的标准体温，卡尔·温德利希收集和分析了什么？

_____

76. 根据美国斯坦福大学的研究可知，成年人的平均体温出现了怎样的变化？

_____

77. 第五段中，画线词语"前所未有"的意思是什么？

_____

78. 随着人们生活条件的变化，对外界环境温度变得相对不敏感的是什么？

_____

79. 在正常的体温范围内，体温相对较高的人会怎么样？

_____

80. 睡觉时较低的体温为什么有利于提高睡眠质量？

_____

81-87.

　　提起西安，人们可能最先想到的是秦始皇陵，却很少会想到坐落在西安东南部边缘地带的大雁塔。大雁塔是西安的城市地标，还出现在西安市徽上。

　　位于西安大慈恩寺内的大雁塔，又名"慈恩寺塔"。关于大雁塔的传说数不胜数，其中有这样一个故事：几位佛教徒因久未进食而奄奄一息，此时有只大雁掉落在他们的脚边死去了，他们认为内心的虔诚感动了佛祖，但他们宁愿挨饿也不愿吃掉大雁，于是将大雁埋在土里，修了一座塔作为纪念。

　　事实上，大雁塔是唐永徽三年，玄奘为保存从天竺带回长安的经卷而主持修建的，大雁塔的建造借鉴了印度的菩提迦耶塔。大雁塔初建时只有五层，后来被加高至九层，武则天时期，大雁塔再次增高至十层，后来经历了加固修葺，大雁塔最终定为七层。

　　大雁塔是由青砖支撑起的四方形楼阁式塔，主要由塔基、塔身、塔刹组成。塔的外部是由平均厚达6米的内外两层青砖砌筑而成的。为了加固塔身，建造者将中国传统木建筑的结构元素与砖砌建筑完美地结合起来，创造了独特的仿木砖结构。塔的内部是由数十根木柱与横梁搭配成筒状结构，木柱的数量随层数自下往上递减。塔的内部空间相对狭小，仅有位于中心的筒体空间和伸向四面的门洞。为了方便行走和上下楼，人们在塔内安装了螺旋上升的直角木梯，木梯盘旋而上，可以到达大雁塔的每一层。大雁塔的顶端置有塔刹，塔刹笔直地指向天空。

　　作为中国古老的佛塔之一，大雁塔塔内收藏着重要的佛教文物。在第一层，塔内一处平卧着一块"玄奘取经跬步足迹石"，上面所刻的图案生动地描述了玄奘当年西天取经的故事，以及反映了他万里征途、始于跬步的奋斗精神。第二层的塔室内供奉着被视为"定塔之宝"的佛祖释迦牟尼佛像，到大雁塔游览的游客都争先瞻仰礼拜。当年玄奘从天竺带回的万余枚佛祖舍利，大部分已经下落不明，现仅有数枚佛祖舍利被供奉于大雁塔的第三层。大雁塔的第四层塔室内所收藏的贝叶经也是弥足珍贵的佛教文物。

　　除了佛教文物，大雁塔里还有许多珍贵的文化遗产。大雁塔底层南门洞的两侧都嵌置着碑石，东龛碑石是由左向右书写的，西龛碑石则是由右向左书写的，两座碑石左右_____，规格形式相同，史称"二圣三绝碑"。"二圣"指的是两位皇帝，即唐太宗李世民和唐高宗李治。而"三绝"中"一绝"指的是唐太宗和唐高宗御撰的碑文，"二绝"指的是书法家褚遂良写的书法，"三绝"指的是碑文所传达的玄奘西天取经弘扬佛法的伟业。虽然经历了地震和战乱，但"二圣三绝碑"得到了妥善保护，至今依然字迹清晰。

　　大雁塔的修建，是佛塔这种建筑形式随佛教传入中国的结果。<u>大雁塔是十分重要的文化遗产，是佛教融入中华文化的典型物证，是凝聚了中国古代劳动人民智慧的标志性建筑。</u>

81. 第二段主要谈的是什么？

_____

82. 大雁塔最初有几层？

_____

83. 大雁塔内部的木柱数量有什么特点？

_____

84. 图中A的名称是什么？

_____

85. 图中B处供奉的文物被视为什么？

_____

86. 根据上下文，请在第六段的空白处填上一个恰当的词语。

_____

87. 最后一段画线部分主要是为了说明什么？

_____

三、写作

第一部分

第88题：以下是有关A国1970年和2020年职业结构的统计图，请对图表进行描述与分析，写一篇200字左右的文章，限定时间为15分钟。

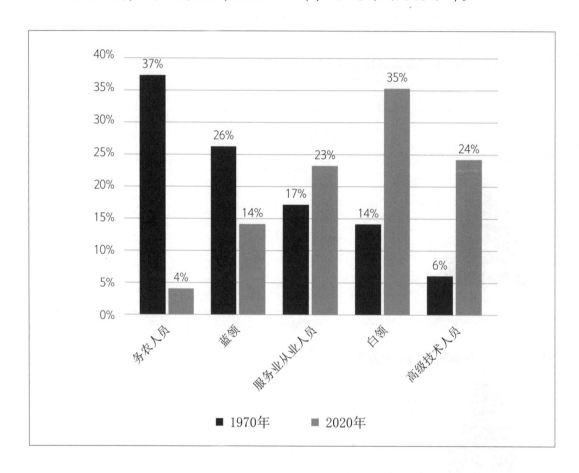

88. _____

_____

_____

_____

第二部分

第89题：请写一篇话题作文，限定时间为40分钟。

89. "且夫水之积也不厚，则其负大舟也无力"出自《庄子·逍遥游》，意思是"如果聚集的水不深，那么它就没有承载一艘大船的力量"。也就是说，要想求大学问或者干大事业，必须先打下坚实、深厚的基础。你赞不赞同"且夫水之积也不厚，则其负大舟也无力"？请写一篇600字左右的文章，论证你的观点。

_____

_____

_____

_____

_____

_____

_____

_____

四、 翻 译

第一部分

第90-91题: 请将下列两篇短文译写成中文, 限定时间为35分钟。

90.　　현재, 중국은 산업 전환 및 업그레이드의 절박한 수요에 직면해 있으며, 이는 로봇 산업의 발전에 밝은 전망을 제공했다. 로봇은 산업용 로봇, 서비스용 로봇과 특수 로봇으로 나눌 수 있으며 그중 산업용 로봇의 활용 분야는 자동차, 전자, 의약 등 50여 개의 산업을 포괄하고 있다. 산업용 로봇은 사람들을 대신해 유독, 고온 등 열악한 환경에서 일할 수 있고 고되고 단조로운 노동을 완수하여 노동 효율성을 높이고 제품 품질을 보장할 수도 있다. 서비스용 로봇은 요식, 교육, 의료, 물류 등 서비스 분야에 활용된다.

　　그러나 일부 사람들은 로봇 사용에 대해 부정적인 태도를 가지고 있다. 전문가들의 예측에 따르면, 앞으로 직업의 70% 가까이가 전자동화될 것이며, 이는 많은 직업이 로봇으로 대체될 것임을 의미한다. 또 주목해야 할 것은, 로봇의 소프트웨어 시스템이 공격을 받아 범죄자에 의해 통제되면 사용자로 하여금 직접적인 경제적 손실과 인명 피해를 입게 할 수 있다는 것이다. 그럼에도 불구하고 인간과 로봇의 관계를 잘 조정하여 로봇 산업을 합리적으로 발전시킨다면 로봇은 인간에게 더 많은 편의를 가져다줄 것이다.

_____

_____

_____

_____

_____

_____

_____

91.　　　증자는 중국의 저명한 사상가이며, 그는 공자 말년의 제자 중 한 명으로 유가학파의 중요한 대표로 꼽힌다. 어느 날 증자의 아내가 일을 보러 나가려 하자 세 살짜리 아들도 가겠다고 칭얼거렸다. 아내는 일을 그르치고 싶지 않아서 아이를 집에 둘 수밖에 없었고, 돌아와서 돼지를 잡아 그에게 먹게 해주겠다고 달랬다. 저녁이 되자 아내는 집에 있는 아이가 걱정돼 애간장을 태우며 돌아왔는데, 증자가 이미 칼을 다 갈고 돼지를 죽이려고 하는 것을 보았다. 아내는 황급히 증자를 저지하며 자신은 아이에게 농담을 했을 뿐인데 어떻게 진짜로 돼지를 죽일 수 있느냐고 말했다. 그러나 증자는 정직한 것과 신용을 지키는 것은 한 사람의 가장 기본적인 소양이며, 아이를 속이는 것은 어떻게 다른 사람을 속이는지를 아이에게 가르치는 것과 같다고 여겼고 이것이 올바른 교육 방법이 아니라고 생각했다. 그래서 약속을 지키기 위해 증자는 그 돼지를 죽였다.

　　　부모는 아이의 첫 번째 선생님이며 부모의 말과 행동은 아이의 성장에 큰 역할을 한다. 따라서 부모는 솔선수범해야 한다. 증자는 자신의 실제적인 행동으로 아이에게 신용을 지키라고 교육했는데, 그는 비록 돼지 한 마리를 죽여 재산에 손해를 입었지만, 장기적으로 봤을 때 이는 아이의 교육에 큰 이점이 있다고 본 것이다.

第二部分

第92-93题： 口译。

92.   시대의 발전에 따라, 복잡하고 번거로운 중국 전통 식탁 예절은 점차 사람들에게 잊혀지고 있다. 하지만 기본적인 식탁 예절은 여전히 알아둘 만한 가치가 있다. 우선, 자리에 앉을 때는 윗사람과 손님이 우선이라는 원칙을 따라야 한다. 주인은 손님이 음식 나오는 곳과 가까운 자리에 앉게 해서는 안 된다. 두 번째로, 음식을 주문할 때 미리 손님이 음식을 가리는 것이 있는지 물어봐서 가능한 한 모든 손님을 배려해야 한다. 그다음으로, 음식을 집을 때 접시에 있는 음식을 뒤적거리면 안 되고, 손님의 손도 넘어가도 안 되며, 이런 것들은 모두 예의 없는 식사 행위이다. 마지막으로, 식사를 할 때 젓가락을 밥에 꽂으면 안 되며, 씹을 때는 소리를 내서는 안 된다.

    (2分钟)

93.   모두가 다 알고 있는 것처럼, 북극의 생태환경 변화는 지구 환경에 큰 영향을 준다. 북극을 이야기할 때, 사람들의 머릿속에서 흔히 떠오르는 것은 흰 눈과 빙산이다. 그러나 현재 북극의 온난화 속도는 전 세계 어느 지역보다 더 빠르며, 넓은 면적의 빙산과 해빙이 녹고 있다. 해빙의 소실은 북극곰, 북극여우, 북극늑대 등 동물들이 전례 없는 시련을 마주하게 하고 있다. 만약 이러한 상황이 지속된다면 이 동물들은 자연적인 사냥터를 잃게 될 것이고, 생존이 심각하게 위협받으며 심지어 멸종될 수 있을 것이다.

    (2分钟)

五、口语

第一部分

第94题：应用读说。

你在网上看到，3月16日(周六)上海天文馆将举办"天文馆奇妙夜"主题特色活动。以下是相关活动的具体内容。

时间	地点	活动内容	具体说明
18:00-19:00	上海天文馆宇宙剧场	天文科普影片：《奔向月球》	- 该影片适合儿童观看
19:00-20:00	上海天文馆A馆大厅	讲座：《从白矮星说起》	- 主讲人：张子平(上海天文馆副研究员)
20:00-21:00	上海天文馆天象厅	讲座：全年天象预告	- 主讲人：王文(上海天文馆首席科普专家) - 讲述即将出现的各类天象
19:00-22:00	上海天文馆北侧广场	望远镜观测	- 由天文馆专家现场指导，观众可借助望远镜观测天体 - 由于夜间温度低，在户外观测时需做好防寒保暖措施

94. 1）你的同事想带孩子去参加"天文馆奇妙夜"主题特色活动，他对天文科普影片和望远镜观测感兴趣。请你根据上面的表格向那位同事详细介绍一下。

2）你对哪个活动内容最感兴趣？为什么？

（3分钟）

第二部分

第95-97题：听材料回答问题。

95. （30秒）

_____

96. （30秒）

_____

97. （2分钟）

_____

第三部分

第98题：观点表达。

98. （3分钟）

_____

<통번역 추가문제 모음집 PDF&MP3> 제공
china.Hackers.com

해커스 해설이 상세한 HSK 7-9급
실전모의고사
제2회

* 실제 시험을 보는 것처럼 시간에 맞춰 실전모의고사를 풀어보세요.

잠깐! 테스트 전 확인 사항

1. 휴대 전화의 전원을 끄셨나요? ····················· ☐
2. 시계가 준비되셨나요? ···························· ☐

中文水平考试
HSK（七—九级）

注　意

一、HSK（七—九级）分五部分，共98题：

    1. 听力（40题，约30分钟）

    2. 阅读（47题，60分钟）

    3. 写作（2题，55分钟）

    4. 翻译（4题，41分钟）

    5. 口语（5题，约24分钟）

二、全部考试约210分钟。

一、听力

第一部分

第1-10题： 请根据所听到的内容，判断下面的句子是否符合原文，符合原文的
请画"✓"，不符合的请画"✗"。

1. 据调查，近日城镇居民的节假日休闲时间大幅度减少，这是居民生活品质下 　　（　　　）
降导致的。

2. 通过对非物质文化遗产的沉浸式体验，人们能够增强自己的参与感和文化认 　　（　　　）
同感。

3. 为了方便人们体验线上文化休闲活动，文化和旅游部实行了全民艺术普及的 　　（　　　）
数字化改革。

4. 从整体上看，城乡之间、不同社会群体之间享有的文化权益基本没有太大差距。（　　　）

5. 这则新闻主要谈的是，人们的文化休闲活动随着生活品质的提升而变得越发 　　（　　　）
重要的现象。

6. 由中国互联网新闻中心出品的系列纪录片《万象中国》日前已播出三集。 　　（　　　）

7. 《万象中国》以短视频的形式，用中、英双语讲述中国核心文化符号，并从 　　（　　　）
中挖掘中国人的核心文化观念、精神信仰和思维方式。

8. 主创团队对世界各地的中国文化爱好者进行了详细的问卷调查，挑选出了20 　　（　　　）
个中国文化的核心元素和代表符号。

9. 《万象中国》主要讲述人物对中国文化传播的贡献，通过人物的亲身经历， 　　（　　　）
从侧面反映某一特定人物对中国文化元素产生的影响。

10. 这则新闻主要介绍了《万象中国》的节目特点以及其有望成为当代中国"文 　　（　　　）
化名片"的原因。

第二部分

第11-22题：请选择或填写正确答案。

11. 农业大数据是融合农业自身特征而得出的数据集合，这些数据具有_____。

12. A 根据市场需求，合理调整当年产量　　　B 受到其他中东国家成功案例的启发
    C 在全国范围内进行统一规划和管理　　　D 人们用大数据进行市场分析和科学预测

13. A 已建立完整的农业大数据平台　　　　　B 获取数据的渠道变得更加多元化
    C 数字经济在农业中的应用比重较低　　　D 农业机器人和智能农机装备普及率较高

14. A 培养出了多位远近闻名的农民企业家

    B 通过农业大数据确定施肥时期和农业产量

    C 苹果的销售量远远超过其他农产品的销售量

    D 在全国范围内首次把大数据应用到农业生产中

15. 目前在中国，阻碍农业发展的重要因素是_____。

16. A 有助于实现农民增收　　　　　　　　　B 可以促进农业产量和销量
    C 有利于实现农村"碳达峰、碳中和"　　　D 能使科研院所在农业改革上发挥引领作用

17. A 是与生俱来的能力　　　　　　　　B 与过往的经历和经验有关
    C 要有知识积累和应变能力　　　　　D 有演讲和沟通两种表现方式

18. A 文才是口才的表达方式之一　　　　B 口才比文才更能展现个人特色
    C 有出众的写作水平才能获得尊重　　D 能言善辩的人有较高的文学水平

19. 文才包括＿＿＿＿＿＿＿＿＿＿和文学知识的积累。

20. A 使用大量比喻　　　　　　　　　　B 列举多个统计数据
    C 大量引用古代名人名言　　　　　　D 举演说家和雄辩家的例子

21. A 文才不需要口才的支撑　　　　　　B 口才非凡的人让人敬佩
    C 大量阅读能提高写作能力　　　　　D 好口才是好文才的必要条件

22. A 能推进社会分工合作　　　　　　　B 有助于积累文学知识
    C 能更有效地传承历史文化　　　　　D 可以增强人的自我保护意识

第三部分

第23-40题：请选择或填写正确答案。

23. A 春天即将过去　　　　　　　　　　B 农历春节的到来
    C 农作物开始成熟　　　　　　　　　　D 农民开始耕耘播种

24. A 是用面粉烙制的薄饼　　　　　　　　B "春卷"的出现与其有关
    C 从宋代就有了对春饼的记载　　　　　　D 现在的制作方法与古代截然不同

25. A 寓意着"生财"　　　　　　　　　　　B 有助于解春困
    C 是从夏朝流传下来的传统　　　　　　　D 只在皇帝和朝廷官员之间流行

26. A 需要进行更多的创新　　　　　　　　B 不太符合现代人的口味
    C 体现了中国的优秀传统美德　　　　　　D 反映了"顺天应时"的哲学思想

27. A 中国丰富多彩的立春食物　　　　　　B 春节的一些传统民间活动
    C 中国古代有名的烹饪方法　　　　　　　D 二十四节气食用的传统食物

28. A 她的洗碗机曾在世界博览会展出　　　B 她的洗碗机采用了手动操作方式
    C 她把洗碗机的专利权转让给了他人　　　D 她的祖父为她设计出了洗碗机的雏形

29. A 工作时对水的温度没有特别的要求　　B 高压喷射的水流能全方位冲洗餐具
    C 干燥的内部环境能对餐具起保护作用　　D 洗涤剂的化学分子爆炸时产生空化气泡

30. 购买洗碗机的中国家庭并不多，很多人对洗碗机不够了解，甚至带有_____。

31. A 中式餐具相对来说更容易破碎　　　B 中国家庭使用洗碗机时耗时更长
    C 中西方的思想观念存在很大差异　　D 中餐残渣较多，清理起来更有难度

32. A 清洁效果有待验证　　　　　　　　B 噪音问题仍未得到解决
    C 比手洗时更能节约用水　　　　　　D 尤其受到年轻消费者的青睐

33. A 仍无法满足人们多元化的需求　　　B 将成为厨电企业争相研发的品类
    C 全球洗碗机市场在短期内处于饱和状态　　D 会走进更多中国家庭，让人们享受到便利

34. A 需要有庞大的市场需求　　　　　　B 不容易引起人们的重视
    C 其发展受工业革命的影响　　　　　D 一直是国民经济的薄弱环节

35. A 生态环境遭到破坏　　　　　　　　B 相关人才急剧流失
    C 农作物产量大幅减少　　　　　　　D 农业管理体制变得混乱

36. A 农民享受到了政策实惠　　　　　　B 政府提倡农民使用化肥和农药
    C 在农业管理中应用了信息技术　　　D 农业机械的出现解放了农民的双手

37. 农业4.0强调数字技术、自动化和_____，以提高生产效率、可持续性和竞
    争力。

38. A 能满足旺盛的工业需求　　　　　　B 可及时监测农作物的状况
    C 能减少对肥料和水的浪费　　　　　D 不需要花费很多人力和物力

39. A 严厉追查农民的责任　　　　　　　B 有效追踪农产品的来源
    C 检查近期改良的作物品种　　　　　D 积极引进先进的农业生产模式

40. 通过_____和信息技术的应用，农业4.0有望为全球农业带来更高效、可持续和
    创新的解决方案。

二、 阅 读

第一部分

第41-68题：请选择正确答案。

41-47.

据最新报道，阿根廷中央银行总裁在与中国人民银行行长会谈后，决定与中国进行1300亿元人民币的货币互换，其中350亿元人民币将被用于稳定阿根廷外汇市场。此次货币互换可以促进中阿双方的贸易合作，同时有利于中国推进"21世纪海上丝绸之路"。此消息一传出，货币互换再次受到了世人的关注。

货币互换是指金额相同、期限相同但货币不同的两笔债务资金之间的互换。简单来说，一个国家与已签订货币互换协议的其他国家进行贸易结算时，可直接用本国货币或者对方国家的货币来进行结算。进行货币互换的目的是降低筹资成本，防止汇率变动造成的经济损失。在一般情况下，货币互换交易一经受理，就不可撤销或提前终止。

货币互换有助于促进国家之间的经济合作，其带来的积极影响有以下几点。

一、减少汇率波动风险。在目前的浮动汇率制度下，两国货币之间的汇率经常发生变化。对于有贸易往来的两国来说，如果允许汇率波动，可能会面临货币贬值或升值带来的不利后果。例如，对中国来说，如果人民币对A国货币贬值，中国商品将有利于向A国出口，但同时不利于从A国进口。不过如果双方实施货币互换，就能减少汇率波动带来的风险。

二、避免汇兑损失。在两国之间开展对外贸易或进行对外直接投资的过程中，如果实施货币互换，就可以直接用本国货币进行结算，不用选择第三方货币作为中间货币，进而避免因汇率波动而造成的汇兑损失。

三、降低外汇储备不足带来的风险。一个国家外汇储备不足，就无法从其他国家进口货物。如果这种无外汇储备又无国际货币的国家想从其他国家购买商品，就可以采用货币互换的形式，直接购买对方国家的商品。

四、推动区域经济一体化进程。货币互换在一定程度上也属于双边投资协议的_____，贸易双方签署货币互换协议意味着双边经济体的形成。这能促进协议国之间资源的合理配置，推进区域经济一体化进程。

世界正面临着百年未有之大变局，新一轮科技革命和产业变革深入发展。在全球治理体系、国际分工体系、国际贸易投资格局加快重塑的背景下，应该通过合理使用货币互换这一债务对冲手段，促进对外贸易的发展。

41. 根据第一段，可以知道什么？

A 阿根廷想通过货币互换占据主导地位

B 阿根廷中央银行决定开展新一轮财政政策

C 中阿货币互换不利于其他国家进军南美市场

D 中阿货币互换将有利于使阿根廷外汇市场稳定

42. 关于货币互换，下列哪项正确？

A 可降低汇率变动的幅度

B 旨在降低筹措资金的成本

C 需要第三方货币作为中间货币

D 只对同一经济体内的货币进行互换

43. 一个国家货币的贬值会对该国进出口贸易产生怎样的影响？

① 有利于对外出口商品

② 贸易赤字会持续增加

③ 在出口方面受诸多限制

④ 在进口方面处于不利地位

A ①②

B ①④

C ②③

D ③④

44. 为什么可以通过货币互换来避免汇兑损失？

A 可以减免境外汇款手续费

B 无需通过第三方货币进行结算

C 世界贸易组织会承担相应的损失

D 世界银行给协议双方提供所需资金

45. 根据上下文，第七段空白处最适合填入的词语是：

A 筹码

B 风范

C 范畴

D 界限

46. 贸易双方签署货币互换协议对什么有利？

A 抵制贸易保护主义

B 加强世界多极化趋势

C 巩固协议双方的经济主权

D 协议国之间资源的合理配置

47. 上文主要谈的是：

A 货币互换未来的发展模式

B 货币互换带来的积极影响

C 签订货币互换协议时的注意事项

D 金融危机给货币互换带来的挑战

48-54.

　　根据世界卫生组织的调查，全世界有超过10亿人生活在残障造成的不便中。随着现代科技的发展，互联网等通信技术成了残障群体与社会沟通交流的主要桥梁。对残障群体来说，网络购物、线上工作显得尤其重要，互联网方便了他们的生活，缩短了他们与其他人的距离。然而由于各种原因，有些残障人士不能顺畅地使用互联网。正如对物理生活空间进行的各种无障碍改造一样，人们正在对网络空间进行无障碍改造，努力实现网络信息无障碍。网络信息无障碍，又被称为信息无障碍，是指任何人在任何情况下都能平等、方便、无障碍地获取并利用网络信息。

　　迄今为止，中国开展信息无障碍工作已经将近二十载，中国是世界上开展此项工作较早的国家，也是开展此项工作最早的发展中国家。自2004年起，中国互联网协会和中国残疾人福利基金会连续举办了具有一定国际影响力的"中国信息无障碍论坛"。这个论坛对促进中国与国际社会交流合作、推动中国信息无障碍事业的健康可持续发展有着重要的意义。中国在开展信息无障碍工作中取得了一定的成就：一是为了推动信息无障碍工作，制定了大量的法律和政策；二是制定了信息无障碍标准和规范；三是积极开展了信息无障碍改造工作；四是推动了信息无障碍技术进步；五是着力推动了公益服务。

　　多数人会把对信息无障碍的关注点定位在盲人用户，但是对身体技能退化或丧失、认知能力下降的老年群体缺乏相应的关注。最近，中国正在积极引导和推动"数字技术适老化"，数字技术适老化是信息无障碍的一项重要内容，旨在激发新一代信息技术的赋能作用，让老年人能够平等、方便、安全地使用数字技术产品和服务，利用数字技术解决老年人的生活、健康、养老等问题。数字技术适老化的其中一个重要成果是，一些应用软件推出了"长辈模式"，解决老年人在使用软件时的不便，为老年人使用智能技术提供了很好的帮助。

　　现在出现了一个有趣的现象，_____是年轻人，也开始选择使用"长辈模式"。这是因为在"长辈模式"下，应用软件画面采用扁平化设计，去除冗余、厚重和繁杂的装饰效果，而且没有广告弹窗，也没有引导类的下载链接等干扰信息，使得用户的操作更加简易便捷，浏览舒适度更高，操作体验更好。"长辈模式"在满足老年人需求的同时，也受到了年轻人的青睐。

　　数字技术适老化虽然还面临着产品服务供给不足、市场机制尚不健全等问题，但随着社会各界对适老化的重视，国家与社会各方将**勠力同心**，共同推动网络信息无障碍的可持续发展，建成兼顾所有社会成员需求的智慧社会。

48. 网络信息无障碍指的是什么？

    A 信息不加过滤地上传到互联网
    B 互联网信息传播不受国家限制
    C 政府出台的对残障人士的优惠政策
    D 任何人都能无障碍地获取网络信息

49. 关于中国开展的信息无障碍工作，可以知道什么？

    A 起步虽晚但获得了较大的成就
    B 举办了具有影响力的相关论坛
    C 缺乏相关的标准和规范作为支撑
    D 把推动公益服务视为最重要的命题

50. 中国在信息无障碍工作上取得了哪些成就？

    ① 出台了大量法律和政策
    ② 新设立了信息无障碍委员会
    ③ 促进了信息无障碍技术的进步
    ④ 让所有残障人士都能接触到互联网

    A ①②
    B ①③
    C ②④
    D ③④

51. 关于数字技术适老化，下列哪项**不正确**？

    A 受到了国家和社会的重视
    B 主要的服务对象是老年群体
    C 与信息无障碍存在很大差异
    D 目的在于让老年群体方便使用数字产品

52. 根据上下文，第四段空白处最适合填入的词语是：

    A 即便
    B 以致
    C 要么
    D 进而

53. "长辈模式"为什么受到了年轻人的青睐？

    A 使用"长辈模式"被视为时尚潮流
    B "长辈模式"附加了大量的免费软件
    C "长辈模式"让用户有更方便的体验
    D "长辈模式"提供更多精彩且有用的广告

54. 画线词语"勠力同心"的"勠"与下列哪个括号中的词语意思相近？

    A 分工（合）作
    B 千（钧）一发
    C （化）险为夷
    D 坚持不（懈）

55-61.

　　随着全球人口的持续增长，人们对蛋白质的需求不断攀升，全球蛋白质消费量也随之与日俱增。如何利用有限的资源满足更多人对蛋白质的需求，成为了当下迫切需要解决的问题。不断增长的全球人口将导致未来的食物需求大量增加，对动物蛋白的需求也随之增多，而动物蛋白的生产始终是有限的，因此需要其他替代蛋白来进行补充。

　　目前，全球主要有四种替代蛋白，根据原料的不同，可以分为植物蛋白、微生物蛋白、细胞蛋白和昆虫蛋白。植物蛋白是目前消费市场占比最大的一种替代蛋白，常见的植物蛋白有大豆、豌豆、鹰嘴豆等，植物蛋白广泛应用在食品领域。微生物蛋白指的是从人工培养的微生物菌体中提取的蛋白质，微生物蛋白一般在发酵罐或其他生物反应器中生产，因此不会占用耕地，耗水量也很少。细胞蛋白一般是通过组织培养技术，用动物干细胞培育而成的，在培育的过程中会产生肌肉组织，它类似于动物的肌肉蛋白，不过细胞蛋白的生产成本较高。昆虫蛋白是采用生物学和化学的方法从昆虫原料中提取的蛋白质。

　　近年来，替代蛋白行业持续利好，相关技术发展迅速，消费市场不断扩大。企业在开发替代蛋白原料时，会关注原料风味、颜色、蛋白质含量等，并通过技术升级来解决替代蛋白在风味及质量方面的问题。以色列的一家公司就通过鹰嘴豆育种方面的技术突破，开发出了比传统鹰嘴豆蛋白质含量高75%的新品种，提高了其蛋白质含量和营养特性。此外，美国一家公司还推出了一种功能性蛋白质，让蛋白质制造商在保证质量的同时提高产量。

　　除了豌豆、燕麦、坚果、谷物等在替代蛋白产品配方中比较活跃的原料，更多的蛋白质原料被越来越多的企业探索和研发，这些企业试图为市场带来更加高效、多元且优质的解决方案。截止到现在，市场上已经能够看到通过海藻、微藻等原料制造的蛋白质，这些新一代蛋白质有望在未来几年内改变替代蛋白的市场格局。

　　替代蛋白行业逐渐成熟，这吸引了许多企业涌入相关**"赛道"**，也使政府和社会机构开始关注替代蛋白领域。有些国家如今已在替代蛋白的相关研究项目上投入了许多资金，这些用于研究的公共资金对行业的迅速扩展至关重要，预计将来会有更多公共资金被用于替代蛋白的研究。从可持续发展的角度看，替代蛋白可能会在未来的食品市场占据**一席之地**。

55. 为什么要开发替代蛋白？

    A 动物蛋白不受人青睐　　　　　　　B 替代蛋白的营养价值更高

    C 替代蛋白的价格更容易被人们接受　D 替代蛋白可填补将来的蛋白质需求

56. 第二段主要介绍了什么？

    A 不同种类的替代蛋白　　　　　　　B 植物蛋白的多种开发技术

    C 生产高质量替代蛋白的方法　　　　D 替代蛋白的多渠道营销方案

57. 关于植物蛋白，下列哪项正确？

    A 当前销量还比较低　　　　　　　　B 能够产生肌肉组织

    C 耗水量是替代蛋白中最少的　　　　D 在食品领域得到了广泛的应用

58. 企业开发替代蛋白时，会注重什么？

    A 原料的大小及重量　　　　　　　　B 原料的颜色和风味

    C 原料中微生物的含量　　　　　　　D 原料的生产地和生产商

59. 最后一段画线词语"赛道"指的是什么？

    A 与替代蛋白有关的行业　　　　　　B 替代蛋白行业的先驱者

    C 替代蛋白技术的相关政策　　　　　D 购买替代蛋白的消费人群

60. 画线词语"一席之地"在文中表示什么意思？

    A 替代蛋白市场占比最大　　　　　　B 替代蛋白会占有一定的地位

    C 替代蛋白的市场份额超越动物蛋白　D 在短时间内，替代蛋白销量急速上升

61. 上文最可能出自哪个刊物？

    A 《医药卫生》　　　　　　　　　　B 《科学焦点》

    C 《世界科幻博览》　　　　　　　　D 《中国物理快报》

62-68.

前不久，国务院印发了《全民健身计划》，就促进全民健身更高水平发展、更好满足人民群众的健身和健康需求，提出了5年目标和8个方面的主要任务。当下，运动理念已深入人心，人们将运动融入日常生活，居家运动已成为很多人锻炼身体时的重要选择；乒乓球、羽毛球、网球等既有趣味性又有竞技性的运动也引发了大众的广泛参与。更让人意外的是，兼具健身和养生功效的中国传统健身法也日益受到人们的青睐。丰富多样的中国传统健身法独具东方文明的精神内涵和文化特质，对人们产生了独特且深远的影响。其中比较有代表性的是太极拳、五禽戏和八段锦功法。

在中国传统健身法中，最为人们熟悉的是已被联合国教科文组织纳入《人类非物质文化遗产》的太极拳。它是以儒家、道家哲学中的太极、阴阳辩证理念为核心思想，集颐养性情、强身健体、技击对抗等多种功能为一体的中国传统拳术。太极拳动作柔和、速度缓慢、拳式易练，所以有些人觉得它是年老体弱者的"专利"，但其实不然，太极拳架势的高低、运动量的大小都可以根据个人体质而自行调整，它能满足不同年龄、体质的需要。不管是想提高功夫还是想延年益寿，都能通过练习太极拳获得满意的效果。

五禽戏是另一个较为有名的中国传统健身法，其创编者为东汉时期著名的医学家华佗。他继承了前人的养生术——导引术，根据自己的中医理论基础，创编了较为完善的五禽戏，所以人们也将其称为"华佗五禽戏"。关于五禽戏的记载，最早见于西晋时期史学家陈寿写的《三国志·华佗传》："吾有一术，名五禽之戏，一曰虎，二曰鹿，三曰熊，四曰猿，五曰鸟。"由此可见，五禽戏所要模仿的是虎、鹿、熊、猿、鸟五种鸟兽的动作和特性。五禽戏具有＿＿＿＿＿脉络、调节气血、增强脏腑功能等功效。

八段锦功法是一套独立而完整的健身功法，起源于北宋时期，至今已有八百多年的历史。这套功法共分为八段，每段有一个动作，故名为"八段锦"。八段锦功法编排精致、动作优美，而且有柔和缓慢、圆活连贯、松紧结合、动静相兼的特点。长期练八段锦功法可使人缓解抑郁情绪、强身健体、耳聪目明。八段锦功法的健身效果十分显著，因此它最近在年轻人中悄然走红。

中国传统健身法中较为有名的还有导引术、太极推手、气功、易筋经等等。中国传统健身法种类繁多，这些功法历久而不衰，且功效显著。然而专家们表示，传统健身法非常讲究方法，并不是所有人都适合练习的，**盲目跟风**并不可取，练错倒不如不练，如果练错，不仅没有功效，反而会加重身体的不适症状。专家们还特别提醒，练习中国传统健身法时，应遵循安全第一的原则，做到循序渐进，如有任何不适症状，应及时停止锻炼。

62. 中国传统健身法有什么特点？

    A 有一定的竞技性   B 注重观赏性和表演性

    C 动作简单易学且节奏快   D 有东方文明独特的精神内涵

63. 关于太极拳，下列哪项**不正确**？

    A 有助于延长人的寿命   B 最适合老年人群练习

    C 可以随意调整运动量的大小   D 融入了儒家思想和道家思想

64. 关于五禽戏，可以知道什么？

    A 是根据不同动物的外形创编的   B 被普遍认为是古代导引术的前身

    C 主要以中医学理论作为理论基础   D 陈寿收集和整理了五禽戏的全套动作

65. 根据上下文，第三段空白处最适合填入的词语是：

    A 填充   B 拨通

    C 输送   D 疏通

66. 八段锦功法为什么受年轻人的欢迎？

    A 可在短时间内上手   B 健身效果非常明显

    C 多次出现在影视剧中   D 可满足年轻人追求稳定的心理

67. 画线词语"盲目跟风"在文中表示什么意思？

    A 在人群中随意修炼   B 把健身当作社会新潮流

    C 看不惯其他人的健身习惯   D 毫无主见地跟从他人的选择

68. 最后一段主要谈的是什么？

    A 专家对中国传统健身法的评价   B 中国传统健身法的未来发展趋势

    C 练习中国传统健身法时的注意事项   D 提高中国传统健身法功效的具体方法

第二部分

第69-73题：请将顺序被打乱的语段重新排序，完成一篇逻辑连贯的文章。
其中一个选项为干扰项，需排除；画线选项无需排序。

[A]　正如前面所提到，掐丝相当于绘画中的线描，而点蓝就如同绘画中的着色。点蓝技师要把事先备好的珐琅釉按照标示的颜色，用小铲形工具一点点填充到焊好的铜丝纹饰框架中。他们要保持工作台的整洁，在操作时双手必须要保持干净，同时还要充分理解铜胎上纹饰之间的透视关系，只有这样才能制出有立体感的纹饰。点蓝结束后还需要将器物放到800℃的炉子中进行烧蓝的工序，直至釉料凝固，与铜丝齐平为止，这个步骤要重复三到四次才能完成。

[B]　关于景泰蓝的起源，考古界没有统一的说法，不过学界公认在明代景泰年间，其工艺制作技术达到了巅峰。景泰蓝是一种在金属表面用釉料进行精美装饰的珐琅器工艺品，因在景泰年间盛行，且使用的珐琅釉多为蓝色，故而得名"景泰蓝"。景泰蓝既运用了青铜和瓷器的传统工艺，又吸收了绘画和雕刻的技法，给人以高贵华美的审美享受。

[C]　清代是掐丝珐琅工艺发展的又一高峰期，由于社会安定且经济繁荣，景泰蓝得到了一定的发展。清代初期的景泰蓝缺乏独创性，无论是造型还是装饰，大多数都沿袭了明代的风格。而清代中后期的景泰蓝则受到了当时宫廷的影响，造型变得更为丰富，出现了建筑物、屏风、桌椅等造型，并且整体风格也变得更为奢华。

[D]　为了防止器物氧化，使之更耐久、更美观，就要进行景泰蓝制作工艺中的最后一道工序——镀金。镀金，顾名思义就是在器物表面镀上一层黄金。由于器物上会留下触摸过的痕迹，因此在镀金前必须要进行严格的特殊处理，否则会影响镀金的质量。镀好金的景泰蓝配上精美的底托，更能显示出景泰蓝的华美。

[E]　确定好整体胎型后，就到了掐丝的工序。掐丝用的材料是一种很窄的扁铜丝，要将这种扁细、具有韧性的铜丝用镊子掐成各种精美的图案，然后一根一根粘在铜胎上。掐丝是一种绝妙的艺术，也是景泰蓝制作工艺中难度较大、不易掌握的一道工序。这项工艺等于是绘画中的线描，只不过勾线时用的不是笔，而是铜丝。掐丝工序结束后，还要进行烧焊、酸洗等工序，在严格检查器物后，再开始下一个步骤。

[F]　<u>一件景泰蓝制品的诞生要经过许多步骤。首先需要设计师设计出图稿，图稿完成后，就会进入制作胎型的环节。景泰蓝的造型是否美观取决于制胎工艺，这是景泰蓝制作工艺中最关键的一步。制胎时要先按照图稿将紫铜片剪出不同的形状，并用铁锤敲打成各种形状的铜胎，在各个部位的衔接处抹上焊药，用高温焊接，便可做出景泰蓝制品的基本形状。</u>

[G]　这个烧制过程能够把景泰蓝的色彩艺术效果基本呈现出来，不过依旧需要经过一些步骤，使景泰蓝更加平整和光滑。磨光便是景泰蓝制作过程中担当"美容"的工艺。因为烧制后的釉料已经固定在铜丝之间，会很不平整，所以就需要磨光这个工序来将多余的釉料磨去。磨光时需要用粗砂石、黄石、木炭分三次将釉料磨平，然后进行抛光处理，使器物看起来更加光亮。

| 69. | | F | | 70. | | 71. | | 72. | | 73. |

第三部分

第74-87题：请回答下列问题，答案字数要在十字以内。

74-80.

　　神话中包含各种自然神和被神化的英雄人物，神话中的故事情节通常会以奇闻异事、战争、爱情等主题来表现。神话之所以会出现，是因为古代生产力水平很低，而人们无法科学地解释自然现象、世界起源和社会生活，于是只能借助幻想把自然拟人化。神话在一定程度上体现出了古代先民与自然的斗争、对理想的追求。

　　人们在日常劳动和生活中积聚了许多强烈的情绪体验，而神话可以使人在假想的世界中宣泄自己各种各样的情绪。神话产生于生产力和人们的认知能力都十分低下的时期，那时人类的思考方式极为简单，因而会自然而然地认为自然界和人一样有意志、有性格、有情感，比如人们相信日、月、风、雨、雷电这些自然现象都是由神主宰的。就这样，人的头脑中开始形成了自然神的概念。在人们创作出的神话故事里，自然神能够随意地支配自然，自然神的存在可以解释出当时人们难以理解的自然现象，于是也就有了开天辟地的盘古，以及万物的始祖女娲。

　　在中国神话中，除了自然神，还有许多描写英雄神的故事，这些英雄神也同样来源于当时人们的想象。人们无法战胜强大的自然力量带来的各种灾害，于是就幻想出了具有超能力的英雄神。英雄神能够率领人们战胜自然、征服自然，还能成为他们的守护者。事实上，许多在人的幻想中产生的英雄往往就是本部族中出现过的一些才智出众的人物，这些人物曾率领部族的人创造过英雄伟绩。这类神话故事的产生表现了人们对智慧的歌颂，也表现了人们想要征服自然的强烈愿望和信心。

　　此外，中国神话中还有关于异人异物的故事，如羽民国的人生来就有翅膀，能像鸟儿一样在天空自由飞翔；奇肱国的人能够制造飞车顺风飞行，不用辛苦奔走；龙伯国的人都是巨人，能一步跨越山海。这些出现在神话中的异人异物，是人们通过对自然界生物的观察而创造出来的，体现了人们战胜自然的渴望。

　　神话作为古人的艺术表现手法之一，和其他艺术一样起源于人们的劳动生活。中国神话中所歌颂的那些具有威望的神，几乎无一不与劳动有关。治理洪水的鲧和禹、钻木取火的燧人氏、射箭技艺高超的后羿等等，他们凭借神力或法宝克服生产劳动中的重重困难，最终取得了成功。这些神话从侧面反映出了人们对劳动的热情，以及他们不屈服于命运、**奋勇向前**的积极生活态度。

　　神话的内容和内涵给后世带来了多方面的影响。在文学创作方面，神话中的内容和对自然事物形象化的手法，对浪漫主义创作方法的形成及后世作家的艺术创作都产生了直接的影响。另外，神话充分表现出了古人的人生观，是古人对自然现象的一种疑问与解释，因此后世能通过研究神话，了解到古人对世界和自然的认识。

74. 第一段画线部分主要谈了什么？

_____

75. 神话可以使人在假想的世界中怎么做？

_____

76. 在神话故事中，自然神能够做什么？

_____

77. 人们为什么会幻想出英雄神？

_____

78. 在神话中出现的异人异物体现了什么？

_____

79. 第五段中，画线词语"奋勇向前"的意思是什么？

_____

80. 最后一段主要介绍的是什么？

_____

81-87.

在地球引力的作用下，大量的气体围绕在地球周围，形成了高度约一千公里的大气层。随着高度的不同，大气层所表现出的特点各不相同。根据大气的特点，大气层大致可分为对流层、平流层、中间层、热层和外层。

对流层位于大气的最底层，直接与地球表面相接。对流层是大气最稠密的一层，这里集中了占大气总质量75%的空气。对流层的平均高度为12公里，其高度与地球经度无关，但会随着地球_____的增高而下降，在两极上空为8公里，在赤道上空为17公里。在对流层内，温度随高度的增加而降低，每升高1公里，气温约下降6.5℃。此层对人类生活影响最大，雨、雪、雹、霜、露、云、雾等一系列天气现象也发生在此层。由于对流层中有大量的对流现象，因此飞机在此层飞行时容易颠簸。

平流层位于对流层之上，此层上热下冷，即高温层在此层顶部，而低温层在底部，这与对流层刚好相反。在平流层中，氧分子在紫外线作用下形成臭氧层，臭氧层像一道屏障一样，保护着地球上的生物免受太阳紫外线及高能粒子的"袭击"。这一层没有强对流现象，很少发生天气变化，因此适于飞机飞行，飞机大部分时间在此层飞行。

中间层是从平流层顶端到离地面85公里之间的大气层。这一层气温垂直递减率很大，对流运动强。这一层会出现夜光云，在夏季黄昏时，能在一些特定地区看到夜光云。很多流星体接近地球时被地球引力吸引而进入大气层，其中大部分流星体会在这一层燃尽。

中间层的外部是热层，由于这里的大气处于高度电离状态，因此这一层也叫电离层。此层温度随高度的增加而升高，据探测，在300公里的高度上温度可达1000℃以上，这是因为波长小于0.175微米的紫外线辐射全部被大气物质所吸收。这一层中存在相当多的自由电子和离子，它们能反射无线电波，并能改变无线电波的传播速度，这对无线电通信具有极其重要的意义。此外，极光也是在热层顶部发生的自然现象。

位于大气层最外面的外层是大气层向星际空间过渡的区域，此层没有明显的界限，温度也随着高度而升高。由于温度高、离地距离远、引力小，大气粒子不断散开，有些还会"逃"到星际空间。不仅如此，此层也是人造卫星的运行空间。

大气层的存在有很大的意义，如果大气层消失，地球上的水将会在一夜之间**化为乌有**，生命便会枯竭，地球就会跟月球一样，只剩下一片荒凉。大气层是地球上所有生物得以生存和发展的必要条件，正是因为有大气层，地球才会有氧气和水，地面的温度也能保持在合适的范围之内。除此之外，大气层还能为地球挡住大多数流星的侵袭，使它们在大气层中被烧毁，从而保护地球环境。

81. 根据上下文，请在第二段的空白处填上恰当的词语。

_____

82. 什么能保护地球上的生物免受太阳紫外线及高能粒子带来的危害？

_____

83. 图中A所指的层的名称是什么？

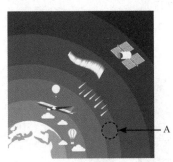

_____

84. 图中B所指的层对什么具有极其重要的意义？

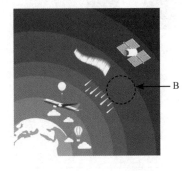

_____

85. 外层的温度有什么特点？

_____

86. 最后一段中，画线词语"化为乌有"的意思是什么？

_____

87. 最后一段主要介绍了什么？

_____

三、写作

第一部分

第88题：请对下列图表进行描述与分析，写一篇文章，字数为200字左右，限定时间为15分钟。

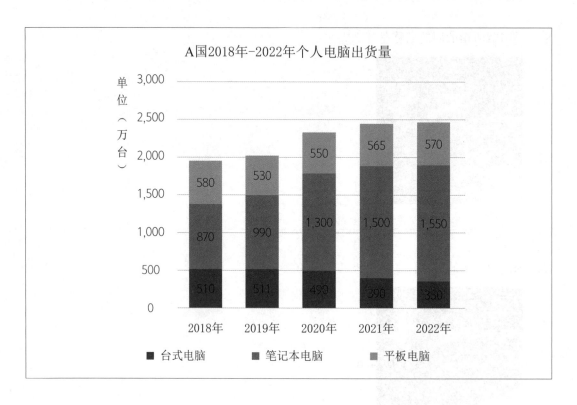

88. _____

_____

_____

_____

第二部分

第89题：请写一篇话题作文，限定时间为40分钟。

89. 有位名人曾说："失败乃成功之母"，意思是"失败是成功的基础"。请写一篇600字左右的文章，谈谈你对失败的认识并论证你的观点。

四、 翻 译

第一部分

第90-91题：请将下列两篇短文译写成中文，限定时间为35分钟。

90.　　벽화는 우주, 자연 형상과 사회생활을 드러내는 그림이라고 말할 수 있다. 벽화란 벽 위의 회화 예술을 가리키며 인류 최초의 회화 형식 중 하나다. 벽화는 고대 문화를 전수하고 계승하는 중요한 매개체이며, 그것은 다양한 선과 색채를 사용하여 사람의 사상과 감정을 표현한다. 벽화는 '벽 위의 박물관'이라 불리며, 높은 예술적 가치와 사학적 연구 가치를 갖고 있다.

　　중국 고대 벽화는 세계 문화유산의 중요한 구성 요소로서, 줄곧 중국 역사 문화유산의 귀중한 자산으로 여겨져 왔다. 중국 고대 벽화의 발전은 석기시대로 거슬러 올라갈 수 있는데, 석기시대는 중국 회화가 싹튼 시기이며, 석기 제작 방식의 개선과 함께 원시 공예 미술도 발전했다. 당나라에 이르러 개방적인 문화 분위기와 진보적인 정치 환경은 벽화 예술의 발전이 절정에 이르게 했다. 이 밖에도 다양한 외부 요소가 중국에 유입되어 당나라의 벽화 발전에 긍정적인 촉진 역할을 발휘했다. 현존하는 당나라 벽화 중 대다수의 내용은 불교와 관련되어 있어서, 사람들은 당나라 벽화를 독자적으로 하나의 품격을 갖춘 중국식 불교 예술로 여긴다.

91.　　최근 재택근무라는 업무 방식이 직장인들에게 각광받고 있다. 일부 기업은 정부의 요청에 부응하기 위해 적극적으로 재택근무 방식을 추진하고 있다. 이 방식은 직원들이 교통비와 시간을 절약하게 하고 업무 효율성을 향상시키며, 사회에도 상당한 이점을 가져온다. 교통 분야 전문가들은 재택근무를 하는 사람 수가 늘어남에 따라 교통이 지연되는 문제도 완화될 수 있을 것이라 밝혔다. 그 밖에도, 통신기술의 발달과 보급은 직원들이 집에서 쉽게 근무를 할 수 있게 하여 통근 스트레스로부터 자유로워지면서, 동시에 회사 지출도 절감할 수 있게 됐다.

　　재택근무는 확실히 많은 장점이 있지만 집에서 업무를 하는 것을 꺼리는 사람들도 있는데, 그들은 가장 이상적인 업무 방식이 재택근무와 회사에서의 근무를 결합하는 것이라고 한다. 비록 재택근무를 좋아하는 사람들은 시간과 비용을 절감할 수 있다는 것을 재택근무의 장점으로 보지만, 회사라는 환경에서 벗어나게 되어 동료 간의 교류가 부족하기 때문에 새로운 문제가 쉽게 생길 수 있다. 사실 모든 유형의 업무가 재택근무에 적합한 것은 아니며, 학술연구, 소프트웨어 개발, 번역 등 업무가 재택근무에 더욱 적합하다. 반면 판매, 수리, 고객 서비스 등과 같이 사람들과 자주 접촉해야 하는 업무는 재택근무에 그다지 적합하지 않다고 여겨진다.

第二部分

第92-93题：口译。

92.   중국어에서 숫자는 풍부한 문화적 함의가 있기 때문에, 독특한 숫자 문화가 나타났다. 사람들은 어떤 숫자가 사람으로 하여금 복과 행운을 얻게 한다고 생각해서 숫자를 선택할 때 비교적 신중하다. 중국 문화에서 사람들은 보편적으로 짝수를 길한 숫자로 여긴다. 이 때문에 중국인들은 결혼 날짜를 정할 때 짝수 달과 날짜를 선택하는 경향이 있다. 심지어 어떤 지역에서는 짝수 날짜가 사람들에게 이사를 하고 장례를 치르기 적합한 날짜로 여겨지기도 한다. 주목할 만한 점은 숫자 '4'는 비록 짝수이지만 '4'는 불길한 뜻의 글자를 연상시키기 때문에 사람들은 보통 이 숫자를 피한다는 것이다.

(2分钟)

93.   현재 전 세계적으로 13억 명의 흡연자가 있으며, 흡연은 사람의 주요 사망 요인 중 하나가 되었고 그 유해성은 과소평가되어서는 안 된다. 모두가 알고 있는 것처럼, 흡연은 공기를 오염시킬 뿐만 아니라 건강을 해치고, 폐암의 발병률을 크게 증가시킨다. 사람들이 흡연이 가져온 피해와 흡연이 야기한 질병 및 사망에 대해 관심을 갖게 하기 위해, WHO는 이미 매년 5월 31일을 '세계 금연의 날'로 지정했다. 일부 흡연자들은 금연이 실현 불가능한 일이라고 밝혔다. 사실 금연의 관건은 꾸준함에 있으며, 흡연이 몸에 해로운 행위라는 것을 진정으로 깨닫고 연초의 유혹에서 벗어날 결심을 해야 한다.

(2分钟)

五、口语

第一部分

第94题：应用读说。

春节郑州"中华千古情"景区游园活动

预约时间	1月11日-1月16日
游园活动时间	1月20日-2月5日
门票价	80元/人

特别活动一览表		
活动时间	活动地点	活动内容
10:30-12:00	唐宫前	非遗绝技表演
13:00-15:00	南北宋市集街	"山海"市集活动
15:30-17:30	戏台前	民俗活动：写福字、做皮影等
18:00-20:00	明清宫前	主题花灯展

【注意事项】

1. 18岁以下(包含18岁)未成年人以及60岁以上(包含60岁)的老年人购买门票时可享半价优惠。

2. 可在微信公众号"郑州宝"上预约门票，预约成功后不支持退票、改期。

3. 门票预约成功后无需取票，本国人可凭"身份证+电子凭证"，外国人可凭"护照+电子凭证"直接入场。

4. 游园途中若需要帮助，请到服务中心寻找工作人员。

5. 请自觉维护景区卫生，禁止往湖泊里扔垃圾。

---

94. 你的留学生朋友17岁的安娜非常喜欢中国文化，对中国的春节很感兴趣，请你向她介绍这次春节郑州"中华千古情"游园活动的具体安排以及注意事项。

(3分钟)

第二部分

第95-97题：听材料回答问题。

95.（30秒）

_____

96.（30秒）

_____

97.（2分钟）

_____

第三部分

第98题：观点表达。

98.（3分钟）

_____

<통역·말하기 모범답변 쉐도잉 연습 프로그램> 제공
china.Hackers.com

해커스 해설이 상세한 HSK 7-9급
실전모의고사
제3회

* 실제 시험을 보는 것처럼 시간에 맞춰 실전모의고사를 풀어보세요.

잠깐! 테스트 전 확인 사항

1. 휴대 전화의 전원을 끄셨나요? ···················· ☐
2. 시계가 준비되셨나요? ···························· ☐

中文水平考试
HSK（七—九级）

注　意

一、HSK（七—九级）分五部分，共98题：

　　1. 听力（40题，约30分钟）

　　2. 阅读（47题，60分钟）

　　3. 写作（2题，55分钟）

　　4. 翻译（4题，41分钟）

　　5. 口语（5题，约24分钟）

二、全部考试约210分钟。

一、听 力

MP3 바로듣기

第一部分

第1-10题：请根据所听到的内容，判断下面的句子是否符合原文，符合原文的请画"✓"，不符合的请画"✗"。

1. 近日，铁路部门首次宣布在列车上试点设置静音车厢。 （　　）

2. 根据铁路部门的相关规定，带儿童的旅客将被禁止乘坐动车组列车。 （　　）

3. 车厢内因噪音问题引发的纠纷越来越多，这正说明了设置静音车厢的必要性。 （　　）

4. 自从设置静音车厢后，所有旅客都能在静音车厢内享受安静的时光。 （　　）

5. 这则新闻旨在探讨静音车厢的试点情况及其必要性和可行性。 （　　）

6. 798艺术节现已成为促进国际艺术交流的重要活动，通常每两年举办一次。 （　　）

7. 在本次艺术节上，艺术家们与人工智能合作完成了一系列与中国传统文化有关的作品。 （　　）

8. 本次艺术节不仅准备了不同风格的艺术作品，还让观众们体验到了多样的活动。 （　　）

9. 798国际艺术交流中心在未来还将继续推进创新，保持艺术创作的活力。 （　　）

10. 这则新闻主要谈的是798艺术节各类参展作品的艺术特点。 （　　）

第二部分

第11-22题：请选择或填写正确答案。

11. A 一直采用赠予的方式   B 受到了民众的极力反对
    C 已经与上百个城市进行了合作   D 现以国际科研合作的方式进行

12. 大熊猫的保护工作能走到今天，不仅有中国科技工作者的_____，国际合作也起到了很大的作用。

13. A 导致其他物种受到了冷落   B 扩大了其他动物的栖息地
    C 使其他动物也得到了很好的保护   D 在一定程度上阻止了物种之间的基因交流

14. 在物种保护中，大熊猫本身就像_____，大熊猫保护研究的成果都可以用在对其他物种的保护上。

15. A 种群内传染病发生率上升   B 大熊猫受到了外来物种的威胁
    C 全球气候变化影响了竹子的生长   D 非正常死亡的大熊猫数量逐年增加

16. A 成立海外大熊猫研究基地   B 照搬对其他动物的研究成果
    C 加速研究治疗大熊猫遗传病的药物   D 开展生态工程，以保护大熊猫栖息地

17. A 品质管控程序有待提高　　　　　　　　B 一直处于行业领先地位
　　C 其产品尤其受到中老年人的青睐　　　　D 可以在获得国家专利前出售产品

18. 男的的公司之所以能够取得一些成就，是因为有强大的科研能力和_____。

19. A 获得过多次国际大奖　　　　　　　　　B 采用了人体工程学设计
　　C 给用户提供了更好的体验　　　　　　　D 噪音问题没有完全得到改善

20. A 良好的用户反馈　　　　　　　　　　　B 完善的售后服务
　　C 多元化的产品需求　　　　　　　　　　D 可随意调整的交货期限

21. A 拒绝接受　　　　　　　　　　　　　　B 勉强答应
　　C 犹豫再三　　　　　　　　　　　　　　D 表示理解

22. A 制定商业计划书　　　　　　　　　　　B 签订商品交易合同
　　C 合作开展市场调研　　　　　　　　　　D 对产品进行抽样检查

제1회　제2회　제3회

해커스 해설이 상세한 HSK 7-9급 실전모의고사

第三部分

第23-40题：请选择或填写正确答案。

23. A 是一种可以便捷食用的菜品   B 是最近才出现的一个新概念
    C 普遍出现在团体用餐的场合中   D 烹饪以后缺少食材原有的口感

24. A 在中央厨房进行生产   B 通过各类平台销售产品
    C 接受相关部门的抽样检查   D 选择合适的材料制作菜品

25. A 简化总体生产流程   B 避免对资源造成浪费
    C 保持所有菜品的新鲜度   D 降低食品安全问题的发生率

26. A 营养不均衡   B 整体定价较高
    C 卫生问题堪忧   D 不符合大众的口味

27. A 食品的摆盘和搭配   B 产品包装的精美程度
    C 生产厂家和预制菜的品牌   D 菜品的生产日期和保存期限

28. A 是侗族三宝之一   B 曾经因大火而遭到损坏
    C 是汉侗文化共存的地方   D 有"侗乡第一寨"的美称

29. A 无鼓楼不成寨   B 鼓楼神秘而不可侵犯
    C 侗寨五团的悠久历史   D 儒家思想的"仁义礼智信"

30. 对于侗族人而言，鼓楼有着_____的寓意。

31. A 供寨里的长老居住　　　　　　　　B 供奉侗族人崇拜的神灵
　　 C 给侗寨的房屋提供建筑模板　　　　D 是村民聚集和商讨事情的地方

32. A 模仿了自然界的声音　　　　　　　B 节奏感强且形式多样
　　 C 融合了各种鸟鸣叫的声音　　　　　D 歌词内容体现了侗族人的团结精神

33. A 音乐充满激情　　　　　　　　　　B 不需要指挥和伴奏
　　 C 是具有独特形态的独唱形式　　　　D 成为了传承侗族文化的载体

34. 玄奘传播的佛法深深地影响到了此后的中国和_____。

35. A 常与家人学习佛学经典　　　　　　B 带来了影响中国的佛教经典
　　 C 遇到了对他有帮助的天竺僧人　　　D 参与了著名小说《西游记》的编撰

36. A 收到了唐朝皇帝的命令　　　　　　B 认为需要到天竺传播佛学
　　 C 为了成为天竺高僧的弟子　　　　　D 发现人们对佛学的解释存在极大差异

37. 玄奘西行时遇到的第一个困难是_____。

38. A 被士兵发现后被迫遣返　　　　　　B 一路都有其他僧人的陪伴
　　 C 曾在沙漠中度过了艰难的时间　　　D 与小说《西游记》中的情节大致相同

39. A 佛学的奠基人　　　　　　　　　　B 中华民族的脊梁
　　 C 唐朝最为虔诚的佛学家　　　　　　D 中国历史上最伟大的人物

40. A 玄奘在天竺经历的事情　　　　　　B 玄奘不顾一切西行的真实目的
　　 C 对《西游记》中各个角色的分析　　D 玄奘对中国和亚洲产生的具体影响

二、 阅 读

第一部分

第41-68题：请选择正确答案。

41-47.

　　"信息茧房"这个概念由来已久，它指的是人们只会接触符合自己兴趣、观点和价值观的信息，并拒绝接收与自己兴趣不同的信息，从而形成一种自我封闭的信息环境，将自己的生活困在如同蚕茧般的"茧房"中。

　　过去，在报刊、广播以及电视媒体作为主流的时代，信息茧房的问题还没有那么明显。那时候的信息虽然有一定的延迟性，但涵盖面是很广的。人们看报纸或者电视时，会东看看西看看，因此浏览到类别多样的信息。而在如今的大数据时代，我们的选择虽然看似变多了，但其实各大互联网平台让人们看到的信息大都是迎合了客户需求的信息。相比起"让人了解更广泛更多样的东西"，媒体更倾向于"让人一直看到喜欢的东西"，从而体验到快乐和需求被满足的感觉。

　　互联网为每个人都提供了发布和传播信息的平台，因此人们不再只是被动地接收信息，而是主动地寻找并筛选自己感兴趣的信息。一些互联网平台提供了个性化推荐、内容聚合和用户定制等功能，通过算法分析用户的行为和偏好，为用户提供精准的服务。这种基于算法的个性化信息筛选机制虽提高了获取信息的效率，却容易过度筛选，使人们只能接触到符合自己观念和兴趣的内容，从而错过一些有价值且有利于拓宽视野的信息。这种机制容易造成信息茧房的出现，人们缺乏接触多元化观点的机会，导致他们的视野产生局限性。这可能会加剧社会分化，误解和不理解他人的情况增多，甚至人的判断力和决策力会受到影响。

　　长期受信息茧房影响的人，容易产生盲目自信的心理，他们的思维方式会导致他们将自己的偏见当作真理。他们只接触到了自己认同的信息，因而对不同的观点选择忽视和＿＿＿＿＿。这容易造成言论环境的恶化，并且还会限制不同观点之间的交流和碰撞。

　　为了避免信息茧房带来的影响，我们要努力拓宽接收信息的方式，主动探索和接触不同的信息和观点，以此来扩大自己的认知范围。此外，要通过阅读不同领域的书籍、报刊、期刊等，了解不同领域的知识和观点，从而拓宽自己的视野。在与他人交流时，也要学会倾听他人的观点和看法，尊重他人的思想观念，避免盲目自信。只有这样，我们才能更好地认识世界、理解他人。

41. 关于信息茧房，下列哪项正确？

    A 会影响人的办事速度   B 会导致自我封闭的后果

    C 是新媒体时代独有的现象   D 只会在意志力薄弱的人身上发生

42. 与现在相比，过去的媒体有什么特点？

    A 信息的涵盖面有限   B 传播的信息更有深度

    C 有很大的影响力和可信度   D 发布的信息有一定程度的延迟性

43. 根据上文，现在的媒体更想让人看到什么样的信息？

    A 涉及面较广的信息   B 容易误导大众的信息

    C 官方发布的权威信息   D 使用户得到满足感的信息

44. 个性化信息筛选机制有什么特点？

    ① 使人们能够拓宽视野

    ② 容易造成信息茧房的出现

    ③ 可以很好地保护个人隐私

    ④ 提高了人们获取信息的效率

    A ①③   B ②③

    C ①④   D ②④

45. 根据上下文，第四段空白处最适合填入的词语是：

    A 把关   B 排斥

    C 研发   D 纳入

46. 第四段主要谈的是什么？

    A 清除信息茧房的方法   B 信息筛选机制的利与弊

    C 信息茧房的定义和表现形式   D 长期受信息茧房影响的表现

47. 下列哪项属于避免受信息茧房影响的方法之一？

    A 保证充足的睡眠   B 养成自我奖励的习惯

    C 了解多个领域的知识   D 只使用公共数据库学习

48-54.

　　用榨菜下饭是中国人解决食物乏味的办法，只要有一包榨菜，整顿饭的味道就会好上许多。最近，"电子榨菜"这个说法在网络上很火。电子榨菜，顾名思义是现代年轻人吃饭时用来"下饭"的音频和视频。电子榨菜如同一包榨菜，为饭菜提味增香，有些人吃饭时如果不看视频，就会感觉饭菜味同嚼蜡。

　　电子榨菜的流行，是移动互联网深入发展所产生的文化现象。电子榨菜并不局限于某种特定类型，可以涵盖各种影视题材，大部分电子榨菜虽然算不上"珍馐佳肴"，但却不乏一些经典影视节目，让观众愿意反复"咀嚼"。例如电子榨菜中不仅有《武林外传》《甄嬛传》这样的老剧，有《舌尖上的中国》这样的记录片，也有一些综艺节目、体育赛事集锦、游戏直播等等。

　　电子榨菜如此受人们的青睐是有根据的。吃饭时看精彩的视频或听有趣的音频，可以让人分散注意力，忽略食物本身的味道和质量，导致增加食量。特别是对于一些挑食的人来说，电子榨菜可以起到调节情绪和改善＿＿＿＿＿的作用。而对于一些独居或者单身的人来说，吃饭时以电子榨菜作为佐餐良伴，既可排遣寂寞，也能自得其乐。吃饭时电子榨菜可以给人们带来一种陪伴和安全感。除此之外，对于一些求知欲强的人来说，电子榨菜可以让他们利用吃饭的时间获得新闻、科技、教育等方面的信息和知识。这样既可以充分利用碎片化时间，又可以增加知识储备，开阔视野。

　　电子榨菜可以缓解孤独感和焦虑情绪，满足年轻人的社交需求，但它也有副作用。边吃饭边看视频会让人分散注意力，忽略自己的饱腹感，从而导致吃得过快或过多，增加摄入的热量和脂肪。同时，这种方式也会影响对食物的咀嚼和消化，增加胃的负担。此外，一些过度依赖电子榨菜来缓解孤独感的年轻人，如果在跟家人或朋友一起吃饭时也沉迷于电子榨菜的话，会失去与他人交流和互动的机会，影响人际关系的建立和维护。更值得注意的是，最近一些电子榨菜的质量也广受诟病，例如有些视频制作者为了吸引人们的眼球，获得**"语不惊人死不休"**的效果，往往在内容上设置各种悬念，让观众精神紧张，这反而会对人的食欲和情绪造成严重的不良影响。

　　可见，电子榨菜虽然很"下饭"，但也不宜"胡吃海喝"。避免电子榨菜带来的负面影响，关键在于我们如何合理地"食用"它。为了自己的身心健康，应该要控制好"食用"电子榨菜的时间和次数。另外，不同类型和时长的电子榨菜可能会对我们的食欲和情绪产生不同的影响，因此应该选择轻松、愉快的内容，不要选择过于刺激的内容，以免影响身心健康。

48. 第一段中**没有**提到的是:

A 电子榨菜的功能　　　　　　　　　B 电子榨菜的受众

C 电子榨菜名字的由来　　　　　　　D 电子榨菜在国外受欢迎的程度

49. 关于电子榨菜,可以知道什么?

A 只包括影视剧　　　　　　　　　　B 题材和类型五花八门

C 时长跟电影不相上下　　　　　　　D 所播放的内容都是最新的

50. 根据上下文,第三段空白处最适合填入的词语是:

A 偏见　　　　　　　　　　　　　　B 好感

C 胃口　　　　　　　　　　　　　　D 幻觉

51. 对于求知欲强的人,电子榨菜会起到什么作用?

A 缓解孤独感和焦虑情绪　　　　　　B 抑制食欲以达到减肥效果

C 为人们提供学术交流的机会　　　　D 让人利用碎片化时间开阔视野

52. 下列哪项**不属于**电子榨菜带来的不良影响?

A 促使观众进行过度消费　　　　　　B 容易摄入过多脂肪和热量

C 不利于一些人建立人际关系　　　　D 会影响对食物的咀嚼和消化

53. 画线句子"语不惊人死不休"可以用来比喻什么?

A 迷惑不解　　　　　　　　　　　　B 语惊四座

C 语无伦次　　　　　　　　　　　　D 出言不逊

54. 上文主要谈的是:

A 戒断电子榨菜的具体方法　　　　　B 电子榨菜的来源和制作方式

C 电子榨菜受到青睐的根本原因　　　D 电子榨菜的定义和其带来的影响

55-61.

近日，一家脑机接口技术公司宣布，他们已获得独立评审委员会的批准，将进行首次人体试验——给瘫痪患者的大脑植入设备。这项人体试验为期6年，用于验证脑机接口技术的安全性和功能性。该技术将使瘫痪患者能够用大脑控制外部设备。

脑机接口是一种在大脑和外部设备之间创建直接连接，实现脑与设备之间信息交换的技术。当大脑进行各种认知活动，例如想象移动手臂、听取声音或思考某个概念时，都会产生独特的电信号。这些电信号可以通过放置在头皮上的电极来进行测量和记录。通过解析这些电信号，脑机接口能够识别出大脑的意图，并将其转换为命令，从而控制外部设备。电极技术的微型化、柔性化、高通量，是脑机接口行业的技术关键。

作为一项颠覆性的技术，脑机接口在医疗领域的疾病治疗、功能恢复上展现出巨大的价值。据专家介绍，像精神疾病、运动障碍病、癫痫等，都可以用脑机接口的方式进行治疗。专家们试图把电极植入到大脑里，通过给电极高频或低频的刺激，来调节大脑兴奋和_____状态的平衡，从而达到治疗作用。

此外，在脑健康管理方面，脑机接口或许可以发挥"神奇"功效。专家表示，利用脑机接口预测疾病，也是脑科学、脑健康管理中非常重要的一个课题。当人处于健康状态时，就可以利用该技术预测其未来三年、五年、十年会发生哪些脑部问题。比如，根据一个人三年期间的脑电图的变化、脑功能的变化、认知及记忆的变化等，做一个曲线分析，就可以预测其未来五年可能会怎么样，十年后可能会得什么病，那样人们就可以提前去做预防。

除了在医疗健康领域的应用之外，脑机接口在其他非医学领域也具有极大的潜力和应用价值。脑机接口在通信交流领域有着革命性的应用。人们可以通过脑机接口，将脑中所想的直接转化为文字或语音，实现无障碍交流。对于那些因身体残疾或患有神经系统疾病而无法说话或书写的人来说，这无疑具有重大意义。在娱乐产业，脑机接口也有着广阔的应用前景。例如，游戏玩家可以通过脑机接口体验更加真实的虚拟现实，或者在游戏中通过思想来控制角色。脑机接口还可以被用于电影制作中，以创造更具沉浸感的观影体验。在军事领域，脑机接口也显示出巨大的应用潜力。士兵可以通过脑机接口快速而准确地控制机器人战士或无人机，或者通过思想来操作各种军事装备。此外，脑机接口还可以被用于战场侦察、情报收集，以及作战决策的制定。

脑机接口是一项极具前景的技术，被称为"人工智能的下一步"。它展现了无限可能，也吸引着科学家们**前赴后继**，不懈攻关，但它仍然面临着许多挑战和限制。其中包括技术的复杂性、信号解读的准确性、隐私和伦理问题，以及潜在的安全隐患等。在未来，研究人员仍需解决这些问题，并进一步探索脑机接口在不同领域的应用潜力。

55. 关于脑机接口，下列哪项**不正确**？

A 其关键技术是电极技术　　　　　　B 由大脑直接控制外部设备

C 大脑可与外部设备交换信息　　　　D 首次人体试验将检测其安全性

56. 根据上下文，第三段空白处最适合填入的词语是：

A 感恩　　　　　　　　　　　　　　B 喧哗

C 稳固　　　　　　　　　　　　　　D 抑制

57. 关于脑机接口在脑健康管理方面的应用，可以知道什么？

A 能治愈检测出的疾病　　　　　　　B 会测量人体各项健康指标

C 会预测未来可能会发生的疾病　　　D 能代替医生完成精密复杂的手术

58. 脑机接口如何帮助无法书写的人？

A 使机械臂替人书写想要表达的内容　　B 用人工智能技术自动回复对方信息

C 将人的想法直接转化为文字或语音　　D 在网上创建新的人物角色，替人进行书写

59. 脑机接口会给军事领域带来什么样的影响？

A 使士兵们能更好地维持秩序　　　　B 使士兵们可以准确地控制无人机

C 使生产机器人战士的效率得到提高　D 使上级可以快速辨别军事情报的真假

60. 画线词语"前赴后继"的"赴"与下列哪个括号中的词语意思相近？

A （乘）虚而入　　　　　　　　　　B 一（往）无前

C 力所能（及）　　　　　　　　　　D 此起彼（伏）

61. 最适合做上文标题的是：

A 脑机接口背景研究　　　　　　　　B 脑机接口与哲学思想

C 脑机接口：应用前景与挑战　　　　D 脑机接口：领头羊企业介绍

62-68.

鼻烟壶是一种具有悠久历史和文化底蕴的工艺品，它外观精美，并且有独特的文化内涵。如今，使用鼻烟壶的习惯几近**绝迹**，但鼻烟壶作为一种精美的艺术品一直流传至今。

鼻烟壶是用来盛鼻烟的容器，鼻烟传入中国是在明代万历九年，当时，意大利传教士利玛窦献给万历皇帝的贡礼中就有鼻烟这种东西，万历皇帝对鼻烟爱不释手。此后，鼻烟逐渐成为了西方使节赠予皇帝的重要礼物。在清代康熙年间开放海禁后，西方传教士携带大量鼻烟和盛鼻烟的玻璃瓶进入中国。甚至到了乾隆嘉庆年间，皇帝还会将鼻烟赏赐给大臣。上之所好，下必从之，鼻烟逐渐传入民间，吸鼻烟也渐成风尚。

鼻烟最初传入中国时是被装于金属盒或玻璃瓶中的，其实这两种容器极易使鼻烟走味和受潮，因此使用起来并不方便。后来人们发现，在用来装药丸的瓷质药瓶里存放鼻烟，储存效果会更好。这种口小腹大的瓶子用来存放鼻烟时不仅不易走味，能很好地保留鼻烟的原味，还便于携带。此外，这种瓶子的造型具有传统的美感，极其美观。于是清宫造办处开始对药瓶进行了改良，这才有了真正意义上的鼻烟壶。到了嘉庆年间，中国的鼻烟壶还作为国与国之间交流时最珍贵的礼品流传于海外。

鼻烟壶可由玻璃、陶瓷、玉石、珐琅、金银等材料制成，集琢磨、雕刻、镶嵌、内画等手法于一身，被誉为"集多种工艺之大成的袖珍艺术品"。用不同材料制成的鼻烟壶具有不同的特点，玻璃鼻烟壶通透亮丽，陶瓷鼻烟壶温润如玉，玉石鼻烟壶高贵典雅，珐琅鼻烟壶色彩艳丽，金银鼻烟壶精致考究。人们可以根据个人喜好和需求选择适合自己的鼻烟壶。另外，鼻烟壶的图案也丰富多彩，有山水、花鸟、人物、吉祥纹样等多种图案。可见，鼻烟壶不仅具有实用价值，还具有很高的艺术价值和收藏价值。

鼻烟壶的材质十分考究，这也是品评鼻烟壶优劣的一个重要标准。著名的鉴赏家赵汝珍在其《鉴赏鼻烟壶》一书中指出：古玩的鉴别，注意点有二，一是辨其真伪；二是鉴定其优劣。先确定其真伪，然后再鉴定其优劣，这是器物鉴定的常规程序。所有古玩器物的鉴别方法都是如此，无一例外，惟独鼻烟壶的鉴别，情况不同。鼻烟壶只需要鉴别器质的优劣就足够了，不必考证它的真伪。这是因为鼻烟壶的名贵及优劣程度在于其质料的好坏和做工的精细程度。倘若一件鼻烟壶的质料确属珍异，做工又奇巧，那么无论它何时出产，出自谁手，皆为上品。相反，如果鼻烟壶做工一般，质料又平凡，即便是为皇帝所用，也不值钱。

鼻烟壶作为一件小巧玲珑的工艺品，具有悠久的历史，且其制作工艺十分精湛。它是历史与艺术的_____，在岁月的长河中，浓缩了万般风景，沉淀了独特的东方之韵。各种炫丽的技法在小小的鼻烟壶上得到了不同层次的表现。可以说，鼻烟壶凝结了古人的智慧与匠心，以及对美的追求。

62. 画线词语"绝迹"最可能是什么意思？

　　A 偶尔出现　　　　　　　　　　B 不复存在

　　C 断绝关系　　　　　　　　　　D 寻找踪迹

63. 第二段主要介绍了什么？

　　A 鼻烟传入中国的过程　　　　　B 使用鼻烟壶的具体方法

　　C 制作鼻烟所需的各类材料　　　D 鼻烟壶成为国宝的历史事件

64. 装药丸的药瓶为什么被用来存放鼻烟？

　　A 能放入大量的鼻烟　　　　　　B 制作材料容易购买到

　　C 能使鼻烟味道更浓烈　　　　　D 不易使鼻烟的味道散失

65. 关于鼻烟壶，下列哪项正确？

　　A 外观的颜色鲜明艳丽　　　　　B 采用了多种工艺技法

　　C 制作材料的可选范围较为单一　D 价格因绘制图案的不同而有差异

66. 赵汝珍认为，鉴别古玩时要注意什么？

　　① 器物是真品还是仿品
　　② 器物本身的优劣程度
　　③ 器物当前收藏者的身份
　　④ 器物的实用性和功能性

　　A ①③　　　　　　　　　　　　B ①②

　　C ②④　　　　　　　　　　　　D ③④

67. 鼻烟壶的名贵程度取决于：

　　A 瓶身的纹理及色泽　　　　　　B 其文化价值和研究价值

　　C 其出土年份和出土地点　　　　D 做工的精美程度和用料的选择

68. 根据上下文，最后一段空白处最适合填入的词语是：

　　A 凯歌　　　　　　　　　　　　B 领域

　　C 布局　　　　　　　　　　　　D 结晶

第二部分

第69-73题：请将顺序被打乱的语段重新排序，完成一篇逻辑连贯的文章。
其中一个选项为干扰项，需排除；画线选项无需排序。

[A]　卷层云里的冰晶有不同的形状，与晕的形成有关的冰晶主要有四种：六角片状、六角柱状、带盖帽的六角柱状和六角锥状。形状各异的冰晶被光折射之后会形成不同的晕。晕的种类繁多，呈环形的被称为"圆晕"，呈弧形的被称为"珥"，还有一些呈光斑状的则被称为"幻日"或者"假日"。最常见的晕是属于圆晕的"小晕"和"大晕"。

[B]　当天空有薄云出现时，太阳光透过云层，在太阳或月亮周围会形成彩色的光环，这些内紫外红的彩色光环，是由云中水滴或冰晶衍射而成的。这些光环被称作"华"。云中的水滴或冰晶的直径越小，华的光环越大；云层内水滴或冰晶的大小越均匀，华的光环颜色越鲜明。如果云层里同时存在不同半径的水滴和冰晶，就会出现几道光环。

[C]　而在热带气旋的外缘也会有卷层云存在，同样可以形成晕。因此在台风季，低纬度地区看到天空有卷层云并出现晕时，则可以推测其是台风将至的征兆。

[D]　古人经常会根据晕来预测天气。古人有云"日晕三更雨，月晕午时风"。意思是说如果白天出现日晕现象的话，那么在半夜十二点左右可能会下雨；如果在晚上出现月晕现象的话，那么第二天中午就很有可能会刮风。之所以出现晕，是因为有富含冰晶的卷层云存在，而卷层云通常出现在气旋的前端。随着气旋逐渐移近，云层愈来愈低，风力越来越强，卷层云依次转变为高层云、雨层云，这意味着将会有降雨。因此，日晕或者月晕的出现，常常预示着风雨天气即将到来。

[E]　当然，这并不意味着日晕的出现一定是下雨的征兆，月晕的出现就必定有强风，具体的情况还需要结合其他的天气条件来判断。如果卷层云只是在气旋的边缘经过，则不一定会有雨，也许只会出现云层增厚、风力增强、风向改变的现象而已。

[F]　小晕是以太阳或月亮为圆心，视角半径约为22°，内圈呈淡红色的白色光环，小晕又被称为"22°晕"。小晕是太阳光穿过六角柱状冰晶顶角发生偏折形成的，色序与彩虹相反。一般而言，内侧的颜色最为清晰，外层的则最不明显。小晕的光强度和颜色特征是由冰晶的折射和衍射效应共同作用的结果。小晕的颜色分布与冰晶的大小具有明显的相关性，冰晶越大，冰晶大小分布越均匀，小晕的颜色越纯，反之亦然。

[G] 比起小晕，大晕则相对罕见，且亮度也不如小晕高。大晕是由日光或者月光从六角柱状冰晶的基面射入而形成视角半径为46°的晕圈，因此大晕也被称为"46°晕"。通过六角柱状冰晶的太阳光比较少，导致大晕在空中较为分散，因此大晕的光明显比小晕暗淡，往往只能看到白色的光环。但是由于视角半径较大，大晕的晕圈半径大概是太阳的两倍，看起来非常大。大晕环绕在太阳的周围，看上去宛如给太阳戴了美瞳。

[H] 晕是一种大气光学现象，是日光或月光透过卷层云中的冰晶时，经折射或反射而形成的。当光线射入卷层云中的冰晶后，经过两次折射，分散成不同方向的各色光。这时在太阳或月亮周围可能会出现一个或两个以太阳或月亮为中心的彩色光环，光环颜色内紫外红，这就是所谓的晕。晕的形状与冰晶息息相关，冰晶对晕的形成起着决定性作用。

69.　　　70.　　　　　F　　　71.　　　72.　　　C　　　73.

第三部分

第74-87题：请回答下列问题，答案字数要在十字以内。

74-80.

　　楚辞是战国时期出现的诗歌体裁。楚辞作为中国文学史上的一颗璀璨明珠，以其独特的文学风格和深邃的思想内涵，成为了中华文化的重要组成部分。人们谈及楚辞时，常常会想起一位伟大的诗人——屈原。屈原是楚辞的创立者和杰出代表，被誉为"楚辞之祖"。

　　屈原是战国时期楚国诗人、政治家。他出身于贵族，自幼接受良好的教育，具备深厚的文化素养。但同时，他十分同情贫苦百姓，从小就做了许多体恤民众的好事，博得了<u>众口一词</u>的赞誉，很多百姓都很爱戴他。后来屈原入朝为官，进行了变法改革。他进行这场改革是为了让老百姓能过上好日子。然而改革触动了楚国贵族的利益，他陷入了政治斗争，遭到了小人的陷害，不幸被贬谪沅湘流域。流放期间，屈原将满腔热情投入到诗的创作中，通过诗句表达了自己对国家的忠心、忧虑以及对真理的追求。

　　在屈原的诗中，君臣之道是一个重要的主题。屈原在诗中表达了对忠臣孝子的敬仰、对奸臣贼子的憎恶以及对国家大事的关注和忧虑。屈原擅长用某些相似的事物来形容另一事物，例如在代表作《离骚》中，他将自身_____为"疾风中的兰花"，以表达自己高洁的品质和对国家的忠诚。

　　当时的政治中心在北方，因此北方诗歌代表了当时的主流文学。北方诗歌反映了劳动与爱情、战争与徭役、压迫与反抗、风俗与婚姻、祭祖与宴会，甚至天象、地貌、动植物等方方面面的内容，是社会生活的一面镜子。北方诗歌属于现实主义文学，内容贴近当时的生活，这正是儒家所推崇的。

　　而屈原所生活的楚国则远离政治中心，因此他的诗逐渐展示出了不同于北方诗歌的鲜明特色。首先，楚国民歌的诗句有长有短，参差灵活，还习惯用"兮"字当语气词，以增强节奏，舒缓语气。屈原也把这些特点加在了自己的诗里。其次，楚国一直盛行一种迷信色彩浓厚的巫文化，老百姓有崇信鬼神的风俗，喜欢举行祭祀活动。这给屈原提供了很多素材，他的诗也因此具有独特的艺术魅力。最后，屈原的诗辞藻和形式华丽，富有浪漫主义色彩。

　　屈原的诗被视为浪漫主义文学的开端。屈原开创了新的诗体后，文人们争相模仿他的风格写诗，于是一种新的诗歌体裁——楚辞逐渐形成了。楚辞的出现结束了北方诗歌独霸文坛的局面。

　　屈原和楚辞对现代文学产生了深远的影响。首先，屈原的形象和精神成为了中国文学史上的经典符号。他的爱国情怀、高洁品质和对真理的追求成为了文学创作的主题和典范。其次，楚辞的出现为中国文学开辟了新的创作方向。它独特的风格和丰富的表现手法为后来的诗歌创作提供了灵感和借鉴。此外，楚辞所蕴含的文化内涵和精神价值对现代社会仍具有重要的启示意义。通过对屈原与楚辞的溯源和解读，人们可以更好地了解中华文化的深厚底蕴和文学艺术的独特魅力。

74. 第二段中，画线词语"众口一词"的意思是什么？

_____

75. 根据上下文，请在第三段的空白处填上一个恰当的词语。

_____

76. 作为现实主义文学，北方诗歌的内容有什么特点？

_____

77. 第五段主要介绍了什么？

_____

78. 楚国的哪种风俗给屈原的诗提供了素材？

_____

79. 屈原的诗被认为是哪种文学类型的开端？

_____

80. 楚辞为后来的诗歌创作提供了什么？

_____

81-87.

　　气势雄伟的岳阳楼与武昌黄鹤楼、南昌滕王阁并称为中国江南三大名楼。它被修建在岳阳古城西门城墙之上，是中华文化的重要瑰宝，自古有"洞庭天下水，岳阳天下楼"之誉。

　　相传，东汉末年，孙权命令手下大将鲁肃镇守巴丘，操练水军。在洞庭湖与长江相连的险要地段，鲁肃建成了巴丘古城。建安二十年，他在巴丘古城修筑了"阅军楼"，用于指挥和训练水军，阅军楼便是岳阳楼的前身。在西晋南北朝时期，<u>阅军楼被称为"巴陵城楼"，而在中唐时期，诗仙李白赋诗之后，它才开始被称为"岳阳楼"。</u>随着历史的推移，岳阳楼逐渐演变成了人们登临游览、观光赏景的地方。岳阳楼在漫漫历史长河中，屡遭毁坏又屡被修建，因此岳阳楼的建筑风格虽然在不同时期有所差异，但整体上没有太大的变化，基本保留了最原始的韵味。

　　岳阳楼是中国古建筑的杰作之一，有自身独一无二的建筑特点。岳阳楼的主楼坐西朝东，呈长方形，为纯木结构，共有三层，高达十五米。主体的四根大楠木被称为"通天柱"，从一楼直抵三楼。此外，岳阳楼还有独特的盔顶以及飞檐，屋顶的四坡为盔顶，形状酷似一顶将军盔，上面还覆盖着琉璃黄瓦，四角的飞檐高高翘起，如同鹏鸟展翅。

　　岳阳楼内一楼悬挂着范仲淹《岳阳楼记》的雕屏以及其他诗文、对联和雕刻作品；二楼悬有紫檀木雕屏，上面刻有清朝书法家张照所书写的《岳阳楼记》；三楼则悬有毛泽东手书的杜甫《登岳阳楼》诗词的雕屏。在三楼外面的斗拱上，挂着刻有"岳阳楼"三个镀金大字的牌匾，牌匾上的大字遒劲有力，刚柔并济，让人感觉酣畅淋漓、赏心悦目。自宋代以来，岳阳楼上便有了牌匾，不过由于牌匾或被毁于大火，或被毁于战乱，或被毁于风雨之蚀，所以岳阳楼的牌匾也不得不频繁更换。在1961年，岳阳楼迎来了一块新的牌匾，由当时著名考古学家郭沫若所题写，而这块牌匾也被使用至今。它与暗红色的楼窗，黄色的琉璃瓦和雄浑威武的盔顶浑然一体，凝聚了整个岳阳楼的灵气，可谓点睛之笔，令人赞叹不已。

　　除了岳阳楼建筑本身之外，其园林环境也十分宜人，最为著名的当属"洞庭春色"。虽说岳阳楼＿＿＿＿皆有不同的景致，但春季的景色最为壮美。在春季，岳阳楼前的洞庭湖水波荡漾，周围的柳树也抽出嫩芽。登上岳阳楼，就可以欣赏到樱花飘落、群芳争艳、绿意盎然的春色，**这**仿佛构成了一幅五彩缤纷的水彩画。

　　岳阳楼作为江南三大名楼中唯一一座基本保持原貌的古建筑，其建筑艺术价值无与伦比。千百年来，无数的文人墨客在此登临胜景，抒发情怀，并记之于文，留下了无数脍炙人口的诗篇。岳阳楼作为一座历史悠久的建筑，见证了中国历史的变迁。它不仅是一座古老的建筑，也是一部活生生的历史长卷。

81. 鲁肃修建阅军楼主要是为了什么？

_____

82. 第二段画线部分主要谈了什么？

_____

83. 岳阳楼的屋顶形状像什么？

_____

84. 刻有"岳阳楼"三个镀金大字的牌匾被挂在哪里？

_____

85. 根据上下文，请在第五段的空白处填上一个恰当的词语。

_____

86. 第五段画线词语"这"指代什么？

_____

87. 作为一座历史悠久的建筑，岳阳楼见证了什么？

_____

三、写作

第一部分

第88题：以下是有关A公司1月-5月汽车销量的统计图，请对图表进行描述与分析，写一篇200字左右的文章，限定时间为15分钟。

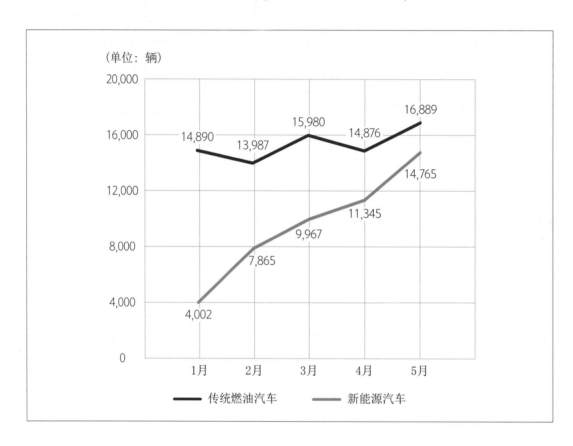

88.

第二部分

第89题：请写一篇话题作文，限定时间为40分钟。

89. "纸上得来终觉浅，绝知此事要躬行"出自陆游的《冬夜读书示子聿》，意思是"从书本上得来的知识毕竟不够完善，如果想要深入理解其中的道理，必须要亲自实践才行"。你赞不赞同"纸上得来终觉浅，绝知此事要躬行"？请写一篇600字左右的文章，论证你的观点。

_____

_____

_____

_____

_____

_____

_____

四、翻 译

第一部分

第90-91题：请将下列两篇短文译写成中文，限定时间为35分钟。

90.　　　전설에 따르면 옛날 중국에는 '연(年)'이라고 불리는 괴수가 있었는데, '연'은 섣달그믐날마다 나타나 인간의 생명을 해쳤다. 어느 해 섣달그믐날, 마을 사람들이 '연'을 피해 산으로 갈 준비를 하고 있는데, 갑자기 마을 밖에서 구걸하는 노인이 나타났다. 모두 이 노인은 뒷전이고, 오로지 한 할머니만 그에게 피하라고 권했다. 뜻밖에도 노인은 만약 자신을 할머니 집에서 하룻밤 묵게 해주면 반드시 괴수를 쫓아내 줄 것이라고 말했다. 할머니는 허락할 수밖에 없었다.

　　　한밤중에 '연'이 마을에 침입했을 때, 어느 집에 놀랍게도 촛불이 환하게 켜져 있고, 입구에 붉은 종이까지 붙어 있는 것을 보고 그것은 온몸을 떨며 소리를 질렀다. '연'은 집을 노려보며 달려들었다. 문 앞에 다다랐을 때 갑자기 폭죽 소리가 들렸고, 놀라서 더 이상 앞으로 나아갈 엄두를 내지 못했다. 알고 보니 붉은색, 불빛, 폭발음은 '연'을 두려움에 떨게 하는 것이었다. 다음날 마을 사람들이 돌아와서 마을이 무사하다는 것을 발견하고는 모두 놀랐는데, 할머니는 그제야 노인의 일을 마을 사람들에게 알려주었다. 그래서 모두 할머니의 집으로 갔는데, 집에는 붉은 종이가 붙어 있었으며, 입구에는 폭죽이 있었고, 집안의 초가 아직 다 타지 않은 것을 보았다. 이렇게 사람들은 '연'이 다시 세력을 회복해 쳐들어오지 않도록 매년 섣달그믐날 폭죽을 터뜨리고 붉은 대련을 붙이게 되었다.

_____

_____

_____

_____

_____

_____

_____

91. 원소절은 등절이라고도 불리는 중국의 전통 명절이다. 이날 거리에는 등롱이 가득 걸려 있고, 곳곳에 명절 분위기가 가득하다. 고대에 원소절은 낭만적인 색채를 지닌 명절이었는데, 미혼 남녀는 이날 등롱을 감상하러 나가며, 각양각색의 등롱은 독특한 분위기를 만들어냈다. 등롱은 신과 관련이 있고, 많은 상징적 의미가 부여되었으며, 사람들은 등롱을 통해 아름다운 생활에 대한 갈망을 나타낸다. 이 때문에 원소절이 되면 사람들은 집 입구에 아름다운 등롱을 걸어 원소절에 경축의 정취를 더하곤 한다.

중국은 땅덩어리가 광활한데, 이는 지방마다 자신만의 원소절 풍습이 있게 했고, 그중 탕위안을 먹는 것은 원소절 풍습에서 가장 중요한 부분이다. 원소절에 먹는 탕위안은 찹쌀, 설탕, 참깨 등의 재료로 만들며, 사람들은 탕위안을 삶아 먹거나, 쪄서 먹거나 튀겨 먹을 수 있다. 중국에서 탕위안은 가정의 화목과 행복을 상징해서 원소절에는 온 가족이 모여 함께 탕위안을 먹는다.

원소절은 깊은 문화적 의미와 거대한 사회적 가치를 내포하고 있고, 남다른 의미가 있어서 사람들은 이 전통 명절을 매우 중시한다.

第二部分

第92-93题: 口译。

92.   서예는 한자에 뿌리를 두고 있으며, 중국의 문화, 철학, 예술 등의 요소가 결합되어 있다. 수천 년의 역사 발전 과정에서 서예는 무수한 변화를 겪었고, 점차 독특한 예술 형식으로 발전되었다. 서예는 겉보기에 매우 평범해 보이는데, 종이에 먹물로 글씨를 쓰는 것에 지나지 않아, 누구나 할 수 있는 것처럼 보인다. 그러나 사실은 정반대인데, 단순해 보이는 서예는 도리어 풍부한 표현 형식을 드러낼 수 있다. 서예에는 다양한 서체가 있어서 사람들은 유형의 글씨를 통해 무형의 자신의 감정을 나타낼 수 있다. 이 밖에도 사람들은 훌륭한 서예 작품을 감상하는 것을 통해 자신의 문화적 소양을 높일 수도 있다.

    (2分钟)

---

93.   가상 현실은 20세기에 발전하기 시작한 하나의 신기술로, 이 기술은 컴퓨터를 사용해 모의 환경을 생성하여, 사용자가 가상 환경에 몰입하게 한다. 가상 현실 기술이 시뮬레이션해 낸 현상과 물질은 실제로 존재하는 것이 아니라, 컴퓨터 기술을 통해 만들어진 것이기 때문에 가상 현실이라고 불린다. 가상 현실 기술이 시뮬레이션해 낸 환경은 사실성이 매우 커서 사람으로 하여금 진짜와 가짜를 구별하기 어렵게 한다. 오늘날 가상 현실 기술은 점점 더 많은 사람의 주목을 받고 있으며, 사용자는 가상 현실의 세계에서 사실에 가까운 경험을 할 수 있다. 미래에는 이 기술이 생활 곳곳에 녹아들어 사람들의 삶에 큰 변화를 불러올 것으로 예상된다.

    (2分钟)

五、口语

第一部分

第94题：应用读说。

南方师范大学学术报告会日程安排

时间		3月17日（星期五） 13:00-17:00
地点		南方师范大学大讲堂
发表院系及 报告主题	图书情报学院	关于儿童哲学绘本出版的研究
	心理学院	青少年攻击行为的成因及对策分析
	新闻与传播学院	社会文化与大众传播的关系
	汉语言文学学院	网络用语对汉语言文学的影响

【注意事项】

1. 请提前15分钟入场，报告会开始后不得入场。

2. 请在入场前出示学生证，非本校生不得入内。

3. 入场处可领取本次学术报告会的资料，退场时需返还相关资料。

4. 报告会期间请将手机设置为静音模式，严禁使用手机进行与报告会无关的活动。

5. 不得用电子设备拍摄本次报告会的内容，违者必究。

【补充说明】

1. 本次学术报告会设有专门的答疑时间，可事先准备相关提问。

2. 学术报告会的考勤情况将作为今后评优时优先考虑的事项之一。

---

94. 如果你是本次学术报告会的负责人，请你向想参加学术报告会的学生讲述具体日程安排
以及注意事项，并说一些能提高学生参与积极性的话。

（3分钟）

第二部分

第95-97题：听材料回答问题。

95.（30秒）

_____

96.（30秒）

_____

97.（2分钟）

_____

第三部分

第98题：观点表达。

98.（3分钟）

_____

정답 및 모범답안 해설집 p.113

<통번역 추가문제 모음집 PDF&MP3> 제공
china.Hackers.com

MEMO

해커스 중국어

해설이 상세한

HSK 7-9급

실전모의고사

해설집

해커스

<통역·말하기 모범답변 쉐도잉 연습 프로그램> 제공
china.Hackers.com

차례

해커스 해설이 상세한 HSK 7-9급 실전모의고사

해커스 해설이 상세한

HSK 7-9급
실전모의고사

제1회

해석 · 해설 · 모범답안

실전모의고사 제1회 **정답**

듣기 p.6

제1부분

1 × **2** ✓ **3** ✓ **4** × **5** ✓ **6** × **7** ✓ **8** ✓ **9** × **10** ×

제2부분

11 业务涵盖范围 **12** A **13** 提供申报材料 **14** C **15** A **16** C **17** A **18** C **19** 5% **20** D **21** A **22** C

제3부분

23 A **24** C **25** B **26** B **27** C **28** B **29** C **30** C **31** D **32** 应急响应能力 **33** C
34 种群局部灭绝的现象 **35** A **36** D **37** D **38** 地球生态系统的紊乱 **39** C **40** B

독해 p.24

제1부분

41 C **42** B **43** A **44** B **45** B **46** C **47** D **48** C **49** D **50** D **51** B **52** A **53** B **54** D
55 C **56** A **57** C **58** C **59** B **60** B **61** B **62** B **63** B **64** A **65** D **66** C **67** A **68** D

제2부분

69 B **70** F **71** H **72** G **73** E

제3부분

74 体温调节机制比较完善 **75** 人的腋下体温数据 **76** 持续下降
77 以前从来没有过 **78** 大脑中的体温调节中枢 **79** 免疫力也相对较强
80 代谢率和血流速度降低 **81** 关于大雁塔的传说 **82** 五层
83 随层数自下往上递减 **84** 塔刹 **85** "定塔之宝"
86 对称 **87** 大雁塔的重要性

쓰기 p.45

제1부분
88 [모범답안] p.45

제2부분
89 [모범답안] p.46

통번역 p.48

제1부분
90 [모범답안] p.48
91 [모범답안] p.49

제2부분
92 [모범답변] p.50
93 [모범답변] p.51

말하기 p.52

제1부분
94 [모범답변] p.53

제2부분
95-97 [모범답변] p.54

제3부분
98 [모범답변] p.56

听力 듣기

MP3 바로듣기

1-5

就在不久前，立项筹备已近十年之久的故宫博物院北院区正式破土动工。[1]北院区位于北京西北郊，南面临水，北面叠山，建筑面积超过10万平方米，距离故宫博物院30多公里。故宫博物院是中国规模最大的古建筑群，也是世界现存规模最大、保存最完整的木质结构宫殿群，占地面积达到72万平方米，大小宫殿有七十多座，房屋有九千余间。有人会疑惑，故宫都已经这么大了，为何还要建分院。故宫博物院副院长、北院区项目总负责人都海江指出，现在故宫本院每年可以展览的文物数量不到1万件，但是[2]北院区建成以后，每年可展览的文物数量将增加到2万至3万件。

据了解，目前故宫博物院共有180多万件文物，然而观众们能看到的只是其中很少的一部分。这是因为[3]书画作品对温度、湿度和光照的要求比其他文物更高，很多丝织的、棉质的文物对环境的要求也很高，[3]而现有的展出环境无法满足这些要求。此外，虽然故宫已开放了总体面积的75%，但其建筑本身就是文物，而宫殿不同于博物馆，很多空间并不适合用作展厅，以至于相当多的文物很难与公众见面。因此需要建立一个现代化的博物馆来展示更多文物，同时改善展览条件。

都海江指出，建设北院区的另一个重要原因是为了解决安全隐患，包括文物和古建筑的安全、参观观众的安全以及可移动文物的安全。故宫的古建筑中目前有些是办公室，还有些则已变成了库房，这些都是不安全因素。北院区的建设是解决故宫本院安全问题的最佳方法。

[4]北院区并不会直接照搬故宫古建筑样式，而是只借鉴故宫宫殿的一些元素，建成以后应该会是一座简洁、厚重、大气的现代化博物馆。北院区建成后会有12个展厅，展厅总面积大约为35000平方米。据都海江介绍，目前项目团队正在加紧建设北院区，争取用三年时间，在故宫博物院建院100周年时全面建成。

얼마 전, 프로젝트를 수립하고 준비한 지 10년 가까이 되는 고궁 박물관 북원구가 정식으로 공사를 시작했다. [1]북원구는 베이징 북서쪽 교외에 위치하고 있는데, 남쪽은 물을 끼고 있고 북쪽은 여러 산이 겹겹이 펼쳐져 있으며, 건축 면적이 10만 제곱미터를 넘고 고궁 박물관에서 30여 킬로미터 떨어져 있다. 고궁 박물관은 중국에서 규모가 가장 큰 고대 건축 단지이자 세계에서 현존하는 규모가 가장 크고 보존이 가장 잘 된 목조 궁전 단지로, 부지 면적이 72만 제곱미터에 달하며 크고 작은 궁전이 70여 채, 방이 9천여 개에 이른다. 어떤 사람들은 고궁이 이미 이렇게 큰데 왜 분원을 지어야 하는지 궁금해할 것이다. 고궁 박물관 부원장이자 북원구 프로젝트 총책임자인 두하이쟝은 현재 고궁 본원에서 매년 전시할 수 있는 문화재 수량은 만 점이 채 안되지만, [2]북원구가 완공되면 매년 전시할 수 있는 문화재 수량은 2만에서 3만 점으로 늘어날 것이라고 밝혔다.

알려진 바에 따르면, 현재 고궁 박물관에는 총 180만여 점의 문화재가 있지만, 관람객들이 볼 수 있는 것은 그중 극히 일부이다. 이는 [3]서화 작품이 온도, 습도와 빛에 대한 요구 사항이 다른 문화재보다 높고, 견직물, 면으로 된 많은 문화재도 환경에 대한 요구 사항이 높은데, [3]현재의 전시 환경은 이러한 요구 사항들을 충족할 수 없기 때문이다. 이 밖에도 비록 고궁은 전체 면적의 75%를 개방했지만 고궁 건물은 그 자체가 문화재이며, 궁전은 박물관과 달리 많은 공간이 전시장으로 쓰이기에 적합하지 않아 상당수의 문화재가 대중들과 만나기 어렵기에 이르렀다. 따라서 현대화된 박물관을 지어 더 많은 문화재를 전시하는 동시에 전시 여건을 개선해야 한다.

두하이쟝은 북원구를 건설하는 또 다른 중요한 이유는 문화재와 고대 건축물의 안전, 관람객들의 안전 및 이동 가능한 문화재의 안전을 포함한 안전 문제를 해결하기 위해서라고 밝혔다. 현재 고궁의 옛 건축물 중 일부는 사무실이며 또 다른 일부는 창고가 되었는데, 이는 모두 안전하지 않은 요소이다. 북원구의 건설은 고궁 본원의 안전 문제를 해결하는 가장 좋은 방법이다.

[4]북원구는 고궁의 옛 건축물 양식을 그대로 답습하지 않고 고궁 궁전의 일부 요소만을 참고하여, 완공되고 나면 간결하고 무게감이 있으며 웅장한 현대식 박물관이 될 것이다. 북원구는 완공된 후 12개의 전시장이 생길 것이며, 전시장 총면적은 약 35,000제곱미터이다. 두하이쟝의 소개에 따르면 현재 프로젝트팀은 북원구 건설에 박차를 가하고 있으며, 3년 안에 고궁 박물관 개원의 100주년이 되었을 때 완공하는 것을 목표로 노력하고 있다.

어휘 **立项** lìxiàng [동] 프로젝트가 수립되다, 프로젝트가 입안되다 **筹备** chóubèi [동] (사전에 기획하고) 준비하다
破土动工 pòtǔ dònggōng 공사를 시작하다, 첫 삽을 뜨다 **宫殿** gōngdiàn [명] 궁전 **疑惑** yíhuò [동] 궁금하다, 의심하다 **文物** wénwù [명] 문화재
建成 jiànchéng 완공하다, 건설하다 **书画** shūhuà [명] 서화, 서예와 그림 **丝织** sīzhī [명] 견직물 **棉质** miánzhì 면으로 된
本身 běnshēn [대] 그 자체 **以至于** yǐzhìyú ~에 이르다 **展示** zhǎnshì [동] 전시하다 **隐患** yǐnhuàn [명] (드러나지 않는) 문제
库房 kùfáng [명] 창고 **照搬** zhàobān [동] 답습하다 **借鉴** jièjiàn [동] 참고로 하다 **元素** yuánsù [명] 요소 **简洁** jiǎnjié [형] 간결하다
争取 zhēngqǔ [동] ~을 목표로 노력하다, 쟁취하다 **周年** zhōunián [명] 주년

1 北院区位于北京西北郊，建筑面积十分庞大，且紧挨着故宫本院。（ ）

북원구는 베이징 북서쪽 교외에 위치하고 있으며, 건축 면적이 매우 거대하고 고궁 본원과 바싹 붙어 있다. (×)

해설 음성 초반에서 北院区位于北京西北郊，南面临水，北面叠山，建筑面积超过10万平方米，距离故宫博物院30多公里。라고 했는데, 문제에서는 북원구는 베이징 북서쪽 교외에 위치하고 있으며, 건축 면적이 매우 거대하고 고궁 본원과 바싹 붙어 있다고 했으므로 불일치로 판단한다.

어휘 庞大 pángdà [형] 거대하다 紧挨 jǐn āi 바싹 붙다, 아주 가까이 있다

2 故宫博物院北院区建成以后，每年可展览的文物数量将增加到2万至3万件。（ ）

고궁 박물관 북원구가 완공되면, 매년 전시할 수 있는 문화재 수량은 2만에서 3만 점으로 늘어날 것이다. (✓)

해설 음성 중반에서 北院区建成以后，每年可展览的文物数量将增加到2万至3万件이라고 했고, 문제에서는 고궁 박물관 북원구가 완공되면, 매년 전시할 수 있는 문화재 수량은 2만에서 3만 점으로 늘어날 것이라고 했으므로 일치로 판단한다.

어휘 建成 jiànchéng 완공하다, 건설하다 文物 wénwù [명] 문화재

3 书画作品对温度、湿度和光照的要求格外高，而现有的展出环境难以满足这些要求。（ ）

서화 작품은 온도, 습도와 빛에 대한 요구 사항이 다른 문화재보다 유달리 높은데, 현재의 전시 환경은 이러한 요구 사항들을 충족하기 어렵다. (✓)

해설 음성 중반에서 书画作品对温度、湿度和光照的要求比其他文物更高……而现有的展出环境无法满足这些要求라고 했고, 문제에서는 서화 작품은 온도, 습도와 빛에 대한 요구 사항이 다른 문화재보다 유달리 높은데, 현재의 전시 환경은 이러한 요구 사항들을 충족하기 어렵다고 했으므로 일치로 판단한다.

어휘 书画 shūhuà [명] 서화, 서예와 그림

4 北院区将直接采用故宫古建筑样式，并融入一些现代元素，建成以后会成为一座简洁、厚重、大气的艺术殿堂。（ ）

북원구는 고궁의 옛 건축물 양식을 그대로 채택하고 일부 현대식 요소를 융합하여, 완공되고 나면 간결하고 무게감이 있으며 웅장한 예술의 전당이 될 것이다. (×)

해설 음성 후반에서 北院区并不会直接照搬故宫古建筑样式，而是只借鉴故宫宫殿的一些元素，建成以后应该会是一座简洁、厚重、大气的现代化博物馆。이라고 했는데, 문제에서는 북원구는 고궁의 옛 건축물 양식을 그대로 채택하고 일부 현대식 요소를 융합하여, 완공되고 나면 간결하고 무게감이 있으며 웅장한 예술의 전당이 될 것이라고 했으므로 불일치로 판단한다.

어휘 元素 yuánsù [명] 요소 简洁 jiǎnjié [형] 간결하다 殿堂 diàntáng [명] 전당

5 该新闻报道了故宫博物院北院区开建的主要原因以及该院区带来的积极影响。（ ）

이 뉴스는 고궁 박물관 북원구가 공사를 시작한 주요 원인과 해당 구역이 가져온 긍정적인 영향을 보도했다. (✓)

해설 음성 전반적으로 고궁 박물관 북원구의 정보, 공사 시작 원인, 북원구 공사 이후의 장점 및 특징에 대해 설명했다. 문제에서는 이 뉴스가 고궁 박물관 북원구가 공사를 시작한 주요 원인과 해당 구역이 가져온 긍정적인 영향을 보도했다고 했으므로 일치로 판단한다.

어휘 开建 kāi jiàn 공사를 시작하다

6-10

[6]第三十一届世界大学生冬季运动会日前在美国普莱西德湖落幕，中国大学生体育代表团收获了一枚金牌、两枚银牌和一枚铜牌。在本届运动会中，中国大学生体育代表团派出25名运动员参加了冰壶、短道速滑和单板滑雪三个大项十一个小项的比赛。中国大学生体育代表团团长张爱龙表示，中国队选手顽强拼搏、挑战自

[6]제31회 동계 유니버시아드 대회가 며칠 전 미국 레이크플래시드에서 폐막했는데, 중국 대학생 선수단은 금메달 1개, 은메달 2개, 동메달 1개를 획득했다. 이번 대회에서 중국 대학생 선수단은 컬링, 쇼트트랙, 스노보드 3개 종목에 포함된 11개의 세부 경기에 25명의 선수를 출전시켰다. 중국 대학생 선수단 단장인 장아이룽은 중국팀 선수들이 꿋꿋이 전력을 다해 분투하고 스스로에게 도전하여, 중국 현시대 대학생 선수

我，展现了中国当代大学生运动员良好的竞技水平与精神风貌。

由北京体育大学五位选手组成的[7]中国女子冰壶队，在循环赛中取得7连胜，成功晋级半决赛，并在半决赛和决赛中战胜对手，[7]夺得了金牌。中国女子冰壶队选手们凭借坚韧的信念和扎实的基本功，赢得了一场场比赛。中国女子冰壶队教练于作军表示，应该鼓励更多学校开展冰壶运动，让更多学生参与其中，形成良性竞争，为冰壶项目输送更多人才。

短道速滑项目的竞争也相当激烈。[8]在短道速滑女子500米项目中，中国队选手王艺潮敢拼敢闯，勇夺银牌。在短道速滑男子500米项目中，曾在多场世界杯赛事中经受历练的[8]中国队选手李孔超将铜牌收入囊中。中国短道速滑队教练指出，要给年轻运动员多一点时间，以世界大学生冬季运动会为契机，让运动员熟悉世界大赛，在比赛中培养自信心。

在本届运动会中，[9]中国队7名单板滑雪运动员分别来自6所学校，他们从全国选拔赛中脱颖而出，这折射出单板滑雪项目在各地开展和普及的程度正逐步提升。往后短道速滑、速度滑冰等项目的赛事将在中国陆续开展，同时还将增加一系列冰雪活动，不断提高办赛的数量和质量，推动中国校园冰雪运动整体竞技水平迈上新台阶。

值得关注的是，在中国大学生体育代表团的25名运动员中，有18人是第一次参加国际大赛。团长张爱龙表示，期待通过这届比赛的历练，这些运动员们能在未来站上更大的舞台，为国争光。

들의 좋은 경기력과 정신적 면모를 보여주었다고 밝혔다.

베이징체육대학 선수 5명으로 구성된 [7]중국 여자 컬링팀은 리그전에서 7연승을 하며 준결승 진출에 성공했고, 준결승과 결승에서 모두 상대방을 이겨 [7]금메달을 땄다. 중국 여자 컬링팀 선수들은 끈질긴 신념과 탄탄한 기본기를 기반으로 한 경기 한 경기 승리했다. 중국 여자 컬링팀 감독인 위줘쥔은 더 많은 학교가 컬링 스포츠를 전개해 더 많은 학생들이 이에 참여하도록 장려해야 하고, 선의의 경쟁을 형성하여 컬링 종목에 더 많은 인재를 공급해야 한다고 밝혔다.

쇼트트랙 종목에서의 경쟁도 상당히 치열했다. [8]쇼트트랙 여자 500m 종목에서 중국팀 선수 왕이차오가 용감하게 도전해 당당히 은메달을 땄다. 쇼트트랙 남자 500m 종목에서는 이전에 여러 차례 월드컵 대회에서 경험을 쌓은 [8]중국팀 선수 리쿵차오가 동메달을 손에 넣었다. 중국 쇼트트랙팀 감독은 젊은 선수들에게 시간을 좀 더 줘야 하고, 동계 유니버시아드를 계기로 선수들이 세계 대회에 익숙해지게 하여 경기에서 자신감을 키울 수 있도록 해야 한다고 밝혔다.

이번 대회에서 [9]중국팀의 스노보드 선수 7명은 각각 6개 학교에서 왔다. 그들은 전국 선발전에서 두각을 나타냈고, 이는 스노보드 종목이 각지에서 전개되고 대중화되는 정도가 점차 높아지고 있음을 반영했다. 앞으로 쇼트트랙, 스피드 스케이팅 등 종목의 대회가 중국에서 잇따라 전개될 것이고, 동시에 일련의 동계 행사도 더해져서 대회 개최의 양과 질을 끊임없이 높이고 중국 캠퍼스 동계 스포츠의 전반적인 경기력을 새로운 단계로 끌어올릴 것이다.

주목할 만한 점은 중국 대학생 선수단 25명의 선수 중 18명이 국제 대회에 처음 출전했다는 것이다. 단장인 장아이룽은 이번 대회의 경험을 통해 이 선수들이 앞으로 더 큰 무대에 올라 나라를 빛낼 수 있기를 기대한다고 밝혔다.

어휘　落幕 luòmù 〔동〕폐막하다　　枚 méi 〔양〕개[작은 조각으로 된 사물을 세는 단위]　　铜 tóng 〔명〕동, 구리　　冰壶 bīnghú 〔명〕컬링
短道速滑 duǎndào sùhuá 〔명〕쇼트트랙　　单板滑雪 dānbǎn huáxuě 〔명〕스노보드　　选手 xuǎnshǒu 〔명〕선수
顽强 wánqiáng 〔형〕꿋꿋하다, 완강하다　　拼搏 pīnbó 〔동〕전력을 다해 분투하다　　展现 zhǎnxiàn 〔동〕보이다, 드러내다　　当代 dāngdài 〔명〕현시대, 당대
风貌 fēngmào 〔명〕면모　　循环赛 xúnhuánsài 〔명〕리그전　　晋级 jìnjí 〔동〕진출하다, 진급하다　　凭借 píngjiè 〔동〕~을 기반으로 하다
坚韧 jiānrèn 〔형〕끈질기다, 강인하다　　信念 xìnniàn 〔명〕신념　　扎实 zhāshi 〔형〕탄탄하다　　开展 kāizhǎn 〔동〕전개하다, 시작하다
敢拼敢闯 gǎn pīn gǎn chuǎng 용감하게 도전하다　　历练 lìliàn 〔동〕경험을 쌓다　　收入囊中 shōurù náng zhōng 손에 넣다　　契机 qìjī 〔명〕계기
选拔 xuǎnbá 〔동〕(인재를) 선발하다　　脱颖而出 tuōyǐng'érchū 〔동〕두각을 나타내다　　折射 zhéshè 〔동〕(사물의 특징이나 실질을) 반영하다
普及 pǔjí 〔동〕대중화되다, 보급되다　　速度滑冰 sùdù huábīng 〔명〕스피드 스케이팅　　一系列 yíxìliè 〔명〕일련의
迈上新台阶 màishang xīn táijiē 새로운 단계로 끌어올리다　　关注 guānzhù 〔동〕주목하다　　为国争光 wèi guó zhēngguāng 나라를 빛내다

---

6 第三十一届世界大学生冬季运动会在中国黑龙江省哈尔滨市举行。（　）　제31회 동계 유니버시아드 대회는 중국 헤이룽장성 하얼빈시에서 개최됐다. (×)

해설　음성 초반에서 第三十一届世界大学生冬季运动会日前在美国普莱西德湖落幕라고 했는데, 문제에서는 제31회 동계 유니버시아드 대회는 중국 헤이룽장성 하얼빈시에서 개최됐다고 했으므로 불일치로 판단한다.

어휘　黑龙江省 Hēilóngjiāng Shěng 〔고유〕헤이룽장성[중국의 성(省)]　　哈尔滨市 Hā'ěrbīn Shì 〔고유〕하얼빈시[헤이룽장성의 성도]

---

7 中国女子冰壶队凭借扎实的基本功，在本次世界大学生冬季运动会上获得了冠军。（　）　중국 여자 컬링팀 선수들은 탄탄한 기본기를 기반으로 이번 동계 유니버시아드 대회에서 우승했다. (✓)

해설 음성 중반에서 中国女子冰壶队……夺得了金牌。中国女子冰壶队选手们凭借坚韧的信念和扎实的基本功, 赢得了一场场比赛라고 했고, 문제에서는 중국 여자 컬링팀 선수들이 탄탄한 기본기를 기반으로 이번 동계 유니버시아드 대회에서 우승했다고 했으므로 일치로 판단한다.

어휘 冰壶 bīnghú 명 컬링   凭借 píngjiè 동 ~을 기반으로 하다   扎实 zhāshi 형 탄탄하다

| 8 | 无论是在短道速滑女子500米项目, 还是在短道速滑男子500米项目, 中国队选手都获得了奖牌。( ) | 쇼트트랙 여자 500m 종목에서든 쇼트트랙 남자 500m 종목에서든 관계없이 중국팀 선수들은 모두 메달을 획득했다. (✓) |

해설 음성 중반에서 在短道速滑女子500米项目中, 中国队选手王艺潮敢拼敢闯, 勇夺银牌。在短道速滑男子500米项目中……中国队选手李孔超将铜牌收入囊中이라고 했고, 문제에서는 쇼트트랙 여자 500m 종목에서든 쇼트트랙 남자 500m 종목에서든 관계없이 중국팀 선수들은 모두 메달을 획득했다고 했으므로 일치로 판단한다.

어휘 短道速滑 duǎndào sùhuá 명 쇼트트랙   选手 xuǎnshǒu 명 선수

| 9 | 中国队单板滑雪运动员都来自同一所学校, 这反映出单板滑雪项目在中国的地区集中化程度较高。( ) | 중국팀의 스노보드 선수들은 모두 같은 학교에서 왔으며, 이는 스노보드 종목이 중국에서의 지역 집중화 정도가 비교적 높다는 것을 반영한다. (✗) |

해설 음성 후반에서 中国队7名单板滑雪运动员分别来自6所学校, 他们从全国选拔赛中脱颖而出, 这折射出单板滑雪项目在各地开展和普及的程度正逐步提升이라고 했는데, 문제에서는 중국팀의 스노보드 선수들은 모두 같은 학교에서 왔으며, 이는 스노보드 종목이 중국에서의 지역 집중화 정도가 비교적 높다는 것을 반영한다고 했으므로 불일치로 판단한다.

어휘 单板滑雪 dānbǎn huáxuě 명 스노보드

| 10 | 这则新闻主要谈的是参加世界大学生冬季运动会的各国选手的实力和获奖情况。( ) | 이 뉴스에서 주로 이야기하는 것은 동계 유니버시아드 대회에 참가한 각국 선수들의 실력과 수상 상황이다. (✗) |

해설 문제에서 이 뉴스가 주로 이야기하는 것은 동계 유니버시아드 대회에 참가한 각국 선수들의 실력과 수상 상황이라고 했는데, 음성에서는 世界大学生冬季运动会的各国选手的实力和获奖情况과 관련된 내용이 언급되지 않았고, 전반적으로 제31회 동계 유니버시아드 대회에서 중국 대학생 선수단이 이뤄낸 성과 및 활약에 대해 이야기하고 있으므로 불일치로 판단한다.

어휘 获奖 huòjiǎng 동 수상하다

11-16

女: 苏先生, 您曾担任中国常驻联合国教科文组织文化官员, 您能先跟我们介绍一下联合国教科文组织的基本情况吗?

男: [11]联合国教科文组织成立于1945年11月, 现由195个成员国组成, 是联合国系统内成员国最多、业务涵盖范围最广的专业性机构。这个组织的宗旨是通过教育、科学和文化, 促进各国之间的交流与合作, 为和平与发展做贡献。

女: 我们知道联合国教科文组织通过了关于保护世界文化遗产的公约, 请您介绍一下这项评选工作是如何进行的。

男: [12]联合国教科文组织于1972年通过了《保护世界文化和自然遗产公约》, 根据此公约, 建立了《世界遗产名录》, 并且成立了世界遗产委员会。该委员会由

여: 쑤 선생님, 당신은 이전에 중국 주재 유네스코 문화 담당관으로 일하셨는데, 먼저 저희에게 유네스코의 기본적인 상황을 소개해 주실 수 있나요?

남: [11]유네스코는 1945년 11월에 설립되었고, 현재 195개 회원국으로 구성되어 있으며, 유엔 조직 내에서 회원국이 가장 많고 업무 포괄 범위가 가장 넓은 전문 기관입니다. 이 조직의 목적은 교육, 과학과 문화를 통해 여러 국가 간의 교류와 협력을 촉진하고, 평화와 발전을 위해 기여하는 것입니다.

여: 유네스코가 세계문화유산 보호에 관한 협약을 채택한 것으로 알고 있는데, 이 선정 작업은 어떻게 진행되었는지 설명해 주세요.

남: [12]유네스코는 1972년에 <세계 문화 및 자연유산 보호협약>을 채택했고, 이 협약에 따라 <세계유산목록>을 만들었으며, 세계유산위원회를 설립했습니다. 이 위원회는 21개 위원국으로 구성되어, 매년

21个委员国组成，每年召开一次会议。这个会议议程很多，其中有一项很重要的内容，就是审议和通过各国申报《世界遗产名录》的项目。

女：如果一个国家想申报《世界遗产名录》的项目，通常需要哪些步骤呢？

男：¹³各国若想申报《世界遗产名录》，首先要向教科文组织文化部门提供申报材料。教科文组织对材料进行初步审核后，会把材料交给"国际古迹遗址理事会"或"世界自然保护联盟"进行评估，并派出专家对项目进行实地考察。评估完以后，两个专业机构会向世界遗产委员会提出建议，委员会会在七八月份举办的会议上，审议并通过各国申报的项目。

女：我们了解到，近几年中国有很多文化遗产都被收录到《世界遗产名录》当中了，您能给我们介绍一下中国在这方面的申报和收录情况吗？

男：中国在1987年才开始正式申报《世界遗产名录》的项目，其实与其他国家相比，起点已经晚了一点，但中国也没有失去信心，而是奋起直追。¹⁴现在中国已有56项世界文化和自然遗产被列入《世界遗产名录》，在成功申报《世界遗产名录》的国家中名列前茅。

女：除了世界文化遗产保护工作，中国近些年来在非物质文化遗产方面也取得了非常大的进展。中国申报成功的40项人类非物质文化遗产中，有33项是通过您来完成的，在这个过程中有没有让您难忘的经历呢？

男：¹⁵在申报的这些项目中，我觉得最难忘的项目就是中医针灸，当时政府非常重视这个项目，要求我争取把它列入《人类非物质文化遗产名录》。最开始的时候，这个项目的申报名称是"中医"。¹⁶我研究完国内准备的申报材料之后，觉得这个项目涵盖范围太广，它与教科文组织《人类非物质文化遗产名录》的申报标准有一定差距。于是我向国家建议要收窄项目范围，定一个中医类小项目。我当时建议的是中医针灸，因为中医针灸在世界上的影响力比较大，能够得到外国人的认可，并且外国人也比较容易了解。后来国家中医药管理局经过慎重的考虑，同意我申报中医针灸。政府还专门安排我回国，和中医药管理局一起来修改申报材料，并让我把材料带到教科文组织。最后在2010年非物质文化遗产委员会会议召开期间，中医针灸被成功列入了《人类非物质文化遗产名录》。

1회씩 회의를 개최합니다. 이 회의에는 의제가 많으며, 그중 아주 중요한 내용이 있는데, 그것은 바로 각국이 <세계유산목록>에 신청한 항목을 심의하고 채택하는 것입니다.

여: 만약 어느 국가가 <세계유산목록>의 항목을 신청하려면, 일반적으로 어떤 절차들이 필요한가요?

남: ¹³각 국가에서 <세계유산목록>을 신청하려면, 먼저 유네스코 문화부서에 신청 서류를 내야 합니다. 유네스코는 서류에 대해 초보적인 심사를 거친 후, 서류를 '국제기념물유적협의회(ICOMOS)' 또는 '세계자연보전연맹(IUCN)'에 넘겨 평가하고, 전문가를 파견하여 항목에 대한 현지답사를 진행합니다. 평가를 마치면 두 전문 기관이 세계유산위원회에 건의하고, 위원회는 7~8월에 진행되는 회의에서 각 국가에서 신청한 항목을 심의하여 채택합니다.

여: 최근 몇 년 동안 중국의 많은 문화유산이 <세계유산목록>에 등재된 것을 알 수 있는데, 이 부분에서 중국의 신청과 등재 상황을 저희에게 소개해 주실 수 있나요?

남: 중국은 1987년에야 정식으로 <세계유산목록>의 항목을 신청하기 시작했는데, 사실 다른 나라와 비교했을 때 출발이 조금 늦긴 했지만, 중국은 자신감을 잃지 않고 오히려 분발하여 앞으로 나아갔습니다. ¹⁴현재 중국은 이미 56개의 세계문화와 자연유산이 <세계유산목록>에 등재되었으며, 성공적으로 <세계유산목록>을 신청한 국가 중에서는 상위권을 차지했습니다.

여: 세계문화유산 보호 작업 외에도, 중국은 최근 몇 년간 무형문화유산 부분에서 매우 큰 진전을 이룩했습니다. 중국이 신청에 성공한 40건의 인류무형문화유산 중 33건이 선생님을 통해 이루어졌는데, 이 과정에서 기억에 남는 경험이 있었나요?

남: ¹⁵신청했던 이러한 항목들 중 가장 잊지 못할 항목이 바로 중의학 침술인데, 당시 정부는 이 항목을 매우 중시하여, 저에게 그것을 <인류무형문화유산목록>에 등재하는 것을 꼭 해내도록 요구했습니다. 맨 처음에 이 항목의 신청 명칭은 '중의학'이었습니다. ¹⁶저는 국내에서 준비한 신청 서류를 검토한 후에 이 항목이 포괄하는 범위가 너무 넓고, 그것이 유네스코 <인류무형문화유산목록>의 신청 기준과 어느 정도 차이가 있다고 느꼈습니다. 그래서 저는 국가에 항목의 범위를 좁히고, 중의학에서 작은 항목을 하나 정할 것을 ¹⁶제안했습니다. 제가 당시 제안한 것은 중의학 침술인데, 중의학 침술이 세계적으로 영향력이 비교적 큰 편이어서 외국인들에게 인정받을 수 있고, 외국인들도 비교적 쉽게 이해할 수 있기 때문이었습니다. 이후 국가중의약관리국이 신중하게 고려한 끝에 제가 중의학 침술을 신청하는 데 동의했습니다. 정부는 또한 저를 특별히 귀국시켜 중의약관리국과 함께 신청 서류를 수정하고, 제가 서류를 유네스코에 가져갈 수 있도록 준비했습니다. 마침내 2010년에 무형문화유산위원회 회의가 열리는 기간 동안 중의학 침술은 <인류무형문화유산목록>에 성공적으로 등재되었습니다.

어휘 **联合国教科文组织** Liánhéguó Jiàokēwén Zǔzhī [고유] 유네스코[국제연합교육과학문화기구]   **成员** chéngyuán [명] 회원, 구성원
联合国 Liánhéguó [고유] 유엔[국제 연합]   **涵盖** hángài [동] 포괄하다   **机构** jīgòu [명] 기관   **宗旨** zōngzhǐ [명] 목적, 취지   **遗产** yíchǎn [명] 유산
公约 gōngyuē [명] 협약   **评选** píngxuǎn [동] 선정하다   **委员会** wěiyuánhuì [명] 위원회   **议程** yìchéng [명] 의제, 안건   **审议** shěnyì [동] 심의하다
申报 shēnbào [동] 신청하다   **步骤** bùzhòu [명] 절차   **初步** chūbù [명] 초보적인   **审核** shěnhé [동] 심사하다   **遗址** yízhǐ [명] 유적(지)

联盟 liánméng 몡연맹　评估 pínggū 통평가하다　实地考察 shídì kǎochá 현지답사하다　收录 shōulù 통등재하다, 수록하다
奋起直追 fènqǐzhízhuī 분발하여 앞으로 나아가다, 분발하여 바짝 따라잡다　名列前茅 mínglièqiánmáo 상위권을 차지하다, 선두에 있다
非物质文化遗产 fēiwùzhì wénhuà yíchǎn 몡무형문화유산　进展 jìnzhǎn 통진전하다　中医 zhōngyī 몡중의학[중국 전통 의학]
针灸 zhēnjiǔ 침술, 침질과 뜸질　收窄 shōuzhǎi 좁히다　认可 rènkě 통인정하다　慎重 shènzhòng 혱신중하다

11　联合国教科文组织是联合国系统内成员国最多, 并
且业务涵盖范围最广的专业性机构。

유네스코는 유엔 조직 내에서 회원국이 가장 많고, 업무 포괄 범위가
가장 넓은 전문 기관이다.

해설　남자가 언급한 联合国教科文组织成立于1945年11月, 现由195个成员国组成, 是联合国系统内成员国最多、业务涵盖范围最广的
专业性机构。를 듣고 业务涵盖范围를 정답으로 작성한다.

어휘　联合国教科文组织 Liánhéguó Jiàokēwén Zǔzhī [고유] 유네스코[국제 연합 교육 과학 문화 기구]　成员 chéngyuán 몡회원, 구성원
涵盖 hángài 통포괄하다　机构 jīgòu 몡기관

12　问: 根据《保护世界文化和自然遗产公约》, 联合国
教科文组织建立了什么?

질문: <세계 문화 및 자연유산 보호협약>에 따라 유네스코는 무엇
을 만들었는가?

A 《世界遗产名录》
B 世界自然保护联盟
C 国际古迹遗址理事会
D 《人类非物质文化遗产名录》

A <세계유산목록>
B 세계자연보전연맹
C 국제기념물유적협의회
D <인류무형문화유산목록>

해설　남자가 언급한 联合国教科文组织于1972年通过了《保护世界文化和自然遗产公约》, 根据此公约, 建立了《世界遗产名录》를 듣
고 선택지 A《世界遗产名录》를 정답의 후보로 고른다. 질문이 <세계 문화 및 자연유산 보호협약>에 따라 유네스코는 무엇을 만들었
는지 물었으므로 선택지 A가 정답이다.

어휘　遗产 yíchǎn 몡유산　公约 gōngyuē 몡협약　联盟 liánméng 몡연맹　遗址 yízhǐ 몡유적(지)

13　以下是申报《世界遗产名录》的流程, 请在空白处
填上恰当的内容。

다음은 <세계유산목록>을 신청하는 과정이다. 빈칸에 알맞은 내용
을 작성하세요.

向教科文组织 文化部门提供 申报材料	→	教科文组 织审核材 料	→	由专业机构评 估材料并进行 实地考察

유네스코 문화 부 서에 신청 서류를 낸다	→	유네스코에서 서류를 심사 한다	→	전문 기관에서 서류 를 평가하고 현지답 사를 진행한다

해설　남자가 언급한 各国若想申报《世界遗产名录》, 首先要向教科文组织文化部门提供申报材料。教科文组织对材料进行初步审核
后, 会把材料交给"国际古迹遗址理事会"或"世界自然保护联盟"进行评估, 并派出专家对项目进行实地考察。를 듣고 提供申报材
料를 정답으로 작성한다.

어휘　申报 shēnbào 통신청하다　流程 liúchéng 몡과정　审核 shěnhé 통심사하다　评估 pínggū 통평가하다
实地考察 shídì kǎochá 현지답사하다

14　问: 中国在《世界遗产名录》的申报中, 取得了什么
成就?

질문: 중국은 <세계유산목록>의 신청에서 어떤 성과를 거두었는가?

A 是最早参与申报的国家
B 有40项自然遗产被列入名录
C 申报成功的项目数量位于前列
D 连续三年成为申报量最多的国家

A 가장 먼저 신청에 참여한 나라이다
B 40개의 자연 유산이 목록에 등재되었다
C 신청에 성공한 항목 수량이 선두를 차지했다
D 3년 연속 신청 수량이 가장 많은 나라가 되었다

해설　남자가 언급한 现在中国已有56项世界文化和自然遗产被列入《世界遗产名录》, 在成功申报《世界遗产名录》的国家中名列前
茅。를 듣고 선택지 C 申报成功的项目数量位于前列을 정답의 후보로 고른다. 질문이 중국은 <세계유산목록>의 신청에서 어떤 성과를
거두었는지 물었으므로 선택지 C가 정답이다.

어휘　前列 qiánliè 몡선두

15	问：申报哪个项目最让男的难忘？	질문: 어떤 항목을 신청한 것이 남자는 가장 기억에 남는가?
	A 中医针灸	A 중의학 침술
	B 传统拔罐法	B 전통 부항법
	C 中医的望闻问切	C 중의학의 4진
	D 中药的制药方法	D 중약의 제약 방법

해설 남자가 언급한 在申报的这些项目中，我觉得最难忘的项目就是中医针灸를 듣고 선택지 A 中医针灸를 정답의 후보로 고른다. 질문이 남자는 어떤 항목을 신청한 것이 가장 기억에 남는다고 생각하는지 물었으므로 선택지 A가 정답이다.

어휘 **中医** zhōngyī [명] 중의학[중국 전통 의학] **针灸** zhēnjiǔ [명] 침술, 침질과 뜸질 **拔罐** báguàn [명] 부항
望闻问切 wàngwénwènqiè [명] (중의학에서의) 4진[중국 전통 의학에서 환자를 진찰할 때의 진찰 방법으로, 환자의 병세를 보고, 듣고, 묻고, 맥을 짚는 것을 가리킴]

16	问：男的为什么向国家建议收窄申报《人类非物质文化遗产名录》的项目范围？	질문: 남자는 왜 국가에 <인류무형문화유산목록>으로 신청한 항목 범위를 좁힐 것을 제안했는가?
	A 相同的项目已被申报过	A 동일한 항목이 이미 신청된 적 있다
	B 申报的项目数量已经超限	B 신청한 항목의 수량이 이미 초과되었다
	C 项目范围不太符合申报标准	C 항목 범위가 신청 기준에 그리 적합하지 않다
	D 相关项目在世界上没有竞争力	D 관련 항목이 세계적으로 경쟁력이 없다

해설 남자가 언급한 我研究完国内准备的申报材料之后，觉得这个项目涵盖范围太广，它与教科文组织《人类非物质文化遗产名录》的申报标准有一定差距。于是我向国家建议要收窄项目范围를 듣고 선택지 C 项目范围不太符合申报标准을 정답의 후보로 고른다. 질문이 남자는 왜 국가에 <인류무형문화유산목록>으로 신청한 항목 범위를 좁힐 것을 제안했는지 물었으므로 선택지 C가 정답이다.

어휘 **收窄** shōuzhǎi [동] 좁히다

17-22

男：您好，首先我简单介绍一下我们的产品，您可以边看宣传手册边听我讲解。[17]我公司的主打产品是围巾，既有手工编织的，也有用不同材料加工而成的。我们公司目前有数名国内外优秀设计师、世界先进的自动化生产设备以及国际标准化的生产环境。我们的围巾品质上乘，深受赞誉，远销东南亚、欧美等国家和地区，销售额目前一直处于稳定增长的趋势。

女：听说贵司的围巾采用了许多工艺，还有多种面料和样式，能给我详细介绍一下吗？

男：当然可以。我们的围巾采用了绣花、扎染、手绘、手钩等多种工艺。[18]围巾面料分为薄款和厚款两大类，薄款以棉麻、莫代尔、真丝为主，厚款以羊毛、羊绒、毛线为主，可做成方巾、三角巾和长巾的样式。我们公司有专业的团队，能根据客户需求来加工和设计产品。您可以看看我们提供的样品，做一下参考。

女：看起来还不错，这些围巾确实很吸引人，但我想知道贵司是如何保证产品质量的。

남: 안녕하세요. 먼저 저희 제품을 간단히 소개해 드릴 테니, 카탈로그를 보시면서 제 설명을 들으시면 됩니다. [17]저희 회사의 주력 제품은 머플러로, 손으로 짠 것도 있고, 다양한 재료로 가공하여 만들어진 것도 있습니다. 저희 회사는 현재 여러 명의 국내외 우수 디자이너, 세계적 최첨단 자동화 생산 설비 및 국제 표준화 생산 환경을 갖추고 있습니다. 저희 머플러는 품질이 우수하며 많은 찬사를 받았고, 먼 동남아시아, 유럽 및 미국 등 국가와 지역에 수출되고 있으며, 매출액은 현재 계속해서 안정적으로 증가하는 추세를 보이고 있습니다.

여: 귀사의 머플러는 많은 공법을 채택하고 있으며, 다양한 원단과 디자인도 있다고 들었는데, 저에게 자세히 소개해 주실 수 있나요?

남: 물론이죠. 저희 머플러는 자수, 홀치기 염색, 핸드페인팅, 뜨개질 등 다양한 공법을 채택하고 있습니다. [18]머플러 원단은 얇은 소재와 두꺼운 소재 두 가지로 나뉘는데, 얇은 소재는 코튼 리넨, 모달, 실크 위주이고, 두꺼운 소재는 울, 캐시미어, 털실 위주이며, 사각 머플러, 삼각 머플러와 긴 머플러의 스타일로 만들 수 있습니다. 저희 회사에는 전문 팀이 있어서, 고객의 요구에 따라 제품을 가공하고 디자인할 수 있습니다. 저희가 제공하는 샘플을 보시고, 참고하시면 됩니다.

여: 괜찮아 보이네요. 이런 머플러가 정말 매력적이긴 한데, 저는 귀사가 어떻게 제품의 품질을 보증하고 계시는지 알고 싶습니다.

男：我们公司有严格的质量检验流程，保证产品能够符合国际标准，我们还能提供产品检验报告书和其他相关资料，保证产品的质量。

女：贵司产品质量那么好，必定价格也很高吧？我们对真丝围巾很感兴趣，如果我们决定订购，贵司能给予我们多少折扣？

男：我们的价格确实比一般商家高一些，这也是没有办法的，毕竟价格的高低和质量的好坏是分不开的。比起市场上的其他围巾，我们公司的围巾品质更佳。¹⁹如果您诚心想要购买，并且购买数量较多的话，我们可以给予5%的折扣。

女：我知道贵司的产品质量不错，但是这是我们的第一次合作，要是您能够提供更多的折扣，我们今后也将继续与贵司合作。

男：事实上我们已经给您很高的折扣了，但是为了促进我们的合作关系，这次可以破例给到您6%，²⁰这已经是最高的折扣了，不过起订量最少要达到2000条。

女：²⁰那行吧，我们接受这个折扣。我们打算第一阶段先预订2000条真丝围巾，要长巾样式，具体价格是多少呢？

男：真丝围巾90元一条，按照我们刚才协商的折扣，2000条围巾总金额为169200元。如果贵司今天下订单，我们在月底就可以交货。

女：这批货需要运到美国的仓库，从国内运到美国需要多长时间呢？

男：按照我们公司以往的标准流程，²¹从国内装船后运送到美国大概需要45天的时间，不包括中途发生的突发情况造成的延误。

女：好的，那么我们今天就下订单，希望贵司能够按时交货。对了，那么运输包装的金额怎么算呢？

男：贵司初次合作就订购了2000条围巾，这是对我们公司的信赖，我们想与贵司保持合作关系，因此这次的运输包装费用由我方来承担吧。

女：谢谢，²²那在签合同之前，我再把相关条款检查一下吧。

남: 저희 회사는 엄격한 품질 검사 과정이 있어서, 제품이 국제 표준에 부합하도록 보증할 수 있습니다. 저희는 제품 검사 보고서와 기타 관련 자료를 제공하여 제품의 품질을 보증할 수도 있습니다.

여: 귀사 제품의 품질이 그렇게 좋으니, 분명히 가격도 비싸겠죠? 저희는 실크 머플러에 관심이 있는데, 만약 저희가 주문하기로 결정한다면 귀사는 얼마나 할인해 주실 수 있나요?

남: 저희 가격이 확실히 보통의 판매자들보다 조금 비싸긴 하지만, 이것도 어쩔 수 없습니다. 어쨌든 가격의 높고 낮음과 품질의 좋고 나쁨은 떼려야 뗄 수 없으니까요. 시장에 나와 있는 다른 머플러와 비교했을 때, 저희 회사의 머플러는 품질이 더 좋습니다. ¹⁹만약 귀측에서 진심으로 구매를 원하고 구매 수량이 많다면, 저희는 5%의 할인을 해드릴 수 있습니다.

여: 저는 귀사의 제품 품질이 괜찮은 것을 알고 있습니다만 이것은 저희의 첫 번째 협력이며, 만일 귀측이 더 많은 할인을 제공해 주실 수 있다면, 저희는 앞으로도 계속 귀사와 협력할 것입니다.

남: 사실 저희는 이미 매우 높은 할인을 해드렸지만, 저희의 협력 관계를 촉진하기 위해서, 이번에는 예외적으로 6%까지 해드릴 수 있습니다. ²⁰이것은 이미 가장 최고 할인입니다. 그러나 최소 주문 수량은 적어도 2,000장에 달해야 합니다.

여: ²⁰그럼 그렇게 하죠, 이 할인을 받아들이겠습니다. 저희는 먼저 실크 머플러 2,000개를 주문하겠습니다. 긴 머플러 스타일로 주문하면 구체적인 가격이 어떻게 되나요?

남: 실크 머플러는 한 장에 90위안입니다. 저희가 조금 전에 협의한 할인대로, 머플러 2,000장의 총금액은 16만 2천 위안입니다. 만약 귀사가 오늘 주문한다면, 저희는 월말에 납품할 수 있습니다.

여: 이 물건들은 미국의 창고로 운반해야 하는데, 국내에서 미국으로 운반하는 데 얼마나 걸릴까요?

남: 저희 회사의 과거의 표준 프로세스에 따르면, ²¹국내 선적 후 미국까지 운송하는 데 약 45일이 소요되며, 도중에 발생한 돌발적인 상황으로 인한 지연은 포함되지 않습니다.

여: 네, 그럼 오늘 바로 주문하겠습니다. 기간 내에 납품해 주시길 바랍니다. 참, 그럼 운송 포장 금액은 어떻게 계산하나요?

남: 귀사는 첫 협력에 2,000장의 머플러를 주문해 주셨습니다. 이는 저희 회사에 대한 신뢰이며, 저희는 귀사와 협력 관계를 유지하고 싶기 때문에 이번의 운송 포장 비용은 저희 측에서 부담하겠습니다.

여: 감사합니다. ²²그럼 계약하기 전에 제가 관련 조항을 다시 한번 검토해 보겠습니다.

어휘 围巾 wéijīn圏 머플러, 스카프 编织 biānzhī圏 짜다 加工 jiāgōng圏 가공하다 先进 xiānjìn圏 최첨단이다, 선진적이다 品质 pǐnzhì圏 품질
上乘 shàngchéng圏 (품질이) 우수하다 赞誉 zànyù圏 찬사를 보내다, 칭찬하다 绣花 xiùhuā圏 자수를 놓다
扎染 zārǎn圏 홀치기 염색을 하다[천의 일부를 실로 묶거나 감아 염색하여 무늬가 나타나게 하는 염색법] 手钩 shǒu gōu 뜨개질
棉麻 miánmá圏 코튼 린넨 莫代尔 mòdài'ěr圏 모달 真丝 zhēnsī圏 실크 羊绒 yángróng圏 캐시미어 客户 kèhù圏 고객
需求 xūqiú圏 요구, 수요 样品 yàngpǐn圏 샘플 检验 jiǎnyàn圏 검사하다 流程 liúchéng圏 (작업) 과정 给予 jǐyǔ圏 주다
折扣 zhékòu圏 할인 破例 pòlì圏 예외를 두다, 관례를 깨다 协商 xiéshāng圏 협의하다 交货 jiāohuò圏 납품하다 仓库 cāngkù圏 창고
以往 yǐwǎng圏 과거 装船 zhuāngchuán圏 선적하다 突发 tūfā圏 돌발적으로 일어나다 延误 yánwù圏 지연되다
包装 bāozhuāng圏 포장 信赖 xìnlài圏 신뢰하다 条款 tiáokuǎn圏 (법규·계약 등의) 조항

<table>
<tr><td>

17 问: 关于男的的公司, 可以知道什么?

A 销售手工制成的围巾
B 产品只在欧美地区销售
C 所雇佣的设计师都来自国外
D 规模在国际上处于领先的地位

</td><td>

질문: 남자의 회사에 관해, 알 수 있는 것은 무엇인가?

A 손으로 만든 머플러를 판매한다
B 제품은 유럽 및 미국 지역에서만 판매된다
C 고용한 디자이너는 모두 외국에서 왔다
D 규모가 국제적으로 선두를 차지하고 있다

</td></tr>
</table>

해설 남자가 언급한 我公司的主打产品是围巾, 既有手工编织的를 듣고 선택지 A 销售手工制成的围巾을 정답의 후보로 고른다. 질문이 남자의 회사에 관해 알 수 있는 것을 물었으므로, 선택지 A가 정답이다.

어휘 围巾 wéijīn 몡 머플러, 스카프　雇佣 gùyōng 통 고용하다　领先 lǐngxiān 통 선두를 차지하다

<table>
<tr><td>

18 问: 关于围巾的面料和样式, 下列哪项正确?

A 总共有两种样式
B 莫代尔属于厚款围巾
C 面料分为薄款和厚款
D 厚款面料的围巾定价更高

</td><td>

질문: 머플러의 원단과 스타일에 관해, 다음 중 옳은 것은?

A 총 두 종류의 스타일이 있다
B 모달은 두꺼운 소재의 머플러에 속한다
C 원단은 얇은 소재와 두꺼운 소재로 나뉜다
D 두꺼운 소재의 원단은 정가가 더 높다

</td></tr>
</table>

해설 남자가 언급한 围巾面料分为薄款和厚款两大类를 듣고 선택지 C 面料分为薄款和厚款을 정답의 후보로 고른다. 질문이 머플러의 원단과 스타일에 관해 옳은 것을 물었으므로, 선택지 C가 정답이다.

어휘 莫代尔 mòdài'ěr 몡 모달　定价 dìngjià 몡 정가

<table>
<tr><td>

19 问: 男的一开始给出了多少折扣?

5%

</td><td>

질문: 남자는 처음에 얼마의 할인을 제시했는가?

5%

</td></tr>
</table>

해설 남자가 언급한 如果您诚心想要购买, 并且购买数量较多的话, 我们可以给予5%的折扣。라고 했고, 질문이 남자는 처음에 얼마의 할인을 제시했는지를 물었으므로 5%를 정답으로 작성한다.

어휘 折扣 zhékòu 몡 할인

<table>
<tr><td>

20 问: 关于男的提出的最高折扣, 女的是什么态度?

A 愤愤不已
B 犹豫不决
C 委婉拒绝
D 勉强同意

</td><td>

질문: 남자가 제시한 최고 할인에 관해, 여자는 어떤 태도인가?

A 분노한다
B 망설인다
C 완곡하게 거절한다
D 마지못해 동의한다

</td></tr>
</table>

해설 남자가 언급한 这已经是最高的折扣了와 여자가 언급한 那行吧, 我们接受这个折扣。를 듣고 D 勉强同意를 정답의 후보로 고른다. 질문이 남자가 제시한 최고 할인에 관해 여자는 어떤 태도인지 물었다. 할인율을 듣고 여자가 '그럼 그렇게 해요'라고 했으므로, 여자는 할인율에 완전히 만족하지는 않지만 그럭저럭 동의함을 알 수 있다. 따라서 선택지 D가 정답이다.

어휘 愤愤不已 fènfèn bùyǐ 분노하다　犹豫不决 yóuyùbùjué 쩡 (결단을 내리지 못하고) 망설이다　委婉 wěiwǎn 휑 완곡하다
勉强 miǎnqiǎng 휑 마지못해 ~하다

<table>
<tr><td>

21 问: 男的会采用哪种运输方式?

A 水路运输
B 铁路运输
C 航空运输
D 公路运输

</td><td>

질문: 남자는 어떤 운송 방식을 채택할 것인가?

A 수로 운송
B 철도 운송
C 항공 운송
D 도로 운송

</td></tr>
</table>

해설 남자가 언급한 从国内装船后运送到美国大概需要45天的时间을 듣고 선택지 A 水路运输을 정답의 후보로 고른다. 질문이 남자는 어떤 운송 방식을 채택할 것인지 물었다. 남자가 '국내 선적 후'라고 했으므로, 물건은 배로 운송됨을 알 수 있다. 따라서 선택지 A가 정답이다.

어휘 航空 hángkōng 통 항공하다, 공중을 비행하다

22 问：他们接下来可能会做什么？

A 签订销售合同
B 检验产品质量
C 确认相关条款
D 商议保险类型

질문: 그들은 이어서 무엇을 할 가능성이 큰가?

A 판매 계약을 체결한다
B 제품 품질을 검사한다
C 관련 조항을 확인한다
D 보험 유형을 상의한다

해설 남자가 언급한 那在签合同之前，我再把相关条款检查一下吧를 듣고 선택지 C 确认相关条款을 정답의 후보로 고른다. 질문이 그들은 이어서 무엇을 할 가능성이 큰지 물었으므로, 선택지 C가 정답이다.

어휘 签订 qiāndìng[동] 체결하다 检验 jiǎnyàn[동] 검사하다 条款 tiáokuǎn[명] (법규·계약 등의) 조항 商议 shāngyì[동] 상의하다

23-27

蒲松龄堪称清代文坛上的一位奇才，他创作的中国志怪小说《聊斋志异》更是具有独特的思想风貌和艺术风貌。蒲松龄的作品给许多戏曲、电视剧、电影提供了大量的素材，为后世带来了深远的影响。

[23]蒲松龄出生于没落的商人家庭，他的父亲是当地有名望的读书人，但因为没能通过科举考试，所以他将科举及第的梦想寄托于儿子身上。在父亲的教导下，年幼的蒲松龄开始研读儒家经典，[23]他敏捷的思维和较高的文学素养也正是从少年时期就有的。遗憾的是，蒲松龄只在19岁参加童生试时登上榜首，自那以后的考试却屡试未中。在考试中屡次失败使蒲松龄很受打击，郁郁不得志。在二十几岁时，他找到了人生中新的追求，即写一部记录天地间所有奇闻异事的书籍，那就是日后为人们所知的《聊斋志异》。

蒲松龄的著作《聊斋志异》虽在有些方面承袭了六朝志怪小说和唐人传奇的特点，但在观念上却有质的飞跃。六朝时期人们记叙怪异之事，是因为相信这些事情为实际发生的事；[24]唐朝人写怪异故事重在构想奇幻的情节，较少有现实的内容。蒲松龄则在自己的生活经验和理性思维的基础上进行了文学创作，他虚构出奇异的故事，来表达个人的感受和精神追求。

在写作手法方面，《聊斋志异》有很多创新，[25]蒲松龄充分发挥了他的写作能力，将现实与虚幻巧妙地结合起来，呈现出了结构多样的故事情节。他创作的故事，有的重在描写情节，有的重在刻画人物，有的则重在叙述某个场景和某种意境。[25]他在叙事中多用伏笔制造悬念，这能使读者在阅读时产生强烈的好奇心和探究心理，还能增强小说的艺术魅力。

对于鬼怪，人们自古以来都怀有一种好奇和畏惧的心理，认为需要对鬼怪敬而远之。而在《聊斋志异》中，蒲松龄将鬼怪生活化，给他们赋予了人的色彩。[26]《聊斋志异》中描写的鬼怪大多向往人间的生活，眷恋人间美好的爱情、亲情和友情。蒲松龄通过这些富有浪漫色彩

포송령은 청나라 시대 문단에서의 귀재라고 할 만하며, 그가 창작한 중국 지괴 소설 <요재지이>는 독특한 사상적 풍모와 예술적 풍모를 지니고 있다. 포송령의 작품은 여러 희곡, 드라마, 영화에 많은 소재를 제공했고, 후세에 깊은 영향을 미쳤다.

[23]포송령은 몰락한 상인 집안에서 태어났다. 그의 아버지는 그 지역에서 명망 있는 지식인이었지만 과거 시험을 통과하지 못했기 때문에, 그는 과거 급제의 꿈을 아들에게 걸었다. 아버지의 가르침 아래 어린 포송령은 유가 경전을 공부하기 시작했고, [23]그의 민첩한 사고와 높은 문학적 소양도 바로 소년 시절부터 생겼다. 안타깝게도 포송령은 19세에 동생시에 응시했을 때만 수석으로 급제했고, 그 이후의 시험은 여러 번 시도했지만 떨어졌다. 시험에서의 여러 차례 실패는 포송령이 큰 타격을 입어 울적하게 했다. 20대에 그는 인생에서 새롭게 추구하는 바를 찾았는데, 바로 온 세상의 모든 기이한 일들을 기록한 책을 쓰는 것이었고, 이것이 바로 훗날 사람들에게 알려진 <요재지이>이다.

포송령의 저서인 <요재지이>는 비록 어떤 면에서는 육조의 지괴 소설과 당나라 전기의 특징을 답습했지만, 관념적으로는 질적인 비약이 있다. 육조 시대의 사람들이 괴이한 일을 서술한 것은 이러한 일이 실제로 일어난 일이라고 믿기 때문이었으며, [24]당나라 시대 사람들이 괴이한 이야기를 쓸 때는 판타지적인 줄거리를 구상하는 데 중점을 두었고, 현실적인 내용이 적었다. 반면 포송령은 자신의 생활 경험과 이성적인 사고를 바탕으로 문학 창작을 했으며, 그는 기이한 이야기를 꾸며내어 개인적인 감정과 정신적 추구를 표현했다.

창작 기법 측면에서 <요재지이>는 많은 혁신이 있었는데, [25]포송령은 그의 창작 능력을 충분히 발휘하여 현실과 비현실을 교묘하게 결합하여 구조가 다양한 줄거리를 보여주었다. 그가 창작한 이야기 중 어떤 것은 줄거리를 묘사하는 데 중점을 두었고, 어떤 것은 인물을 묘사하는 데 중점을 두었으며, 어떤 것은 특정 장면과 특정 정서를 서술하는 데 중점을 두었다. [25]그는 서술할 때 복선을 많이 써서 긴장감을 주는데, 이것은 독자가 읽을 때 강한 호기심과 탐구심이 생기게 하고 소설의 예술적 매력을 증대시킬 수 있다.

요괴에 대해 사람들은 예로부터 궁금하고 두려운 마음을 가지고 있고, 요괴를 멀리할 필요가 있다고 생각했다. 반면 <요재지이>에서는 포송령이 요괴를 생활화하여 그들에게 인간적인 색채를 부여했다. [26]<요재지이>에서 묘사한 요괴는 대부분 인간 세상의 생활을 갈망하고, 인간 세상의 아름다운 사랑, 가족애와 우정을 그리워했다. 포송령은 이러한 낭만적인 색채가 풍부한 캐릭터를 통해 자신의 아름다운 삶에 대한

的人物形象，表达了自己对美好生活的向往、怀才不遇的苦闷，以及当时腐朽黑暗的社会现实。 [27]《聊斋志异》之所以为人们所喜闻乐见，与它在语言上所达到的高度分不开。蒲松龄虽然是用文言文来写作的，但他却[27]将晦涩难懂的文言文提炼为简洁、准确、生动的文字，创造出了《聊斋志异》独特的语言艺术风格。书中四百余篇作品的内容和写作手法各不相同，但多数的篇章都反映了当时存在的社会问题，因此具有一定的研究价值。	갈망, 재능이 있으면서도 펼 기회를 만나지 못한 괴로움, 그리고 당시의 부패하고 어두운 사회 현실[26]을 표현했다. [27]<요재지이>가 사람들에게 매우 환영받는 것은, 그것이 언어적으로 도달한 높이와 떼려야 뗄 수 없다. 포송령은 비록 문언문으로 글을 썼지만, 그는 [27]알기 힘들고 이해하기 어려운 문언문을 간결하고 정확하며 생동감 넘치는 문자로 정제해 <요재지이>의 독특한 언어 예술 스타일을 창조해 냈다. 책에 있는 400여 편 작품의 내용과 창작 기법은 각기 다르지만 다수의 글은 당시에 존재했던 사회 문제를 반영했기 때문에 어느 정도 연구 가치가 있다.

어휘 **蒲松龄** Pú Sōnglíng [고유] 포송령[중국 청나라 초기의 소설가] **堪称** kānchēng [동] ~라고 할 만하다 **文坛** wéntán [명] 문단
奇才 qícái [명] 귀재[아주 뛰어난 재능을 가진 사람] **创作** chuàngzuò [동] 창작하다
志怪小说 zhìguài xiǎoshuō [명] 지괴 소설[기괴한 이야기가 쓰여진 소설] **戏曲** xìqǔ [명] 희곡 **素材** sùcái [명] (예술 작품의) 소재
没落 mòluò [동] 몰락하다 **名望** míngwàng [명] 명망 **读书人** dúshūrén [명] 지식인 **及第** jídì [동] 급제하다 **寄托** jìtuō [동] 걸다, 맡기다
儒家 Rújiā [고유] 유가 **敏捷** mǐnjié [형] 민첩하다 **思维** sīwéi [명] 사고, 사유 **童生试** tóngshēngshì [명] 동생시[가장 낮은 등급의 과거 시험]
榜首 bǎngshǒu [명] 수석, 일등 **屡次** lǚcì [부] 여러 차례 **打击** dǎjī [동] 타격을 주다 **郁郁不得志** yùyù bù dézhì 뜻을 이루지 못하여 울적하다
书籍 shūjí [명] 책, 서적 **著作** zhùzuò [명] 저서 **承袭** chéngxí [동] 답습하다
六朝 Liùcháo [고유] 육조[중국에서 후한이 멸망한 이후 수나라가 통일할 때까지 양쯔강 남쪽에 있었던 여섯 개의 왕조를 가리킴]
飞跃 fēiyuè [동] 비약하다 **怪异** guàiyì [형] 괴이하다 **构想** gòuxiǎng [동] 구상하다 **奇幻** qíhuàn [형] 판타지스럽다, 기묘하다
情节 qíngjié [명] 줄거리 **虚构** xūgòu [동] 꾸며내다 **手法** shǒufǎ [명] (예술 작품의) 기법 **创新** chuàngxīn [동] 혁신하다
虚幻 xūhuàn [형] 비현실적이다 **呈现** chéngxiàn [동] 나타나다, 드러나다 **刻画** kèhuà [동] 묘사하다 **场景** chǎngjǐng [명] (연극·영화 등의) 장면
意境 yìjìng [명] 정서 **叙事** xùshì [동] 서술하다 **伏笔** fúbǐ [명] 복선 **悬念** xuánniàn [명] 긴장감, 스릴, 서스펜스 **鬼怪** guǐguài [명] 요괴, 도깨비
畏惧 wèijù [동] 두려워하다 **敬而远之** jìng'éryuǎnzhī [성] (존경하기는 하되) 멀리하다 **赋予** fùyǔ [동] 부여하다, 주다
向往 xiàngwǎng [동] 갈망하다 **人间** rénjiān [명] 인간 세상, 속세 **眷恋** juànliàn [동] 그리워하다
怀才不遇 huáicáibúyù [성] 재능이 있으면서도 펼 기회를 만나지 못하다 **苦闷** kǔmèn [형] 괴롭다 **腐朽** fǔxiǔ [형] 부패하다
喜闻乐见 xǐwénlèjiàn [성] 매우 환영받다 **晦涩** huìsè [형] 알기 힘들다 **提炼** tíliàn [동] 정제하다, 추출하다 **篇章** piānzhāng [명] 글, 문장

23

问：关于蒲松龄，可以知道什么？	질문: 포송령에 관해, 알 수 있는 것은 무엇인가?
A 有较高的文学水平	A 높은 문학 수준을 지니고 있다
B 创作了许多戏剧作品	B 많은 연극 작품을 창작했다
C 在科举考试中屡次成功	C 과거 시험에서 여러 차례 성공했다
D 创作出了有名的科幻小说	D 유명한 공상 과학 소설을 창작해 냈다

해설 음성 초반에서 언급된 蒲松龄……他敏捷的思维和较高的文学素养也正是从少年时期就有的를 듣고 선택지 A 有较高的文学水平을 정답의 후보로 고른다. 질문이 포송령에 관해 알 수 있는 것을 물었으므로, 선택지 A가 정답이다.

어휘 **蒲松龄** Pú Sōnglíng [고유] 포송령[중국 청나라 초기의 소설가] **屡次** lǚcì [부] 여러 차례 **科幻** kēhuàn [명] 공상 과학

24

问：下列哪项属于唐朝人写的怪异故事的特点？	질문: 다음 중 당나라 시대 사람이 쓴 괴이한 이야기의 특징에 속하는 것은?
A 对小说篇幅有明确的限制	A 소설 분량에 대해 명확한 제한이 있다
B 主要由实际发生的事件构成	B 주로 실제 발생한 사건으로 구성되어 있다
C 较为重视故事中的奇幻情节	C 이야기의 판타지적인 줄거리를 비교적 중시한다
D 故事中只有对现实生活的描写	D 이야기에는 현실 생활에 대한 묘사만 있다

해설 음성 중반에서 언급된 唐朝人写怪异故事重在构想奇幻的情节를 듣고 선택지 C 较为重视故事中的奇幻情节를 정답의 후보로 고른다. 질문이 당나라 시대 사람이 쓴 괴이한 이야기의 특징에 속하는 것을 물었으므로, 선택지 C가 정답이다.

어휘 **怪异** guàiyì [형] 괴이하다 **篇幅** piānfú [명] (문장의) 분량 **事件** shìjiàn [명] 사건 **奇幻** qíhuàn [형] 판타지스럽다, 기묘하다
情节 qíngjié [명] 줄거리

25	问：蒲松龄的小说为什么能让人产生探究心理？	질문: 포송령의 소설은 왜 사람들이 탐구심이 생기게 할 수 있는가?
	A 有大量真实人物登场	A 많은 실존 인물이 등장한다
	B 小说中的内容充满了悬念	B 소설 속의 내용은 긴장감으로 가득 차 있다
	C 刻画人物的手法非常鲜明	C 인물을 묘사하는 기법이 매우 뚜렷하다
	D 故事中出现的鬼怪很有个性	D 이야기에서 나오는 요괴가 개성이 있다

해설 음성 중반에서 언급된 蒲松龄……他在叙事中多用伏笔制造悬念，这能使读者在阅读时产生强烈的好奇心和探究心理를 듣고 선택지 B 小说中的内容充满了悬念을 정답의 후보로 고른다. 질문이 포송령의 소설은 왜 사람들이 탐구심이 생기게 할 수 있는지 물었으므로, 선택지 B가 정답이다.

어휘 登场 dēngchǎng [동] 등장하다　悬念 xuánniàn [명] 긴장감, 스릴　刻画 kèhuà [동] 묘사하다　手法 shǒufǎ [명] (예술 작품의) 기법　鬼怪 guǐguài [명] 요괴, 도깨비

26	问：通过描写鬼怪，蒲松龄表达了什么？	질문: 요괴를 묘사하는 것을 통해, 포송령은 무엇을 표현했는가?
	A 良心的不安与煎熬	A 양심의 불안과 고통
	B 自己对美好生活的憧憬	B 아름다운 삶에 대한 자신의 동경
	C 社会的多样性和多变性	C 사회의 다양성과 다변성
	D 想要对抗现实的坚韧意志	D 현실에 맞서려는 강인한 의지

해설 음성 후반에서 언급된 《聊斋志异》中描写的鬼怪大多向往人间的生活，眷恋人间美好的爱情、亲情和友情。蒲松龄通过这些富有浪漫色彩的人物形象，表达了自己对美好生活的向往을 듣고 선택지 B 自己对美好生活的憧憬을 정답의 후보로 고른다. 질문이 요괴를 묘사하는 것을 통해 포송령은 무엇을 표현했는지 물었으므로, 선택지 B가 정답이다.

어휘 良心 liángxīn [명] 양심　煎熬 jiān'áo [동] 고통을 받다　憧憬 chōngjǐng [동] 동경하다　对抗 duìkàng [동] 맞서다　坚韧 jiānrèn [형] 강인하다　意志 yìzhì [명] 의지

27	问：《聊斋志异》被人们所喜闻乐见的原因是什么？	질문: <요재지이>가 사람들에게 매우 환영받는 이유는 무엇인가?
	A 构建了全新的宗教	A 완전히 새로운 종교를 구축했다
	B 吸取了各国文学的精华	B 각국 문학의 정수를 흡수했다
	C 语言艺术风格别具一格	C 언어 예술 스타일이 독특하다
	D 反映了当时人们对自由的渴望	D 당시 사람들의 자유에 대한 갈망을 반영했다

해설 음성 후반에서 언급된 《聊斋志异》之所以为人们所喜闻乐见，与它在语言上所达到的高度分不开。……将晦涩难懂的文言文提炼为简洁、准确、生动的文字，创造出了《聊斋志异》独特的语言艺术风格를 듣고 선택지 C 语言艺术风格别具一格를 정답의 후보로 고른다. 질문이 <요재지이>가 사람들에게 매우 환영받는 이유를 물었으므로, 선택지 C가 정답이다.

어휘 喜闻乐见 xǐwénlèjiàn [성] 매우 환영받다　宗教 zōngjiào [명] 종교　精华 jīnghuá [명] 정수　别具一格 biéjùyìgé [성] 독특한 풍격을 지니다　渴望 kěwàng [동] 갈망하다

28-33

作为中储粮集团的总经理，我很荣幸今年能够参加以"变局下的经济发展与金融合作"为主题的金融街论坛年会。

目前举国上下都十分关心粮食安全问题。[28]国家发展和改革委员会曾指出，确保国家粮食安全是乡村振兴的首要任务，解决好十几亿人口的吃饭问题始终是关系到国家经济和人民生活的头等大事，因此在粮食问题上不能有丝毫松懈。政府也突出强调过：要全方位夯实粮

중국양곡비축관리공사의 사장으로서 올해 '변화 국면에서의 경제 발전과 금융 협력'을 주제로 한 진룽제 포럼 연례회에 참석할 수 있게 되어 매우 영광입니다.

현재 전 국민이 식량 안보에 대해 매우 관심을 기울이고 있습니다. [28]국가발전개혁위원회는 국가 식량 안보를 확보하는 것이 농촌 활성화의 최우선 과제이며, 십수억 인구의 식량 문제를 해결하는 것은 항상 국가 경제 및 국민 생활과 관련된 가장 중요한 일이므로 식량 문제에 한 치의 소홀함도 있어서는 안 된다고 [28]지적한 바 있습니다. 정부는 또한 식량 안보의 토대를 전면적으로 다져야 한다고 특히 강조했습니다. 이는

食安全根基。这些都是居安思危的表现，是对世情、国情和农情深刻透彻的洞察，也是对国家发展的深远谋划。

[33]中储粮从成立以来就始终把保障国家粮食安全，为农业、农村、农民——"三农"服务的职责扛在肩上。[29]作为中国最大的农产品储备集团、粮油购销企业和公益类中央企业，中储粮一头连着千家万户的农民，另一头连着千变万化的市场。二十余年来，我们始终把服务"三农"、支持乡村振兴的光荣使命刻在基因里，并融入主业中，因此现在有粮的地方都有我们的粮仓，用粮的地方都有我们的粮食。

[33]在保障国家粮食安全，以金融支持全面推进乡村振兴的过程中，中储粮已经形成了自己独特的运作模式。一是通过资金集中管理，支持了乡村振兴。从2009年开始推进资金集中管理到2020年成立财务公司，[30]我们构建了一套具有自身特色的资金集中管理体系，从而在资金管理方面实现了一次质的飞跃和里程碑式的提升。我们通过集中管理资金来管理粮食，为乡村振兴增添了新的助力。二是精准地把握了落脚点。这些年来，[31]中储粮累计收购政策性粮食近10亿吨，助农增收2000亿元以上，使种粮农民得到了实惠。[31]我们构建的收储网络覆盖全国90%的城市和95%的粮食主区，有效避免了农民卖粮难的问题。三是进行了创新优化服务的升级。[31]我们开发了各种农业贷款项目，帮助农民最大限度地利用贷款资金，维持正常的生产经营活动，与农民共渡难关。

作为国家调控粮食市场的重要载体，[32]中储粮在做好国家粮食储备、服务国家宏观调控、维护粮食市场稳定、实现国有资产保值增值等方面肩负着重大职责。[32]我们将以建设世界一流农产品储备集团为目标，争取建立数字化粮食收储管理体系，提高<u>应急响应能力</u>，为保障国家粮食安全作出贡献。

모두 편안할 때도 위험을 대비함을 나타내며, 세계의 상황, 나라의 상황, 농업 생산 상황에 대한 치밀한 통찰이며, 국가 발전을 위한 원대한 계획이기도 합니다.

[33]중국양곡비축관리공사는 설립 이후 언제나 국가의 식량 안보를 보장하고, 농업, 농촌, 농민을 뜻하는 '3농'을 위해 일한다는 책임을 짊어지고 있습니다. [29]중국 최대의 농산물 비축 그룹이자 식량과 식용유 구매 및 판매 기업, 공익성 중앙 기업으로서 중국양곡비축관리공사의 한쪽은 수많은 농민과, 다른 한쪽은 변화무쌍한 시장과 연결되어 있습니다. 지난 20년 동안 우리는 항상 '3농'을 위해 일하고 농촌 활성화를 지원하는 영광스러운 사명을 유전자에 새기고 주요 사업으로 녹여냈기 때문에, 현재 곡물이 있는 곳에는 우리의 곡물 창고가 있고, 곡물을 사용하는 곳에는 우리의 곡식이 있습니다.

[33]국가 식량 안보를 보장하고 재정적인 지원을 통해 농촌 활성화를 전면적으로 추진하는 과정에서, 중국양곡비축관리공사는 고유한 운영 모델을 형성했습니다. 첫째, 자금 집중 관리를 통해 농촌 활성화를 지원했습니다. 2009년부터 자금 집중 관리를 추진하여 2020년에 재무 회사를 설립할 때까지, [30]우리는 우리만의 특색 있는 자금 집중 관리 시스템을 구축하여, 자금 관리 방면에서 질적인 비약과 기념비적인 향상을 실현했습니다. 우리는 자금을 집중적으로 관리하는 것으로 식량을 관리하여 농촌 활성화에 새로운 힘을 보탰습니다. 둘째, 목표점을 정확히 파악했습니다. 최근 몇 년 동안 [31]중국양곡비축관리공사의 정책성 식량 누적 구매량은 10억 톤에 달하여 농민 소득을 2,000억 위안 이상 증가시켰고, 곡물을 재배하는 농민들이 혜택을 받게 했습니다. [31]우리가 구축한 구매 및 저장 네트워크는 전국 90%의 도시와 95%의 식량 주요 생산 지역을 포괄하여 농민들이 곡물을 판매하기 어렵다는 문제를 효과적으로 방지했습니다. 셋째, 혁신적이고 최적화된 서비스 업그레이드를 진행했습니다. [31]우리는 다양한 농업 대출 상품을 개발하여, 농민들이 대출 자금을 최대한 활용하고 정상적인 생산 및 운영 활동을 유지하도록 도왔으며, 농민과 함께 어려움을 극복했습니다.

식량 시장을 제어하는 국가의 중요한 매개체로서 [32]중국양곡비축관리공사는 국가 식량을 비축하고, 국가가 거시적 통제를 할 수 있도록 도우며, 식량 시장의 안정을 유지하고 국유자산보호증식을 실현하는 등의 측면에서 중대한 책임을 짊어지고 있습니다. [32]우리는 세계 일류 농산물 비축 그룹 건설을 목표로 디지털 식량 구매 및 저장 관리 시스템 구축과 <u>비상 대응 능력</u> 향상을 위해 노력하여, 국가 식량 안보를 보장하는 데 기여할 것입니다.

어휘　**中储粮** Zhōngchǔliáng [고유] 중국양곡비축관리공사[中国储备粮管理集团有限公司]　**荣幸** róngxìng [형] 매우 영광스럽다　**金融** jīnróng [명] 금융
金融街 Jīnróngjiē [고유] 진룽제[베이징에 위치한 대규모 금융 산업 구역]　**论坛** lùntán [명] 포럼　**举国上下** jǔguóshàngxià [성] 전 국민
粮食 liángshi [명] 식량, 곡식　**确保** quèbǎo [동] 확보하다　**乡村** xiāngcūn [명] 농촌　**振兴** zhènxīng [동] 활성화하다, 진흥시키다
头等大事 tóuděng dà shì 가장 중요한 일　**松懈** sōngxiè [동] 소홀하다, 해이하다　**夯实** hāngshí [동] 기초를 다지다
居安思危 jū'ānsīwēi [성] 편안할 때에 위험을 대비하다　**透彻** tòuchè [형] 치밀하다, 투철하다　**洞察** dòngchá [동] 통찰하다
谋划 móuhuà [동] 계획하다　**保障** bǎozhàng [동] 보장하다　**职责** zhízé [명] 책임, 직책　**扛** káng [동] (어깨에) 짊어지다　**储备** chǔbèi [동] 비축하다
粮油 liángyóu [명] 식량과 식용유　**中央** zhōngyāng [명] 중앙[중국 정치 조직의 최고 기관]　**千变万化** qiānbiànwànhuà [성] 변화무쌍하다
光荣 guāngróng [형] 영광스럽다　**使命** shǐmìng [명] 사명　**基因** jīyīn [명] 유전자　**模式** móshì [명] 모델, 패턴　**财务** cáiwù [명] 재무
体系 tǐxì [명] 시스템　**飞跃** fēiyuè [동] 비약하다　**里程碑** lǐchéngbēi [명] 기념비적 사건　**增添** zēngtiān [동] 보태다, 더하다
精准 jīngzhǔn [형] 정확하다　**落脚点** luòjiǎodiǎn [명] 목표점, 결과　**政策** zhèngcè [명] 정책　**实惠** shíhuì [명] 혜택, 실리
覆盖 fùgài [동] 포괄하다, 점유하다　**创新** chuàngxīn [동] 혁신하다　**优化** yōuhuà [동] 최적화하다　**维持** wéichí [동] 유지하다
共渡难关 gòng dù nánguān 함께 어려움을 극복하다　**宏观** hóngguān [형] 거시적인　**维护** wéihù [동] 유지하고 보호하다
国有资产保值增值 guóyǒuzīchǎn bǎozhí zēngzhí 국유자산보호증식　**肩负** jiānfù [동] (임무 등을) 짊어지다　**一流** yīliú [형] 일류의
数字化 shùzìhuà [동] 디지털화하다　**应急响应** yìngjí xiǎngyìng 비상 대응

28

问: 关于粮食安全, 国家发展和改革委员会提出了什么观点?

질문: 식량 안보에 관해, 국가발전개혁위원회는 어떤 관점을 제시했는가?

A 应加强关于粮食安全问题的政策研究

B 应把确保粮食安全作为乡村振兴的头等任务

C 应通过确保粮食安全, 消除社会不平等现象

D 应把粮食安全问题列入G20峰会的优先议题中

A 식량 안보 문제에 관한 정책 연구를 강화해야 한다

B 식량 안보를 확보하는 것을 농촌 활성화의 최우선 과제로 삼아야 한다

C 식량 안보를 확보하는 것을 통해, 사회 불평등 현상을 없애야 한다

D 식량 안보 문제를 G20 정상 회담의 우선적인 의제에 포함시켜야 한다

해설 음성 초반에서 언급된 国家发展和改革委员会曾指出, 确保国家粮食安全是乡村振兴的首要任务를 듣고 선택지 B 应把确保粮食安全作为乡村振兴的头等任务를 정답의 후보로 고른다. 질문이 식량 안보에 관해 국가발전개혁위원회는 어떤 관점을 제시했는지 물었으므로 선택지 B가 정답이다.

어휘 粮食 liángshi 圆식량, 곡식 政策 zhèngcè 圆정책 确保 quèbǎo 圄확보하다 乡村 xiāngcūn 圆농촌 振兴 zhènxīng 圄활성화하다, 진흥시키다 消除 xiāochú 圄없애다, 해소하다 峰会 fēnghuì 圆정상 회담 优先 yōuxiān 圄우선하다 议题 yìtí 圆의제

29

问: 关于中储粮, 下列哪项不正确?

질문: 중국양곡비축관리공사에 관해, 다음 중 옳지 않은 것은?

A 属于公益类中央企业

B 受千变万化的市场的影响

C 主要业务范围包括粮油生产

D 是中国最大的农产品储备集团

A 공익성 중앙 기업에 속한다

B 변화무쌍한 시장의 영향을 받는다

C 주 업무 범위에 식량과 식용유 생산이 포함되어 있다

D 중국 최대의 농산물 비축 그룹이다

해설 음성 중반에서 언급된 作为中国最大的农产品储备集团、粮油购销企业和公益类中央企业, 中储粮一头连着千家万户的农民, 另一头连着千变万化的市场。을 듣고 선택지 A 属于公益类中央企业, B 受千变万化的市场的影响, D 是中国最大的农产品储备集团을 정답의 후보로 고른다. 질문이 중국양곡비축관리공사에 관해 옳지 않은 것을 물었으므로 언급되지 않은 선택지 C 主要业务范围包括粮油生产이 정답이다.

어휘 中储粮 Zhōngchǔliáng 교요중국양곡비축관리공사[中国储备粮管理集团有限公司] 中央 zhōngyāng 圆중앙[중국 정치 조직의 최고 기관] 千变万化 qiānbiànwànhuà 囵변화무쌍하다 粮油 liángyóu 圆식량과 식용유 储备 chǔbèi 圄비축하다

30

问: 中储粮为什么能够在资金管理方面实现质的飞跃和里程碑式的提升?

질문: 중국양곡비축관리공사는 자금 관리 방면에서 왜 질적인 비약과 기념비적인 향상을 실현할 수 있었는가?

A 给偏远地区的农民们提供了无息贷款

B 精准地把握了农民企业家的多样化需求

C 构建了一套有特色的资金集中管理体系

D 在政策的允许下, 合理调整了农产品的市场价格

A 외딴 지역의 농민들에게 무이자 대출을 제공했다

B 농민 기업가의 다양화된 수요를 정확히 파악했다

C 특색 있는 자금 집중 관리 시스템을 구축했다

D 정책 허가 아래, 농산품 시장 가격을 합리적으로 조정했다

해설 음성 중반에서 언급된 我们构建了一套具有自身特色的资金集中管理体系, 从而在资金管理方面实现了一次质的飞跃和里程碑式的提升을 듣고 선택지 C 构建了一套有特色的资金集中管理体系를 정답의 후보로 고른다. 질문이 중국양곡비축관리공사는 자금 관리 방면에서 왜 질적인 비약과 기념비적인 향상을 실현할 수 있었는지 물었으므로 선택지 C가 정답이다.

어휘 飞跃 fēiyuè 圄비약하다 里程碑 lǐchéngbēi 圆기념비적 사건 精准 jīngzhǔn 圄정확하다 需求 xūqiú 圆수요 体系 tǐxì 圆시스템

31

问: 下列哪项不属于中储粮的主要业务范围?

질문: 다음 중 중국양곡비축관리공사의 주요 업무 범위에 속하지 않는 것은?

A 收购政策性粮食

B 构建自己的收储网络

C 推出各种农业贷款项目

D 运营农业科技示范基地

A 정책성 식량을 사들인다

B 자체적인 구매 및 저장 네트워크를 구축한다

C 각종 농업 대출 상품을 출시한다

D 농업 과학 기술 시범 기지를 운영한다

해설 음성 후반에서 언급된 中储粮累计收购政策性粮食近10亿吨……我们构建的收储网络覆盖全国90%的城市和95%的粮食主产区……我们开发了各种农业贷款项目를 듣고 A 收购政策性粮食, B 构建自己的收储网络, C 推出各种农业贷款项目를 정답의 후보로 고른다. 질문이 중국양곡비축관리공사의 주요 업무 범위에 속하지 않는 것을 물었으므로 언급되지 않은 선택지 D 运营农业科技示范基地가 정답이다.

어휘 示范 shìfàn [동] 시범하다 基地 jīdì [명] 기지, 근거지

32	
中储粮将争取建立数字化粮食收储管理体系，并提高应急响应能力。	중국양곡비축관리공사는 디지털 식량 구매 및 저장 관리 시스템 구축과, 비상 대응 능력 향상을 위해 노력할 것이다.

해설 음성 후반에서 언급된 中储粮……我们将以建设世界一流农产品储备集团为目标，争取建立数字化粮食收储管理体系，提高应急响应能力를 듣고 应急响应能力를 정답으로 작성한다.

어휘 数字化 shùzìhuà [동] 디지털화하다 应急响应 yìngjí xiǎngyìng 비상 대응

33	
问：这段话主要谈的是什么？	질문: 이 장문이 주로 이야기하는 것은 무엇인가?
A 中储粮的历史沿革及其独特的经营理念	A 중국양곡비축관리공사의 역사 연혁과 독특한 경영 이념
B 中储粮在管理体制改革方面作出的努力	B 중국양곡비축관리공사가 관리 체제 개혁 측면에서 들인 노력
C 中储粮在国家粮食安全方面所作出的贡献	C 중국양곡비축관리공사가 국가 식량 안보 측면에서 해낸 공헌
D 中储粮有关的争议事件所暴露出的社会问题	D 중국양곡비축관리공사와 관련된 논란에서 드러난 사회 문제

해설 음성 중반에서 언급된 中储粮从成立以来就始终把保障国家粮食安全，为农业、农村、农民——"三农"服务的职责扛在肩上。과 在保障国家粮食安全，以金融支持全面推进乡村振兴的过程中，中储粮已经形成了自己独特的运作模式。을 듣고 선택지 C 中储粮在国家粮食安全方面所作出的贡献을 정답의 후보로 고른다. 질문이 이 장문이 주로 이야기하는 것을 물었으므로 선택지 C가 정답이다.

어휘 历史沿革 lìshǐ yángé [명] 역사 연혁 争议 zhēngyì [명] 논란 暴露 bàolù [동] 드러내다

34-40

[40]全球气候变化已经严重影响了目前的生物多样性。为了适应气候变化，很多物种会改变原有的生物形态与分布，而[34]部分无法适应气候变化的物种则可能会由于栖息地萎缩，生存资源变得紧张，从而产生种群局部灭绝的现象。

气候变化是一个持续存在的问题。近年来，人类活动导致的温室效应加剧引起了人们的极大关注。气候变化不仅会带来环境问题，还会直接影响物种的形态。在阿巴拉契亚山脉，有六种林地蝾螈的体型在过去五十年里平均缩小了8%。[35]一些物种的某些个体随着气候变暖而变得越来越小，这是因为体积小、耗能低的个体在温暖环境中更具生存优势。此外，某些鸟类后代的喙也变小了，这降低了幼鸟的存活率。研究人员指出，按照当前的气候变化速度，即便是那些适应速度较快的动物，也很难赶上气候变化的速度，适应能力也不足以保证其生存。因此一些稀有物种和濒危物种的生存前景更为堪忧。

气候变化不仅影响到了动物，还波及到了植物，全球变暖会降低许多野生植物的适应性。[36]为了适应不断变化的气候，植物会通过种子、孢子等进行长距离传播，寻找新的栖息地，并与新环境中的原生物种竞争，

[40]전 세계 기후 변화는 이미 현재의 생물 다양성에 심각한 영향을 주었다. 기후 변화에 적응하기 위해 많은 종이 원래의 생물 형태와 분포를 변화시키지만, [34]기후 변화에 적응하지 못한 일부 종은 서식지 위축으로 인해 생존 자원이 부족해지고, 이에 따라 개체군이 일부 멸종하는 현상이 나타날 수 있다.

기후 변화는 지속적으로 존재해 온 문제이다. 최근 몇 년 동안 인류 활동이 야기한 온실 효과의 가속화는 사람들의 큰 관심을 불러일으켰다. 기후 변화는 환경 문제를 가져올 뿐만 아니라, 종의 형태에 직접적인 영향을 미치기도 한다. 애팔래치아산맥에서는 삼림지에 서식하는 도롱뇽 6종의 크기가 지난 50년 동안 평균 8% 작아졌다. [35]일부 종의 특정 개체는 기후 온난화에 따라 점점 작아지는데, 이는 크기가 작고 에너지 소모가 적은 개체가 따뜻한 환경에서 생존에 더 유리하기 때문이다. 이 외에도 일부 조류 후손의 부리도 작아졌는데, 이는 새끼 새의 생존율을 감소시켰다. 연구원들은 현재의 기후 변화 속도에 따라서 설령 적응 속도가 빠른 동물이라도 기후 변화 속도를 따라잡기 어려울 것이고, 적응 능력도 생존을 보장하기에 충분하지 않을 것이라고 지적했다. 이 때문에 일부 희귀종과 멸종 위기종의 생존 전망이 더욱 우려되는 상황이다.

기후 변화는 동물에게 영향을 주었을 뿐만 아니라, 식물에도 영향을 미쳤는데, 지구 온난화는 많은 야생 식물의 적응성을 감소시킨다. [36]끊임없이 변화하는 기후에 적응하기 위해서, 식물은 씨앗, 포자 등을 통해 장거리 전파를 하여 새로운 서식지를 찾고 새로운 환경의 토착 생물과

这会抑制甚至灭绝其中一种竞争植物, 造成物种多样性的丧失。此外, 温度升高对植物生长速率会造成影响。在全球变暖的背景下, 36许多植物春季发芽和展叶的时间比以往提前了, 而秋季叶片变黄或枯萎的时间则延迟了。

海洋生态系统也难以避免气候变化带来的不可逆转的伤害。研究表明, 37在低温时死亡或无法生长的节肢动物, 其所携带的细菌和寄生虫在温度上升时会加速生长。这会延长病菌的传染期, 37导致各类疾病的传播。因此气候变化会加快海洋病原微生物的传播, 使海洋生物患上疾病, 造成海洋生物的死亡。

那么气候变化会给人类带来怎样的影响呢? 气候变化给人类带来的直接影响主要有日益增加的自然灾害导致的疾病和死亡。而间接影响则更为错综复杂, 38气候变化引起的各种极端气候现象会导致地球生态系统的紊乱, 造成传染病和自然疫源性疾病的增加。据研究, 在人类已知的病原体引起的三百多种疾病中, 有两百多种会因为某种气候变化而恶化。39面对严峻的气候变化形势, 人类的行动变得更加重要。39首先要根据土地的实际情况植树造林, 退耕还林, 恢复大自然的生态平衡; 其次要节能减排, 减少二氧化碳的排放; 最后, 要大力研发新能源, 倡导环保出行。

경쟁하게 되는데, 이는 경쟁 식물 중 하나를 억제하거나 심지어 멸종시켜 종의 다양성 상실을 초래할 수 있다. 이 밖에 온도 상승은 식물 성장 속도에도 영향을 준다. 지구 온난화의 배경하에 36많은 식물의 봄철에 발아하고 잎이 싹 트는 시기가 이전보다 빨라진 반면, 가을철에 잎이 노랗게 변하거나 시드는 시기는 늦춰졌다.

해양 생태계도 기후 변화가 가져온 돌이킬 수 없는 피해를 피하기 어렵다. 연구에서 37낮은 온도에서 죽거나 성장할 수 없는 절지동물이 지니고 있는 박테리아와 기생충은 온도가 상승할 때 성장이 가속화되는 것으로 나타났다. 이는 병균의 전염 기간을 연장시키고 37각종 질병의 확산을 초래한다. 따라서 기후 변화는 해양 병원성 미생물의 확산을 가속화하고 해양 생물이 질병에 걸리게 해 해양 생물의 사망을 초래한다.

그렇다면 기후 변화는 인류에게 어떤 영향을 미칠까? 기후 변화가 인류에 미치는 직접적인 영향은 주로 나날이 증가하는 자연재해가 야기한 질병과 사망이다. 간접적인 영향은 더 복잡한데, 38기후 변화가 야기한 다양한 극단적인 기후 현상은 지구 생태계의 혼란을 야기하며, 전염병과 자연적으로 발생하는 질병의 증가를 초래할 수 있다. 연구에 따르면 인간에게 알려진 병원체가 야기하는 300여 종 질병 중 200여 가지가 특정 기후 변화로 인해 악화될 수 있다. 39심각한 기후 변화 형세를 마주하여, 인류의 행동이 더욱 중요해지고 있다. 39우선 토지의 실제 상황에 따라 나무를 심어 숲을 조성하고, 농지를 산림으로 되돌리고, 대자연의 생태 균형을 회복해야 한다. 그다음으로 에너지 절약과 오염 물질 배출을 감소시키고, 이산화 탄소 배출을 줄여야 하며, 마지막으로 대체 에너지를 적극적으로 개발하고 친환경 외출 방식을 제창해야 한다.

제1회 듣기 · 제2회 · 제3회 · 해커스 해설이 상세한 HSK 7~9급 실전모의고사

어휘 **生物** shēngwù 圕 생물　**形态** xíngtài 圕 형태　**栖息地** qīxīdì 圕 서식지　**萎缩** wěisuō 图 위축되다, 수축되다　**生存** shēngcún 图 생존하다
种群 zhǒngqún 圕 개체군　**局部** júbù 圕 일부　**灭绝** mièjué 图 멸종하다　**加剧** jiājù 图 가속화되다, 심해지다　**关注** guānzhù 图 관심을 가지다
山脉 shānmài 圕 산맥　**蝾螈** róngyuán 圕 도롱뇽　**个体** gètǐ 圕 개체　**体积** tǐjī 圕 크기, 부피　**后代** hòudài 圕 후손　**喙** huì 圕 부리
当前 dāngqián 圕 현재　**即便** jíbiàn 圙 설령 ~하더라도　**足以** zúyǐ 충분히 ~할 수 있다　**濒危** bīnwēi 图 위기에 처하다
前景 qiánjǐng 圕 전망　**种子** zhǒngzi 圕 씨앗　**孢子** bāozǐ 圕 포자　**抑制** yìzhì 图 억제하다　**丧失** sàngshī 图 상실하다　**发芽** fāyá 图 발아하다
以往 yǐwǎng 圕 이전　**枯萎** kūwěi 图 시들다　**生态** shēngtài 圕 생태　**死亡** sǐwáng 图 죽다, 사망하다
节肢动物 jiézhī dòngwù 절지동물[동물의 한 종류]　**携带** xiédài 图 지니다　**细菌** xìjūn 圕 박테리아, 세균　**病菌** bìngjūn 圕 병균
疾病 jíbìng 圕 질병　**日益** rìyì 圙 나날이　**间接** jiànjiē 圕 간접적인　**错综复杂** cuòzōngfùzá 圙 여러 가지가 뒤엉키어 복잡하다
极端 jíduān 圕 극단적인　**紊乱** wěnluàn 圕 혼란스럽다　**自然疫源性疾病** zìrán yìyuánxìng jíbìng 자연적으로 발생하는 질병
恶化 èhuà 图 악화되다　**严峻** yánjùn 圕 심각하다　**节能减排** jiénéng jiǎnpái 에너지를 절약하고 오염 물질 배출을 감소시키다
二氧化碳 èryǎnghuàtàn 圕 이산화 탄소　**排放** páifàng 图 (폐기·폐수 등을) 배출하다　**倡导** chàngdǎo 图 제창하다

---

34 部分无法适应气候变化的物种可能会由于栖息地的萎缩, 生存资源变得紧张, 从而产生<u>种群局部灭绝的现象</u>。

기후 변화에 적응하지 못한 일부 종은 서식지 위축으로 인해 생존 자원이 부족해지고, 이에 따라 <u>개체군이 일부 멸종하는 현상</u>이 나타날 수 있다.

해설 음성 초반에서 언급된 部分无法适应气候变化的物种则可能会由于栖息地萎缩, 生存资源变得紧张, 从而产生种群局部灭绝的现象을 듣고 种群局部灭绝的现象을 정답으로 작성한다.

어휘 **栖息地** qīxīdì 圕 서식지　**萎缩** wěisuō 图 위축되다, 수축되다　**生存** shēngcún 图 생존하다　**种群** zhǒngqún 圕 개체군
局部 júbù 圕 일부　**灭绝** mièjué 图 멸종하다

35	问: 某些物种的个体为什么会随着气候变暖而缩小?	질문: 일부 종의 개체는 왜 기후 온난화에 따라 작아지는가?
	A 为了更具生存优势	A 생존에 유리하기 위해
	B 为了满足后代的需要	B 후대의 수요를 만족시키기 위해
	C 为了降低被病菌感染的几率	C 병균에 감염될 확률을 낮추기 위해
	D 为了同一环境内其他物种的生存	D 같은 환경에 있는 다른 종의 생존을 위해

해설 음성 중반에서 언급된 一些物种的某些个体随着气候变暖而变得越来越小, 这是因为体积小、耗能低的个体在温暖环境中更具生存优势。을 듣고 선택지 A 为了更具生存优势을 정답의 후보로 고른다. 질문이 일부 종의 개체는 왜 기후 온난화에 따라 작아지는지 물었으므로, 선택지 A가 정답이다.

어휘 **个体** gètǐ 명 개체 **后代** hòudài 명 후대 **病菌** bìngjūn 명 병균

36	问: 下列哪项不属于气候变化给植物带来的影响?	질문: 다음 중 기후 변화가 식물에 가져온 영향에 속하지 않는 것은?
	A 造成生物多样性的丧失	A 생물 다양성의 상실을 초래한다
	B 加剧植物间的物种竞争	B 식물 간의 종의 경쟁을 심화한다
	C 发芽和枯萎时间发生变化	C 발아하고 시드는 시기에 변화가 생긴다
	D 加快植物内部的营养流失	D 식물 내부 영양의 유실을 가속화한다

해설 음성 중반에서 언급된 为了适应不断变化的气候, 植物会通过种子、孢子等进行长距离传播, 寻找新的栖息地, 并与新环境中的原生物种竞争, 这会抑制甚至灭绝其中一种竞争植物, 造成物多样性的丧失……许多植物春季发芽和展叶的时间比以往提前了, 而秋季叶片变黄或枯萎的时间则延迟了를 듣고 선택지 A 造成生物多样性的丧失, B 加剧植物间的物种竞争, C 发芽和枯萎时间发生变化를 정답의 후보로 고른다. 질문이 기후 변화가 식물에 가져온 영향에 속하지 않는 것을 물었으므로, 언급되지 않은 선택지 D 加快植物内部的营养流失이 정답이다.

어휘 **生物** shēngwù 명 생물 **加剧** jiājù 동 심화하다, 심해지다 **发芽** fāyá 동 발아하다 **枯萎** kūwěi 동 시들다

37	问: 在低温时死亡的节肢动物有什么特点?	질문: 낮은 온도에서 죽는 절지동물은 어떤 특징이 있는가?
	A 会随着温度的上升减缓生长速度	A 온도 상승에 따라 성장 속도가 느려진다
	B 躯体会根据周围环境的变化而变色	B 신체가 주위 환경의 변화에 따라 변색된다
	C 躯体上滋生的寄生虫会阻碍人体代谢	C 신체에 번식하고 있는 기생충은 인체의 대사를 방해한다
	D 它们所携带的细菌会导致疾病的传播	D 그들이 지니고 있는 박테리아가 질병의 확산을 촉진한다

해설 음성 중반에서 언급된 在低温时死亡或无法生长的节肢动物, 其所携带的细菌……导致各类疾病的传播를 듣고 선택지 D 它们所携带的细菌会导致疾病的传播를 정답의 후보로 고른다. 질문이 낮은 온도에서 죽는 절지동물은 어떤 특징이 있는지 물었으므로, 선택지 D가 정답이다.

어휘 **死亡** sǐwáng 동 죽다 **节肢动物** jiézhī dòngwù 명 절지동물[동물의 한 종류] **滋生** zīshēng 동 번식하다 **阻碍** zǔ'ài 동 방해하다 **携带** xiédài 동 지니다 **细菌** xìjūn 명 박테리아, 세균 **疾病** jíbìng 명 질병

38	气候变化引起的各种极端气候现象会导致地球生态系统的紊乱, 造成传染病和自然疫源性疾病的增加。	기후 변화가 야기한 다양한 극단적인 기후 현상은 지구 생태계의 혼란을 야기하며, 전염병과 자연적으로 발생하는 질병의 증가를 초래할 수 있다.

해설 음성 후반에서 언급된 气候变化引起的各种极端气候现象会导致地球生态系统的紊乱, 造成传染病和自然疫源性疾病的增加를 듣고 地球生态系统的紊乱을 정답으로 작성한다.

어휘 **极端** jíduān 형 극단적인 **紊乱** wěnluàn 형 혼란스럽다 **自然疫源性疾病** zìrán yìyuánxìng jíbìng 자연적으로 발생하는 질병

39	问: 面对严峻的气候变化形势, 人们应该怎么做?	질문: 심각한 기후 변화 형세를 마주하여, 사람들은 어떻게 해야 하는가?
	A 只购买新能源汽车 B 快速发展农业经济 C 因地制宜进行植树造林 D 饲养更多濒危保护动物	A 신에너지차만 구매한다 B 농업 경제를 빠르게 발전시킨다 C 각 지역의 구체적인 실정에 맞게 나무를 심어 숲을 조성한다 D 더 많은 멸종 위기 보호 동물을 사육한다

해설 음성 후반에서 언급된 面对严峻的气候变化形势……首先要根据土地的实际情况植树造林을 듣고 선택지 C 因地制宜进行植树造林을 정답의 후보로 고른다. 질문이 심각한 기후 변화 형세를 마주하여 사람들은 어떻게 해야 하는지 물었으므로, 선택지 C가 정답이다.

어휘 严峻 yánjùn [형] 심각하다 因地制宜 yīndìzhìyí [성] 각 지역의 구체적인 실정에 맞게 적절한 대책을 세우다 饲养 sìyǎng [동] 사육하다 濒危 bīnwēi [동] 위기에 처하다

40	问: 这段话主要告诉我们什么?	질문: 이 장문이 주로 우리에게 알려주는 것은 무엇인가?
	A 气候变化影响到了全球经济 B 气候变化给全球物种带来了危害 C 气候变暖加快了动物的繁衍速度 D 气候变暖使南极动物的生存空间缩小了	A 기후 변화가 전 세계 경제에 영향을 주었다 B 기후 변화가 전 세계 종에게 위협을 가져왔다 C 기후 온난화가 동물의 번식 속도를 가속화했다 D 기후 변화가 남극 동물의 생존 공간을 축소시켰다

해설 음성 초반에서 全球气候变化已经严重影响了目前的生物多样性。이 언급되었고, 지문 전반적으로 기후 변화가 동물, 식물, 해양 생태계 및 인류에게 미치는 안 좋은 영향을 차례대로 언급하였다. 질문이 이 장문이 주로 우리에게 알려주는 것을 물었으므로, 선택지 B 气候变化给全球物种带来了危害가 정답이다.

어휘 繁衍 fányǎn [동] 번식하다

41-47

[41]数据标注指的是使用自动化的工具，从互联网上[41]抓取和收集包括文本、图片、语音在内的数据，然后对这些数据进行整理与标注。简单来说，就是通过对数据贴标签、做记号、标颜色等方式，[41]标示出目标数据的不同点、相似点或类别，[41]以此达到让机器学习的目的。

[47]我们的生活与人工智能的结合变得更加紧密，[42/47]数据标注也应用到了各个方面。[43]在电商领域，数据标注能够深度挖掘数据，建立有关消费者的数据，帮助企业预测消费者的需求趋势，以此优化产品价格与库存；在安防领域，数据标注在城市道路监控、车辆人流检测和公共安全防范方面得到了广泛的应用；在金融领域，高质量的数据标注提高了金融机构的业务效率。

数据标注是传统制造升级为智能制造，信息计算升级为人工智能的必要环节，其质量直接决定了机器智能化的程度，数据标注使机器成为了"天才"。其实人工智能是经过大量的训练和积累而实现的。人工智能训练的基础是数据，[44]这些训练数据的原始数据需要人为地"标签化"，并通过标注这一行为，赋予这些数据能够被机器所识别的特性，这样数据才能被用于机器的训练。机器通过这些大量且有效的数据总结规律，最终形成自己的工作模式，变得越来越"聪明"。

[47]数据标注离不开数据标注师，数据标注师是随着人工智能的兴起而出现的新兴职业。训练人工智能时需要大量经过标注的数据，数据标注工作最初一般是由人工智能工程师来完成的，但随着人工智能所需的数据量不断增加，数据标注师逐渐独立为一种新的职业。通常，[45]数据标注师在拿到原始数据以后，会根据项目需求对数据进行分类处理，将数据统一为人工智能可以识别的信息。此外，数据标注师还需要与算法工程师等相关工作人员积极沟通，不断提升数据标注的效率和质量。

数据标注属于人工智能行业中的基础性工作，因此需要大量数据标注师从事相关工作，以满足人工智能训练数据的需求。不过，随着标注工具的不断优化，[46]智能化辅助工具能帮助数据标注师减少大量重复性工作，因此未来单纯依靠人工的纯手工标注工作会大量减少，而数据标注工作的门槛可能会提高。

[41]데이터 어노테이션은 자동화된 도구를 사용하여 인터넷에서 [41]텍스트, 이미지, 음성 등이 포함된 데이터를 스크래핑하고 수집한 후에 이러한 데이터를 정리하고 주석을 다는 것을 가리킨다. 간단히 말해서, 데이터에 라벨링을 하거나, 태깅하거나, 색을 표시하는 등의 방식으로 [41]목표 데이터의 차이점, 유사점 또는 유형[41]을 표시하여 기계가 학습하게 하는 목표를 달성하는 것이다.

[47]우리의 삶과 인공지능의 결합은 더욱 긴밀해지고 있으며, [42/47]데이터 어노테이션도 다양한 분야에 활용되고 있다. [43]전자상거래 분야에서 데이터 어노테이션은 데이터를 더욱 심도 있게 발굴할 수 있고, 소비자 관련 데이터를 구축하여, 기업이 소비자의 수요 추이를 예측하는 것을 도와 이를 통해 상품 가격과 재고를 최적화시킨다. 보안 분야에서 데이터 어노테이션은 도시의 도로 모니터링, 차량 및 인파 측정과 공공 안전 방범 분야에서 광범위하게 활용되고 있다. 금융 분야에서 높은 퀄리티의 데이터 어노테이션은 금융 기관의 업무 효율성을 높였다.

데이터 어노테이션은 전통적인 제조 방식을 스마트 제조 방식으로 업그레이드하고 정보 컴퓨터를 인공지능으로 업그레이드하는 데 필수적인 부분이며, 그것의 퀄리티는 기계의 스마트화 정도를 직접적으로 결정하여 데이터 어노테이션은 기계를 '천재'로 만들었다. 사실 인공지능은 많은 훈련과 축적을 통해 실현되는 것이다. 인공지능 훈련의 기초는 데이터이며, [44]이러한 훈련 데이터의 원본 데이터는 인위적으로 '라벨링화'되어야 하며, 어노테이션이라는 행위를 통해 이러한 데이터들이 기계에 인식될 수 있는 특성을 부여하는데, 이렇게 해야 데이터가 기계의 훈련에 사용될 수 있다. 기계는 이러한 대량의 유효한 데이터를 통해 규칙을 도출해 내고, 최종적으로 자신만의 작업 패턴을 형성하여 점점 더 '똑똑'해진다.

[47]데이터 어노테이션은 데이터 어노테이터와 떼려야 뗄 수 없는데, 데이터 어노테이터는 인공지능의 부흥에 따라 나타난 새로운 직업이다. 인공지능을 훈련할 때 많은 어노테이션된 데이터가 필요하며, 데이터 어노테이션 작업은 처음에는 일반적으로 인공지능 엔지니어가 수행했지만, 인공지능에 필요한 데이터양이 끊임없이 증가함에 따라 데이터 어노테이터가 점차 새로운 직업으로 독립했다. 일반적으로 [45]데이터 어노테이터는 원본 데이터를 받은 후 프로젝트 요구 사항에 따라 데이터를 분류하고 처리하며, 데이터를 인공지능이 식별할 수 있는 정보로 통일시킨다. 이밖에, 데이터 어노테이터는 알고리즘 엔지니어 등과 같은 관련 직업 종사자와 적극적으로 소통하여 데이터 어노테이션의 효율성과 퀄리티를 끊임없이 향상시켜야 한다.

데이터 어노테이션은 인공지능 업계에서 기초 작업에 속하기 때문에, 인공지능 훈련 데이터의 수요를 충족시키기 위해 많은 데이터 어노테이터가 관련 업무에 종사해야 한다. 그러나 어노테이션 도구가 끊임없이 최적화됨에 따라 [46]스마트화된 보조 도구는 데이터 어노테이터를 도와 많은 반복성 작업을 줄일 수 있다. 따라서 미래에는 단순히 사람에 의존한 수작업으로 하는 어노테이션 작업이 크게 감소할 것이고, 데이터 어노테이션 작업의 문턱은 높아질 것이다.

어휘 **数据标注** shùjù biāozhù 데이터 어노테이션[인공지능이 데이터의 내용을 이해할 수 있도록 주석을 달아주는 일]
抓取 zhuā qǔ 스크래핑하다[데이터를 추출하는 행위]　**标注** biāozhù 圖주석을 달다　**标签** biāoqiān 圖라벨
做记号 zuò jìhao 태깅하다[카테고리를 분류할 수 있도록 키워드 처리를 해주는 행위]　**人工智能** réngōng zhìnéng 圖인공지능
电商 diànshāng 圖전자상거래[**电子商务**의 줄임말]　**挖掘** wājué 圖발굴하다　**需求** xūqiú 圖수요　**优化** yōuhuà 圖최적화하다
安防 ānfáng 圖보안　**监控** jiānkòng 圖모니터링하다, 감독하고 제어하다　**金融** jīnróng 圖금융　**机构** jīgòu 圖기관
环节 huánjié 圖부분, 일환　**天才** tiāncái 圖천재　**原始** yuánshǐ 圖원본의, 원시의　**人为** rénwéi 圖인위적인　**赋予** fùyǔ 圖부여하다
识别 shíbié 圖인식하다　**模式** móshì 圖패턴, 모델　**工程师** gōngchéngshī 圖엔지니어　**辅助** fǔzhù 圖보조적인　**依靠** yīkào 圖의존하다
门槛 ménkǎn 圖문턱

---

41 关于数据标注，下列哪项不正确？　데이터 어노테이션에 관해, 다음 중 **옳지 않은** 것은?

A 能够让机器得以学习　　A 기계가 학습할 수 있게 한다
B 收集多种多样的数据　　B 다양한 데이터를 수집한다
C 所有步骤均由机器自动完成　C 모든 절차가 기계에 의해 자동으로 완성된다
D 可以标示目标数据的不同点　D 목표 데이터의 차이점을 표시할 수 있다

해설 질문이 데이터 어노테이션에 관해 옳지 않은 것을 물었다. 질문에 핵심어구가 없으므로 각 선택지의 핵심어구 让机器得以学习, 收集数据, 步骤由机器自动完成, 标示不同点과 관련된 내용을 지문에서 재빨리 찾는다. 첫 번째 단락에서 数据标注……抓取和收集包括文本、图片、语音在内的数据……标示出目标数据的不同点……以此达到让机器学习的目的라고 했으므로, 언급되지 않은 선택지 C 所有步骤均由机器自动完成이 정답이다.

어휘 **数据标注** shùjù biāozhù 데이터 어노테이션[인공지능이 데이터의 내용을 이해할 수 있도록 주석을 달아주는 일]　**步骤** bùzhòu 圖절차

---

42 第二段主要谈的是什么？　두 번째 단락이 주로 이야기하는 것은 무엇인가?

A 数据标注的特殊性　　A 데이터 어노테이션의 특수성
B 数据标注在多领域的应用　B 다양한 분야에서의 데이터 어노테이션 활용
C 标注数据时的具体操作方法　C 데이터 어노테이션 시 구체적인 처리 방법
D 数据标注师应遵守的注意事项　D 데이터 어노테이터가 지켜야 할 주의 사항

해설 질문이 두 번째 단락의 중심 내용을 물었으므로, 두 번째 단락을 재빠르게 읽으며 중심 내용을 파악한다. 두 번째 단락에서 数据标注也应用到了各个方面이라고 하며 오늘날 데이터 어노테이션이 활용되고 있는 다양한 분야에 대한 내용을 언급하고 있다. 따라서 이를 통해 알 수 있는 선택지 B 数据标注在多领域的应用이 정답이다.

어휘 **操作** cāozuò 圖처리하다, 조작하다　**事项** shìxiàng 圖사항

---

43 在电商领域，能用数据标注来做什么？　전자상거래 분야에서, 데이터 어노테이션으로 무엇을 할 수 있는가?

① 深度挖掘数据　　① 심도 있게 데이터를 발굴한다
② 预测消费者的需求　② 소비자의 수요를 예측한다
③ 接纳消费者的意见　③ 소비자의 의견을 받아들인다
④ 标注用户的面部特征　④ 사용자의 안면 특징을 어노테이션한다

A ①②　　A ①②
B ①④　　B ①④
C ②③　　C ②③
D ③④　　D ③④

해설 질문이 전자상거래 분야에서 데이터 어노테이션으로 무엇을 할 수 있는지 물었으므로, 질문의 핵심어구 电商领域, 数据标注와 관련된 내용을 지문에서 재빨리 찾는다. 두 번째 단락에서 在电商领域, 数据标注能够深度挖掘数据, 建立有关消费者的数据, 帮助企业预测消费者的需求趋势라고 했으므로, ① 深度挖掘数据와 ② 预测消费者的需求가 포함된 선택지 A ①②가 정답이다.

어휘 **电商** diànshāng 圖전자상거래[**电子商务**의 줄임말]　**挖掘** wājué 圖발굴하다　**需求** xūqiú 圖수요　**接纳** jiēnà 圖받아들이다
用户 yònghù 圖사용자

44	
根据上下文，第三段空白处最适合填入的词语是： A 歪曲 B 识别 C 俯首 D 申领	앞뒤 내용에 근거하여, 세 번째 단락의 빈칸에 들어갈 어휘로 가장 알맞은 것은: A 왜곡하다 B 인식하다 C 머리를 숙이다 D 신청하여 받다

해설 질문이 세 번째 단락의 빈칸에 들어갈 어휘로 가장 알맞은 것을 물었다. 선택지 A는 '왜곡하다', B는 '인식하다', C는 '머리를 숙이다', D는 '신청하여 받다'라는 의미이다. 빈칸 주변이 '이러한 훈련 데이터의 원본 데이터는 인위적으로 '라벨링화'되어야 하며, 어노테이션이라는 행위를 통해 이러한 데이터들이 기계에 ______ 수 있는 특성을 부여하는데, 이렇게 해야 데이터가 기계의 훈련에 사용될 수 있다'라는 문맥이므로, 빈칸에는 어노테이션을 통해 원본 데이터가 기계의 훈련에 사용될 수 있도록 부여되는 특성을 의미하는 어휘가 들어가야 한다. 따라서 선택지 B 识别가 정답이다.

어휘 **歪曲** wāiqū [동] 왜곡하다 **识别** shíbié [동] 인식하다 **俯首** fǔshǒu [동] 머리를 숙이다 **申领** shēnlǐng [동] 신청하여 받다

45	
下列哪项属于数据标注师的工作内容？ A 修改人工智能的程序 B 对数据进行分类处理 C 管理数据的使用权限 D 采购所需的人工智能设备	다음 중 데이터 어노테이터의 업무 내용에 속하는 것은? A 인공지능 프로그램을 수정하는 것 B 데이터를 분류하고 처리하는 것 C 데이터의 사용 권한을 관리하는 것 D 필요한 인공지능 장비를 구매하는 것

해설 질문이 데이터 어노테이터의 업무 내용에 속하는 것을 물었으므로, 질문의 핵심어구 数据标注师的工作内容과 관련된 내용을 지문에서 재빨리 찾는다. 네 번째 단락에서 数据标注师在拿到原始数据以后，会根据项目需求对数据进行分类处理라고 했으므로, 선택지 B 对数据进行分类处理가 정답이다.

어휘 **人工智能** réngōng zhìnéng [명] 인공지능 **权限** quánxiàn [명] 권한 **采购** cǎigòu [동] 구매하다

46	
未来纯手工标注工作为什么会减少？ A 智能设备可以承担所有工作内容 B 人工智能领域不再需要人工操作 C 智能化辅助工具会减少重复性工作 D 数据标注师群体已经达到饱和状态	미래에 수작업으로 하는 어노테이션 작업은 왜 줄어들 것인가? A 스마트 장비가 모든 작업을 담당할 수 있어서 B 인공지능 분야는 더 이상 수작업으로 처리하는 것이 필요 없어서 C 스마트화된 보조 도구가 반복성 작업을 줄여주어서 D 데이터 어노테이터가 이미 포화 상태에 이르러서

해설 질문이 미래에 수작업으로 하는 어노테이션 작업은 왜 줄어들 것인지 물었으므로, 질문의 핵심어구 未来纯手工标注工作와 관련된 내용을 지문에서 재빨리 찾는다. 마지막 단락에서 智能化辅助工具能帮助数据标注师减少大量重复性工作，因此未来单纯依靠人工的纯手工标注工作会大量减少라고 했으므로, 선택지 C 智能化辅助工具会减少重复性工作가 정답이다.

어휘 **辅助** fǔzhù [형] 보조적인 **饱和** bǎohé [동] 포화 상태에 이르다

47	
上文主要谈的是： A 数据标注的历史沿革 B 从事数据标注工作的优缺点 C 数据标注行业蓬勃发展的理由 D 数据标注的概况及其衍生出的职业	위 글이 주로 이야기하는 것은: A 데이터 어노테이션의 역사 연혁 B 데이터 어노테이션 업무 종사의 장단점 C 데이터 어노테이션 업계가 왕성하게 발전한 이유 D 데이터 어노테이션의 대체적인 상황 및 그것으로부터 파생된 직업

해설 질문이 지문 전체의 중심 내용을 물었다. 두 번째 단락에서 我们的生活与人工智能的结合变得更加紧密，数据标注也应用到了各个方面。이라고 했고, 네 번째 단락에서 数据标注离不开数据标注师，数据标注师是随着人工智能的兴起而出现的新兴职业。라고 하며 데이터 어노테이션이 여러 분야에서 활용되고 있는 현황과, 이로 인해 나타난 직업인 데이터 어노테이터에 대해 언급하고 있다. 따라서 D 数据标注的概况及其衍生出的职业가 정답이다.

어휘 **沿革** yángé [명] 연혁, 내력 **蓬勃** péngbó [형] (기운이나 세력이) 왕성하다 **衍生** yǎnshēng [동] 파생하다

每到春节，处处洋溢着浓浓的年味，中国人会热热闹闹地贴春联、买年货、吃美食、放鞭炮，但除了这些，还有一个重要的过年活动，那就是全家人聚在一起看春晚。

春晚是春节联欢晚会的简称，它是中央广播电视总台在每年除夕之夜为了庆祝新年而开办的综合性文艺晚会。春晚正式开办于1983年，2014年被定为国家项目。春晚涵盖小品、歌曲、舞蹈、杂技、魔术、武术、戏曲、相声等多种艺术形式，把现场观众和电视机前的观众带入到狂欢之中。[48]春晚已给几代中国人带来了无数的欢声笑语和难忘的回忆，[48]它陪伴很多家庭走过了数十年的历程，而观众也见证了春晚的成长与变化。

其实春晚的历史可以追溯到1000多年前的宋朝，[49]当时就已经出现了类似春晚的文娱活动，甚至还出现了"难忘今宵"这个春晚闭幕词。按照宋朝惯例，每年正月初一朝廷要举行国宴，皇帝、文武百官以及周边各国派来的"贺正旦国信使"都会前来参与。[50]席间有歌舞、百戏、杂剧等文娱节目，这种春节宴会和现在的春晚十分相似，所以很多人称之为宋朝的"春晚"。[51]宋朝的"春晚"不但有文娱表演，而且[51]还有报幕员，类似于现在的节目主持人。报幕员登场时总是手持一个小道具——"竹竿拂尘"，因此报幕员被称为"竹竿子"。宋朝所有大型文娱表演都由"竹竿子"来主持节目。"竹竿子"念的报幕词被称为"教坊词"，一般由翰林学士撰写，北宋著名的文学家苏轼就曾写过几套"教坊词"。

根据苏轼在1089年写的《紫宸殿正旦教坊词》，[53]可以还原出宋朝"春晚"——春节国宴的大致过程。[52]春节国宴照例要喝九盏酒，每喝一盏酒，则欣赏不同的文娱节目。第一盏酒与第二盏酒的文娱节目为歌舞：先由艺人唱曲子，然后舞者入场，给观众展现完美的舞姿。第三盏酒的节目是非常精彩的"百戏"，艺人在戏竿上表演上竿、跳索、倒立、折腰、踢瓶等动作，这就是现在的杂技。喝第四盏酒时，"竹竿子"登台致词，讲一些吉祥喜庆的祝福语，之后艺人们登场合唱。合唱毕，则饮第五盏酒，这时轮到小儿队登场表演大型舞蹈。小儿队由200多名年约十二三岁的少年艺人组成，他们身着花衫，手执花枝，分成四列进场，领头的四名紫衫少年手举贴金牌子，牌子上面写着小儿队的队名。小儿队舞毕后，陆续有艺人表演杂剧、歌舞和蹴鞠技术。饮至第九盏酒，皇家相扑手上演相扑赛。[54]随着第九盏酒饮毕，相扑表演结束，"竹竿子"登台致闭幕词，至此春节国宴圆满地落下帷幕。

매년 춘절이 되면 곳곳에 짙은 춘절의 정취가 가득한데, 중국 사람들은 떠들썩하게 춘련을 붙이고, 춘절 맞이 용품을 사고, 맛있는 음식을 먹고, 폭죽을 터뜨린다. 하지만 이것 말고도 중요한 새해맞이 행사가 하나 있는데, 그것은 바로 온 가족이 모여 춘완을 보는 것이다.

춘완은 춘절 특집 이브닝 쇼의 줄임말로, 중앙방송국에서 매년 섣달그믐날 밤에 새해를 축하하기 위해 개설한 종합 공연 예술 이브닝 쇼이다. 춘완은 1983년에 정식으로 개설되었고, 2014년에 국가 프로그램으로 지정됐다. 춘완은 단막극, 노래, 무용, 곡예, 마술, 무술, 희곡, 만담 등 다양한 예술 형식을 포함하고 있으며, 현장 관객들과 TV 앞 시청자들을 즐거움 속으로 데려간다. [48]춘완은 이미 여러 세대의 중국인들에게 수많은 환호성과 웃음소리, 그리고 잊을 수 없는 추억을 가져다주었고, [48]이는 많은 가족과 함께 수십 년의 역사를 거쳐 갔으며, 관객들도 춘완의 성장과 변화를 목격했다.

사실 춘완의 역사는 1,000여 년 전 송나라로 거슬러 올라갈 수 있는데, [49]그 당시에 이미 춘완과 유사한 문화 오락 활동이 등장했고, 심지어는 '오늘밤을 잊을 수 없다'라는 춘완 폐막사도 등장했다. 송나라의 관례에 따라 매년 정월 초하루에 조정에서는 국빈 연회를 개최했고, 황제와 모든 관원, 그리고 주변 각국에서 보낸 '정월 초하루 축하 사신'이 모두 와서 참석했다. [50]연회 기간에는 가무, 잡기, 잡극 등의 문화 오락 프로그램이 있었고, 이러한 춘절 국빈 연회는 오늘날의 춘완과 아주 비슷해서, 많은 사람이 이를 송나라의 '춘완'이라고 부른다. [51]송나라의 '춘완'은 문화 오락 공연이 있었을 뿐만 아니라 [51]진행자도 있었는데, 오늘날의 프로그램 MC와 유사하다. 진행자가 등장할 때 항상 손에 작은 소품인 '대나무 불진'을 들고 있어서 진행자는 '죽간자'라고 불렸다. 송나라의 모든 대형 문화 오락 공연은 모두 '죽간자'가 진행을 맡았다. '죽간자'가 읽는 소개 멘트는 '교방사'라고 불렸는데, 일반적으로 한림학사가 작성하였으며, 북송의 저명한 문학가 소식이 '교방사'를 몇 개 쓴 적이 있다.

소식이 1089년에 쓴 <자천전 정월 초하루 교방사>에 따르면 [53]송나라의 '춘완', 즉 춘절 국빈 연회의 대략적인 과정을 복원할 수 있다. [52]춘절 국빈 연회에서는 관례에 따라 9잔의 술을 마셔야 하며, 한 잔의 술을 마실 때마다 서로 다른 문화 오락 프로그램을 즐긴다. 첫 번째 잔과 두 번째 잔의 문화 오락 프로그램은 노래와 춤인데, 먼저 공연자가 노래를 부르고, 그다음에 무용수가 입장하여 관객들에게 완벽한 춤사위를 보여준다. 세 번째 잔의 프로그램은 아주 훌륭한 '잡기'로, 공연자들이 놀이 장대 위에서 장대 오르기, 줄타기, 물구나무서기, 허리 꺾기, 병 차기 등의 동작을 하는 것으로, 이것이 오늘날의 곡예(서커스)이다. 네 번째 잔을 마실 때는 '죽간자'가 무대에 올라 인사말을 하는데, 좋은 운수와 즐거운 일을 기원하는 덕담을 한 뒤, 공연자들이 무대에 올라 합창을 한다. 합창이 끝나면 다섯 번째 잔을 마시는데, 아이들이 등장하여 단체 무용 공연을 하는 차례이다. 아이들은 200여 명의 약 12세, 13세 정도의 소년 공연자로 이루어져 있는데, 그들은 꽃무늬 셔츠를 입고, 손에는 꽃가지를 쥐고 4열로 나누어 등장한다. 선두에 있는 보라색 셔츠를 입은 4명의 소년들은 손에 금색 팻말을 들고 있는데, 팻말에는 아이들의 단체명이 적혀 있다. 아이들의 춤이 끝난 후, 이어서 공연자들이 잡극, 노래와 춤, 축국 기술을 공연한다. 아홉 번째 잔까지 마시면, 황실의 상박 선수들이 상박 경기를 선보인다. [54]아홉 번째 잔을 마시는 것이 끝나면서 상박 공연 끝이 나고, '죽간자'가 무대에 올라 폐막사를 전하면, 이렇게 춘절 국빈 연회가 원만하게 막을 내린다.

在形式上，宋朝的春节国宴与现在的春晚有很多相似之处，而且两者都很好地打造了"普天同庆，盛世欢歌"的节日景象。但宋朝的春节国宴只是给皇帝、贵族和官员们表演的，平民百姓只能远远地驻足观看，而春晚却不同，它给很多普通百姓带来了节日的喜庆。

형식적인 면에서 송나라의 춘절 국빈 연회는 오늘날의 춘완과 비슷한 점이 많다. 게다가 두 개 모두 '온 세상 사람들이 함께 축하하고, 태평 성세를 즐겁게 노래하는' 명절 풍경을 만들어냈다. 그러나 송나라의 춘절 국빈 연회는 황제, 귀족, 그리고 관리들에게만 공연하는 것이어서 평민 백성들은 멀리서 걸음을 멈추고 바라볼 수밖에 없었다. 반면 춘완은 이와 다르게 많은 일반 국민에게 명절의 즐거움을 가져다주었다.

어휘 洋溢 yángyì 통 (감정·기분 등이) 가득하다　文艺 wényì 명 공연 예술, 문예　涵盖 hángài 통 포함하다　小品 xiǎopǐn 명 단막극
舞蹈 wǔdǎo 명 무용　杂技 zájì 명 곡예, 서커스　魔术 móshù 명 마술　戏曲 xìqǔ 명 (곤곡·경극 등 중국의 전통적인) 희곡
相声 xiàngsheng 명 만담　现场 xiànchǎng 명 현장　欢声笑语 huānshēng xiàoyǔ 환호성과 웃음 소리　追溯 zhuīsù 통 거슬러 올라가다
类似 lèisì 통 유사하다　难忘今宵 nánwàng jīnxiāo 오늘밤을 잊을 수 없다　惯例 guànlì 명 관례　正月 zhēngyuè 명 정월
朝廷 cháotíng 명 조정[임금이 신하와 정치를 의논 및 집행하던 곳]　国宴 guóyàn 명 국빈 연회[나라에서 주최하는 국빈을 위한 연회]
皇帝 huángdì 명 황제　文武百官 wénwǔ bǎiguān 모든 관원, 문무백관　周边 zhōubiān 명 주변　正旦 zhēngdàn 명 정월 초하루
国信使 guóxìnshǐ 명 사신[임금이나 국가의 명령을 받고 외국에 사절로 가는 신하]　报幕员 bàomùyuán 명 진행자[공연 진행 순서를 알리는 사람]
拂尘 fúchén 명 불진[짐승의 털이나 삼 등을 묶어 자루 끝에 맨 도구]　报幕词 bàomùcí 명 (공연 전 순서 등을 알리는) 소개 멘트
撰写 zhuànxiě 통 작성하다, 쓰다　还原 huányuán 통 복원하다　大致 dàzhì 명 대략적인　盏 zhǎn 양 잔　曲子 qǔzi 명 노래, 곡
展现 zhǎnxiàn 통 (눈앞에) 보이다　跳索 tiào suǒ 줄타기　折 zhé 통 꺾다　吉祥 jíxiáng 명 운수가 좋다　蹴鞠 cùjū 명 축국[옛날의 공차기 놀이]
相扑 xiāngpū 명 상박[중국 고대의 씨름과 유사한 경기]　圆满 yuánmǎn 명 원만하다　帷幕 wéimù 명 막, 장막　贵族 guìzú 명 귀족
驻足 zhùzú 통 걸음을 멈추다

48　关于现在的春晚，可以知道什么？

A 以投票方式选出主持人团队
B 在每年的正月初一晚上播出
C 数十年来经历了很多成长和变化
D 节目结束后，所有观众合影留念

오늘날의 춘완에 관해, 알 수 있는 것은 무엇인가?

A 투표하는 방식으로 진행자 팀을 선발한다
B 매년 정월 초하루 저녁에 방송한다
C 수십 년간 많은 성장과 변화를 겪었다
D 프로그램이 끝난 후, 모든 관객이 단체 사진을 찍어 기념으로 남긴다

해설 질문이 오늘날의 춘완에 관해 알 수 있는 것을 물었으므로, 질문의 핵심어구 现在的春晚과 관련된 내용을 지문에서 재빨리 찾는다. 두 번째 단락에서 春晚……它陪伴很多家庭走过了数十年的历程，而观众也见证了春晚的成长与变化라고 했으므로, 선택지 C 数十年来经历了很多成长和变化가 정답이다.

어휘 投票 tóupiào 통 투표하다　合影 héyǐng 통 단체 사진을 찍다　留念 liúniàn 통 기념으로 남기다

49　画线词语"难忘今宵"的"宵"与下列哪个括号中的词语意思相近？

A 共度佳（节）
B （昼）夜不宁
C 通宵达（旦）
D 朝（夕）相处

밑줄 친 어휘 '难忘今宵'의 '宵'는 선택지 괄호 안 어떤 어휘와 의미가 비슷한가?

A （명절）을 함께 보내다
B 밤과 （낮）으로 평온하지 못하다
C 밤을 지새우고 （낮）이 되다
D 아침부터 （밤）까지 함께하다

해설 질문의 难忘今宵는 '오늘밤을 잊을 수 없다'라는 의미이며, 이 중 宵는 '밤'이라는 의미이다. 세 번째 단락에서 当时就已经出现了类似春晚的文娱活动，甚至还出现了"难忘今宵"这个春晚闭幕词라고 하며, 춘절 특집 이브닝 쇼인 춘완과 유사한 문화 오락 활동이 등장했고, '오늘밤을 잊지 못한다'는 폐막사도 등장했다고 언급하였으므로, 宵는 '밤'이라는 의미로 사용됐음을 확인할 수 있다. 따라서 '밤'의 의미를 가진 '夕'가 포함된 선택지 D 朝（夕）相处가 정답이다.

어휘 难忘今宵 nánwàng jīnxiāo 오늘밤을 잊을 수 없다　共度佳节 gòngdù jiājié 명절을 함께 보내다
昼夜不宁 zhòuyè bù níng 밤과 낮으로 평온하지 못하다　通宵达旦 tōngxiāodádàn 명 밤을 지새우고 낮이 되다, 밤을 새우다
朝夕相处 zhāoxīxiāngchǔ 명 아침부터 밤까지 함께하다

50 宋朝的春节国宴和现在的春晚有什么共同点?

A 允许普通百姓参与活动
B 淡化了社会上的等级观念
C 是人们宣泄负面情绪的最佳渠道
D 给观众表演各种形式的文娱节目

송나라의 춘절 국빈 연회와 오늘날의 춘완은 어떤 공통점이 있는가?

A 일반인이 행사에 참여하는 것을 허락한다
B 사회의 계급관념을 희미하게 했다
C 사람들이 부정적인 정서를 해소하는 가장 좋은 방법이다
D 관객들에게 여러 형식의 문화 오락 프로그램을 공연한다

해설 질문이 송나라의 춘절 국빈 연회와 오늘날의 춘완은 어떤 공통점이 있는지 물었으므로, 질문의 핵심어구 宋朝的春节国宴, 现在的春晚, 共同点과 관련된 내용을 지문에서 재빨리 찾는다. 세 번째 단락에서 席间有歌舞、百戏、杂剧等文娱节目, 这种春节国宴和现在的春晚十分相似라고 했으므로, 선택지 D 给观众表演各种形式的文娱节目가 정답이다.

어휘 淡化 dànhuà[동] 희미하게 하다 等级 děngjí[명] 계급 宣泄 xuānxiè[동] (감정을) 해소하다, 풀다 渠道 qúdào[명] 방법, 경로

51 宋朝春节国宴的报幕员为什么被称为"竹竿子"?

A 舞台和屋顶都是用长竹竿搭建的
B 报幕员手持名为"竹竿拂尘"的小道具
C 报幕员需要像竹竿一样笔直地站在台上
D 被选拔的报幕员身形像竹竿一样又瘦又高

송나라 춘절 국빈 연회의 진행자는 왜 '죽간자'라고 불렸는가?

A 무대와 지붕이 모두 긴 대나무 장대로 세운 것이어서
B 진행자가 손에 '대나무 불진'이라는 작은 소품을 들고 있어서
C 진행자가 무대에서 대나무 장대처럼 똑바로 서 있어야 해서
D 선발된 진행자들의 체형이 대나무 장대처럼 마르고 키가 커서

해설 질문이 송나라 춘절 국빈 연회의 진행자는 왜 '죽간자'라고 불렸는지 물었으므로, 질문의 핵심어구 宋朝春节国宴的报幕员, 竹竿子와 관련된 내용을 지문에서 재빨리 찾는다. 세 번째 단락에서 宋朝的"春晚"……还有报幕员, 类似于现在的节目主持人。报幕员登场时总是手持一个小道具——"竹竿拂尘", 因此报幕员被称为"竹竿子"。라고 했으므로, 선택지 B 报幕员手持名为"竹竿拂尘"的小道具가 정답이다.

어휘 国宴 guóyàn[명] 국빈 연회[나라에서 주최하는 국빈을 위한 연회] 报幕员 bàomùyuán[명] 진행자[공연 진행 순서를 알리는 사람] 拂尘 fúchén[명] 불진[짐승의 털이나 삼 등을 묶어서 자루 끝에 맨 도구] 选拔 xuǎnbá[동] (인재를) 선발하다

52 关于宋朝的春节国宴, 下列哪项正确?

A 每盏酒对应的节目内容均不相同
B 喝酒次数一般由"竹竿子"来确定
C 由翰林学士撰写报幕词并主持节目
D 在宴会开始时, 会让外国使者登台致辞

송나라의 춘절 국빈 연회에 관해, 다음 중 옳은 것은?

A 매 잔 술에 해당하는 프로그램 내용이 모두 다르다
B 술을 마시는 횟수는 일반적으로 '죽간자'가 정한다
C 한림학사가 소개 멘트를 작성하고 프로그램을 진행한다
D 연회가 시작될 때 외국 사절이 무대에 올라 축사를 한다

해설 질문이 송나라의 춘절 국빈 연회에 관해 옳은 것을 물었으므로, 질문의 핵심어구 宋朝的春节国宴과 관련된 내용을 지문에서 재빨리 찾는다. 네 번째 단락에서 春节国宴照例要喝九盏酒, 每喝一盏酒, 则欣赏不同的文娱节目。라고 했으므로, 선택지 A 每盏酒对应的节目内容均不相同이 정답이다.

어휘 对应 duìyìng[동] 해당하다, 대응하다 撰写 zhuànxiě[동] 작성하다, 쓰다 报幕词 bàomùcí[명] (공연 전 순서 등을 알리는) 소개 멘트 致辞 zhìcí[동] 축사를 하다

53 第四段主要谈的是什么?

A 宋朝春节国宴的彩排过程
B 宋朝春节国宴的整体流程
C 宋朝国宴的举办宗旨和目的
D 宋朝国宴中各节目所具有的含义

네 번째 단락에서 주로 말하는 것은 무엇인가?

A 송나라 춘절 국빈 연회의 예행연습 과정
B 송나라 춘절 국빈 연회의 전체적인 과정
C 송나라 국빈 연회의 개최 취지와 목적
D 송나라 국빈 연회 중 각 프로그램이 지니는 함의

해설 질문이 네 번째 단락의 중심 내용을 물었으므로, 네 번째 단락을 재빠르게 읽으며 중심 내용을 파악한다. 단락 초반에서 可以还原出宋朝"春晚"——春节国宴的大致过程이라고 하며 송나라 춘절 국빈 연회의 세부적인 흐름을 차례대로 언급하고 있다. 따라서 이를 통해 알 수 있는 선택지 B 宋朝春节国宴的整体流程이 정답이다.

어휘 彩排 cǎipái[동] 예행연습하다, 리허설하다 流程 liúchéng[명] 과정, 흐름 宗旨 zōngzhǐ[명] 취지 含义 hányì[명] 함의

54

根据上下文，第四段空白处最适合填入的词语是：	앞뒤 내용에 근거하여, 네 번째 단락의 빈칸에 들어갈 어휘로 가장 알맞은 것은:
A 内幕	A 내막
B 字幕	B 자막
C 序幕	C 서막
D 帷幕	D 막

해설 질문이 네 번째 단락의 빈칸에 들어갈 어휘로 가장 알맞은 것을 물었다. 선택지 A는 '내막', B는 '자막', C는 '서막', D는 '막'이라는 의미이다. 빈칸 주변이 '아홉 번째 잔을 마시는 것이 끝나면서 상박 공연도 끝이 나고, '죽간자'가 무대에 올라 폐막사를 전하면, 이렇게 춘절 국빈 연회가 원만하게 _____ 을 내린다.'라는 문맥이므로, 빈칸에는 공연이나 행사가 끝날 때 무대에서 내리는 것을 나타내는 어휘가 들어가야 한다. 따라서 선택지 D 帷幕가 정답이다. 참고로, 선택지 C는 행사 또는 일의 시작을 나타낼 때 쓰인다.

어휘 **内幕** nèimù 圐 내막, 속사정[주로 나쁜 것을 가리킴] **字幕** zìmù 圐 자막 **序幕** xùmù 圐 서막 **帷幕** wéimù 圐 막, 장막

55-61

⁵⁵位于中国云南的丽江古城在1997年被联合国教科文组织列入了《世界遗产名录》，它是一座驰名中外的高原古城，与同为国家历史名城的四川阆中、山西平遥、安徽歙县并称为"保存最为良好的四大古城"。丽江古城是一座没有城墙的古城，这里有着光滑洁净的青石板路、全手工建造的土木结构房屋和无处不在的小桥流水。

人们常说"不进木府等于白去丽江古城"，⁶¹木府原是木氏土司的府衙，如今是古城的标志。富丽堂皇的木府有着悠久的历史。在明洪武十五年，纳西族首领阿甲阿得归附明朝，明太祖朱元璋赐其汉姓"木"，并封其为土司。所谓土司，是元、明、清时期在西北和西南地区设置的由少数民族首领充任并世袭的官职。⁵⁶这个家族拥有汉族的姓氏"木"姓后，便以"世袭土官知府"的身份统治丽江。木氏土司代代承袭，一直沿袭到清朝时期。⁵⁶木氏家族管理了丽江四百多年，在自然环境优美的狮子山下，建造了规模宏大的木府。⁵⁷木府被誉为辉煌建筑艺术之苑，它充分体现了明代中原建筑的特点，同时保留了唐宋中原建筑古朴的流风余韵，府内沟渠纵横的布局，还⁵⁷展现了纳西族传统文化的精神所在。木府又是名木古树、奇花异草汇聚一体的园林，它介于皇家园林与苏州园林之间，充分展现了纳西族广纳多元文化的开放精神。⁵⁷木府的气势和恢弘不亚于皇家的宫殿，甚至连见多识广的徐霞客看到木府以后，都不禁感叹"宫室之丽，拟于王者。"现在木府成为了人们到丽江古城必游的景点之一。

除了木府，⁶¹丽江古城的四方街也是古城里不可忽视的景点之一。丽江古城是中国古代南方贸易通道"茶马古道"上的重镇，⁵⁸而四方街则是这个重镇的贸易中心，这让四方街成为了丽江古街的代表。四方街是由成排连接的店铺围成的一块近似长方形的广场，位于古城的核心位置。⁵⁹四方街名字的由来有两种：一是这里广

---

⁵⁵중국 윈난에 위치한 리장고성은 1997년 유네스코 <세계유산목록>에 등재되었다. 이곳은 중국 내외에서 명성을 떨치는 고원 고성으로, 국가 역사 도시인 쓰촨 랑중, 산시 핑야오, 안후이 서셴과 함께 '가장 잘 보존된 4대 고성'으로 불린다. 리장고성은 성벽이 없는 고성으로, 이곳에는 매끄럽고 깨끗한 청석판 길과 전부 수작업으로 지어진 토목 구조의 가옥이 있으며, 물이 흐르는 작은 다리가 어디에나 있다.

사람들은 흔히 '무푸에 들어가 보지 않는 것은 리장고성에 헛되이 간 것과 같다'고 말하는데, ⁶¹무푸는 원래 무씨 토사의 관아였지만, 오늘날에는 고성의 상징이 되었다. 웅장하고 화려한 무푸는 오랜 역사를 가지고 있다. 명나라 홍무 15년에 나시족의 수장인 아갑아득은 명나라에 귀순했는데, 명나라의 태조 주원장은 그에게 한족의 성씨인 '무'를 하사했고, 그를 토사로 봉했다. 토사란 원나라, 명나라, 청나라 시기에 서북과 서남 지역에 설립된 소수민족 수장이 맡고 세습하는 관직이었다. ⁵⁶이 가문은 한족의 성씨인 '무씨 성을 갖게 된 후, '세습 토관 지부'라는 신분으로 리장을 통치했다. 무씨의 토사는 대대로 대물림되어, 청나라 시대까지 이어졌다. ⁵⁶무씨 가문은 사백여 년 동안 리장을 다스렸고, 자연환경이 아름다운 사자산 아래에 거대한 규모의 무푸를 지었다. ⁵⁷무푸는 휘황찬란한 건축 예술의 중심지라고 일컬어지고, 이는 명나라 중원 건축의 특징을 충분히 드러내고 있으며, 동시에 당송 시기 중원 건축의 소박하고 고풍스러운 풍습과 생활방식을 간직하고 있다. 무푸 내에 수로가 가로와 세로로 놓여 있는 배치는 ⁵⁷나시족 전통문화의 정신이 깃들어 있다는 것을 보여주기도 한다. 무푸는 유명한 고목, 기이한 꽃과 풀이 한데 어우러진 정원이기도 한데, 이는 황실 정원과 쑤저우 원림 사이에 있어, 다양한 문화를 널리 받아들이는 나시족의 개방적인 정신을 충분히 보여준다. ⁵⁷무푸의 기세와 웅장함은 황실의 궁전 못지않은데, 심지어는 식견이 넓은 서하객은 무푸를 보고, '가옥의 아름다움이 왕의 것과 비슷하다.'라고 감탄을 금치 못할 정도였다. 현재 무푸는 사람들이 리장고성에 가면 꼭 들러야 할 명소 중 하나가 되었다.

무푸 이외에도, ⁶¹리장고성의 쓰팡제 또한 고성에서 빼놓을 수 없는 명소 중 하나이다. 리장고성은 중국 고대 남방의 교역로인 '차마고도'의 요충지이며, ⁵⁸쓰팡제는 이 요충지의 무역 중심지로, 이는 쓰팡제가 리장 옛 거리의 상징이 되게 했다. 쓰팡제는 줄줄이 이어진 점포들이 둘러싼 직사각형과 비슷한 모양으로 이루어진 광장인데, 고성의 중심 위치에 자리 잡고 있다. ⁵⁹쓰팡제라는 이름에는 두 가지 유래가 있다. 첫 번째는 이곳

场的形状很像方形的大印，于是土司把它取名为"四方街"，取"权镇四方"之意；二是这里的道路通向四面八方，是人流和物流集散地，所以叫"四方街"。⁵⁹古往今来，白天这里商贾云集，生意兴隆，连周围的几座桥都成了专门卖某些商品的地方，如"卖豌豆桥"、"卖鸭蛋桥"。⁵⁹到了夜晚，特别是节日的夜晚，四方街又成了各族儿女的歌场舞池，在这里人们燃起篝火，对唱山歌，跳芦笙舞，通宵达旦。明代著名诗句"一匝芦笙吹未断，蹋歌起舞月明中"，正是这种盛况的真实写照。

丽江古城内还有科贡坊、古桥、五凤楼等值得人们探索的景点。⁶⁰丽江古城是一座具有较高综合价值的历史文化名城，集中体现了地方历史文化和民族风情。⁶⁰它的存在为人类城市建设史和人类民族发展史的研究提供了宝贵资料。

광장의 모양이 사각형의 국새와 비슷하다고 하여, 토사가 이를 '쓰팡제'라고 이름 지었으며, '권력이 사방을 평정한다'라는 의미를 취했다는 것이다. 두 번째는 이곳의 도로가 사면팔방으로 통해 인파와 물류의 집산지라서 '쓰팡제'라고 불린다는 것이다. ⁵⁹옛날부터 지금까지 낮에 이곳은 상인들이 모여 장사가 번창하고, 주변의 여러 다리조차도 '완두를 파는 다리', '오리알을 파는 다리'와 같이 특정 상품을 전문적으로 판매하는 곳이 되었다. ⁵⁹밤이 되면, 특히 명절 밤이면 쓰팡제는 여러 민족의 남녀들이 노래를 부르고 춤을 추는 무대가 되어, 이곳에서 사람들은 모닥불을 피우고, 돌아가면서 민요를 부르고, 루성무를 추며 밤을 새운다. 명나라의 유명한 시구인 '루성 연주는 끊이질 않고, 밝은 달 아래서 노래를 부르고 춤을 추네'는 이러한 성대한 분위기에 대한 사실적인 묘사이다.

리장고성 내에는 커궁팡, 구챠오, 우펑러우 등 사람들이 탐색할 만한 명소가 더 있다. ⁶⁰리장고성은 높은 종합적 가치를 지닌 역사 문화 도시이며, 지역 역사 문화와 민족의 풍토를 집중적으로 보여준다. ⁶⁰리장고성의 존재는 인류 도시 건설사와 인류 민족 발전사 연구에 귀중한 자료를 제공했다.

어휘 **联合国教科文组织** Liánhéguó Jiàokēwén Zǔzhī [고유] 유네스코　**世界遗产名录** shìjiè yíchǎn mínglù 뗑 세계유산목록
驰名中外 chímíngzhōngwài 젱 중국 내외에서 명성을 떨치다　**高原** gāoyuán 뗑 고원
土司 tǔsī 토사[원나라·명나라·청나라 시대에 소수민족 우두머리에게 하사하여 그 지역 민족을 통치하게 한 관직]
府衙 fǔyá 뗑 관아[관리들이 나랏일을 보던 곳]　**富丽堂皇** fùlìtánghuáng 젱 웅장하고 화려하다　**归附** guīfù 통 귀순하다　**赐** cì 통 하사하다
世袭 shìxí 통 세습하다, 대대로 물려주다　**知府** zhīfǔ 뗑 지부[명청시기 부(府)의 장관]　**统治** tǒngzhì 통 통치하다
承袭 chéngxí 통 대대로 대물림되다, 답습하다　**辉煌** huīhuáng 쥥 휘황찬란하다　**古朴** gǔpǔ 쥥 소박하고 고풍스럽다
流风余韵 liúfēngyúyùn 젱 (예로부터 전해 내려오는) 풍습과 생활 방식　**沟渠** gōuqú 뗑 수로　**纵横** zònghéng 젱 가로와 세로로 놓여 있다
布局 bùjú 뗑 배치　**展现** zhǎnxiàn 통 보여주다　**奇花异草** qíhuāyìcǎo 젱 기이한 꽃과 풀　**园林** yuánlín 뗑 정원, 원림　**气势** qìshì 뗑 기세
恢弘 huīhóng 쥥 웅장하다, 크다　**不亚于** bú yàyú ~에 못지않다　**宫殿** gōngdiàn 뗑 궁전　**见多识广** jiànduōshíguǎng 젱 식견이 넓다
徐霞客 Xú Xiákè [고유] 서하객[중국 명나라 말기의 지리학자]　**不禁** bùjīn 분 금치 못하고, 자기도 모르게
茶马古道 chá mǎ gǔdào 차마고도[차와 말을 교역하던 중국의 높고 험준한 옛길]　**重镇** zhòngzhèn 뗑 요충지
大印 dàyìn 뗑 국새[임금의 도장 혹은 나라를 대표하는 도장]　**商贾云集** shānggǔyúnjí 상인들이 모이다　**兴隆** xīnglóng 쥥 번창하다
豌豆 wāndòu 뗑 완두　**歌场舞池** gētán wǔchí 노래를 부르고 춤추는 무대　**篝火** gōuhuǒ 뗑 모닥불
芦笙舞 lúshēngwǔ 루성무[중국 전통 악기인 루성의 반주에 맞춰서 추는 묘족(苗族)의 춤]　**通宵达旦** tōngxiāodádàn 젱 밤을 새우다
盛况 shèngkuàng 뗑 성대한 분위기　**探索** tànsuǒ 통 탐색하다　**风情** fēngqíng 뗑 풍토

55　关于丽江古城，下列哪项不正确？ / 리장고성에 관해, 다음 중 옳지 않은 것은?

A 位于中国云南地区	A 중국 윈난 지역에 위치한다
B 被定为世界文化遗产	B 세계 문화유산으로 지정됐다
C 是设施最完善的历史名城	C 시설이 가장 완벽한 역사 도시이다
D 是一座历史悠久的高原古城	D 역사가 유구한 고원 고성이다

해설 질문이 리장고성에 관해 옳지 않은 것을 물었다. 질문에 핵심어구가 없으므로 각 선택지의 핵심어구 位于中国云南, 世界文化遗产, 设施最完善, 历史悠久와 관련된 내용을 지문에서 재빨리 찾는다. 첫 번째 단락에서 位于中国云南的丽江古城在1997年被联合国教科文组织列入了《世界遗产名录》，它是一座驰名中外的高原古城，与同为国家历史名城的四川阆中、山西平遥、安徽歙县并称为"保存最为良好的四大古城"。이라고 했으므로, 언급되지 않은 선택지 C 是设施最完善的历史名城이 정답이다.

어휘 **世界文化遗产** shìjiè wénhuà yíchǎn 뗑 세계 문화유산　**高原** gāoyuán 뗑 고원

56　根据上下文，第二段空白处最适合填入的词语是： / 앞뒤 내용에 근거하여, 두 번째 단락의 빈칸에 들어갈 어휘로 가장 알맞은 것은:

A 统治	A 통치하다
B 笼统	B 모호하다
C 治学	C 학문을 닦다
D 监视	D 감시하다

해설 지문이 두 번째 단락의 빈칸에 들어갈 어휘로 가장 알맞은 것을 물었다. 선택지 A는 '통치하다', B는 '모호하다', C는 '학문을 닦다', D는 '감시하다'라는 의미이다. 빈칸 주변이 '이 가문은 한족의 성씨인 '무'씨 성을 갖게 된 후, '세습 토관 지부'라는 신분으로 리장을 ______. 무씨의 토사는 대대로 대물림되어 …… 무씨 가문은 사백여 년 동안 리장을 다스렸다'라는 문맥이므로, 빈칸에는 무씨 가문이 리장을 다스렸음을 나타내는 어휘가 들어가야 한다. 따라서 선택지 A 统治이 정답이다.

어휘 **统治** tǒngzhì[동]통치하다 **笼统** lǒngtǒng[형]모호하다 **治学** zhìxué[동]학문을 닦다 **监视** jiānshì[동]감시하다

57 丽江古城的木府有哪些特点?

① 气势能与皇家宫殿媲美
② 风格与苏州园林完全一致
③ 蕴含着纳西族的精神文化
④ 反映了清朝建筑的风采与面貌

A ①②
B ②④
C ①③
D ③④

리장고성의 무푸는 어떠한 특징이 있는가?

① 기세가 황실 궁전과 견줄 수 있다
② 스타일이 쑤저우 원림과 완전히 같다
③ 나시족의 정신문화를 담고 있다
④ 청나라 건축의 멋과 외관을 반영했다

A ①②
B ②④
C ①③
D ③④

해설 질문이 리장고성의 무푸는 어떠한 특징이 있는지를 물었으므로, 질문의 핵심어구 丽江古城的木府, 特点과 관련된 내용을 지문에서 재빨리 찾는다. 두 번째 단락에서 木府……展现了纳西族传统文化的精神所在……木府的气势和恢弘不亚于皇家的宫殿이라고 했으므로, ① 气势能与皇家宫殿媲美와 ③ 蕴含着纳西族的精神文化가 포함된 선택지 C ①③이 정답이다.

어휘 **气势** qìshì[명]기세 **宫殿** gōngdiàn[명]궁전 **媲美** pìměi[동](아름다움을) 견주다 **园林** yuánlín[명]원림, 정원
蕴含 yùnhán[동]담다, 내포하다 **面貌** miànmào[명]외관, 면모

58 四方街为什么成为了丽江古街的代表?

A 它是由木氏土司选定的
B 它的形状像一个长方形大印
C 它是丽江古城重要的贸易中心
D 所有的权力机关都集中在四方街上

쓰팡제는 왜 리장 옛 거리의 상징이 되었는가?

A 그곳은 무씨 성의 토사가 정한 것이라서
B 그곳의 모양이 사각형의 국새와 비슷해서
C 그곳은 리장고성의 중요한 무역 중심지라서
D 모든 권력 기관이 쓰팡제에 집중되어 있어서

해설 질문이 쓰팡제가 왜 리장 옛 거리의 상징이 되었는지를 물었으므로, 질문의 핵심어구 四方街, 丽江古街的代表와 관련된 내용을 지문에서 재빨리 찾는다. 세 번째 단락에서 而四方街则是这个重镇的贸易中心, 这让四方街成为了丽江古街的代表라고 했으므로, 선택지 C 它是丽江古城重要的贸易中心이 정답이다.

어휘 **土司** tǔsī[명]토사[원나라·명나라·청나라 시대에 소수민족 우두머리에게 하사하여 그 지역 민족을 통치하게 한 관직]
大印 dàyìn[명]국새[임금의 도장 혹은 나라를 대표하는 도장]

59 关于四方街, 可以知道什么?

A 其中心是"卖鸭蛋桥"
B 从古到今热闹程度不分昼夜
C 名字由明朝皇帝朱元璋所取
D 在古时只允许纳西族人通行

쓰팡제에 관해, 알 수 있는 것은 무엇인가?

A 중심에 '오리알을 파는 다리'가 있다
B 예로부터 지금까지 번화한 정도가 밤낮을 가리지 않는다
C 이름은 명나라 황제 주원장이 지은 것이다
D 고대에는 나시족 사람만 통행이 허락되었다

해설 질문이 쓰팡제에 관해 알 수 있는 것을 물었으므로, 질문의 핵심어구 四方街와 관련된 내용을 지문에서 재빨리 찾는다. 세 번째 단락에서 四方街……古往今来, 白天这里商贾云集, 生意兴隆……到了夜晚, 特别是节日的夜晚, 四方街又成了各族儿女的歌坛舞池, 在这里人们燃起篝火, 对唱山歌, 跳芦笙舞, 通宵达旦。이라고 했으므로, 선택지 B 从古到今热闹程度不分昼夜가 정답이다.

어휘 **昼夜** zhòuyè[명]밤낮 **皇帝** huángdì[명]황제

60 根据上文，丽江古城的存在有什么积极意义？

위 글에 근거하여, 리장고성의 존재는 어떤 긍정적인 의미가 있는가?

A 增加了藏族人和汉族人的来往

B 有利于研究城市建设和民族发展

C 为国家的水利基础设施建设提供了蓝本

D 增强了人们对非物质文化遗产的保护意识

A 티베트족 사람과 한족 사람들의 왕래를 증가시켰다

B 도시 건설과 민족 발전을 연구하는 데 도움이 되었다

C 국가의 수로 기초 시설의 건설에 기반을 제공했다

D 무형문화유산에 대한 사람들의 보호 의식을 증가시켰다

해설 질문이 리장고성의 존재는 어떤 긍정적인 의미가 있는지 물었으므로, 질문의 핵심어구 丽江古城的存在, 积极意义와 관련된 내용을 지문에서 재빨리 찾는다. 마지막 단락에서 丽江古城……它的存在为人类城市建设史和人类民族发展史的研究提供了宝贵资料。라고 했으므로, 선택지 B 有利于研究城市建设和民族发展이 정답이다.

어휘 蓝本 lánběn 몡 기반, 원본   意识 yìshí 몡 의식

61 上文主要谈了什么？

위 글은 주로 무엇을 말하고 있는가?

A 丽江古城与其他古城的共同点

B 丽江古城重要景点的历史和特点

C 古代诗人对丽江古城褒贬不一的评价

D 国家对丽江古城实施的主要经济措施

A 리장고성과 다른 고성의 공통점

B 리장고성의 중요한 명소의 역사와 특징

C 리장고성에 대한 고대 시인의 엇갈리는 평가

D 나라에서 리장고성에 대해 실시한 주요 경제 조치

해설 질문이 지문 전체의 중심 내용을 물었다. 두 번째 단락에서 木府原是木氏土司的府衙, 如今是古城的标志이라고 하며 리장고성에 있는 건축물인 무푸의 역사와 특징을 소개했고, 세 번째 단락에서 丽江古城的四方街也是古城里不可忽视的景点之一라고 하며 리장고성의 중심에 위치한 광장인 쓰팡제의 역사와 특징을 소개했다. 따라서 선택지 B 丽江古城重要景点的历史和特点이 정답이다.

어휘 褒贬不一 bāobiǎn bùyī (좋고 나쁨이) 엇갈리다   实施 shíshī 통 실시하다

62-68

近日，生态环境部同其他有关部门印发了《重点管控新污染物清单》，这一清单对中国加强新污染物管控工作、防范环境风险与健康风险意义重大。

[62]新污染物是指那些具有生物毒性、环境持久性、生物累积性等特征的有毒有害化学物质。这些化学物质会给生态环境和人体健康带来较大危害，但有些尚未被纳入环境管理范围内，有些则现有管理措施不足。与常规的污染物相比，[63]新污染物在环境中所存在的量不高，甚至有些只是以微量存在，但具有难降解、有毒有害、持久性强的特性，其危害不容小觑，因此应该要有相应的对策。

[64]新污染物有"新"和"环境风险大"两大特点。"新"可以从两方面来理解，一方面，相较于人们熟悉的二氧化硫、PM2.5等常规污染物，新污染物是那些不为人们所熟知的污染物质，比如持久性有机污染物、微塑料等。[64]另一方面，新污染物种类繁多。目前全球新污染物已超过二十大类，而每一类又包含数十种或上百种化学物质。随着人们健康意识的不断提升和环境监测技术的不断发展，可被识别出的新污染物预计还会增加。

"环境风险大"主要体现在危害严重性、风险隐蔽性、环境持久性、来源广泛性和治理复杂性五个方面。

최근 생태환경부는 다른 관련 부서와 함께<신규 오염 물질 중점 규제 목록>을 발행했는데, 이 목록은 중국이 신규 오염 물질 규제 업무를 강화하고 환경 위험과 건강 위험을 대비하는 데 큰 의의가 있다.

[62]신규 오염 물질은 생물학적 독성, 환경의 잔류성, 생물 축적성 등의 특징을 가진 독성이 있고 유해한 화학 물질을 가리킨다. 이러한 화학 물질은 생태 환경과 인체 건강에 비교적 큰 위험을 가져오지만 일부는 아직 환경 관리 범위에 포함되어 있지 않고, 일부는 기존의 관리 조치가 충분하지 않다. 일반 오염 물질에 비해 [63]신규 오염 물질이 환경에 존재하는 양은 많지 않고, 심지어 일부는 미량으로 존재하지만, 분해가 어렵고 독성이 있으며 유해하고 잔류성이 강한 특징을 가지고 있어 그 위험을 얕보면 안 된다. 따라서 상응하는 대책이 있어야 한다.

[64]신규 오염 물질은 '새롭다'와 '환경적인 위험이 크다'는 두 가지 특징을 가지고 있다. '새롭다'는 두 가지 측면에서 이해할 수 있는데, 한편으로는 사람들에게 익숙한 이산화 황, 초미세먼지(PM2.5) 등의 일반 오염 물질과 비교했을 때 신규 오염 물질은 잔류성 유기 오염 물질, 미세 플라스틱 등과 같이 사람들에게 익숙하지 않은 오염 물질이라는 것이고, [64]다른 한편으로는 신규 오염 물질은 종류가 많다는 것이다. 현재 전 세계적으로 신규 오염 물질은 이미 20종이 넘으며, 각 종류에는 수십 또는 수백 종의 화학 물질이 포함되어 있다. 사람들의 건강 의식이 끊임없이 향상되고 환경 모니터링 기술이 끊임없이 발전함에 따라, 식별해 낼 수 있는 신규 오염 물질은 더욱 증가할 것으로 예상된다.

'환경적인 위험이 크다'는 것은 주로 위험의 심각성, 위험 잠복성, 환경 잔류성, 근원의 광범위성과 처리의 복잡성이라는 다섯 가지 측면에서

危害严重性在于新污染物的多种生物毒性；⁶⁵风险隐蔽性指的是许多污染物的短期危害不明显，但当人们发现它的危害时，它可能已悄无声息地通过多种途径进入到了环境中；环境持久性指新污染物在环境中难以降解，因此容易长期蓄积在环境中和生物体内；来源广泛性是指众多行业都能产生新污染物；治理复杂性则指新污染物治理起来较为复杂，这是因为新污染物具有持久性和生物积累性，即使以低剂量排放到环境中，也可能会影响环境和人体健康。

⁶⁶治理新污染物，需要从源头、过程、末端三个方面抓起。首先要按照《重点管控新污染物清单》的要求，⁶⁶禁止、限制重点管控新污染物的生产和加工。其次，要对在生产过程中排放有毒有害化学物质的企业，依法实施相应措施；最后，为了降低新污染物对环境带来的风险，需要⁶⁶对各行业实施新污染物治理示范工程，持续开展对新污染物的评估与监测活动，在最大程度上减少新污染物的产生和排放。

近年来，⁶⁷中国在有毒有害化学物质环境风险管理方面积累了很多实践经验，这为新污染物的治理工作打下了较好的基础。相信国家在新污染物的治理上能取得令人瞩目的成效。与此同时，⁶⁸新污染物涉及的行业众多，替代品和替代技术的研发也很难，因而需要多部门跨领域协同治理。

나타난다. 위험의 심각성은 신규 오염 물질의 다양한 생물학적 독성에 있다. ⁶⁵위험 잠복성은 많은 오염 물질의 단기적인 위험은 뚜렷하지 않지만, 사람들이 그 위험을 발견했을 때는 이미 <u>조용히</u> 여러 경로를 통해 환경 속으로 들어온 것을 가리킨다. 환경의 잔류성은 신규 오염 물질이 환경에서 분해되기 어려워 환경과 생물체 내에 장기간 축적되기 쉬운 것을 가리킨다. 근원의 광범위성은 많은 산업에서 신규 오염 물질을 생성할 수 있음을 가리킨다. 처리의 복잡성은 신규 오염 물질을 처리하기가 비교적 복잡하다는 것을 가리키는데, 이는 신규 오염 물질이 잔류성과 생물 축적성을 가지고 있어서 적은 용량을 환경에 배출하더라도 환경과 인간의 건강에 영향을 끼칠 수 있기 때문이다.

⁶⁶신규 오염 물질을 처리하는 것은 근원, 과정, 마무리 세 가지 측면에서부터 다잡아야 한다. 우선 <신규 오염 물질 중점 규제 목록>의 요구 사항에 따라 ⁶⁶중점 규제 신규 오염 물질의 생산과 가공을 금지하고 제한해야 한다. 그다음으로 생산 과정에서 독성이 있고 유해한 화학 물질을 배출하는 기업에 대해 법에 따라 관련 조치를 취해야 한다. 마지막으로 신규 오염 물질이 환경에 가져오는 위험을 줄이기 위해 ⁶⁶각 산업에 신규 오염 물질 처리 시범 프로젝트를 실시하고, 신규 오염 물질에 대한 평가 및 모니터링 활동을 지속적으로 펼쳐 신규 오염 물질의 생성 및 배출을 최대한 줄여야 한다.

최근 몇 년 동안 ⁶⁷중국은 독성이 있고 유해한 화학 물질 환경 위험 관리 측면에서 많은 실천 경험을 축적했고, 이는 신규 오염 물질의 처리 작업에 좋은 토대를 마련했다. 국가가 신규 오염 물질 처리에서 <u>주목할</u> 만한 성과를 얻을 수 있을 것이라 믿는다. 이와 동시에, ⁶⁸신규 오염 물질은 많은 산업과 관련되어 있고, 대체품과 대체 기술의 연구 개발도 어렵기 때문에 여러 부문에서 분야를 뛰어넘어 협력하여 처리해야 한다.

어휘 **生态** shēngtài 圆 생태　**印发** yìnfā 圄 발행하다, 인쇄하고 배포하다　**管控** guǎnkòng 圄 규제하다, 관리하고 통제하다　**清单** qīngdān 圆 목록
防范 fángfàn 圄 대비하다　**生物** shēngwù 圆 생물학, 생물　**持久性** chíjiǔxìng 圆 잔류성, 지속성　**尚未** shàngwèi 아직 ~하지 않다
纳入 nàrù 圄 포함시키다　**降解** jiàngjiě 圄 분해하다　**不容小觑** bùróng xiǎoqù 얕보면 안 되다　**二氧化硫** èryǎnghuàliú 이산화 황
意识 yìshí 圆 의식　**监测** jiāncè 圄 모니터링하다, 측정하다　**识别** shíbié 圄 식별하다　**预计** yùjì 圄 예상하다　**隐蔽** yǐnbì 圄 잠복하다, 숨기다
来源 láiyuán 圆 근원, 출처　**治理** zhìlǐ 圄 처리하다, 다스리다　**悄无声息** qiāowúshēngxī 倒 조용하다, 고요하다　**途径** tújìng 圆 경로
蓄积 xùjī 圄 축적하다　**剂量** jìliàng 圆 사용량, 조제량　**排放** páifàng 圄 (폐기·폐수 등을) 배출하다　**加工** jiāgōng 圄 가공하다
实施 shíshī 圄 실시하다　**示范** shìfàn 圄 시범하다　**开展** kāizhǎn 圄 펼치다, 전개하다　**评估** pínggū 圄 평가하다　**瞩目** zhǔmù 圄 주목하다
成效 chéngxiào 圆 성과, 효과　**涉及** shèjí 圄 관련되다　**跨领域** kuà lǐngyù 분야를 뛰어넘다　**协同** xiétóng 圄 협력하다

62 第二段主要谈的是什么？

두 번째 단락에서 주로 말하는 것은 무엇인가？

A 新污染物产生的过程

A 신규 오염 물질이 생성되는 과정

B 新污染物的定义和危害

B 신규 오염 물질의 정의와 위험

C 新污染物的种类及区分方法

C 신규 오염 물질의 종류 및 구분 방법

D 新污染物的源头和治理方案

D 신규 오염 물질의 근원과 처리 방안

해설 질문이 두 번째 단락의 중심 내용을 물었으므로, 두 번째 단락을 재빠르게 읽으며 중심 내용을 파악한다. 단락 초반에서 新污染物是指那些具有生物毒性、环境持久性、生物累积性等特征的有毒有害化学物质。这些化学物质会给生态环境和人体健康带来较大危害라고 하며 신규 오염 물질의 정의와 이것이 생태 환경과 인체 건강에 미치는 위험에 대해 언급했다. 따라서 이를 통해 알 수 있는 선택지 B 新污染物的定义和危害가 정답이다.

어휘 **定义** dìngyì 圆 정의　**区分** qūfēn 圄 구분하다, 분별하다　**治理** zhìlǐ 圄 처리하다, 다스리다

63 画线词语 "不容小觑" 在文中表示什么意思?

A 不可改变
B 不能轻视
C 不容易看见
D 不允许接近

밑줄 친 어휘 '不容小觑'는 지문에서 어떤 의미를 나타내는가?

A 변경할 수 없다
B 무시해서는 안 된다
C 쉽게 보이지 않는다
D 가까이하는 것이 허락되지 않는다

해설 밑줄 친 어휘 '不容小觑'의 의미를 물었으므로, 不容小觑가 밑줄로 표시된 부분을 지문에서 재빨리 찾는다. 두 번째 단락에서 新污染物在环境中所存在的量不高, 甚至有些只是以微量存在, 但具有难降解、有毒有害、持久性强的特性, 其危害不容小觑, 因此应该要有相应的对策。라고 했으므로, 문맥상 不容小觑는 신규 오염 물질이 분해가 어렵고 유해성이 있으므로 그것의 위험성을 간과해서는 안된다는 의미임을 알 수 있다. 따라서 선택지 B 不能轻视가 정답이다.

어휘 **不容小觑** bùróng xiǎoqù 얕보면 안 되다

64 关于新污染物的特点, 可以知道什么?

A 新且种类繁多
B 更新换代的速度快
C 会掩盖其他的污染物
D 比普通污染物更容易处理

신규 오염 물질의 특징에 관해, 알 수 있는 것은 무엇인가?

A 새롭고 종류가 다양하다
B 업그레이드되는 속도가 빠르다
C 다른 오염 물질을 감춘다
D 일반 오염 물질보다 처리하기 더 쉽다

해설 질문이 신규 오염 물질의 특징에 관해 알 수 있는 것을 물었으므로, 질문의 핵심어구 新污染物的特点과 관련된 내용을 지문에서 재빨리 찾는다. 세 번째 단락에서 新污染物有 "新" 和 "环境风险大" 两大特点。"新" 可以从两方面来理解……另一方面, 新污染物种类繁多。라고 했으므로, 선택지 A 新且种类繁多가 정답이다.

어휘 **更新换代** gēngxīnhuàndài 업그레이드하다, 갱신하다 **掩盖** yǎngài 감추다, 숨기다

65 跟第四段画线词语 "悄无声息" 意思相反的一项是:

A 鸦雀无声
B 不声不响
C 万籁俱寂
D 不绝于耳

네 번째 단락의 밑줄 친 어휘 '悄无声息'의 의미와 반대되는 것은:

A 쥐 죽은 듯 조용하다
B 소리 없이
C 주위가 매우 조용하다
D 소리가 끊임없이 귓가에 맴돌다

해설 네 번째 단락의 밑줄 친 어휘 '悄无声息'의 의미와 반대되는 것을 물었으므로, 悄无声息가 밑줄로 표시된 부분을 지문에서 재빨리 찾는다. 네 번째 단락에서 风险隐蔽性指的是许多污染物的短期危害不明显, 但当人们发现它的危害时, 它可能已悄无声息地通过多种途径进入到了环境中이라고 하여, 위험 잠복성이란 사람들이 오염 물질의 위험성을 알아차렸을 때는 이미 그것이 조용하게 환경 속으로 들어온 것을 가리킨다고 언급하였으므로, 문맥상 悄无声息는 매우 조용하다는 의미임을 알 수 있다. 따라서 '조용하다'와 의미가 반대되는 선택지 D 不绝于耳가 정답이다.

어휘 **悄无声息** qiǎowúshēngxī 조용하다, 고요하다 **鸦雀无声** yāquèwúshēng 쥐 죽은 듯 조용하다
不声不响 bùshēngbùxiǎng 소리 없이, 살그머니 **万籁俱寂** wànlàijùjì 주위가 매우 조용하다
不绝于耳 bùjuéyúěr 소리가 끊임없이 귓가에 맴돌다

66 下列哪项不属于新污染物的治理方法?

A 依法对企业实施相应措施
B 开展新污染物治理示范工程
C 扩大企业的生产规模和范围
D 管控新污染物的生产加工过程

다음 중 신규 오염 물질의 처리 방법에 속하지 않는 것은?

A 법에 따라 기업에 관련 조치를 취한다
B 신규 오염 물질 처리 시범 프로젝트를 펼친다
C 기업의 생산 규모와 범위를 확대한다
D 신규 오염 물질의 생산 및 가공 과정을 규제한다

해설 질문이 신규 오염 물질의 처리 방법에 속하지 않는 것을 물었으므로, 질문의 핵심어구 新污染物的治理方法와 관련된 내용을 지문에서 재빨리 찾는다. 다섯 번째 단락에서 治理新污染物……禁止、限制重点管控新污染物的生产和加工。其次, 要对在生产过程中排放有毒有害化学物质的企业, 依法实施相应措施……对各行业实施新污染物治理示范工程이라고 했으므로, 언급되지 않은 선택지 C 扩大企业的生产规模和范围가 정답이다.

어휘 治理 zhìlǐ 图 처리하다, 다스리다 开展 kāizhǎn 图 펼치다, 전개하다 示范 shìfàn 图 시범하다
管控 guǎnkòng 图 규제하다, 관리하고 통제하다 加工 jiāgōng 图 가공하다

---

67 根据上下文，最后一段空白处最适合填入的词语是：

A 瞩目
B 安定
C 不屑
D 荡漾

앞뒤 내용에 근거하여, 마지막 단락의 빈칸에 들어갈 어휘로 가장 알맞은 것은:

A 주목하다
B 안정되다
C ~할 가치가 없다고 여기다
D 넘실거리다

해설 질문이 마지막 단락의 빈칸에 들어갈 어휘로 가장 알맞은 것을 물었다. 선택지 A는 '주목하다', B는 '안정되다', C는 '~할 가치가 없다고 여기다', D는 '넘실거리다'라는 의미이다. 빈칸 주변이 '중국은 독성이 있고 유해한 화학 물질 환경 위험 관리 측면에서 많은 실천 경험을 축적했고, 이는 신규 오염 물질의 처리 작업에 좋은 토대를 마련했다. 국가가 신규 오염 물질 처리에서 _____ 만한 성과를 얻을 수 있을 것이라 믿는다'라는 문맥이므로, 빈칸에는 국가가 얻을 것으로 생각되는 성과의 수준을 나타내는 어휘가 들어가야 한다. 따라서 선택지 A 瞩目가 정답이다.

어휘 瞩目 zhǔmù 图 주목하다 安定 āndìng 图 안정되다, 조용하다 不屑 búxiè 图 ~할 가치가 없다고 여기다
荡漾 dàngyàng 图 (물결이) 넘실거리다

---

68 根据上文，作者最可能支持的观点是：

A 新污染物能够被人类完全消除
B 未来可被识别的新污染物将逐渐减少
C 新污染物的治理很难取得显著的效果
D 新污染物的治理需要多方的共同努力

위 글에 근거하여, 저자가 지지할 관점으로 가능성이 가장 큰 것은:

A 신규 오염 물질은 인간에 의해 완전히 없어질 수 있다
B 앞으로 식별 가능한 신규 오염 물질은 점차 줄어들 것이다
C 신규 오염 물질의 처리는 뚜렷한 효과를 얻기 어렵다
D 신규 오염 물질의 처리는 다방면으로 함께 노력이 필요하다

해설 질문이 저자가 지지할 관점으로 가능성이 가장 큰 것을 물었다. 마지막 단락에서 新污染物涉及的行业众多, 替代品和替代技术的研发也很难, 因而需要多部门跨领域协同治理라고 했으므로, 저자는 신규 오염 물질과 관련된 문제는 여러 부문에서 함께 협력하고 처리해야 한다고 보고 있음을 알 수 있다. 따라서 선택지 D 新污染物的治理需要多方的共同努力가 정답이다.

어휘 消除 xiāochú 图 없애다 识别 shíbié 图 식별하다 显著 xiǎnzhù 图 뚜렷하다, 두드러지다

69-73

[B] 中国插花艺术源远流长，是中国花文化重要的组成部分。在中华文明萌芽的时候，花就与人们的生活息息相关。在已出土的史前时期的陶器、玉器、青铜器上，都可以看到精美的花卉纹饰。战国时期的诗集《离骚》中有这样的诗句："纫秋兰以为佩"，说明那时已有人喜欢采摘香花佩戴在身上。当时人们喜欢赋予花卉以某种寓意，可见花卉在战国时期已经进入了文化领域。

[F] 魏晋南北朝时期是插花艺术发展的初期阶段，这个时期"佛前供花"的习俗使插花文化渐成气候。佛前供花大多以荷花和柳枝为主要花材，不讲究插花艺术造型。当时人们为了保持花朵的新鲜，开始尝试将花插入水中栽培，于是插花出现了用盘装花和用容器盛水装花的新形式。这个时期的插花艺术已经有了供人们欣赏的作用，但基本是把花"养"在花器中而已，没有特意追求构图和制作技巧。

[B] 중국 꽃꽂이 예술은 오랜 역사를 가지고 있으며, 중국 꽃 문화의 중요한 구성 부분이다. 중화 문명이 싹트기 시작했을 때부터 꽃은 사람들의 삶과 밀접한 연관이 있었다. 이미 발굴된 선사시대의 도기, 옥기, 청동기에서도 정교하고 아름다운 화훼 무늬를 볼 수 있다. 전국시대의 시집 <이소>에는 '난초를 꿰어서 장식품으로 삼았다'라는 시구가 있는데, 그 당시 이미 꽃을 따서 몸에 지니는 것을 좋아하는 사람이 있었다는 것을 설명해 준다. 당시 사람들은 화훼에 어떤 의미를 부여하는 것을 좋아했는데, 화훼가 전국시대에 이미 문화 영역에 진입했음을 알 수 있다.

[F] 위진남북조 시대는 꽃꽂이 예술 발전의 초기 단계로, 이 시기의 '불전공화' 풍습은 꽃꽂이 문화가 점차 발전하게 하였다. 불전공화는 대부분 연꽃과 버드나무 가지를 주요 재료로 하며, 꽃꽂이의 예술적 형상을 중요하게 생각하지 않았다. 당시 사람들은 꽃의 신선도를 유지하기 위해 꽃을 물속에 넣어 재배하기 시작해서, 꽃꽂이는 접시에 꽃을 담는 것과 용기에 물을 가득 넣어 꽃을 담는 새로운 형태가 생겨났다. 이 시기의 꽃꽂이는 이미 사람들이 감상하게 하는 역할을 했지만, 기본적으로 꽃을 꽃 용기에 '키우기'만 했을 뿐 구도와 제작 기술을 특별히 추구하지는 않았다.

[A]　插花艺术在隋唐时期在宫廷中盛行，并开始有了系统的技术手法和相应的原则。例如在每年牡丹盛开的季节，宫廷中都要举行牡丹茶话会，茶话会上对插花所用的工具、放置场所、水质以及几架形状都有严格的规定。在赏花期间，还要谱曲、咏诗讴歌，并畅饮美酒。唐朝时期把每年农历二月十五定为"花朝节"，纪念百花的生日。这体现了隋唐时期追求花卉文化的风气鼎盛，插花艺术在这一时期得到了迅速的发展。

[H]　进入宋代，插花艺术达到了极盛。受理学观念的影响，此时的插花艺术不只追求愉悦，还特别注重构思时的理性意念。花材也多选用有深度寓意的松、柏、竹、梅、兰、水仙等上品花木。插花构图突破了唐代的富丽堂皇，以"清"、"疏"的风格追求线条美，所以有人把当时的插花作品叫作"理念花"。从此，这种以插花为手段，以提高精神世界修养为目的的生活方式开始形成，这种方式被称为花道。

[C]　随着朝代的更替，插花艺术在技艺上、理论上都形成了完备的体系。明代初期的插花作品造型丰满，寓意深刻。明代中期的插花追求简洁清新，色彩淡雅，疏枝散点，朴实生动，不追求华贵，常用如意、灵芝、珊瑚等来装点。而到了明代晚期，花道发展进入了黄金时期。这一时期中国插花理论日臻完善，有许多插花艺术专著相继问世。

[G]　清代初期的插花艺术仍沿袭明代传统风格，流行写景式插花、组合式插花和谐音式插花。但是纵观清朝三百年，插花艺术一直走下坡路，花道在此时开始衰落。

[E]　清代以后由于战祸连年，许多宝贵的插花图片和资料丧失殆尽，各地不同风格流派之间的切磋交流受到了影响。当时国民经济的持续衰落，影响到了属于文化范畴的插花艺术，使之走向低潮。这种局面延续了近百年，直到近十几年来才得以复苏。

[排列할 수 없는 단락]

[D]　宋代插花的花器，如花瓶、花盆已经有特有的造型，能与日用器皿区别开来，各大窑口几乎都有生产专门用于插花的花器。当时既有婉约大方的竹筒插花，也有用商周鼎彝作花器的插花作品。插花容器的制作在宋朝时期得到了改良，人们发明了三十一孔花盆、六孔花盆等。同时，宋朝人对花架也十分讲究，这大大促进了陶瓷、漆雕等工艺的发展。

[A]　꽃꽂이 예술은 수나라와 당나라 시대에 궁전에서 성행하기 시작했고, 체계적인 기술적 기법과 상응하는 원칙이 생겨나기 시작했다. 예를 들어, 매년 모란이 만개하는 계절에는 궁전에서 모란 다과회를 개최했는데, 다과회에서는 꽃꽂이에 사용되는 도구, 보관 장소, 수질 및 화분 받침대 모양에까지 모두 엄격한 규칙이 있었다. 꽃을 감상하는 기간에는 작곡하고, 시를 읊고 노래하고, 좋은 술을 마셔야 했다. 당나라 시대에는 매년 음력 2월 15일을 '화조절'로 정하여 모든 꽃의 탄생을 기념했다. 이것은 수나라와 당나라 시대에 화훼 문화를 추구하는 풍조가 흥성했음을 보여주며, 꽃꽂이 예술은 이 시기에 빠르게 발전했다.

[H]　송나라 시기에 들어서면서 꽃꽂이 예술은 절정에 달했다. 성리학 관념의 영향을 받아 이 시기의 꽃꽂이 예술은 즐거움을 추구할 뿐만 아니라, 구상할 때의 이성적인 생각에도 특별한 관심을 기울었다. 꽃 재료 또한 뜻깊은 의미가 있는 소나무, 측백나무, 대나무, 매화, 난초, 수선화 등과 같은 고급 꽃과 나무를 많이 사용했다. 꽃꽂이의 구도는 당나라의 웅장함과 화려함을 뛰어넘었으며, '단순하고', '듬성듬성한' 풍격으로 선의 아름다움을 추구했기 때문에 당시의 꽃꽂이 작품을 '이념의 꽃'이라고 부르는 사람들도 있었다. 이때부터 이렇게 꽃꽂이를 수단으로 하여, 정신세계의 수양을 쌓는 것을 목표로 하는 생활방식이 만들어지기 시작했으며, 이러한 방식은 화도라고 불렸다.

[C]　시대가 바뀜에 따라 꽃꽂이 예술은 기예적으로도 이론적으로도 완전한 체계를 갖추게 되었다. 명나라 초기의 꽃꽂이 작품은 형상이 풍부하고 의미가 깊다. 명나라 중기의 꽃꽂이는 간결하고 새로우며 색이 우아하고, 가지와 꽃송이가 드문드문 있으며, 소박하고 생동감 있는 것을 추구하고 화려함을 추구하지 않았는데, 주로 여의, 영지버섯, 산호 등으로 장식을 했다. 명나라 말기에 와서 화도는 황금기에 들어섰다. 이 시기의 중국 꽃꽂이 이론은 나날이 완벽해졌으며, 많은 꽃꽂이 예술 전문 서적이 잇따라 세상에 나왔다.

[G]　청나라 초기의 꽃꽂이 예술은 여전히 명나라의 전통 스타일을 답습했으며, 풍경 묘사형 꽃꽂이, 조합형 꽃꽂이와 해음형 꽃꽂이가 유행했다. 그러나 청나라 300년을 통틀어 보면, 꽃꽂이 예술은 계속 내리막길을 걸었으며, 화도는 이때부터 쇠퇴하기 시작했다.

[E]　청나라 이후 여러 해 계속된 전쟁의 피해로 인해 많은 귀중한 꽃꽂이 사진과 자료가 소실되었고, 각 지역의 다양한 스타일과 장르 간의 긴밀한 교류가 영향을 받았다. 당시 국민 경제의 지속적인 쇠퇴는 문화의 범주에 속하던 꽃꽂이 예술에 영향을 미쳐, 꽃꽂이가 점차 침체된 상태가 되게 했다. 이러한 국면은 100년 가까이 이어지다가, 최근 10여 년 사이에서야 되살아났다.

[D]　꽃병, 화분과 같이 송나라 시기에 꽃꽂이를 하던 꽃 용기는 이미 특유의 모양이 있어서 일상생활에서 쓰는 그릇과 구별할 수 있었으며, 모든 큰 도자기 산지에서는 대부분 꽃꽂이에 전문적으로 쓰이는 꽃 용기를 생산했다. 당시에는 아름다우며 우아한 대나무 통 꽃꽂이도 있었고, 상나라와 주나라 시기의 제기를 꽃 용기로 사용한 꽃꽂이 작품도 있었다. 꽃꽂이 용기의 제작은 송나라 시대에 개량되어, 사람들은 31개의 구멍이 있는 화분, 6개의 구멍이 있는 화분 등을 발명했다. 동시에, 송나라 사람들은 화분 받침대도 매우 중요하게 생각하여, 이는 도자기, 퇴주 등 공예의 발전을 크게 촉진시켰다.

源远流长 yuányuǎnliúcháng⟨성⟩오랜 역사를 가지고 있다　萌芽 méngyá⟨동⟩싹트다　息息相关 xīxīxiāngguān⟨성⟩밀접한 연관이 있다
陶器 táoqì⟨명⟩도기　玉器 yùqì⟨명⟩옥기　青铜器 qīngtóngqì⟨명⟩청동기　花卉 huāhuì⟨명⟩화훼[꽃이 피는 풀과 나무를 포함한 관상용 식물의 통칭]
纫 rèn⟨동⟩바늘로 꿰매다　秋兰 qiūlán⟨명⟩난초　佩戴 pèidài⟨동⟩(장식품·명찰 등을) 지니다　赋予 fùyǔ⟨동⟩부여하다　寓意 yùyì⟨명⟩의미
佛前供花 fúqián gònghuā⟨명⟩불전공화[부처님께 꽃 공양을 올리는 것을 가리킴]　习俗 xísú⟨명⟩풍습
成气候 chéng qìhòu 발전하다, 발전 전망이 있다　荷花 héhuā⟨명⟩연꽃　柳枝 liǔzhī 버드나무 가지　造型 zàoxíng⟨명⟩형상, 모양
栽培 zāipéi⟨동⟩재배하다　特意 tèyì⟨부⟩특별히　技巧 jìqiǎo⟨명⟩기술, 기교　宫廷 gōngtíng⟨명⟩궁전　盛行 shèngxíng⟨동⟩성행하다, 널리 유행하다
相应 xiāngyìng⟨동⟩상응하다　牡丹 mǔdān⟨명⟩모란　盛开 shèngkāi⟨동⟩만개하다　场所 chǎngsuǒ⟨명⟩장소　几架 jǐjià⟨명⟩화분 받침대
谱曲 pǔqǔ⟨동⟩작곡하다　咏诗 yǒngshī⟨동⟩시를 읊다　讴歌 ōugē⟨동⟩노래하다　农历 nónglì⟨명⟩음력　风气 fēngqì⟨명⟩(사회 문화나 집단의) 풍조
鼎盛 dǐngshèng⟨형⟩흥성하다　理学 lǐxué⟨명⟩성리학　注重 zhùzhòng⟨동⟩관심을 기울이다, 중시하다　构思 gòusī⟨동⟩구상하다
柏 bǎi⟨명⟩측백나무　梅 méi⟨명⟩매화, 매실　兰 lán⟨명⟩난초　水仙 shuǐxiān⟨명⟩수선화　突破 tūpò⟨동⟩뛰어넘다, 돌파하다
富丽堂皇 fùlìtánghuáng⟨성⟩웅장하고 화려하다　理念花 lǐniànhuā⟨명⟩이념의 꽃[꽃꽂이를 통해 윤리·도덕이나 철학적 의미를 드러내는 작품]
修养 xiūyǎng⟨명⟩수양　朝代 cháodài⟨명⟩시대　完备 wánbèi⟨형⟩완전하다, 완비되어 있다　体系 tǐxì⟨명⟩체계　丰满 fēngmǎn⟨형⟩풍부하다
朴实 pǔshí⟨형⟩소박하다　如意 rúyì⟨명⟩여의[옥·뼈·상아 등으로 만든 길함을 상징하는 기물]　灵芝 língzhī⟨명⟩영지버섯
装点 zhuāngdiǎn⟨동⟩장식하다　日臻 rìzhēn⟨동⟩나날이　问世 wènshì⟨동⟩세상에 나오다　沿袭 yánxí⟨동⟩답습하다
谐音 xiéyīn⟨명⟩(글자나 단어의) 음이 같다(= 해음)　纵观 zòngguān⟨동⟩통틀어 보다　衰落 shuāiluò⟨동⟩쇠퇴하다　战祸 zhànhuò⟨명⟩전쟁의 피해
连年 liánnián⟨동⟩여러 해 계속되다　丧失殆尽 sàngshīdàijìn⟨성⟩소실되다　切磋 qiēcuō⟨동⟩긴밀하게 토론하고 연구하다　范畴 fànchóu⟨명⟩범주
低潮 dīcháo⟨명⟩침체된 상태　局面 júmiàn⟨명⟩국면　延续 yánxù⟨동⟩이어지다　复苏 fùsū⟨동⟩되살아나다　器皿 qìmǐn⟨명⟩그릇
窑口 yáokǒu⟨명⟩도자기 산지　婉约 wǎnyuē⟨형⟩부드럽고 아름답다　鼎彝 dǐngyí⟨명⟩제기[제사에 쓰는 기물]　容器 róngqì⟨명⟩용기
改良 gǎiliáng⟨동⟩개량하다　孔 kǒng⟨명⟩구멍　陶瓷 táocí⟨명⟩도자기　漆雕 qīdiāo⟨명⟩퇴주[기물에 여러 차례 칠을 바르고 말려서 무늬를 조각한 것]

69. 이미 배열된 A, C를 제외한 나머지 단락에서 첫 순서에 들어갈 단락을 찾아서 배열한다. B에서 插花艺术(꽃꽂이 예술)를 언급하며 중국에서는 아주 오랜 과거부터 꽃이 사람들의 삶과 밀접한 관련이 있다는 것을 소개하는 내용이 포함되어 있으므로, B를 첫 순서로 배열한다.

70. F의 전반부에서 插花艺术发展的初期阶段(꽃꽂이 예술 발전의 초기 단계)이라고 하며 꽃꽂이 예술의 변천 과정에 속하는 첫 번째 순서인 초기 단계에 대해 설명하고 있으므로, F를 B 뒤에 배열한다.

71. 이미 배열된 A의 후반부에서 插花艺术在这一时期得到了迅速的发展(꽃꽂이 예술은 이 시기에 빠르게 발전했다)이라고 하며 꽃꽂이 예술이 발전하는 단계에 대해 설명했고, H의 전반부에서 插花艺术达到了极盛(꽃꽂이 예술은 절정에 달했다)이라고 했다. 문맥의 흐름상 꽃꽂이 예술이 절정에 달한 시점이 발전에 대해 설명하는 내용 뒤에 와야 하므로, H를 A 뒤에 배열한다.

72. 이미 배열된 C의 전반부에 언급된 明代(명나라)를 키워드로 확인해둔다. C에서 확인한 키워드 明代가 동일하게 있으면서, 청나라 초기의 꽃꽂이는 C에서 설명한 명나라의 전통 스타일을 답습한 것임을 언급한 G를 C 뒤에 배열한다.

73. G의 전반부에서 언급된 清代(청나라)를 키워드로 확인해둔다. G에서 확인한 키워드 清代가 동일하게 있으면서 청나라 이후부터 최근까지의 꽃꽂이 예술이 점차 쇠퇴했다는 내용을 언급한 E를 G 뒤에 배열하여 지문을 완성한다.

[배열할 수 없는 단락]
D는 지문에서 언급된 插花(꽃꽂이)라는 키워드가 포함되어 있다. 그러나 지문 전체적으로 중국의 插花艺术(꽃꽂이 예술)의 시대별 변천 과정 및 특징을 나열하며 설명하고 있는데, D는 꽃꽂이 예술의 변천 과정과 관련된 내용이 아닌 송나라 시기의 꽃 용기에 대해 자세히 언급하고 있으므로 배열할 수 없는 단락이다.

배열된 순서

B	→	F	→	A	→	H	→	C	→	G	→	E
69.		70.				71.				72.		73.

74-80

与鳄鱼、蛇、蜥蜴这类不能调节体温的动物不同，[74]人类在环境温度变化的情况下依然能保持相对稳定的体温，这是因为人体的体温调节机制比较完善。人类无论是生活在酷寒的北极地区，还是生活在炎热的赤道附近，体温基本上都能维持在稳定的水平。

关于人类体温的普遍说法来自于一位名叫[75]卡尔·温德利希的德国医生。在1851年，他[75]通过收集和分析超过25000人的腋下体温数据，得出了结论——人的标准体温为37℃。长期以来，这成为了医学界的圭臬。

악어, 뱀, 도마뱀처럼 체온을 조절할 수 없는 동물과 달리, [74]인간은 환경의 온도가 변화하는 상황에서도 여전히 상대적으로 안정적인 체온을 유지할 수 있는데, 이는 인체의 체온 조절 메커니즘이 비교적 완전하기 때문이다. 인간은 혹한의 북극 지방에 살든, 무더운 적도 부근에 살든 체온이 기본적으로 안정된 수준을 유지할 수 있다.

인간 체온에 대한 보편적인 견해는 [75]칼 분더리히라는 독일 의사에게서 나왔다. 1851년 그는 [75]25,000명이 넘는 사람의 겨드랑이 체온 데이터를 수집하고 분석하여 사람의 표준 체온이 37℃라는 결론을 내렸다. 오랫동안 이것은 의학계의 표준이 되었다.

根据这一结论，专家们认为成年人的体温达到37.7℃的时候就属于发烧。然而在生活中，人们出现眼睛胀痛、脑门发热等症状时，体温在37℃以下的情况却比比皆是，而有的人体温在37.7℃的时候才会出现明显的发烧症状，并伴有头晕、乏力、腹泻等。可见，37℃这个标准体温并不适用于所有人，把37.7℃定为发烧的基准也不一定准确。

根据长期的统计研究可以了解到，人类的核心体温正在下降，现代人的体温通常在36.5℃左右，有的人体温测出来在37℃，可能不会有任何事，但有的人可能会感觉到发烧和不舒服。[76]美国斯坦福大学的研究人员针对人类体温下降的问题进行了研究，他们找到了19世纪近9万多份美国军人的体温报告，并将这些体温数据与人们现在的体温进行了比对，结果发现美国男性的平均体温从37.2℃下降到了36.6℃，下降了0.6℃，而美国女性的体温也下降了0.32℃。也就是说，[76]自19世纪以来，成年人的平均体温在持续下降，每十年下降0.03℃，在不到200年的时间里，人的平均体温从37℃降到了36.6℃。

以前人类的正常体温维持在37℃，是因为较高的体温能抵抗细菌、病毒、真菌、病原体等致病因子。[77]但是人类社会经历了前所未有的变革，医疗卫生条件和饮食环境得到了大幅改善，因此现在的人已经很少染上疟疾、肺结核等疾病，即使不幸被感染，也能通过药物治疗得到康复。人体发热的几率减少，正常体温也随之降低了。此外，[78]人们的生活条件也发生了很大的变化，人们可以用空调、暖气等来调节环境温度，所以[78]大脑中的体温调节中枢对外界环境温度变得相对不敏感，身体的发热能力也就下降了。

人类平均体温的下降究竟是好事还是坏事？专家指出，对每个个体来说，体温的高低会直接影响身体健康。临床发现，[79]在正常的体温范围内，体温相对较高的人免疫力也相对较强。体温越高，基础代谢率也越高，免疫细胞的活力也就越强，这样人体能更好地阻挡致病因子的"入侵"。而体温越低，基础代谢率也越低，因此免疫细胞处于低位运行的状态，身体自然就更容易受到致病因子的"攻击"。但是[80]睡觉的时候正好相反，较低的体温有利于提高睡眠质量，因为体温下降时代谢率和血流速度也会随之降低，人自然睡得更香。

体温能够反映人体多方面的情况，对人类来说，只有将体温控制在合适的范围内，身体才会更加健康。

이 결론에 근거하여 전문가들은 성인의 체온이 37.7℃에 달하면 열이 나는 것으로 보고 있다. 그러나 일상생활에서 사람들에게 눈이 팽창하는 듯 아프고 이마가 뜨거워지는 등의 증상이 나타날 때 체온이 37℃ 이하인 경우가 흔하고, 반면 어떤 사람은 체온이 37.7℃일 때야 명백한 발열 증상이 나타나며, 현기증, 무기력, 설사 등을 동반한다. 이를 통해 37℃라는 이 표준 체온은 결코 모든 사람에게 적용되지 않으며, 37.7℃를 열이 나는 기준으로 정하는 것도 반드시 정확하지 않다는 것을 알 수 있다.

장기간의 통계 연구에 근거하여 인간의 심부 체온은 떨어지고 있는 것을 알 수 있다. 현대인의 체온은 일반적으로 약 36.5℃이며, 어떤 사람은 체온이 37℃로 측정된다고 해도 아무런 일이 생기지는 않지만, 어떤 사람은 열이 나고 불편함을 느낄 수 있다. [76]미국 스탠퍼드대학교 연구진은 인간의 체온 저하 문제에 대해 연구를 진행했는데, 그들은 19세기의 9만여 건에 가까운 미국 군인의 체온 보고서를 찾아냈고, 이 체온 데이터를 사람들의 현재 체온과 비교했다. 그 결과 미국 남성의 평균 체온은 37.2℃에서 36.6℃로 0.6℃ 떨어졌고, 미국 여성의 체온도 0.32℃ 떨어졌다. 바꿔 말하면, [76]19세기부터 성인의 평균 체온은 계속해서 떨어지며 10년마다 0.03℃씩 떨어지고, 200년이 안 되는 시간 동안 사람의 평균 체온은 37℃에서 36.6℃로 떨어졌다는 것이다.

이전에 인간의 정상 체온이 37℃를 유지한 것은 비교적 높은 체온이 세균, 바이러스, 곰팡이, 병원체 등의 병원성 인자에 저항할 수 있기 때문이었다. [77]그러나 인류 사회는 예전에 있던 적이 없던 변화를 겪었고, 의료 위생 조건과 식생활 환경이 크게 개선되면서 현재의 사람들은 말라리아, 폐결핵 등의 질병에 거의 걸리지 않게 되었으며, 설령 운 나쁘게 감염되더라도 약물 치료를 통해 건강을 회복할 수 있게 되었다. 인체의 발열 확률이 낮아지면서 정상 체온도 이에 따라 낮아졌다. 이밖에 [78]사람들의 생활 조건도 크게 변화했는데, 사람들은 에어컨, 난방 장치 등으로 환경의 온도를 조절할 수 있기 때문에 [78]뇌의 체온 조절 중추가 외부 환경의 온도에 상대적으로 민감하지 않게 되었고, 신체의 발열 능력도 떨어졌다.

인간의 평균 체온이 떨어지는 것은 과연 좋은 일일까 아니면 나쁜 일일까? 전문가들은 개개인에게 있어 체온의 높고 낮음은 신체 건강에 직접적인 영향을 미친다고 말한다. 임상에서 [79]정상 체온 범위 내에서 체온이 상대적으로 높은 사람들은 면역력도 상대적으로 강하다는 것을 발견했다. 체온이 높을수록 기초 대사율도 높아지고 면역 세포의 활동성도 강해져, 인체가 병원성 인자의 '침입'을 더 잘 막을 수 있게 된다. 반대로 체온이 낮을수록 기초 대사율도 낮아져서, 면역 세포가 저조한 활동 상태에 있어 신체는 자연히 병원성 인자의 '공격'을 더 쉽게 받는다. 그러나 [80]잠을 잘 때는 반대로, 비교적 낮은 체온은 수면의 질을 높이는 데 도움이 되는데, 체온이 떨어지면서 대사율과 혈류 속도도 이에 따라 떨어지기 때문에 사람은 자연히 더 잘 자게 된다.

체온은 인체의 여러 방면의 상황을 반영할 수 있으며, 인간에게 있어 체온을 적절한 범위 안에 조절해야만 신체가 더 건강해진다.

어휘 鳄鱼 èyú 명악어　蜥蜴 xīyì 명도마뱀　调节 tiáojié 동조절하다　机制 jīzhì 명메커니즘, 체제　酷寒 kùhán 형혹한의　北极 běijí 명북극
炎热 yánrè (날씨가) 무덥다　赤道 chìdào 명적도　维持 wéichí 동유지하다　腋下 yèxià 명겨드랑이　圭臬 guīniè 명표준, 모범
胀痛 zhàngtòng 동팽창하는 듯 아프다, 튀어나올 듯 아프다　脑门 nǎomén 명이마　症状 zhèngzhuàng 명증상
比比皆是 bǐbǐjiēshì 성매우 흔하다　乏力 fálì 형무기력하다　腹泻 fùxiè 동설사하다　统计 tǒngjì 동통계하다

核心体温 héxīn tǐwēn 圈심부 체온[몸 안쪽 깊숙한 곳의 체온]　　**抵抗** dǐkàng 圄저항하다　　**细菌** xìjūn 圈세균　　**真菌** zhēnjūn 圈곰팡이
病原体 bìngyuántǐ 圈병원체[병의 원인이 되는 본체]　　**致病因子** zhìbìng yīnzǐ 圈병원성 인자[병을 유발하는 요소]
前所未有 qiánsuǒwèiyǒu 圈예전에 있던 적이 없다, 전례 없다　　**变革** biàngé 圄(주로 사회 제도를) 변화하다　　**饮食** yǐnshí 圈식생활, 음식
疟疾 nüèji 圈말라리아　　**肺结核** fèi jiéhé 圈폐결핵　　**疾病** jíbìng 圈질병　　**感染** gǎnrǎn 圄감염되다
体温调节中枢 tǐwēn tiáojié zhōngshū 圈체온 조절 중추　　**外界** wàijiè 圈외부　　**个体** gètǐ 圈개인, 개체　　**临床** línchuáng 圄임상하다
免疫力 miǎnyìlì 圈면역력　　**代谢** dàixiè 圄(신진)대사하다　　**细胞** xìbāo 圈세포　　**活力** huólì 圈활동성, 활력
运行 yùnxíng 圄활동하다, 운행하다　　**攻击** gōngjī 圄공격하다

74	环境温度变化时, 人为什么依然能保持相对稳定的体温?	환경 온도가 변화할 때, 사람은 왜 여전히 상대적으로 안정적인 체온을 유지할 수 있는가?
	体温调节机制比较完善	체온 조절 메커니즘이 비교적 완전하다

해설　질문이 환경 온도가 변화할 때 사람은 왜 여전히 상대적으로 안정적인 체온을 유지할 수 있는지 물었으므로, 질문의 핵심어구 环境温度变化, 能保持相对稳定的体温과 관련된 내용을 지문에서 재빨리 찾는다. 첫 번째 단락에서 人类在环境温度变化的情况下依然能保持相对稳定的体温, 这是因为人体的体温调节机制比较完善이라고 했으므로, 해당 부분에서 언급된 体温调节机制比较完善을 그대로 답변으로 쓴다.

어휘　**调节** tiáojié 圄조절하다　　**机制** jīzhì 圈메커니즘, 체제

75	为了得出人的标准体温, 卡尔·温德利希收集和分析了什么?	사람의 표준 체온을 알아내기 위해, 칼 분더리히는 무엇을 수집하고 분석했는가?
	人的腋下体温数据	사람의 겨드랑이 체온 데이터

해설　질문이 사람의 표준 체온을 알아내기 위해 칼 분더리히는 무엇을 수집하고 분석했는지 물었으므로, 질문의 핵심어구 人的标准体温, 卡尔·温德利希와 관련된 내용을 지문에서 재빨리 찾는다. 두 번째 단락에서 卡尔·温德利希……通过收集和分析超过25000人的腋下体温数据, 得出了结论——人的标准体温为37℃라고 했으므로 해당 부분에서 언급된 人的腋下体温数据를 그대로 답변으로 쓴다.

어휘　**腋下** yèxià 圈겨드랑이

76	根据美国斯坦福大学的研究可知, 成年人的平均体温出现了怎样的变化?	미국 스탠퍼드대학교의 연구에서 성인의 평균 체온은 어떤 변화가 있음을 알 수 있는가?
	持续下降	계속해서 떨어진다

해설　질문이 미국 스탠퍼드대학교의 연구에서 성인의 평균 체온은 어떤 변화가 있음을 알 수 있는지 물었으므로, 질문의 핵심어구 美国斯坦福大学的研究, 成年人的平均体温과 관련된 내용을 지문에서 재빨리 찾는다. 네 번째 단락에서 美国斯坦福大学的研究人员针对人类体温下降的问题进行了研究……自19世纪以来, 成年人的平均体温在持续下降이라고 했으므로, 해당 부분에서 언급된 持续下降을 그대로 답변으로 쓴다.

어휘　**下降** xiàjiàng 圄떨어지다, 저하되다

77	第五段中, 画线词语 "前所未有" 的意思是什么?	다섯 번째 단락에서, 밑줄 친 어휘 '前所未有'의 의미는 무엇인가?
	以前从来没有过	예전에 있던 적이 없다

해설　질문의 前所未有에서 前은 '예전', 未有는 '있던 적이 없다'라는 의미이다. 所는 조사로 쓰였다. 따라서 前所未有는 '예전에 있던 적이 없다'라는 의미임을 유추할 수 있다. 前所未有가 포함된 문장은 '그러나 인류 사회는 예전에 있던 적이 없던 변화를 겪었고, 의료 위생 조건과 식생활 환경이 크게 개선되었다'라는 자연스러운 문맥이므로, 前所未有는 유추해둔 '예전에 있던 적이 없다'라는 의미로 사용되었음을 확인할 수 있다. 따라서 以前从来没有过를 답변으로 쓴다.

어휘　**前所未有** qiánsuǒwèiyǒu 圈예전에 있던 적이 없다, 전례 없다

78	随着人们生活条件的变化, 对外界环境温度变得相对不敏感的是什么?	사람들의 생활 조건의 변화에 따라, 외부 환경의 온도에 상대적으로 민감하지 않게 된 것은 무엇인가?
	大脑中的体温调节中枢	뇌의 체온 조절 중추

해설 질문이 사람들의 생활 조건의 변화에 따라 외부 환경의 온도에 상대적으로 민감하지 않게 된 것은 무엇인지 물었으므로, 질문의 핵심어 구 生活条件的变化, 对外界环境温度, 不敏感과 관련된 내용을 지문에서 재빨리 찾는다. 다섯 번째 단락에서 人们的生活条件也发生了很大的变化……大脑中的体温调节中枢对外界环境温度变得相对不敏感이라고 했으므로, 해당 부분에서 언급된 大脑中的体温调节中枢를 그대로 답변으로 쓴다.

어휘 外界 wàijiè 몡 외부   体温调节中枢 tǐwēn tiáojié zhōngshū 몡 체온 조절 중추

79	在正常的体温范围内, 体温相对较高的人会怎么样?	정상적인 체온 범위 내에서, 체온이 상대적으로 높은 사람은 어떤가?
	免疫力也相对较强	면역력도 상대적으로 강하다

해설 질문이 정상적인 체온 범위 내에서 체온이 상대적으로 높은 사람은 어떤지 물었으므로, 질문의 핵심어구 正常的体温范围内, 体温相对较高的人과 관련된 내용을 지문에서 재빨리 찾는다. 여섯 번째 단락에서 在正常的体温范围内, 体温相对较高的人免疫力也相对较强이라고 했으므로, 해당 부분에서 언급된 免疫力也相对较强을 그대로 답변으로 쓴다.

어휘 免疫力 miǎnyìlì 몡 면역력

80	睡觉时较低的体温为什么有利于提高睡眠质量?	잠을 잘 때 비교적 낮은 체온은 왜 수면의 질을 높이는 데 도움이 되는가?
	代谢率和血流速度降低	대사율과 혈류 속도가 떨어진다

해설 질문이 잠을 잘 때 비교적 낮은 체온은 왜 수면의 질을 높이는 데 도움이 되는지 물었으므로, 질문의 핵심어구 较低的体温, 有利于提高睡眠质量과 관련된 내용을 지문에서 재빨리 찾는다. 여섯 번째 단락에서 睡觉的时候正好相反, 较低的体温有利于提高睡眠质量, 因为体温下降时代谢率和血流速度也会随之降低, 人自然睡得更香이라고 했으므로, 체온이 낮으면 잠을 잘 때 대사율과 혈류 속도가 떨어져서 더 잘 자게 된다는 것을 알 수 있다. 따라서 代谢率和血流速度降低를 답변으로 쓴다.

어휘 代谢 dàixiè 동 (신진)대사하다

81-87

提起西安, 人们可能最先想到的是秦始皇陵, 却很少会想到坐落在西安东南部边缘地带的大雁塔。大雁塔是西安的城市地标, 还出现在西安市徽上。

位于西安大慈恩寺内的大雁塔, 又名"慈恩寺塔"。[81]关于大雁塔的传说数不胜数, 其中有这样一个故事: 几位佛教徒因久未进食而奄奄一息, 此时有只大雁掉落在他们的脚下死去了, 他们认为内心的虔诚感动了佛祖, 但他们宁愿挨饿也不愿吃掉大雁, 于是将大雁埋在土里, 修了一座塔作为纪念。

事实上, 大雁塔是唐永徽三年, 玄奘为保存从天竺带回长安的经卷而主持修建的, 大雁塔的建造借鉴了印度的菩提迦耶塔。[82]大雁塔初建时只有五层, 后来被加高至九层, 武则天时期, 大雁塔再次增高至十层, 后来经历了加固修葺, 大雁塔最终定为七层。

大雁塔是由青砖支撑起的四方形楼阁式塔, 主要由塔基、塔身、塔刹组成。塔的外部是由平均厚达6米的内外两层青砖砌筑而成的。为了加固塔身, 建造者将中国传统木建筑的结构元素与砖砌建筑完美地结合起来, 创造了独特的仿木砖结构。[83]塔的内部是由数十根木柱

시안을 언급하면 사람들이 아마도 가장 먼저 떠올리는 것은 진시황릉이지, 시안 동남부의 변두리 지역에 자리 잡은 대안탑을 잘 떠올리지는 않을 것이다. 대안탑은 시안의 도시 랜드마크이며, 시안의 휘장에 등장하기도 한다.

시안의 대자은사 내부에 위치한 대안탑은 '자은사탑'이라고도 한다. [81]대안탑에 관한 전설은 셀 수 없이 많으며, 그중 이런 이야기가 있다. 불교도 몇 명이 오랫동안 음식을 먹지 못해 숨이 곧 끊어질 듯했는데, 이때 기러기 한 마리가 그들의 발 쪽으로 떨어져 죽었다. 그들은 마음속의 독실함이 석가모니를 감동시켰다고 생각했지만, 그들은 굶주릴지언정 기러기를 먹는 것을 원치 않았고, 기러기를 땅속에 묻고 기념으로 탑을 하나 세웠다.

사실, 대안탑은 당나라 영휘 3년에 현장법사가 천축에서 장안으로 가지고 돌아온 불경을 보존하기 위해 건설을 주관한 것으로, 대안탑의 건설은 인도의 부다가야탑을 참고했다. [82]대안탑은 처음 지어졌을 때 5층까지만 있었지만, 이후 9층까지 증축되었고, 측천무후 시기에 대안탑은 다시 10층까지 증축되었으며, 이후 보강과 수리를 거쳐 대안탑은 최종적으로 7층이 되었다.

대안탑은 푸른 벽돌로 받쳐진 네모난 누각식 탑으로, 주로 탑기, 탑신, 탑찰로 이루어져 있다. 탑의 외부는 평균 두께가 6미터에 달하는 안팎으로 2겹의 푸른 벽돌로 쌓아 올려진 것이다. 탑신을 견고하게 만들기 위해 건설자는 중국 전통 목조건축의 구조적 요소와 벽돌 건축을 완벽하게 결합하여, 나무를 본뜬 독특한 벽돌 구조를 만들어냈다. [83]탑의 내부

与横梁搭配成筒状结构，[83]木柱的数量随层数自下往上递减。塔的内部空间相对狭小，仅有位于中心的筒体空间和伸向四面的门洞。为了方便行走和上下楼，人们在塔内安装了螺旋上升的直角木梯，木梯盘旋而上，可以到达大雁塔的每一层。[84]大雁塔的顶端置有塔刹，塔刹笔直地指向天空。

作为中国古老的佛塔之一，大雁塔塔内收藏着重要的佛教文物。在第一层，塔内一处平卧着一块"玄奘取经跬步足迹石"，上面所刻的图案生动地描述了玄奘当年西天取经的故事，以及反映了他万里征途、始于跬步的奋斗精神。[85]第二层的塔室内供奉着被视为"定塔之宝"的佛祖释迦牟尼佛像，到大雁塔游览的游客都争先瞻仰礼拜。当年玄奘从天竺带回的万余枚佛祖舍利，大部分已经下落不明，现仅有数枚佛祖舍利被供奉于大雁塔的第三层。大雁塔的第四层塔室内所收藏的贝叶经也是弥足珍贵的佛教文物。

除了佛教文物，大雁塔里还有许多珍贵的文化遗产。[86]大雁塔底层南门洞的两侧都嵌置着碑石，东龛碑石是由左向右书写的，西龛碑石则是由右向左书写的，两座碑石左右对称，规格形式相同，史称"二圣三绝碑"。"二圣"指的是两位皇帝，即唐太宗李世民和唐高宗李治。而"三绝"中"一绝"指的是唐太宗和唐高宗御撰的碑文，"二绝"指的是书法家褚遂良写的书法，"三绝"指的是碑文所传达的玄奘西天取经弘扬佛法的伟业。虽然经历了地震和战乱，但"二圣三绝碑"得到了妥善保护，至今依然字迹清晰。

大雁塔的修建，是佛塔这种建筑形式随佛教传入中国的结果。[87]大雁塔是十分重要的文化遗产，是佛教融入中华文化的典型物证，是凝聚了中国古代劳动人民智慧的标志性建筑。

는 수십 개의 나무 기둥과 대들보가 원통형 구조로 조합되어 있으며, [83]나무 기둥의 수량은 층수에 따라 아래에서 위로 점차 줄어든다. 탑의 내부 공간은 상대적으로 협소하고, 중앙에 위치한 원통형 공간과 사방으로 뻗은 굴처럼 생긴 문만 있다. 걸어 다니고 오르내리기 편하도록 사람들은 탑 내부에 나선형으로 올라가는 직각 목조 계단을 설치했으며, 목조 계단은 원을 그리며 돌아 올라가기 때문에 대안탑의 모든 층에 갈 수 있다. [84]대안탑의 꼭대기에는 탑찰이 설치되어 있고, 탑찰은 꼿꼿하게 하늘을 향해 뻗어 있다.

중국의 오래된 불탑 중 하나로서, 대안탑 내부에는 중요한 불교 유물이 소장되어 있다. 1층 탑 안의 한 편에는 '현장법사가 불경을 구하러 간 발자국이 새겨진 돌'이 반듯이 뉘어져 있으며, 위에 새겨진 도안은 현장법사가 그 당시 서천에 가서 불경을 구해온 이야기가 생생하게 묘사되어 있고, 천 리 길도 한 걸음부터라는 그의 분투 정신이 반영되어 있다. [85]2층의 탑실 내부에는 '탑을 지키는 보물'로 여겨지는 불교의 시조인 석가모니 불상이 모셔져 있고, 대안탑에 관광을 온 여행객들은 앞다퉈 참배하고 예배를 드린다. 당시 현장법사가 천축에서 가져온 만여 점의 석가모니 사리는 대부분 이미 행방을 알지 못하게 되었고, 현재는 몇 점의 석가모니 사리만이 대안탑 3층에 모셔져 있다. 대안탑의 4층 탑실 안에 소장되어 있는 패엽경도 매우 귀중한 불교 유물이다.

불교 유물 외에도 대안탑 안에는 많은 귀중한 문화유산들이 있다. [86]대안탑 가장 아래층 남쪽의 굴처럼 생긴 문 양측에는 모두 비석이 끼워져 있는데, 동쪽 감실의 비석은 글씨가 왼쪽에서 오른쪽으로 쓰여 있고, 서쪽 감실의 비석은 글씨가 오른쪽에서 왼쪽으로 쓰여 있다. 양쪽 비석은 좌우 대칭이고, 규격 및 형식이 똑같으며, 역사상 '이성삼절비'로 불린다. '이성'은 두 명의 황제를 가리키는데, 즉 당 태종 이세민과 당 고종 이치이다. '삼절' 중 '일절'은 당 태종과 당 고종이 쓴 비문을 가리키고, '이절'은 서예가 저수량이 쓴 서예를 가리키며, '삼절'은 비문에서 전하는 현장법사가 서천에 가서 불경을 구해와 불교를 더욱 발전시킨 위대한 업적을 가리킨다. 비록 지진과 전란을 겪었지만 '이성삼절비'는 잘 보존되어, 오늘날에도 여전히 글씨가 뚜렷하다.

대안탑의 건설은 불탑이라는 이러한 건축 양식이 불교와 함께 중국에 전해진 결과이다. [87]대안탑은 매우 중요한 문화유산이며, 불교가 중국 문화에 스며들었다는 전형적인 물증이자, 중국 고대 노동자들의 지혜가 응집된 상징적인 건축물이다.

어휘　秦始皇陵 Qínshǐhuánglíng [고유]진시황릉　边缘 biānyuán [명]변두리, 가장자리
大雁塔 Dàyàntǎ [고유]대안탑[시안의 관광지 중 하나로, 현장법사가 인도에서 가져온 불교경전을 번역 보관하고 불교를 가르쳤던 곳]
地标 dìbiāo [명]랜드마크　市徽 shìhuī [명]시의 휘장[시를 상징하는 표지]　传说 chuánshuō [명]전설
数不胜数 shǔbúshèngshǔ [성]셀 수 없이 많다, 일일이 다 셀 수 없다　奄奄一息 yǎnyǎnyìxī [성]숨이 곧 끊어질 듯하다　大雁 dàyàn [명]기러기
虔诚 qiánchéng [형]독실하다　佛祖 fózǔ [명]석가모니, 불교의 시조　宁愿 nìngyuàn [부]차라리 ~할지언정
玄奘 Xuán Zàng [고유]현장법사[당나라의 승려]　天竺 Tiānzhú [고유]천축[인도의 옛 이름]　经卷 jīngjuàn [명]불경, 경전　修建 xiūjiàn [동]건설하다
借鉴 jièjiàn [동]참고하다　武则天 Wǔ Zétiān [고유]측천무후, 무측천[중국 역사상 최초의 여황제]　修葺 xiūqì [동](건물을) 수리하다
砖 zhuān [명]벽돌　支撑 zhīchēng [동](무너지지 않게) 받치다, 지탱하다　塔基 tǎjī [명]탑기[탑의 맨 밑받침이 되는 부분]
塔身 tǎshēn [명]탑신[탑의 주체가 되는 부분]　塔刹 tǎchà [명]탑찰[탑의 가장 높은 부분]　砌筑 qìzhù [동](돌·벽돌 등을) 쌓다　元素 yuánsù [명]요소
木柱 mùzhù [명]나무 기둥　横梁 héngliáng [명]대들보　螺旋 luóxuán [명]나선형　盘旋 pánxuán [동]원을 그리며 돌다
佛塔 fótǎ [명](불교에서의) 불탑　文物 wénwù [명]유물, 문물　取经 qǔjīng [동](불교도가 인도에 가서) 불경을 구해오다
跬步 kuǐbù [명]반걸음[가까운 거리를 가리킴]　图案 tú'àn [명]도안　西天 xītiān [명]서천[옛날에 중국의 불교도들이 인도를 가리키던 칭호]
供奉 gòngfèng [동]모시다　释迦牟尼 Shìjiāmóuní [고유]석가모니　瞻仰 zhānyǎng [동]참배하다, (공경하며) 바라보다
枚 méi [양]점[작은 조각으로 된 사물을 세는 단위]　舍利 shèlì [명]사리[화장한 후에 나오는 구슬 모양의 것]
下落不明 xiàluòbùmíng [성]행방을 알지 못하다　贝叶经 bèiyèjīng [명]패엽경[고대 인도에서 종이 대신 나뭇잎에 불교의 가르침을 적은 불경]
弥足珍贵 mízúzhēnguì [성]매우 귀중하다　遗产 yíchǎn [명]유산　嵌置 qiànzhì [동]끼워 넣다　碑石 bēishí [명]비석
龛 kān [명]감실[불상 등을 모셔둔 곳]　对称 duìchèn [형]대칭이다　规格 guīgé [명]규격　皇帝 huángdì [명]황제　御撰 yùzhuàn (황제가) 쓰다

书法 shūfǎ 圐 서예, 서법　　**弘扬** hóngyáng 圐 더욱 발전시키다　　**战乱** zhànluàn 圐 전란　　**妥善** tuǒshàn 圐 잘하다, 적절하다

清晰 qīngxī 圐 뚜렷하다, 분명하다　　**典型** diǎnxíng 圐 전형적인　　**凝聚** níngjù 圐 응집하다

81	第二段主要谈的是什么？	두 번째 단락에서 주로 이야기하고 있는 것은 무엇인가？
	关于大雁塔的传说	대안탑에 관한 전설

해설　질문이 두 번째 단락의 중심 내용을 물었으므로, 두 번째 단락을 재빠르게 읽으며 중심 내용을 파악한다. 두 번째 단락에서 关于大雁塔的传说数不胜数라고 하며 대안탑에 관한 전설 중 하나를 구체적으로 언급하고 있으므로, 두 번째 단락의 중심 내용은 대안탑에 관한 전설임을 알 수 있다. 따라서 关于大雁塔的传说를 답변으로 쓴다.

어휘　**传说** chuánshuō 圐 전설

82	大雁塔最初有几层？	대안탑은 처음에 몇 층이었는가？
	五层	5층

해설　질문이 대안탑은 처음에 몇 층이었는지 물었으므로, 질문의 핵심어구 最初有几层과 관련된 내용을 지문에서 재빨리 찾는다. 세 번째 단락에서 大雁塔初建时只有五层이라고 했으므로, 해당 부분에서 언급된 五层을 답변으로 쓴다.

어휘　**大雁塔** Dàyàntǎ 고유 대안탑[시안의 관광지 중 하나로, 현장법사가 인도에서 가져온 불교경전을 번역 보관하고 불교를 가르쳤던 곳]

83	大雁塔内部的木柱数量有什么特点？	대안탑 내부의 나무 기둥 수량에는 어떤 특징이 있는가？
	随层数自下往上递减	층수에 따라 아래에서 위로 점차 줄어든다

해설　질문이 대안탑 내부의 나무 기둥 수량에는 어떤 특징이 있는지 물었으므로, 질문의 핵심어구 大雁塔内部, 木柱数量과 관련된 내용을 지문에서 재빨리 찾는다. 네 번째 단락에서 塔的内部……木柱的数量随层数自下往上递减이라고 했으므로, 해당 부분에서 언급된 随层数自下往上递减을 그대로 답변으로 쓴다.

어휘　**木柱** mùzhù 圐 나무 기둥

84	图中A的名称是什么？	그림 속 A의 명칭은 무엇인가？
	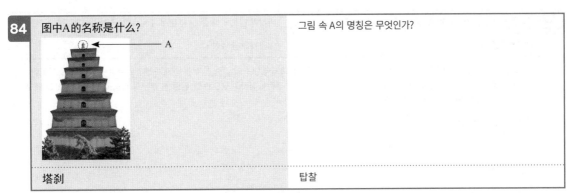	
	塔刹	탑찰

해설　질문이 그림 속 A의 명칭을 물었으므로, 지문을 읽으며 A가 가리키는 부분을 찾는다. 네 번째 단락에서 大雁塔的顶端置有塔刹, 塔刹笔直地指向天空。이라고 했으므로, 그림 속 A가 가리키고 있는 대안탑의 꼭대기 부분의 명칭은 塔刹임을 알 수 있다. 따라서 塔刹를 답변으로 쓴다.

어휘　**塔刹** tǎchà 圐 탑찰[탑의 가장 높은 부분]

85 图中B处供奉的文物被视为什么?	그림 속 B에 모셔진 유물은 무엇으로 여겨지는가?

"定塔之宝"	'탑을 지키는 보물'

해설 질문이 그림 속 B에 모셔진 유물은 무엇으로 여겨지는지 물었으므로, 지문을 읽으며 B가 가리키는 부분을 찾는다. 다섯 번째 단락에서 第二层的塔室内供奉着被视为"定塔之宝"的佛祖释迦牟尼佛像이라고 했으므로, 그림 속 B가 가리키는 부분인 탑의 2층에 모셔진 유물은 '탑을 지키는 보물'로 여겨짐을 알 수 있다. 따라서 "定塔之宝"를 답변으로 쓴다.

어휘 **供奉** gòngfèng[동] 모시다 **文物** wénwù[명] 유물, 문물

86 根据上下文，请在第六段的空白处填上一个恰当的词语。	앞뒤 내용에 근거하여, 여섯 번째 단락의 빈칸에 들어갈 가장 알맞은 어휘를 쓰세요.
对称	대칭이다

해설 여섯 번째 단락의 빈칸 주변을 읽는다. 빈칸 앞뒤는 '대안탑 가장 아래층 남쪽의 굴처럼 생긴 문 양측에는 모두 비석이 끼워져 있는데, 동쪽 감실의 비석은 글씨가 왼쪽에서 오른쪽으로 쓰여 있고, 서쪽 감실의 비석은 글씨가 오른쪽에서 왼쪽으로 쓰여 있다. 양쪽 비석은 좌우____이고, 규격 및 형식이 똑같다'라는 문맥이므로, 빈칸에는 양쪽 비석에서 글을 쓴 방향이 좌우로 반대됨을 나타내는 어휘가 들어가야 한다. 따라서 左右(좌우)와 의미적으로 호응하면서 문맥에도 알맞은 对称을 답변으로 쓴다.

어휘 **对称** duìchèn[형] 대칭이다

87 最后一段画线部分主要是为了说明什么?	마지막 단락의 밑줄 친 부분은 주로 무엇을 설명하기 위함인가?
大雁塔的重要性	대안탑의 중요성

해설 질문이 마지막 단락 밑줄 친 부분의 중심 내용을 물었으므로, 마지막 단락의 밑줄 친 부분을 재빠르게 읽으며 중심 내용을 파악한다. 밑줄 친 부분에서 대안탑은 중요한 문화유산이며 매우 상징적인 건축물이라고 했으므로, 밑줄 친 부분의 중심 내용은 대안탑의 중요성임을 알 수 있다. 따라서 大雁塔的重要性을 답변으로 쓴다.

어휘 **重要性** zhòngyàoxìng[명] 중요성

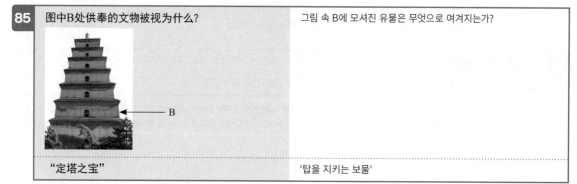

写作 쓰기

88 以下是有关A国1970年和2020年职业结构的统计图, 请对图表进行描述与分析, 写一篇200字左右的文章, 限定时间为15分钟。

다음은 A 국가의 1970년과 2020년 직업구조와 관련된 그래프이다. 그래프를 묘사하고 분석하여, 200자 내외의 글을 쓰시오. 제한 시간은 15분이다.

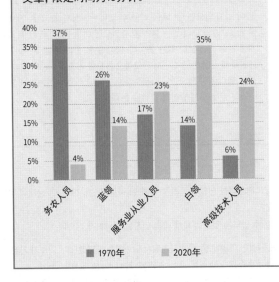

■ 1970年   ■ 2020年

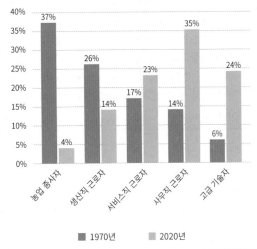

■ 1970년   ■ 2020년

아웃라인

서론 주제 및 특징	• 제시된 그래프의 주제는 A 국가의 1970년과 2020년 직업구조와 관련된 내용임을 언급한다. 그리고 그래프 전반적으로 가장 두드러지는 특징을 언급한다.
본론 묘사·분석 내용	• 그래프에서 가장 두드러진 특징인 1970년에 농업 종사자가 전체 직업구조에서 차지하는 비중이 가장 높고, 고급 기술자가 차지하는 비중이 가장 낮다는 점을 언급한다. • 이후 2020년의 직업구조 비중을 순서대로 언급하고, 1970년에 비해 크게 증가하거나 감소한 내용을 특징으로 언급한다. 이때 농업 종사자의 변화가 가장 크다는 것을 언급할 수 있다.
결론 분석 결과	• 과학 기술의 진보와 사회의 발전에 따라 A 국가의 직업구조가 많이 변화했다는 내용을 결론으로 마무리한다.

모범답안

서론
주제 및 특징

본론
묘사·분석
내용

　　从A国1970年和2020年职业结构的统计图可知, 该国1970年和2020年的职业结构有很大的差距。在1970年, 务农人员在整体职业结构中占的比重最大, 为37%。紧随其后的是蓝领、服务业从业人员和白领。高级技术人员所占的比重则最小, 仅为6%。然而在2020年, 比重排在前三位的依次是白领、高级技术人员和服务业从业人员。与1970年相比, 2020年白领、高级技术人员和服务业从业人员的比重有了显著的上升, 而蓝领和务农人员的比重明显下降。其中变化最大的是务农人员, 2020年的

　　A 국가의 1970년과 2020년 직업구조 그래프를 보면, 해당 국가의 1970년과 2020년 직업구조에 큰 차이가 있음을 알 수 있다. 1970년에는 농업 종사자가 전체 직업구조에서 차지하는 비중이 37%로 가장 높다. 그 뒤를 잇는 것은 생산직 근로자, 서비스직 근로자와 사무직 근로자이다. 고급 기술자가 차지하는 비중은 6%로 가장 낮다. 그러나 2020년에 1~3위를 차지한 것은 차례대로 사무직 근로자, 고급 기술자와 서비스직 근로자이다. 1970년에 비해 2020년에는 사무직 근로자, 고급 기술자와 서비스직 근로자의 비중이 두드러지게 증가한 반면, 생산직 근로자와 농업 종사자의 비중은 크게 감소했다. 그중 변화가 가장 큰 것은 농업 종사자인데, 2020년 농업 종사자는 1970년의 약 9분의 1에 불과하다.

| 결론
분석 결과 | 务农人员仅约为1970年的九分之一。由此可见，随着科学技术的进步和社会的发展，A国的整体职业结构发生了很大的变化。 |

이를 통해 과학 기술의 진보와 사회의 발전에 따라 A국가의 전반적인 직업구조가 많이 변했음을 알 수 있다.

어휘　务农 wùnóng 图 농업에 종사하다　蓝领 lánlǐng 圆 생산직 근로자, 블루칼라　白领 báilǐng 圆 사무직 근로자, 화이트칼라
高级技术人员 gāojí jìshù rényuán 圆 고급 기술자[일반적으로 특정 분야에서 높은 수준의 전문 기술 지식을 가진 사람을 가리킴]
比重 bǐzhòng 圆 비중　显著 xiǎnzhù 圆 두드러지다, 현저하다

89

“且夫水之积也不厚，则其负大舟也无力”出自《庄子·逍遥游》，意思是“如果聚集的水不深，那么它就没有承载一艘大船的力量”。也就是说，要想求大学问或者干大事业，必须先打下坚实、深厚的基础。你赞不赞同“且夫水之积也不厚，则其负大舟也无力”？请写一篇600字左右的文章，论证你的观点。

‘물이 깊지 않으면, 큰 배를 띄울 수 없다’는 <장자·소요유>에서 나온 말로, ‘만약 고여 있는 물이 깊지 않으면 이 물은 큰 배 한 척의 무게를 견딜 힘이 없다’라는 뜻이다. 다시 말해, 큰 학문을 추구하거나 큰일을 하려면 반드시 먼저 견고하고 튼튼한 기초를 다져야 한다. 당신은 ‘물이 깊지 않으면, 큰 배를 띄울 수 없다’에 동의하는가? 600자 내외의 글을 써서 당신의 관점을 논증하시오.

아웃라인

서론 동의 여부 및 주제	• 제시된 문장 ‘물이 깊지 않으면, 큰 배를 띄울 수 없다’에 대한 본인의 동의 여부를 한 마디로 언급한다. 이 문제의 경우 동의한다는 입장으로 답안을 전개하는 것이 좋다. • 기초가 가장 중요하며 기초를 잘 다져야 큰일을 할 수 있다는 것을 주제로 나의 입장을 간단하게 밝힌다.
본론 근거1~2	• 첫 번째 근거로 다빈치의 어릴 적 선생님이 그에게 달걀만 그리게 한 것이 지겨워서 다빈치는 도망쳤으나, 기초가 가장 중요하다는 선생님의 말씀을 듣고 달걀을 그리는 과정에서 부족한 점을 고칠 수 있었다는 내용을 예시로 든다. • 두 번째 근거로 ‘높은 건물도 평지에서부터 시작된다’라는 중국 속담과 노자가 한 말인 ‘아홉 층의 대도 흙을 쌓는 것에서 시작된다’라는 구절을 인용하며, 개인적인 측면에서든 국가 발전의 측면에서든 탄탄한 기초가 있어야 기회를 잡고 더 발전할 수 있다는 내용을 작성한다.
결론 의견 재언급	• 제시된 문장에 동의한다는 입장을 다시 언급한 후, 무엇을 하든 기초를 잘 다져야 성공할 수 있다는 내용으로 글을 마무리한다.

모범답안

| 서론
동의 여부
및 주제 | 　　我赞同“且夫水之积也不厚，则其负大舟也无力”这句话。
　　众所周知，基础是根本，根深才能叶茂，基石坚固才能建造高楼大厦。正如《庄子·逍遥游》中所说，无论是想求大学问还是想干大事业，必须要先打好基础。如果不在打基础上下功夫，那么往往会以失败而告终。 |

나는 ‘물이 깊지 않으면, 큰 배를 띄울 수 없다’라는 이 말에 동의한다.

모두가 알다시피 기초는 근본이며, 뿌리가 깊어야 잎이 무성할 수 있고, 초석이 단단해야 높은 건물을 세울 수 있다. <장자·소요유>에서 말했듯이, 큰 학문을 추구하고자 하든 큰일을 하고자 하든 반드시 먼저 기초를 잘 다져야 한다. 만약 기초를 다지는 데 공을 들이지 않으면, 이따금 실패로 끝나기 마련이다.

| 본론
근거1~2 | 　　很多伟人之所以能在自己的领域获得成功，是因为他们有基本功，打了坚实而深厚的基础。以达·芬奇为例，小时候他的祖父把他送到当地一位有名的老师那里学画，然而老师每天只让他画鸡蛋。画了一个月后，他觉得很不耐烦，于是趁老师不注意，偷偷溜了出去。老师跟他说：“画鸡蛋看似简单，实则不然。让你画鸡蛋其实是为了训练你的观察力和用笔的能力， |

많은 위인이 자신의 분야에서 성공을 거둘 수 있었던 것은 그들이 기본기가 있고, 견고하고 튼튼한 기초를 다졌기 때문이다. 다빈치를 예로 들어보자면, 어릴 적 그의 할아버지는 그를 현지의 유명한 선생님에게 보내 그림을 배우게 했지만, 선생님은 매일 그에게 달걀만 그리게 했다. 한 달 동안 그림을 그린 후, 그는 지겹다고 생각하여 선생님이 주의하지 않은 틈을 타 몰래 달아났다. 선생님은 그에게 "달걀을 그리는 것은 간단해 보이지만, 실은 그렇지가 않단다. 너에게 달걀을 그리라고 한 것은 사실 너의 관찰력과 붓을 사용하는 능력을 훈련시키기 위한 것이었고,

而这正是绘画的基础。如果把鸡蛋画好，之后你画什么都会很逼真。"他总算明白了老师的良苦用心，静下心来重新开始练习画鸡蛋。在画一张又一张鸡蛋的过程中，他找到并改正了自己的不足之处，而这使他在绘画方面奠定了坚实的基础。达·芬奇的故事告诉人们，要想获得成功，就应该先打好基础。

中国有句俗语叫"万丈高楼平地起"，意思是再高的大楼也要从平地修建起，因此打好基础最为最重要。老子也强调过基础的重要性，他曾说过："九层之台，起于累土"，指的是九层高台是从堆积一筐土开始的。同理，打基础对个人成长和国家发展都具有重要的意义。从个人成长的角度来说，一个人只有做好基础工作，练就扎实的基本功，才能在机会来临时一飞冲天。从国家发展的角度来说也是如此，国家的发展正如航行的巨轮，承载着无数人的前途和命运。因此只有做好基础建设，才能稳定发展。

결론
의견
재언급

总而言之，我赞同"且夫水之积也不厚，则其负大舟也无力"这句话。不管是在学习上、工作上还是在国家的治理上，我们都应该先打好基础，只有这样才能稳步发展，最终获得成功。

이것이 바로 회화의 기초란다. 만약 달걀을 잘 그리면, 이후에 네가 무엇을 그리든지 진짜 같이 그릴 수 있단다."라고 말했다. 그는 마침내 선생님의 깊은 생각을 깨닫고는 마음을 가라앉히고, 달걀 그리는 연습을 다시 시작했다. 달걀을 한 장 또 한 장 그리는 과정에서 그는 자신의 부족한 점을 찾아서 고쳤고, 이는 그가 회화 분야에서 튼튼한 기초를 다지게 해 주었다. 다빈치의 이야기는 사람들에게 성공을 거두고 싶다면 먼저 기초를 잘 다져야 한다는 것을 알려준다.

중국 속담에 '높은 건물도 평지에서부터 시작된다'라는 말이 있는데, 아무리 높은 건물이라도 평지에서부터 지어야 하기 때문에 기초를 다지는 것이 가장 중요하다는 뜻이다. 노자도 기초의 중요성을 강조했다. 그는 '아홉 층의 대도 흙을 쌓는 것에서 시작된다'라고 말했는데, 아홉 층의 높은 대는 흙 한 광주리를 쌓아 올리는 것부터 시작된다는 것을 가리킨다. 같은 이치로, 기초를 다지는 것은 개인 성장과 국가 발전에 모두 중요한 의의를 지닌다. 개인 성장의 측면에서 말하자면, 사람은 기초 작업을 잘해두면서 탄탄한 기본기를 연마해야만, 기회가 다가왔을 때 뛰어난 성과를 거둘 수 있다. 국가 발전의 측면에서도 이와 마찬가지인데, 국가의 발전은 항해하는 대형 선박과 같아서, 수많은 사람의 앞날과 운명을 싣고 있다. 따라서 기초적인 건설을 잘해야만 안정적으로 발전할 수 있다.

결론적으로 말하자면, 나는 '물이 깊지 않으면, 큰 배를 띄울 수 없다'라는 이 말에 동의한다. 공부에서든, 업무에서든 아니면 국가를 다스리는 것에서든 우리는 먼저 기초를 잘 다져야 하며, 이렇게 해야만 안정적으로 발전하여 마침내 성공할 수 있다.

어휘　**舟** zhōu 몡 배　**承载** chéngzài 동 무게를 견디다, 싣다　**艘** sōu 양 척[배를 세는 단위]　**事业** shìyè 몡 일, 사업
坚实 jiānshí 톙 견고하다, 튼튼하다　**深厚** shēnhòu 톙 (기초 등이) 튼튼하다　**论证** lùnzhèng 동 논증하다
众所周知 zhòngsuǒzhōuzhī 젱 모든 사람이 다 알고 있다　**叶茂** yè mào 잎이 무성하다　**基石** jīshí 몡 초석
坚固 jiāngù 톙 단단하다, 견고하다　**下功夫** xià gōngfu 공을 들이다　**告终** gàozhōng 동 끝나다　**基本功** jīběngōng 몡 기본기
祖父 zǔfù 몡 할아버지　**溜** liū 동 달아나다　**逼真** bīzhēn 톙 진짜 같다　**良苦用心** liángkǔ yòngxīn 생각이 깊다
奠定 diàndìng 동 다지다　**修建** xiūjiàn 동 짓다, 건설하다　**台** tái 몡 대[흙이나 돌로 높이 쌓아서 사방을 바라볼 수 있게 만든 곳]
堆积 duījī 동 쌓아 올리다　**筐** kuāng 몡 광주리[대·등나무 등으로 엮어서 만든 용기의 총칭]
练就 liànjiù 동 연마하다, 훈련이나 연습하여 익숙해지도록 하다　**扎实** zhāshi 톙 탄탄하다, 견고하다
一飞冲天 yìfēichōngtiān (매우 평범하다가 갑자기) 뛰어난 성과를 거두다　**航行** hángxíng 동 항해하다
巨轮 jùlún 몡 대형 선박, 거대한 수레바퀴　**总而言之** zǒng'éryánzhī 젱 결론적으로 말하자면　**治理** zhìlǐ 동 다스리다

90

현재, 중국은 산업 전환 및 업그레이드의 절박한 수요에 직면해 있으며, 이는 로봇 산업의 발전에 ¹밝은 전망을 제공했다. 로봇은 산업용 로봇, 서비스용 로봇과 ²특수 로봇으로 나눌 수 있으며 그중 산업용 로봇의 활용 분야는 자동차, 전자, 의약 등 50여 개의 산업을 포괄하고 있다. 산업용 로봇은 사람들을 대신해 유독, 고온 등 열악한 환경에서 일할 수 있고 고되고 단조로운 노동을 완수하여 노동 효율성을 높이고 제품 품질을 보장할 수도 있다. 서비스용 로봇은 요식, 교육, 의료, 물류 등 서비스 분야에 활용된다.

그러나 일부 사람들은 로봇 사용에 대해 부정적인 ³태도를 가지고 있다. 전문가들의 예측에 따르면, 앞으로 직업의 70% 가까이가 전자동화될 것이며, 이는 ⁴많은 직업이 로봇으로 대체될 것임을 의미한다. 또 주목해야 할 것은, 로봇의 소프트웨어 시스템이 공격을 받아 범죄자에 의해 통제되면 사용자로 하여금 직접적인 경제적 손실과 인명 피해를 입게 할 수 있다는 것이다. 그럼에도 불구하고 ⁵인간과 로봇의 관계를 잘 조정하여 로봇 산업을 합리적으로 발전시킨다면 로봇은 인간에게 더 많은 편의를 가져다줄 것이다.

모범답안

> 　　目前，中国面临着产业转型升级的迫切需求，这为机器人产业的发展提供了¹广阔的前景。机器人可分为工业机器人、服务机器人和²特种机器人，其中工业机器人的应用领域已覆盖汽车、电子、医药等50多个行业。工业机器人可以代替人们在有毒、高温等恶劣的环境中工作。它还能完成繁重且单调的劳动，从而提高劳动效率，保证产品质量。服务机器人则应用于餐饮、教育、医疗、物流等服务领域。
>
> 　　然而，有些人对机器人的使用³持否定的³态度。据专家预测，未来将近有70%的职业将实现全自动化，这意味着⁴许多职业会被机器人取代。还需要关注的是，机器人的软件系统一旦遭到攻击，被不法分子控制，就可能会让使用者遭受直接的经济损失和人身伤害。尽管如此，如果能⁵把人类和机器人的关系协调好，合理发展机器人产业，机器人将会给人类带来更多便利。

어휘　**产业** chǎnyè 圐 산업, 공업　**转型** zhuǎnxíng 圐 전환하다　**升级** shēngjí 圐 업그레이드하다　**需求** xūqiú 圐 수요, 필요
广阔 guǎngkuò 쀥 밝다, 훤하다　**前景** qiánjǐng 圐 전망　**覆盖** fùgài 圐 포괄하다, 점유하다　**将近** jiāngjìn 쀩 ~에 가깝다
意味着 yìwèizhe 圐 의미하다　**取代** qǔdài 圐 대체하다　**关注** guānzhù 圐 주목하다, 관심을 가지다　**攻击** gōngjī 圐 공격하다
遭受 zāoshòu 圐 (손해를) 입다　**协调** xiétiáo 圐 조정하다, 조화롭게 하다　**便利** biànlì 쀥 편리하다

✔ **번역 TIP**

¹ 밝은 전망
'밝은 전망'은 호응어휘 广阔的前景 또는 更好的前景으로 번역하면 더욱 자연스러운 중국어 표현이 된다.

² 특수 로봇
'특수 로봇'은 特种机器人이다. 이때 特种机器人이 떠오르지 않으면, '특수한 용도가 있는 로봇'으로 의미를 풀어 具有特殊用途的机器人으로 번역할 수 있다.

³ 태도를 가지다
'태도를 가지다'는 호응어휘 持……态度 또는 抱有……态度로 번역하면 더욱 자연스러운 중국어 표현이 된다.

⁴ 많은 직업이 로봇으로 대체되다
'많은 직업이 로봇으로 대체되다'는 被를 활용하여 许多职业会被机器人取代 또는 许多职业会被机器人代替로 번역할 수 있다.

⁵ 인간과 로봇의 관계를 잘 조정하다
'인간과 로봇의 관계를 잘 조정하다'는 把를 활용하여 把人类和机器人的关系协调好로 번역하거나, 协调好人类和机器人的关系로 번역할 수 있다.

91

증자는 중국의 저명한 사상가이며, 그는 공자 말년의 제자 중 한 명으로 ¹유가학파의 중요한 대표로 꼽힌다. 어느 날 증자의 아내가 일을 보러 나가려 하자 세 살짜리 아들도 가겠다고 칭얼거렸다. 아내는 일을 그르치고 싶지 않아서 아이를 집에 둘 수밖에 없었고, 돌아와서 돼지를 잡아 그에게 먹게 해주겠다고 달랬다. 저녁이 되자 아내는 집에 있는 아이가 걱정돼 ²애간장을 태우며 돌아왔는데, 증자가 이미 칼을 다 갈고 돼지를 죽이려고 하는 것을 보았다. 아내는 황급히 증자를 ³저지하며 자신은 아이에게 농담을 했을 뿐인데 어떻게 진짜로 돼지를 죽일 수 있느냐고 말했다. 그러나 증자는 정직한 것과 ⁴신용을 지키는 것은 한 사람의 가장 기본적인 소양이며, 아이를 속이는 것은 어떻게 다른 사람을 속이는지를 아이에게 가르치는 것과 같다고 여겼고 이것이 올바른 교육 방법이 아니라고 생각했다. 그래서 ⁵약속을 지키기 위해 증자는 그 돼지를 죽였다.

부모는 아이의 첫 번째 선생님이며 부모의 말과 행동은 아이의 성장에 큰 역할을 한다. 따라서 부모는 ⁶솔선수범해야 한다. 증자는 자신의 실제적인 행동으로 아이에게 신용을 지키라고 교육했는데, 그는 비록 돼지 한 마리를 죽여 재산에 ⁷손해를 입었지만, 장기적으로 봤을 때 이는 아이의 교육에 큰 이점이 있다고 본 것이다.

모범답안

曾子是中国著名的思想家, 他作为孔子晚年的弟子之一, ¹被认为是儒家学派的重要代表。有一天, 曾子的妻子要外出办事, 三岁的儿子哭闹着也要去。妻子不想耽误事, 只好让孩子留在家里, 并哄孩子说, 回来杀猪给他吃。到了晚上, 妻子担心家里的孩子, ²心急如焚地回到家, 却看见曾子已经磨好了刀, 准备杀猪。妻子赶忙³拦住了曾子, 说自己只是跟孩子开玩笑, 怎么可以真的要杀猪。曾子却认为, 诚实⁴守信是一个人最基本的素养, 而欺骗孩子等于是在教孩子怎么欺骗别人。他觉得这不是正确的教育方法。于是为了⁵遵守诺言, 曾子把那头猪杀了。

父母是孩子的第一任老师, 父母的言行举止对孩子的成长起着很大的作用。因此父母应该⁶以身作则。曾子用自己的实际行动教育孩子做人要守信, 在他看来, 虽然杀了一头猪, 财产⁷受到了⁷损害, 但从长远来看, 这对孩子的教育有很大的好处。

어휘 **儒家** Rújiā 고유 유가 　**哭闹** kūnào 동 칭얼거리다, 울며 보채다 　**哄** hǒng 동 달래다, 어르다 　**心急如焚** xīnjírúfén 성 애간장을 태우다
磨 mó 동 갈다, 문지르다 　**赶忙** gǎnmáng 부 황급히 　**守信** shǒuxìn 동 신용을 지키다 　**素养** sùyǎng 명 소양, 교양
欺骗 qīpiàn 동 속이다, 기만하다 　**诺言** nuòyán 명 약속 　**言行举止** yánxíngjǔzhǐ 명 말과 행동, 언행
以身作则 yǐshēnzuòzé 성 솔선수범하다

✅ **번역 TIP**

¹ 유가학파의 중요한 대표로 꼽히다
'유가학파의 중요한 대표로 꼽히다'는 被를 활용하여 被认为是儒家学派的重要代表로 번역할 수 있다. 이때 认为 대신 看作를 사용해도 된다.

² 애간장을 태우다
'애간장을 태우다'는 心急如焚이다. 이때 心急如焚이 떠오르지 않으면, '매우 조급하다'로 의미를 풀어 十分焦急로 번역할 수 있다.

³ 저지하다
'저지하다'가 떠오르지 않으면 '막다'로 쉽게 바꿔서 拦住로 번역한다.

⁴ 신용을 지키다
'신용을 지키다'는 遵守信用으로 그대로 직역하기보다 하나의 중국어 동사 守信으로 번역한다.

⁵ 약속을 지키다
'약속을 지키다'는 호응어휘 遵守诺言 또는 遵守承诺로 번역하면 더욱 자연스러운 중국어 표현이 된다.

⁶ 솔선수범하다
'솔선수범하다'는 以身作则이다. 이때 以身作则이 떠오르지 않으면, '자신의 행동으로 본보기가 되다'로 의미를 풀어 用自己的行动做出榜样으로 번역할 수 있다.

⁷ 손해를 입다
'손해를 입다'는 호응어휘 受到损害 또는 遭受损失로 번역하면 더욱 자연스러운 중국어 표현이 된다.

92 시대의 발전에 따라, 복잡하고 번거로운 중국 전통 식탁 예절은 점차 ¹사람들에게 잊혀지고 있다. 하지만 기본적인 식탁 예절은 여전히 알아둘 만한 가치가 있다. 우선, 자리에 앉을 때는 ²윗사람과 손님이 우선이라는 원칙을 따라야 한다. 주인은 ³손님이 음식 나오는 곳과 가까운 자리에 앉게 해서는 안 된다. 두 번째로, 음식을 주문할 때 미리 손님이 ⁴음식을 가리는 것이 있는지 물어봐서 가능한 한 모든 손님을 배려해야 한다. 그다음으로, 음식을 집을 때 접시에 있는 음식을 뒤적거리면 안 되고, 손님의 손도 넘어가도 안 되며, 이런 것들은 모두 예의 없는 ⁵식사 행위이다. 마지막으로, 식사를 할 때 ⁶젓가락을 밥에 꽂으면 안 되며, 씹을 때는 소리를 내서는 안 된다.

모범답변

> 　　随着时代的发展，复杂且繁琐的中国传统餐桌礼仪渐渐¹被人们所遗忘，但基本的餐桌礼仪还是值得了解的。首先，入座时要遵循²长辈和客人优先的原则。主人不可以³让客人坐在靠近上菜的座位。其次，点菜时要事先询问客人有没有⁴忌口的，要尽可能照顾到每一个客人。再次，夹菜时不可以翻动盘子里的菜，也不能越过客人的手，这些都是很不礼貌的⁵用餐行为。最后，用餐时不能⁶把筷子插在米饭上，咀嚼时不能发出声音。

어휘　**繁琐** fánsuǒ 圈 번거롭다, 자질구레하다　**礼仪** lǐyí 圆 예절, 예의　**遗忘** yíwàng 圄 잊어버리다　**遵循** zūnxún 圄 따르다
　　　优先 yōuxiān 圄 우선하다　**靠近** kàojìn 圄 가깝다, 가까이 다가가다　**忌口** jìkǒu 圄 음식을 가리다　**夹菜** jiā cài 음식을 집다
　　　越过 yuèguò 圄 넘어가다, 지나가다　**咀嚼** jǔjué 圄 (음식물을) 씹다

☑ **통역 TIP**

¹ 사람들에게 잊혀지고 있다
'사람들에게 잊혀지고 있다'는 被를 활용하여 被人们所遗忘으로 통역할 수 있다.

² 윗사람
'윗사람'은 长辈이다. 이때 长辈가 떠오르지 않으면, '나이가 많은 사람'으로 의미를 풀어 年纪大的人으로 통역할 수 있다.

³ 손님이 음식 나오는 곳과 가까운 자리에 앉게 하다
'손님이 음식 나오는 곳과 가까운 자리에 앉게 하다'는 让을 활용하여 让客人坐在靠近上菜的座位로 통역할 수 있다.

⁴ 음식을 가리다
'음식을 가리다'는 忌口이다. 이때 忌口가 떠오르지 않으면, '못 먹는다'로 의미를 풀어 不能吃로 통역할 수 있다.

⁵ 식사 행위
'식사 행위'는 호응어휘 用餐行为로 번역하면 더욱 자연스러운 중국어 표현이 된다.

⁶ 젓가락을 밥에 꽂다
'젓가락을 밥에 꽂다'는 把를 활용하여 把筷子插在米饭上으로 통역할 수 있다.

93 모두가 다 알고 있는 것처럼, 북극의 생태환경 변화는 지구 환경에 큰 영향을 준다. 북극을 이야기할 때, 사람들의 머릿속에서 흔히 [1]떠오르는 것은 흰 눈과 빙산이다. 그러나 현재 북극의 [2]온난화 속도는 전 세계 어느 지역보다 더 빠르며, 넓은 면적의 빙산과 해빙이 녹고 있다. 해빙의 소실은 북극곰, 북극여우, 북극늑대 등 [3]동물들이 [3/4]전례 없는 [3]시련을 마주하게 하고 있다. 만약 이러한 상황이 [5]지속된다면 이 동물들은 자연적인 사냥터를 잃게 될 것이고, 생존이 심각하게 [6]위협받으며 심지어 멸종될 수 있을 것이다.

모범답변

众所周知，北极的生态环境变化对地球环境产生很大的影响。谈到北极，人们脑海里[1]浮现出的往往是白雪和冰山。然而目前北极[2]变暖的速度比全球其他地区更快，大面积的冰山和海冰正在融化。海冰的消失[3]使北极熊、北极狐、北极狼等[3]动物面临着[3/4]前所未有[3]的考验。如果这种情况[5]持续下去，这些动物将会失去天然的捕猎场所，生存[6]受到严重的[6]威胁，甚至可能会灭绝。

어휘 **众所周知** zhòngsuǒzhōuzhī [성] 모두가 다 알고 있다 **北极** běijí [명] 북극 **生态** shēngtài [명] 생태 **浮现** fúxiàn [동] (지난 일이) 떠오르다 **融化** rónghuà [동] (얼음·눈 따위가) 녹다 **前所未有** qiánsuǒwèiyǒu [성] 전례가 없다, 역사상 유례가 없다 **考验** kǎoyàn [동] 시련을 주다, 시험하다 **捕猎场所** bǔliè chǎngsuǒ [명] 사냥터 **生存** shēngcún [동] 생존하다 **灭绝** mièjué [동] 멸종하다

통역 TIP

[1] 떠오르다
'떠오르다'는 상황이나 현상 등이 드러남을 나타내는 방향보어 出를 활용하여 浮现出로 통역할 수 있다.

[2] 온난화
'온난화'는 变暖이다. 이때 变暖이 떠오르지 않으면, '기온 상승'으로 의미를 풀어 气温上升으로 통역할 수 있다.

[3] 동물들이 전례 없는 시련을 마주하게 하다
'동물들이 전례 없는 시련을 마주하게 하다'는 使을 활용하여 使动物面临着前所未有的考验 또는 使动物经历着前所未有的考验으로 통역할 수 있다.

[4] 전례 없다
'전례 없다'는 前所未有이다. 이때 前所未有가 떠오르지 않으면, '여태껏 없었던'으로 의미를 풀어 从来没有过的로 통역할 수 있다.

[5] 지속되다
'지속되다'는 동작이나 상황이 앞으로도 계속됨을 나타내는 방향보어 下去를 활용하여 持续下去로 통역할 수 있다.

[6] 위협받다
'위협받다'는 호응어휘 受到威胁 또는 遭到威胁로 번역하면 더욱 자연스러운 중국어 표현이 된다.

口语 말하기

94

你在网上看到，3月16日（周六）上海天文馆将举办"天文馆奇妙夜"主题特色活动。以下是相关活动的具体内容。

时间	地点	活动内容	具体说明
18:00-19:00	上海天文馆宇宙剧场	天文科普影片：《奔向月球》	- 该影片适合儿童观看
19:00-20:00	上海天文馆A馆大厅	讲座：《从白矮星说起》	- 主讲人：张子平（上海天文馆副研究员）
20:00-21:00	上海天文馆天象厅	讲座：全年天象预告	- 主讲人：王文（上海天文馆首席科普专家） - 讲述即将出现的各类天象
19:00-22:00	上海天文馆北侧广场	望远镜观测	- 由天文馆专家现场指导，观众可借助望远镜观测天体 - 由于夜间温度低，在户外观测时需做好防寒保暖措施

1) 你的同事想带孩子去参加"天文馆奇妙夜"主题特色活动，他对天文科普影片和望远镜观测感兴趣。请你根据上面的表格向那位同事详细介绍一下。
2) 你对哪个活动内容最感兴趣？为什么？

당신은 인터넷에서 3월 16일(토) 상하이 천문관에서 '천문관의 신비한 밤'이라는 주제의 이색 행사가 열린다는 것을 보았습니다. 아래는 관련 활동의 구체적인 내용입니다.

시간	장소	행사 주제 및 내용	구체적인 설명
18:00-19:00	상하이 천문관 우주 극장	천문 과학 보급 영화: <달을 향해 달리다>	- 본 영화는 어린이가 관람하기에 적합함
19:00-20:00	상하이 천문관 A관 홀	강좌: <백색 왜성부터 이야기해보자면>	- 강연자: 장즈핑(상하이 천문관 보조 연구원)
20:00-21:00	상하이 천문관 천체 현상 홀	강좌: 연간 천체 현상 예보	- 강연자: 왕원(상하이 천문관 수석 과학 보급 전문가) - 머지않아 발생할 다양한 천체 현상에 대해 강의
19:00-22:00	상하이 천문관 북쪽 광장	망원경 관측	- 천문관 전문가들이 현장에서 지도하며, 관람객들은 망원경으로 천체 관측 가능 - 밤 기온이 낮기 때문에 야외 관측 시 방한 및 보온 조치를 잘해야 함

1) 당신의 동료는 아이를 데리고 '천문관의 신비한 밤'이라는 주제의 이색 행사에 참가하려고 합니다. 그는 천문 과학 보급 영화와 망원경 관측에 관심이 있습니다. 위의 표에 따라 그 동료에게 자세히 소개해 주세요.
2) 당신은 어떤 행사 내용에 가장 관심이 있나요? 왜인가요?

어휘 **天文** tiānwén 몡천문 **奇妙** qímiào 휑신비하다, 기묘하다 **宇宙** yǔzhòu 몡우주 **副** fù 휑보조의 **即将** jíjiāng 凰머지않아, 곧
望远镜 wàngyuǎnjìng 몡망원경 **观测** guāncè 통관측하다 **现场** xiànchǎng 몡현장
借助 jièzhù 통(다른 사람 또는 사물의) 힘을 빌리다 **保暖** bǎonuǎn 통보온하다, 온도를 유지하다

아웃라인

상황 언급	• 동료에게 '천문관의 신비한 밤'이라는 주제의 이색 행사가 개최되는데, 그중 동료가 관심이 있는 항목에 대해 소개해 주겠다고 언급한다.
자료 내용 언급 + 나의 의견	• 제시된 4개의 활동 중, 동료가 관심이 있다고 한 천문 과학 보급 영화 및 망원경 관측 활동의 시간, 장소, 행사 주제 및 내용 그리고 구체적인 사항을 언급한다. • 본인이 가장 관심이 있는 행사를 정해 관심이 있는 이유와 행사의 세부 사항, 해당 행사를 통해 배울 수 있을 것으로 기대되는 점을 언급한다.
마무리	• 가장 관심이 있는 행사를 다시 한번 언급하여 답변을 마무리한다.

상황 언급

你好，我在网上了解到，上海天文馆会举办"天文馆奇妙夜"主题特色活动。听说你对天文科普影片和望远镜观测感兴趣，我来给你详细介绍一下相关活动吧。

안녕하세요, 제가 인터넷에서 상하이 천문관이 '천문관의 신비한 밤'이라는 주제의 이색 행사를 개최한다는 것을 알게 되었습니다. 당신이 천문 과학 보급 영화와 망원경 관측에 관심이 있다고 들었는데, 제가 관련된 행사를 자세히 소개해 드리겠습니다.

자료 내용 언급 + 나의 의견

首先，3月16日星期六晚上六点到七点，天文科普影片《奔向月球》将在上海天文馆宇宙剧场上映，该影片适合儿童观看。其次，同一天晚上七点到十点，上海天文馆北侧广场有望远镜观测活动，由天文馆专家现场指导，你可以借助望远镜观测天体。由于夜间温度低，因此在户外观测时需要做好防寒保暖措施。希望你和孩子能够通过这次活动获得一次崭新的体验。

接下来我来说说我最感兴趣的活动内容。我对"全年天象预告"讲座最感兴趣。天空中总是会出现一些壮观又美丽的天文现象，而作为天文爱好者，我每年都留意可能会出现的罕见且有意思的天象，甚至会和朋友们一起去观测。在这次的"天文馆奇妙夜"主题特色活动中，正好有相关讲座，由上海天文馆首席科普专家王文老师讲述即将出现的各类天象。通过这次讲座，我希望能学到更多的天文知识。

먼저, 3월 16일 토요일 저녁 6시부터 7시까지 천문 과학 보급 영화 <달을 향해 달리다>가 상하이 천문관 우주 극장에서 상영되며, 이 영화는 어린이가 관람하기에 적합합니다. 그다음으로, 같은 날 저녁 7시부터 10시까지 상하이 천문관 북쪽 광장에서 망원경 관측 활동이 있는데, 천문관 전문가들이 현장에서 지도하며, 망원경으로 천체를 관측할 수 있습니다. 밤 기온이 낮기 때문에 야외 관측 시 방한 및 보온 조치를 잘 해야 합니다. 당신과 아이가 이번 활동을 통해 새로운 경험을 할 수 있기를 바랍니다.

다음으로 제가 가장 관심이 있는 행사 내용에 대해 이야기해 보겠습니다. 저는 '연간 천체 현상 예보' 강좌에 가장 관심이 있습니다. 하늘에는 항상 웅장하면서 아름다운 천문 현상이 나타나는데, 천문 애호가로서 저는 매년 희귀하고 재미있는 천체 현상을 눈여겨보고 심지어 친구들과 관측을 하러 가기도 합니다. 이번 '천문관의 신비한 밤'이라는 주제의 이색 행사에서 마침 관련 강좌가 있는데, 상하이 천문관 수석 과학 보급 전문가인 왕원 선생님이 머지않아 발생할 다양한 천체 현상에 대해 강의합니다. 이번 강좌를 통해 저는 더 많은 천문 지식을 배울 수 있기를 바랍니다.

마무리

所以，在上海天文馆即将举办的"天文馆奇妙夜"主题特色活动中，我最感兴趣的是"全年天象预告"讲座。

그래서 상하이 천문관에서 곧 열리는 '천문관의 신비한 밤'이라는 주제의 이색 행사에서 제가 가장 관심이 있는 것은 '연간 천체 현상 예보' 강좌입니다.

어휘 天文 tiānwén 명천문　奇妙 qímiào 형신비하다, 기묘하다　科普 kēpǔ 명과학 보급　望远镜 wàngyuǎnjìng 명망원경　观测 guāncè 동관측하다　宇宙 yǔzhòu 명우주　上映 shàngyìng 동상영하다　现场 xiànchǎng 명현장　借助 jièzhù 동(다른 사람 또는 사물의) 힘을 빌리다　保暖 bǎonuǎn 동보온하다, 온도를 유지하다　崭新 zhǎnxīn 형새롭다　壮观 zhuàngguān 형웅장하다, 장관이다　留意 liúyì 동눈여겨보다, 유의하다　罕见 hǎnjiàn 형보기 드물다　即将 jíjiāng 부머지않아, 곧

95-97

ESG是环境、社会和公司治理的简称，ESG经营主要指通过注重生态环境保护、履行社会责任、提高公司治理水平，实现可持续发展的经营之道。[95]ESG是衡量企业价值的新型工具，[95]主要从环境、社会和公司治理三个维度评估企业经营的可持续性。ESG已成为了投资和企业经营的主流趋势，因此越来越多的企业秉持ESG理念走上转型之路。ESG经营是企业自身发展的内驱力，企业将环境、社会、治理要素纳入企业经营管理体系和经营实践，不仅可以满足有关部门的监管要求，还可以使企业关注可持续发展。研究发现，注重可持续发展的企业通常"寿命"更长，发展更稳定。

ESG는 환경, 사회 및 회사 지배구조의 약자로, ESG 경영이란 주로 생태 환경 보호를 중시하고, 사회적 책임을 이행하며, 회사 지배구조 수준을 향상시키는 것을 통해 지속 가능한 발전을 실현하는 경영 방식을 가리킨다. [95]ESG는 기업 가치를 측정하는 새로운 도구로, [95]주로 환경, 사회 및 회사 지배구조의 세 가지 차원에서 기업 경영의 지속 가능성을 평가한다. ESG는 이미 투자와 기업 경영의 주요 트렌드가 되었기 때문에, 점점 더 많은 기업이 ESG 이념을 지키며 전환의 길을 걷고 있다. ESG 경영은 기업 자체 발전의 내부 추진력이며, 기업이 환경, 사회, 지배구조 요소를 기업 경영 관리 체계와 경영 실행에 포함시키는 것은 관련 부문의 관리 감독 요구를 충족시킬 수 있을 뿐만 아니라, 기업이 지속 가능한 발전을 중시할 수 있게 한다. 연구에서 지속 가능한 발전을 중요시하는 기업은 보통 '수명'이 더 길며, 더 안정적으로 발전하는 것으로 나타났다.

제1회 口语 말하기　제2회　제3회　해커스 해설이 상세한 HSK 7~9급 실전모의고사

不可否认，⁹⁶ESG是国际公认的企业可持续发展理念，被认为是增强企业同各利益相关方有效沟通的桥梁。然而⁹⁶它仍旧是一个新生事物，在概念体系、理念普及等方面尚不成熟，在各个国家和地区的发展程度也不一。因此为了构建健康、完善的ESG体系，实现企业的可持续发展，需要不同利益相关方共同努力。

⁹⁶ESG는 국제적으로 공인된 기업의 지속 가능한 발전 이념이며, 기업과 이해관계자의 효과적인 의사소통을 강화하는 징검다리라고 간주된다는 것을 부인할 수 없다. 그러나 ⁹⁶그것은 아직 새로운 것이어서 개념 체계, 이념 확산 등 방면에서 아직 성숙하지 않고, 각 나라 및 지역에서의 발전 정도도 다르다. 따라서 건강하고 온전한 ESG 체계를 구축하고, 기업의 지속 가능한 발전을 실현하기 위해서는 이해관계가 다른 자들이 함께 노력할 필요가 있다.

어휘 注重 zhùzhòng 图 중시하다　生态 shēngtài 圆 생태　履行 lǚxíng 图 이행하다　衡量 héngliáng 图 측정하다　新型 xīnxíng 圆 새로운
維度 wéidù 圆 차원　评估 pínggū 图 (수준·성적 등을) 평가하다　秉持 bǐngchí 图 지키다, 장악하다　理念 lǐniàn 圆 이념
转型 zhuǎnxíng 图 (사회 경제 구조·문화 형태·가치관 등을) 전환하다　内驱力 nèiqūlì 圆 내부 추진력　要素 yàosù 圆 요소　体系 tǐxì 圆 체계
监管 jiānguǎn 图 관리 감독하다　公认 gōngrèn 图 공인하다　桥梁 qiáoliáng 圆 징검다리　仍旧 réngjiù 图 아직, 여전히　普及 pǔjí 图 확산되다

95	问: ESG主要从哪三个维度评估企业经营的可持续性？	질문: ESG는 주로 어떤 세 가지 차원에서 기업 경영의 지속가능성을 평가하는가?
	ESG主要从环境、社会和公司治理三个维度评估企业经营的可持续性。	ESG는 주로 환경, 사회 및 회사 지배구조의 세 가지 차원에서 기업 경영의 지속 가능성을 평가합니다.

해설 질문이 ESG는 주로 어떤 세 가지 차원에서 기업 경영의 지속가능성을 평가하는지를 물었다. 음성에서 ESG……主要从环境、社会和公司治理三个维度评估企业经营的可持续性이 언급되었으므로, ESG主要从环境、社会和公司治理三个维度评估企业经营的可持续性。이라는 완전한 문장으로 답변한다.

어휘 維度 wéidù 圆 차원　评估 pínggū 图 (수준·성적 등을) 평가하다

96	问: ESG为什么在概念体系、理念普及等方面尚不成熟？	질문: ESG는 왜 개념 체계, 이념 확산 등 방면에서 아직 성숙하지 않은가?
	ESG仍旧是一个新生事物，所以在概念体系、理念普及等方面尚不成熟。	ESG는 아직 새로운 것이어서 개념 체계, 이념 확산 등 방면에서 아직 성숙하지 않습니다.

해설 질문이 ESG는 왜 개념 체계, 이념 확산 등 방면에서 아직 성숙하지 않은지를 물었다. 음성에서 ESG……它仍旧是一个新生事物, 在概念体系、理念普及等方面尚不成熟가 언급되었으므로, ESG仍旧是一个新生事物, 所以在概念体系、理念普及等方面尚不成熟。라는 완전한 문장으로 답변한다.

어휘 体系 tǐxì 圆 체계　普及 pǔjí 图 확산되다　仍旧 réngjiù 图 아직, 여전히

97	问: 你认为可持续发展战略对一个企业来说很重要吗？请说出你的理由。	질문: 당신은 지속 가능한 발전 전략이 기업에 있어 중요하다고 생각하는가? 이유를 말해보시오.

아웃라인

나의 입장	• 지속 가능한 발전 전략이 기업에 있어 중요한지에 대한 나의 입장을 언급한다. 이 주제의 경우 중요하다는 입장으로 답변을 전개하는 것이 좋다.
이유	• 지속 가능한 발전 전략을 실행하는 기업은 눈앞의 이익과 미래의 발전을 고려할 수 있다는 내용을 언급한다. • 지속 가능한 발전 전략을 실행하는 기업은 핵심 경쟁력을 높임으로써 경쟁에서 우위를 점할 수 있다는 내용을 언급한다.
마무리	• 지속 가능한 발전 전략은 기업에 있어 중요하다고 생각한다는 내용으로 나의 입장을 다시 한번 언급하고 마무리한다.

나의 입장	我认为可持续发展战略对一个企业来说很重要，以下是我的观点。	저는 지속 가능한 발전 전략이 기업에 있어 중요하다고 생각합니다. 아래는 저의 관점입니다.
이유	可持续发展战略有助于企业长久稳定的发展。首先，实施可持续发展战略的企业既能考虑眼前的利益，又能考虑未来的发展，不会以牺牲未来的利益为代价，换取当前的发展。其次，实施可持续发展战略的企业会通过持续的投资和创新、长期的人才培养来提高核心竞争力，从而在激烈的竞争中立于不败之地。目前越来越多的企业重视可持续发展，而ESG经营的出现和发展正好说明了这一点。ESG经营有利于企业持续发展，因此企业应该秉持ESG经营理念。	지속 가능한 발전 전략은 기업의 장기적이고 안정적인 발전에 도움이 됩니다. 먼저, 지속 가능한 발전 전략을 실행하는 기업은 눈앞의 이익을 고려할 수도 있고, 미래의 발전을 고려할 수도 있으며, 미래의 이익을 희생하는 것을 대가로 삼아 현재의 발전과 바꾸지 않을 것입니다. 그다음으로, 지속 가능한 발전 전략을 실행하는 기업은 지속적인 투자와 혁신, 장기적인 인재 양성을 통해 핵심 경쟁력을 높임으로써 치열한 경쟁에서 확실한 우위를 점할 수 있습니다. 현재 점점 더 많은 기업이 지속 가능한 발전을 중시하고 있는데, ESG 경영의 출현과 발전도 마침 이 점을 증명합니다. ESG 경영은 기업의 지속 가능한 발전에 도움이 되기 때문에 기업은 ESG 경영 이념을 지켜야 합니다.
마무리	总的来说，我认为可持续发展战略对企业来说很重要。企业要想做到长盛不衰，应该积极实施可持续发展战略。	종합하자면, 저는 지속 가능한 발전 전략은 기업에 있어 중요하다고 생각합니다. 기업이 오랫동안 번성하며 망하지 않으려면, 적극적으로 지속 가능한 발전 전략을 실행해야 합니다.

어휘 **战略** zhànlüè [명] 전략 **实施** shíshī [동] 실행하다 **牺牲** xīshēng [동] 희생하다 **代价** dàijià [명] 대가 **当前** dāngqián [명] 현재
创新 chuàngxīn [동] 혁신하다 **不败之地** búbàizhīdì [성] 확실한 우위, 튼튼한 기초 **秉持** bǐngchí [동] 지키다, 장악하다
理念 lǐniàn [명] 이념 **长盛不衰** cháng shèng bù shuāi 오랫동안 번성하며 망하지 않는다

98

王顺友是中国西南偏远地区的邮递员，他的任务是给大山里的村民们送信。那里海拔5000米以上的大山就有20多座，地势险峻，人烟稀少，气候恶劣。送信一走就要走三四天，而且路上少有人家，所以每到夜晚他只能露宿野外，在山洞里、大树下、甚至在山岩底下搭一个简易的帐篷勉强睡一晚。更辛苦的是，他饿了只能啃几口干粮，渴了就只能喝几口河水，还常常在路途中遭遇各种让人猝不及防的险情。然而对他而言，这些辛苦都不算什么，他始终没有退缩，而是选择了默默承受，因为在他的心中，邮包里的邮件比自己的生命更重要，是村民们了解外部世界的唯一途径，那些邮件里装着村民们的希望。他深知“受人之托，忠人之事”的道理，觉得既然受了村民们的委托，就应该尽力做好这份工作，坚守自己的岗位。在他为村民们送邮件的32年岁月，投递准确率达到了100%，因此他获得了“最美奋斗者”的个人称号。他用实际行动告诉了人们“受人之托，忠人之事”的道理，他的事迹感动了无数的人。

왕순유는 중국 남서쪽 외진 지역의 우편배달부로, 그의 임무는 산속 마을 사람들에게 편지를 전달하는 것이다. 그곳은 해발 5,000m 이상의 큰 산만 20여 개에 달할 정도로 지대가 험준하며, 인적이 드물고, 기후가 좋지 않았다. 편지를 전달하려고 걸으면 사나흘은 걸어야 하는 데다가 길에는 민가가 적었고, 그래서 밤이면 그는 야외에서 노숙하며 동굴, 큰 나무 아래, 심지어 바위 밑에 간이 천막을 치고 간신히 하룻밤을 자야 했다. 더 힘들었던 것은, 그는 배가 고프면 비상식량을 몇 입 베어 먹고, 목이 마르면 강물을 몇 모금을 마실 수밖에 없었으며, 도중에 갑작스러운 위험한 상황도 자주 맞닥뜨렸다는 것이었다. 하지만 그에게 있어 이러한 고생은 아무것도 아니었다. 그는 시종일관 물러서지 않았으며, 묵묵히 견디는 것을 선택했는데, 그의 마음속에서 우편 가방 안의 우편물이 자신의 생명보다 더 중요했고, 마을 사람들이 바깥세상을 알게 되는 유일한 경로였으며 그 우편물들 안에는 마을 사람들의 희망이 담겨 있었기 때문이다. 그는 '다른 사람의 부탁을 받으면, 끝까지 성의를 다한다'의 이치를 깊게 이해하고 있었으며, 마을 사람들의 부탁을 받은 이상 최선을 다해 이 일을 잘 해내며, 자신의 자리를 지켜야 한다고 생각했다. 그가 마을 사람들을 위해 우편물을 배달한 32년의 세월 동안, 배달 정확도가 100%에 달해서 '가장 아름다운 분투자'라는 개인적 칭호를 얻었다. 그는 실제적인 행동으로 '다른 사람의 부탁을 받으면, 끝까지 성의를 다한다'의 이치를 사람들에게 알려주었으며, 그의 업적은 수많은 사람을 감동시켰다.

어휘　海拔 hǎibá 몡해발　地势 dìshì 몡지대　险峻 xiǎnjùn 혱험준하다　人烟稀少 rényānxīshǎo 졩인적이 드물다　露宿 lùsù 동노숙하다
　　　搭 dā 동(천막 따위를) 치다　帐篷 zhàngpeng 몡천막, 텐트　勉强 miǎnqiǎng 閉간신히 ~하다　啃 kěn 동베어 물다
　　　干粮 gānliang 몡비상식량, 건조 식품　遭遇 zāoyù 동맞닥뜨리다　猝不及防 cùbùjífáng 졩너무 갑작스러워 대비할 수 없다
　　　退缩 tuìsuō 동물러서다　默默 mòmò 閉묵묵히　途径 tújìng 몡경로　委托 wěituō 동부탁하다　岗位 gǎngwèi 몡자리, 직위
　　　岁月 suìyuè 몡세월　投递 tóudì 동(공문·서신 따위를) 배달하다　称号 chēnghào 몡칭호　事迹 shìjì 몡업적

98 | 问: 根据材料, 请你谈谈对 "受人之托, 忠人之事" 的思想认识。 | 질문: 자료에 근거하여, '다른 사람의 부탁을 받으면, 끝까지 성의를 다한다'에 대한 당신의 생각과 인식을 말해보시오.

아웃라인

나의 관점	• '다른 사람의 부탁을 받으면, 끝까지 성의를 다한다'라는 이치는 배울 만한 가치가 있다고 언급한다.
단문 줄거리	• 왕순유는 이치를 잘 이해하고 있는 사람이며, 그의 일은 마을 사람들에게 편지를 전달하는 것인데, 마을 사람들의 희망인 우편물을 중요하게 여기고 최선을 다한 결과 배달 정확도가 100%에 달했다는 내용으로 간단하게 언급한다.
느낀 점	• 우리는 인생에서 각자 다른 역할을 맡고 있고 그에 상응하는 책임이 따르며, 책임을 원동력으로 하여 끊임없이 성장할 수 있다는 내용을 느낀 점으로 언급한다.
마무리	• '다른 사람의 부탁을 받으면, 끝까지 성의를 다한다'라는 이치를 잘 이해해야 한다는 내용으로 나의 관점을 다시 한번 언급하고 마무리한다.

모범답변

나의 관점

我认为 "受人之托, 忠人之事" 的道理是值得我们学习的。

저는 '다른 사람의 부탁을 받으면, 끝까지 성의를 다한다'라는 이치는 우리가 배울 만한 가치가 있다고 생각합니다.

단문 줄거리

首先, 根据材料, 我们可以知道王顺友是一个懂得 "受人之托, 忠人之事" 道理的人。他的工作是给偏远地区的村民们送信, 那里地势险峻, 环境艰苦, 但他从未退缩, 把邮件看得比自己的生命还重要, 因为他觉得那些邮件是村民们的希望, 既然受了村民们的委托, 就应该尽力做好自己的工作。在他送信期间, 投递准确率达到了100%, 因此他获得了 "最美奋斗者" 的称号。

먼저, 자료에 근거하여 우리는 왕순유가 '다른 사람의 부탁을 받으면, 끝까지 성의를 다한다'라는 이치를 잘 이해하고 있는 사람임을 알 수 있습니다. 그의 일은 외진 지역의 마을 사람들에게 편지를 전달하는 것입니다. 그곳은 지대가 험준하고 환경이 고생스럽지만 그는 물러선 적이 없었으며, 우편물을 자신의 생명보다도 중요하게 여겼습니다. 그는 그 우편물들이 마을 사람들의 희망이고, 마을 사람들의 부탁을 받은 이상 최선을 다해 자신의 일을 잘 해내야 한다고 생각했기 때문입니다. 그가 편지를 전달하는 동안, 배달 정확도는 100%에 달했으며, 이로 인해 그는 '가장 아름다운 분투자'라는 칭호를 얻었습니다.

느낀 점

其次, 这个故事让我明白, 我们也要像王顺友一样, 懂得 "受人之托, 忠人之事"。在生活中, 我们会扮演不同的角色, 而每一种角色往往都伴随着相应的责任。正因为有责任, 我们才有动力, 而这种动力能促使我们不断成长。举个例子, 如果我们接到了某项工作任务, 就应该尽力做好, 这就是我们应尽的责任。做到 "受人之托, 忠人之事", 就能得到他人的信任和尊重, 我们也能从中成长。

그다음으로, 이 이야기는 우리 또한 왕순유처럼 '다른 사람의 부탁을 받으면, 끝까지 성의를 다한다'라는 이치를 잘 이해해야 한다는 것을 깨닫게 해주었습니다. 인생에서 우리는 각자 다른 역할을 맡고 있으며, 각각의 역할에는 상응하는 책임이 따르기 마련입니다. 책임이 있기 때문에 우리는 원동력이 생기고, 이런 원동력은 우리가 끊임없이 성장하게 합니다. 예를 들어, 만약 우리가 어떤 업무를 맡게 된다면 최선을 다해 잘 해내야 하고, 이것이 바로 우리가 당연히 해야 할 우리의 의무입니다. '다른 사람의 부탁을 받으면, 끝까지 성의를 다한다'를 실천하면, 다른 사람들의 신임과 존중을 얻을 수 있고, 우리도 그 안에서 성장할 수 있습니다.

마무리

综上所述, 我认为我们应该懂得 "受人之托, 忠人之事" 的道理, 做一个有责任心的人, 为自己、为家庭、为工作、为社会尽自己的责任。

앞서 언급한 내용을 종합했을 때 저는 우리 모두가 '다른 사람의 부탁을 받으면, 끝까지 성의를 다한다'라는 이치를 잘 이해하고, 책임감이 있는 사람이 되면서, 자신을 위해, 가정을 위해, 일을 위해, 사회를 위해 자신의 책임을 다해야 한다고 생각합니다.

어휘 **地势** dìshì⟨명⟩지대   **险峻** xiǎnjùn⟨형⟩험준하다   **退缩** tuìsuō⟨동⟩물러서다   **委托** wěituō⟨동⟩부탁하다
　　 投递 tóudì⟨동⟩(공문·서신 따위를) 배달하다   **称号** chēnghào⟨명⟩칭호   **扮演** bànyǎn⟨동⟩~역을 맡아 하다   **伴随** bànsuí⟨동⟩따르다
　　 动力 dònglì⟨명⟩원동력

제1회 口语 말하기

제2회

제3회

해커스 해설이 상세한

HSK 7-9급
실전모의고사

제2회

해석 · 해설 · 모범답안

듣기 p.60

제1부분
1 ✕ **2** ✓ **3** ✓ **4** ✕ **5** ✓ **6** ✕ **7** ✓ **8** ✕ **9** ✕ **10** ✓

제2부분
11 极大的潜在价值 **12** D **13** C **14** B **15** 人才的缺失 **16** D **17** C **18** B **19** 驾驭文字的能力
20 D **21** A **22** A

제3부분
23 D **24** D **25** B **26** D **27** A **28** A **29** B **30** 偏见 **31** D **32** C **33** D **34** C **35** A **36** C
37 数据分析的应用 **38** B **39** B **40** 数据驱动的决策

독해 p.78

제1부분
41 D **42** B **43** B **44** B **45** C **46** D **47** B **48** D **49** B **50** B **51** C **52** A **53** C **54** A
55 D **56** A **57** D **58** B **59** A **60** B **61** B **62** D **63** B **64** C **65** D **66** B **67** D **68** C

제2부분
69 B **70** E **71** A **72** G **73** D

제3부분
74 神话出现的原因　　　　　**75** 宣泄自己的情绪　　　　　**76** 随意地支配自然
77 人们无法战胜各种灾害　　**78** 人们战胜自然的渴望　　**79** 奋发勇敢地向前走
80 神话给后世带来的影响　　**81** 纬度　　　　　　　　　　**82** 臭氧层
83 中间层　　　　　　　　　**84** 无线电通信　　　　　　　**85** 随着高度而升高
86 变得什么都没有　　　　　**87** 大气层存在的意义

쓰기 p.99

제1부분
88 [모범답안] p.99

제2부분
89 [모범답안] p.100

통번역 p.102

제1부분
90 [모범답안] p.102
91 [모범답안] p.103

제2부분
92 [모범답변] p.104
93 [모범답변] p.105

말하기 p.106

제1부분
94 [모범답변] p.107

제2부분
95-97 [모범답변] p.108

제3부분
98 [모범답변] p.111

听力 듣기

1-5

中国旅游研究院近日发布的一项报告显示，[5]中国人越来越注重生活品质的提升，文化休闲已成为继衣食住行、经济活动之后的重要选择。[1]与前些年相比，城镇居民的周末和节假日休闲时间均出现了不同幅度的增长。值得一提的是，居民在购物上的消费占比在不断减少，在文化休闲活动上的消费增幅在逐渐扩大。

文化休闲如今已是人们日常生活中必不可少的关键词。博物馆、图书馆、剧院、文化馆、展览馆等文化场所成为了今年最热门的文化休闲目的地。在国庆假期，三星堆博物馆首日共接待了游客一万多人次，这展现出了三星堆博物馆超高的人气。为了吸引更多以文化休闲为目的的游客，[2]各地还将非物质文化遗产与沉浸式体验相融合，提高了人们的参与感和文化认同感。文化场所高人气的背后，展现出的是文化的魅力，以及人们探寻多种文化的渴望。

除了在线下，人们在线上的文化休闲活动也丰富多彩。根据中国旅游研究院的调查，许多受访者表示，他们更喜欢在网上参与文化活动，这样即便足不出户也能接受文化的熏陶。各类文化空间运用现代信息技术，提高了公共服务的便利性和可及性，提升了群众的满意度。[3]为了使人们更加方便地在线上参与文化休闲活动，文化和旅游部还面向全国公共图书馆系统，实施了数字图书馆推广工程，开展了数字文化馆建设试点，[3]并推进了全民艺术普及的数字化改革。

文化休闲活动能够拉动整体消费，助力假日经济的发展。但从另一角度来看，虽然参与文化休闲活动已成为群众实现自我价值、追求美好生活的重要方式，然而[4]城乡之间、不同社会群体之间享有的文化权益还存在较为明显的差距。因此为逐步解决上述问题，有关部门不仅要加强公共图书馆、美术馆、博物馆等文化场所硬件设施的建设，还要注重文化休闲消费的科学引导，让群众真正享受到文化休闲带来的意义。

중국관광연구원에서 최근 발표한 보고서에서는 [5]중국인들이 점점 더 삶의 질 향상을 중시하고 있으며, 여가 문화는 의식주와 교통, 경제 활동을 뒤따르는 중요한 선택지가 된 것으로 나타났다. [1]지난 몇 년과 비교했을 때, 도시 주민들의 주말 및 공휴일 여가 시간은 모두 다른 폭의 증가가 나타났다. 언급할 만한 점은, 주민들의 쇼핑에서의 소비 비중은 계속해서 감소하고 있지만, 여가 문화 활동에서의 소비 증가 폭은 점점 커지고 있다는 것이다.

여가 문화는 오늘날 사람들의 일상생활에 없어서는 안 되는 키워드이다. 박물관, 도서관, 극장, 문화 센터, 전시관 등의 문화 공간은 올해 가장 유행하는 여가 문화 장소가 되었다. 국경절 연휴 기간에, 싼싱두이 박물관은 첫날 1만여 명의 관광객을 맞이했고, 이는 싼싱두이 박물관의 엄청난 인기를 보여주었다. 여가 문화를 목적으로 하는 더 많은 관광객을 끌어들이기 위해, [2]각지에서는 무형문화재와 몰입식 체험을 함께 융합하여, 사람들의 참여감과 문화적 동질감을 높이기도 했다. 문화 공간의 높은 인기 뒤로 드러나는 것은 문화의 매력, 그리고 사람들이 다양한 문화를 찾고자 하는 갈망이다.

오프라인에서뿐만 아니라, 온라인상에서 사람들의 여가 문화 활동 또한 풍부하고 다채롭다. 중국관광연구원의 조사에 따르면, 많은 응답자들이 그들은 온라인에서 문화 활동에 참여하는 것을 더 선호하며, 이렇게 하는 것은 설사 집 밖으로 한 발자국도 나가지 않더라도 문화의 영향을 받을 수 있게 해 준다고 밝혔다. 여러 문화 공간은 현대 정보 기술을 활용하여 공공 서비스의 편리성과 접근성을 높였고 대중들의 만족도를 향상시켰다. [3]사람들이 더 편하게 온라인에서 여가 문화 활동에 참여할 수 있게 하기 위해, 문화관광부는 전국 공공도서관 시스템을 대상으로 디지털 도서관 확대 프로젝트를 실시했고, 디지털 문화관 건설 시범 사업을 전개하였으며, [3]전 국민 예술 보급의 디지털화 개혁을 추진했다.

여가 문화 활동은 전반적인 소비를 끌어올려 휴일 경제 발전에 도움이 될 수 있다. 그러나 다른 각도에서 보면, 비록 여가 문화에 참여하는 것은 대중들이 자신들의 가치를 실현하고 행복한 삶을 추구하는 중요한 방식이 되었지만, [4]도시와 시골 간에, 서로 다른 사회 집단 간에 누리는 문화적 권익에는 여전히 비교적 명확한 차이가 존재한다. 따라서 위에서 언급된 문제를 점진적으로 해결하기 위해, 관련 부서는 공공 도서관, 미술관, 박물관 등 문화 공간의 시설 건설을 강화해야 할 뿐만 아니라, 여가 문화 소비의 과학적인 지도에도 신경을 써야 하며, 대중이 진정으로 여가 문화가 가져오는 의미를 누릴 수 있게 해야 한다.

어휘 **发布** fābù [동] 발표하다 **注重** zhùzhòng [동] 중시하다 **品质** pǐnzhì [명] 질, 품질 **城镇** chéngzhèn [명] 도시[시골과 상대되는 개념]
居民 jūmín [명] 주민 **幅度** fúdù [명] (사물의 변동) 폭, 정도 **场所** chǎngsuǒ [명] 공간, 장소 **热门** rèmén [명] 유행하는 것
展现 zhǎnxiàn [동] 보여주다, 드러내다 **非物质文化遗产** fēiwùzhì wénhuà yíchǎn [명] 무형문화재 **沉浸** chénjìn [동] 몰입하다
认同感 rèntónggǎn [명] 동질감 **渴望** kěwàng [동] 갈망하다 **足不出户** zúbùchūhù [성] 집 밖으로 한 발자국도 나가지 않다
熏陶 xūntáo [동] 영향을 끼치다 **便利性** biànlìxìng 편리성 **群众** qúnzhòng [명] 대중 **实施** shíshī [동] 실시하다 **开展** kāizhǎn [동] 전개하다
普及 pǔjí [동] 보급하다 **享有** xiǎngyǒu [동] 누리다 **引导** yǐndǎo [동] 지도하다

1 据调查，近日城镇居民的节假日休闲时间大幅度减少，这是居民生活品质下降导致的。（　）

조사에 따르면 최근에 도시 주민들의 공휴일 여가 시간이 큰 폭으로 줄어들었는데, 이는 주민들의 삶의 질이 떨어지며 초래됐다. (✕)

해설 음성 초반에서 与前些年相比，城镇居民的周末和节假日休闲时间均出现了不同幅度的增长。이라고 했는데, 문제에서는 조사에 따르면 최근에 도시 주민들의 공휴일 여가 시간이 큰 폭으로 줄어들어든 것은 주민들의 삶의 질이 떨어지며 초래됐다고 했으므로 불일치로 판단한다.

어휘 幅度 fúdù 몡(사물의 변동) 폭, 정도　品质 pǐnzhì 몡질, 품질

---

2 通过对非物质文化遗产的沉浸式体验，人们能够增强自己的参与感和文化认同感。（　）

무형문화재의 몰입식 체험을 통해 사람들은 자신의 참여감과 문화적 동질감을 높일 수 있다. (✓)

해설 음성 중반에서 各地还将非物质文化遗产与沉浸体验相融合，提高了人们的参与感和文化认同感이라고 했고, 문제에서는 무형문화재의 몰입식 체험을 통해 사람들은 자신의 참여감과 문화적 동질감을 높일 수 있다고 했으므로 일치로 판단한다.

어휘 非物质文化遗产 fēiwùzhì wénhuà yíchǎn 몡무형문화재　沉浸 chénjìn 동몰입하다　认同感 rèntónggǎn 몡동질감

---

3 为了方便人们体验线上文化休闲活动，文化和旅游部实行了全民艺术普及的数字化改革。（　）

사람들이 온라인에서 여가 문화 활동을 체험하는 것을 편하게 하기 위해, 문화관광부는 전 국민 예술 보급의 디지털화 개혁을 실행했다. (✓)

해설 음성 중반에서 为了使人们更加方便地在线上参与文化休闲活动，文化和旅游部……并推进了全民艺术普及的数字化改革。라고 했고, 문제에서는 사람들이 온라인에서 여가 문화 활동을 체험하는 것을 편하게 하기 위해 문화관광부가 전 국민 예술 보급의 디지털화 개혁을 실행했다고 했으므로 일치로 판단한다.

어휘 普及 pǔjí 동보급하다　数字化 shùzìhuà 동디지털화하다

---

4 从整体上看，城乡之间、不同社会群体之间享有的文化权益基本没有太大差距。（　）

전반적으로 봤을 때, 도시와 시골 간에, 서로 다른 사회 집단 간에 누리는 문화적 권익에는 기본적으로 그렇게 큰 차이가 없다. (✕)

해설 음성 후반에서 城乡之间、不同社会群体之间享有的文化权益还存在较为明显的差距라고 했는데, 문제에서는 도시와 시골 간에, 서로 다른 사회 집단 간에 누리는 문화적 권익에는 기본적으로 그렇게 큰 차이가 없다고 했으므로 불일치로 판단한다.

어휘 享有 xiǎngyǒu 동누리다

---

5 这则新闻主要谈的是，人们的文化休闲活动随着生活品质的提升而变得越发重要的现象。（　）

이 뉴스에서 주로 이야기하는 것은 사람들의 여가 문화 활동이 삶의 질이 향상됨에 따라 한층 더 중요해진 현상이다. (✓)

해설 음성 초반에서 中国人越来越注重生活品质的提升，文化休闲已成为继衣食住行、经济活动之后的重要选择라고 하며 음성 전반적으로 사람들이 온오프라인에서 누리는 여가 생활에 대해 설명했다. 문제에서는 이 뉴스에서 주로 이야기하는 것은 사람들의 여가 문화 활동이 삶의 질이 향상됨에 따라 한층 더 중요해진 현상이라고 했으므로 일치로 판단한다.

어휘 品质 pǐnzhì 몡질, 품질　越发 yuèfā 튀한층 더

6-10

⁶11月7日，由中国互联网新闻中心出品的系列纪录片《万象中国》即将首播。该纪录片将在"中国网"和"艺术中国"网站播出，每周更新三集，国内视频平台、"中国网"官方微博、"抖音"等平台也将同步播出。

⁶11월 7일, 중국 인터넷뉴스센터에서 제작한 다큐멘터리 시리즈 <만상중국>이 첫 방송을 앞두고 있다. 해당 다큐멘터리는 '중국망'과 '예술중국' 사이트에서 방영될 예정이며, 매주 3회가 업데이트되고, 중국 내 동영상 플랫폼, '중국망' 공식 웨이보, '틱톡' 등 플랫폼에서도 동시 방영된다.

[7]《万象中国》是一部以中、英双语讲述中国核心文化符号的短视频精品力作，共20集，每集均从丰富灿烂、博大精深的中国文化里选择一个代表性案例，以当代视角进行深入阐释，[7]并从中挖掘中国人的核心文化观念、精神信仰和思维方式，生动地展现出中国文化的魅力和中华民族对美好生活的追求。 该系列纪录片前后历时三年摄制，[8]主创团队精心构思，在"万象中国"这一总主题下，坚持立足国际视野，将中国文化、中华文明置于全球文化的潮流与世界文明的格局中思考，[8]历经十余次头脑风暴与圆桌会议，反复推敲并遴选出了20个中国文化的核心元素和代表符号。这些文化元素包括青铜器、敦煌、四合院、宣纸、茶、紫砂壶、筷子、中药、丝绸、皮影、功夫等。 《万象中国》的创新之处在于"以小见大"，采用每集时长在5分钟以内的短视频形式，充分发挥短视频的精准触达功能，便于观众在较短时间内了解和把握中国文化的核心特质。同时，超高清画质和微距镜头可以更大程度地捕捉和再现中国不同地域的壮美画卷。 在故事架构和叙事方式上，[9]《万象中国》注重发现、挖掘人物故事，以人物的亲身经历，从侧面反映出某一文化元素对该人物的经历、性情、信念和价值观的影响，引发观众的共鸣，从而传递其核心文化特质。有专家表示，《万象中国》以全新的视角向世界阐述了当代中国发展背后的民族精神和文化资源。[10]这些重新被提炼和诠释的文化符号与精神内核，将成为当代中国的"文化名片"。	[7]<만상중국>은 중국어, 영어의 이중 언어로 중국의 핵심적인 문화적 상징을 이야기하는 우수한 쇼트클립 작품으로, 총 20부작이며 매회 풍부하고 찬란하며 넓고 심오한 중국 문화 중 하나의 대표적인 사례를 선택하여 현대적인 시각으로 깊이 있게 해석하고, [7]그 속에서 중국인의 핵심적인 문화 관념, 정신적 신앙과 사고방식을 찾아내 중국 문화의 매력과 아름다운 삶에 대한 중화민족의 추구를 생생하게 보여준다. 해당 다큐멘터리 시리즈는 총 3년에 걸쳐 촬영 및 제작되었다. [8]메인 제작팀은 심혈을 기울여 구상했는데, '만상중국'이라는 메인 주제 아래 국제적인 시야에 입각하고자 노력하였으며, 중국 문화, 중화 문명을 글로벌 문화의 흐름과 세계 문명의 구도 속에 넣어 사고하였고, [8]10여 차례의 브레인스토밍과 원탁회의를 거쳐 20개의 중국 문화의 핵심적인 요소와 대표적인 상징을 반복해서 고민하여 선별했다. 이러한 문화 요소에는 청동기, 둔황, 사합원, 선지, 차, 자사호, 젓가락, 중국 의약, 비단, 그림자극, 쿵후 등이 포함된다. <만상중국>의 혁신적인 점은 '작은 것을 통해 큰 것을 보다'인데, 매회 5분 길이 이내의 쇼트클립 형식을 채택해 쇼트클립의 정확한 전달 기능을 충분히 발휘하여, 시청자들이 비교적 짧은 시간 내에 중국 문화의 핵심적인 특징을 이해하고 파악하기 쉽도록 했다. 동시에, 초고해상도 화질과 매크로 렌즈는 중국 각 지역의 웅장하고 아름다운 경관을 더욱 높은 수준으로 포착하고 재현할 수 있다. 이야기 구성과 서술 방식에서 [9]<만상중국>은 인물의 이야기를 발견하고 파헤치는 데 중점을 두었는데, 인물의 실제 경험을 통해 특정 문화 요소가 그 인물의 경험, 성격, 신념 및 가치관에 미치는 영향을 다른 면에서 보여주어 관객의 공감을 불러일으켰으며, 이를 통해 그것의 핵심적인 문화 특성을 전달한다. 한 전문가는 <만상중국>이 완전히 새로운 시각으로 현대 중국의 발전의 배후에 있는 민족정신과 문화 자원을 세계에 설명하고 있다고 밝혔다. [10]이러한 새롭게 정제되고 해석된 문화적 상징과 정신의 핵심은 현대 중국의 '문화적 명함'이 될 것이다.

어휘 **系列** xìliè [명] 시리즈 **更新** gēngxīn [동] 업데이트하다 **视频** shìpín [명] 동영상 **平台** píngtái [명] 플랫폼 **官方** guānfāng [명] 공식
微博 Wēibó [고유] 웨이보[중국의 SNS] **抖音** Dǒuyīn [고유] 틱톡[중국의 쇼트클립 앱] **文化符号** wénhuà fúhào [명] 문화적 상징
短视频 duǎn shìpín [명] 쇼트클립[짧은 동영상 콘텐츠] **精品力作** jīngpǐn lìzuò [명] 우수한 작품 **灿烂** cànlàn [형] 찬란하다
博大精深 bódàjīngshēn [성] (사상·학식 등이) 넓고 심오하다 **案例** ànlì [명] 사례, 케이스 **当代** dāngdài [명] 현대, 당대
阐释 chǎnshì [동] (상세히) 해석하다 **挖掘** wājué [동] 찾아내다, 파헤치다 **信仰** xìnyǎng [명] 신앙 **思维方式** sīwéi fāngshì [명] 사고방식
展现 zhǎnxiàn [동] (눈앞에) 보여주다 **摄制** shèzhì [동] 촬영하여 제작하다 **精心** jīngxīn [형] 심혈을 기울이다 **构思** gòusī [동] 구상하다
立足 lìzú [동] 입각하다 **视野** shìyě [명] 시야 **潮流** cháoliú [명] (사회적) 흐름 **格局** géjú [명] 구도, 짜임새
头脑风暴 tóunǎo fēngbào 브레인스토밍 **圆桌会议** yuánzhuō huìyì [명] 원탁회의[둥근 테이블에서 평등하게 진행되는 회의]
推敲 tuīqiāo [동] 고민하다, 이것저것 생각하다 **遴选** línxuǎn [동] 선별하다, 신중히 고르다 **元素** yuánsù [명] 요소 **青铜器** qīngtóngqì [명] 청동기
敦煌 Dūnhuáng [고유] 둔황[중국 간쑤성(**甘肃省**)에 있는 지명] **四合院** sìhéyuàn [명] 사합원[중국 베이징(**北京**)의 전통 주택 양식]
宣纸 xuānzhǐ [명] 선지[중국 안후이(**安徽**)성에서 나는 서화용 고급 종이] **紫砂壶** zǐshāhú [명] 자사호[중국 장쑤(**江苏**)성 이싱(**宜兴**)시에서 나는 도자기]
皮影 píyǐng [명] 그림자극[인형의 그림자를 화면에 비추면서 하는 연극] **创新** chuàngxīn [동] 혁신하다 **精准** jīngzhǔn [형] 정확하다
触达 chù dá 전달하다 **便于** biànyú [동] (~하기에) 쉽다 **微距镜头** wēi jù jìngtóu [명] 매크로 렌즈[물체를 가깝게 대고 촬영하기 위한 렌즈]
捕捉 bǔzhuō [동] 포착하다 **画卷** huàjuàn [명] 경관, 두루마리 그림 **注重** zhùzhòng [동] 중점을 두다 **侧面** cèmiàn [명] 다른 면, 측면
信念 xìnniàn [명] 신념 **共鸣** gòngmíng [동] 공감하다 **传递** chuándì [동] 전달하다 **阐述** chǎnshù [동] (상세히) 설명하다
提炼 tíliàn [동] 정제하다 **诠释** quánshì [동] 해석하다 **文化名片** wénhuà míngpiàn [명] 문화적 명함[한 나라나 지역의 우수한 문화를 대표함]

6	由中国互联网新闻中心出品的系列纪录片《万象中国》日前已播出三集。（ ）	중국 인터넷뉴스센터에서 제작한 다큐멘터리 시리즈 <만상중국>은 며칠 전에 이미 3회가 방송되었다. (X)

해설 음성 초반에서 11月7日, 由中国互联网新闻中心出品的系列纪录片《万象中国》即将首播。라고 했는데, 문제에서는 중국 인터넷뉴스센터에서 제작한 다큐멘터리 시리즈 <만상중국>은 며칠 전에 이미 3회가 방송되었다고 했으므로 불일치로 판단한다.

어휘 **系列** xìliè [명] 시리즈

7

《万象中国》以短视频的形式，用中、英双语讲述中国核心文化符号，并从中挖掘中国人的核心文化观念、精神信仰和思维方式。（ ）

<만상중국>은 쇼트클립의 형식으로 중국어, 영어의 이중 언어로 중국의 핵심적인 문화적 상징을 이야기하고 있으며, 그 속에서 중국인의 핵심적인 문화 관념, 정신적 신앙과 사고방식을 찾아낸다. （✓）

해설 음성 중반에서 《万象中国》是一部以中、英双语讲述中国核心文化符号的短视频精品力作……并从中挖掘中国人的核心文化观念、精神信仰和思维方式라고 했고, 문제에서는 <만상중국>은 쇼트클립의 형식으로 중국어, 영어의 이중 언어로 중국의 핵심적인 문화적 상징을 이야기하고 있으며 그 속에서 중국인의 핵심적인 문화 관념, 정신적 신앙과 사고방식을 찾아낸다고 했으므로 일치로 판단한다.

어휘 短视频 duǎn shìpín 명 쇼트클립[짧은 동영상 콘텐츠] 文化符号 wénhuà fúhào 명 문화적 상징 挖掘 wājué 동 찾아내다, 파헤치다
信仰 xìnyǎng 명 신앙 思维方式 sīwéi fāngshì 명 사고방식

8

主创团队对世界各地的中国文化爱好者进行了详细的问卷调查，挑选出了20个中国文化的核心元素和代表符号。（ ）

메인 제작팀은 세계 각지의 중국 문화 애호가들에게 상세한 설문 조사를 했고, 20개의 중국 문화의 핵심 요소와 대표적인 상징을 선별했다. （✗）

해설 음성 중반에서 主创团队……历经十余次头脑风暴与圆桌会议, 反复推敲并遴选出了20个中国文化的核心元素和代表符号라고 했는데, 문제에서는 메인 제작팀이 세계 각지의 중국 문화 애호가들에게 상세한 설문 조사를 해서 20개의 중국 문화의 핵심 요소와 대표적인 상징을 선별했다고 했으므로 불일치로 판단한다.

어휘 问卷调查 wènjuàn diàochá 설문 조사 元素 yuánsù 명 요소

9

《万象中国》主要讲述人物对中国文化传播的贡献，通过人物的亲身经历，从侧面反映某一特定人物对中国文化元素产生的影响。（ ）

<만상중국>은 중국 문화의 전파에 대한 인물의 공헌을 주로 이야기했으며, 인물의 실제 경험을 통해 어느 특정 인물이 중국 문화 요소에 미치는 영향을 다른 면에서 보여준다. （✗）

해설 음성 후반에서 《万象中国》注重发现、挖掘人物故事, 以人物的亲身经历, 从侧面反映出某一文化元素对该人物的经历、性情、信念和价值观的影响이라고 했는데, 문제에서는 <만상중국>이 중국 문화의 전파에 대한 인물의 공헌을 주로 이야기했으며, 인물의 실제 경험을 통해 어느 특정 인물이 중국 문화 요소에 미치는 영향을 다른 면에서 보여준다고 했다. 중국 문화의 전파에 대한 인물의 공헌은 음성에서 언급되지 않았으며, 인물이 문화 요소에 미치는 영향이 아닌 문화 요소가 인물에 미치는 영향을 보여주었다고 했으므로 불일치로 판단한다.

어휘 侧面 cèmiàn 명 다른 면, 측면

10

这则新闻主要介绍了《万象中国》的节目特点以及其有望成为当代中国"文化名片"的原因。（ ）

이 뉴스에서 주로 이야기하는 것은 <만상중국>이라는 프로그램의 특징과 그것이 현대 중국의 '문화적 명함'이 될 가능성이 있는 이유이다. （✓）

해설 음성 전반적으로 <만상중국>이 중국의 문화적 상징을 이야기하는 방법, 제작 과정, 혁신적인 점에 대해 설명했고, 음성 후반에서 这些重新被提炼和诠释的文化符号与精神内核, 将成为当代中国的"文化名片"。이라고 하며 <만상중국>이 중국의 '문화적 명함'이 될 수 있다고 했다. 문제에서는 이 뉴스에서 주로 이야기하는 것이 <만상중국>이라는 프로그램의 특징과 그것이 현대 중국의 '문화적 명함'이 될 가능성이 있는 이유라고 했으므로 일치로 판단한다.

어휘 有望 yǒuwàng 동 가능성이 있다 当代 dāngdài 명 현대, 당대
文化名片 wénhuà míngpiàn 명 문화적 명함[한 나라나 지역의 우수한 문화를 대표함]

11-16

女：[16]农业大数据作为近年来应用广泛的农业技术，[16]对实现农民增收、农村"碳达峰、碳中和"具有重要作用，但是很多人依然对此感到比较陌生。请问什么是农业大数据，您能给大家介绍一下吗？

여：[16]농업 빅 데이터는 최근 몇 년 동안 널리 활용된 농업 기술로, [16]농민의 수입 증가, 농촌의 '탄소 피크, 탄소 중립'을 실현하는 데 중요한 역할을 하고 있지만, 많은 사람이 여전히 이에 대해 비교적 낯설게 느낍니다. 농업 빅 데이터가 무엇인지 사람들에게 소개해 주실 수 있나요？

男: ¹¹农业大数据是融合农业地域性、季节性、多样性、周期性等¹¹自身特征而得出的数据集合，这些数据具有极大的潜在价值。农业大数据涉及到耕地、播种、施肥、杀虫、收割、存储、育种等环节。

女: 这么说还是比较宏观，为了让大家更清晰地了解农业大数据，您能举个典型案例吗？

男: 众所周知，¹²以色列是农业科技强国，同时又是沙漠国家，那么它是如何利用沙漠成为农业科技强国的呢？以色列农业有较好的信息化和数字化基础，诸多农业技术创新公司利用大数据，根据不同农场的具体情况，给以色列农民提供个性化的耕种方案。何时浇水，需要浇多少水，何时施肥，需要施多少肥料，这些因素都可以通过大数据来分析，因此农业产量自然比传统农业高。¹²在农产品流通环节，大数据还会进行市场分析和科学预测，销量自然也就提升了。

女: 看来大数据确实对农业产生很大的影响，¹³那么中国农业大数据的应用现状是怎样的呢？

男: 当前，中国的农业发展基础还非常薄弱，大数据资源分散，数据获取能力较弱。除此之外，农业装备应用水平不高，农业机器人、智能农机装备环境适应性也不强。¹³整体来说，数字经济在农业中的应用比重还远低于其他行业。

女: 那么国内是否有成功应用农业大数据的典型案例？您能给大家分享一下吗？

男: 有的，虽然中国农业大数据整体发展水平较低，但还是涌现出了一批典型的农业大数据应用案例，¹⁴江苏省丰县就是农业大数据应用的典范。以苹果为例，当地运用大数据种植苹果，只要通过大数据分析，立刻就能知道日照时间是否充分、什么时候施肥、一亩果园能产多少水果。就在上一年，丰县大获丰收，并通过网络销售了10多万吨苹果和30多万吨其他农产品。

女: ¹⁵目前在中国，农业大数据的使用总体上还是比较困难的，您能给广大农民提一些建议吗？

男: 首先，¹⁵阻碍农业发展的重要因素是人才的缺失，因此广大基层农业组织和农民企业家应该加强与农业类高校的联系，要善于"借智"，通过高校和科研院所，做出合理的规划。其次，农业大数据的应用不能只局限于某一细分领域，而是要尽可能涵盖农业的全产业链。我相信，¹⁶只要能够在市场分析、种苗选取、植物生长、土壤保护、肥料管理、果实收货、销售等¹⁶各环节中应用农业大数据，就能极大地促进农业产量和销量，在很大程度上提升农民收入。

남: ¹¹농업 빅 데이터는 농업의 지역성, 계절성, 다양성, 주기성 등 ¹¹자체 특성을 융합하여 얻어 낸 데이터 세트로, 이러한 데이터는 큰 잠재적 가치를 지니고 있습니다. 농업 빅 데이터는 밭을 갈고, 씨를 뿌리고, 비료를 주고, 살충하고, 수확하고, 저장하고, 품종을 개량하는 등의 단계와 관련되어 있습니다.

여: 이렇게 말씀하시니 여전히 거시적이네요. 모두가 농업 빅 데이터를 더 명확하게 이해할 수 있도록 전형적인 사례를 들어주시겠습니까?

남: 모두가 알다시피 ¹²이스라엘은 농업 과학 기술의 강국이자 동시에 사막 국가이기도 합니다. 그렇다면 이스라엘은 어떻게 사막을 이용해서 농업 과학 기술 강국이 되었을까요? 이스라엘 농업은 비교적 좋은 정보화 및 디지털화 기반을 갖추고 있으며, 많은 농업 기술 혁신 회사는 빅 데이터를 이용하여 각기 다른 농장의 구체적인 상황에 따라 이스라엘 농민에게 개별적인 경작 방안을 제공합니다. 언제 물을 줘야 하는지, 물을 얼마나 줘야 하는지, 언제 비료를 줘야 하는지, 비료를 얼마나 줘야 하는지, 이러한 요인들은 모두 빅 데이터를 통해 분석할 수 있기 때문에 농업 생산량이 당연히 전통 농업보다 높습니다. ¹²농산물 유통 단계에서 빅 데이터는 시장 분석과 과학적 예측도 진행하여, 판매량도 자연스럽게 증가했습니다.

여: 빅 데이터가 확실히 농업에 큰 영향을 미치는 것 같네요. ¹³그렇다면 중국의 농업 빅 데이터 활용 현황은 어떻습니까?

남: 현재 중국의 농업 발전 기반은 여전히 매우 취약하고, 빅 데이터 자원이 분산되어 있으며, 데이터 획득 능력이 비교적 약합니다. 이 밖에도 농업 장비의 활용 수준이 높지 않고, 농업용 로봇, 스마트 농기계 장비의 환경 적응력도 강하지 않습니다. ¹³전반적으로 디지털 경제가 농업에서의 활용 비중이 다른 산업보다 훨씬 낮습니다.

여: 그렇다면 국내에 농업 빅 데이터를 성공적으로 활용한 전형적인 사례가 있을까요? 모두에게 공유해주실 수 있나요?

남: 있습니다. 비록 중국 농업 빅 데이터의 전반적인 발전 수준은 비교적 낮지만, 농업 빅 데이터를 활용한 전형적인 사례도 생겨났는데, ¹⁴장쑤성 펑현이 바로 농업 빅 데이터를 활용한 전형적인 예시입니다. 사과를 예로 들면, 현지에서 빅 데이터를 사용하여 사과를 재배하는데, 빅 데이터를 통해 분석하기만 하면 일조 시간이 충분한지 아닌지, 언제 비료를 주는지, 한 묘의 과수원에서 과일을 얼마나 생산할 수 있는지를 즉시 알 수 있습니다. 바로 지난해에 펑현은 큰 풍작을 거두었고, 인터넷을 통해 10여만 톤의 사과와 30여만 톤의 기타 농산물을 판매했습니다.

여: ¹⁵현재 중국에서 농업 빅 데이터의 사용은 대체로 여전히 비교적 어려운데, 많은 농민분께 몇 가지 제안을 해 주실 수 있을까요?

남: 우선, ¹⁵농업 발전을 저해하는 중요한 요인은 인재의 부족입니다. 따라서 많은 기층 농업 조직과 농민 기업가는 농업 대학과의 연계를 강화해야 하고, '지혜를 빌리는 것'에 능해야 하며, 대학과 과학 연구 기관을 통해 합리적인 계획을 수립해야 합니다. 그다음으로, 농업 빅 데이터의 활용은 특정 세부 분야에만 국한되어서는 안 되며, 가능한 한 농업의 전체 산업 사슬을 포함해야 합니다. 저는 시장 분석, 종묘 선택, 식물 성장, 토양 보호, 비료 관리, 열매 수확, 판매 등 ¹⁶각 단계에서 농업 빅 데이터를 활용할 수만 있다면, 농업 생산량과 판매량을 크게 촉진하고, 농민의 소득을 크게 증가시킬 것이라 믿습니다.

어휘 **大数据** dàshùjù 빅 데이터 **增收** zēngshōu[동]수입을 증가시키다
碳达峰、碳中和 tàn dá fēng, tàn zhōng hé 탄소 피크, 탄소 중립[2030년까지 탄소 배출량을 더 이상 늘리지 않고 정점을 찍은 후, 2060년까지 탄소 중립을 실현하겠다는 목표] **融合** rónghé[동]융합하다 **地域** dìyù[명]지역 **周期** zhōuqī[명]주기 **潜在** qiánzài[형]잠재적인
涉及 shèjí[동]관련되다 **耕地** gēngdì[동]밭을 갈다 **播种** bōzhǒng[동]씨를 뿌리다 **施肥** shīféi[동]비료를 주다 **收割** shōugē[동]수확하다
育种 yùzhǒng[동]품종을 개량하다 **环节** huánjié[명]단계, 부분 **宏观** hóngguān[형]거시적인 **清晰** qīngxī[형]명확하다
典型 diǎnxíng[형]전형적인 **案例** ànlì[명]사례 **众所周知** zhòngsuǒzhōuzhī[성]모든 사람이 다 알고 있다 **以色列** Yǐsèliè[고유]이스라엘
数字化 shùzìhuà[동]디지털화하다 **创新** chuàngxīn[동]혁신하다 **个性化** gèxìnghuà[동]개별적이다, 개성화하다 **耕种** gēngzhòng[동]경작하다
肥料 féiliào[명]비료 **流通** liútōng[동]유통하다 **预测** yùcè[동]예측하다 **现状** xiànzhuàng[명]현황 **当前** dāngqián[명]현재
薄弱 bóruò[형]취약하다 **分散** fēnsàn[형]분산되다 **装备** zhuāngbèi[명]장비 **比重** bǐzhòng[명]비중 **分享** fēnxiǎng[동]공유하다, 함께 나누다
涌现 yǒngxiàn[동](대량으로) 생겨나다 **典范** diǎnfàn[명]전형적인 사례 **种植** zhòngzhí[동]재배하다 **亩** mǔ[양]묘
丰收 fēngshōu[동]풍작을 거두다 **阻碍** zǔ'ài[동]저해하다 **基层** jīcéng[명]기층, 말단
高校 gāoxiào[명]대학[**高等学校**(고등 교육 기관)의 줄임말로 대학을 가리킴] **规划** guīhuà[명]계획 **局限** júxiàn[동]국한하다
涵盖 hángài[동]포함하다 **产业链** chǎnyèliàn[명]산업 사슬 **土壤** tǔrǎng[명]토양

11

农业大数据是融合农业自身特征而得出的数据集合，这些数据具有<u>极大的潜在价值</u>。	농업 빅 데이터는 농업의 자체 특성을 융합하여 얻어 낸 데이터 세트로, 이러한 데이터는 <u>큰 잠재적 가치</u>를 지니고 있다.

해설 남자가 언급한 农业大数据是融合农业……自身特征而得出的数据集合，这些数据具有极大的潜在价值을 듣고 极大的潜在价值을 정답으로 작성한다.

어휘 **大数据** dàshùjù 빅 데이터 **融合** rónghé[동]융합하다 **潜在** qiánzài[형]잠재적인

12

问：在以色列，农产品销量能够得到提升的原因是什么？	질문: 이스라엘에서 농산물 판매량이 증가할 수 있었던 이유는 무엇인가?
A 根据市场需求，合理调整当年产量	A 시장 수요에 따라, 당해의 생산량을 합리적으로 조정했다
B 受到其他中东国家成功案例的启发	B 다른 중동 국가의 성공 사례에서 영감을 받았다
C 在全国范围内进行统一规划和管理	C 전국 범위 내에서 통일된 계획과 관리를 진행했다
D 人们用大数据进行市场分析和科学预测	D 사람들은 빅 데이터로 시장 분석과 과학적 예측을 진행했다

해설 남자가 언급한 以色列……在农产品流通环节，大数据还会进行市场分析和科学预测，销量自然也就提升了。를 듣고 선택지 D 人们用大数据进行市场分析和科学预测를 정답의 후보로 고른다. 질문이 이스라엘에서 농산물 판매량이 증가할 수 있었던 이유를 물었으므로 선택지 D가 정답이다.

어휘 **以色列** Yǐsèliè[고유]이스라엘 **需求** xūqiú[명]수요 **案例** ànlì[명]사례 **规划** guīhuà[명]계획 **预测** yùcè[동]예측하다

13

问：中国农业大数据的应用现状如何？	질문: 중국의 농업 빅 데이터 활용 현황은 어떠한가?
A 已建立完整的农业大数据平台	A 이미 완전한 농업 빅 데이터 플랫폼을 확립했다
B 获取数据的渠道变得更加多元化	B 데이터를 얻는 경로가 더욱 다양해졌다
C 数字经济在农业中的应用比重较低	C 디지털 경제가 농업에서의 활용 비중이 비교적 낮다
D 农业机器人和智能农机装备普及率较高	D 농업용 로봇과 스마트 농기계 장비의 보급률이 비교적 높다

해설 여자가 언급한 那么中国农业大数据的应用现状是怎样的呢?와 남자가 언급한 整体来说，数字经济在农业中的应用比重还远低于其他行业。를 듣고 선택지 C 数字经济在农业中的应用比重较低를 정답의 후보로 고른다. 질문이 중국의 농업 빅 데이터 활용 현황은 어떠한지 물었으므로 선택지 C가 정답이다.

어휘 **现状** xiànzhuàng[명]현황 **平台** píngtái[명]플랫폼 **渠道** qúdào[명]경로 **多元化** duōyuánhuà[동]다양해지다 **比重** bǐzhòng[명]비중 **装备** zhuāngbèi[명]장비 **普及** pǔjí[동]보급되다

14

问：关于丰县，可以知道什么？	질문: 펑현에 관해, 알 수 있는 것은 무엇인가?
A 培养出了多位远近闻名的农民企业家	A 여러 이름 있는 농민 기업가들을 배출했다
B 通过农业大数据确定施肥时期和农业产量	B 농업 빅 데이터를 통해 비료를 주는 시기와 농업 생산량을 결정했다
C 苹果的销售量远远超过其他农产品的销售量	C 사과의 판매량이 다른 농산물의 판매량을 훨씬 초과했다
D 在全国范围内首次把大数据应用到农业生产中	D 전국 범위 내에서 최초로 빅 데이터를 농업 생산에 활용했다

해설 남자가 언급한 江苏省丰县就是农业大数据应用的典范。以苹果为例, 当地运用大数据种植苹果, 只要通过大数据分析, 立刻就能知道日照时间是否充分、什么时候施肥、一亩果园能产多少水果。를 듣고 선택지 B 通过农业大数据确定施肥时期和农业产量을 정답의 후보로 고른다. 질문이 펑현에 관해 알 수 있는 것을 물었으므로 선택지 B가 정답이다.

어휘 远近闻名 yuǎnjìnwénmíng⟨성⟩ 이름 있다, 명성이 자자하다　施肥 shīféi⟨동⟩ 비료를 주다

---

15 目前在中国, 阻碍农业发展的重要因素是<u>人才的缺失</u>。 | 현재 중국에서 농업 발전을 저해하는 중요한 요인은 인재의 부족이다.

해설 여자가 언급한 目前在中国와 남자가 언급한 阻碍农业发展的重要因素是人才的缺失를 듣고 人才的缺失를 정답으로 작성한다.

어휘 阻碍 zǔ'ài⟨동⟩ 저해하다

16

问: 关于农业大数据的应用带来的积极作用, 下列哪项不正确? | 질문: 농업 빅 데이터의 활용이 가져다주는 긍정적인 효과에 관해, 다음 중 옳지 않은 것은?

A 有助于实现农民增收 | A 농민의 수입 증가를 실현하는 데 도움이 된다
B 可以促进农业产量和销量 | B 농업 생산량과 판매량을 촉진할 수 있다
C 有利于实现农村"碳达峰、碳中和" | C 농촌의 '탄소 피크, 탄소 중립'을 실현하는 데 도움이 된다
D 能使科研院所在农业改革上发挥引领作用 | D 과학 연구 기관이 농업 개혁에 주도적인 역할을 할 수 있게 한다

해설 여자가 언급한 农业大数据……对实现农民增收、农村"碳达峰、碳中和"具有重要作用과 남자가 언급한 只要能够在……各环节中应用农业大数据, 就能极大地促进农业产量和销量, 在很大程度上提升农民收入를 듣고 선택지 A 有助于实现农民增收, B 可以促进农业产量和销量, C 有利于实现农村"碳达峰、碳中和"를 정답의 후보로 고른다. 질문이 농업 빅 데이터의 활용이 가져다주는 긍정적인 효과에 관해 옳지 않은 것을 물었으므로 언급되지 않은 선택지 D 能使科研院所在农业改革上发挥引领作用이 정답이다.

어휘 增收 zēngshōu⟨동⟩ 수입을 증가시키다　碳达峰、碳中和 tàn dá fēng, tàn zhōng hé 탄소 피크, 탄소 중립[2030년까지 탄소 배출량을 더 이상 늘리지 않고 정점을 찍은 후 2060년까지 탄소 중립을 실현하겠다는 목표]　引领 yǐnlǐng⟨동⟩ 주도하다, 이끌다

17-22

男: 随着经济的迅猛发展, 人们正不断融入一个高度竞争和充分合作的知识经济时代, 团队合作精神和沟通的必要性越来越受到重视。无论在工作中还是在生活中, 文才与口才都扮演了相当重要的角色, 但我方认为, 口才有扎实的文才, 才能得到很好的发挥, 所以文才比口才更重要。

女: [17]所谓口才, 是人们运用相应的语言技巧, 在短时间内[17]利用自己的知识积累和应变能力, 将自己的观点综合归纳后输出的过程。口才体现了一个人出众的口头表达能力。如今社会关系相对复杂, 这要求人与人之间进行更多的口头交流, 而[18]口才比文才具有更强的及时性, 能够让人合理应对及时变化的现实, [18]更直观地展示出个人的特点, 更好地立足于社会。因此, 我方认为口才比文才更重要。

男: 文才是一个人在文学上的能力, 主要表现为文学素养。[19]文才包括驾驭文字的能力和文学知识的积累。唐宋八大家才华出众, 是因为他们诗文写得好, 文采斐然。[20]文才是口才的基础, 口才是文才的表现形式之一。好的口才需要丰富的文学内涵和内在的智

남: 경제의 급속한 발전에 따라, 사람들은 끊임없이 고도의 경쟁과 충분한 협력의 지식 경제 시대에 융합되고 있으며, 팀워크 정신과 의사소통의 필요성은 점점 더 중시되고 있습니다. 업무에서든 생활에서든 글재주와 말재주는 모두 상당히 중요한 역할을 합니다. 하지만 우리 측은 말재주는 탄탄한 글재주가 있어야만 잘 발휘될 수 있기 때문에, 글재주가 말재주보다 더 중요하다고 생각합니다.

여: [17]말재주란 사람들이 상응하는 언어 기술을 사용하여, 짧은 시간 내에 [17]자신의 축적된 지식과 임기응변 능력을 이용해 자신의 관점을 종합적으로 귀납한 후 출력하는 과정입니다. 말재주는 한 사람의 출중한 구어적 표현 능력을 드러냅니다. 오늘날 현대 사회의 연결 고리는 상대적으로 복잡하며, 이는 사람과 사람 사이에서 더 많은 구두 커뮤니케이션을 진행하기를 요구합니다. [18]말재주는 글재주보다 더 높은 적시성을 가지고 있으며, 사람들이 실시간으로 변화하는 현실에 합리적으로 대응하고 [18]개인의 특성을 더 직관적으로 드러내며, 사회에서 잘 자리 잡을 수 있게 합니다. 따라서 우리 측은 말재주가 글재주보다 더 중요하다고 생각합니다.

남: 글재주는 한 사람의 문학에서의 능력으로, 주로 문학적 소양으로 드러납니다. [19]글재주는 문자를 다루는 능력과 문학 지식의 축적을 포함합니다. 당송팔대가의 재능이 출중하다고 말하는 것은 그들이 시와 글을 잘 쓰고, 글재주가 뛰어나기 때문입니다. [20]글재주는 말재주의 기초이며, 말재주는 글재주가 드러나는 형식 중 하나입니다. 좋은 말재주는 풍부한 문학적 함의와 내적 지혜가 뒷받침되어야

慧作支撑，出众的文才更能体现一个人思想和智慧的深邃。[20]无数优秀的演讲家、雄辩家之所以拥有非凡的口才，是因为他们博览群书，有着深厚的文化素养。所以说，再好的口才，若没有文才的支撑，那么这不过是耍嘴皮子罢了。

女：能写出东西的人肚子里一定有墨水，而口才好的人，除了肚子里有墨水，还有很好的表达能力。正如对方辩友所说，优秀的演讲者有好的文才是关键，但是对演讲者来说，写出好的演讲词，不一定就讲得好，没有口才，那演讲就会变得无聊生硬，没有说服力。一个人如果没有口才，不会表达，即使有无与伦比的文才，也是无济于事。

男：对方辩友似乎在说，若一个人不会说话，纵然是满腹经纶，终究还是一事无成。[21]想想中国伟大的数学家陈景润先生，一向不善于表达的他用论文的形式证实了哥德巴赫猜想，让国内外著名的数学家们都为之惊叹。口才只是表达文才的方式之一，即便没有口才，文才也依旧能够精彩。除此以外，若只用口才传承历史，文化精髓就会在无形间流失。而文才却可以完整地记录历史，让历史不因时间的流逝而消失。千百年来，人们在书籍中学习历史文化，取其精华，去其糟粕，又以书籍的方式继续传播。综上所述，我方坚持认为，文才比口才更重要。

女：我方也认同文才很重要，但是从个人层面上讲，口才好的人拥有更强的说服力，更能直接表达自己的思想，因此更能适应社会。从社会层面上讲，高度信息化的现代社会需要人与人之间有充分的交流，而口才是社会交流的重要组成部分，[22]优秀的口才能使交流更加有效，促进社会分工合作，从而为社会发展起推动作用。综合各个方面，我方认为口才比文才更重要。

하며, 뛰어난 글재주는 한 사람의 사상과 지혜의 깊이를 더욱 잘 드러낼 수 있습니다. [20]수많은 훌륭한 연설가, 웅변가들이 비범한 말재주를 가지는 것은 그들이 다양한 책을 많이 읽어서 깊은 문화적 소양이 있기 때문입니다. 따라서 아무리 좋은 말재주라도 글재주의 뒷받침이 없다면, 이는 단지 말장난에 불과합니다.

여: 글을 써낼 수 있는 사람은 반드시 학식이 있어야 하고, 말을 잘하는 사람은 학식이 있어야 할 뿐만 아니라 좋은 표현력도 가지고 있어야 합니다. 상대편 토론자께서 말씀하신 것처럼 훌륭한 연설자는 좋은 글재주가 있는 것이 관건입니다. 하지만 연설자에게 있어, 좋은 연설문을 써냈다고 해서 연설을 반드시 잘하는 것은 아니며, 말재주가 없으면 연설은 지루하고 딱딱하며 설득력이 없게 됩니다. 한 사람이 만약 말재주가 없고 표현을 할 줄 모르면, 독보적인 글재주가 있더라도 소용없습니다.

남: 상대편 토론자께서는 말을 잘 못하면 설령 아무리 높은 학식과 재능을 가지고 있다고 해도 결국 아무것도 이룰 수 없다고 하시는 것 같습니다. [21]중국의 위대한 수학자 천징룬 선생을 떠올려보면, 줄곧 표현에 서툴렀던 그는 논문으로 골드바흐의 추측을 입증해, 국내외 유명 수학자들을 놀라게 했습니다. 말재주는 글재주를 표현하는 방식 중 하나일 뿐, 설령 말재주가 없더라도 글재주는 여전히 훌륭할 수 있습니다. 이외에도 만일 말재주만으로 역사를 계승한다면, 문화의 정수는 어느새 유실되게 됩니다. 그러나 글재주는 역사를 온전히 기록할 수 있고, 역사가 시간의 흐름에 따라 사라지지 않게 합니다. 수천 년 동안 사람들은 책에서 역사와 문화를 배웠는데, 훌륭한 부분은 취하고 쓸모없는 부분은 버렸으며, 또한 책이라는 방식을 통해 전파를 이어나갔습니다. 앞서 언급한 내용을 종합하자면, 우리 측은 여전히 글재주가 말재주보다 더 중요하다고 생각합니다.

여: 우리 측도 글재주가 중요하다는 데 동의하지만, 개인적인 측면에서 봤을 때 말재주가 좋은 사람이 더 설득력이 있고, 자기 생각을 더 직접적으로 표현할 수 있기 때문에 사회에 더 잘 적응할 수 있습니다. 사회적 측면에서 봤을 때 고도로 정보화된 현대 사회는 사람과 사람 사이의 충분한 교류가 필요한데, 말재주는 사회적 교류의 중요한 부분이며, [22]우수한 말재주는 교류를 보다 효과적으로 만들고 사회에서의 분업과 협력을 촉진하여, 사회 발전을 추진하는 역할을 합니다. 여러 측면을 종합해 봤을 때 우리 측은 말재주가 글재주보다 더 중요하다고 생각합니다.

어휘 **迅猛** xùnměng[형] 급속하다 **融入** róngrù 융합되다 **扮演** bànyǎn[동] ~의 역할을 하다 **扎实** zhāshi[형] 탄탄하다 **相应** xiāngyìng[동] 상응하다 **技巧** jìqiǎo[명] 기술, 기교 **应变能力** yìngbiàn nénglì[명] 임기응변 능력 **归纳** guīnà[동] 귀납하다 **口头** kǒutóu[형] 구두의 **展示** zhǎnshì[동] 드러내다 **立足** lìzú[동] 자리 잡다, 발붙이다 **素养** sùyǎng[명] 소양 **驾驭** jiàyù[동] 다루다, 구사하다 **文采斐然** wéncǎifěirán[성] 글재주가 뛰어나다 **内涵** nèihán[명] 함의, 내포 **内在** nèizài[형] 내적인 **支撑** zhīchēng[동] 뒷받침하다, 지탱하다 **深邃** shēnsuì[형] 깊다, 심오하다 **雄辩家** xióngbiànjiā[명] 웅변가 **博览群书** bólǎnqúnshū[성] 다양한 책을 많이 읽다 **耍嘴皮子** shuǎ zuǐpízi 말장난하다, 입만 나불대다 **罢了** bàle[조] 단지 ~에 불과하다 **肚子里有墨水** dùzi li yǒu mòshuǐ 학식이 있다, 배운 것이 많다 **生硬** shēngyìng[형] 딱딱하다, 서툴다 **无与伦比** wúyǔlúnbǐ[성] 독보적이다 **无济于事** wújìyúshì[성] 소용이 없다, 아무런 도움이 안 되다 **纵然** zòngrán[접] 설령 ~하더라도 **满腹经纶** mǎnfùjīnglún[성] 높은 학식과 재능을 가지고 있다 **终究** zhōngjiū[부] 결국 **一向** yíxiàng[부] 줄곧 **证实** zhèngshí[동] 입증하다 **猜想** cāixiǎng[동] 추측하다 **惊叹** jīngtàn[동] 놀라다, 경탄하다 **即便** jíbiàn[접] 설령 ~하더라도 **依旧** yījiù[부] 여전히 **传承** chuánchéng[동] 계승하다 **精髓** jīngsuǐ[명] 정수 **无形间** wúxíngjiān 어느새, 무의식 중에 **流逝** liúshì[동] 흐르다 **书籍** shūjí[명] 책, 서적 **精华** jīnghuá[명] 훌륭한 부분, 정수 **糟粕** zāopò[명] 쓸모없는 부분, 가치가 없는 것

17 问: 关于口才, 下列哪项正确? | 질문: 말재주에 관해, 다음 중 옳은 것은?

A 是与生俱来的能力	A 타고나는 능력이다
B 与过往的经历和经验有关	B 과거의 경력 및 경험과 관련 있다
C 要有知识积累和应变能力	C 축적된 지식과 임기응변 능력이 있어야 한다
D 有演讲和沟通两种表现方式	D 연설과 의사소통이라는 두 가지 표현 방식이 있다

해설 여자가 언급한 所谓口才, 是人们……利用自己的知识积累和应变能力, 将自己的观点综合归纳后输出的过程을 듣고 선택지 C 要有知识积累和应变能力를 정답의 후보로 고른다. 질문이 말재주에 관해 옳은 것을 물었으므로 선택지 C가 정답이다.

어휘 与生俱来 yǔshēngjùlái 타고나다 应变能力 yìngbiàn nénglì 圏 임기응변 능력

18 问: 下列哪项符合女的的观点? | 질문: 다음 중 여자의 관점에 부합하는 것은?

A 文才是口才的表达方式之一	A 글재주는 말재주가 드러나는 방식 중 하나이다
B 口才比文才更能展现个人特色	B 말재주는 글재주보다 개인의 특성을 더 드러낼 수 있다
C 有出众的写作水平才能获得尊重	C 출중한 글쓰기 수준이 있어야 존중받을 수 있다
D 能言善辩的人有较高的文学水平	D 말솜씨가 뛰어난 사람은 비교적 높은 문학적 수준을 가지고 있다

해설 여자가 언급한 口才比文才……更直观地展示出个人的特点을 듣고 선택지 B 口才比文才更能展现个人特色를 정답의 후보로 고른다. 질문이 여자의 관점에 부합하는 것을 물었으므로 선택지 B가 정답이다.

어휘 展现 zhǎnxiàn 圄 드러내다 出众 chūzhòng 圏 출중하다 能言善辩 néngyánshànbiàn 圐 말솜씨가 뛰어나다

19 文才包括<u>驾驭文字的能力</u>和文学知识的积累。 | 글재주는 <u>문자를 다루는 능력</u>과 문학 지식의 축적을 포함한다.

해설 남자가 언급한 文才包括驾驭文字的能力和文学知识的积累。를 듣고 驾驭文字的能力를 정답으로 작성한다.

어휘 驾驭 jiàyù 圄 다루다, 구사하다

20 问: 男的是如何论证文才是口才的基础这个观点的? | 질문: 남자는 글재주가 말재주의 기초라는 이 관점을 어떻게 논증했는가?

A 使用大量比喻	A 많은 비유를 사용한다
B 列举多个统计数据	B 여러 통계 데이터를 열거한다
C 大量引用古代名人名言	C 고대 유명인의 명언을 많이 인용한다
D 举演说家和雄辩家的例子	D 연설가와 웅변가의 예시를 든다

해설 남자가 언급한 文才是口才的基础……无数优秀的演讲家、雄辩家之所以拥有非凡的口才, 是因为他们博览群书, 有着深厚的文化素养。所以说, 再好的口才, 若没有文才的支撑, 那么这不过是耍嘴皮子罢了。를 듣고 선택지 D 举演说家和雄辩家的例子를 정답의 후보로 고른다. 질문이 남자는 글재주가 말재주의 기초라는 이 관점을 어떻게 논증했는지 물었으므로 선택지 D가 정답이다.

어휘 论证 lùnzhèng 圄 논증하다 比喻 bǐyù 圄 비유하다 列举 lièjǔ 圄 열거하다 引用 yǐnyòng 圄 인용하다 雄辩家 xióngbiànjiā 圕 웅변가

21 问: 男的列举陈景润的例子是为了说明什么? | 질문: 남자가 천징룬의 예시를 든 것은 무엇을 설명하기 위함인가?

A 文才不需要口才的支撑	A 글재주는 말재주의 뒷받침이 필요하지 않다
B 口才非凡的人让人敬佩	B 말재주가 비범한 사람은 존경을 받는다
C 大量阅读能提高写作能力	C 독서를 많이 하는 것은 글쓰기 능력을 향상시킬 수 있다
D 好口才是好文才的必要条件	D 좋은 말재주는 좋은 글재주의 필요 조건이다

해설 남자가 언급한 想想中国伟大的数学家陈景润先生, 一向不善于表达的他用论文的形式证实了哥德巴赫猜想, 让国内外著名的数学家们都为之惊叹。口才只是表达文才的方式之一, 即便没有口才, 文才也依旧能够精彩。를 듣고 선택지 A 文才不需要口才的支撑을 정답의 후보로 고른다. 질문이 남자가 천징룬의 예시를 든 것은 무엇을 설명하기 위함인지 물었으므로, '말재주가 없더라도 글재주는 여전히 훌륭할 수 있다'라는 부분에서 알 수 있는 선택지 A가 정답이다.

어휘 支撑 zhīchēng 圄 뒷받침하다, 지탱하다 非凡 fēifán 圏 비범하다 敬佩 jìngpèi 圄 존경하다, 탄복하다

22 问: 女的认为，出众的口才具有怎样的积极意义?	질문: 여자는 출중한 말재주가 어떤 긍정적 의미가 있다고 생각하는가?
A 能推进社会分工合作 B 有助于积累文学知识 C 能更有效地传承历史文化 D 可以增强人的自我保护意识	A 사회의 분업과 협력을 추진할 수 있다 B 문학 지식을 쌓는 데 도움이 된다 C 더욱 효과적으로 역사 문화를 계승할 수 있다 D 사람의 자기 보호 의식을 강화할 수 있다

해설 여자가 언급한 优秀的口才能使交流更加有效，促进社会分工合作를 듣고 선택지 A 能推进社会分工合作를 정답의 후보로 고른다. 질문이 여자는 출중한 말재주가 어떤 긍정적 의미가 있다고 생각하는지 물었으므로 선택지 A가 정답이다.

어휘 传承 chuánchéng[동] 계승하다　意识 yìshí[명] 의식

23-27

立春是二十四节气之首。"立"为开始，"春"代表着温暖和生长。古往今来，人们给立春赋予了仪式感，在这天农民播种施肥，文人雅士不惜笔墨来抒怀。"一年之计在于春"，[23]立春是一年当中重要的节气，意味着农耕的开始。在立春这一天，中国民间有一些"迎春"习俗，而独特的饮食便是其中一项。那么，[27]在立春这么重要的日子里，人们都吃什么呢?

[27]吃春饼是立春时中国民间的饮食风俗之一，在东北、华北等地区，都有立春吃春饼的习俗。[24]春饼是用面粉烙制的薄饼，一般要卷菜而食。春饼一般会与春天的时令菜放在一个盘子里，这被称为"春盘"。[24]从宋代到明清时期，吃春饼之风日盛，且有皇帝在立春时向百官赏赐春饼的记载。到清代，伴春饼而食的菜馅变得更为丰富。人们备上小菜或各式炒菜，吃春饼时随意夹入饼内。如今，春饼在制作方法上仍然沿用了古代的烙制或蒸制，大小可视个人喜好而定。在食用时，有些人喜欢抹甜面酱、卷羊角葱，而有的地方会把肚丝、鸡丝等熟肉夹在春饼里吃。[24]随着烹调技术的发展和提高，人们从"春饼"中获得灵感，做出了"春卷"。春卷是用干面皮包馅后油炸而成的。人们通常在春卷里面放入大量的新鲜食材，因此春卷的营养价值非常高，受到男女老少的喜爱。

[27]立春时吃生菜也是古已有之，早在汉代，就有"立春日食生菜"的记载。不过"立春日食生菜"中的生菜是指立春时刚刚长出来的野菜，人们赋予其"迎新"的美好意义。有关立春饮食的文献记载中常出现生菜，但是各地生菜的含义并不相同。生菜既可以炒着吃，也可以生吃。生菜音同"生财"，代表着财富的增加，另外生菜还有新生的寓意，象征着立春是一个好的开始。此外，据《明宫史·饮食好尚》记载:"立春之时，无贵贱皆嚼萝卜，名曰'咬春'。"[25]就是说在立春的时候，不分贫富贵贱，所有人都会吃萝卜，这种习俗叫做"咬春"。至于

입춘은 24절기의 으뜸입니다. '입(立)'은 시작이고, '춘(春)'은 따뜻함과 성장을 의미합니다. 예나 지금이나 사람들은 입춘에 의미를 부여했는데, 이날 농민들은 파종을 하고 비료를 주었으며, 문인과 선비들은 필묵을 아끼지 않고 감정을 표현했습니다. '일 년의 계획은 봄에 있다'고 하는데, [23]입춘은 한 해의 중요한 절기로 농경의 시작을 의미합니다. 입춘 당일에 중국 민간에는 '봄맞이' 풍습이 있는데, 독특한 음식이 바로 그중 하나입니다. 그렇다면, [27]입춘이라는 이렇게 중요한 날에 사람들은 무엇을 먹을까요?

[27]춘병을 먹는 것은 입춘 때의 중국 민간 음식 풍습 중 하나로, 둥베이, 화베이 등 지역에는 모두 입춘에 춘병을 먹는 풍습이 있습니다. [24]춘병은 밀가루를 구운 얇은 전병으로, 일반적으로 채소를 넣어 말아서 먹습니다. 춘병은 보통 봄철 제철 채소와 함께 한 접시에 담는데, 이는 '춘반'이라고 불립니다. [24]송나라부터 명나라와 청나라 시대까지 춘병을 먹는 풍습은 날로 번성하였고, 황제가 입춘에 모든 관리들에게 춘병을 하사하였다는 기록까지 있습니다. 청나라 시대에 이르러 춘병에 곁들여 먹는 소는 더욱 풍부해졌습니다. 사람들은 간단한 반찬이나 각종 볶음 요리를 준비해서, 춘병을 먹을 때 속에 마음대로 넣을 수 있습니다. 오늘날, 춘병은 제조 방법에 있어 여전히 굽거나 찌는 옛날 방식을 사용하고 있으며, 크기는 개인의 취향에 따라 결정할 수 있습니다. 먹을 때 어떤 사람들은 춘장을 바르거나 대파를 말아 넣기를 좋아하며, 어떤 곳에서는 채 썬 돼지 위, 채 썬 닭고기 등과 같은 익힌 고기를 춘병에 넣습니다. [24]요리 기술이 발전하고 향상됨에 따라, 사람들은 '춘병'에서 영감을 받아 '춘권'을 만들어냈습니다. 춘권은 건면피에 소를 싸고, 기름에 튀겨서 만든 것입니다. 사람들은 보통 춘권 안에 신선한 재료를 많이 넣는데, 이 때문에 춘권은 영양가가 매우 높아 남녀노소 모두에게 사랑받고 있습니다.

[27]입춘에 생채를 먹는 것도 옛날부터 있던 것입니다. 일찍이 한나라 시대에 '입춘에 생채를 먹는다'는 기록이 있습니다. 그러나 '입춘에 생채를 먹는다'에서 생채는 입춘에 갓 자란 산나물을 가리키며, 사람들은 생채에 '새해를 맞이한다'는 좋은 의미를 부여했습니다. 입춘 음식에 대한 문헌 기록에 생채가 자주 등장하지만, 생채의 의미는 지역마다 다릅니다. 생채는 볶아서 먹을 수도 있고, 생으로도 먹을 수 있습니다. 생채는 '돈을 벌다'와 발음이 같아서 재산이 늘어남을 나타내는데, 이 외에도 생채는 새로 태어난다는 의미도 담고 있어 입춘이 좋은 시작임을 상징합니다. 그 밖에도 <명궁사·음식호상> 기록에 따르면 "입춘에는 귀천을 가리지 않고 모두 무를 씹는데, 이를 '咬春(봄을 깨물다)'이라고 한다."라고 합니다. [25]즉, 입춘에는 빈부귀천을 가리지 않고 모두가 무를 먹으며, 이러한 풍습을 '咬春'이라고 합니다. 입춘에 왜 무를 먹는지에 대해서는,

立春为什么吃萝卜，比较普遍的说法是吃萝卜可以解春困。立春后，气温逐渐升高，人的阳气也开始逐渐升发，讲究食补的人就选择了具有辛甘发散性质的食物，因此，萝卜便成为了立春时最佳的养生食物。除了食物，一些地方志关于立春的记载中还常常提到"饮春酒"。"饮春"指的是酒，在北方一般是烧酒，在南方则是米酒。立春时，人们通常会准备好小菜，配上一杯"春酒"，与亲戚朋友和邻里一起谈笑风生。

²⁶我个人觉得，立春时吃这些传统食物，说明了人们遵循自然规律，根据气候和身体变化，选择合适的饮食，²⁶这体现了人们"顺天应时"的哲学思想。

무를 먹으면 춘곤증을 해소할 수 있다는 것이 일반적인 견해입니다. 입춘 후 기온이 점차 상승하고 사람의 양기도 점차 상승하기 시작하여, 음식으로 몸보신하는 것을 중시하는 사람들은 매운맛과 단맛이 발산되는 성질의 음식을 선택했는데, 따라서 무는 입춘에 최고의 보양 식품이 되었습니다. 음식 외에도 입춘에 대한 일부 지방지의 기록에는 종종 '춘주를 마시다'가 언급됩니다. '봄을 마시다'는 술을 가리키며, 북방에서는 보통 소주를, 남방에서는 미주를 가리킵니다. 입춘에 사람들은 보통 간단한 반찬을 준비하고 '춘주' 한 잔을 곁들여 친척, 친구, 이웃과 함께 담소를 나눕니다.

²⁶저는 개인적으로 입춘에 이러한 전통 음식을 먹는 것은 사람들이 자연의 법칙을 따르고, 기후와 신체 변화에 따라 적절한 음식을 선택하는 것을 반영했으며, ²⁶이는 '하늘의 이치와 시대의 추이에 순응한다'라는 사람들의 철학을 드러냈다고 생각합니다.

어휘 **节气** jiéqi 圆절기 **赋予** fùyǔ 圐부여하다 **仪式感** yíshìgǎn 圆의미[일상 행위를 의식화하여 의미를 부여하는 행위]
播种 bōzhǒng 圐파종하다, 씨를 뿌리다 **文人雅士** wénrén yǎshì 圐문인과 선비 **不惜** bùxī 圐아끼지 않다 **抒怀** shūhuái 圐감정을 표현하다
意味着 yìwèizhe 圐의미하다 **民间** mínjiān 圐민간 **习俗** xísú 圐풍습 **饮食** yǐnshí 圐음식 **烙制** lào zhì 굽다, 구워 만들다
卷 juǎn 圐말다 **日盛** rì shèng 날로 번성하다 **皇帝** huángdì 圐황제 **赏赐** shǎngcì 圐하사하다, 상을 주다 **记载** jìzǎi 圐기록하다
馅 xiàn 圐(음식 안에 들어가는) 소 **随意** suíyì 圐마음대로 **蒸制** zhēng zhì 찌다, 쪄서 만들다 **烹调** pēngtiáo 圐요리하다
灵感 línggǎn 圐영감 **文献** wénxiàn 圐문헌 **含义** hányì 圐의미 **寓意** yùyì 圐(비유적) 의미 **皆** jiē 圐모두 **嚼** jiáo 圐씹다
辛甘 xīngān 매운맛과 단맛 **地方志** dìfāngzhì 圐지방지[지방의 사회·정치·경제 등의 상황을 기록한 책]
谈笑风生 tánxiàofēngshēng 圀담소를 나누다 **遵循** zūnxún 圐따르다 **顺天应时** shùntiānyìngshí 圀하늘의 이치와 시대의 추이에 순응하다

---

23 问: 根据这段话, 立春意味着什么? | 질문: 이 장문에 근거하여, 입춘은 무엇을 의미하는가?

A 春天即将过去	A 봄이 곧 지나갈 것이다
B 农历春节的到来	B 음력 춘절의 도래
C 农作物开始成熟	C 농작물이 익기 시작한다
D 农民开始耕耘播种	D 농민들이 경작과 파종을 시작한다

해설 음성 초반에서 언급된 立春是一年当中重要的节气, 意味着农耕的开始을 듣고 선택지 D 农民开始耕耘播种을 정답의 후보로 고른다. 질문이 이 장문에 근거하여 입춘은 무엇을 의미하는지 물었으므로, 선택지 D가 정답이다.

어휘 **意味着** yìwèizhe 圐의미하다 **耕耘** gēngyún 圐경작하다 **播种** bōzhǒng 圐파종하다, 씨를 뿌리다

---

24 问: 关于春饼, 下列哪项不正确? | 질문: 춘병에 관해, 다음 중 옳지 않은 것은?

A 是用面粉烙制的薄饼	A 밀가루로 구운 얇은 전병이다
B "春卷"的出现与其有关	B '춘권'의 출현과 관련이 있다
C 从宋代就有了对春饼的记载	C 송나라 시대부터 춘병에 대한 기록이 있었다
D 现在的制作方法与古代截然不同	D 지금의 제작 방식은 예전과 완전히 다르다

해설 음성 중반에서 언급된 春饼是用面粉烙制的薄饼……从宋代到明清时期, 吃春饼之风日盛, 且有皇帝在立春时向百官赏赐春饼的记载。……随着烹调技术的发展和提高, 人们从 "春饼" 中获得灵感, 做出了 "春卷"。을 듣고 A 是用面粉烙制的薄饼, B "春卷"的出现与其有关, C 从宋代就有了对春饼的记载를 정답의 후보로 고른다. 질문이 춘병에 관해 옳지 않은 것을 물었으므로, 선택지 D 现在的制作方法与古代截然不同이 정답이다.

어휘 **烙制** lào zhì 굽다, 구워 만들다 **记载** jìzǎi 圐기록하다 **截然不同** jiéránbùtóng 圀완전히 다르다

25	问: 关于 "咬春", 可以知道什么?	질문: '咬春(봄을 깨물다)'에 관해, 알 수 있는 것은 무엇인가?
	A 寓意着 "生财"	A '돈을 벌다'라는 의미를 갖고 있다
	B 有助于解春困	B 춘곤증 해소에 도움이 된다
	C 是从夏朝流传下来的传统	C 하나라부터 전해 내려오는 전통이다
	D 只在皇帝和朝廷官员之间流行	D 황제와 조정의 관리들 사이에서만 유행했다

해설 음성 중반에서 언급된 就是说在立春的时候, 不分贫富贵贱, 所有人都会吃萝卜, 这种习俗叫做 "咬春"。至于立春为什么吃萝卜, 比较普遍的说法是吃萝卜可以解春困을 듣고 선택지 B 有助于解春困을 정답의 후보로 고른다. 질문이 '咬春'에 관해 알 수 있는 것을 물었으므로, 선택지 B가 정답이다.

어휘 寓意 yùyì 圐 (비유적) 의미   皇帝 huángdì 圐 황제

26	问: 男的如何评价立春的传统食物?	질문: 남자는 입춘의 전통 음식을 어떻게 평가하는가?
	A 需要进行更多的创新	A 더 많은 혁신을 해야 한다
	B 不太符合现代人的口味	B 현대인의 입맛에 맞지 않는다
	C 体现了中国的优秀传统美德	C 중국의 우수한 전통 미덕을 드러냈다
	D 反映了 "顺天应时" 的哲学思想	D '하늘의 이치와 시대의 추이에 순응한다'라는 철학 사상을 드러냈다

해설 음성 후반에서 언급된 我个人觉得, 立春时吃这些传统食物……这体现了人们 "顺天应时" 的哲学思想을 듣고 선택지 D 反映了 "顺天应时" 的哲学思想을 정답의 후보로 고른다. 질문이 남자는 입춘의 전통 음식을 어떻게 평가하는지 물었으므로, 선택지 D가 정답이다.

어휘 创新 chuàngxīn 圐 혁신하다   顺天应时 shùntiānyìngshí 圐 하늘의 이치와 시대의 추이에 순응하다

27	问: 这段话主要谈的是什么?	질문: 이 장문이 주로 이야기하는 것은 무엇인가?
	A 中国丰富多彩的立春食物	A 중국의 다채로운 입춘 음식
	B 春节的一些传统民间活动	B 춘절의 몇몇 전통 민간 행사
	C 中国古代有名的烹饪方法	C 중국 고대의 유명한 요리법
	D 二十四节气食用的传统食物	D 24절기에 먹는 전통음식

해설 음성 초반에서 언급된 在立春这么重要的日子里, 人们都吃什么呢? 와 吃春饼是立春时中国民间的饮食风俗之一 그리고 음성 중반에서 언급된 立春时吃生菜也是古已有之을 듣고 선택지 A 中国丰富多彩的立春食物를 정답의 후보로 고른다. 질문이 이 장문이 주로 이야기하는 것을 물었으므로, 선택지 A가 정답이다.

어휘 烹饪 pēngrèn 圐 요리하다   节气 jiéqi 圐 절기

28-33

洗碗机发展至今已经有一百多年的历史了, 它的诞生与美国的一位女士有关, 这位女士叫[28]科克伦。有一天, 科克伦像往常一样在家里举办宴会、招待客人, 但聚会结束后, 仆人传来的一个消息让她郁闷不已, 那就是她爱惜的精致瓷器餐具在清洗时被摔坏了。经过一番深思熟虑, 她决定制造一台比手洗更快捷更安全的机器。在祖父的帮助下, 她成功地设计出了一台利用水压来清洗餐具的洗碗机, [28]她的洗碗机在1893年的世界博览会上展出, 因此她被称为 "现代洗碗机之母"。

식기세척기의 발전은 지금까지 100여 년의 역사가 있으며 이것의 탄생은 미국의 한 여성과 관련이 있는데, 이 여성의 이름은 [28]코크런이다. 어느 날 코크런은 평소처럼 집에서 연회를 열고 손님을 초대했다. 그러나 모임이 끝나고 하인이 전해준 한 가지 소식이 그녀를 속상하게 했는데, 바로 그녀가 아끼던 정교한 도자기 식기가 설거지 중 깨졌다는 것이었다. 심사숙고 끝에 그녀는 손으로 설거지하는 것보다 빠르고 안전한 기계를 만들기로 결정했다. 할아버지의 도움으로 그녀는 성공적으로 수압을 이용해 식기를 세척하는 식기세척기를 설계해냈다. [28]그녀의 식기세척기는 1893년의 세계박람회에 전시되었고, 이로 인해 그녀는 '현대 식기세척기의 어머니'로 불린다.

目前市面上的洗碗机可根据工作原理，大致分为两种，一种为冲刷式洗碗机，另一种为超声波洗碗机。[29]冲刷式洗碗机利用高温水和洗涤剂，对餐具表面的油污和残渣进行分解。[29]高压喷射的水流会对餐具表面进行全方位冲刷，最后通过热水浸泡，使餐具上的油污和食物残渣分解脱落。超声波洗碗机则不同，超声波可以使水分子产生微小空化气泡，大量气泡在餐具表面爆炸时产生的冲击波会去掉餐具表面的油污和残渣，从而达到清洁目的。

从最新调查数据可知，洗碗机在西方的普及率已达到70%，在日本也达到30%，而在中国只有2%。[30]为了解放双手而购买洗碗机的中国家庭并不多，很多人对洗碗机不够了解，甚至带有偏见。事实上，[31]洗碗机在中国的普及率低是有原因的。首先是价格问题。不少消费者乐意花钱去购买一些"懒人"用品，却不愿意购买洗碗机，因为市面上的洗碗机均价都在几千元以上，贵的甚至可达上万元，这对很多人来说难以接受。其次，中餐的特点影响了中国家庭对洗碗机的使用体验。[31]相较于西餐，中餐更加重油、多汤汁、多残渣，为了把餐具清洁干净，防止残渣堵塞下水口，在使用洗碗机前需要先手动清理餐具。此外，洗碗机的运作时间很长，短则半小时，长则达数小时。使用洗碗机时，还需要购买专用洗涤剂，安装专用水管，这些都给使用者带来了一定的不便。

虽然人们指出了洗碗机如此多的缺点，但它的优点却不容忽视。从清洁方面来看，洗碗机工作时一般使用70度左右的高温水，所以能有效去油和除菌。从节能方面来看，[32]现在的洗碗机耗水量和耗电量相对较少，[32]耗水量甚至比手洗时还少。从功能方面来看，洗碗机能够一机多用，它除了洗餐具之外，还能洗蔬菜、水果等，也可以被用作消毒柜。

总的来说，洗碗机可以给人们带来极大的便利，大大减轻繁琐的家务劳动，从而提升生活质量。[33]在中国市场，洗碗机未来的前景可期，相信在不久的将来，会有越来越多的中国家庭使用洗碗机，真正做到解放双手。

현재 시중에 나와 있는 식기세척기는 작동 원리에 따라 크게 두 가지 유형으로 나뉘는데, 하나는 수압식 식기세척기이고, 다른 하나는 초음파 식기세척기이다. [29]수압식 식기세척기는 고온의 물과 세제를 이용해 식기 표면의 기름때와 찌꺼기를 분해한다. [29]고압으로 분사되는 물줄기는 식기의 표면을 완전히 씻어내고 최종적으로 뜨거운 물에 담가 식기의 기름때와 음식물 찌꺼기를 분해해 떨어트린다. 초음파 식기세척기는 이와 다른데, 초음파는 물 분자에 미세한 캐비테이션 기포를 생성시킬 수 있고, 많은 양의 기포가 식기 표면에서 터질 때 발생하는 충격파는 식기 표면의 기름때와 찌꺼기를 제거하여 세척의 목적을 달성한다.

최신 조사 데이터에서는 서양에서의 식기세척기 보급률은 이미 70%에 달하고, 일본에서도 30%에 달하지만 중국에서는 2%에 불과하다는 것을 알 수 있다. [30]두 손을 해방시키기 위해 식기세척기를 구입하는 중국 가정은 많지 않으며, 많은 사람이 식기세척기에 대해 잘 알지 못하고 심지어 편견까지 가지고 있다. 사실 [31]중국에서 식기세척기의 보급률이 낮은 데는 이유가 있다. 우선 가격 문제이다. 많은 소비자가 기꺼이 '게으른 사람을 위한' 용품을 구매하는 데 돈을 쓰지만, 식기세척기를 사려고 하지 않는데, 시중 식기세척기의 평균 가격이 모두 수천 위안 이상이고 비싼 것은 심지어 만 위안 이상에 달해, 이는 많은 사람이 받아들이기 어렵기 때문이다. 둘째, 중국 요리의 특징이 중국 가정의 식기세척기 사용 경험에 영향을 미쳤다. [31]서양 요리에 비해 중국 요리는 기름기가 많고, 국물이 많고, 찌꺼기가 많아서 식기를 깨끗하게 세척하고, 찌꺼기가 하수구를 막는 것을 방지하기 위해서는 식기세척기를 사용하기 전에 손으로 식기를 설거지해야 한다. 또한, 식기세척기의 작동 시간이 긴데, 짧게는 30분, 길게는 몇 시간에 달한다. 식기세척기를 사용할 때는 전용 세제를 구입하고 전용 호스를 설치해야 하는데, 이런 것들은 모두 사용자에게 일정 정도의 불편함을 가져다주었다.

비록 사람들은 식기세척기의 이토록 많은 단점을 지적하지만, 장점도 무시할 수 없다. 세척 측면에서 보면 식기세척기 작동 시 보통 70도 정도의 뜨거운 물을 사용하기 때문에 효과적으로 기름 제거와 살균을 할 수 있다. 에너지 절약 측면에서 보면 [32]지금의 식기세척기는 물 소비량과 전기 소비량이 상대적으로 적고, [32]물 소비량은 심지어 손으로 설거지할 때보다 더 적다. 기능적 측면에서 보면 식기세척기는 한 기기에 많은 기능이 있는데, 식기 세척 외에도 채소, 과일 등을 세척할 수 있으며 소독기로도 사용할 수도 있다.

종합적으로 말하자면, 식기세척기는 사람들에게 큰 편리함을 제공하고 번거로운 가사 노동을 크게 줄여주어 삶의 질을 향상시킬 수 있다. [33]중국 시장에서 식기세척기의 미래 전망은 기대가 되며, 머지않은 미래에 점점 더 많은 중국 가정이 식기세척기를 사용하여 진정으로 두 손을 해방시킬 것이라고 믿는다.

어휘 洗碗机 xǐwǎnjī 몡식기세척기　诞生 dànshēng 동탄생하다　往常 wǎngcháng 몡평소　仆人 púrén 몡하인, 고용인
郁闷 yùmèn 동속상하다, 답답하다　精致 jīngzhì 혱정교하다　瓷器 cíqì 몡도자기　深思熟虑 shēnsīshúlǜ 졩심사숙고하다
祖父 zǔfù 몡할아버지　博览会 bólǎnhuì 몡박람회　原理 yuánlǐ 몡원리　大致 dàzhì 뷔크게, 대체로　超声波 chāoshēngbō 몡초음파
洗涤剂 xǐdíjì 몡세제　油污 yóuwū 몡기름때　残渣 cánzhā 몡찌꺼기　分解 fēnjiě 동분해하다　喷射 pēnshè 동분사하다
浸泡 jìnpào 동(오랜 시간 물에) 담그다　空化气泡 kōnghuà qìpào 캐비테이션 기포[초음파를 통해 생성되는 기포]
爆炸 bàozhà 동터지다, 폭발하다　冲击波 chōngjībō 몡충격파　普及 pǔjí 동보급되다　解放 jiěfàng 동해방하다　偏见 piānjiàn 몡편견
乐意 lèyì 동기꺼이 ~하다　防止 fángzhǐ 동방지하다　堵塞 dǔsè 동(터널·통로 등을) 막다　清理 qīnglǐ 동씻다, 깨끗이 정리하다
耗电 hàodiàn 동전기를 소비하다　消毒柜 xiāodúguì 몡소독기　便利 biànlì 혱편리하다　繁琐 fánsuǒ 혱번거롭다　前景 qiánjǐng 몡전망
可期 kě qī 기대되다

28 问: 关于科克伦, 可以知道什么? | 질문: 코크런에 관해, 알 수 있는 것은 무엇인가?

A 她的洗碗机曾在世界博览会展出 | A 그녀의 식기세척기는 세계박람회에 전시된 적 있다

B 她的洗碗机采用了手动操作方式 | B 그녀의 식기세척기는 수동 조작 방식을 사용한다

C 她把洗碗机的专利权转让给了他人 | C 그녀는 식기세척기의 특허권을 다른 사람에게 넘겼다

D 她的祖父为她设计出了洗碗机的雏形 | D 그녀의 할아버지는 그녀를 위해 식기세척기의 초기 형태를 설계했다

해설 음성 초반에서 언급된 科克伦……她的洗碗机在1893年的世界博览会上展出를 듣고 선택지 A 她的洗碗机曾在世界博览会展出를 정답의 후보로 고른다. 질문이 코크런에 관해 알 수 있는 것을 물었으므로, 선택지 A가 정답이다.

어휘 博览会 bólǎnhuì 몡 박람회　操作 cāozuò 통 조작하다　专利权 zhuānlìquán 몡 특허권　转让 zhuǎnràng 통 (재물이나 권리를) 넘겨주다　祖父 zǔfù 몡 할아버지　雏形 chúxíng 몡 초기 형태, 원형

29 问: 冲刷式洗碗机具有什么特点? | 질문: 수압식 식기세척기는 어떤 특징을 가지고 있는가?

A 工作时对水的温度没有特别的要求 | A 작동 시 물 온도에 특별한 요구 사항이 없다

B 高压喷射的水流能全方位冲洗餐具 | B 고압으로 분사되는 물줄기가 식기를 완전히 씻어낼 수 있다

C 干燥的内部环境能对餐具起保护作用 | C 건조한 내부 환경이 식기를 보호해주는 효과를 낼 수 있다

D 洗涤剂的化学分子爆炸时产生空化气泡 | D 세제의 화학 분자가 터질 때 캐비테이션 기포가 생긴다

해설 음성 중반에서 언급된 冲刷式洗碗机……高压喷射的水流会对餐具表面进行全方位冲刷를 듣고 선택지 B 高压喷射的水流能全方位冲洗餐具를 정답의 후보로 고른다. 질문이 수압식 식기세척기는 어떤 특징을 가지고 있는지 물었으므로, 선택지 B가 정답이다.

어휘 喷射 pēnshè 통 분사하다　洗涤剂 xǐdíjì 몡 세제　爆炸 bàozhà 통 터지다, 폭발하다　空化气泡 kōnghuà qìpào 캐비테이션 기포[초음파를 통해 생성되는 기포]

30 购买洗碗机的中国家庭并不多, 很多人对洗碗机不够了解, 甚至带有偏见。 | 식기세척기를 구입하는 중국 가정은 많지 않으며, 많은 사람이 식기세척기에 대해 잘 알지 못하고 심지어 편견까지 가지고 있다.

해설 음성 중반에서 언급된 为了解放双手而购买洗碗机的中国家庭并不多, 很多人对洗碗机不够了解, 甚至带有偏见。을 듣고 偏见을 정답으로 작성한다.

어휘 偏见 piānjiàn 몡 편견

31 问: 相较于西方家庭, 中国家庭为什么很少使用洗碗机? | 질문: 서양 가정과 비교했을 때, 중국 가정은 왜 식기세척기를 거의 쓰지 않는가?

A 中式餐具相对来说更容易破碎 | A 중식 식기가 상대적으로 더 쉽게 깨진다

B 中国家庭使用洗碗机时耗时更长 | B 중국 가정에서 식기세척기를 사용할 때 시간이 더 오래 걸린다

C 中西方的思想观念存在很大差异 | C 중국과 서양의 사상과 관념에 큰 차이가 있다

D 中餐残渣较多, 清理起来更有难度 | D 중국 요리는 찌꺼기가 많아 설거지하기 더 어렵다

해설 음성 중반에서 언급된 洗碗机在中国的普及率低是有原因的……相较于西餐, 中餐更加重油、多汤汁、多残渣, 为了把餐具清洁干净, 防止残渣堵塞下水口, 在使用洗碗机前需要先手动清理餐具。를 듣고 선택지 D 中餐残渣较多, 清理起来更有难度를 정답의 후보로 고른다. 질문이 서양 가정과 비교했을 때 중국 가정은 왜 식기세척기를 거의 쓰지 않는지 물었으므로, 선택지 D가 정답이다.

어휘 耗时 hàoshí 통 시간이 걸리다　残渣 cánzhā 몡 찌꺼기　清理 qīnglǐ 통 씻다, 깨끗이 정리하다

32 问: 关于现在的洗碗机, 下列哪项正确? | 질문: 지금의 식기세척기에 관해, 다음 중 옳은 것은?

A 清洁效果有待验证 | A 세척 효과가 검증될 필요가 있다

B 噪音问题仍未得到解决 | B 소음 문제가 아직 해결되지 못했다

C 比手洗时更能节约用水 | C 손으로 세척할 때보다 물을 더 절약할 수 있다

D 尤其受到年轻消费者的青睐 | D 특히 젊은 소비자의 환영을 받는다

해설 음성 후반에서 언급된 现在的洗碗机……耗水量甚至比手洗时还少를 듣고 선택지 C 比手洗时更能节约用水를 정답의 후보로 고른다. 질문이 지금의 식기세척기에 관해 옳은 것을 물었으므로, 선택지 C가 정답이다.

어휘 **有待** yǒudài[동]~할 필요가 있다 **验证** yànzhèng[동]검증하다 **噪音** zàoyīn[명]소음
受到青睐 shòudào qīnglài 환영을 받다, 인기가 많다

33 问：根据这段话，洗碗机的发展前景如何？	질문: 이 장문에 근거하여, 식기세척기의 발전 전망은 어떠한가?
A 仍无法满足人们多元化的需求	A 사람들의 다양한 수요를 여전히 만족시키지 못한다
B 将成为厨电企业争相研发的品类	B 주방 가전 기업이 앞다투어 개발하는 품목이 될 것이다
C 全球洗碗机市场在短期内处于饱和状态	C 전 세계 식기세척기 시장은 빠른 시일 내에 포화 상태에 처할 것이다
D 会走进更多中国家庭，让人们享受到便利	D 더 많은 중국 가정에 들어와 사람들이 편리함을 누릴 수 있게 할 것이다

해설 음성 후반에서 언급된 在中国市场，洗碗机未来的前景可期，相信在不久的将来，会有越来越多的中国家庭使用洗碗机，真正做到解放双手。를 듣고 선택지 D 会走进更多中国家庭，让人们享受到便利를 정답의 후보로 고른다. 질문이 식기세척기의 발전 전망은 어떠한지 물었으므로, 선택지 D가 정답이다.

어휘 **前景** qiánjǐng[명]전망 **多元化** duōyuánhuà[형]다양한, 다원화된 **需求** xūqiú[명]수요, 필요 **争相** zhēngxiāng[부]서로 앞다투어
饱和 bǎohé[동]포화하다 **便利** biànlì[형]편리하다

34-40

在今天的节目中，我将为大家介绍有关农业的发展历史。农业是人类文明的基石之一，在人类社会几千年的发展历程中，农业一直处于核心地位，是一切生产发展要素的源泉。[34]农业是每一次工业革命成果重要的应用场景，并伴随先进科技的出现和应用，不断实现迭代和技术革命。

按照农业生产模式和技术进步，农业发展可分为四个阶段，每个阶段都具有不同的特点和技术水平，反映了社会、技术和环境的变化。

农业1.0代表了传统的手工农业时代，没有机械化、化肥、农药等现代农业科技，农民主要依赖人力和简单的手工工具进行农业生产。这个时期的农业只能勉强维持人口的基本生活需求。农业2.0代表了化学农业时代，引入了化肥和农药，以提高产量。在这个时期，机械化农业也得到推广，作业效率和收成率大大提高，良种化、化学化、机械化是当时的农业特点。然而[35]农业2.0引发了土地的污染、生态环境和自然资源的破坏、能源的过度消耗等一系列严重问题。[36]农业3.0代表了应用信息技术的时代。在这个时期，农业生产更加注重环保和可持续性，[36]信息技术开始被应用于农业管理，使得农业生产更加科学化、集约化、商品化和产业化。

而现代农业已进入了农业4.0时代。[37]农业4.0代表了数字化农业和智能农业的时代，[37]强调数字技术、自动化和数据分析的应用，以提高生产效率、可持续性和竞争力。在这个时期，会使用物联网、大数据、人工智能

오늘 프로그램에서는 여러분께 농업의 발전 역사에 대해 소개해드리겠습니다. 농업은 인류 문명의 초석 중 하나이며, 수천 년 동안의 인류 사회 발전 과정에서 농업은 줄곧 핵심 위치에 있었고, 모든 생산 발전 요소의 원천이었습니다. [34]농업은 매번 산업 혁명 성과의 중요한 적용 환경이었으며, 선진 과학 기술의 출현 및 활용과 함께 업그레이드와 기술 혁명이 끊임없이 실현되고 있습니다.

농업 생산 모델과 기술 발전에 따라 농업 발전은 4단계로 나눌 수 있습니다. 각 단계는 모두 다른 특징과 기술 수준을 가지고 있으며, 사회, 기술 및 환경의 변화를 반영했습니다.

농업 1.0은 전통적인 수작업 농업 시대를 나타내며, 기계화, 화학 비료, 농약과 같은 현대 농업 과학 기술이 없고, 농민들은 주로 인력 및 간단한 수작업 공구에 의존하여 농업 생산을 합니다. 이 시기의 농업은 인구의 기본 생활 수요를 간신히 유지할 수만 있었습니다. 농업 2.0은 화학 농업의 시대를 나타내며, 수확량을 늘리기 위해 화학 비료와 농약을 도입했습니다. 이 시기에는 기계화 농업도 보급되어 작업 효율성과 수확량이 크게 향상되었습니다. 개량화, 화학화, 기계화는 당시 농업의 특징이었습니다. 그러나 [35]농업 2.0은 토지 오염, 생태 환경 및 자연 자원의 파괴, 에너지의 과도한 소비와 같은 일련의 심각한 문제를 일으켰습니다. [36]농업 3.0은 정보 기술을 응용한 시대를 나타냅니다. 이 시기에 농업 생산은 환경 보호와 지속 가능성에 더 많은 관심을 기울였고, [36]정보 기술이 농업 관리에 활용되기 시작하여 농업 생산이 보다 과학적이고 집약적이며 상업화되고 산업화되게 했습니다.

현대 농업은 이미 농업 4.0 시대에 진입했습니다. [37]농업 4.0은 디지털 농업 및 스마트 농업의 시대를 나타내며, [37]생산 효율성, 지속 가능성 및 경쟁력을 향상시키기 위해 디지털 기술, 자동화 및 데이터 분석의 활용을 강조했습니다. 이 시기에는 사물인터넷, 빅 데이터, 인공지능 등

等现代技术来监测、管理和优化农业生产，并广泛应用智能农机、无人机、农业机器人等智能设备。

专家们认为，[38/39]农业4.0具有诸多优势。[38]一是提高生产效率，可以实时监测作物和牲畜的健康状况，使农民能够更快速地应对问题，从而提高农作物的产量。二是节约资源，通过精确地施肥、灌溉和管理病虫害，可以减少对水、肥料和农药的浪费，降低生产成本。[39]三是提高质量和可追溯性，可以更容易地监测和控制农产品的质量，同时提供溯源系统，追踪农产品的来源和质量。四是减少人工劳动，智能农机可以自主执行农业任务，减少对人工劳动力的需求，特别是在劳动力短缺的地区。五是提供决策支持，通过决策支持系统和大数据分析，帮助农民做出更明智的经营决策，提高农业的可持续性和竞争力。

农业4.0代表了农业生产的数字化和智能化未来。[40]通过数据驱动的决策和信息技术的应用，农业4.0有望为全球农业带来更高效、可持续和创新的解决方案。

현대 기술을 사용하여 농업 생산을 모니터링하고 관리하고 최적화하며, 스마트 농업 기계, 드론, 농업 로봇 등 스마트 장비를 널리 활용합니다.

전문가들은 [38/39]농업 4.0이 수많은 이점을 가지고 있다고 주장합니다. [38]첫 번째는 생산 효율성을 높입니다. 농작물과 가축의 건강 상태를 실시간으로 모니터링할 수 있어 농민들이 보다 신속하게 문제에 대처할 수 있어 농작물 수확량을 증가시킵니다. 두 번째는 자원을 절약합니다. 정밀하게 비료를 주고 물을 대고 병충해를 관리하는 것을 통해 물, 비료와 농약의 낭비를 줄이고 생산 비용을 절감할 수 있습니다. [39]세 번째는 품질과 추적성을 향상시킵니다. 농산물의 품질을 보다 쉽게 모니터링하고 제어할 수 있는 동시에 추적 시스템을 제공하여 농산물의 원산지와 품질을 추적할 수 있습니다. 네 번째는 노동력을 줄입니다. 스마트 농업 기계는 농업 작업을 스스로 수행할 수 있어서 특히 노동력이 부족한 지역에서 노동력에 대한 수요를 줄일 수 있습니다. 다섯 번째는 의사 결정 보조를 제공합니다. 의사 결정 보조 시스템 및 빅 데이터 분석을 통해 농민들이 보다 현명한 경영 의사 결정을 하도록 도와 농업의 지속 가능성과 경쟁력을 향상시킵니다.

농업 4.0은 농업 생산의 디지털화 및 스마트화된 미래를 나타냅니다. [40]데이터 기반의 의사 결정 및 정보 기술의 활용을 통해 농업 4.0은 전 세계 농업에 보다 효율적이고 지속 가능하며 혁신적인 해결 방안을 제공할 전망입니다.

어휘 基石 jīshí 몡 초석　历程 lìchéng 몡 (역사적) 과정　要素 yàosù 몡 요소　源泉 yuánquán 몡 원천　革命 gémìng 몡 혁명
伴随 bànsuí 동 함께하다　先进 xiānjìn 혱 선진적이다　迭代 diédài 동 업데이트하다, 바뀌다　模式 móshì 몡 모델, 패턴
机械化 jīxièhuà 동 기계화하다　化肥 huàféi 몡 화학 비료　依赖 yīlài 동 의존하다　勉强 miǎnqiǎng 혱 간신히 ~하다　维持 wéichí 동 유지하다
引入 yǐnrù 동 도입하다, 끌어들이다　引发 yǐnfā 동 일으키다, 야기하다　能源 néngyuán 몡 에너지　过度 guòdù 혱 과도하다
消耗 xiāohào 동 소비하다　一系列 yíxìliè 혱 일련의　注重 zhùzhòng 동 관심을 기울이다, 중시하다　可持续 kěchíxù 지속 가능한
集约 jíyuē 혱 집약적이다　产业化 chǎnyèhuà 동 산업화하다　智能 zhìnéng 혱 스마트한　物联网 wùliánwǎng 몡 사물인터넷
大数据 dàshùjù 빅 데이터　人工智能 réngōng zhìnéng 몡 인공지능　监测 jiāncè 동 모니터링하다　优化 yōuhuà 동 최적화하다
无人机 wúrénjī 몡 드론　诸多 zhūduō 혱 수많은　作物 zuòwù 몡 농작물　牲畜 shēngchù 몡 가축　精确 jīngquè 혱 정밀하다
灌溉 guàngài 동 물을 대다, 관개하다　肥料 féiliào 몡 비료　成本 chéngběn 몡 비용, 원가　追溯 zhuīsù 동 추적하다
追踪 zhuīzōng 동 추적하다, 쫓다　来源 láiyuán 몡 원산지, 근원　自主 zìzhǔ 동 스스로 처리하다　执行 zhíxíng 동 수행하다
劳动力 láodònglì 몡 노동력　短缺 duǎnquē 동 부족하다　决策 juécè 동 의사 결정하다　明智 míngzhì 혱 현명하다
数据驱动 shùjù qūdòng 데이터 기반의　有望 yǒuwàng 동 전망이 있다, 가능성이 있다

34	问: 关于农业，可以知道什么？	질문: 농업에 관해, 다음 중 알 수 있는 것은?
	A 需要有庞大的市场需求	A 거대한 시장 수요가 필요하다
	B 不容易引起人们的重视	B 사람들의 주목을 끌기 쉽지 않다
	C 其发展受工业革命的影响	C 그것의 발전은 산업 혁명의 영향을 받았다
	D 一直是国民经济的薄弱环节	D 줄곧 국민 경제의 취약한 부분이었다

해설 음성 초반에서 언급된 农业是每一次工业革命成果重要的应用场景，并伴随先进科技的出现和应用，不断实现迭代和技术革命。을 듣고 선택지 C 其发展受工业革命的影响을 정답의 후보로 고른다. 질문이 농업에 관해 알 수 있는 것을 물었으므로, 선택지 C가 정답이다.

어휘 庞大 pángdà 혱 거대하다, 방대하다　革命 gémìng 몡 혁명　薄弱 bóruò 혱 취약하다　环节 huánjié 몡 부분, 일환

35	问: 农业2.0引发了哪些问题？	질문: 농업 2.0은 어떤 문제를 일으켰는가?
	A 生态环境遭到破坏	A 생태 환경이 파괴되었다
	B 相关人才急剧流失	B 관련 인재가 급격하게 유실되었다
	C 农作物产量大幅减少	C 농작물의 생산량이 대폭 감소되었다
	D 农业管理体制变得混乱	D 농업 관리 체제가 혼란스러워졌다

해설 음성 중반에서 언급된 农业2.0引发了土地的污染、生态环境和自然资源的破坏、能源的过度消耗等一系列严重问题를 듣고 선택지 A 生态环境遭到破坏를 정답의 후보로 고른다. 질문이 농업 2.0은 어떤 문제를 일으켰는지 물었으므로, 선택지 A가 정답이다.

어휘 引发 yǐnfā 圖 일으키다   急剧 jíjù 圖 급격하다   流失 liúshī 圖 유실되다   农作物 nóngzuòwù 圕 농작물   体制 tǐzhì 圕 체제, 제도
混乱 hùnluàn 圈 혼란스럽다

36	问: 在农业3.0时代, 农业生产为什么能够变得更加科学化?	질문: 농업 3.0 시대에 농업 생산은 왜 더 과학적으로 될 수 있었는가?
	A 农民享受到了政策实惠	A 농민들이 정책 혜택을 받았다
	B 政府提倡农民使用化肥和农药	B 정부는 농민들에게 화학 비료와 농약 사용을 제창했다
	C 在农业管理中应用了信息技术	C 농업 관리에 정보 기술을 활용했다
	D 农业机械的出现解放了农民的双手	D 농업 기계의 출현은 농민들의 두 손을 해방시켰다

해설 음성 중반에서 언급된 农业3.0……信息技术开始被应用于农业管理, 使得农业生产更加科学化、集约化、商品化和产业化를 듣고 선택지 C 在农业管理中应用了信息技术를 정답의 후보로 고른다. 질문이 농업 3.0 시대에 농업 생산은 왜 더 과학적으로 될 수 있었는지 물었으므로, 선택지 C가 정답이다.

어휘 政策 zhèngcè 圕 정책   实惠 shíhuì 圕 혜택, 실익   化肥 huàféi 圕 화학 비료   解放 jiěfàng 圖 해방하다, 해방되다

37	农业4.0强调数字技术、自动化和数据分析的应用, 以提高生产效率、可持续性和竞争力。	농업 4.0은 생산 효율성, 지속 가능성 및 경쟁력을 향상시키기 위해 디지털 기술, 자동화 및 데이터 분석의 활용을 강조했다.

해설 음성 중반에서 언급된 农业4.0……强调数字技术、自动化和数据分析的应用, 以提高生产效率、可持续性和竞争力를 듣고 数据分析的应用을 정답으로 작성한다.

어휘 可持续 kěchíxù 지속 가능한

38	问: 农业4.0有利于提高生产效率的原因是什么?	질문: 농업 4.0이 생산 효율성을 높이는 데 도움이 되는 원인은 무엇인가?
	A 能满足旺盛的工业需求	A 왕성한 공업 수요를 만족시킬 수 있다
	B 可及时监测农作物的状况	B 농작물의 상태를 제때에 모니터링할 수 있다
	C 能减少对肥料和水的浪费	C 비료와 물 낭비를 줄일 수 있다
	D 不需要花费很多人力和物力	D 많은 인력과 물자를 들일 필요가 없다

해설 음성 중반에서 언급된 农业4.0……一是提高生产效率, 可以实时监测作物和牲畜的健康状况, 使农民能够更快速地应对问题, 从而提高农作物的产量。을 듣고 선택지 B 可及时监测农作物的状况을 정답의 후보로 고른다. 질문이 농업 4.0이 생산 효율성을 높이는 데 도움이 되는 원인은 무엇인지 물었으므로, 선택지 B가 정답이다.

어휘 旺盛 wàngshèng 圈 왕성하다   监测 jiāncè 圖 모니터링하다   肥料 féiliào 圕 비료

39	问: 在农业4.0时代, 提高可追溯性指的是什么?	질문: 농업 4.0 시대에 추적성을 향상시킨다는 것은 무엇을 의미하는가?
	A 严厉追查农民的责任	A 농민의 책임을 엄격하게 추적하여 조사한다
	B 有效追踪农产品的来源	B 농산물의 원산지를 효과적으로 추적한다
	C 检查近期改良的作物品种	C 최근에 개량된 농작물 품종을 점검한다
	D 积极引进先进的农业生产模式	D 선진적인 농업 생산 모델을 적극적으로 도입한다

해설 음성 중반에서 언급된 农业4.0……三是提高质量和可追溯性, 可以更容易地监测和控制农产品的质量, 同时提供溯源系统, 追踪农产品的来源和质量。을 듣고 선택지 B 有效追踪农产品的来源을 정답의 후보로 고른다. 질문이 농업 4.0 시대에 추적성을 향상시킨다는 것은 무엇을 의미하는지 물었으므로, 선택지 B가 정답이다.

어휘 追溯 zhuīsù 圖 추적하다   严厉 yánlì 圈 엄격하다   追踪 zhuīzōng 圖 추적하다, 쫓다   来源 láiyuán 圕 원산지, 근원
改良 gǎiliáng 圖 개량하다   品种 pǐnzhǒng 圕 품종   先进 xiānjìn 圈 선진적이다   模式 móshì 圕 모델, 패턴

40	通过数据驱动的决策和信息技术的应用，农业4.0有望为全球农业带来更高效、可持续和创新的解决方案。	데이터 기반의 의사 결정 및 정보 기술의 활용을 통해 농업 4.0은 전 세계 농업에 보다 효율적이고 지속 가능하며 혁신적인 해결 방안을 제공할 전망이다.

해설 음성 후반에서 언급된 通过数据驱动的决策和信息技术的应用，农业4.0有望为全球农业带来更高效、可持续和创新的解决方案。을 듣고 数据驱动的决策를 정답으로 작성한다.

어휘 **数据驱动** shùjù qūdòng 데이터 기반의 **决策** juécè [동] 의사 결정하다 **有望** yǒuwàng [동] 전망이 있다, 가능성이 있다

41-47

据最新报道，[41]阿根廷中央银行总裁在与中国人民银行行长会谈后，决定与中国进行1300亿元人民币的货币互换，其中350亿元人民币将被用于稳定阿根廷外汇市场。此次货币互换可以促进中阿双方的贸易合作，同时有利于中国推进"21世纪海上丝绸之路"。此消息一传出，货币互换再次受到了世人的关注。

货币互换是指金额相同、期限相同但货币不同的两笔债务资金之间的互换。简单来说，一个国家与已签订货币互换协议的其他国家进行贸易结算时，可直接用本国货币或者对方国家的货币来进行结算。[42]进行货币互换的目的是降低筹资成本，防止汇率变动造成的经济损失。在一般情况下，货币互换交易一经受理，就不可撤销或提前终止。

[47]货币互换有助于促进国家之间的经济合作，其带来的积极影响有以下几点。

一、减少汇率波动风险。在目前的浮动汇率制度下，两国货币之间的汇率经常发生变化。对于有贸易往来的两国来说，如果允许汇率波动，可能会面临货币贬值或升值带来的不利后果。例如，[43]对中国来说，如果人民币对A国货币贬值，中国商品将有利于向A国出口，但同时不利于从A国进口。不过如果双方实施货币互换，就能减少汇率波动带来的风险。

二、避免汇兑损失。在两国之间开展对外贸易或进行对外直接投资的过程中，[44]如果实施货币互换，就可以直接用本国货币进行结算，不用选择第三方货币作为中间货币，进而避免因汇率波动而造成的汇兑损失。

三、降低外汇储备不足带来的风险。一个国家外汇储备不足，就无法从其他国家进口货物。如果这种无外汇储备又无国际货币的国家想从其他国家购买商品，就可以采用货币互换的形式，直接购买对方国家的商品。

四、推动区域经济一体化进程。[45]货币互换在一定程度上也属于双边投资协议的范畴，[46]贸易双方签署货币互换协议意味着双边经济体的形成。[46]这能促进协议国之间资源的合理配置，推进区域经济一体化进程。

世界正面临着百年未有之大变局，新一轮科技革命和产业变革深入发展。在全球治理体系、国际分工体系、国际贸易投资格局加快重塑的背景下，应该通过合理使用货币互换这一债务对冲手段，促进对外贸易的发展。

최근 보도에 따르면[41]아르헨티나 중앙은행의 총재는 중국 인민은행 은행장과의 회담 후 중국과 1300억 위안의 통화스와프를 체결하기로 결정했는데, 이 중 350억 위안은 아르헨티나 외환시장을 안정화하는 데 쓰일 예정이다. 이번 통화스와프는 중국과 아르헨티나 양측의 무역 협력을 촉진하는 동시에 중국이 '21세기 해상 실크로드'를 추진하는 데도 도움이 된다. 이 소식이 전해지자 통화스와프는 다시 한번 세간의 주목을 받았다.

통화스와프는 금액이 같고 만기가 같지만 통화가 다른 두 채무 자금 간의 스와프를 말한다. 쉽게 말해 한 나라가 이미 통화스와프 협정을 체결한 다른 나라와 무역결산을 할 때, 자국 화폐나 상대국 통화로 바로 결산할 수 있다는 것이다. [42]통화스와프를 하는 목적은 자금 조달 비용을 절감하고, 환율 변동에 따른 경제적 손실을 방지하는 것이다. 일반적으로 통화스와프 거래는 한번 접수되면 철회하거나 조기에 종료할 수 없다.

[47]통화스와프는 나라 간의 경제협력을 촉진하는 데 도움이 되는데, 이것이 가져온 긍정적인 영향은 아래 몇 가지가 있다.

첫째, 환율 변동의 리스크를 줄인다. 현재의 변동 환율 제도에서 양국 통화 간의 환율은 자주 변한다. 무역거래를 하는 양국에 있어 만약 환율 변동을 허용하면 통화의 평가절하나 평가절상에 따른 불이익을 받을 수 있다. 예를 들어 [43]중국 입장에서 만약 위안화가 A국 통화 대비 평가절하되면, 중국 상품이 A국으로 수출하기 유리해지지만 A국으로부터의 수입은 불리해진다. 하지만 만약 양측이 통화스와프를 실시하면 환율 변동에 따른 리스크를 줄일 수 있다.

둘째, 환차손을 피한다. 양국 간 대외무역을 전개하거나 대외직접투자를 진행하는 과정에서 [44]만약 통화스와프를 실시하면 제3국의 통화를 중간통화로 선택하지 않고 바로 자국 통화로 결산할 수 있고, 더 나아가 환율 변동에 따른 환차손을 피할 수 있다.

셋째, 외환보유액 부족으로 인한 리스크를 줄인다. 한 나라의 외환보유액이 부족하면 다른 나라에서 물건을 수입할 수 없다. 만약 이처럼 외환보유액도 없고 국제통화도 없는 나라가 다른 나라에서 물건을 구입하려면, 통화스와프 형태로 상대국의 물건을 직접 사들일 수 있다.

넷째, 지역 경제 통합 프로세스를 촉진한다. [45]통화스와프는 어느 정도 양자투자협정의 범주에 속하기도 하는데, [46]무역하는 양측이 통화스와프 협정을 체결하는 것은 양자경제의 형성을 의미한다. [46]이는 협정국 간 자원의 합리적인 배분을 촉진하고, 지역 경제 통합 프로세스를 추진할 수 있다.

세계는 수백 년 동안 한번도 없었던 큰 변화에 직면해 있으며, 새로운 과학 기술 혁명과 산업 변혁이 심도있게 발전하고 있다. 글로벌 통치 시스템, 국제 분업 시스템, 국제 무역 투자 구도의 재구성이 가속화되는 배경 아래, 통화스와프라는 이 채무 헤지 수단을 합리적으로 활용하여 대외무역의 발전을 촉진해야 한다.

어휘 **阿根廷** Āgēntíng [고유] 아르헨티나　**中央** zhōngyāng [명] 중앙
　　货币互换 huòbì hùhuàn [명] 통화스와프[서로 다른 통화를 약정된 환율에 따라 일정한 시점에서 상호 교환하는 외환거래]　**外汇** wàihuì [명] 외화
　　关注 guānzhù [동] 주목을 하다　**期限** qīxiàn [명] 만기, 기한　**货币** huòbì [명] 통화, 화폐　**债务** zhàiwù [명] 채무　**协议** xiéyì [명] 협정, 협의
　　结算 jiésuàn [동] 결산하다　**筹资** chóuzī [동] 자금을 조달하다　**成本** chéngběn [명] 비용　**防止** fángzhǐ [동] (나쁜 일을) 방지하다
　　汇率 huìlǜ [명] 환율　**撤销** chèxiāo [동] 철회하다　**终止** zhōngzhǐ [동] 종료하다　**波动** bōdòng [동] 변동하다, 파동치다
　　浮动汇率 fúdòng huìlǜ [명] 변동 환율　**贬值** biǎnzhí [동] 평가절하하다　**升值** shēngzhí [동] 평가절상하다　**实施** shíshī [동] 실시하다
　　汇兑损失 huìduì sǔnshī [명] 환차손[환율 변동에 따라 발생한 손해]　**开展** kāizhǎn [동] 전개하다　**进而** jìn'ér [더] 나아가
　　外汇储备 wàihuì chǔbèi [명] 외환보유액　**区域** qūyù [명] 지역　**经济一体化** jīngjì yìtǐhuà 경제 통합　**范畴** fànchóu [명] 범주
　　签署 qiānshǔ [동] 체결하다, (중요한 문서상에) 정식 서명하다　**意味着** yìwèizhe [동] 의미하다　**配置** pèizhì [동] 배분하다, 배치하다
　　进程 jìnchéng [명] 프로세스, 절차　**革命** gémìng [동] 혁명하다　**产业** chǎnyè [명] 산업　**变革** biàngé [동] 변혁하다　**治理** zhìlǐ [동] 통치하다, 다스리다
　　体系 tǐxì [명] 시스템, 체계　**格局** géjú [명] 구도　**重塑** chóng sù 재구성하다
　　对冲 duìchōng 헤지[보유하고 있거나 앞으로 보유하려는 자산의 가격이 변함에 따라 발생하는 위험을 없애려는 시도]

---

41 根据第一段, 可以知道什么?

첫 번째 단락에 근거하여, 알 수 있는 것은 무엇인가?

A 阿根廷想通过货币互换占据主导地位

B 阿根廷中央银行决定开展新一轮财政政策

C 中阿货币互换不利于其他国家进军南美市场

D 中阿货币互换将有利于使阿根廷外汇市场稳定

A 아르헨티나는 통화스와프로 주도적인 위치를 차지하려고 한다

B 아르헨티나 중앙은행은 새로운 재정 정책을 전개하기로 결정했다

C 중국과 아르헨티나의 통화스와프는 다른 나라가 남미시장을 진출하는 데 불리하다

D 중국과 아르헨티나의 통화스와프는 아르헨티나의 외환시장을 안정화하는 데 도움이 될 것이다

해설 질문이 첫 번째 단락에 근거하여 알 수 있는 것을 물었다. 질문에 핵심어구가 없으므로 각 선택지의 핵심어구 占据主导地位, 开展新一轮财政政策, 进军南美市场, 使阿根廷外汇市场稳定과 관련된 내용을 지문에서 재빨리 찾는다. 첫 번째 단락에서 阿根廷中央银行总裁在与中国人民银行行长会谈后, 决定与中国进行1300亿元人民币的货币互换, 其中350亿元人民币将被用于稳定阿根廷外汇市场이라고 했으므로, 선택지 D 中阿货币互换将有利于使阿根廷外汇市场稳定이 정답이다.

어휘 **阿根廷** Āgēntíng [고유] 아르헨티나
　　货币互换 huòbì hùhuàn [명] 통화스와프[서로 다른 통화를 약정된 환율에 따라 일정한 시점에서 상호 교환하는 외환거래]
　　占据 zhànjù [동] 차지하다　**主导** zhǔdǎo [동] 주도하다　**中央** zhōngyāng [명] 중앙　**开展** kāizhǎn [동] 전개하다　**财政** cáizhèng [명] 재정
　　政策 zhèngcè [명] 정책　**进军** jìnjūn [동] 진출하다, 진군하다　**外汇** wàihuì [명] 외화

---

42 关于货币互换, 下列哪项正确?

통화스와프에 관해, 다음 중 옳은 것은?

A 可降低汇率变动的幅度

B 旨在降低筹措资金的成本

C 需要第三方货币作为中间货币

D 只对同一经济体内的货币进行互换

A 환율 변동의 폭을 낮출 수 있다

B 자금을 조달하는 비용을 절감하는 데 목적이 있다

C 제3국의 통화를 중간통화로 해야 한다

D 동일 경제 주체 안의 통화만 스와프를 한다

해설 질문이 통화스와프에 관해 옳은 것을 물었다. 질문에 핵심어구가 없으므로 각 선택지의 핵심어구 降低汇率变动的幅度, 降低筹措资金的成本, 第三方货币作为中间货币, 同一经济体内的货币进行互换과 관련된 내용을 지문에서 재빨리 찾는다. 두 번째 단락에서 进行货币互换的目的是降低筹资成本이라고 했으므로, 선택지 B 旨在降低筹措资金的成本이 정답이다.

어휘 **旨在** zhǐzài [동] ~에 목적이 있다　**筹措** chóucuò [동] 조달하다, 마련하다　**成本** chéngběn [명] 비용　**货币** huòbì [명] 통화, 화폐

---

43 一个国家货币的贬值会对该国进出口贸易产生怎样的影响?

한 국가 통화의 평가절하는 해당 국가의 수출입 무역에 어떠한 영향을 발생시키는가?

① 有利于对外出口商品

② 贸易赤字会持续增加

③ 在出口方面受诸多限制

④ 在进口方面处于不利地位

① 대외에 상품을 수출하기 유리하다

② 무역 적자가 지속적으로 증가한다

③ 수출 부분에서 많은 제약을 받는다

④ 수입 부분에서 불리한 위치에 처한다

A ①②

B ①④

C ②③

D ③④

A ①②

B ①④

C ②③

D ③④

해설 질문이 한 국가 통화의 평가절하는 해당 국가의 수출입 무역에 어떠한 영향을 발생시키는지 물었으므로, 질문의 핵심어구 一个国家货币的贬值, 该国进出口贸易와 관련된 내용을 지문에서 재빨리 찾는다. 네 번째 단락에서 对中国来说，如果人民币对A国货币贬值，中国商品将有利于向A国出口，但同时不利于从A国进口라고 했으므로, ① 有利于对外出口商品, ④ 在进口方面处于不利地位가 포함된 선택지 B ①④가 정답이다.

어휘 贬值 biǎnzhí 圖 평가절하하다   赤字 chìzì 圓 적자, 결손

---

44 为什么可以通过货币互换来避免汇兑损失？ | 왜 통화스와프를 통해 환차손을 피할 수 있는가?

A 可以减免境外汇款手续费 | A 해외송금 수수료를 감면할 수 있어서
B 无需通过第三方货币进行结算 | B 제3국의 통화로 결산할 필요가 없어서
C 世界贸易组织会承担相应的损失 | C 세계무역기구가 상응하는 손실을 부담해서
D 世界银行给协议双方提供所需资金 | D 세계은행이 협정국 양측에 필요한 자금을 제공해서

해설 질문이 왜 통화스와프를 통해 환차손을 피할 수 있는지 물었으므로, 질문의 핵심어구 通过货币互换来避免汇兑损失과 관련된 내용을 지문에서 재빨리 찾는다. 다섯 번째 단락에서 如果实施货币互换，就可以直接用本国货币进行结算，不用选择第三方货币作为中间货币，进而避免因汇率波动而造成的汇兑损失이라고 했으므로, 선택지 B 无需通过第三方货币进行结算이 정답이다.

어휘 汇兑损失 huìduì sǔnshī 圓 환차손[환율 변동에 따라 발생한 손해]   减免 jiǎnmiǎn 圖 감면하다   境外 jìngwài 圓 해외, (일정한) 지역 밖
汇款 huìkuǎn 圖 송금하다   结算 jiésuàn 圖 결산하다   世界贸易组织 Shìjiè Màoyì Zǔzhī 교유 세계무역기구[WTO]
相应 xiāngyìng 圖 상응하다   协议 xiéyì 圓 협정

---

45 根据上下文，第七段空白处最适合填入的词语是： | 앞뒤 내용에 근거하여, 일곱 번째 단락의 빈칸에 들어갈 어휘로 가장 알맞은 것은:

A 筹码 | A 조건
B 风范 | B 스타일
C 范畴 | C 범주
D 界限 | D 한계

해설 질문이 일곱 번째 단락의 빈칸에 들어갈 어휘로 가장 알맞은 것을 물었다. 선택지 A는 '조건', B는 '스타일', C는 '범주', D는 '한계'라는 의미이다. 빈칸 주변이 '통화스와프는 어느 정도 양자투자협정의 _____ 에 속하기도 한다'라는 문맥이므로, 빈칸에는 통화스와프가 양자투자협정의 한 범위에 포함된다는 것을 의미하는 어휘가 들어가야 한다. 따라서 선택지 C 范畴가 정답이다.

어휘 筹码 chóumǎ 圓 (자신에게 유리한) 조건, 요소   风范 fēngfàn 圓 스타일   范畴 fànchóu 圓 범주   界限 jièxiàn 圓 한계

---

46 贸易双方签署货币互换协议对什么有利？ | 무역하는 양측이 통화스와프 협정을 체결하는 것은 무엇에 도움이 되는가?

A 抵制贸易保护主义 | A 보호무역주의를 저지하는 것
B 加强世界多极化趋势 | B 세계의 다극화 추세를 강화하는 것
C 巩固协议双方的经济主权 | C 협정국 양측의 경제 주권을 공고히 하는 것
D 协议国之间资源的合理配置 | D 협정국간 자원의 합리적 배분을 하는 것

해설 질문이 무역하는 양측이 통화스와프 협정을 체결하는 것은 무엇에 도움이 되는지 물었으므로, 질문의 핵심어구 贸易双方签署货币互换协议, 有利와 관련된 내용을 지문에서 재빨리 찾는다. 일곱 번째 단락에서 贸易双方签署货币互换协议……这能促进协议国之间资源的合理配置라고 했으므로, 선택지 D 协议国之间资源的合理配置가 정답이다.

어휘 签署 qiānshǔ 圖 체결하다, (중요한 문서상에) 정식 서명하다   抵制 dǐzhì 圖 저지하다, 거부하다
贸易保护主义 màoyì bǎohù zhǔyì 圓 보호무역주의[외국으로부터 자국 산업을 보호하기 위한 무역정책]
多极化 duōjíhuà 圖 다극화[3개국 이상의 강대국들을 중심으로 국제질서가 형성되는 것]   巩固 gǒnggù 圖 공고히 하다
主权 zhǔquán 圓 주권   配置 pèizhì 圖 배분하다, 배치하다

47	上文主要谈的是：	위 글에서 주로 말하는 것은：
	A 货币互换未来的发展模式	A 통화스와프의 미래의 발전 모델
	B 货币互换带来的积极影响	B 통화스와프가 가져온 긍정적인 영향
	C 签订货币互换协议时的注意事项	C 통화스와프 협정을 체결할 때의 주의 사항
	D 金融危机给货币互换带来的挑战	D 금융위기가 통화스와프에 가져온 도전

해설 질문이 지문 전체의 중심 내용을 물었다. 세 번째 단락에서 货币互换有助于促进国家之间的经济合作, 其带来的积极影响有以下几点。이라고 하며 지문 전체적으로 통화스와프가 가져온 긍정적인 영향을 차례대로 언급하고 있다. 따라서 선택지 B 货币互换带来的积极影响이 정답이다.

어휘 模式 móshì 몡 모델, (표준) 양식   事项 shìxiàng 몡 사항   金融 jīnróng 몡 금융   危机 wēijī 몡 위기

48-54

根据世界卫生组织的调查，全世界有超过10亿人生活在残障造成的不便中。随着现代科技的发展，互联网等通信技术成了残障群体与社会沟通交流的主要桥梁。对残障群体来说，网络购物、线上工作显得尤其重要，互联网方便了他们的生活，缩短了他们与其他人的距离。然而由于各种原因，有些残障人士不能顺畅地使用互联网。正如对物理生活空间进行的各种无障碍改造一样，人们正在对网络空间进行无障碍改造，努力实现网络信息无障碍。48网络信息无障碍，又被称为信息无障碍，是指任何人在任何情况下都能平等、方便、无障碍地获取并利用网络信息。

迄今为止，49中国开展信息无障碍工作已经将近二十载，中国是世界上开展此项工作较早的国家，也是开展此项工作最早的发展中国家。自2004年起，49中国互联网协会和中国残疾人福利基金会连续举办了具有一定国际影响力的"中国信息无障碍论坛"。这个论坛对促进中国与国际社会交流合作、推动中国信息无障碍事业的健康可持续发展有着重要的意义。50中国在开展信息无障碍工作中取得了一定的成就：一是为了推动信息无障碍工作，制定了大量的法律和政策；二是制定了信息无障碍标准和规范；三是积极开展了信息无障碍改造工作；50四是推动了信息无障碍技术进步；五是着力推动了公益服务。

多数人会把对信息无障碍的关注点定位在盲人用户，但是对身体技能退化或丧失、认知能力下降的老年群体缺乏相应的关注。51最近，中国正在积极引导和推动"数字技术适老化"，数字技术适老化是信息无障碍的一项重要内容，旨在激发新一代信息技术的赋能作用，让老年人能够平等、方便、安全地使用数字技术产品和服务，利用数字技术解决老年人的生活、健康、养老等问题。数字技术适老化的其中一个重要成果是，一些应用软件推出了"长辈模式"，解决老年人在使用软件时的不便，为老年人使用智能技术提供了很好的帮助。

세계보건기구(WHO)의 조사에 따르면 전 세계 10억 명 이상의 사람이 장애가 초래한 불편함 속에서 생활하고 있다. 현대 과학 기술의 발전에 따라 인터넷 등의 통신 기술은 장애인들이 사회와 소통하고 교류하는 주요 징검다리가 되었다. 장애가 있는 집단에 있어서 온라인 쇼핑, 온라인 업무는 특히 중요한데, 인터넷은 그들의 삶을 편리하게 하고, 그들이 다른 사람들과의 거리를 줄여주었다. 그러나 각종 이유로 인해, 어떤 장애인들은 인터넷을 원활하게 사용하지 못한다. 물리적인 생활 공간에 다양한 배리어 프리 개조를 진행했듯이, 사람들은 인터넷 공간에서도 배리어 프리 개조를 진행하여, 웹 접근성을 실현하기 위해 노력하고 있다. 48웹 접근성이란 정보 접근성이라고도 불리며, 모든 사람이 모든 상황에서 평등하게, 편리하게, 장벽 없이 인터넷 정보를 얻고 정보를 활용하는 것을 가리킨다.

지금까지 49중국이 정보 접근성 작업을 펼친 것은 이미 거의 20년 정도가 되었으며, 중국은 세계에서 이 작업을 비교적 이르게 펼친 국가이자, 이 작업을 가장 빨리 펼친 개발도상국이기도 하다. 2004년부터 49중국인터넷협회와 중국장애인복지재단은 어느 정도의 국제적 영향력을 지닌 '중국 정보 접근성 포럼'을 연이어 개최했다. 이 포럼은 중국이 국제 사회 간의 교류와 협력을 촉진하고, 중국의 웹 접근성 사업의 건강하고 지속 가능한 발전을 추진하는 데 중요한 의미가 있다. 50중국은 정보 접근성 작업에서 어느 정도의 성과를 거두었다. 첫째는 정보 접근성 작업을 추진하기 위해 많은 법률과 정책을 만든 것이다. 둘째는 정보 접근성 기준과 규범을 만든 것이며, 셋째는 적극적으로 정보 접근성 개조 작업을 펼친 것이다. 50넷째는 정보 접근성 기술의 발전을 추진한 것이고, 다섯째는 공익 서비스를 주력으로 추진했다는 것이다.

대부분의 사람은 정보 접근성에 대한 포인트를 시각장애인 사용자에게 집중하지만, 신체 기능이 저하되거나 상실되고 인지 능력이 떨어진 노년층에 대해서는 상응하는 관심이 부족하다. 51최근 중국은 '디지털 기술의 노인 친화'를 적극적으로 이끌며 추진하고 있으며, 디지털 기술의 노인 친화는 정보 접근성의 중요한 내용으로, 차세대 정보 기술의 능력 부여 효과를 불러일으켜 노인들이 평등하고, 편리하고, 안전하게 디지털 기술 제품과 서비스를 사용할 수 있게 하며, 디지털 기술을 활용하여 노인들의 생활, 건강, 노후 등의 문제를 해결하는 것을 목적으로 한다. 디지털 기술의 노인 친화의 중요한 성과 중 하나는 일부 애플리케이션이 '어르신 모드' 기능을 출시하여, 노인들이 애플리케이션을 사용할 때의 불편함을 해소하고, 노인들이 스마트 기술을 사용하는 것에 도움을 제공한다는 것이다.

⁵²现在出现了一个有趣的现象，**即便**是年轻人，也开始选择使用"长辈模式"。这是因为在"长辈模式"下，应用软件画面采用扁平化设计，去除冗余、厚重和繁杂的装饰效果，而且没有广告弹窗，也没有引导类的下载链接等干扰信息，⁵³使得用户的操作更加简易便捷，浏览舒适度更高，操作体验更好。"长辈模式"在满足老年人需求的同时，也受到了年轻人的青睐。

数字技术适老化虽然还面临着产品服务供给不足、市场机制尚不健全等问题，但随着社会各界对适老化的重视，⁵⁴国家与社会各方将**勠力同心**，共同推动网络信息无障碍的可持续发展，建成兼顾所有社会成员需求的智慧社会。

⁵²현재 한 가지 재미있는 현상이 나타났는데, 젊은 사람**이라고 하더라도** '어르신 모드' 기능을 사용하기 시작했다는 점이다. 이는 '어르신 모드' 기능을 사용하면 애플리케이션의 화면에 평면 디자인이 적용되어, 쓸데없고 무거우면서 복잡한 디자인 효과가 제거되고 광고 팝업이 없으며, 유도식 다운로드 링크 등의 교란 정보가 없어, ⁵³사용자의 조작을 더 간단하고 간편하게 만들고, 브라우징 편리성이 더 높아지게 하며, 조작 경험이 더 좋아지게 만들기 때문이다. '어르신 모드'는 노인들의 수요를 만족시키는 동시에 젊은 사람들의 주목도 받았다.

디지털 기술의 노인 친화는 비록 제품 및 서비스의 공급이 부족하고, 시장 메커니즘이 아직 완전하지 않은 등의 문제에 직면하고 있다. 하지만 사회 각계가 노인 친화를 중시함에 따라 ⁵⁴국가와 사회 각 부분에서 힘을 합하고 마음을 함께하여, 다 같이 웹 접근성의 지속 가능한 발전을 추진하고, 모든 사회 구성원의 수요를 두루 고려하는 스마트 사회를 건설할 것이다.

어휘 **世界卫生组织** Shìjiè Wèishēng Zǔzhī 고유 세계보건기구[WHO] **残障** cánzhàng 몡 장애 **桥梁** qiáoliáng 몡 징검다리, 교량
顺畅 shùnchàng 톙 원활하다 **无障碍** wúzhàng'ài 배리어 프리[사회적 약자들도 함께 이용할 수 있도록 물리적·제도적 장벽을 제거하는 것], 장벽 없이
改造 gǎizào 통 개조하다 **网络信息无障碍** wǎngluò xìnxī wúzhàng'ài 웹 접근성[장애인, 고령자를 비롯한 모든 사용자가 인터넷 상의 정보를 동등하게 접근하고 활용할 수 있게 하는 것] **迄今为止** qìjīnwéizhǐ (이전 어느 시점부터) 지금에 이르기까지 **载** zǎi 몡 년, 해
开展 kāizhǎn 통 펼치다, 전개하다 **协会** xiéhuì 몡 협회 **福利** fúlì 몡 복지 **基金会** jījīnhuì 몡 재단 **论坛** lùntán 몡 포럼 **事业** shìyè 몡 사업
政策 zhèngcè 몡 정책 **规范** guīfàn 몡 규범 **关注点** guānzhùdiǎn 몡 (주목하는) 포인트 **用户** yònghù 몡 사용자 **技能** jìnéng 몡 기능
退化 tuìhuà 통 저하되다, 퇴화하다 **丧失** sàngshī 통 상실하다 **相应** xiāngyìng 통 상응하다 **关注** guānzhù 통 주목하다, 관심을 가지다
适老化 shìlǎohuà 노인 친화 **旨在** zhǐzài 통 ~를 목적으로 하다 **激发** jīfā 통 불러일으키다 **赋能** fù néng 능력을 부여하다
模式 móshì 몡 모드, 모델 **智能** zhìnéng 몡 스마트 **即便** jíbiàn 젭 (설령) ~하더라도
扁平化设计 biǎnpínghuà shèjì 평면 디자인[모바일이나 웹에서 구현되는 그림자, 하이라이트 등 복잡한 그래픽 요소가 없는 2차원적 디자인]
冗余 rǒngyú 톙 쓸데없는 **厚重** hòuzhòng 톙 (두껍고) 무겁다 **繁杂** fánzá 톙 복잡하다 **弹窗** tánchuāng 몡 팝업 **链接** liànjiē 몡 링크
干扰 gānrǎo 통 교란하다, 방해하다 **便捷** biànjié 톙 간편하다
浏览舒适度 liúlǎn shūshìdù 브라우징 편리성[인터넷에서 필요한 정보를 찾아낼 때의 편리성을 가리킴] **需求** xūqiú 몡 수요
青睐 qīnglài 통 주목하다, 호감을 느끼다 **供给** gōngjǐ 통 공급하다 **机制** jīzhì 몡 메커니즘 **健全** jiànquán 톙 완전하다
勠力同心 lùlìtóngxīn 톙 힘을 합하고 마음을 함께하다 **成员** chéngyuán 몡 구성원

---

48 网络信息无障碍指的是什么？　　　　　　웹 접근성이 가리키는 것은 무엇인가?

A 信息不加过滤地上传到互联网　　　　　　A 정보가 여과 없이 인터넷에 업로드 되는 것

B 互联网信息传播不受国家限制　　　　　　B 인터넷 정보 전파가 국가의 제한을 받지 않는 것

C 政府出台的对残障人士的优惠政策　　　　C 정부에서 공포한 장애인에 대한 우대 정책

D 任何人都能无障碍地获取网络信息　　　　D 모든 사람이 장벽 없이 인터넷 정보를 얻는 것

해설 질문이 웹 접근성이 가리키는 것은 무엇인지 물었으므로, 질문의 핵심어구 网络信息无障碍와 관련된 내용을 지문에서 재빨리 찾는다. 첫 번째 단락에서 网络信息无障碍，又被称为信息无障碍，是指任何人在任何情况下都能平等、方便、无障碍地获取并利用网络信息。라고 했으므로, 선택지 D 任何人都能无障碍地获取网络信息가 정답이다.

어휘 **网络信息无障碍** wǎngluò xìnxī wúzhàng'ài 웹 접근성[장애인, 고령자를 비롯한 모든 사용자가 인터넷 상의 정보를 동등하게 접근하고 활용할 수 있게 하는 것] **过滤** guòlù 통 여과하다 **出台** chūtái 통 공포하다, 내놓다 **残障** cánzhàng 몡 장애 **政策** zhèngcè 몡 정책
无障碍 wúzhàng'ài 장벽 없이, 배리어 프리[사회적 약자들도 함께 이용할 수 있도록 물리적·제도적 장벽을 제거하는 것]

---

49 关于中国开展的信息无障碍工作，可以知道什么？　　중국에서 펼쳐진 정보 접근성 작업에 관해, 알 수 있는 것은 무엇인가?

A 起步虽晚但获得了较大的成就　　　　　　A 출발은 늦었지만 비교적 큰 성과를 거뒀다

B 举办了具有影响力的相关论坛　　　　　　B 영향력을 가진 관련 포럼을 개최했다

C 缺乏相关的标准和规范作为支撑　　　　　C 관련 기준과 규범의 뒷받침이 부족하다

D 把推动公益服务视为最重要的命题　　　　D 공익 서비스를 추진하는 것을 가장 중요한 과제로 본다

해설 질문이 중국에서 펼쳐진 정보 접근성 작업에 관해 알 수 있는 것을 물었으므로, 질문의 핵심어구 中国开展的信息无障碍工作와 관련된 내용을 지문에서 재빨리 찾는다. 두 번째 단락에서 中国开展信息无障碍工作……中国互联网协会和中国残疾人福利基金会连续举办了具有一定国际影响力的"中国信息无障碍论坛"이라고 했으므로, 선택지 B 举办了具有影响力的相关论坛이 정답이다.

어휘 开展 kāizhǎn[동] 펼치다, 전개하다 论坛 lùntán[명] 포럼 规范 guīfàn[명] 규범 支撑 zhīchēng[동] 뒷받침하다, 지탱하다 公益 gōngyì[명] 공익 命题 mìngtí[명] 과제, 명제

50 中国在信息无障碍工作上取得了哪些成就?	중국은 정보 접근성 작업에서 어떠한 성과를 거두었는가?
① 出台了大量法律和政策	① 많은 법률과 정책을 공포했다
② 新设立了信息无障碍委员会	② 정보 접근성 위원회를 설립했다
③ 促进了信息无障碍技术的进步	③ 정보 접근성 기술의 발전을 촉진했다
④ 让所有残障人士都能接触到互联网	④ 모든 장애인이 인터넷을 접할 수 있게 했다
A ①②	A ①②
B ①③	B ①③
C ②④	C ②④
D ③④	D ③④

해설 질문이 중국은 정보 접근성 작업에서 어떠한 성과를 거두었는지 물었으므로, 질문의 핵심어구 信息无障碍工作, 成就와 관련된 내용을 지문에서 재빨리 찾는다. 두 번째 단락에서 中国在开展信息无障碍工作中取得了一定的成就: 一是为了推动信息无障碍工作, 制定了大量的法律和政策……四是推动了信息无障碍技术进步라고 했으므로, ① 出台了大量法律和政策와 ③ 促进了信息无障碍技术的进步가 포함된 선택지 B ①③이 정답이다.

어휘 设立 shèlì[동] (기구·조직 등을) 설립하다 委员会 wěiyuánhuì[명] 위원회

51 关于数字技术适老化, 下列哪项不正确?	디지털 기술의 노인 친화에 관해, 다음 중 **옳지 않은** 것은?
A 受到了国家和社会的重视	A 국가와 사회의 중시를 받았다
B 主要的服务对象是老年群体	B 주요 서비스 대상은 노년층이다
C 与信息无障碍存在很大差异	C 정보 접근성과 큰 차이가 존재한다
D 目的在于让老年群体方便使用数字产品	D 목적은 노년층이 편리하게 디지털 제품을 사용하게 하는 것에 있다

해설 질문이 디지털 기술의 노인 친화에 관해 옳지 않은 것을 물었으므로, 질문의 핵심어구 数字技术适老化와 관련된 내용을 지문에서 재빨리 찾는다. 세 번째 단락에서 最近, 中国正在积极引导和推动"数字技术适老化", 数字技术适老化是信息无障碍的一项重要内容, 旨在激发新一代信息技术的赋能作用, 让老年人能够平等、方便、安全地使用数字技术产品和服务, 利用数字技术解决老年人的生活、健康、养老等问题。라고 했다. 따라서 언급되지 않은 선택지 C 与信息无障碍存在很大差异가 정답이다.

어휘 适老化 shìlǎohuà 노인 친화

52 根据上下文, 第四段空白处最适合填入的词语是:	앞뒤 내용에 근거하여, 네 번째 단락의 빈칸에 들어갈 어휘로 가장 알맞은 것은:
A 即便	A ~이라고 하더라도
B 以致	B ~을 발생시키다
C 要么	C ~이거나
D 进而	D 더 나아가

해설 질문이 네 번째 단락의 빈칸에 들어갈 어휘로 가장 알맞은 것을 물었다. 선택지 A는 '~이라고 하더라도', B는 '~을 발생시키다', C는 '~이거나', D는 '더 나아가'라는 의미이다. 빈칸 주변이 '현재 한 가지 재미있는 현상이 나타났는데, 젊은 사람______ '어르신 모드' 기능을 사용하기 시작했다는 점이다.'라는 문맥이므로, 빈칸에는 어르신 모드를 사용하는 대상을 젊은 사람이라고 가정하여, 젊은 사람일지라도 어르신 모드를 사용한다는 흐름을 나타낼 수 있는 어휘가 들어가야 한다. 따라서 선택지 A 即便이 정답이다.

어휘 即便 jíbiàn[접] (설령) ~하더라도 以致 yǐzhì[접] ~을 발생시키다 要么 yàome[접] ~이거나, ~하든지 进而 jìn'ér[접] 더 나아가

53 "长辈模式"为什么受到了年轻人的青睐?

A 使用"长辈模式"被视为时尚潮流
B "长辈模式"附加了大量的免费软件
C "长辈模式"让用户有更方便的体验
D "长辈模式"提供更多精彩且有用的广告

'어르신 모드'는 왜 젊은 사람들의 주목을 받았는가?

A '어르신 모드'를 사용하는 것이 유행하는 흐름으로 여겨졌다
B '어르신 모드'에 많은 무료 애플리케이션이 추가되었다
C '어르신 모드'는 사용자들이 더 편리한 경험을 하게 한다
D '어르신 모드'는 더 많은 훌륭하고 유용한 광고를 제공한다

해설 질문이 '어르신 모드'는 왜 젊은 사람들의 주목을 받았는지 물었으므로, 질문의 핵심어구 "长辈模式", 年轻人的青睐과 관련된 내용을 지문에서 재빨리 찾는다. 네 번째 단락에서 使得用户的操作更加简易便捷, 浏览舒适度更高, 操作体验更好。"长辈模式"在满足老年人需求的同时, 也受到了年轻人的青睐。라고 했으므로, 선택지 C "长辈模式"让用户有更方便的体验이 정답이다.

어휘 **模式** móshì [명] 모드, 모델 **青睐** qīnglài [동] 주목하다, 호감을 느끼다 **潮流** cháoliú [명] (사회적) 흐름 **用户** yònghù [명] 사용자

54 画线词语"勠力同心"的"勠"与下列哪个括号中的词语意思相近?

A 分工(合)作
B 千(钧)一发
C (化)险为夷
D 坚持不(懈)

밑줄 친 어휘 '勠力同心'의 '勠'는 선택지 괄호 안 어떤 어휘와 의미가 비슷한가?

A 일을 나누고 (함께) 일하다
B 아주 (무거운 것)이 머리카락 하나에 달렸다
C 위기를 (변화시켜) 평온하게 만들다
D 꾸준히 하며 (태만해지지) 않다

해설 질문의 勠力同心은 '힘을 합하고 마음을 함께하다'라는 의미이며, 이 중 勠는 '합하다'라는 의미이다. 마지막 단락에서 国家与社会各方将勠力同心, 共同推动网络信息无障碍的可持续发展이라고 하며, 힘을 합하고 마음을 함께하여 웹 접근성 산업의 발전을 추진할 것이라고 언급하였으므로, 勠는 '합하다'라는 의미로 사용됐음을 확인할 수 있다. 따라서 '합하다'의 의미를 가진 '合'가 포함된 선택지 A 分工(合)作가 정답이다.

어휘 **勠力同心** lùlìtóngxīn [성] 힘을 합하고 마음을 함께하다 **千钧一发** qiānjūnyífà [성] 아주 무거운 것이 머리카락 하나에 달렸다, 상황이 매우 위급하다 **化险为夷** huàxiǎnwéiyí [성] 위기를 변화시켜 평온하게 만들다 **坚持不懈** jiānchíbúxiè [성] 꾸준히 하며 태만해지지 않다

55-61

随着全球人口的持续增长, 人们对蛋白质的需求不断攀升, 全球蛋白质消费量也随之与日俱增。如何利用有限的资源满足更多人对蛋白质的需求, 成为了当下迫切需要解决的问题。55/61不断增长的全球人口将导致未来的食物需求大量增加, 对动物蛋白的需求也随之增多, 而动物蛋白的生产始终是有限的, 因此需要其他替代蛋白来进行补充。

目前, 56/61全球主要有四种替代蛋白, 根据原料的不同, 可以分为植物蛋白、微生物蛋白、细胞蛋白和昆虫蛋白。植物蛋白是目前消费市场占比最大的一种替代蛋白, 常见的植物蛋白有大豆、豌豆、鹰嘴豆等, 57植物蛋白广泛应用在食品领域。微生物蛋白指的是从人工培养的微生物菌体中提取的蛋白质, 微生物蛋白一般在发酵罐或其他生物反应器中生产, 因此不会占用耕地, 耗水量也很少。细胞蛋白一般是通过组织培养技术, 用动物干细胞培育而成的, 在培育的过程中会产生肌肉组织, 它类似于动物的肌肉蛋白, 不过细胞蛋白的生产成本较高。昆虫蛋白是采用生物学和化学的方法从昆虫原料中提取的蛋白质。

전 세계 인구의 지속적인 증가에 따라 단백질에 대한 사람들의 수요가 끊임없이 상승했고, 전 세계 단백질 소비량도 이에 따라 날이 갈수록 많아지고 있다. 어떻게 제한된 자원을 사용하여 단백질에 대한 더 많은 사람의 수요를 충족시킬지는 당장 시급히 해결해야 할 문제가 되었다. 55/61끊임없이 증가하는 전 세계 인구는 미래의 음식 수요가 크게 증가하는 것을 초래할 것이며, 동물 단백질에 대한 수요도 이에 따라 증가할 것인데 동물 단백질의 생산은 결국 한계가 있기 때문에 다른 대체 단백질로 보충할 필요가 있다.

현재 56/61전 세계적으로 주로 4가지 대체 단백질이 있으며, 원료의 차이에 따라 식물성 단백질, 미생물 단백질, 세포 단백질 그리고 곤충 단백질로 나눌 수 있다. 식물성 단백질은 현재 소비 시장에서 비중이 가장 큰 대체 단백질로, 자주 볼 수 있는 식물성 단백질로는 대두, 완두, 병아리콩 등이 있으며 57식물성 단백질은 식품 분야에서 널리 활용되고 있다. 미생물 단백질이란 인공적으로 배양한 미생물 균체에서 추출한 단백질을 가리키는데, 미생물 단백질은 일반적으로 발효 탱크 또는 기타 생물 반응기에서 생산되기 때문에, 경작지를 차지하지 않고 물 소모량도 적다. 세포 단백질은 일반적으로 조직 배양 기술을 통해 동물 줄기세포를 배양해 만들어진 것으로, 배양 과정에서 근육 조직이 생성된다. 이는 동물의 근육 단백질과 유사하지만, 세포 단백질은 생산 비용이 비교적 높다. 곤충 단백질은 생물학적 및 화학적 방법을 사용하여 곤충 원료에서 추출한 단백질이다.

近年来，替代蛋白行业持续利好，相关技术发展迅速，消费市场不断扩大。[58]企业在开发替代蛋白原料时，会关注原料风味、颜色、蛋白质含量等，并通过技术升级来解决替代蛋白在风味及质量方面的问题。以色列的一家公司就通过鹰嘴豆育种方面的技术突破，开发出了比传统鹰嘴豆蛋白质含量高75%的新品种，提高了其蛋白质含量和营养特性。此外，美国一家公司还推出了一种功能性蛋白质，让蛋白质制造商在保证质量的同时提高产量。

除了豌豆、燕麦、坚果、谷物等在替代蛋白产品配方中比较活跃的原料，更多的蛋白质原料被越来越多的企业探索和研发，这些企业试图为市场带来更加高效、多元且优质的解决方案。截止到现在，市场上已经能够看到通过海藻、微藻等原料制造的蛋白质，这些新一代蛋白质有望在未来几年内改变替代蛋白的市场格局。

[59]替代蛋白行业逐渐成熟，这吸引了许多企业涌入相关"赛道"，也使政府和社会机构开始关注替代蛋白领域。有些国家如今已在替代蛋白的相关研究项目上投入了许多资金，这些用于研究的公共资金对行业的迅速扩展至关重要，预计将来会有更多公共资金被用于替代蛋白的研究。[60]从可持续发展的角度看，替代蛋白可能会在未来的食品市场占据一席之地。

최근 몇 년 동안 대체 단백질 업계는 계속해서 호재였으며, 관련 기술은 발전이 빠르고 소비 시장이 끊임없이 확대되고 있다. [58]기업은 대체 단백질 원료를 개발할 때 원료의 풍미, 색상, 단백질 함량 등에 주의를 기울이고, 기술 업그레이드를 통해 대체 단백질의 풍미 및 품질 측면의 문제를 해결한다. 이스라엘의 한 회사는 병아리콩 품종 개량 측면에서의 기술적 돌파를 통해 기존의 병아리콩보다 단백질 함량이 75% 높은 새로운 품종을 개발해 냈고, 병아리콩의 단백질 함량과 영양 특성을 향상시켰다. 이 외에도, 미국의 한 회사는 기능성 단백질을 출시하여, 단백질 제조업체가 품질을 보장하는 동시에 생산량을 높이게 했다.

완두콩, 귀리, 견과류, 곡물 등 대체 단백질 제품 배합에서 자주 사용되는 원료 외에도, 더 많은 단백질 원료가 점점 더 많은 기업에서 탐색되고 연구 및 개발되고 있으며, 이러한 기업은 시장에 더 효율적이고 다양한 양질의 해결 방안을 가져오기 위해 시도하고 있다. 현재까지 시장에는 이미 해조류, 미세 조류 등의 원료로 만든 단백질을 볼 수 있으며, 이러한 차세대 단백질은 향후 몇 년 내에 대체 단백질의 시장 구도를 바꿀 것으로 기대된다.

[59]대체 단백질 업계는 점차 무르익어, 이는 많은 기업이 관련 '트랙'으로 몰려들게 끌어들였으며, 정부와 사회 기관도 대체 단백질 분야에 관심을 갖게 했다. 몇몇 국가에서는 오늘날 이미 대체 단백질 관련 연구 프로젝트에 많은 자금을 투자했으며, 연구에 사용되는 이러한 공공 자금은 업계의 빠른 확장에 매우 중요하고, 앞으로 더 많은 공공 자금이 대체 단백질 연구에 사용될 것으로 전망된다. [60]지속 가능한 발전의 관점에서 봤을 때 대체 단백질은 미래의 식품 시장에서 한자리를 차지할 수 있을 것이다.

어휘 蛋白质 dànbáizhì 圆단백질　需求 xūqiú 圆수요　攀升 pānshēng 图상승하다, 오르다　与日俱增 yǔrìjùzēng 圈날이 갈수록 많아지다
替代蛋白 tìdài dànbái 圆대체 단백질　微生物 wēishēngwù 圆미생물　细胞 xìbāo 圆세포　豌豆 wāndòu 圆완두
鹰嘴豆 yīngzuǐdòu 圆병아리콩　人工 réngōng 圈인공의　提取 tíqǔ 图추출하다
生物反应器 shēngwù fǎnyìngqì 圆생물 반응기[생체 안에서 일어나는 화학 반응을 이용하여 생산물을 만드는 데 쓰는 반응 장치]
耕地 gēngdì 圆경작지　干细胞 gànxìbāo 圆줄기세포　培育 péiyù 图배양하다　类似 lèisì 图유사하다　成本 chéngběn 圆비용, 자본금
生物 shēngwù 圆생물　利好 lìhǎo 圆호재　关注 guānzhù 图주의를 기울이다, 관심을 가지다　风味 fēngwèi 圆풍미
育种 yùzhǒng 图품종을 개량하다　突破 tūpò 图돌파하다　品种 pǐnzhǒng 圆품종　燕麦 yànmài 圆귀리　探索 tànsuǒ 图탐색하다
试图 shìtú 图시도하다　截止 jiézhǐ 图~까지 이다, 마감하다　格局 géjú 圆구도, 격식과 구조　涌入 yǒngrù 图몰려들다
赛道 sàidào 圆트랙, 경주로　机构 jīgòu 圆기관, 기구　至关重要 zhìguān zhòngyào 매우 중요하다　预计 yùjì 图전망하다
一席之地 yìxízhīdì 圆(응당 있어야 할) 한자리, 조그마한 지위

55 为什么要开发替代蛋白？　왜 대체 단백질을 개발해야 하는가？

A 动物蛋白不受人青睐　A 동물 단백질은 사람들의 환영을 받지 않아서
B 替代蛋白的营养价值更高　B 대체 단백질의 영양 가치가 더 높아서
C 替代蛋白的价格更容易被人们接受　C 대체 단백질의 가격이 사람들에 의해 더 쉽게 받아들여질 수 있어서
D 替代蛋白可填补将来的蛋白质需求　D 대체 단백질이 미래의 단백질 수요를 채울 수 있어서

해설 질문이 왜 대체 단백질을 개발해야 하는지 물었으므로, 질문의 핵심어구 开发替代蛋白와 관련된 내용을 지문에서 재빨리 찾는다. 첫 번째 단락에서 不断增长的全球人口将导致未来的食物需求大量增加，对动物蛋白的需求也随之增多，而动物蛋白的生产始终是有限的，因此需要其他替代蛋白来进行补充。이라고 했으므로, 선택지 D 替代蛋白可填补将来的蛋白质需求가 정답이다.

어휘 替代蛋白 tìdài dànbái 圆대체 단백질　青睐 qīnglài 图환영하다, 호감을 느끼다　需求 xūqiú 圆수요

56 第二段主要介绍了什么？ | 두 번째 단락은 주로 무엇을 소개하고 있는가?

A 不同种类的替代蛋白 | A 다양한 종류의 대체 단백질
B 植物蛋白的多种开发技术 | B 식물성 단백질의 다양한 개발 기술
C 生产高质量替代蛋白的方法 | C 높은 품질의 대체 단백질을 생산하는 방법
D 替代蛋白的多渠道营销方案 | D 대체 단백질의 혼합 마케팅 방안

해설 질문이 두 번째 단락의 중심 내용을 물었으므로, 두 번째 단락을 재빠르게 읽으며 중심 내용을 파악한다. 단락 초반에서 全球主要有四种替代蛋白，根据原料的不同，可以分为植物蛋白、微生物蛋白、细胞蛋白和昆虫蛋白라고 하며 대체 단백질의 종류와 생산 방법을 언급하고 있다. 따라서 이를 통해 알 수 있는 선택지 A 不同种类的替代蛋白가 정답이다.

어휘 多渠道营销 duōqúdào yíngxiāo 혼합 마케팅[다양한 경로를 통해 진행하는 마케팅 방식]

---

57 关于植物蛋白，下列哪项正确？ | 식물성 단백질에 관해, 다음 중 옳은 것은?

A 当前销量还比较低 | A 현재 판매량은 아직 비교적 낮다
B 能够产生肌肉组织 | B 근육 조직을 만들어낼 수 있다
C 耗水量是替代蛋白中最少的 | C 물 소모량이 대체 단백질 중에서 가장 적다
D 在食品领域得到了广泛的应用 | D 식품 영역에서 널리 활용되고 있다

해설 질문이 식물성 단백질에 관해 옳은 것을 물었으므로, 질문의 핵심어구 植物蛋白와 관련된 내용을 지문에서 재빨리 찾는다. 두 번째 단락에서 植物蛋白广泛应用在食品领域라고 했으므로, 선택지 D 在食品领域得到了广泛的应用이 정답이다.

어휘 当前 dāngqián 현재, 지금

---

58 企业开发替代蛋白时，会注重什么？ | 기업이 대체 단백질을 개발할 때, 무엇을 중시하는가?

A 原料的大小及重量 | A 원료의 크기와 중량
B 原料的颜色和风味 | B 원료의 색상과 풍미
C 原料中微生物的含量 | C 원료 중 미생물의 함량
D 原料的生产地和生产商 | D 원료의 생산지와 생산업체

해설 질문이 기업이 대체 단백질을 개발할 때 무엇을 중시하는지 물었으므로, 질문의 핵심어구 企业开发替代蛋白, 注重과 관련된 내용을 지문에서 재빨리 찾는다. 세 번째 단락에서 企业在开发替代蛋白原料时，会关注原料风味、颜色、蛋白质含量等이라고 했으므로, 선택지 B 原料的颜色和风味가 정답이다.

어휘 注重 zhùzhòng 중시하다   风味 fēngwèi 풍미   微生物 wēishēngwù 미생물

---

59 最后一段画线词语"赛道"指的是什么？ | 마지막 단락의 밑줄 친 어휘 '赛道'가 가리키는 것은 무엇인가?

A 与替代蛋白有关的行业 | A 대체 단백질과 관련된 업계
B 替代蛋白行业的先驱者 | B 대체 단백질 업계의 선구자
C 替代蛋白技术的相关政策 | C 대체 단백질 기술과 관련된 정책
D 购买替代蛋白的消费人群 | D 대체 단백질을 구매하는 소비자 집단

해설 밑줄 친 어휘 '赛道'가 가리키는 것을 물었으므로, 赛道가 밑줄로 표시된 부분을 지문에서 재빨리 찾는다. 마지막 단락에서 替代蛋白行业逐渐成熟，这吸引了许多企业涌入相关"赛道"，也使政府和社会机构开始关注替代蛋白领域。라고 했으므로, 문맥상 赛道는 많은 기업이 몰려들게 하는 대체 단백질과 관련된 업계를 의미함을 알 수 있다. 따라서 선택지 A 与替代蛋白有关的行业가 정답이다.

어휘 赛道 sàidào 트랙, 경주로   先驱者 xiānqūzhě 선구자   政策 zhèngcè 정책

60 画线词语“一席之地”在文中表示什么意思?

A 替代蛋白市场占比最大
B 替代蛋白会占有一定的地位
C 替代蛋白的市场份额超越动物蛋白
D 在短时间内，替代蛋白销量急速上升

밑줄 친 어휘 '一席之地'는 글에서 무슨 의미를 나타내는가?

A 대체 단백질의 시장 점유율이 가장 크다
B 대체 단백질은 일정한 지위를 차지할 것이다
C 대체 단백질의 시장 점유율이 동물 단백질을 넘었다
D 짧은 시간 내에 대체 단백질의 판매량이 몹시 빠르게 상승했다

해설 밑줄 친 어휘 '一席之地'의 의미를 물었으므로, 一席之地가 밑줄로 표시된 부분을 지문에서 재빨리 찾는다. 마지막 단락에서 从可持续发展的角度看，替代蛋白可能会在未来的食品市场占据一席之地。라고 했으므로, 문맥상 一席之地는 대체 단백질이 미래의 식품 시장에서 어느 정도 영향력이 있는 자리를 차지한다는 것을 나타내는 의미임을 알 수 있다. 따라서 이를 통해 알 수 있는 선택지 B 替代蛋白会占有一定的地位가 정답이다.

어휘 **一席之地** yìxízhīdì [성] (응당 있어야 할) 한자리, 조그마한 지위 **市场份额** shìchǎng fèn'é [명] 시장 점유율 **超越** chāoyuè [동] 넘다, 초월하다 **急速** jísù [형] 몹시 빠르다

61 上文最可能出自哪个刊物?

A 《医药卫生》
B 《科学焦点》
C 《世界科幻博览》
D 《中国物理快报》

위 글은 어떤 출판물에 나올 가능성이 가장 큰가?

A <의약과 위생>
B <사이언스 포커스>
C <세계 공상과학 읽기>
D <중국 물리 속보>

해설 질문이 위 글은 어떤 출판물에 나올 가능성이 가장 큰지 물었다. 첫 번째 단락에서 不断增长的全球人口将导致未来的食物需求大量增加，对动物蛋白的需求也随之增多，而动物蛋白的生产始终是有限的，因此需要其他替代蛋白来进行补充。이라고 했고, 두 번째 단락에서 全球主要有四种替代蛋白，根据原料的不同，可以分为植物蛋白、微生物蛋白、细胞蛋白和昆虫蛋白라고 하며, 지문 전체적으로 대체 단백질의 필요성, 종류와 생산 방법, 대체 단백질의 개발 기술 등을 차례대로 언급하고 있다. 따라서 선택지 B《科学焦点》이 정답이다.

어휘 **焦点** jiāodiǎn [명] 포커스, 초점 **博览** bólǎn [동] 널리 (책을) 읽다

62-68

前不久，国务院印发了《全民健身计划》，就促进全民健身更高水平发展、更好满足人民群众的健身和健康需求，提出了5年目标和8个方面的主要任务。当下，运动理念已深入人心，人们将运动融入日常生活，居家运动已成为很多人锻炼身体时的重要选择；乒乓球、羽毛球、网球等既有趣味性又有竞技性的运动也引发了大众的广泛参与。更让人意外的是，兼具健身和养生功效的中国传统健身法也日益受到人们的青睐。丰富多样的[62]中国传统健身法独具东方文明的精神内涵和文化特质，对人们产生了独特且深远的影响。其中比较有代表性的是太极拳、五禽戏和八段锦功法。

在中国传统健身法中，最为人们熟悉的是已被联合国教科文组织纳入《人类非物质文化遗产》的太极拳。它是以儒家、道家哲学中的太极、阴阳辩证理念为核心思想，集颐养性情、强身健体、技击对抗等多种功能为一体的中国传统拳术。[63]太极拳动作柔和、速度缓慢、拳式易练，所以[63]有些人觉得它是年老体弱者的“专利”，但其实不然，太极拳架势的高低、运动量的大小都可以

얼마 전, 국무원은 <전 국민 신체 단련 계획>을 발표했는데, 전 국민의 신체 단련이 더 높은 수준으로 발전하도록 촉진하고, 대중의 신체 단련과 건강에 대한 수요를 더 잘 충족시키기 위해 5개년 목표와 8개 측면의 주요 과제를 제시했다. 현재, 운동이라는 개념은 이미 사람들의 마음에 깊이 스며들었고, 사람들은 운동을 일상생활에 녹여냈으며, 홈트레이닝은 이미 많은 사람이 신체를 단련할 때의 중요한 선택이 되었다. 탁구, 배드민턴, 테니스 등 흥미로우면서 승부를 겨루는 스포츠도 대중들의 광범위한 참여를 불러일으켰다. 더욱 놀라운 것은 신체 단련과 양생의 효과를 모두 갖춘 중국 전통 신체 단련법도 나날이 사람들의 주목을 받고 있다는 점이다. 풍부하고 다양한 [62]중국 전통 신체 단련법은 동양 문명의 정신적 의미와 문화적 특성을 독자적으로 갖추고 있으며, 사람들에게 독특하고 깊은 영향을 끼쳤다. 그중 비교적 대표적인 것이 태극권, 오금희와 팔단금공법이다.

중국 전통 신체 단련법 중 사람들에게 가장 익숙한 것은 이미 유네스코 <인류무형문화유산>에 등재된 태극권이다. 이는 유가, 도가의 철학 중 태극, 음양 변증 이념을 핵심 사상으로 삼으며, 성품을 기르고, 몸을 건강하게 하고, 무술로 대항하는 등의 여러 기능이 한데 합쳐진 중국 전통 권법이다. [63]태극권은 동작이 부드럽고, 속도가 느리며, 권법 자세를 연습하기 쉬워서 [63]어떤 사람들은 그것을 노약자의 '특권'이라고 생각하지만, 사실은 그렇지 않다. 태극권 자세의 높낮이, 운동량의 많고 적음은

根据个人体质而自行调整，[63]它能满足不同年龄、体质的需要。不管是想提高功夫还是想延年益寿，都能通过练习太极拳获得满意的效果。

五禽戏是另一个较为有名的中国传统健身法，其创编者为东汉时期著名的医学家[64]华佗。他继承了前人的养生术——导引术，[64]根据自己的中医理论基础，创编了较为完善的五禽戏，所以人们也将其称为"华佗五禽戏"。关于五禽戏的记载，最早见于西晋时期史学家陈寿写的《三国志·华佗传》："吾有一术，名五禽之戏，一曰虎，二曰鹿，三曰熊，四曰猿，五曰鸟。"由此可见，五禽戏所要模仿的是虎、鹿、熊、猿、鸟五种鸟兽的动作和特性。[65]五禽戏具有疏通脉络、调节气血、增强脏腑功能等功效。

八段锦功法是一套独立而完整的健身功法，起源于北宋时期，至今已有八百多年的历史。这套功法共分为八段，每段有一个动作，故名为"八段锦"。八段锦功法编排精致、动作优美，而且有柔和缓慢、圆活连贯、松紧结合、动静相兼的特点。长期练八段锦功法可使人缓解抑郁情绪、强身健体、耳聪目明。[66]八段锦功法的健身效果十分显著，因此它最近在年轻人中悄然走红。

中国传统健身法中较为有名的还有导引术、太极推手、气功、易筋经等等。中国传统健身法种类繁多，这些功法历久而不衰，且功效显著。然而专家们表示，[67/68]传统健身法非常讲究方法，[67]并不是所有人都适合练习的，盲目跟风并不可取，练错倒不如不练，[68]如果练错，不仅没有功效，反而会加重身体的不适症状。专家们还特别提醒，[68]练习中国传统健身法时，应遵循安全第一的原则，做到循序渐进，如有任何不适症状，应及时停止锻炼。

모두 개인의 체질에 따라 자체적으로 조절할 수 있으며, [63]이는 다양한 연령, 체질의 수요를 충족시킬 수 있다. 무술 실력을 키우고 싶든 장수하고 싶든, 모두 태극권 연습을 통해 만족스러운 효과를 얻을 수 있다.

오금희는 또 다른 유명한 중국 전통 신체 단련법으로, 그것의 창시자는 동한 시대의 유명한 의학자인 [64]화타이다. 그는 선인들의 양생술인 도인술을 계승했고, [64]자신의 중의학 이론에 기초하여 비교적 완전한 오금희를 창시해내서 사람들은 이를 '화타오금희'라고도 부른다. 오금희에 관한 기록은 서진의 사학자 진수가 <삼국지·화타전>에 쓴 '나에게는 단련 방법이 하나 있는데, 이름은 다섯 짐승의 극이라고 한다. 첫째는 호랑이, 둘째는 사슴, 셋째는 곰, 넷째는 원숭이, 다섯째는 새이다.'에서 가장 일찍 발견되었다. 이를 통해 알 수 있듯이, 오금희에서 모방한 것은 호랑이, 사슴, 곰, 원숭이, 새라는 다섯 가지 새와 짐승의 동작과 특성이다. [65]오금희는 맥락이 통하게 하고, 혈기를 조절하고, 오장육부의 기능을 강화하는 등 효과가 있다.

팔단금공법은 독립적이고 완전한 신체 단련 공법으로, 북송 시대에서 기원했으며, 현재까지 800여 년의 역사를 가지고 있다. 이 공법은 모두 여덟 개의 단계로 나뉘며, 매 단계에 하나의 동작이 있기 때문에 '팔단금'이라 불린다. 팔단금공법은 구성이 정교하고, 동작이 아름다우며, 부드럽고 느리고, 매끄럽고 일관되며, 느슨함과 긴장감이 있고, 동적인 것과 정적인 것이 모두 있다는 특징이 있다. 장기간 팔단금 공법을 연습하면 사람의 우울한 정서를 완화시키고, 몸을 건강하게 하며, 귀와 눈이 밝아지게 한다. [66]팔단금공법의 신체 단련 효과가 매우 두드러지기 때문에, 이는 최근 젊은이들 사이에서 조용히 인기를 얻고 있다.

중국 전통 신체 단련법 중 유명한 것에는 도인술, 태극추수, 기공, 역근경 등도 있다. 중국 전통 신체 단련법은 종류가 매우 많으며, 이러한 공법들은 오랜 시간이 지나도 쇠퇴하지 않고, 효과 또한 눈에 띈다. 그러나 전문가들은 [67/68]전통 신체 단련법은 방법을 매우 중요시하기 때문에 [67]모든 사람이 익히기에 적합한 것은 아니며, 맹목적으로 유행을 따르는 것은 바람직하지 않고, 잘못 연습하는 것은 연습하지 않는 것보다 못하며, [68]만약 잘못 연습한다면 효과가 없을 뿐만 아니라 오히려 신체의 불편한 증상을 악화시킬 수 있다고 밝혔다. 전문가들은 또한 [68]중국 전통 신체 단련법을 연습할 때는 안전제일의 원칙을 준수하고, 차근차근 단계를 밟아 나가야 하며, 만약 불편한 증상이 있으면 바로 단련을 중단해야 한다고 각별히 주의를 주었다.

어휘　国务院 guówùyuàn 圖 국무원[중화 인민 공화국의 최고 행정 기관]　群众 qúnzhòng 圖 대중　需求 xūqiú 圖 수요　趣味 qùwèi 圖 흥미
养生 yǎngshēng 圖 양생하다, 보양하다　功效 gōngxiào 圖 효과　日益 rìyì 凰 나날이　青睐 qīnglài 圖 주목을 받다, 흥미를 느끼다
独খ 独具 dújù 圖 독자적으로 갖추다　内涵 nèihán 圖 (내포된) 의미　五禽戏 wǔqínxì 圖 오금희[중국 동한 시대의 명의 화타가 만든 신체 단련법의 한 종류]
八段锦 bāduànjǐn 팔단금[여덟 가지 순서로 나뉘어져 있는 신체 단련법의 한 종류]
联合国教科文组织 Liánhéguó Jiàokēwén Zǔzhī 교유 유네스코[국제 연합 교육 과학 문화 기구]　遗产 yíchǎn 圖 유산　儒家 Rújiā 교유 유가
道家 Dàojiā 교유 도가　辩证 biànzhèng 圖 변증하다, 논증하다　颐养 yíyǎng 圖 기르다　性情 xìngqíng 圖 성품　技击 jìjī 圖 무술
对抗 duìkàng 圖 대항하다　柔和 róuhé 圖 부드럽다　缓慢 huǎnmàn 圖 느리다　专利 zhuānlì 圖 특권, 전매특허　架势 jiàshi 圖 자세
延年益寿 yánniányìshòu 圖 장수하다　创编者 chuàngbiānzhě 圖 창시자　华佗 Huà Tuó 교유 화타[중국 동한 시대의 명의]
继承 jìchéng 圖 계승하다　记载 jìzǎi 圖 기록하다　陈寿 Chén Shòu 교유 진수[중국 서진 시대의 사학자]　疏通 shūtōng 圖 통하게 하다
脉络 màiluò 圖 맥락[동맥·정맥 등 혈관의 통칭]　调节 tiáojié 圖 조절하다　气血 qìxuè 圖 혈기　脏腑 zàngfǔ 圖 오장육부
起源 qǐyuán 圖 기원하다　编排 biānpái 圖 구성하다　精致 jīngzhì 圖 정교하다　圆活 yuánhuó 圖 매끄럽다　连贯 liánguàn 圖 일관되다
显著 xiǎnzhù 圖 두드러지다, 눈에 띄다　悄然 qiǎorán 圖 조용하다, 잠잠하다　盲目跟风 mángmù gēnfēng 맹목적으로 유행을 따르다
症状 zhèngzhuàng 圖 증상　遵循 zūnxún 圖 준수하다　循序渐进 xúnxùjiànjìn 圀 차근차근 단계를 밟아 나간다, 점차적으로 심화되다

62 中国传统健身法有什么特点?

A 有一定的竞技性
B 注重观赏性和表演性
C 动作简单易学且节奏快
D 有东方文明独特的精神内涵

중국 전통 신체 단련법은 어떤 특징이 있는가?

A 어느 정도의 경쟁성을 가진다
B 감상성과 공연성을 중시한다
C 동작이 간단하고 배우기 쉬우며 리듬이 빠르다
D 동양 문명의 독특한 정신적 의미가 있다

해설 질문이 중국 전통 신체 단련법은 어떤 특징이 있는지 물었다. 질문에 핵심어구가 없으므로 각 선택지의 핵심어구 竞技性, 观赏性和表演性, 简单易学且节奏快, 东方文明独特的精神内涵과 관련된 내용을 지문에서 재빨리 찾는다. 첫 번째 단락에서 中国传统健身法独具东方文明的精神内涵和文化特质이라고 했으므로, 선택지 D 有东方文明独特的精神内涵이 정답이다.

어휘 注重 zhùzhòng [동] 중시하다 观赏 guānshǎng [동] 감상하다 节奏 jiézòu [명] 리듬 内涵 nèihán [명] (내포된) 의미

63 关于太极拳, 下列哪项不正确?

A 有助于延长人的寿命
B 最适合老年人群练习
C 可以随意调整运动量的大小
D 融入了儒家思想和道家思想

태극권에 관해, 다음 중 **옳지 않은** 것은?

A 사람의 수명을 늘리는 데 도움이 된다
B 노년층이 연습하기에 가장 적합하다
C 운동량의 많고 적음을 마음대로 조절할 수 있다
D 유가 사상과 도가 사상을 녹여냈다

해설 질문이 태극권에 관해 옳지 않은 것을 물었으므로, 질문의 핵심어구 太极拳과 관련된 내용을 지문에서 재빨리 찾는다. 두 번째 단락에서 太极拳……有些人觉得它是年老体弱者的"专利", 但其实不然……它能满足不同年龄、体质的需要라고 했으므로, 지문의 내용과 일치하지 않는 선택지 B 最适合老年人群练习가 정답이다.

어휘 随意 suíyì [형] 마음대로 儒家 Rújiā [고유] 유가

64 关于五禽戏, 可以知道什么?

A 是根据不同动物的外形创编的
B 被普遍认为是古代导引术的前身
C 主要以中医学理论作为理论基础
D 陈寿收集和整理了五禽戏的全套动作

오금희에 관해, 알 수 있는 것은 무엇인가?

A 다양한 동물의 외형에 근거하여 창시한 것이다
B 고대 도인술의 전신이라고 보편적으로 여겨진다
C 주로 중의학 이론을 이론적 기초로 하였다
D 진수는 오금희의 모든 동작을 수집하고 정리했다

해설 질문이 오금희에 관해 알 수 있는 것을 물었으므로, 질문의 핵심어구 五禽戏와 관련된 내용을 지문에서 재빨리 찾는다. 세 번째 단락에서 华佗……根据自己的中医理论基础, 创编了较为完善的五禽戏라고 했으므로, 선택지 C 主要以中医学理论作为理论基础가 정답이다.

어휘 五禽戏 wǔqínxì [명] 오금희[중국 동한 시대의 명의 화타가 만든 신체 단련법의 한 종류] 创编 chuàngbiān [동] 창시하다
前身 qiánshēn [명] 전신[바뀌기 전의 본체] 陈寿 Chén Shòu [고유] 진수[중국 서진 시대의 사학자]

65 根据上下文, 第三段空白处最适合填入的词语是:

A 填充
B 拨通
C 输送
D 疏通

앞뒤 내용에 근거하여, 세 번째 단락의 빈칸에 들어갈 어휘로 가장 알맞은 것은:

A 채우다
B 통화가 연결되다
C 운송하다
D 통하게 하다

해설 질문이 세 번째 단락의 빈칸에 들어갈 어휘로 가장 알맞은 것을 물었다. 선택지 A는 '채우다', B는 '통화가 연결되다', C는 '운송하다', D는 '통하게 하다'라는 의미이다. 빈칸 주변이 '오금희는 맥락이 ________, 혈기를 조절하고, 오장육부의 기능을 강화하는 등 효과가 있다.'라는 문맥이므로, 빈칸에는 오금희를 하는 것을 통해 맥락에 가져오는 효과를 나타내는 어휘가 들어가야 한다. 따라서 선택지 D 疏通이 정답이다.

어휘 填充 tiánchōng [동] 채우다 拨通 bōtōng [동] 통화가 연결되다 输送 shūsòng [동] 운송하다 疏通 shūtōng [동] 통하게 하다

66 八段锦功法为什么受年轻人的欢迎?

A 可在短时间内上手
B 健身效果非常明显
C 多次出现在影视剧中
D 可满足年轻人追求稳定的心理

팔단금공법은 왜 젊은이들의 환영을 받는가?

A 짧은 시간 안에 익힐 수 있어서
B 신체 단련 효과가 매우 뛰어나서
C 영화와 드라마에 여러 차례 나와서
D 젊은이들이 안정적인 것을 추구하는 심리를 만족시킬 수 있어서

해설 질문이 팔단금공법은 왜 젊은이들의 환영을 받는지 물었으므로, 질문의 핵심어구 八段锦功法, 受年轻人的欢迎과 관련된 내용을 지문에서 재빨리 찾는다. 네 번째 단락에서 八段锦功法的健身效果十分显著, 因此它最近在年轻人中悄然走红。이라고 했으므로, 선택지 B 健身效果非常明显이 정답이다.

어휘 八段锦 bāduànjǐn [명] 팔단금[여덟 가지 순서로 나뉘어져 있는 신체 단련법의 한 종류] 上手 shàngshǒu [동] 익히다, 시작하다

67 画线词语"盲目跟风"在文中表示什么意思?

A 在人群中随意修炼
B 把健身当作社会新潮流
C 看不惯其他人的健身习惯
D 毫无主见地跟从他人的选择

밑줄 친 어휘 '盲目跟风'은 글에서 무슨 의미를 나타내는가?

A 사람들 사이에서 마음대로 수련한다
B 신체 단련을 사회의 새로운 추세로 삼는다
C 다른 사람의 신체 단련 습관을 마음에 들어하지 않는다
D 자기의 주관 없이 다른 사람의 선택을 따라간다

해설 밑줄 친 어휘 '盲目跟风'의 의미를 물었으므로, 盲目跟风이 밑줄로 표시된 부분을 지문에서 재빨리 찾는다. 마지막 단락에서 传统健身法非常讲究方法, 并不是所有人都适合练习的, 盲目跟风并不可取, 练错倒不如不练이라고 했으므로, 문맥상 盲目跟风은 주관이나 원칙 없이 유행을 따라간다는 의미임을 알 수 있다. 따라서 이를 통해 알 수 있는 선택지 D 毫无主见地跟从他人的选择가 정답이다.

어휘 盲目跟风 mángmù gēnfēng 맹목적으로 유행을 따르다 潮流 cháoliú [명] 추세, 경향

68 最后一段主要谈的是什么?

A 专家对中国传统健身法的评价
B 中国传统健身法的未来发展趋势
C 练习中国传统健身法时的注意事项
D 提高中国传统健身法功效的具体方法

마지막 단락에서 주로 말하는 것은 무엇인가?

A 중국 전통 신체 단련법에 대한 전문가의 평가
B 중국 전통 신체 단련법의 미래 발전 추세
C 중국 전통 신체 단련법을 연습할 때의 주의 사항
D 중국 전통 신체 단련법의 효과를 높이는 구체적인 방법

해설 질문이 마지막 단락의 중심 내용을 물었으므로, 마지막 단락을 재빠르게 읽으며 중심 내용을 파악한다. 단락 중후반에서 传统健身法非常讲究方法……如果练错, 不仅没有功效, 反而会加重身体的不适症状……练习中国传统健身法时, 应遵循安全第一的原则, 做到循序渐进, 如有任何不适症状, 应及时停止锻炼이라고 하며 중국 전통 신체 단련법을 연습할 때 주의해야 하는 점들을 구체적으로 언급하고 있다. 따라서 이를 통해 알 수 있는 선택지 C 练习中国传统健身法时的注意事项이 정답이다.

어휘 事项 shìxiàng [명] 사항 功效 gōngxiào [명] 효과

69-73

[B] 关于景泰蓝的起源, 考古界没有统一的说法, 不过学界公认在明代景泰年间, 其工艺制作技术达到了巅峰。景泰蓝是一种在金属表面用釉料进行精美装饰的珐琅器工艺品, 因在景泰年间盛行, 且使用的珐琅釉多为蓝色, 故而得名"景泰蓝"。景泰蓝既运用了青铜和瓷器的传统工艺, 又吸收了绘画和雕刻的技法, 给人以高贵华美的审美享受。

[B] 경태람의 기원에 대해서 고고학계에서는 통일된 견해가 없지만 학계에서는 명나라 경태 시기에 경태람의 공예 제작 기술이 정점에 달한 것으로 모두가 인정하고 있다. 경태람은 금속 표면에 유약을 사용해서 정교하게 장식한 법랑 그릇 공예품으로, 경태 시기에 성행하고 사용된 법랑유가 대부분 파란색이었기 때문에 '경태람'이라는 이름을 얻게 되었다. 경태람은 청동과 자기의 전통 공예를 응용하면서도 회화와 조각의 기법을 흡수하여 사람들에게 고귀하고 화려한 심미적 즐거움을 준다.

[F] 一件景泰蓝制品的诞生要经过许多步骤。首先需要设计师设计出图稿，图稿完成后，就会进入制作胎型的环节。景泰蓝的造型是否美观取决于制胎工艺，这是景泰蓝制作工艺中最关键的一步。制胎时要先按照图稿将紫铜片剪出不同的形状，并用铁锤敲打成各种形状的铜胎，在各个部位的衔接处抹上焊药，用高温焊接，便可做出景泰蓝制品的基本形状。

[E] 确定好整体胎型后，就到了掐丝的工序。掐丝用的材料是一种很窄的扁铜丝，要将这种扁细、具有韧性的铜丝用镊子掐成各种精美的图案，然后一根一根粘在铜胎上。掐丝是一种绝妙的艺术，也是景泰蓝制作工艺中难度较大、不易掌握的一道工序。这项工艺等于是绘画中的线描，只不过勾线时用的不是笔，而是铜丝。掐丝工序结束后，还要进行烧焊、酸洗等工序，在严格检查器物后，再开始下一个步骤。

[A] 正如前面所提到，掐丝相当于绘画中的线描，而点蓝就如同绘画中的着色。点蓝技师要把事备好的珐琅釉按照标示的颜色，用小铲形工具一点点填充到焊好的铜丝纹饰框架中。他们要保持工作台的整洁，在操作时双手必须要保持干净，同时还要充分理解铜胎上纹饰之间的透视关系，只有这样才能制出有立体感的纹饰。点蓝结束后还需要将器物放到800℃的炉子中进行烧蓝的工序，直至釉料凝固，与铜丝齐平为止，这个步骤要重复三到四次才能完成。

[G] 这个烧制过程能够把景泰蓝的色彩艺术效果基本呈现出来，不过依旧需要经过一些步骤，使景泰蓝更加平整和光滑。磨光便是景泰蓝制作过程中担当"美容"的工艺。因为烧制后的釉料已经固定在铜丝之间，会很不平整，所以就需要磨光这个工序来将多余的釉料磨去。磨光时需要用粗砂石、黄石、木炭分三次将釉料磨平，然后进行抛光处理，使器物看起来更加光亮。

[D] 为了防止器物氧化，使之更耐久、更美观，就要进行景泰蓝制作工艺中的最后一道工序——镀金。镀金，顾名思义就是在器物表面镀上一层黄金。由于器物上会留下触摸过的痕迹，因此在镀金前必须要进行严格的特殊处理，否则会影响镀金的质量。镀好金的景泰蓝配上精美的底托，更能显示出景泰蓝的华美。

[F] 경태람 제품 하나가 탄생하려면 수많은 단계를 거쳐야 한다. 우선 디자이너가 밑그림을 디자인해야 하며, 밑그림이 완성되면 태(胎)의 모양을 제작하는 단계에 들어선다. 경태람의 형상이 아름다운지 아닌지는 태 제작 공예에 달려 있으며, 이는 경태람 제작 공예에서 가장 중요한 단계이다. 태를 만들 때는 먼저 밑그림에 따라 적동판을 각기 다른 형태로 잘라내, 망치로 두드려 여러 가지 형태의 구리태로 만든 다음, 각 부분이 맞물리는 곳에 용접용 용제를 바르고 고온으로 용접하면 경태람 제품의 기본 형상을 만들어낼 수 있다.

[E] 전체적인 태의 모양이 잡히면 견사 공정에 들어선다. 견사에 사용되는 재료는 폭이 좁고 납작한 구리철사로, 이 납작하고 가늘며 질긴 구리 철사를 핀셋을 사용해 각종 아름다운 도안으로 누른 다음, 한 가닥 한 가닥 구리태에 붙인다. 견사는 절묘한 예술이며 경태람의 제작 공예에서 난도가 비교적 높고 마스터하기 쉽지 않은 공정이기도 하다. 이 공예는 회화에서의 드로잉과 다름없는데, 다만 스케치를 할 때 쓰는 것은 펜이 아니라 구리 철사이다. 견사 공정이 끝난 후에는 용접, 산세척 등의 공정을 거쳐야 하며, 기물을 엄격하게 검사한 후에야 다음 단계를 시작할 수 있다.

[A] 앞서 말한 것과 같이, 견사가 회화의 드로잉에 해당한다면, 점람은 회화에서의 색칠과 같다. 점람 기술자는 미리 준비해둔 법랑유를 표시된 색상에 따라 작은 삽 모양의 도구를 사용하여 용접된 구리철사 도안의 틀에 조금씩 채워 넣는다. 그들은 작업대를 깔끔하게 유지해야 하고 작업 중 양손이 반드시 깨끗해야 하며, 동시에 구리태 위 문양 간의 투시 관계를 충분히 이해해야 하는데, 이렇게 해야만 입체감 있는 문양을 제작할 수 있다. 점람이 끝난 후 기물을 800℃의 가마에 넣어 소람이라는 공정을 진행해야 하는데, 유약이 굳어서 구리철사와 평평해질 때까지 이 단계는 3~4회 반복해야 비로소 완성된다.

[G] 가마에 넣어 굽는 이 과정은 경태람의 색채 예술 효과를 대체로 나타낼 수 있지만 여전히 몇 가지 단계를 거쳐야 경태람이 더 평평하고 매끄러워지게 할 수 있다. 광택을 내는 것이 바로 경태람 제작 과정에서 '미용'을 담당하는 공예이다. 가마에 넣어 구운 후의 유약은 이미 구리 철사 사이에 고정되어 있어 평평하지 않기 때문에, 유약에서 필요 없는 부분을 제거하기 위해 광택을 내는 공정이 필요하다. 광택을 낼 때는 거친 모래와 자갈, 황석, 숯을 사용하여 3회에 걸쳐 유약을 평평하게 간 다음, 윤을 내어 기물이 더 밝아 보이게 한다.

[D] 기물이 산화되는 것을 방지하고, 더 오래가고, 더 아름답게 하기 위해서는 경태람 제작 공예의 마지막 공정인 도금을 진행해야 한다. 도금은 이름 그대로 기물 표면에 금을 한 층 입히는 것이다. 기물에는 손으로 만진 흔적이 있기 때문에 도금 전에 엄격한 특수 처리를 해야 하며, 그렇게 하지 않으면 도금의 퀄리티에 영향을 미친다. 도금을 마친 경태람을 아름다운 받침과 매칭시키면 경태람의 화려함을 더욱 드러낼 수 있다.

[C]　清代是掐丝珐琅工艺发展的又一高峰期，由于社会安定且经济繁荣，景泰蓝得到了一定的发展。清代初期的景泰蓝缺乏独创性，无论是造型还是装饰，大多数都沿袭了明代的风格。而清代中后期的景泰蓝则受到了当时宫廷的影响，造型变得更为丰富，出现了建筑物、屏风、桌椅等造型，并且整体风格也变得更为奢华。

[C] 청나라 시기는 견사 법랑 공예가 발전한 또 다른 절정기이며, 사회가 안정되고 경제가 번영함으로 인해 경태람은 어느 정도 발전을 이루었다. 청나라 초기의 경태람은 독창성이 부족하여, 형상에서든 아니면 장식에서든 대부분 명나라의 스타일을 답습했다. 반면 청나라 중후기의 경태람은 당시 황실의 영향을 받아 모양이 더욱 풍부해졌고, 건축물, 병풍, 탁자와 의자 등의 모양이 등장했으며 전체적인 스타일도 더욱 호화로워졌다.

어휘 景泰蓝 jǐngtàilán 圆 경태람[동기(铜器) 표면에 무늬를 내서 불에 구워낸 공예품]　起源 qǐyuán 圆 기원　考古 kǎogǔ 圆 고고학
公认 gōngrèn 图 모두가 인정하다, 공인하다　景泰 Jǐngtài 교유 경태[중국 명나라 7대 황제의 연호]　工艺 gōngyì 圆 공예, 기술
巅峰 diānfēng 圆 정점　釉料 yòuliào 圆 유약[도자기의 몸에 덧씌우는 약]　珐琅 fàláng 圆 법랑[광물을 원료로하여 만든 유약]
盛行 shèngxíng 图 성행하다, 널리 유행하다　青铜 qīngtóng 圆 청동　雕刻 diāokè 图 조각하다　技法 jìfǎ 圆 기법　审美 shěnměi 图 심미하다
诞生 dànshēng 图 탄생하다　图稿 túgǎo 圆 밑그림　环节 huánjié 圆 단계, 부분　造型 zàoxíng 圆 형상　美观 měiguān 图 아름답다, 보기 좋다
铁锤 tiěchuí 圆 망치　部位 bùwèi 圆 부분, 부위　衔接 xiánjiē 图 맞물리다, 이어지다　焊药 hànyào 圆 용접용 용제　焊接 hànjiē 图 용접하다
掐丝 qiāsī 圆 견사[금·은 등 금속을 도안에 따라 그릇이나 기물에 붙이는 작업]　工序 gōngxù 圆 공정　扁 biǎn 圆 납작하다, 평평하다
韧性 rènxìng 圆 질김, 근성　镊子 nièzi 圆 핀셋　掐 qiā 图 누르다　绝妙 juémiào 图 절묘하다　线描 xiànmiáo 圆 드로잉, 선묘
烧焊 shāohàn 图 용접하다　酸洗 suānxǐ 图 산세척하다[금속 표면의 산화 피막을 제거하기 위해 금속을 산성이나 염기성 용액에 담그는 것을 가리킴]
器物 qìwù 圆 기물　铲 chǎn 圆 삽　纹饰 wénshì 圆 도안, 문양　框架 kuàngjià 圆 틀, 골격　操作 cāozuò 图 작업하다, 다루다
透视 tòushì 圆 투시[선이나 색채로 평면상에서 입체 공간을 표현하는 방법]　凝固 nínggù 图 굳어지다　烧制 shāozhì 图 가마에 넣어 굽다
呈现 chéngxiàn 图 나타나다　依旧 yījiù 图 여전히　磨光 móguāng 图 광택을 내다　多余 duōyú 图 필요없는, 여분의
砂石 shāshí 圆 모래와 자갈　抛光 pāoguāng 图 윤내다, 광을 내다　防止 fángzhǐ 图 방지하다　镀金 dùjīn 图 도금하다
顾名思义 gùmíngsīyì 젭 이름 그대로　痕迹 hénjì 圆 흔적　底托 dǐtuō 圆 받침　高峰 gāofēng 圆 절정　沿袭 yánxí 图 답습하다
宫廷 gōngtíng 圆 황실, 궁정　屏风 píngfēng 圆 병풍　奢华 shēhuá 圆 호화롭다

해설 69. 이미 배열된 F를 제외한 나머지 단락에서 첫 순서에 들어갈 단락을 찾아서 배열한다. B에서 景泰蓝(경태람)의 기원을 언급하며 경태람이 무엇인지 소개하는 내용이 포함되어 있으므로, B를 첫 순서로 배열한다.

70. 이미 배열된 F의 전반부에 언급된 制作胎型的环节(태(胎)의 모양을 제작하는 단계)를 키워드로 확인해둔다. F에서 확인한 키워드와 관련된 胎型이 동일하게 있으면서, 태의 모양을 제작하는 단계 이후의 단계를 설명한 내용인 E를 F 뒤에 배열한다.

71. E의 후반부에 언급된 掐丝(견사)를 키워드로 확인해둔다. E에서 확인한 키워드 掐丝가 동일하게 있으면서, 掐丝의 이후 단계인 点蓝(점람)을 설명하는 내용인 A를 E 뒤에 배열한다.

72. A의 후반부에서 점람이 끝난 후 유약이 구리철사와 평평해질 때까지 기물을 800℃의 가마에 넣어 烧蓝的工序(소람이라는 공정)를 한다고 했다. 따라서 这个烧制过程(가마에 넣어 굽는 이 과정)이라고 하며 소람 공정의 효과와, 경태람을 더 매끄러워지게 하는 단계를 소개하는 포함된 G를 A 뒤에 배열한다.

73. G에서 경태람 제작 과정 중 '미용'을 담당하는 광택을 내는 단계를 설명했다. 따라서 경태람이 더 오랫동안 더 아름답게 하는 마지막 제조 공정을 설명한 D를 G 뒤에 배열하여 지문을 완성한다.

[배열할 수 없는 단락]
C는 지문에서 언급된 掐丝(견사)라는 키워드가 포함되어 있다. 그러나 지문 전체적으로 경태람의 제작 단계를 순서대로 설명하고 있는데, C는 청나라 시기의 경태람의 세부적인 특징만을 언급하며 지문 흐름과 다른 내용을 이야기하고 있으므로 배열할 수 없는 단락이다.

배열된 순서

B	→	F	→	E	→	A	→	G	→	D
69.		70.		71.		72.		73.		

74-80

　　神话中包含各种自然神和被神化的英雄人物，神话中的故事情节通常会以奇闻异事、战争、爱情等主题来表现。⁷⁴神话之所以会出现，是因为古代生产力水平很低，而人们无法科学地解释自然现象、世界起源和社会生活，于是只能借助幻想把自然拟人化。神话在一定程度上体现出了古代先民与自然的斗争、对理想的追求。

　　신화에는 각종 자연신과 신격화된 영웅적인 인물이 담겨 있으며, 신화 속 이야기의 줄거리는 대개 기이한 일, 전쟁, 사랑 등의 주제로 표현된다. [74]신화가 출현하게 된 것은, 고대의 생산력 수준이 낮고 사람들이 자연 현상, 세계의 기원과 사회생활을 과학적으로 설명할 수 없어서 환상을 빌려 자연을 의인화할 수밖에 없었기 때문이었다. 신화는 고대 선조들의 자연과의 투쟁, 이상에 대한 추구를 어느 정도 드러낸다.

人们在日常劳动和生活中积聚了许多强烈的情绪体验，而[75]神话可以使人在假想的世界中宣泄自己各种各样的情绪。神话产生于生产力和人们的认知能力都十分低下的时期，那时人类的思考方式极为简单，因而会自然而然地认为自然界和人一样有意志、有性格、有情感，比如人们相信日、月、风、雨、雷电这些自然现象都是由神主宰的。就这样，人的头脑中开始形成了自然神的概念。[76]在人们创作出的神话故事里，自然神能够随意地支配自然，自然神的存在可以解释出当时人们难以理解的自然现象，于是也就有了开天辟地的盘古，以及万物的始祖女娲。

在中国神话中，除了自然神，还有许多描写英雄神的故事，这些英雄神也同样来源于当时人们的想象。[77]人们无法战胜强大的自然力量带来的各种灾害，于是就幻想出了具有超能力的英雄神。英雄神能够率领人们战胜自然、征服自然，还能成为他们的守护者。事实上，许多在人的幻想中产生的英雄往往就是本部族中出现过的一些才智出众的人物，这些人物曾率领部族的人创造过英雄伟绩。这类神话故事的产生表现了人们对智慧的歌颂，也表现了人们想要征服自然的强烈愿望和信心。

此外，中国神话中还有关于异人异物的故事，如羽民国的人生来就有翅膀，能像鸟儿一样在天空自由飞翔；奇肱国的人能够制造飞车顺风飞行，不用辛苦奔走；龙伯国的人都是巨人，能一步跨越山海。[78]这些出现在神话中的异人异物，是人们通过对自然界生物的观察而创造出来的，[78]体现了人们战胜自然的渴望。

神话作为古人的艺术表现手法之一，和其他艺术一样起源于人们的劳动生活。中国神话中所歌颂的那些具有威望的神，几乎无一不与劳动有关。治理洪水的鲧和禹、钻木取火的燧人氏、射箭技艺高超的后羿等等，他们凭借神力或法宝克服生产劳动中的重重困难，最终取得了成功。[79]这些神话从侧面反映出了人们对劳动的热情，以及他们不屈服于命运、<u>奋勇向前</u>的积极生活态度。

[80]神话的内容和内涵给后世带来了多方面的影响。在文学创作方面，神话中的内容和对自然事物形象化的手法，对浪漫主义创作方法的形成及后世作家的艺术创作都产生了直接的影响。另外，神话充分表现出了古人的人生观，是古人对自然现象的一种疑问与解释，因此后世能通过研究神话，了解到古人对世界和自然的认识。

사람들은 일상 노동과 생활 속에서 많은 강렬한 감정적 경험을 축적했는데, [75]신화는 사람들이 가상의 세계에서 자신의 다양한 감정을 표출할 수 있게 했다. 신화는 생산력과 사람들의 인지 능력이 모두 매우 낮았던 시기에 생겨났는데, 그 당시 인간의 사고방식은 아주 단순했고, 이 때문에 자연스레 자연계가 사람처럼 의지, 성격, 감정이 있다고 생각했다. 예를 들어 사람들은 해, 달, 바람, 비, 천둥과 같은 이러한 자연 현상들이 모두 신이 지배하는 것이라고 믿었다. 이렇게 인간의 머릿속에 자연신이라는 개념이 형성되기 시작했다. [76]사람들이 만들어낸 신화 이야기에서 자연신은 자연을 마음대로 지배할 수 있었고, 자연신의 존재는 당시 사람들이 이해하기에 어려웠던 자연 현상을 설명할 수 있었으며, 그리하여 천지개벽의 반고와 만물의 시조인 여와가 생겼다.

중국 신화에서 자연신 외에도 영웅신을 묘사한 이야기가 많은데, 이 영웅신들 또한 당시 사람들의 상상에서 비롯됐다. [77]사람들은 강력한 자연의 힘이 야기한 온갖 재해를 이기지 못해서 초능력을 가진 영웅신을 상상해냈다. 영웅신은 사람들을 이끌어 자연을 이기고 정복할 수 있었으며, 그들의 수호자도 될 수 있었다. 사실, 인간의 환상 속에서 생겨난 많은 영웅은 종종 부족에 있었던 재능이 뛰어난 인물이며, 이 인물들은 부족 사람들을 이끌고 영웅적인 위대한 업적을 남겼다. 이러한 신화 이야기의 출현은 지혜에 대한 사람들의 찬양을 보여주었고, 사람들이 자연을 정복하고자 하는 강한 열망과 믿음도 보여주었다.

이 밖에, 중국 신화에는 기이한 사람 및 사물과 관련된 이야기도 있다. 예를 들어 우민국의 사람들은 태어날 때부터 날개가 있어서, 새처럼 하늘을 자유롭게 날아다닐 수 있다. 기굉국의 사람들은 하늘을 나는 수레를 만들어 바람을 타고 날 수 있어 힘들게 뛰어다니지 않아도 되고, 용백국의 사람들은 모두 거인이어서, 산과 바다를 한걸음에 뛰어넘을 수 있다. [78]신화에 등장하는 이 기이한 사람과 사물은 사람들이 자연계 생물을 관찰한 것을 통해 만들어 낸 것으로 [78]사람들이 자연을 이기고자 하는 갈망을 드러냈다.

신화는 고대인의 예술 표현 기법 중 하나로서 다른 예술과 마찬가지로 사람들의 노동 생활에서 기원했다. 중국 신화에서 칭송하는 명성 있는 신들은 거의 노동과 관련이 없는 것이 없다. 홍수를 다스리는 곤과 우, 나무를 비벼 불을 얻은 수인씨, 활쏘기 기예가 뛰어난 후예 등 이들은 초인적인 힘이나 법보로 생산 노동의 여러 가지 어려움을 극복했고, 결국 성공을 거두었다. [79]이러한 신화는 또 다른 한편으로 노동에 대한 사람들의 열정과 그들이 운명에 굴하지 않고 <u>분발하여 용감하게 앞으로 향해 나아가는</u> 적극적인 삶의 태도를 반영했다.

[80]신화의 내용과 의미는 후대 사람들에게 여러 방면의 영향을 미쳤다. 문학 창작 방면에서는, 신화 속 내용과 자연 사물을 형상화하는 기법이 낭만주의 창작 방법의 형성과 후대 작가의 예술 창작에 모두 직접적인 영향을 미쳤다. 또한 신화는 옛사람들의 인생관을 잘 드러냈고, 이는 자연 현상에 대한 옛사람들의 의문과 해석이며, 이 때문에 후손들은 신화를 연구하는 것을 통해 세계와 자연에 대한 옛사람들의 인식을 알 수 있게 되었다.

어휘　神话 shénhuà 몡 신화　情节 qíngjié 몡 줄거리　起源 qǐyuán 몡 기원 동 기원하다　借助 jièzhù 동 (다른 사람 또는 사물의) 힘을 빌리다
拟人化 nǐrénhuà 동 의인화하다　斗争 dòuzhēng 동 투쟁하다　宣泄 xuānxiè 동 (감정 등을) 표출하다, 토로하다

自然而然 zìrán'érrán 혱 자연스레　　意志 yìzhì 몡 의지　　主宰 zhǔzǎi 동 지배하다, 주재하다　　创作 chuàngzuò 동 만들다, 창작하다
随意 suíyì 뷔 마음대로　　支配 zhīpèi 동 지배하다　　开天辟地 kāitiānpìdì 동 천지개벽하다
盘古 Pángǔ 고유 반고[중국 신화에서 천지개벽의 시조로 전해지는 인물]　　女娲 Nǚwā 고유 여와[중국 고대 신화 속 여신]
来源 láiyuán 동 비롯하다, 기원하다　　率领 shuàilǐng 동 (무리나 단체를) 이끌다　　征服 zhēngfú 동 정복하다　　歌颂 gēsòng 동 찬양하다, 칭송하다
飞翔 fēixiáng 동 날다　　跨越 kuàyuè 동 뛰어넘다　　生物 shēngwù 몡 생물　　渴望 kěwàng 동 갈망하다　　威望 wēiwàng 몡 명성
治理 zhìlǐ 동 다스리다　　洪水 hóngshuǐ 몡 홍수　　射箭 shèjiàn 동 활을 쏘다
法宝 fǎbǎo 몡 법보[신화에 나오는 요괴를 제압하거나 죽일 수 있는 신기한 보물]　　屈服 qūfú 동 굴복하다
奋勇向前 fènyǒng xiàng qián 분발하여 용감하게 앞으로 향해 나아가다, 용기를 내어 전진하다　　手法 shǒufǎ (예술 작품의) 기법
浪漫主义 làngmàn zhǔyì 낭만주의

74　第一段画线部分主要谈了什么?　　　　　　　첫 번째 단락의 밑줄 친 부분에서 주로 이야기하는 것은 무엇인가?

神话出现的原因　　　　　　　　　　　　　　　신화가 출현한 원인

해설　질문이 첫 번째의 단락 밑줄 친 부분의 중심 내용을 물었으므로, 첫 번째 단락의 밑줄 친 부분을 재빠르게 읽으며 중심 내용을 파악한
　　　다. 밑줄 친 부분에서 고대에 생산력 수준이 낮고 세상의 각종 현상이나 기원 등을 과학적으로 설명할 수 없어 신화가 출현하게 되었다
　　　고 설명하고 있으므로, 밑줄 친 부분의 중심 내용은 신화가 출현한 원인임을 알 수 있다. 따라서 神话出现的原因을 답변으로 쓴다.

어휘　神话 shénhuà 몡 신화

75　神话可以使人在假想的世界中怎么做?　　　　신화는 가상의 세계에서 사람이 어떻게 할 수 있게 하는가?

宣泄自己的情绪　　　　　　　　　　　　　　　자신의 감정을 표출한다

해설　질문이 신화는 가상의 세계에서 사람이 어떻게 할 수 있게 하는지 물었으므로, 질문의 핵심어구 神话, 假想的世界와 관련된 내용을 지
　　　문에서 재빨리 찾는다. 두 번째 단락에서 神话可以使人在假想的世界中宣泄自己各种各样的情绪라고 했으므로, 해당 부분에서 언급
　　　된 宣泄自己的情绪를 그대로 답변으로 쓴다.

어휘　宣泄 xuānxiè 동 (감정 등을) 표출하다, 토로하다

76　在神话故事中, 自然神能够做什么?　　　　　신화 이야기에서 자연신은 무엇을 할 수 있는가?

随意地支配自然　　　　　　　　　　　　　　　자연을 마음대로 지배한다

해설　질문이 신화 이야기에서 자연신은 무엇을 할 수 있는지 물었으므로, 질문의 핵심어구 神话故事, 自然神과 관련된 내용을 지문에서 재
　　　빨리 찾는다. 두 번째 단락에서 在人们创作出的神话故事里, 自然神能够随意地支配自然이라고 했으므로, 해당 부분에서 언급된 随
　　　意地支配自然을 그대로 답변으로 쓴다.

어휘　随意 suíyì 뷔 마음대로　　支配 zhīpèi 동 지배하다

77　人们为什么会幻想出英雄神?　　　　　　　　사람들은 왜 영웅신을 상상해냈는가?

人们无法战胜各种灾害　　　　　　　　　　　　사람들이 각종 재해를 이기지 못해서

해설　질문이 사람들은 왜 영웅신을 상상해냈는지 물었으므로, 질문의 핵심어구 幻想出英雄神과 관련된 내용을 지문에서 재빨리 찾는다.
　　　세 번째 단락에서 人们无法战胜强大的自然力量带来的各种灾害, 于是就幻想出了具有超能力的英雄神。이라고 했으므로, 사람들
　　　이 영웅신을 상상해낸 이유는 그들이 각종 재해를 이기지 못해서임을 알 수 있다. 따라서 人们无法战胜各种灾害를 답변으로 쓴다.

어휘　战胜 zhànshèng 동 이기다

78　在神话中出现的异人异物体现了什么?　　　　신화에 등장하는 기이한 사람과 사물은 무엇을 드러내는가?

人们战胜自然的渴望　　　　　　　　　　　　　사람들이 자연을 이기고자 하는 갈망

해설　질문이 신화에 등장하는 기이한 사람과 사물은 무엇을 드러내는지 물었으므로, 핵심어구 在神话中出现的异人异物와 관련된 내용을
　　　지문에서 재빨리 찾는다. 네 번째 단락에서 这些出现在神话中的异人异物……体现了人们战胜自然的渴望이라고 했으므로, 해당 부
　　　분에서 언급된 人们战胜自然的渴望을 그대로 답변으로 쓴다.

어휘　渴望 kěwàng 동 갈망하다

79 第五段中，画线词语“奋勇向前”的意思是什么？ 다섯 번째 단락에서, 밑줄 친 어휘 '奋勇向前'의 의미는 무엇인가?

奋发勇敢地向前走 분발하여 용감하게 앞으로 향해 나아가다

해설 질문의 奋勇向前에서 奋은 '분발하다', 勇은 '용감하다', 向은 '향하다', 前은 '앞'이라는 의미이므로, 奋勇向前은 '분발하여 용감하게 앞으로 향해 나아가다'라는 의미임을 유추할 수 있다. 奋勇向前이 포함된 문장은 '이러한 신화는 또 다른 한편으로 노동에 대한 사람들의 열정과 그들이 운명에 굴하지 않고 분발하여 용감하게 앞으로 향해 나아가는 적극적인 삶의 태도를 반영했다.'라는 자연스러운 문맥이므로, 奋勇向前은 유추해둔 '분발하여 용감하게 앞으로 향해 나아가다'라는 의미로 사용되었음을 확인할 수 있다. 따라서 奋发勇敢地向前走를 답변으로 쓴다.

어휘 奋勇向前 fènyǒng xiàng qián 분발하여 용감하게 앞으로 향해 나아가다, 용기를 내어 전진하다 奋发 fènfā [동]분발하다

80 最后一段主要介绍的是什么？ 마지막 단락에서 주로 소개하는 것은 무엇인가?

神话给后世带来的影响 신화가 후대 사람들에게 미치는 영향

해설 질문이 마지막 단락의 중심 내용을 물었으므로, 마지막 단락을 재빠르게 읽으며 중심 내용을 파악한다. 마지막 단락에서 神话的内容和内涵给后世带来了多方面的影响。이라고 하며 신화의 내용과 의미가 후대 사람들에게 가져다준 영향을 구체적으로 언급하고 있으므로, 마지막 단락의 중심 내용은 신화가 후대 사람들에게 미치는 영향임을 알 수 있다. 따라서 神话给后世带来的影响을 답변으로 쓴다.

어휘 后世 hòushì [명]후대

81-87

在地球引力的作用下，大量的气体围绕在地球周围，形成了高度约一千公里的大气层。随着高度的不同，大气层所表现出的特点各不相同。根据大气的特点，大气层大致可分为对流层、平流层、中间层、热层和外层。

[83]对流层位于大气的最底层，直接与地球表面相接。对流层是大气最稠密的一层，这里集中了占大气总质量75%的空气。对流层的平均高度为12公里，[81]其高度与地球经度无关，但会随着地球纬度的增高而下降，在两极上空为8公里，在赤道上空为17公里。在对流层内，温度随高度的增加而降低，每升高1公里，气温约下降6.5℃。此层对人类生活影响最大，雨、雪、雹、霜、露、云、雾等一系列天气现象也发生在此层。由于对流层中有大量的对流现象，因此飞机在此层飞行时容易颠簸。

[83]平流层位于对流层之上，此层上热下冷，即高温层在此层顶部，而低温层在底部，这与对流层刚好相反。在平流层中，氧分子在紫外线作用下形成臭氧层，[82]臭氧层像一道屏障一样，保护着地球上的生物免受太阳紫外线及高能粒子的“袭击”。这一层没有强对流现象，很少发生天气变化，因此适于飞机飞行，飞机大部分时间在此层飞行。

[83/84]中间层是从平流层顶端到离地面85公里之间的大气层。这一层气温垂直递减率很大，对流运动强。这一层会出现夜光云，在夏季黄昏时，能在一些特定地区看到夜光云。很多流星体接近地球时被地球引力吸引而进入大气层，其中大部分流星体会在这一层燃尽。

지구 중력의 작용으로 대량의 기체가 지구 주위를 둘러싸서 고도 약 천 킬로미터의 대기권을 형성했다. 고도의 차이에 따라 대기권에서 나타내는 특성은 각기 다르다. 대기의 특성에 따라 대기권은 크게 대류권, 성층권, 중간권, 열권 및 외기권으로 나눌 수 있다.

[83]대류권은 대기의 최하층에 위치하며 지구 표면과 직접 맞닿아 있다. 대류권은 대기가 가장 조밀한 대기층으로, 이곳에는 전체 대기 질량의 75%를 차지하는 공기가 집중되어 있다. 대류권의 평균 고도는 12킬로미터로, [81]그것의 고도는 지구의 경도와는 무관하지만 지구의 위도가 높아질수록 낮아져 북극과 남극의 상공에서는 8킬로미터, 적도 상공에서는 17킬로미터이다. 대류권 내부에서 온도는 고도가 높아짐에 따라 낮아지며, 1킬로미터 높아질 때마다 기온은 약 6.5℃ 낮아진다. 이 층은 인간의 삶에 가장 큰 영향을 미치며, 비, 눈, 우박, 서리, 이슬, 구름, 안개 등과 같은 일련의 기상 현상도 이 층에서 발생한다. 대류권에는 대량의 대류 현상이 있기 때문에 비행기가 이 층에서 비행할 때 흔들리기 쉽다.

[83]성층권은 대류권 위에 위치하며, 이 층은 위쪽은 뜨겁고 아래쪽은 차가운데, 즉 고온층은 이 층의 꼭대기에 있고 저온층은 바닥에 있으며 이는 대류권과 정반대이다. 성층권에서 산소 분자는 자외선의 작용으로 오존층을 형성하는데, [82]오존층은 하나의 장벽처럼 지구상의 생물이 태양 자외선 및 고에너지 입자의 '습격'을 받지 않도록 보호해주고 있다. 이 층은 강한 대류 현상이 없고 기후 변화가 생기는 경우가 적어 비행기가 비행하기에 적합하며, 비행기는 대부분의 시간 동안 이 층에서 비행한다.

[83/84]중간권은 성층권 꼭대기부터 지면에서 85킬로미터 떨어진 곳 사이의 대기권이다. 이 층은 기온감률이 크고 대류 운동이 강하다. 이 층에서는 야광운이 나타나는데, 여름 해 질 무렵 일부 특정 지역에서 야광운을 볼 수 있다. 많은 유성체가 지구에 가까워질 때 지구의 중력에 이끌려 대기권으로 진입하게 되는데, 그중 대부분의 유성체는 이 층에서 다 타버린다.

⁸⁴中间层的外部是热层，由于这里的大气处于高度电离状态，因此这一层也叫电离层。此层温度随高度的增加而升高，据探测，在300公里的高度上温度可达1000℃以上，这是因为波长小于0.175微米的紫外线辐射全部被大气物质所吸收。⁸⁴这一层中存在相当多的自由电子和离子，它们能反射无线电波，并能改变无线电波的传播速度，这对无线电通信具有极其重要的意义。此外，极光也是在热层顶部发生的自然现象。

位于大气层最外面的⁸⁵外层是大气层向星际空间过渡的区域，此层没有明显的界限，⁸⁵温度也随着高度而升高。由于温度高、离地距离远、引力小，大气粒子不断散开，有些还会"逃"到星际空间。不仅如此，此层也是人造卫星的运行空间。

⁸⁷大气层的存在有很大的意义，⁸⁶如果大气层消失，地球上的水将会在一夜之间化为乌有，生命便会枯竭，地球就会跟月球一样，只剩下一片荒凉。大气层是地球上所有生物得以生存和发展的必要条件，正是因为有大气层，地球才会有氧气和水，地面的温度也能保持在合适的范围之内。除此之外，大气层还能为地球挡住大多数流星的侵袭，使它们在大气层中被烧毁，从而保护地球环境。

---

⁸⁴중간권의 외부는 열권이며, 이곳의 대기는 고도로 이온화된 상태에 있기 때문에 이 층을 이온권이라고 부르기도 한다. 이 층의 온도는 고도가 높아짐에 따라 높아진다. 관측에 따르면 고도 300킬로미터에서 온도는 1000℃ 이상까지 도달할 수 있는데, 이는 파장이 0.175마이크론 미만인 자외선 복사가 모두 대기 물질에 흡수되기 때문이다. ⁸⁴이 층에는 상당히 많은 자유 전자와 이온이 존재하며 이들은 무선 전파를 반사할 수 있고, 무선 전파의 전파 속도를 바꿀 수 있는데, 이는 무선 통신에 매우 중요한 의미를 갖는다. 이 밖에 오로라도 열권 꼭대기에서 발생하는 자연 현상이다.

대기권의 가장 바깥쪽에 위치한 ⁸⁵외기권은 대기권이 성간 공간으로 넘어가는 구역으로, 이 층은 뚜렷한 경계가 없고 ⁸⁵온도도 고도에 따라 높아진다. 온도가 높고, 지면에서 멀리 떨어져 있으며, 중력이 작기 때문에 대기 입자가 끊임없이 흩어지고 일부는 성간 공간으로 '도망'가기까지 한다. 그뿐만 아니라 이 층은 인공위성의 운행 공간이기도 하다.

⁸⁷대기권의 존재는 매우 큰 의의가 있다. ⁸⁶대기권이 사라지면 지구상의 물은 하루아침에 모두 없어질 것이고, 생명이 소멸해 지구는 달처럼 황량함만 남게 될 것이다. 대기권은 지구상의 모든 생물이 생존하고 발전하는 데 필수적인 조건으로, 대기권이 있기 때문에 지구에 산소와 물이 있을 수 있는 것이며, 지상의 온도도 적절한 범위 안에서 유지될 수 있는 것이다. 이 밖에도 대기권은 지구를 위해 대부분의 유성의 침입을 막고 그것들이 대기권에서 불타 없어지게 하여 지구 환경을 보호하기도 한다.

어휘 引力 yǐnlì 몡 중력   大气层 dàqìcéng 몡 대기권   大致 dàzhì 뛰 크게, 대체로   对流层 duìliúcéng 몡 대류권   平流层 píngliúcéng 몡 성층권
中间层 zhōngjiāncéng 몡 중간권   热层 rècéng 몡 열권   外层 wàicéng 몡 외기권   稠密 chóumì 톙 조밀하다, 촘촘하다
经度 jīngdù 몡 경도   纬度 wěidù 몡 위도   赤道 chìdào 몡 적도   雹 báo 몡 우박   霜 shuāng 몡 서리   露 lù 몡 이슬   一系列 yíxìliè 몡 일련의
颠簸 diānbǒ 통 (위아래로) 흔들리다   紫外线 zǐwàixiàn 몡 자외선   臭氧层 chòuyǎngcéng 몡 오존층   屏障 píngzhàng 몡 장벽
生物 shēngwù 몡 생물   高能粒子 gāonéng lìzǐ 고에너지 입자   袭击 xíjī 통 습격하다, 기습하다
气温垂直递减率 qìwēn chuízhí dìjiǎnlǜ 기온감률[고도가 상승함에 따라 대기의 온도가 감소하는 비율]
夜光云 yèguāngyún 야광운[고위도 지방에서 보이는 밤에 빛을 발하는 구름]   黄昏 huánghūn 몡 해 질 무렵   电离 diànlí 몡 이온
探测 tàncè 통 (기구로) 관측하다   波长 bōcháng 몡 파장   微米 wēimǐ 몡 미크론[1mm의 1000분의 1]
辐射 fúshè 통 (중심에서 여러 방향으로) 복사하다   反射 fǎnshè 통 반사하다   无线电通信 wúxiàndiàn tōngxìn 무선 통신
极光 jíguāng 몡 오로라[극지방의 대기 중에서 볼 수 있는 현상 중 하나]   星际空间 xīngjì kōngjiān 몡 성간 공간[행성 간의 우주 공간]
过渡 guòdù 통 넘어가다   区域 qūyù 몡 구역   界限 jièxiàn 몡 경계   人造卫星 rénzào wèixīng 몡 인공위성   运行 yùnxíng 통 운행하다
化为乌有 huàwéiwūyǒu 톙 모두 없어지다   枯竭 kūjié 통 소멸하다, 고갈되다   荒凉 huāngliáng 톙 황량하다   生存 shēngcún 통 생존하다
氧气 yǎngqì 몡 산소   侵袭 qīnxí 통 침입하다, 침범하다

---

81 根据上下文，请在第二段的空白处填上恰当的词语。 | 앞뒤 내용에 근거하여, 두 번째 단락의 빈칸에 들어갈 알맞은 어휘를 쓰세요.

纬度 | 위도

해설 두 번째 단락의 빈칸 주변을 읽는다. 빈칸 앞뒤는 '그것의 고도는 지구의 경도와는 무관하지만 지구의 _____ 가 높아질수록 낮아져 북극과 남극의 상공에서는 8킬로미터, 적도 상공에서는 17킬로미터이다'라는 문맥이므로, 빈칸에는 경도와 함께 지구상의 위치를 표시하는 또 다른 좌표를 가리키는 어휘가 들어가야 한다. 따라서 纬度를 답변으로 쓴다.

어휘 纬度 wěidù 몡 위도

---

82 什么能保护地球上的生物免受太阳紫外线及高能粒子带来的危害？ | 무엇이 지구상의 생물이 태양 자외선 및 고에너지 입자가 가져오는 위협으로부터 보호할 수 있는가?

臭氧层 | 오존층

해설 질문이 무엇이 지구상의 생물이 태양 자외선 및 고에너지 입자가 가져오는 위협으로부터 보호할 수 있는지 물었으므로, 질문의 핵심어구 太阳紫外线及高能粒子带来的危害와 관련된 내용을 지문에서 재빨리 찾는다. 세 번째 단락에서 臭氧层像一道屏障一样, 保护着地球上的生物免受太阳紫外线及高能粒子的"袭击"라고 했으므로, 해당 부분에서 언급된 오존층을 답변으로 쓴다.

어휘 **生物** shēngwù 몡 생물　**紫外线** zǐwàixiàn 몡 자외선　**高能粒子** gāonéng lìzǐ 몡 고에너지 입자　**臭氧层** chòuyǎngcéng 몡 오존층

---

83 | 图中A所指的层的名称是什么? | 그림 속 A가 가리키는 층의 명칭은 무엇인가?

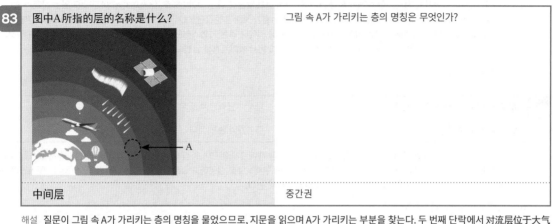

中间层 | 중간권

해설 질문이 그림 속 A가 가리키는 층의 명칭을 물었으므로, 지문을 읽으며 A가 가리키는 부분을 찾는다. 두 번째 단락에서 对流层位于大气的最底层, 直接与地球表面相接。라고 했고, 세 번째 단락에서 平流层位于对流层之上이라고 했고, 네 번째 단락에서 中间层是从平流层顶端到离地面85公里之间的大气层。이라고 했으므로, 그림에서 A가 가리키는 층의 명칭은 中间层임을 알 수 있다. 따라서 中间层을 답변으로 쓴다.

어휘 **中间层** zhōngjiāncéng 몡 중간권

---

84 | 图中B所指的层对什么具有极其重要的意义? | 그림 속 B가 가리키는 층은 무엇에 매우 중요한 의미를 갖는가?

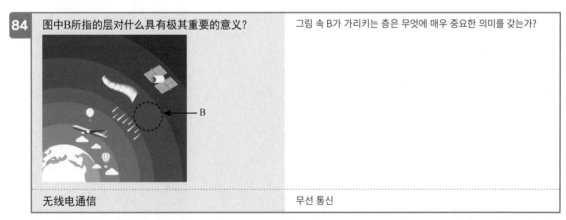

无线电通信 | 무선 통신

해설 지문이 그림 속 B가 가리키는 층은 무엇에 매우 중요한 의미를 갖는지 물었으므로, 지문을 읽으며 B가 가리키는 부분을 찾는다. 네 번째 단락에서 中间层是从平流层顶端到离地面85公里之间的大气层。이라고 했고, 다섯 번째 단락에서 中间层的外部是热层……这一层中存在相当多的自由电子和离子, 它们能反射无线电波, 并能改变无线电波的传播速度, 这对无线电通信具有极其重要的意义。라고 했으므로, 그림 속 B가 가리키는 층은 열권이며, 열권은 무선 통신에 중요한 의미를 갖는다는 것을 알 수 있다. 따라서 无线电通信을 답변으로 쓴다.

어휘 **无线电通信** wúxiàndiàn tōngxìn 무선 통신

---

85 | 外层的温度有什么特点? | 외기권의 온도는 어떤 특징이 있는가?

随着高度而升高 | 고도에 따라 높아진다

해설 질문이 외기권의 온도는 어떤 특징이 있는지 물었으므로, 질문의 핵심어구 外层的温度와 관련된 내용을 지문에서 재빨리 찾는다. 여섯 번째 단락에서 外层……温度也随着高度而升高라고 했으므로, 외기권의 온도는 고도가 높아짐에 따라 같이 높아진다는 것을 알 수 있다. 따라서 随着高度而升高를 그대로 답변으로 쓴다.

어휘 **外层** wàicéng 몡 외기권

86	最后一段中，画线词语“化为乌有”的意思是什么?	마지막 단락에서, 밑줄 친 어휘 '化为乌有'의 의미는 무엇인가?
	变得什么都没有	아무 것도 없게 되다

해설 질문의 化为乌有에서 化为는 '~한 상태가 되다', 乌有는 '존재하지 않는다'라는 의미이므로, 化为乌有는 '아무 것도 없는 상태가 되다', 즉 '아무 것도 없게 되다'라는 의미임을 유추할 수 있다. 化为乌有가 포함된 문장은 '대기권이 사라지면 지구상의 물은 하루아침에 모두 없어질 것이고, 생명이 소멸해 지구는 달처럼 황량함만 남게 될 것이다'라는 자연스러운 문맥이므로, 化为乌有는 유추해둔 '아무 것도 없게 되다'라는 의미로 사용되었음을 확인할 수 있다. 따라서 变得什么都没有를 답변으로 쓴다.

어휘 **化为乌有** huàwéiwūyǒu [성] 모두 없어지다

87	最后一段主要介绍了什么?	마지막 단락은 주로 무엇을 소개하고 있는가?
	大气层存在的意义	대기권의 존재 의의

해설 질문이 마지막 단락의 중심 내용을 물었으므로, 마지막 단락을 재빠르게 읽으며 중심 내용을 파악한다. 마지막 단락에서 大气层的存在有很大的意义라고 하며 대기권이 지구에 존재하는 이유를 구체적으로 설명하고 있으므로, 마지막 단락의 중심 내용은 대기권의 존재 의의임을 알 수 있다. 따라서 大气层存在的意义를 답변으로 쓴다.

어휘 **大气层** dàqìcéng [명] 대기권

写作 쓰기

88 请以下对图表进行描述与分析，写一篇文章，字数为200字左右，限定时间为15分钟。

다음 그래프를 묘사하고 분석하여, 200자 내외의 글을 쓰시오. 제한 시간은 15분이다.

A国2018年-2022年个人电脑出货量

A 국가의 2018년-2022년 개인용 컴퓨터 출하량

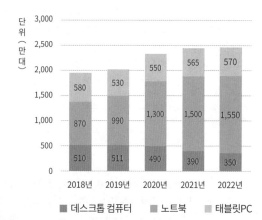

아웃라인

서론 주제 및 특징	• 제시된 그래프의 주제는 A 국가의 2018년-2022년 개인용 컴퓨터 출하량과 관련된 내용임을 언급한다. 그리고 그래프의 전체적인 추세를 나타내는 내용을 언급한다.
본론 묘사·분석 내용	• 그래프에서 제시하고 있는 세 유형의 컴퓨터 중 출하량이 가장 많은 것을 순서대로 언급한다. 노트북 출하량은 계속 증가하여 2022년에는 데스크톱 컴퓨터의 5배라는 특징을 언급할 수 있다. • 마지막으로 데스크톱 컴퓨터의 출하량이 전체적으로 하락하고 있다는 점을 언급한다.
결론 분석 결과	• 사람들은 노트북을 주로 구매하며, 데스크톱 컴퓨터에 대한 수요는 점점 줄어들 가능성이 있다는 내용을 결론으로 작성한다.

모범답안

서론
주제 및 특징

본론
묘사·분석
내용

결론
분석 결과

　　从"A国2018年-2022年个人电脑出货量"的调查结果可知，5年间A国个人电脑出货量呈上升的趋势。在三种电脑类型中，出货量最多的是笔记本电脑，其次是平板电脑，最后是台式电脑。具体来看，从2018年起，笔记本电脑的出货量持续增加，在2022年达到了最高，为1550万台，大约是同年台式电脑出货量的5倍。而平板电脑的出货量虽然有增也有减，但大致保持在比较平稳的水平。另外，台式电脑的出货量在2019年达到了最高，为511万台，但此后持续下降。可见，人们在选择个人电脑时，越来越倾向于购买笔记本电脑，而对台式电脑的需求可能会越来越少。

　　'A 국가의 2018년-2022년 개인용 컴퓨터 출하량'의 조사 결과를 통해, 5년간 A 국가의 개인용 컴퓨터 출하량은 상승세를 보이고 있음을 알 수 있다. 세 가지 컴퓨터 유형 중, 출하량이 가장 많은 것은 노트북이며, 그다음은 태블릿PC, 마지막은 데스크톱 컴퓨터이다. 구체적으로 보자면, 2018년부터 노트북의 출하량은 지속적으로 증가해 2022년에는 1,550만 대로 가장 높았으며, 같은 해 데스크톱 컴퓨터 출하량의 약 5배이다. 반면 태블릿PC의 출하량은 비록 증가할 때도 있고 감소할 때도 있었지만, 대체로 비교적 안정적인 수준을 유지하고 있다. 이 밖에 데스크톱 컴퓨터의 출하량은 2019년에 511만대로 가장 높았지만, 이후 지속적으로 하락하고 있다. 사람들이 개인용 컴퓨터를 선택할 때 노트북 구매로 점점 치우치고 있으며, 데스크톱 컴퓨터에 대한 수요는 점점 줄어들 가능성이 있다는 것을 알 수 있다.

어휘　**出货量** chūhuòliàng 몡 출하량　**大致** dàzhì 児 대체로　**此后** cǐhòu 몡 이후　**倾向** qīngxiàng 동 (한쪽으로) 치우치다
需求 xūqiú 몡 수요

有位名人曾说："失败乃成功之母"，意思是"失败是成功的基础"。请写一篇600字左右的文章，谈谈你对失败的认识并论证你的观点。

어떤 유명인은 '실패는 성공의 어머니이다'라고 했는데, '실패는 성공의 기초'라는 뜻이다. 600자 내외의 글을 써서 실패에 대한 당신의 인식을 논하고, 당신의 관점을 논증하시오.

아웃라인

서론 주제	• 제시된 문장 '실패는 성공의 어머니이다'에 대한 본인의 생각을 간단하게 밝힌다.
본론 의견 및 근거1~2, 실천 방법	• 실패는 발전의 원동력이 될 수 있다는 말을 언급하며, 첫 번째 근거로 대학 입학시험에서 단과 수석을 한 학생들이 오답 노트로 틀린 문제에서 원인을 찾아 정리한 결과, 성적이 크게 향상되었다는 내용을 예시로 든다. • 두 번째 근거로 '비바람을 겪지 않고, 어떻게 무지개를 보겠는가'라는 유명인의 말을 인용하며, 실패를 통해 더욱 강해질 수 있다는 내용을 작성한다. • 실천 방법으로 실패 앞에서는 자신감을 가지고 포기하지 않으면, 어려움이 해결되리라 믿어야 한다는 내용을 작성한다.
결론 의견 재언급	• 제시된 문장에 대한 본인의 생각을 다시 언급한 후, 실패는 오히려 사람이 성공할 수 있게 돕는다는 내용으로 글을 마무리한다.

모범답안

서론
주제

　　失败会让人感到失望、懊恼，但是失败在每个人的生活中都是很常见的。人人都渴望成功，不想失败，然而现实往往不会总是一帆风顺。其实，失败并不可怕，只要树立对待失败的正确态度，失败同样可以助人成功。

본론
의견 및
근거1~2,
실천 방법

　　失败可以成为让人进步的动力。最近有位记者采访了一所名牌中学的四位高考单科状元，问他们在学习上有什么好的方法。他们不约而同地拿出了封面上写着"错题集"的本子，原来他们把考试中做错的题都收集到本子里，并且用简明的语言归纳出了错题的类型和失分的原因。他们正视自己的错误，并且不断从中找寻原因，归纳经验，这种做法让他们弄懂了很多题，成绩得到了飞跃的进步。同样，在人生中我们会经历很多失败，但只要积极总结原因，失败就可以成为成功路上宝贵的经验。

　　此外，失败可以锻炼人的意志。有位名人曾说过："不经历风雨，怎能见彩虹"。意思就是在成功之前会经历无数失败，失败过后，只要不放弃，最终就会取得成功。其实失败不一定是坏事，因为失败可以让人得到锻炼的机会，使人走向成熟，还可以增强人的意志力。人们会在人生路上变得越来越坚强，面对困难时可以鼓足勇气、迎难而上。

실패는 사람을 실망시키고 괴롭게 하지만, 실패는 모든 사람의 삶에서 흔히 볼 수 있는 것이다. 사람은 누구나 성공을 갈망하고 실패하고 싶지 않지만, 현실이 늘 순조롭게 흘러가는 것은 아니다. 사실 실패는 결코 두려운 것이 아니며, 실패를 대하는 올바른 태도만 갖추면, 실패는 마찬가지로 사람이 성공하도록 도울 수 있다.

실패는 사람을 발전시키는 원동력이 될 수 있다. 최근 어떤 기자가 한 명문 고등학교의 대학 입학시험의 단과 수석 네 명을 인터뷰했는데, 그들에게 공부할 때 어떤 좋은 방법이 있는지를 물었다. 그들은 약속이나 한 듯 표지에 '오답노트'라고 적힌 공책을 꺼냈는데, 알고 보니 그들은 시험에서 틀린 문제를 모두 공책에 모아, 간단명료한 말로 틀린 문제의 유형과 감점의 원인을 정리해 두었던 것이다. 그들은 자기 잘못을 직시했고, 그 속에서 원인을 끊임없이 찾아내어 경험을 정리했으며, 이러한 방식은 그들이 많은 문제를 이해하여 성적이 비약적으로 향상되게 했다. 마찬가지로, 인생에서 우리는 많은 실패를 겪게 되지만, 원인을 적극적으로 모아서 정리하면 실패는 성공의 길목에서 귀중한 경험이 될 수 있다.

이 밖에도, 실패는 사람의 의지를 단련시킬 수 있다. 어떤 유명인은 '비바람을 겪지 않고, 어떻게 무지개를 보겠는가'라고 했다. 성공하기 전에는 수많은 실패를 경험하며, 실패한 후에도 포기만 하지 않으면 결국 성공을 거둘 수 있다는 뜻이다. 사실 실패가 반드시 나쁜 일은 아닌데, 실패는 사람이 단련될 기회를 얻게 하여 사람을 성숙해지도록 하고, 사람의 의지력을 강하게 만들 수도 있기 때문이다. 사람들은 인생의 길에서 더욱 강해지고 어려움에 직면했을 때 용기를 내고 어려움에 맞서 나아간다.

在人生道路上必定会经历失败，重要的是能否以正确的态度面对失败。有些人遭遇失败后，就对自己失去信心，陷入一种不能自拔的状态。但是我们不能这样，遇到失败时，我们要给自己信心，相信只要不放弃、不气馁，所有困难就都可以被解决。俗语说得好，"办法总比困难多"，我们要确信，只要努力寻找办法，就一定能渡过难关。

결론
의견
재언급

总之，因为有失败、有成功，人生才显得更加精彩，更富有挑战性。一次偶然的失败并不代表永远的失败。我们要保持积极进取的态度，正视失败，战胜失败，失败反而可以助人走向成功。

인생의 길에서 반드시 실패를 겪게 되지만, 중요한 것은 올바른 태도로 실패에 직면할 수 있는지이다. 어떤 사람들은 실패를 겪은 후, 스스로에 대한 자신감을 잃고 혼자 헤어 나올 수 없는 상태에 빠진다. 하지만 우리는 이렇게 해서는 안 되며, 실패에 맞닥뜨렸을 때 우리는 스스로에게 자신감을 주어야 하고, 포기하지 않고 낙담하지만 않으면 모든 어려움이 해결될 수 있다고 믿어야 한다. 속담에서 말하길, '방법은 항상 어려움보다 많다'고 한다. 우리는 방법을 열심히 찾는다면 반드시 난관을 극복할 수 있다고 확신해야 한다.

한마디로 말하자면, 실패가 있고 성공이 있기 때문에 인생은 비로소 더 멋지고, 더 도전적으로 보인다. 한 번의 우연한 실패는 결코 영원한 실패를 의미하지 않는다. 우리가 적극적이고 진취적인 태도를 유지하며, 실패를 직시하고 실패를 이겨내면, 실패는 오히려 사람이 성공하도록 도울 수 있을 것이다.

어휘 论证 lùnzhèng 통 논증하다   慎恼 àonǎo 형 괴로워하다   渴望 kěwàng 통 갈망하다
一帆风顺 yìfānfēngshùn 성 일이 순조롭게 진행되다   树立 shùlì 통 갖추다, 세우다   动力 dònglì 명 원동력
高考 gāokǎo 명 대학 입학시험   状元 zhuàngyuan 명 수석   不约而同 bùyuē'értóng 성 약속한 듯이 (행동이나 의견이) 일치하다
飞跃 fēiyuè 통 비약하다   意志 yìzhì 명 의지   鼓足勇气 gǔzú yǒngqì 용기를 내다
迎难而上 yíngnán'érshàng 성 어려움에 맞서서 나아가다   遭遇 zāoyù 통 (좋지 않은 일을) 겪다, 만나다
陷入 xiànrù 통 (불리한 지경에) 빠지다   自拔 zìbá 통 혼자 헤어 나오다, 스스로 벗어나다   气馁 qìněi 형 낙담하다, 기가 죽다
确信 quèxìn 통 확신하다   进取 jìnqǔ 통 진취하다, 앞으로 나아가려고 노력하다

90

벽화는 우주, 자연 형상과 사회생활을 드러내는 그림이라고 말할 수 있다. 벽화란 벽 위의 회화 예술을 가리키며 인류 최초의 회화 형식 중 하나이다. 벽화는 고대 ¹문화를 전수하고 계승하는 중요한 매개체이며, 그것은 다양한 선과 색채를 사용하여 사람의 사상과 감정을 표현한다. 벽화는 ²'벽 위의 박물관'이라 불리며, 높은 예술적 가치와 사학적 연구 가치를 갖고 있다.

중국 고대 벽화는 세계 문화유산의 중요한 구성 요소로서, 줄곧 중국 역사 문화유산의 귀중한 자산으로 여겨져 왔다. 중국 고대 벽화의 발전은 석기시대³로 거슬러 올라갈 수 있는데, 석기시대는 중국 회화가 ⁴싹튼 시기이며, 석기 제작 방식의 개선과 함께 원시 공예 미술도 발전했다. 당나라에 이르러 개방적인 문화 분위기와 진보적인 정치 환경은 벽화 예술의 발전이 절정에 이르게 했다. 이 밖에도 다양한 외부 요소가 중국에 유입되어 당나라의 벽화 발전에 긍정적인 촉진 ⁵역할을 발휘했다. 현존하는 당나라 벽화 중 대다수의 내용은 불교와 관련되어 있어서, 사람들은 당나라 벽화를 ⁶독자적으로 하나의 품격을 갖춘 중국식 불교 예술로 여긴다.

모범답안

壁画可以说是展现宇宙、自然形象和社会生活的图画。所谓壁画指的是墙壁上的绘画艺术，它是人类最早的绘画形式之一。壁画是¹传承古代¹文化的重要载体，它利用各种线条和色彩来表达人的思想和感情。壁画²被称为"墙壁上的博物馆"，具有极高的艺术价值和史学研究价值。

中国古代壁画作为世界文化遗产的重要组成部分，一直被认为是中国历史文化遗产中的宝贵财富。中国古代壁画的发展可以³追溯到石器时代，石器时代是中国绘画的⁴萌芽时期，随着石器制作方式的改进，原始工艺美术也得到了发展。到了唐代，开放的文化氛围和开明的政治环境，使壁画艺术的发展达到了顶峰。此外，多样的外来元素传入中国，对唐代壁画的发展⁵发挥了积极的促进⁵作用。现存的唐代壁画中大多数内容与佛教相关，人们把唐代壁画看作是⁶独具一格的中国式佛教艺术。

어휘　展现 zhǎnxiàn 图 드러내다　宇宙 yǔzhòu 명 우주　传承 chuánchéng 图 전수하고 계승하다　载体 zàitǐ 명 매개체　色彩 sècǎi 명 색채
遗产 yíchǎn 명 유산　财富 cáifù 명 자산, 재산　追溯 zhuīsù 图 거슬러 올라가다　萌芽 méngyá 图 싹트다, 막 발생하다
原始 yuánshǐ 형 원시의　氛围 fēnwéi 명 분위기　开明 kāimíng 형 진보적이다, 깨어 있다　元素 yuánsù 명 요소
独具一格 dújù yìgé 독자적으로 하나의 품격을 갖추다

✅ 번역 TIP

¹ 문화를 전수하고 계승하다
'문화를 전수하고 계승하다'는 호응어휘 传承文化로 번역하면 더욱 자연스러운 중국어 표현이 된다.

² '벽 위의 박물관'이라 불리다
''벽 위의 박물관'이라 불리다'는 被를 활용하여 被称为"墙壁上的博物馆"으로 번역할 수 있다. 이때 称为 대신 叫做를 사용해도 된다.

³ ~로 거슬러 올라가다
'~로 거슬러 올라가다'는 동작이 어느 지점에 도달함을 나타내는 결과보어 到를 활용하여 追溯到로 번역할 수 있다.

⁴ 싹튼 시기
'싹튼 시기'는 萌芽时期이다. 이때 萌芽时期가 떠오르지 않으면, '발전을 시작한 시기'로 의미를 풀어 开始发展的时期로 번역할 수 있다.

⁵ 역할을 발휘하다
'역할을 발휘하다'는 호응어휘 发挥作用 또는 起到作用으로 번역하면 더욱 자연스러운 중국어 표현이 된다.

⁶ 독자적으로 하나의 품격을 갖추다
'독자적으로 하나의 품격을 갖추다'는 独具一格이다. 이때 独具一格가 떠오르지 않으면, '독특한 스타일을 갖추다'로 의미를 풀어 具有独特风格로 번역할 수 있다.

91 　최근 재택근무라는 업무 방식이 직장인들에게 ¹각광받고 있다. 일부 기업은 정부의 ²요청에 부응하기 위해 적극적으로 재택근무 방식을 추진하고 있다. 이 방식은 직원들이 교통비와 시간을 절약하게 하고 업무 효율성을 향상시키며, 사회에도 상당한 이점을 가져온다. 교통 분야 전문가들은 재택근무를 하는 사람 수가 늘어남에 따라 교통이 지연되는 문제도 완화될 수 있을 것이라 밝혔다. 그 밖에도, 통신기술의 발달과 보급은 직원들이 집에서 쉽게 근무를 할 수 있게 하여 통근 ³스트레스로부터 자유로워지면서, 동시에 회사 지출도 절감할 수 있게 됐다.

　재택근무는 확실히 많은 장점이 있지만 집에서 업무를 하는 것을 꺼리는 사람들도 있는데, 그들은 가장 이상적인 업무 방식이 재택근무⁴와 회사에서의 근무⁴를 결합하는 것이라고 한다. 비록 재택근무를 좋아하는 사람들은 시간과 비용을 절감할 수 있다는 것을 재택근무의 장점으로 보지만, 회사라는 환경에서 벗어나게 되어 동료 간의 교류가 부족하기 때문에 새로운 문제가 쉽게 생길 수 있다. 사실 모든 유형의 업무가 재택근무⁵에 적합한 것은 아니며, 학술연구, 소프트웨어 개발, 번역 등 업무가 재택근무에 더욱 적합하다. 반면 판매, 수리, 고객 서비스 등과 같이 사람들과 자주 접촉해야 하는 업무는 재택근무에 그다지 적합하지 않다고 여겨진다.

모범답안

　　最近, 居家办公这一工作方式¹受到了职场人的¹瞩目。一些企业为了²响应政府²号召, 积极推行居家办公的方式。这种方式可以让员工节省交通经费和时间, 提高工作效率, 并给社会带来一定的益处。交通行业专家表示, 随着居家办公的人数增加, 交通延误问题也将得到缓解。此外, 通信技术的发展和普及使员工可以轻松地在家里办公, ³免受通勤的³压力, 同时可以为公司节省开支。

　　居家办公确实有不少好处, 但也有人不太愿意在家工作, 他们表示最理想的工作方式是将居家办公⁴与在公司办公⁴结合起来。虽然喜欢居家办公的人把节省时间和费用作为居家办公的优点, 但是脱离了公司环境, 同事间缺乏交流, 会容易产生新的问题。其实并不是所有类型的工作都⁵适用于居家办公, 学术研究、软件开发、笔译等工作更适合居家办公。相反, 像销售、维修、客户服务等需要经常跟人打交道的工作, 则被认为不太适合居家办公。

어휘　**居家办公** jūjiā bàngōng 재택근무　**瞩目** zhǔmù 图 주목하다　**响应** xiǎngyìng 图 부응하다, 호응하다
　　号召 hàozhào 图 요청하다, 호소하다　**经费** jīngfèi 图 비용, 경비　**延误** yánwù 图 지연되다, 놓치다　**普及** pǔjí 图 보급되다, 확산되다
　　开支 kāizhī 图 지출, 비용　**脱离** tuōlí 图 벗어나다, 단절하다　**笔译** bǐyì 图 번역　**客户** kèhù 图 고객, 손님
　　打交道 dǎ jiāodao 접촉하다, 왕래하다

✅ **번역 TIP**

¹ 각광받다
'각광받다'가 떠오르지 않으면 '주목을 받다'로 쉽게 바꿔서 受到瞩目로 번역하거나, '환영을 받다'로 쉽게 바꿔서 受到欢迎으로 번역한다.

² 요청에 부응하다
'요청에 부응하다'는 호응어휘 响应号召 또는 迎合号召로 번역하면 더욱 자연스러운 중국어 표현이 된다.

³ 스트레스로부터 자유로워지다
'스트레스로부터 자유로워지다'가 떠오르지 않으면 '스트레스를 받지 않는다'로 쉽게 바꿔서 免受压力 또는 不受到压力로 번역한다.

⁴ ~와 ~를 결합하다
'~와 ~를 결합하다'는 호응어휘 与……结合起来로 번역하면 더욱 자연스러운 중국어 표현이 된다.

⁵ ~에 적합하다
'~에 적합하다'는 대상, 목적, 원인 등을 이끄는 보어 于를 활용하여 适用于로 번역할 수 있다.

중국어에서 숫자는 풍부한 ¹문화적 함의가 있기 때문에, 독특한 숫자 문화가 나타났다. 사람들은 어떤 숫자가 사람으로 하여금 복과 행운을 얻게 한다고 생각해서 숫자를 선택할 때 비교적 신중하다. 중국 문화에서 사람들은 보편적으로 ²짝수를 길한 숫자로 여긴다. 이 때문에 중국인들은 결혼 날짜를 정할 때 짝수 달과 날짜를 선택하는 ³경향이 있다. 심지어 어떤 지역에서는 짝수 날짜가 사람들에게 ⁴이사를 하고 장례를 치르기 적합한 날짜로 여겨지기도 한다. 주목할 만한 점은 숫자 '4'는 비록 짝수이지만 '4'는 불길한 뜻의 글자⁵를 연상시키기 때문에 사람들은 보통 이 숫자를 피한다는 것이다.

모범답변

在汉语中，数字具有丰富的¹文化内涵，因此出现了独特的数字文化。人们觉得有些数字能使人获得福气和好运，所以选择数字时比较谨慎。在中国文化里，人们普遍²把偶数看作是吉祥的数字。因此，中国人在定结婚日期时，会³倾向于选择偶数的月份和日期。甚至在某些地区，偶数日期还⁴被人们⁴视为适合搬家和举行葬礼的日期。值得关注的是，数字"四"虽然是偶数，但"四"会让人们⁵联想到不吉利的字，所以人们通常会避开这个数字。

어휘　**内涵** nèihán 圆 함의, 의미　**福气** fúqi 圆 복　**偶数** ǒushù 圆 짝수　**吉祥** jíxiáng 圈 길하다, 운수가 좋다　**倾向** qīngxiàng 图 경향이 있다
葬礼 zànglǐ 圆 장례　**关注** guānzhù 图 주목하다, 관심을 가지다　**联想** liánxiǎng 图 연상하다　**避开** bìkāi 图 피하다

☑ 통역 TIP

¹ 문화적 함의
'문화적 함의'는 호응어휘 文化内涵 또는 文化含义로 번역하면 더욱 자연스러운 중국어 표현이 된다.

² 짝수를 길한 숫자로 여기다
'짝수를 길한 숫자로 여기다'는 把를 활용하여 把偶数看作是吉祥的数字로 통역할 수 있다. 이때 看作 대신 视为를 사용해도 된다.

³ 경향이 있다
'경향이 있다'는 有倾向으로 그대로 직역하기보다 하나의 중국어 동사 倾向으로 통역한다.

⁴ 이사를 하고 장례를 치르기 적합한 날짜로 여겨지다
'이사를 하고 장례를 치르기 적합한 날짜로 여겨지다'는 被를 활용하여 被视为适合搬家和举行葬礼的日期로 통역할 수 있다.

⁵ ~을 연상시키다
'~을 연상시키다'는 동작이 어느 지점에 도달함을 나타내는 결과보어 到를 활용하여 联想到로 통역할 수 있다.

93 현재 전 세계적으로 13억 명의 흡연자가 있으며, 흡연은 사람의 주요 사망 요인 중 하나가 되었고 그 [1]유해성은 과소평가되어서는 안 된다. 모두가 알고 있는 것처럼, 흡연은 공기를 오염시킬 뿐만 아니라 건강을 해치고, 폐암의 [2]발병률을 크게 증가시킨다. 사람들이 흡연이 가져온 피해와 흡연이 야기한 질병 및 사망에 대해 관심을 갖게 하기 위해, [3]WHO는 이미 매년 5월 31일을 '세계 금연의 날'로 지정했다. 일부 흡연자들은 금연이 실현 불가능한 일이라고 밝혔다. 사실 금연의 관건은 꾸준함에 있으며, 흡연이 몸에 해로운 행위라는 것을 진정으로 깨닫고 연초의 [4]유혹에서 벗어날 결심을 해야 한다.

모범답변

目前全球有13亿吸烟者，吸烟成为了人类死亡的主要因素之一，因此它的[1]危害性不能[1]被低估。众所周知，吸烟不仅会污染空气，还会损害健康，[2]使肺癌的[2]发病率大大[2]增加。为了使人们关注吸烟带来的危害以及吸烟导致的疾病和死亡，[3]世界卫生组织已将每年的5月31日定为“世界无烟日”。一些吸烟者表示，戒烟是一件不可能实现的事情。其实戒烟关键在于坚持，要真正意识到吸烟是一种对身体有害的行为，[4]下定决心[4]摆脱烟草的[4]诱惑。

어휘 **死亡** sǐwáng [동] 사망하다 **低估** dīgū [동] 과소평가하다 **众所周知** zhòngsuǒzhōuzhī [성] 모두가 알고 있다 **肺癌** fèi'ái [명] 폐암 **关注** guānzhù [동] 관심을 가지다, 주목하다 **疾病** jíbìng [명] 질병 **世界卫生组织** Shìjiè Wèishēng Zǔzhī [고유] WTO[세계 보건 기구] **意识** yìshí [동] 깨닫다 **摆脱** bǎituō [동] (속박·어려움 등에서) 벗어나다 **诱惑** yòuhuò [동] 유혹하다

통역 TIP

1 유해성이 과소평가되다
'유해성이 과소평가되다'는 被를 활용하여 危害性被低估 또는 危害性被轻视로 통역할 수 있다.

2 발병률을 증가시키다
'발병률을 증가시키다'는 使을 활용하여 使发病率增加로 통역할 수 있다. 이때 增加 대신 上升을 사용해도 된다.

3 WHO
WHO는 世界卫生组织이다. WHO와 같은 영어로 된 고유명사의 정확한 중국어 명칭이 떠오르지 않는다면, 영어 명칭을 그대로 사용해서 통역해도 된다.

4 유혹에서 벗어나다/결심을 하다
'유혹에서 벗어나다'는 호응어휘 摆脱诱惑 또는 远离诱惑로, '결심을 하다'는 중국어의 호응어휘 下定决心으로 통역하면 더욱 자연스러운 중국어 표현이 된다.

口语 말하기

94

春节郑州 "中华千古情" 景区游园活动

预约时间	1月11日-1月16日
游园活动时间	1月20日-2月5日
门票价	80元/人

特别活动一览表		
活动时间	活动地点	活动内容
10:30-12:00	唐宫前	非遗绝技表演
13:00-15:00	南北宋市集街	"山海" 市集活动
15:30-17:30	戏台前	民俗活动: 写福字、做皮影等
18:00-20:00	明清宫前	主题花灯展

【注意事项】

1. 18岁以下(包含18岁)未成年人以及60岁以上(包含60岁)的老年人购买门票时可享半价优惠。
2. 可在微信公众号 "郑州宝" 上预约门票，预约成功后不支持退票、改期。
3. 门票预约成功后无需取票，本国人可凭 "身份证+电子凭证"，外国人可凭 "护照+电子凭证" 直接入场。
4. 游园途中若需要帮助，请到服务中心寻找工作人员。
5. 请自觉维护景区卫生，禁止往湖泊里扔垃圾。

你的留学生朋友17岁的安娜非常喜欢中国文化，对中国的春节很感兴趣，请你向她介绍这次春节郑州 "中华千古情" 游园活动的具体安排以及注意事项。

춘절 정저우 '중화천고정' 관광지 유람 행사

예약 기간	1월 11일-1월 16일
유람 행사 기간	1월 20일-2월 5일
입장료	80위안/명

특별 행사 리스트		
행사 시간	행사 장소	행사 내용
10:30-12:00	당궁 앞	무형문화유산 묘기 공연
13:00-15:00	남북송 장터 거리	'산해' 장터 행사
15:30-17:30	연극 무대 앞	민속 행사: 복(福)자 쓰기, 그림자극 인형 만들기 등
18:00-20:00	명청궁 앞	테마 꽃등전

[주의 사항]

1. 18세 이하(18세 포함)의 미성년자 및 60세 이상(60세 포함)의 고령자는 입장권 구매 시 반값 혜택을 누릴 수 있습니다.
2. 위챗 공식 계정 '정저우바오'에서 입장권을 예약할 수 있습니다. 예약 완료 후에는 입장권 환불 및 날짜 변경이 불가합니다.
3. 입장권 예약 완료 후 발권하실 필요가 없으며, 내국인은 '신분증+전자 증명서', 외국인은 '여권+전자 증명서'로 바로 입장 가능합니다.
4. 유람 중 도움이 필요하시다면, 서비스 센터로 가서 담당 직원을 찾아주세요.
5. 자발적으로 관광지 청결을 유지해 주시고, 호수에 쓰레기를 버리는 것을 금지합니다.

당신의 유학생 친구이자 17세인 안나는 중국 문화를 매우 좋아하며, 중국의 춘절에 관심이 많습니다. 그녀에게 이번 춘절 정저우 '중화천고정' 유람 행사의 구체적인 계획 및 주의 사항을 소개해 주세요.

어휘 事项 shìxiàng 阌 사항　微信公众号 Wēixìn Gōngzhònghào 고윤 위챗 공식 계정　凭证 píngzhèng 阌 증명서
维护 wéihù 客 유지하고 보호하다　湖泊 húpō 阌 호수

아웃라인

상황 언급	• 친구 안나에게 춘절 정저우 '중화천고정' 관광지 유람 행사가 개최되는데, 유람 행사의 구체적인 계획 및 주의 사항을 소개해 주겠다고 언급한다.
자료 내용 언급	• 특별 행사 리스트에 제시된 행사 시간, 장소, 내용을 차례대로 언급한다. • 5개의 주의 사항을 언급한다. 안나는 유학생이며 17세이므로, 18세 이하 미성년자는 입장권 구매 시 반값 혜택을 누릴 수 있다는 점, 외국인은 '여권+전자 증명서'로 바로 입장 가능하다는 점을 반드시 언급한다.
마무리	• 이번 기회를 통해 새로운 체험을 하길 바란다는 내용으로 답변을 마무리한다.

모범답변

상황 언급

你好，安娜，我来告诉你这次春节郑州"中华千古情"景区游园活动的具体安排和注意事项吧。

안녕, 안나. 내가 이번 춘절 정저우 '중화천고정' 관광지 유람 행사의 구체적인 계획과 주의 사항에 대해 알려줄게.

자료 내용 언급

首先，说一下具体活动安排。这次活动的预约时间是1月11日至1月16日，而游园活动时间是1月20日至2月5日。在活动期间景区内会有一些特别活动，上午10点半到12点在唐宫前有非遗绝技表演；下午1点到3点在南北宋市集街有"山海"市集活动；下午3点半到5点半在戏台前有写福字、做皮影等民俗活动；晚上6点到8点在明清宫前有主题花灯展。

其次，说一下注意事项。这次活动一共有五个注意事项。第一，18岁以下的未成年人可以享受半价优惠，门票价原来是80元，但你只需要付40元就可以买到门票。第二，可以在微信公众号"郑州宝"上预约门票，但是预约成功后不能退票或改期。第三，门票预约成功后不用取票，可以凭护照和电子凭证直接入场。第四，游园途中如果需要帮助，可以到服务中心找工作人员。第五，要自觉维护景区卫生，不能往湖泊里扔垃圾。

먼저, 행사 계획에 대해 설명할게. 이번 행사의 예약 기간은 1월 11일부터 1월 16일까지이고, 유람 행사 기간은 1월 20일부터 2월 5일까지야. 행사 기간 동안 관광지에서는 특별한 행사들이 있는데, 오전 10시 반부터 12시까지 당궁 앞에서 무형문화유산 묘기 공연이 있고, 오후 1시부터 3시까지는 남북송 장터 거리에서 '산해' 장터 행사가 있어. 오후 3시 반부터 5시 반까지는 연극 무대 앞에서 복(福)자 쓰기와 그림자극 인형 만들기 등의 민속 행사가 있고, 저녁 6시부터 8시까지는 명청궁 앞에서 테마 꽃등전이 있을 거야.

그다음으로, 주의 사항에 대해 설명할게. 이번 행사에는 총 다섯 개의 주의 사항이 있어. 첫째, 18세 이하의 미성년자는 반값 혜택을 누릴 수 있는데, 입장료는 원래 80위안이지만, 너는 40위안만 내면 입장권을 살 수 있어. 둘째, 위챗 공식 계정 '정저우바오'에서 입장권을 예약할 수 있지만, 예약 완료 후에는 입장권을 환불하거나 날짜를 변경할 수 없어. 셋째, 입장권 예약 완료 후 발권할 필요 없이, 여권과 전자 증명서로 바로 입장할 수 있어. 넷째, 유람 중 도움이 필요하다면 서비스 센터로 가서 담당 직원을 찾으면 돼. 다섯째, 자발적으로 관광지 청결을 유지해야 하고, 호수에 쓰레기를 버리면 안 돼.

마무리

最后，希望你能通过这次机会，获得一次崭新的体验。

마지막으로, 이번 기회를 통해서 새로운 체험을 하길 바라.

어휘 **事项** shìxiàng[명] 사항 **微信公众号** Wēixìn Gōngzhònghào[고유] 위챗 공식 계정 **凭证** píngzhèng[명] 증명서
维护 wéihù[동] 유지하고 보호하다 **湖泊** húpō[명] 호수 **崭新** zhǎnxīn[형] 새롭다

最近人们只要扫一下二维码就可以轻松地进行支付，95移动支付成为了最简便的支付方式。用户可以使用手机购买一系列的服务、数字产品或商品。在互联网时代下的移动支付打破了传统支付对时空的限制，使用户可以随时随地进行各种支付活动。对消费者来说，无需携带现金、无需找零的移动支付方式，在很大程度上节省了时间，还避免了假币问题带来的麻烦。另外，96通过移动支付，人们足不出户就可以轻松地办理像水电缴费、手机充值等各种生活方面的业务。对商家来说，移动支付手续费低，扩大了盈利空间，有的商家还通过支付平台开展促销优惠活动，这样不仅可以增加营业额，还可以扩大宣传效果。然而，由于移动支付发展过快，安全保障系统还不健全，相关平台易受到黑客的攻击。用户的个人信息和消费记录一旦被不法分子获取，后果将不堪设想。因此，国家应加大监管力度，用户也需要提高自我保护意识。

최근 사람들은 QR코드만 스캔하면 쉽게 결제를 할 수 있어, 95모바일 결제는 가장 간편한 결제 방식이 되었다. 사용자는 휴대전화를 사용하여 일련의 서비스, 디지털 제품 또는 상품을 구매할 수 있다. 인터넷 시대의 모바일 결제는 기존 결제의 시공간적 한계를 타파했고, 사용자가 언제 어디서나 다양한 결제 활동을 할 수 있도록 했다. 소비자에게 있어, 현금을 들고 다닐 필요가 없고 거스름돈을 찾을 필요가 없는 모바일 결제 방식은 시간을 크게 절약했으며, 위조지폐 문제가 가져오는 골칫거리도 피할 수 있게 되었다. 이 외에도 96모바일 결제를 통해 사람들은 집 밖으로 한 발짝도 나가지 않고서 수도세와 전기세 납부, 휴대전화 요금 충전 등 각종 생활 관련 업무를 쉽게 처리할 수 있다. 판매자에게 있어, 모바일 결제는 수수료가 낮아 수익성을 확대시켰고, 또 어떤 판매자는 결제 플랫폼을 통해 판촉 할인 행사를 진행했는데, 이렇게 하면 매출을 증가시킬 수 있을 뿐만 아니라, 홍보 효과를 확대할 수도 있다. 그러나 모바일 결제의 발전은 너무 빠르고 안전 보장 시스템이 아직 불완전하기 때문에, 관련 플랫폼은 해커의 공격을 받기 쉽다. 사용자의 개인 정보와 소비 기록이 범죄자의 손에 들어가면 그 결과는 생각만 해도 끔찍하다. 따라서 국가는 감독과 관리 정도를 강화하고, 사용자 역시 자기 보호 의식을 높여야 한다.

어휘 二维码 èrwéimǎ 몡QR코드　移动支付 yídòng zhīfù 몡모바일 결제　用户 yònghù 몡사용자　一系列 yíxìliè 혱일련의
限制 xiànzhì 몡한계　携带 xiédài 통들고 다니다, 휴대하다　足不出户 zúbùchūhù 집 밖으로 한 발짝도 나가지 않다
缴费 jiǎofèi 통납부하다　充值 chōngzhí (요금이나 돈을) 충전하다　盈利空间 yínglì kōngjiān 몡수익성　平台 píngtái 몡플랫폼
促销 cùxiāo 통판촉하다　优惠活动 yōuhuì huódòng 몡할인 행사　保障 bǎozhàng 통보장하다　健全 jiànquán 혱완전하다
黑客 hēikè 몡해커　攻击 gōngjī 통공격하다　不堪设想 bùkānshèxiǎng 혱생각만 해도 끔찍하다, 상상조차 할 수 없다　意识 yìshí 몡의식

---

95 问: 这篇文章主要提到的是什么？

질문: 이 단문이 주로 이야기하는 것은 무엇인가?

这篇文章主要提到的是移动支付。

이 단문이 주로 이야기하는 것은 모바일 결제입니다.

해설 질문이 이 단문이 주로 이야기하는 것은 무엇인지 물었다. 음성 전반적으로 移动支付에 대해 이야기하고 있으므로, 这篇文章主要提到的是移动支付。라는 완전한 문장으로 답변한다.

어휘 移动支付 yídòng zhīfù 몡모바일 결제

---

96 问: 通过移动支付，人们可以轻松地办理哪些生活方面的业务？

질문: 모바일 결제를 통해 사람들은 어떤 생활 관련 업무를 쉽게 처리할 수 있는가?

通过移动支付，人们可以轻松地办理水电缴费、手机充值等生活方面的业务。

모바일 결제를 통해, 사람들은 수도세와 전기세 납부, 휴대전화 요금 충전 등 생활 관련 업무를 쉽게 처리할 수 있습니다.

해설 질문이 모바일 결제를 통해 사람들은 어떤 생활 관련 업무를 쉽게 처리할 수 있는지 물었다. 음성에서 通过移动支付，人们足不出户就可以轻松地办理像水电缴费、手机充值等各种生活方面的业务가 언급되었으므로, 通过移动支付，人们可以轻松地办理水电缴费、手机充值等生活方面的业务。라는 완전한 문장으로 답변한다.

어휘 缴费 jiǎofèi 통납부하다　充值 chōngzhí (요금이나 돈을) 충전하다

---

97 问: 你认为应该继续大力普及移动支付吗？请说出理由。

질문: 당신은 모바일 결제를 계속해서 널리 보급해야 한다고 생각하는가? 이유를 말해보시오.

아웃라인

나의 입장	• 모바일 결제를 계속해서 널리 보급해야 하는지에 대한 나의 입장을 언급한다. 이 주제의 경우 보급해야 한다는 입장으로 답변을 전개하는 것이 좋다.
이유	• 모바일 결제가 사람들의 생활을 편리하게 했으며, 업무 처리 효율도 높였다는 내용을 언급한다. • 일부 낙후된 지역에는 모바일 결제가 보편화되지 않았으므로, 모바일 결제를 널리 보급하여 더 많은 사람이 편리함을 누릴 수 있도록 해야 한다는 내용을 언급한다.
마무리	• 모바일 결제를 계속해서 널리 보급해야 한다는 내용으로 나의 입장을 다시 한번 언급하고 마무리한다.

모범답변

나의 입장

我认为应该继续大力普及移动支付，具体原因如下。

저는 모바일 결제를 계속해서 널리 보급해야 한다고 생각합니다. 구체적인 이유는 아래와 같습니다.

이유

移动支付大大便利了人们的生活。人们可以通过移动支付随时处理各种业务，节省不少时间。人们还可以在移动支付平台上轻松地管理自己的银行账户，这提高了办事效率。另外，大力普及移动支付为商家开展促销活动和加大宣传效果提供了机会。如今，移动支付发展虽快，但是有一些落后地区还没有普及移动支付，因此要大力普及，让更多的人享受移动支付带来的便利。

모바일 결제는 사람들의 생활을 매우 편리하게 해 주었습니다. 사람들은 모바일 결제를 통해 언제든지 다양한 업무를 처리하며 많은 시간을 절약할 수 있습니다. 사람들은 모바일 결제 플랫폼에서 손쉽게 자신의 은행 계좌를 관리할 수도 있는데, 이는 업무 처리 효율을 높였습니다. 이 외에도, 모바일 결제를 널리 보급하는 것은 판매자들이 판촉 행사를 하고 홍보 효과를 높이는 기회를 제공했습니다. 오늘날 모바일 결제는 발전이 비록 빠르지만, 여전히 일부 낙후된 지역에는 아직 모바일 결제가 보편화되지 않았습니다. 따라서 널리 보급하여 더 많은 사람이 모바일 결제가 가져오는 편리함을 누릴 수 있도록 해야 합니다.

虽然移动支付的安全保障系统还需要加强，使用移动支付也存在信息被泄露的危险，但是只要国家采取相应措施，用户提高自我保护意识，移动支付就能克服种种缺点，变得越来越完善。

비록 모바일 결제의 안전 보장 시스템이 아직 강화될 필요가 있고, 모바일 결제를 사용할 때 정보 유출의 위험도 있지만, 국가가 상응하는 조치를 취하고 사용자가 자기 보호 의식을 높이기만 한다면, 모바일 결제는 각종 단점을 극복할 수 있으며 더욱 완전해질 수 있습니다.

마무리

总的来说，我认为应该继续大力普及移动支付，因为它能让人们的生活变得更便利、更丰富。

종합하자면, 저는 모바일 결제를 계속해서 널리 보급해야 한다고 생각합니다. 모바일 결제는 사람들의 삶을 더 편리하고 더 풍요롭게 만들 수 있기 때문입니다.

어휘 **普及** pǔjí [동] 보급하다 **移动支付** yídòng zhīfù [명] 모바일 결제 **便利** biànlì [동] 편리하게 하다 [형] 편리하다 **平台** píngtái [명] 플랫폼 **促销** cùxiāo [동] 판촉하다 **保障** bǎozhàng [동] 보장하다 **泄露** xièlòu [동] 유출되다 **相应** xiāngyìng [동] 상응하다 **用户** yònghù [명] 사용자 **意识** yìshí [명] 의식

98

"苦尽甘来"指的是，艰难困苦的日子过去，美好的日子到来了。说到"苦尽甘来"，有些人会自然而然地想到童第周。童第周出生于浙江宁波的一个农民家庭，当时正值国家动荡时期，童第周一家过着十分清贫的生活。家里没钱供他读书，读过私塾的父亲便成为了他的第一任老师。后来，16岁的童弟周进入初中学习，由于基础薄弱，他的学习成绩在班级里倒数第一，这深深刺痛了他的心。然而，他并没有气馁，而是始终坚信"苦尽甘来"的道理，抓紧一切时间学习，甚至在晚上宿舍熄灯后，他还悄悄地在路灯下读书做题。他靠着不怕吃苦的精神，考上了名牌大学并出国深造，后来成为了中国生物科学和海洋科学的奠基人，为中国的科学事业做出了巨大的贡献。其实每个人都渴望成功，但有些人面临困境时却举棋不定，退避三舍，以至于尝不到苦涩后的甘甜，只会抱怨命运不公。俗话说得好，"吃得苦中苦，方为人上人"，一个人只有在逆境中体会到艰辛，克服重重困难，才能走向成功，最终品尝到"苦尽甘来"的滋味。

'고진감래'가 가리키는 것은, 힘들고 고달픈 나날들이 지나가면, 아름다운 날이 올 것이라는 것이다. '고진감래'에 대해 말하자면, 사람들은 자연스럽게 퉁디저우를 떠올릴 것이다. 퉁디저우는 저장성 닝보시의 한 농민 가정에서 태어났는데, 당시는 나라가 불안하던 시기여서 퉁디저우의 가족은 매우 가난하게 살았다. 집에는 퉁디저우를 공부시킬 돈이 없었지만, 서당에서 공부한 적이 있는 아버지가 그의 첫 스승이 되었다. 이후 16살의 퉁디저우는 중학교에 입학하여 공부하게 되었는데, 기초가 약해 그의 성적은 학급 꼴찌가 되었고, 이는 그의 마음을 몹시 아프게 했다. 그러나 그는 결코 낙담하지 않았고, 줄곧 '고진감래'의 이치를 굳게 믿으며 모든 시간을 다 사용해서 공부했으며, 심지어 밤에 기숙사에 불이 꺼진 후에도 그는 바깥의 가로등 아래에서 몰래 문제를 풀었다. 그는 고생하는 것을 두려워하지 않는 정신으로 명문대에 합격했고 유학을 가서 더 깊이 공부했으며, 후에 중국 생물 과학과 해양 과학의 선구자가 되어 중국의 과학 사업에 큰 공헌을 했다. 사실 모든 사람은 성공을 갈망하지만, 어떤 사람들은 어려움을 마주했을 때 망설이고 회피하여 쓴맛 후의 단맛을 맛보지 못하고, 운명이 불공평하다고 불평만 한다. 속담에 '갖은 고생을 견뎌내야만, 비로소 큰 사람이 될 수 있다'라는 말이 있듯이, 사람은 역경 속에서 고달픔을 느끼고 많은 어려움을 극복해야만 성공으로 나아갈 수 있으며, 결국 '고진감래'의 맛을 느낄 수 있다.

어휘 **苦尽甘来** kǔjìngānlái [성] 고진감래, 고생 끝에 낙이 온다 **艰难困苦** jiānnánkùnkǔ [성] 힘들고 고달프다 **自然而然** zìrán'érrán [성] 자연스럽게, 저절로 **动荡** dòngdàng [형] (정세·상황 등이) 불안하다 **清贫** qīngpín [형] 가난하다 **私塾** sīshú [명] 서당 **薄弱** bóruò [형] 약하다, 박약하다 **倒数** dàoshǔ [동] 뒤에서부터 세다 **刺痛** cì tòng 마음을 아프게 하다, 쿡쿡 쑤시듯이 아프다 **气馁** qìněi [형] 낙담하다, 기가 죽다 **坚信** jiānxìn [동] 굳게 믿다 **路灯** lùdēng [명] 가로등 **吃苦** chīkǔ [동] 고생하다 **深造** shēnzào [동] 더 깊이 공부하다, 학문을 더 닦다 **生物** shēngwù [명] 생물 **事业** shìyè [명] 사업 **渴望** kěwàng [동] 갈망하다 **困境** kùnjìng [명] 어려움, 궁지 **举棋不定** jǔqíbúdìng [성] 망설이다, 주저하며 결정하지 못하다 **退避三舍** tuìbìsānshè [성] 회피하고 마주하지 않다 **苦涩** kǔsè [형] 쓰다, (마음이) 괴롭다 **俗话** súhuà [명] 속담 **艰辛** jiānxīn [형] 고달프다, 고생스럽다 **品尝** pǐncháng [동] 맛보다 **滋味** zīwèi [명] 맛, 기분

98 问：根据材料，请你谈谈对"苦尽甘来"的思想认识。

질문: 자료에 근거하여, '고진감래'에 대한 당신의 생각과 인식을 말해보시오.

아웃라인

나의 관점	• '고진감래'라는 이치는 배울 만한 가치가 있다고 언급한다.
단문 줄거리	• 퉁디저우는 이치를 잘 이해하고 있는 사람이며, 그는 어렸을 때 학교에 다니지 못하여 기초가 약했지만 낙담하지 않고 열심히 노력하여 유명한 과학자가 되었다는 내용으로 간단하게 언급한다.
느낀 점	• 우리는 곤경 속에서 버티는 법을 배워야 하고 포기하지 않아야 하며, 노력 끝에는 성공을 거둘 수 있다고 믿어야 한다는 내용을 느낀 점으로 언급한다.
마무리	• '고진감래'라는 이치를 잘 이해해야 한다는 내용으로 나의 관점을 다시 한번 언급하고 마무리한다.

모범답변

나의 관점

　　我认为"苦尽甘来"的道理是值得我们学习的。

단문 줄거리

　　首先，根据材料，我们可以知道童弟周是一个懂得"苦尽甘来"这一道理的人。他小时候家境贫寒，上不起学校，只能靠父亲教他。后来童弟周上了初中，由于基础薄弱，在学习上非常吃力，但他并没有气馁。为了让自己进步，他刻苦努力，最后考上了大学，还成为了著名的科学家。童弟周的故事很好地诠释了"苦尽甘来"的道理。

느낀 점

　　其次，这个故事让我们明白，人生并不总是一帆风顺的，途中会有很多不如意的事情。我们要学会在困境中坚持，给自己足够的信心，因为只要不放弃，我们所做的努力就会有相应的回报。我们要像童弟周那样懂得"苦尽甘来"的道理，即使正在经历着困难，也要相信在努力的尽头，能够与成功相遇。

마무리

　　综上所述，我认为我们应该懂得"苦尽甘来"这个道理，哪怕现在在吃苦，只要再坚持一下，总有一天可以尝到成功的滋味。

저는 '고진감래'라는 이치는 우리가 배울 만한 가치가 있다고 생각합니다.

먼저, 자료에 근거하여 우리는 통디저우가 '고진감래'라는 이 이치를 잘 이해하고 있는 사람임을 알 수 있습니다. 그는 어렸을 때 집이 가난해 학교에 갈 수 없었고, 아버지가 그를 가르치는 것에 의지할 수밖에 없었습니다. 이후 통디저우는 중학교에 들어갔는데, 기초가 약해서 공부에 있어 고생을 했지만 그는 결코 낙담하지 않았습니다. 자신을 발전시키기 위해 그는 열심히 노력했고, 결국 대학에 합격했으며, 유명한 과학자가 되었습니다. 통디저우의 이야기는 '고진감래'라는 이치를 아주 잘 설명합니다.

그다음으로, 이 이야기는 우리가 인생은 결코 항상 순탄한 것이 아니며, 도중에는 뜻대로 되지 않는 일도 많다는 것을 깨닫게 해주었습니다. 우리는 곤경 속에서 버티는 법을 배워야 하고, 스스로에게 충분한 자신감을 주어야 하는데, 포기하지 않아야만 우리가 한 노력에 상응하는 보답이 있을 것이기 때문입니다. 우리는 통디저우처럼 '고진감래'의 이치를 잘 이해해야 하며, 지금 어려움을 겪고 있을지라도 노력의 끝에는 성공을 거둘 수 있다고 믿어야 합니다.

앞서 언급한 내용을 종합했을 때, 저는 우리 모두가 '고진감래'라는 이치를 잘 이해해야 한다고 생각합니다. 설령 지금 고생하고 있다고 하더라도 조금 더 버티면 언젠가는 성공의 맛을 볼 수 있을 것입니다.

어휘 苦尽甘来 kǔjìngānlái 쩽 고진감래, 고생 끝에 낙이 온다　贫寒 pínhán 톙 가난하다　薄弱 bóruò 톙 약하다, 박약하다
吃力 chīlì 톙 고생하다, 힘들다　气馁 qìněi 톙 낙담하다, 기가 죽다　诠释 quánshì 동 설명하다
一帆风顺 yìfānfēngshùn 쩽 순탄하다, 일이 순조롭게 진행되다　相应 xiāngyìng 동 상응하다　回报 huíbào 동 보답하다
吃苦 chīkǔ 동 고생하다, 고통을 맛보다　滋味 zīwèi 똉 맛, 기분

해커스 해설이 상세한

HSK 7-9급
실전모의고사

제3회

해석 · 해설 · 모범답안

듣기 p.114

제1부분

1 × **2** × **3** ✓ **4** × **5** ✓ **6** × **7** ✓ **8** ✓ **9** ✓ **10** ×

제2부분

11 D **12** 不懈努力 **13** C **14** 一面旗帜 **15** A **16** D **17** B **18** 良好的群众口碑 **19** C **20** B **21** D
22 B

제3부분

23 A **24** C **25** D **26** A **27** D **28** D **29** D **30** 美好和吉祥 **31** D **32** A **33** C **34** 周边国家
35 D **36** D **37** 来自本国的阻挠 **38** C **39** B **40** D

독해 p.131

제1부분

41 B **42** D **43** D **44** D **45** B **46** D **47** C **48** D **49** B **50** C **51** D **52** A **53** B **54** D
55 B **56** D **57** C **58** C **59** B **60** B **61** C **62** B **63** A **64** D **65** B **66** B **67** D **68** D

제2부분

69 H **70** A **71** G **72** D **73** E

제3부분

74 许多人都说同样的话 **75** 比喻 **76** 贴近当时的生活
77 屈原的诗的鲜明特色 **78** 崇信鬼神的风俗 **79** 浪漫主义文学
80 灵感和借鉴 **81** 指挥和训练水军 **82** 岳阳楼名字的由来
83 一顶将军盔 **84** 三楼外面的斗拱上 **85** 四季
86 岳阳楼的春色 **87** 中国历史的变迁

쓰기 p.152

제1부분 | **제2부분**
88 [모범답안] p.152 | **89** [모범답안] p.153

통번역 p.155

제1부분 | **제2부분**
90 [모범답안] p.155 | **92** [모범답변] p.157
91 [모범답안] p.156 | **93** [모범답변] p.158

말하기 p.159

제1부분 | **제2부분** | **제3부분**
94 [모범답변] p.160 | **95-97** [모범답변] p.161 | **98** [모범답변] p.164

听力 듣기

1-5

静音车厢虽不是新鲜事物，却自带热度。[1]早在两三年前，有的列车就设置了静音车厢，而近日，铁路部门又宣布在部分复兴号动车组列车上试点设置静音车厢，并对静音车厢做了比较详细的规定。[2]根据相关规定，在静音车厢内，旅客应保持安静，使用各类电子设备时须佩戴耳机或关闭音源外放功能；应将手机调至静音或震动模式，如果要打电话或相互交谈，须离开静音车厢；[2]携儿童出行的旅客须照看好孩子，避免喧哗。

不难看出，这是一个逐步探索和推广静音车厢的过程。静音车厢真的能"静下来"吗？从媒体调查来看，很多静音车厢得到了公众的关注，其关注点主要集中在两点：一是必要性，二是可行性。

[3]先看必要性。大多数人想要一个安静出行的空间和体验，这是一种普遍性诉求。在诸如车厢这种人员密集且相对密闭的场所，持续的噪声无疑会影响一些旅客的休息、工作和心情。近年来，公众对"安静权"的重视程度越来越高，有关噪声引发的投诉和讨论越来越多，[3]车厢内噪声问题引发的纠纷也持续增多。这是谈论静音车厢时不能不提的一个问题。公众应当增强噪声污染防治意识，在公共场所自觉减少噪声的排放。

再看可行性。相较于之前的静音车厢，新近推出的静音车厢对旅客的要求更多、更细、更严。但这毕竟只是一种倡导，旅客们未必会严格遵守，因此不应该对其持有过度乐观的态度。正如媒体调查所显示，[4]有的静音车厢效果不错，有的则不尽如人意，一些旅客感叹"静不静全看运气"。当然，我们应该要相信，只要坚定不移地做下去，情况肯定会越来越好。

总而言之，我们应该鼓励静音车厢带头示范，从而进一步促进社会文明程度的提高和公民道德素养的提升。静音车厢的示范效果和价值值得我们期待。

무음 객실은 비록 새로운 것은 아니지만 그 자체로 핫이슈가 되었다. [1]이미 2~3년 전 일부 열차는 무음 객실을 설치했으며, 최근 철도부는 일부 푸싱호 고속 열차에 무음 객실을 시범 설치한다고 발표하고, 무음 객실에 대한 보다 자세한 규정을 만들었다. [2]관련 규정에 따르면 무음 객실 내에서 승객은 조용히 있어야 하며, 각종 전자기기를 사용할 때는 반드시 이어폰을 착용하거나 음원의 외부 재생 기능을 꺼야 하고, 휴대전화를 무음 또는 진동 모드로 전환해야 하며, 만약 전화하거나 서로 이야기를 해야 하는 경우에는 무음 객실에서 나와야 하고, [2]어린이를 동반하여 이동하는 승객은 떠드는 것을 방지하기 위해 반드시 아이를 잘 돌봐야 한다.

이것은 점차적으로 무음 객실을 탐구하고 보급하는 과정임을 알 수 있다. 무음 객실은 정말 '조용해'질 수 있는가? 언론 조사에 따르면 많은 무음 객실이 대중의 관심을 받았는데, 그 초점은 주로 두 가지에 집중되어 있다. 하나는 필요성이고 다른 하나는 실행 가능성이다.

[3]먼저 필요성부터 살펴보겠다. 대부분의 사람은 조용히 이동할 수 있는 공간과 경험을 원하며, 이것은 보편적인 요구이다. 이를테면 객실과 같이 사람이 밀집해 있고, 상대적으로 밀폐된 장소에서 지속적인 소음은 틀림없이 일부 승객의 휴식, 작업 및 기분에 영향을 미칠 것이다. 최근 몇 년 동안 대중들이 '조용한 공간에 있을 권리'를 중요하게 생각하는 정도는 점점 더 높아지고 있으며, 소음으로 인해 야기되는 불만과 논의가 점점 더 많아지고 있고, [3]객실 내 소음 문제로 인해 야기된 갈등도 계속해서 증가하고 있다. 이는 무음 객실에 대해 논의할 때 빼놓을 수 없는 문제이다. 대중들은 소음 공해 방지에 대한 의식을 높이고, 공공장소에서 자발적으로 소음 배출을 줄여야 한다.

그다음으로 실행 가능성을 살펴보겠다. 이전의 무음 객실에 비해 최근에 출시된 무음 객실은 승객에 대한 요구가 더 많고, 더 세밀하며, 더 엄격하다. 그러나 이는 어디까지나 권장일 뿐이라 승객들이 엄격하게 지키지 않을 수도 있으므로, 지나치게 희망적인 태도를 가져서는 안 된다. 언론 조사에서 보여준 바와 같이, [4]일부 무음 객실은 효과가 좋았지만 일부는 기대에 미치지 못했는데, 일부 승객은 '조용한지 조용하지 않은지는 오로지 운에 달려 있다'고 한탄했다. 물론 우리는 확고하게 해나가면 상황이 점점 더 나아질 것이라고 믿어야 한다.

결론적으로 말하자면, 우리는 무음 객실이 앞장서서 시범을 보이도록 장려하여 이를 통해 사회 문명 수준의 향상과 시민 도덕적 소양의 향상을 더욱 촉진해야 한다. 무음 객실의 시범 효과와 가치는 우리가 기대해 볼 만하다.

어휘 **车厢** chēxiāng 몡 (열차의) 객실, 화물칸　**设置** shèzhì 통 설치하다　**复兴号** fùxīng hào 푸싱호[중국에서 가장 빠른 고속철]
动车组列车 dòngchēzǔ lièchē D열차['전기 동력 분산식 열차'라고도 부르며, 시속 160~250km의 빠른 열차]　**试点** shìdiǎn 통 시범적으로 해보다
震动模式 zhèndòng móshì 진동 모드　**交谈** jiāotán 통 이야기하다　**喧哗** xuānhuá 통 떠들다　**探索** tànsuǒ 통 탐구하다, 찾다
关注 guānzhù 통 관심을 가지다　**可行** kěxíng 통 실행 가능하다　**诉求** sùqiú 통 요구하다　**诸如** zhūrú 통 이를테면 ~와 같이
密集 mìjí 통 밀집해 있다　**相对** xiāngduì 통 상대적이다　**密闭** mìbì 통 밀폐하다　**场所** chǎngsuǒ 몡 장소　**噪声** zàoshēng 몡 소음
引发 yǐnfā 통 야기하다　**投诉** tóusù 통 불만하다, 호소하다　**纠纷** jiūfēn 몡 갈등　**谈论** tánlùn 통 논의하다　**防治** fángzhì 통 방지하다
意识 yìshí 몡 의식　**公共场所** gōnggòng chǎngsuǒ 공공장소　**排放** páifàng 통 배출하다　**倡导** chàngdǎo 통 권장하다, 제창하다
过度 guòdù 통 지나치다　**感叹** gǎntàn 통 한탄하다, 감탄하다　**坚定不移** jiāndìngbùyí 셍 확고하다　**带头** dàitóu 통 앞장서다
示范 shìfàn 통 시범하다

1 近日，铁路部门首次宣布在列车上试点设置静音车厢。（ ）

최근 철도부는 처음으로 열차에 무음 객실을 시범 설치한다고 발표했다. (X)

해설 음성 초반에서 早在两三年前，有的列车就设置了静音车厢，而近日，铁路部门又宣布在部分复兴号动车组列车上试点设置静音车厢이라고 했는데, 문제에서는 최근 철도부가 처음으로 열차에 무음 객실을 시범 설치한다고 했으므로 불일치로 판단한다.

어휘 **试点** shìdiǎn [동] 시범적으로 해보다 **设置** shèzhì [동] 설치하다 **车厢** chēxiāng [명] (열차의) 객실, 화물칸

2 根据铁路部门的相关规定，带儿童的旅客将被禁止乘坐动车组列车。（ ）

철도부의 관련 규정에 따르면, 어린이를 동반한 승객은 고속열차 탑승이 금지된다. (X)

해설 음성 초반에서 根据相关规定……携儿童出行的旅客须照看好孩子，避免喧哗라고 했는데, 문제에서는 철도부의 관련 규정에 따르면 어린이를 동반한 승객은 고속열차 탑승이 금지된다고 했으므로 불일치로 판단한다.

어휘 **动车组列车** dòngchēzǔ lièchē [명] D열차['전기 동력 분산식 열차'라고도 부르며, 시속 160~250km의 빠른 열차]

3 车厢内因噪音问题引发的纠纷越来越多，这正说明了设置静音车厢的必要性。（ ）

객실 내 소음 문제로 인해 야기된 갈등이 점점 더 많아지고 있는데, 이는 무음 객실 설치의 필요성을 설명하고 있다. (✓)

해설 음성 중반에서 先看必要性。……车厢内噪声问题引发的纠纷也持续增多。这是谈论静音车厢时不能不提的一个问题。라고 했고, 문제에서는 객실 내 소음 문제로 인해 야기된 갈등이 점점 더 많아지고 있는데, 이는 무음 객실 설치의 필요성을 설명하고 있다고 했으므로 일치로 판단한다.

어휘 **噪音** zàoyīn [명] 소음 **引发** yǐnfā [동] 야기하다 **纠纷** jiūfēn [명] 갈등

4 自从设置静音车厢后，所有旅客都能在静音车厢内享受安静的时光。（ ）

무음 객실을 설치한 후부터 모든 승객은 무음 객실 안에서 조용한 시간을 즐길 수 있다. (X)

해설 음성 후반에서 有的静音车厢效果不错，有的则不尽如人意，一些旅客感叹"静不静全看运气"라고 했는데, 문제에서는 무음 객실을 설치한 후부터 모든 승객은 무음 객실 안에서 조용한 시간을 즐길 수 있다고 했으므로 불일치로 판단한다.

어휘 **时光** shíguāng [명] 시간, 시기

5 这则新闻旨在探讨静音车厢的试点情况及其必要性和可行性。（ ）

이 뉴스는 무음 객실의 시범 상황과 그 필요성 및 실행 가능성을 탐색하는 것을 목적으로 한다. (✓)

해설 음성에서 전반적으로 최근에 시범 설치한 무음 객실의 자세한 규정을 이야기하며, 필요성과 실행 가능성이라는 두 가지 측면에서 무음 객실에 대해 논하고 있다. 문제에서는 이 뉴스는 무음 객실의 시범 상황과 그 필요성 및 실행 가능성을 탐색하는 것을 목적으로 한다고 했으므로 일치로 판단한다.

어휘 **旨在** zhǐzài [동] ~에 목적이 있다 **可行** kěxíng [형] 실행 가능하다

6-10

在最美的金秋时节，798国际艺术交流中心以"传承·未来：让AI更懂中国"为主题，开展了一场特色鲜明、内容丰富的艺术盛宴。[6]798艺术节于每年9月底在798艺术区举行，会邀请专业策展人来策划。[6]该艺术节现在已经成为一个促进国际艺术交流的重要活动。

文化与科技的结合是文化行业发展的大趋势，也是798艺术节的重点，因此[7]在本次艺术节上，特别展出了艺术家与人工智能共创的作品。各知名艺术家运用人工智能，对一系列中国传统文化元素进行了二次创作，

가장 아름다운 가을날에 798 국제예술교류센터는 '전승·미래: AI가 중국을 더 잘 이해할 수 있도록'이라는 주제로 특징이 뚜렷하고 내용이 풍부한 예술연회를 열었다. [6]798 아트 페스티벌은 매년 9월 말에 798 예술구에서 개최되며, 전문 큐레이터를 초청하여 기획한다. [6]이 아트 페스티벌은 현재 이미 국제 예술 교류를 촉진하는 중요한 행사가 되었다.

문화와 과학 기술의 결합은 문화 산업 발전의 주요 추세이며, 798 아트 페스티벌의 중요한 부분이기도 하므로, [7]이번 아트 페스티벌에서는 예술가와 인공지능이 함께 만든 작품이 특별히 전시되었다. 유명한 예술가들은 인공지능을 사용하여 일련의 중국 전통문화 요소에 대해 2차

这种创作方式旨在探讨艺术语言与人工智能技术之间的结合和创新，实现人机共创合作。观众们可以借助虚拟现实设备进入虚拟世界，获得沉浸式的体验。798国际艺术交流中心相关负责人表示，这是一场艺术与人工智能的"遇见"，也是传统与现代，文化与科技的"对话"。艺术家本人的情感与人工智能的创造相结合，让中国文化绽放出了别样的魅力。

[8]观众们在798艺术节活动上看到了众多国内外艺术家鲜活的创作，并且在不同园区的不同角落欣赏到了风格各异的艺术作品，感受到了浓厚的艺术氛围和多样的文化气息。除了丰富的展览活动外，[8]观众们还在艺术节中体验到了众多公共文化活动。例如，艺术讲座、影像放映等活动使观众们从多方位、多视角看待艺术，并展开交流，碰撞出思想的火花。这些活动为文化背景不同的人提供了一个相互了解和沟通的桥梁，人们从中更加深入地了解到了不同的文化艺术。

随着时代的发展和社会的变迁，798艺术节也在不断探索新的发展方向。该艺术节作为国际文化艺术交流的重要平台，充分发挥了自身优势，有力推动了文化创意的成功转化和文化产业的发展。[9]未来，798国际艺术交流中心还将继续推进文化项目的创新，持续构建以艺术为核心的文化生态产业，力求保持艺术创作的活力，为推动全球当代艺术的繁荣和发展做出更大的贡献。

창작을 진행했으며, 이러한 창작 방식은 예술 언어와 인공지능 기술 간의 결합과 혁신을 탐구하고, 인간과 컴퓨터의 공동 창작과 협력을 실현하는 것에 목적이 있다. 관객들은 가상현실 장비의 도움을 받아 가상 세계에 들어가 몰입감 있는 체험을 할 수 있다. 798 국제예술교류센터 관계자는 이것이 예술과 인공지능의 '만남'이자 전통과 현대, 문화와 과학기술의 '대화'라고 밝혔다. 예술가 본인의 감정과 인공지능의 창조는 서로 결합하여 중국 문화가 색다른 매력을 꽃피우게 했다.

[8]관객들은 798 아트 페스티벌에서 많은 국내외 예술가의 생동감 있는 창작을 보았고, 각 구역의 구석마다 스타일이 각기 다른 예술 작품을 감상하며, 짙은 예술적인 분위기와 다양한 문화적 분위기를 느꼈다. 풍부한 전시 행사 외에도 [8]관객들은 아트 페스티벌에서 많은 공공 문화 행사를 경험했다. 예를 들어 예술 강좌, 영상 상영 등 행사는 관객들로 하여금 예술을 다방면, 다각도로 바라보고 교류하게 하여 다양한 생각의 불꽃을 피워내게 했다. 이러한 행사는 문화적 배경이 서로 다른 사람들에게 서로를 이해하고 소통하는 연결고리를 제공했으며, 사람들은 그 안에서 서로 다른 문화 예술에 대해 더 깊이 이해하게 되었다.

시대의 발전과 사회의 변화에 따라, 798 아트 페스티벌은 끊임없이 새로운 발전 방향을 모색하고 있다. 이 아트 페스티벌은 국제 문화 예술 교류의 중요한 플랫폼으로써, 그만의 장점을 충분히 발휘하여 문화 콘텐츠의 성공적인 전환과 문화 산업의 발전을 효과적으로 추진했다. [9]앞으로 798 국제예술교류센터는 문화 프로젝트의 혁신을 계속 추진하고, 예술을 핵심으로 하는 문화 산업 생태를 지속적으로 구축하며, 예술 창작의 활력을 유지하도록 힘쓰고, 세계 현대 예술의 번영과 발전에 더 크게 이바지 할 것이다.

어휘 **传承** chuánchéng [동] 전승하다, 전수하고 계승하다 **开展** kāizhǎn [동] (전람회 · 전시회 등이) 열리다 **鲜明** xiānmíng [형] 뚜렷하다
策展人 cèzhǎnrén [명] 큐레이터 **策划** cèhuà [동] 기획하다 **展出** zhǎnchū [동] 전시하다 **人工智能** réngōng zhìnéng [명] 인공지능
一系列 yíxìliè [형] 일련의 **元素** yuánsù [명] 요소 **创作** chuàngzuò [동] 창작하다 **旨在** zhǐzài [동] ~에 목적이 있다 **探讨** tàntǎo [동] 탐구하다
创新 chuàngxīn [동] 혁신하다 **借助** jièzhù [동] 도움을 받다 **虚拟世界** xūnǐ shìjiè [명] 가상 세계 **沉浸** chénjìn [동] 몰입하다, 심취하다
绽放 zhànfàng [동] 꽃피우다, (꽃이) 피다 **魅力** mèilì [명] 매력 **鲜活** xiānhuó [형] (새롭고) 생동감이 있다 **角落** jiǎoluò [명] 구석
浓厚 nónghòu [형] 짙다 **氛围** fēnwéi [명] 분위기 **气息** qìxī [명] 분위기, 호흡 **影像** yǐngxiàng [명] 영상 **放映** fàngyìng [동] 상영하다
方位 fāngwèi [명] 방면 **视角** shìjiǎo [명] 각도, 시각 **桥梁** qiáoliáng [명] 연결고리, 다리 **变迁** biànqiān [동] 변화하다 **探索** tànsuǒ [동] 모색하다
平台 píngtái [명] 플랫폼 **产业** chǎnyè [명] 산업 **生态** shēngtài [명] 생태 **力求** lìqiú [동] 힘쓰다 **活力** huólì [명] 활력

6 798艺术节现已成为促进国际艺术交流的重要活动，通常每两年举办一次。（ ）

798 아트 페스티벌은 국제 예술 교류를 촉진하는 중요한 행사가 되었으며, 일반적으로 2년마다 한 번씩 개최된다. (×)

해설 음성 초반에서 798艺术节于每年9月底在798艺术区举行……该艺术节现在已经成为一个促进国际艺术交流的重要活动。이라고 했는데, 문제에서는 798 아트 페스티벌이 국제 예술 교류를 촉진하는 중요한 행사가 되었으며 일반적으로 2년마다 한 번씩 개최된다고 했으므로 불일치로 판단한다.

어휘 **促进** cùjìn [동] 촉진하다

7 在本次艺术节上，艺术家们与人工智能合作完成了一系列与中国传统文化有关的作品。（ ）

이번 아트 페스티벌에서 예술가들은 인공지능과 협력하여 중국 전통문화에 관한 일련의 작품을 완성했다. (✓)

해설 음성 중반에서 在本次艺术节上，特别展出了艺术家与人工智能共创的作品。各知名艺术家运用人工智能，对一系列中国传统文化元素进行了二次创作라고 했고, 문제에서는 이번 아트 페스티벌에서 예술가들은 인공지능과 협력하여 중국 전통문화에 관한 일련의 작품을 완성했다고 했으므로 일치로 판단한다.

어휘 **人工智能** réngōng zhìnéng [명] 인공지능 **一系列** yíxìliè [형] 일련의

8 | 本次艺术节不仅准备了不同风格的艺术作品, 还让观众们体验到了多样的活动。( ) | 이번 아트 페스티벌은 다양한 스타일의 예술 작품을 준비했을 뿐만 아니라, 관객들이 다양한 경험을 하게 했다. (✓)

해설 음성 중반에서 观众们在798艺术节活动上看到了众多国内外艺术家鲜活的创作, 并且在不同园区的不同角落欣赏到了风格各异的艺术作品……观众们还在艺术节中体验到了众多公共文化活动이라고 했고, 문제에서는 이번 아트 페스티벌은 다양한 스타일의 예술 작품을 준비했을 뿐만 아니라 관객들이 다양한 경험을 하게 했다고 했으므로 일치로 판단한다.

어휘 风格 fēnggé 몡 스타일

9 | 798国际艺术交流中心在未来还将继续推进创新, 保持艺术创作的活力。( ) | 798 국제예술교류센터는 앞으로도 혁신을 계속 추진하고, 예술 창작의 활력을 유지할 것이다. (✓)

해설 음성 후반에서 未来, 798国际艺术交流中心还将继续推进文化项目的创新, 持续构建以艺术为核心的文化生态产业, 力求保持艺术创作的活力이라고 했고, 문제에서는 798 국제예술교류센터가 앞으로도 혁신을 계속 추진하고 예술 창작의 활력을 유지할 것이라고 했으므로 일치로 판단한다.

어휘 创新 chuàngxīn 통 혁신하다   创作 chuàngzuò 통 창작하다   活力 huólì 몡 활력

10 | 这则新闻主要谈的是798艺术节各类参展作品的艺术特点。( ) | 이 뉴스에서 주로 이야기하는 것은 798 아트 페스티벌의 다양한 출품작의 예술적 특성이다. (×)

해설 문제에서 이 뉴스에서 주로 이야기하는 것은 798 아트 페스티벌의 다양한 출품작의 예술적 특성이라고 했는데, 음성에서는 参展作品的艺术特点과 관련된 내용은 언급되지 않았고, 전반적으로 798 아트 페스티벌에 관한 소개와 이번 아트 페스티벌의 특별한 점과 의미 및 앞으로의 발전 방향에 대해 이야기하고 있으므로 불일치로 판단한다.

어휘 参展 cānzhǎn 통 출품하다

11-16

女: 李主任, 您好! 我们知道第一次 "熊猫外交" 开始于1957年, 这经历了一个怎样的过程呢?

男: ¹¹"熊猫外交" 分两个阶段, 1957年开始到80年代, 中国先后以国礼将大熊猫赠予给其他国家。这些大熊猫在国外受到了民众的高度关注和喜爱。从上世纪90年代初期开始, ¹¹中国政府决定不再以赠予的方式让大熊猫出国了, 而是以国际科研合作的方式来保护大熊猫。至今, 我们一共和十几个国家开展了大熊猫的国际科研合作。

女: 我们为什么要把大熊猫送到国外去呢, 这样做对保护大熊猫有什么意义?

男: 第一对大熊猫被送到美国时, 我们发现在大熊猫的保护上还有很多工作要做。当国际合作开始以后, 有更多的单位参与对大熊猫保护的研究, 我们就感觉很多事情还是需要通过国际合作来完成的。国际合作既是一种合作, 也是一种学习。通过合作交流, 大熊猫的保护工作得到了更好的开展。¹²大熊猫的保护工作能走到今天, 不仅有我们中国科技工作者的**不懈努力**, 国际合作也起到了很大的作用。

여: 리 주임님, 안녕하세요! 첫 번째 '판다 외교'가 1957년에 시작되었다는 것을 알고 있는데, 이는 어떤 과정을 거쳤나요?

남: ¹¹'판다 외교'는 두 단계로 나뉘며, 1957년부터 80년대까지 중국은 판다를 국가 간의 선물로 다른 나라에 잇달아 선물했습니다. 이 판다들은 해외에서 대중들의 큰 관심과 사랑을 받았습니다. 1990년대 초반부터 ¹¹중국 정부는 더 이상 판다를 선물의 방식으로 해외로 보내지 않고, 국제 과학 연구 협력이라는 방식으로 판다를 보호하기로 결정했습니다. 오늘날까지 우리는 총 십여 개의 나라와 판다의 국제 과학 연구 협력을 펼쳤습니다.

여: 판다를 왜 해외로 보내야 하나요? 이렇게 하는 것이 판다를 보호하는 데 무슨 의미가 있나요?

남: 첫 번째 판다 한 쌍이 미국으로 보내졌을 때, 우리는 판다의 보호에 있어 여전히 해야 할 일이 많다는 것을 알게 되었습니다. 국제 협력이 시작된 후, 더 많은 조직이 판다 보호에 관한 연구에 참여했고, 우리는 국제 협력을 통해 이루어져야 할 일이 아직 많다고 생각했습니다. 국제 협력은 일종의 협력일 뿐만 아니라, 학습이기도 합니다. 협력과 교류를 통해 판다의 보호 업무가 더 잘 펼쳐졌습니다. ¹²판다의 보호 업무를 오늘날까지 할 수 있었던 것은 중국 과학 기술자들의 **끊임없는 노력**이 있었을 뿐만 아니라, 국제 협력도 큰 역할을 했습니다.

女：最近，大熊猫受威胁等级从濒危等级降到了易危等级，可见大熊猫的保护工作颇有成效。但也有少数人担心，我们对大熊猫的保护和关注太多了，因而损害了其他动物的保护事业，您是怎么看待这个问题的呢？

男：我们对大熊猫的关注度确实特别高，但我觉得这不影响对其他物种的保护。相反，我觉得这是一种促进，因为国家在野生动物保护方面不会只对大熊猫进行投入，对其他的野生动物保护也是非常支持的。我想强调的是，[13]对大熊猫的保护措施包括保护它们的栖息地，而跟大熊猫在同一个环境生存的野生动植物多达8000种，其实这些动物也得到了很好的保护。这是一个良性的、有利的促进模式，所以并不存在保护了大熊猫，其他物种就受到了冷落的说法。

女：大熊猫保护研究的成果是否能够扩展到其他动物身上呢？请您谈谈这方面的情况。

男：这些年，我们对大熊猫进行了行为、疾病、营养，以及一些基因组学的研究。这些研究也用到了其他一些伴生动物的研究上，比如金丝猴、小熊猫等。[14]在物种保护中，大熊猫本身就像一面旗帜，大熊猫保护研究的成果都可以用在对其他物种的保护上。不是说照搬，而是借鉴，对动物的保护研究有很多方法是可以互相借用的。因此，我认为这个过程起到相互促进和引领生物多样性保护的作用。

女：对于大熊猫的保护工作，我们未来有哪些难题需要攻克呢？

男：[15]大熊猫的种群安全是需要我们高度重视的问题。如今大熊猫的数量越来越多，发生传染病的几率也越来越大，有些传染病甚至会导致种群的重大损失。所以，我们要加强对传染病的研究和传染病疫苗的研发，通过主动预防来减少发病的几率。另外，[16]我们还需要开展一些生态工程，继续保护好大熊猫的栖息地，从而实现对大熊猫的保护。

여: 최근 판다의 멸종 위기 등급이 위기 등급에서 취약 등급으로 낮아져, 판다의 보호 업무가 상당히 효과적임을 알 수 있습니다. 하지만 소수의 사람은 우리가 판다에 대한 보호와 관심이 너무 많아서 다른 동물들의 보호 사업을 방해했다고 우려하는데, 이 문제에 대해서는 어떻게 생각하시나요?

남: 판다에 대한 우리의 관심이 확실히 매우 높긴 하지만, 이는 결코 다른 종의 보호에 영향을 미치지 않는다고 생각합니다. 오히려 이는 일종의 촉진이라고 생각하는데, 국가가 야생 동물 보호 측면에서 판다에만 집중하지는 않을 것이며, 다른 야생 동물 보호에도 큰 지원이 될 것이기 때문입니다. 제가 강조하고 싶은 것은 [13]판다에 대한 보호 조치에는 그들의 서식지 보호가 포함되며, 판다와 같은 환경에서 생존하는 야생 동물은 8,000여 종에 달하기 때문에, 사실 이러한 동식물도 잘 보호되고 있다는 것입니다. 이것은 좋은 결과를 가져오는 유익한 촉진 모델이므로, 판다를 보호했다고 해서 다른 종들이 소외된다는 주장은 있을 수 없습니다.

여: 판다 보호의 연구 성과가 다른 동물에게도 확대될 수 있을까요? 이 방면의 상황을 말씀해 주세요.

남: 최근 몇 년 동안 우리는 판다에 관해 행동, 질병, 영양 및 게놈학적 연구를 진행했습니다. 이러한 연구는 들창코원숭이, 레서 판다 등과 같은 함께 사는 다른 동물의 연구에도 사용되었습니다. [14]종 보호에 있어 판다 자체는 본보기와 같아, 판다 보호에 관한 연구의 성과는 모두 다른 종에 관한 보호에도 활용될 수 있습니다. 그대로 모방하는 것이 아니라 참고하는 것이며, 동물의 보호 연구에 서로 참고할 수 있는 방법들이 많습니다. 따라서 저는 이 과정이 생물다양성 보호를 서로 촉진하고 선도하는 역할을 한다고 생각합니다.

여: 판다의 보호 업무에 대해, 우리는 앞으로 어떤 난제를 극복해야 하나요?

남: [15]판다의 개체군 안전은 우리가 매우 중요하게 생각해야 하는 문제입니다. 오늘날 판다의 수가 점점 많아지고 있어 전염병이 발생할 확률도 점점 높아지고 있습니다. 심지어 일부 전염병은 개체군의 상당한 손실을 초래할 수 있어서 우리는 감염병 연구와 감염병 백신 개발을 강화해야 하며, 적극적인 예방을 통해 발병 확률을 줄여야 합니다. 그 밖에도 [16]우리는 생태 프로젝트를 펼쳐 판다 서식지를 계속해서 보호함으로써 판다 보호를 실현해야 합니다.

어휘　赠予 zèngyǔ 圖선물하다　民众 mínzhòng 圖대중, 민중　关注 guānzhù 圖관심을 가지다　科研 kēyán 圖과학 연구를 하다[科学研究의 준말]
开展 kāizhǎn 圖펼치다, 전개하다　不懈 búxiè 圖끊임없다　等级 děngjí 圖등급, 수준　颇 pō 圖상당히　成效 chéngxiào 圖효과
损害 sǔnhài 圖방해하다, 손해보다　事业 shìyè 圖사업　看待 kàndài 圖생각하다, 어떤 견해를 가지다　栖息地 qīxīdì 圖서식지
生存 shēngcún 圖생존하다　良性 liángxìng 圖좋은 결과를 가져오는, 양성의　模式 móshì 圖모델　冷落 lěngluò 圖소외되다, 냉대하다
疾病 jíbìng 圖질병　基因组学 jīyīnzǔxué 圖게놈학[생물공학의 한 분야]　本身 běnshēn 圖자체　旗帜 qízhì 圖본보기, 깃발
照搬 zhàobān 圖그대로 모방하다　借鉴 jièjiàn 圖참고하다, 본보기로 삼다　借用 jièyòng 圖참고하다　引领 yǐnlǐng 圖선도하다
生物 shēngwù 圖생물　攻克 gōngkè 圖난관을 극복하다　种群 zhǒngqún 圖개체군　传染病 chuánrǎnbìng 圖전염병　几率 jīlǜ 圖확률
疫苗 yìmiáo 圖백신　生态 shēngtài 圖생태

11 问: 关于 "熊猫外交", 可以知道什么? | 질문: '판다 외교'에 관해, 알 수 있는 것은 무엇인가?

A 一直采用赠予的方式 | A 줄곧 선물이라는 방식을 사용한다
B 受到了民众的极力反对 | B 대중의 극렬한 반대를 받았다
C 已经与上百个城市进行了合作 | C 이미 수백 개의 도시와 협력했다
D 现以国际科研合作的方式进行 | D 현재는 국제 과학 연구 협력의 방식으로 진행한다

해설 남자가 언급한 "熊猫外交"……中国政府决定不再以赠予的方式让大熊猫出国了, 而是以国际科研合作的方式来保护大熊猫를 듣고 선택지 D 现以国际科研合作的方式进行 을 정답의 후보로 고른다. 질문이 '판다 외교'에 관해 알 수 있는 것을 물었으므로 선택지 D 가 정답이다.

어휘 赠予 zèngyǔ 통 선물하다 民众 mínzhòng 명 대중, 민중 极力 jílì 부 극렬하게, 있는 힘을 다해
科研 kēyán 통 과학 연구를 하다[科学研究의 준말]

12 大熊猫的保护工作能走到今天, 不仅有中国科技工作者的不懈努力, 国际合作也起到了很大的作用。 | 판다의 보호 업무를 오늘날까지 할 수 있었던 것은 중국 과학 기술 자들의 끊임없는 노력이 있었을 뿐만 아니라, 국제 협력도 큰 역할을 했다.

해설 남자가 언급한 大熊猫的保护工作能走到今天, 不仅有我们中国科技工作者的不懈努力, 国际合作也起到了很大的作用。을 듣고 不懈努力를 정답으로 작성한다.

어휘 不懈 búxiè 형 끊임없다

13 问: 男的认为保护大熊猫对其他动物的保护有什么影响? | 질문: 남자는 판다를 보호하는 것이 다른 동물을 보호하는 것에 어떤 영향을 미친다고 생각하는가?

A 导致其他物种受到了冷落 | A 다른 종들이 소외되는 것을 초래한다
B 扩大了其他动物的栖息地 | B 다른 동물들의 서식지를 늘렸다
C 使其他动物也得到了很好的保护 | C 다른 동물들도 잘 보호되게 한다
D 在一定程度上阻止了物种之间的基因交流 | D 종 간의 유전자 교류를 어느 정도 막았다

해설 남자가 언급한 对大熊猫的保护措施包括保护它们的栖息地, 而跟大熊猫在同一个环境生存的野生动植物多达8000种, 其实这些动植物也得到了很好的保护를 듣고 선택지 C 使其他动物也得到了很好的保护를 정답의 후보로 고른다. 질문이 남자는 판다를 보호하는 것이 다른 동물을 보호하는 것에 어떤 영향을 미친다고 생각하는지 물었으므로 선택지 C가 정답이다.

어휘 冷落 lěngluò 통 소외되다, 냉대하다 栖息地 qīxīdì 명 서식지 基因 jīyīn 명 유전자

14 在物种保护中, 大熊猫本身就像一面旗帜, 大熊猫保护研究的成果都可以用在对其他物种的保护上。 | 종 보호에 있어 판다 자체는 본보기와 같아, 판다 보호에 관한 연구의 성과는 모두 다른 종에 관한 보호에도 사용될 수 있다.

해설 남자가 언급한 在物种保护中, 大熊猫本身就像一面旗帜, 大熊猫保护研究的成果都可以用在对其他物种的保护上。을 듣고 一面旗帜을 정답으로 작성한다.

어휘 本身 běnshēn 대 자체 旗帜 qízhì 명 본보기, 깃발

15 问: 根据对话, 为什么需要高度重视大熊猫的种群安全? | 질문: 대화에 근거하여, 판다의 개체군 안전을 왜 중요하게 생각해야 하는가?

A 种群内传染病发生率上升 | A 개체군 내 전염병 발생률이 증가한다
B 大熊猫受到了外来物种的威胁 | B 판다가 외래종의 위협을 받았다
C 全球气候变化影响了竹子的生长 | C 세계 기후 변화는 대나무의 성장에 영향을 미쳤다
D 非正常死亡的大熊猫数量逐年增加 | D 비정상적으로 사망한 판다의 수가 해마다 증가한다

해설 남자가 언급한 大熊猫的种群安全是需要我们高度重视的问题。如今大熊猫的数量越来越多, 发生传染病的几率也越来越大를 듣고 선택지 A 种群内传染病发生率上升을 정답의 후보로 고른다. 질문이 판다의 개체군 안전을 왜 중요하게 생각해야 하는지 물었으므로 선택지 A가 정답이다.

어휘 种群 zhǒngqún 명 개체군 传染病 chuánrǎnbìng 명 전염병 死亡 sǐwáng 통 사망하다 逐年 zhúnián 부 해마다

问: 根据男的的话,下列哪项属于保护大熊猫的措施?	질문: 남자의 말에 근거하여, 다음 중 판다 보호 조치에 속하는 것은?
A 成立海外大熊猫研究基地	A 해외 판다 연구 기지를 설립한다
B 照搬对其他动物的研究成果	B 다른 동물에 관한 연구 성과를 그대로 모방한다
C 加速研究治疗大熊猫遗传病的药物	C 판다 유전병을 치료하는 약물 연구를 가속화한다
D 开展生态工程,以保护大熊猫栖息地	D 생태 프로젝트를 펼쳐 판다 서식지를 보호한다

해설 남자가 언급한 我们还需要开展一些生态工程, 继续保护好大熊猫的栖息地, 从而实现对大熊猫的保护를 듣고 선택지 D 开展生态工程, 以保护大熊猫栖息地를 정답의 후보로 고른다. 질문이 판다 보호 조치에 속하는 것을 물었으므로 선택지 D가 정답이다.

어휘 **基地** jīdì 몡 기지 **照搬** zhàobān 통 그대로 모방하다 **遗传病** yíchuánbìng 몡 유전병 **开展** kāizhǎn 통 펼치다, 전개하다
生态 shēngtài 몡 생태

17-22

男: 您好, 王总。我是伍联电子科技有限公司的销售代表李林。感谢您为我们抽出宝贵的时间。今天来拜访您,主要是想给您介绍一下我们的产品。首先我给您简单介绍一下我们公司。我们有强大的研发实力和完整的品质管控程序,而且已有百余款技术获得了多项国家专利,并得到了市场的认可。从成立到现在,[17]我们公司始终伫立于行业发展的前端。

女: 据我所知,近几年贵公司陆续推出了主打电竞的系列产品,这让更多电玩玩家和年轻消费者成为了贵公司的忠实用户,也成为了消费者心目中坚不可摧的第一品牌。

男: 是的,[18]我们之所以能够取得这些成就,是因为我们不仅有强大的科研能力,而且有良好的群众口碑。我们公司主要生产三种电脑配件:键盘、鼠标和耳机。[19]以前段时间获得专利的静音机械键盘为例,它采用超轻薄设计,支持无线连接、四设备智能切换,并且还配有多功能槽位。[19]这不仅改善了键盘的噪音问题,还提供了更加灵敏和方便的输入体验。我们的鼠标则采用人体工程学设计,能够让用户更加轻松舒适地操作。而我们的蓝牙耳机多次获得了"中关村在线年度推荐产品"大奖。这次我特地带来了一些样品,您可以体验一下。

女: 看起来很不错。我们一直以来都在寻找有创新性和市场潜力的键盘和鼠标,贵公司的产品确实符合我们的要求。不过,我想先了解一下贵公司的报价是多少。

男: 我公司一直以来都很注重产品的质量和价格,致力于提供高品质的产品,同时保证具有竞争力的价格。根据不同的型号和配置,键盘和鼠标的价格都有所不同,我整理了几款主打产品的价格,您可以参考一下。请问贵公司的订购数量预计是多少?

남: 안녕하세요, 왕 사장님. 저는 우롄 전자 과학 기술 유한회사의 판매 대표 리린입니다. 저희에게 소중한 시간 내주셔서 감사합니다. 오늘 찾아뵌 것은 저희 제품을 소개해 드리기 위함입니다. 우선 저희 회사에 대해 간단히 소개해 드리겠습니다. 저희는 막강한 연구 개발 실력과 완전한 품질 관리 절차를 가지고 있으며, 100여 개의 기술이 여러 개의 국가 특허를 획득했고, 시장에서 인정도 받았습니다. 설립 이후 지금까지 [17]저희 회사는 늘 업계 발전의 선두에 서 있습니다.

여: 제가 아는 바로는 최근 몇 년 동안 귀사가 e스포츠를 주력으로 한 시리즈 제품을 잇달아 출시하여, 더 많은 e스포츠 게이머와 젊은 소비자가 귀사의 충성 고객이 되었고, 소비자의 마음속에서 난공불락의 1위 브랜드가 되었다고 들었습니다.

남: 맞습니다. [18]저희가 이러한 성과를 거둘 수 있었던 까닭은 저희에게 막강한 과학 연구 능력이 있을 뿐만 아니라, 대중의 좋은 평판이 있었기 때문입니다. 저희 회사에서 주로 생산하는 컴퓨터 액세서리는 키보드, 마우스, 헤드폰 이 세 가지입니다. [19]얼마 전 특허를 받은 무음 기계식 키보드를 예로 들면, 이는 초경량 디자인을 적용하고, 무선 연결 및 기기 네 대와의 스마트 전환을 지원하며, 여러 기능이 있는 USB 포트도 갖추고 있습니다. [19]이는 키보드의 소음 문제를 개선했을 뿐만 아니라, 보다 민감하고 편리한 입력 경험도 제공합니다. 저희 마우스는 인체 공학적인 설계를 적용하여, 사용자가 더 쉽고 편안하게 조작할 수 있습니다. 그리고 저희 블루투스 이어폰은 '올해의 중관춘 온라인 추천 제품' 대상을 여러 차례 수상했습니다. 이번에 제가 특별히 샘플을 가져왔으니 체험해 보셔도 됩니다.

여: 좋아 보이네요. 저희는 줄곧 혁신적이고 시장 잠재력이 있는 키보드와 마우스를 찾고 있었는데 귀사의 제품은 확실히 저희의 요구 사항에 부합합니다. 그런데 먼저 귀사의 제시 가격이 얼마인지 알고 싶습니다.

남: 저희 회사는 줄곧 제품의 품질과 가격을 중시해 왔으며, 고품질의 제품을 제공하는 동시에 경쟁력 있는 가격을 보장하기 위해 힘쓰고 있습니다. 모델과 사양에 따라 키보드와 마우스의 가격이 조금씩 달라지는데, 제가 몇 가지 주력 제품의 가격을 정리했으니 참고하시길 바랍니다. 실례지만 귀사의 주문 수량은 얼마로 예상하십니까?

女：我们计划采购300个键盘和200个鼠标，不知道贵公司是否能够提供优惠。

男：可以的，王总，我们肯定会给您提供批量采购的优惠政策。此外，[20]我们有完善的售后服务体系，如果产品出现了问题，我们会给贵公司提供最优质的服务。这一点您完全可以放心。

女：非常好。那么，接下来我们谈一下交货时间和付款方式吧。我们需要在合同签署后的一个月内收到所有配件。

男：这没问题，我们保证签合同后一个月内交货，不过请贵公司在我们交货后的一个月内完成付款。[21]我们希望您能接受这个付款条件，以确保我们双方的利益和信誉。

女：[21]贵公司的要求听起来比较合理。[22]我会让采购部经理联系您，确定交货、付款等具体细节，并安排签署合同的时间和地点。

男：非常感谢您对我们的信任，我们期待与贵公司建立长期的合作关系。

女：祝我们合作成功！相信我们的合作将会带来双赢的结果。

여: 저희는 키보드 300개와 마우스 200개를 구매할 계획입니다만, 귀사가 혜택을 제공해 주실 수 있을지 모르겠네요.

남: 가능합니다, 왕 사장님. 저희는 당연히 사장님께 대량 구매 우대 정책을 제공해 드릴 것입니다. 또한, [20]저희는 완벽한 애프터서비스 시스템을 갖추고 있으므로, 만약 제품에 문제가 생기면 저희는 귀사에 최고의 서비스를 제공할 것입니다. 이 점은 충분히 안심하셔도 됩니다.

여: 아주 좋습니다. 그럼 이어서 납품 시기와 지불 방법에 대해 논의해 봅시다. 저희는 계약 체결 후 한 달 이내에 모든 부속품을 받아야 합니다.

남: 문제없습니다. 저희는 계약 후 한 달 이내에 물건을 납품할 것을 보증합니다. 다만 저희가 물건을 납품한 후 한 달 이내에 지불을 완료해 주실 것을 부탁드립니다. [21]저희는 귀사가 이 지불 조건을 받아들여 저희 쌍방의 이익과 신용을 확보할 수 있기를 바랍니다.

여: [21]귀사의 요구는 비교적 합리적으로 들리네요. [22]구매팀 매니저에게 귀사에 연락드려 납품 및 지불 등 세부 사항을 확정하고, 계약을 체결할 시간과 장소를 정하게 하겠습니다.

남: 저희에 대한 신뢰에 매우 감사드리며, 저희는 귀사와 장기적인 협력 관계를 맺기를 기대합니다.

여: 우리의 협력이 성공하기를 빕니다! 우리의 협력이 양측 모두 이익을 얻는 결과를 가져올 것이라고 믿습니다.

어휘 **拜访** bàifǎng 图 찾아뵙다　**研发** yánfā 图 연구 개발하다　**实力** shílì 圆 실력　**品质** pǐnzhì 圆 품질　**管控** guǎnkòng 图 관리하다, 관리 통제하다
专利 zhuānlì 圆 특허　**认可** rènkě 图 인정하다　**伫立** zhùlì 图 (오랫동안) 서 있다　**前端** qiánduān 圆 선두　**主打** zhǔdǎ 图 주력으로 하다
电竞 diànjìng 圆 e스포츠[电子竞技의 준말]　**系列** xìliè 圆 시리즈, 계열　**玩家** wánjiā 圆 게이머　**忠实** zhōngshí 혱 충성도 있다, 충실하다
用户 yònghù 圆 고객, 사용자　**心目** xīnmù 圆 마음속　**坚不可摧** jiānbùkěcuī 졥 난공불락이다, 대단히 견고하여 파괴할 수 없다
群众 qúnzhòng 圆 대중　**口碑** kǒubēi 圆 평판, 평가　**配件** pèijiàn 圆 액세서리, 부속품　**机械** jīxiè 圆 기계　**轻薄** qīngbó 혱 경량이다, 가볍다
无线 wúxiàn 혱 무선의　**切换** qiēhuàn 图 전환하다　**槽位** cáowèi 圆 USB 포트　**噪音** zàoyīn 圆 소음　**灵敏** língmǐn 혱 민감하다
人体工程学 réntǐ gōngchéngxué 圆 인체 공학　**操作** cāozuò 图 조작하다　**推荐** tuījiàn 图 추천하다　**样品** yàngpǐn 圆 샘플
创新 chuàngxīn 图 혁신하다　**潜力** qiánlì 圆 잠재력　**注重** zhùzhòng 图 중시하다　**致力于** zhìlì yú 힘쓰다
有所不同 yǒusuǒ bù tóng 조금씩 다르다　**订购** dìnggòu 图 (물건을) 주문하다　**预计** yùjì 图 예상하다　**采购** cǎigòu 图 구매하다
政策 zhèngcè 圆 정책　**体系** tǐxì 圆 시스템　**交货** jiāohuò 图 납품하다　**付款** fùkuǎn 图 (돈을) 지불하다　**签署** qiānshǔ 图 체결하다
确保 quèbǎo 图 확보하다　**信誉** xìnyù 圆 신용　**双赢** shuāngyíng 图 양쪽 모두 이익을 얻다

17	问：关于男的的公司，可以知道什么？	질문：남자의 회사에 관해, 알 수 있는 것은 무엇인가？
A 品质管控程序有待提高	A 품질 관리 절차가 개선될 것으로 기대된다
B 一直处于行业领先地位	B 줄곧 업계 선두 위치에 있다
C 其产品尤其受到中老年人的青睐	C 그들의 제품은 특히 중장년층의 환영을 받고 있다
D 可以在获得国家专利前出售产品	D 국가 특허를 획득하기 전에 제품을 판매할 수 있다

해설 남자가 언급한 我们公司始终伫立于行业发展的前端을 듣고 선택지 B 一直处于行业领先地位를 정답의 후보로 고른다. 질문이 남자의 회사에 관해 알 수 있는 것을 물었으므로 선택지 B가 정답이다.

어휘 **品质** pǐnzhì 圆 품질　**管控** guǎnkòng 图 관리하다, 관리 통제하다　**有待** yǒudài 图 ~할 것으로 기대되다　**领先** lǐngxiān 图 선두에 서다
青睐 qīnglài 图 환영을 받다　**专利** zhuānlì 圆 특허

18	男的的公司之所以能够取得一些成就，是因为有强大的科研能力和<u>良好的群众口碑</u>。	남자의 회사가 이러한 성과를 거둘 수 있었던 까닭은 막강한 과학 연구 능력이 있을 뿐만 아니라, <u>대중의 좋은 평판</u>이 있었기 때문이다.

해설 남자가 언급한 我们之所以能够取得这些成就，是因为我们不仅有强大的科研能力，而且有良好的群众口碑를 듣고 良好的群众口碑를 정답으로 작성한다.

어휘 **群众** qúnzhòng 圆 대중　**口碑** kǒubēi 圆 평판, 평가

19	问: 关于男的的公司生产的静音机械键盘，下列哪项正确？	질문: 남자의 회사에서 생산한 무음 기계식 키보드에 관해, 다음 중 옳은 것은?
	A 获得过多次国际大奖	A 여러 차례 국제 대상을 수상했다
	B 采用了人体工程学设计	B 인체 공학적 설계를 적용했다
	C 给用户提供了更好的体验	C 사용자에게 더 나은 경험을 제공했다
	D 噪音问题没有完全得到改善	D 소음 문제가 완전히 개선되지 않았다

해설 남자가 언급한 以前段时间获得专利的静音机械键盘为例……这不仅改善了键盘的噪音问题, 还提供了更加灵敏和方便的输入体验。을 듣고 선택지 C 给用户提供了更好的体验을 정답의 후보로 고른다. 질문이 남자의 회사에서 생산한 무음 기계식 키보드에 관해 옳은 것을 물었으므로 선택지 C가 정답이다.

어휘 机械 jīxiè 몡 기계　人体工程学 réntǐ gōngchéngxué 몡 인체 공학　用户 yònghù 몡 사용자　噪音 zàoyīn 몡 소음

20	问: 男的认为, 女的可以对什么放心？	질문: 남자는 여자가 무엇을 안심해도 된다고 생각하는가?
	A 良好的用户反馈	A 사용자의 좋은 피드백
	B 完善的售后服务	B 완벽한 애프터서비스
	C 多元化的产品需求	C 다원화된 제품 수요
	D 可随意调整的交货期限	D 임의로 조정할 수 있는 납품 기한

해설 남자가 언급한 我们有完善的售后服务体系, 如果产品出现了问题, 我们会给贵公司提供最优质的服务。这一点您完全可以放心。을 듣고 선택지 B 完善的售后服务를 정답의 후보로 고른다. 질문이 남자는 여자가 무엇을 안심해도 된다고 생각하는지 물었으므로 선택지 B가 정답이다.

어휘 反馈 fǎnkuì 툉 피드백하다　多元化 duōyuánhuà 톙 다원화된　需求 xūqiú 몡 수요　随意 suíyì 톙 임의로, 마음대로
交货 jiāohuò 툉 납품하다　期限 qīxiàn 몡 기한

21	问: 关于男的提出的付款条件, 女的是什么态度？	질문: 남자가 제시한 지불 조건에 관해, 여자는 어떤 태도인가?
	A 拒绝接受	A 받아들이길 거부한다
	B 勉强答应	B 마지못해 승낙한다
	C 犹豫再三	C 계속 망설인다
	D 表示理解	D 이해함을 나타낸다

해설 남자가 언급한 我们希望您能接受这个付款条件, 以确保我们双方的利益和信誉。와 여자가 언급한 贵公司的要求听起来比较合理。를 듣고 선택지 D 表示理解를 정답의 후보로 고른다. 질문이 남자가 제시한 지불 조건에 관해 여자는 어떤 태도인지 물었다. 남자가 제시한 지불 조건을 듣고 여자가 '비교적 합리적으로 들린다'라고 했으므로, 여자는 남자의 말을 이해하고 받아들인다는 것을 알 수 있다. 따라서 선택지 D가 정답이다.

어휘 付款 fùkuǎn 툉 (돈을) 지불하다　勉强 miǎnqiǎng 톙 마지못해 ~하다　犹豫再三 yóuyùzàisān 셍 계속 망설이다

22	问: 两家公司接下来可能会做什么？	질문: 두 회사는 이어서 무엇을 할 가능성이 큰가?
	A 制定商业计划书	A 비즈니스 계획서를 작성한다
	B 签订商品交易合同	B 제품 거래 계약을 체결한다
	C 合作开展市场调研	C 협력하여 시장 조사 연구를 펼친다
	D 对产品进行抽样检查	D 제품에 대해 표본 추출 검사를 진행한다

해설 여자가 언급한 我会让采购部经理联系您, 确定交货、付款等具体细节, 并安排签署合同的时间和地点。을 듣고 선택지 B 签订商品交易合同을 정답의 후보로 고른다. 질문이 두 회사는 이어서 무엇을 할 가능성이 큰지 물었으므로 선택지 B가 정답이다.

어휘 商业 shāngyè 몡 비즈니스, 상업　签订 qiāndìng 툉 체결하다　交易 jiāoyì 툉 거래하다　开展 kāizhǎn 툉 펼치다, 전개하다
调研 diàoyán 툉 조사 연구하다　抽样 chōuyàng 툉 표본을 추출하다

随着生活节奏的加快，许多人选择购买省时省力的预制菜。预制菜作为一项庞大的产业，在零售市场和餐饮业得到了大量的应用。

预制菜，顾名思义，是指以农产品、畜产品、家禽产品、水产品为原料，配以各种辅料，经过洗、切、搭配等预加工而成的成品或半成品，[23]人们能通过加热或蒸炒的方式，方便、快捷地食用美味的预制菜。根据加工程度的大小，预制菜还可以分为即食食品、即热食品、即烹食品和即配食品。其实预制菜并不是一个新概念，早在90年代，随着各类快餐店从国外涌入，中国出现了净菜配送加工厂。

[24]预制菜的制作过程包括原料选择、加工、储存等。不同菜品的制作过程虽存在一定差异，但[24]通常都需要筛选合适的食材，在工厂或中央厨房进行大规模生产，再通过零售商和电商平台销售，最后到达消费者的手中。近年来，由于人们消费习惯的变化，预制菜市场持续升温，这使预制菜逐渐成为了餐饮消费和产业投资的新宠。那么，预制菜为什么会受到如此大力的推广呢？主要有以下几点原因。

首先，[25]预制菜的集中化生产方式使它的生产流程更加规范、标准，这能有效减少食品安全问题的发生，从而提高食品安全水平；其次，预制菜能减轻厨房工作的繁重负担，节省劳动力，提高出餐速度；最后，预制菜的推广还实现了农业和工业的对接，变革了农产品的生产和销售模式，推动了农业和工业的协同发展。

对于繁忙的现代人来说，预制菜提供了更加方便、快捷的解决方案。许多人支持预制菜的推广，但也[26]有一些人持保守的态度。他们认为预制菜虽方便且快捷，但是营养成分不如新鲜食物那样均衡，长期食用可能会造成营养不良。尤其对于有较大营养需求的老年人、儿童、孕妇等人群来说，预制菜并不适合长期食用。因此，在推广预制菜的过程中，需要考虑到不同人群的实际需求。例如，儿童和青少年需要补充更多的钙、铁、蛋白质等营养成分来促进生长发育，而老年人则需要更多的纤维素和抗氧化物质，以此维持肠道健康，预防慢性疾病。

预制菜作为现代快餐饮食文化的产物，已经深刻地渗透到我们的生活中，它无疑为我们提供了极大的便利。不过，由于预制菜的卫生安全问题至关重要，因此需要相关部门持续加强对生产企业的卫生监管，确保其生产过程中的每一个环节都符合相关卫生标准。此外，[27]为了购买到优质的预制菜，消费者也应该提高鉴别能力，要特别留意生产标签，注意食品的保质期和储存条件。

생활 리듬이 빨라짐에 따라, 많은 사람들이 시간과 노동을 절약할 수 있는 밀키트를 구매한다. 밀키트는 거대한 산업으로서 소매 시장과 요식업에 널리 사용되고 있다.

밀키트란, 이름 그대로 농산물, 축산물, 가금산물, 수산물을 원료로 하여 각종 부재료를 첨가하고 세척, 절단, 배합 등의 전처리를 한 완제품 또는 반제품을 가리키는데, [23]사람들은 가열하거나 또는 찌고 볶는 방식을 통해 편리하고 빠르게 맛있는 밀키트를 먹을 수 있다. 가공 정도에 따라 밀키트는 즉석식품, 즉석 가열 식품, 즉석 조리 식품 및 즉석 배합 식품으로 나눌 수 있다. 사실 밀키트는 새로운 개념이 아닌데, 이미 1990년대에 해외에서 다양한 패스트푸드점이 쏟아져 들어오면서 중국에는 손질된 채소를 배송하는 공장이 등장했다.

[24]밀키트의 제조 과정에는 원료 선택, 가공, 저장 등이 포함된다. 요리마다 제조 과정에 어느 정도 차이가 있지만, [24]일반적으로는 적합한 식재료를 선별하여 공장이나 중앙 주방에서 대규모로 생산한 다음, 소매업체와 전자 상거래 플랫폼을 통해 판매되어 최종적으로 소비자에게 전달된다. 최근 몇 년 동안 사람들의 소비 습관의 변화로 인해 밀키트 시장이 지속적으로 활기를 띠어, 밀키트는 점차 요식업 소비 및 산업 투자의 새로운 인기 품목이 되었다. 그렇다면, 밀키트는 왜 이렇게 대대적으로 보급되는 것일까? 주로 다음과 같은 이유가 있다.

첫째, [25]밀키트의 집중식 생산 방식은 밀키트의 생산 과정을 보다 규범화하고 표준화했는데, 이는 식품 안전 문제의 발생을 효과적으로 줄이고 식품 안전 수준을 향상시킬 수 있다. 둘째, 밀키트는 주방 작업의 과중한 부담을 줄이고 노동력을 절약하며 음식 제공 속도를 높일 수 있다. 마지막으로 밀키트의 보급은 농업과 산업의 연결을 실현하고 농산물의 생산과 판매 모델을 변화시키며 농업과 산업의 조화로운 발전을 촉진한다.

바쁜 현대인에게 밀키트는 더욱 편리하고 빠른 해결책을 제공한다. 많은 사람들이 밀키트의 보급을 지지하지만, [26]일부 사람들은 보수적인 태도를 보인다. 그들은 밀키트가 비록 편리하고 빠르지만, 영양성분이 신선한 식품만큼 균형적이지 못하고, 장기간 섭취하면 영양 부족을 유발할 수 있다고 생각한다. 특히 영양분이 비교적 많이 필요한 노인, 어린이, 임산부 등의 경우 밀키트는 장기간 섭취하기에 적합하지 않다. 따라서 밀키트를 보급하는 과정에서 다양한 사람들의 실제적인 수요를 고려해야 한다. 예를 들어, 어린이와 청소년은 칼슘, 철분, 단백질 등의 영양성분을 더 많이 보충하여 성장과 발육을 촉진해야 한다. 그리고 고령자는 장 건강을 유지하고 만성 질환을 예방하기 위해 더 많은 셀룰로오스와 항산화 물질이 필요하다.

밀키트는 현대 패스트푸드 음식 문화의 산물로서, 이미 우리의 삶에 깊이 침투했으며, 틀림없이 우리에게 큰 편의를 제공했다. 그러나 밀키트의 위생 및 안전 문제는 매우 중요하기 때문에 관련 부서는 생산 기업의 위생 관리 감독을 지속적으로 강화하여 생산 과정의 모든 단계가 관련 위생 기준을 충족하는지 확실히 보장해야 한다. 이 밖에 [27]고품질의 밀키트를 구매하기 위해서는 소비자도 식별 능력을 향상시켜야 하며, 특히 제품 라벨에 유의하고 식품의 유통 기한 및 보관 조건에 주의를 기울여야 한다.

어휘 **节奏** jiézòu 圐 리듬, 박자　**预制菜** yùzhìcài 圐 밀키트　**庞大** pángdà 圀 거대하다, 방대하다　**零售** língshòu 圄 소매하다
顾名思义 gùmíngsīyì 이름 그대로　**畜产品** xùchǎnpǐn 圐 축산물　**家禽** jiāqín 圐 가금[닭, 오리 등 식용하기 위해 집에서 기르는 날짐승]
辅料 fǔliào 圐 부재료　**预加工** yùjiāgōng 圐 전처리　**蒸炒** zhēng chǎo 찌고 볶다　**快捷** kuàijié 圀 빠르다　**食用** shíyòng 圄 먹다, 식용하다
美味 měiwèi 圐 맛 좋은 음식　**快餐** kuàicān 圐 패스트푸드　**涌入** yǒngrù 圄 쏟아져 들어오다　**配送** pèisòng 圄 배송하다
储存 chǔcún 圄 저장하다　**筛选** shāixuǎn 圄 선별하다
中央厨房 zhōngyāng chúfáng 중앙 주방[식재료를 공장에서 미리 준비하여 점포에 공급하기 위한 조리시설]
电商 diànshāng 圐 전자 상거래[电子商务의 줄임말]　**平台** píngtái 圐 플랫폼　**新宠** xīnchǒng 圐 최근에 새로 나타나 인기를 얻은 사물이나 사람
流程 liúchéng 圐 작업 과정, 공정　**规范** guīfàn 圀 규범에 맞다　**繁重** fánzhòng 圀 과중하다, 많고 고되다　**负担** fùdān 圐 부담
变革 biàngé 圄 변화시키다, 변혁하다　**协同** xiétóng 圄 조화롭다　**繁忙** fánmáng 圀 (일이 많아서) 바쁘다　**保守** bǎoshǒu 圀 보수적이다
均衡 jūnhéng 圀 균형이 맞다　**孕妇** yùnfù 圐 임산부　**钙** gài 圐 칼슘　**蛋白质** dànbáizhì 圐 단백질　**发育** fāyù 圄 발육하다
纤维素 xiānwéisù 圐 셀룰로오스, 섬유소　**维持** wéichí 圄 유지하다　**慢性** mànxìng 圀 만성의　**疾病** jíbìng 圐 질환, 질병
饮食 yǐnshí 圐 음식, 먹고 마시는 것　**产物** chǎnwù 圐 산물, 결과　**渗透** shèntòu 圄 침투하다　**至关重要** zhìguān zhòngyào 매우 중요하다
监管 jiānguǎn 圄 감독하고 관리하다　**确保** quèbǎo 圄 확실히 보장하다　**环节** huánjié 圐 단계, 일환　**鉴别** jiànbié 圄 식별하다
留意 liúyì 圄 유의하다　**标签** biāoqiān 圐 라벨, 상표　**保质期** bǎozhìqī 圐 유통 기한

23　问: 关于预制菜, 可以知道什么?　　　질문: 밀키트에 관해, 알 수 있는 것은 무엇인가?

　　A 是一种可以便捷食用的菜品　　　　A 간편하게 먹을 수 있는 요리이다
　　B 是最近才出现的一个新概念　　　　B 최근에서야 나온 새로운 개념이다
　　C 普遍出现在团体用餐的场合中　　　C 일반적으로 단체로 식사하는 상황에 등장한다
　　D 烹饪以后缺少食材原有的口感　　　D 조리 후 재료 본연의 식감이 떨어진다

해설　음성 초반에서 언급된 人们能通过加热或蒸炒的方式, 方便、快捷地食用美味的预制菜를 듣고 선택지 A 是一种可以便捷食用的菜品을 정답의 후보로 고른다. 질문이 밀키트에 관해 알 수 있는 것을 물었으므로, 선택지 A가 정답이다.

어휘　**便捷** biànjié 圀 간편하다, 편리하다　**食用** shíyòng 圄 먹다, 식용하다　**团体** tuántǐ 圐 단체, 집단　**用餐** yòngcān 圄 식사를 하다
场合 chǎnghé 圐 상황, (어떤) 장소　**烹饪** pēngrèn 圄 조리하다

24　问: 下列哪项不属于预制菜的制作过程?　　질문: 다음 중 밀키트의 제조 과정에 속하지 않는 것은?

　　A 在中央厨房进行生产　　　　　A 중앙 주방에서 생산을 진행한다
　　B 通过各类平台销售产品　　　　B 각종 플랫폼을 통해 제품을 판매한다
　　C 接受相关部门的抽样检查　　　C 관련 부서의 표본 추출 검사를 받는다
　　D 选择合适的材料制作菜品　　　D 적합한 재료를 골라 요리를 만든다

해설　음성 중반에서 언급된 预制菜的制作过程包括原料选择、加工、储存等。……通常都需要筛选合适的食材, 在工厂或中央厨房进行大规模生产, 再通过零售商和电商平台销售를 듣고 선택지 A 在中央厨房进行生产, B 通过各类平台销售产品, D 选择合适的材料制作菜品을 정답의 후보로 고른다. 질문이 밀키트의 제조 과정에 속하지 않는 것을 물었으므로 언급되지 않은 선택지 C 接受相关部门的抽样检查가 정답이다.

어휘　**中央厨房** zhōngyāng chúfáng 중앙 주방[식재료를 공장에서 미리 준비하여 점포로 배송하는 시스템]　**平台** píngtái 圐 플랫폼
抽样 chōuyàng 圄 표본을 추출하다

25　问: 预制菜的集中化生产方式有什么优势?　　질문: 밀키트의 집중식 생산 방식은 어떤 장점이 있는가?

　　A 简化总体生产流程　　　　　A 전체 생산 공정을 간소화한다
　　B 避免对资源造成浪费　　　　B 자원 낭비를 피한다
　　C 保持所有菜品的新鲜度　　　C 모든 요리의 신선도를 유지한다
　　D 降低食品安全问题的发生率　　D 식품 안전 문제의 발생률을 감소시킨다

해설　음성 중반에서 언급된 预制菜的集中化生产方式使它的生产流程更加规范、标准, 这能有效减少食品安全问题的发生, 从而提高食品安全水平을 듣고 선택지 D 降低食品安全问题的发生率를 정답의 후보로 고른다. 질문이 밀키트의 집중식 생산 방식은 어떤 장점이 있는지 물었으므로, 선택지 D가 정답이다.

어휘　**简化** jiǎnhuà 圄 간소화하다　**流程** liúchéng 圐 공정, 작업 과정

26 问：对预制菜的推广持保守态度的人，认为预制菜怎么样？

질문: 밀키트에 대해 보수적인 태도를 보이는 사람들은 밀키트가 어떠하다고 생각하는가?

A 营养不均衡
B 整体定价较高
C 卫生问题堪忧
D 不符合大众的口味

A 영양이 불균형하다
B 전반적으로 가격이 비교적 높다
C 위생 문제가 우려된다
D 대중의 입맛에 맞지 않다

해설 음성 중반에서 언급된 有一些人持保守的态度。他们认为预制菜虽方便且快捷，但是营养成分不如新鲜食物那样均衡，长期食用可能会造成营养不良을 듣고 선택지 A 营养不均衡을 정답의 후보로 고른다. 질문이 밀키트에 대해 보수적인 태도를 보이는 사람들은 밀키트가 어떠하다고 생각하는지 물었으므로, 선택지 A가 정답이다.

어휘 保守 bǎoshǒu [형] 보수적이다 均衡 jūnhéng [형] 균형이 맞다 堪忧 kānyōu [동] 우려되다 口味 kǒuwèi [명] 입맛

27 问：根据这段话，消费者购买预制菜时要注意什么？

질문: 이 장문에 근거하여, 소비자들이 밀키트를 구매할 때 무엇을 주의해야 하는가?

A 食品的摆盘和搭配
B 产品包装的精美程度
C 生产厂家和预制菜的品牌
D 菜品的生产日期和保存期限

A 식품의 플레이팅과 조합
B 제품 포장의 정교한 정도
C 제조사와 밀키트의 브랜드
D 음식의 제조 일자 및 유통 기한

해설 음성 후반에서 언급된 为了购买到优质的预制菜，消费者也应该提高鉴别能力，要特别留意生产标签，注意食品的保质期和储存条件을 듣고 선택지 D 菜品的生产日期和保存期限을 정답의 후보로 고른다. 질문이 소비자들이 밀키트를 구매할 때 무엇을 주의해야 하는지 물었으므로, 선택지 D가 정답이다.

어휘 摆盘 bǎi pán 플레이팅 搭配 dāpèi [동] 조합하다, 배합하다 包装 bāozhuāng [명] 포장 生产厂家 shēngchǎn chǎngjiā [명] 제조사 保存期限 bǎocún qīxiàn 유통 기한

28-33

侗族是中国的少数民族之一，拥有悠久的历史和灿烂的文化。位于贵州省黔东南苗族侗族自治州的[28]肇兴侗寨是侗族文化的重要代表，它是全国最大的侗族村寨之一，[28]素有"侗乡第一寨"之美誉。肇兴侗寨以其独特的风景、浓厚的文化底蕴和丰富的民俗活动而闻名遐迩。

肇兴侗寨以鼓楼最为著名，被誉为"鼓楼文化艺术之乡"，其鼓楼群在中国侗寨中绝无仅有，曾经还被载入吉尼斯世界记录。鼓楼是侗族三宝之一，同时也是侗寨的标志，因此当地有"无鼓楼不成寨"的说法。肇兴侗寨由五大家族分布的五个自然片区组成，而片区在当地被称为"团"。[29]侗寨里共有五座鼓楼，代表的就是侗寨中的"五团"，这五座鼓楼分别叫仁团鼓楼、义团鼓楼、礼团鼓楼、智团鼓楼、信团鼓楼，它们的名字合起来就是儒家思想所追求的"仁义礼智信"。每座鼓楼皆以八角攒尖顶的形式建造，高低大小不一，形态各异。鼓楼群在绿水青山的映衬下，形成了一道独特的侗寨风景。[30]对于侗族人而言，鼓楼有着美好和吉祥的寓意。鼓楼为木质结构，中央有一根"雷公柱"，周围以四根大

둥족은 중국의 소수민족 중 하나로 오랜 역사와 찬란한 문화를 가지고 있다. 구이저우성 첸둥난 먀오족 둥족 자치주에 위치한 [28]자오싱 둥족 마을은 둥족 문화의 가장 대표적인 것인데, 이는 중국에서 가장 큰 둥족 마을 중 하나이며 [28]'최고의 둥족 마을'이라는 명예를 가지고 있다. 자오싱 둥족 마을은 독특한 풍경, 깊은 문화적 소양, 풍부한 민속 활동으로 명성이 자자하다.

자오싱 둥족 마을은 고루가 가장 유명한데, '고루 문화 예술의 고장'으로 불린다. 고루군은 중국 둥족 마을 중에 유례가 없으며 한때 기네스 세계기록에 등재되기도 했다. 고루는 둥족의 3대 보물 중 하나이자 둥족 마을의 상징이기 때문에, 현지에서는 '고루가 없으면 마을이 될 수 없다'라는 말이 있다. 자오싱 둥족 마을은 5대 가족이 분포하는 5개의 자연 구역으로 구성되어 있으며, 구역은 현지에서 '단'이라고 불린다. [29]둥족 마을에는 총 5개의 고루가 있는데, 둥족 마을의 '오단'을 대표하며, 이 5개의 고루를 각각 인단고루, 의단고루, 예단고루, 지단고루, 신단고루라고 한다. 이들의 이름을 합치면 유가사상에서 추구하는 '인의예지신'이 된다. 각각의 고루는 모두 팔각 찬첨정 형태로 지어졌으며, 높낮이 및 크기가 각기 다르고, 형태도 상이하다. 고루군은 맑은 물과 푸른 산이 어우러지며 독특한 둥족 마을 풍경을 형성했다. [30]둥족 사람들에게 고루는 행복과 길함의 의미가 있다. 고루는 목조 건축 구조로 중앙에 '뇌공주'가

杉木为主要承柱，而外面则围绕着十二根檐柱，所有柱子加起来代表着一年、四季和十二个月，意味着"天长地久"。³¹鼓楼一般是全寨村民商议事情、集会，或是庆祝重大节日的主要场所。寨里若有要事需要商议，寨里的长老就会上鼓楼，敲击牛皮大鼓召集寨民。这些形状如宝塔般的鼓楼坐落于侗寨的不同角落，神秘庄严，宛如一个个神灵庇佑着侗寨的安宁。

肇兴侗寨不仅是鼓楼之乡，还是歌舞之乡。那里依旧保存着侗族丰富的传统习俗和艺术形式，其中最有名的是"侗族大歌"。³³侗族大歌是流传在侗族地区的一种民间歌唱艺术，那是一种独特的多声部合唱形式，³³不利用指挥、伴奏等为音乐辅助方式，而是利用独特的音乐形态以及歌唱技巧来表演。侗族大歌³³以激情四溢的音乐风格而闻名于世。³²侗族大歌大多是对大自然声音的模仿，其中最具代表性的歌曲是《蝉之歌》，它的基本旋律模仿了自然界中的蝉鸣，充分展现了侗族大歌的生态内涵。侗族是一个没有自己文字的民族，他们的文化传统、生活习俗、社交礼仪等都是靠优美的歌声一代一代流传下来的。侗族的"以歌载道"有别于其他民族的"以文载道"，³³侗族大歌作为交流和传承文化的载体，成为了侗族人接受本民族文化教育的重要途径。

있고 주위에 4개의 삼나무가 주기둥이며 바깥쪽에는 12개의 처마 기둥이 둘러싸고 있는데, 모든 기둥을 합치면 1년, 사계절과 12개월을 나타내며 '하늘과 땅처럼 영원함'을 의미한다. ³¹고루는 일반적으로 마을 사람들이 의논하고 모임을 열거나 큰 명절을 축하하는 주요 장소이다. 마을에 의논할 일이 있으면 마을의 장로가 고루로 올라가서 소가죽으로 만든 큰 북을 치며 마을 사람들을 불러 모은다. 탑처럼 생긴 이 고루들은 둥족 마을의 각기 다른 구석에 위치하고 있고, 신비롭고, 장엄하며 마치 하나하나의 신령처럼 둥족 마을의 안녕을 지키고 있다.

자오싱 둥족 마을은 고루의 고장일 뿐만 아니라 가무의 고장이기도 하다. 그곳은 여전히 둥족의 풍부한 전통 풍습과 예술 형태를 보존하고 있는데, 그중 가장 유명한 것은 '둥족대가'이다. ³³둥족대가는 둥족 지역에 전해지는 일종의 민간 노래 예술로, 독특한 다성부 합창 형식이며, ³³지휘, 반주 등의 음악 보조 방식을 사용하지 않고 독특한 음악 형태와 노래 기교를 이용하여 공연한다. 둥족대가는 ³³격정적인 음악 스타일로 세계적으로 유명하다. ³²둥족대가는 대부분 자연의 소리를 모방한 것으로, 그중 가장 대표적인 노래는 <매미의 노래>이며 이것의 기본 선율은 자연계의 매미 소리를 모방한 것으로 둥족대가의 생태적 의미를 충분히 드러냈다. 둥족은 자신만의 문자가 없는 민족으로, 그들의 문화 전통, 생활 풍습, 사교 예절 등은 모두 아름다운 노래에 의해 대대로 전해져 내려온 것이다. 둥족의 '노래로 도를 담다'는 다른 민족의 '글로 도를 담다'와 다르며, ³³둥족대가는 문화를 교류하고 계승하는 매개체로서 둥족 사람들이 자신의 민족 문화 교육을 받는 중요한 경로가 되었다.

어휘 **侗族 Dòngzú** [고유] 둥족[중국 소수 민족 중 하나]　**悠久 yōujiǔ** [형] 오래되다, 유구하다　**灿烂 cànlàn** [형] 찬란하다
苗族 Miáozú [고유] 먀오족[중국 소수 민족 중 하나]　**村寨 cūnzhài** [명] 마을, 촌락　**浓厚 nónghòu** [형] (분위기·색채 등이) 깊다, 농후하다
底蕴 dǐyùn [명] 소양, 교양　**闻名遐迩 wénmíngxiá'ěr** [성] 명성이 자자하다
鼓楼 gǔlóu [명] 고루[원래는 시간을 알리는 북을 설치한 망루이나, 둥족 마을에서는 주로 주민들의 휴식공간, 회합장소로 사용됨]
绝无仅有 juéwújǐnyǒu [성] 유례가 없다, 극히 드물다　**儒家 Rújiā** [고유] 유가　**攒尖顶 zǎnjiāndǐng** [명] 찬첨정[지붕 양식의 일종]
形态 xíngtài [명] 형태　**映衬 yìngchèn** [동] 어우러지게 하다, 돋보이게 하다　**吉祥 jíxiáng** [형] 길하다　**寓意 yùyì** [명] 비유적 의미, 함축된 의미
檐柱 yánzhù [명] 처마 기둥　**四季 sìjì** [명] 사계절　**意味着 yìweizhe** [동] 의미하다
天长地久 tiānchángdìjiǔ [형] 하늘과 땅처럼 영원하다, 영원히 변치 않다　**集会 jíhuì** [동] 모이다, 집회하다　**场所 chǎngsuǒ** [명] 장소
召集 zhàojí [동] 불러 모으다, 소집하다　**坐落 zuòluò** [동] (땅이나 건물이 어떤 곳에) 위치하다　**角落 jiǎoluò** [명] 구석, 모퉁이
庄严 zhuāngyán [형] 장엄하다　**庇佑 bìyòu** [동] 지키다, 비호하다　**安宁 ānníng** [형] 안녕하다　**歌舞 gēwǔ** [명] 가무　**依旧 yījiù** [부] 여전히
习俗 xísú [명] 풍습　**民间 mínjiān** [명] 민간　**声部 shēngbù** [명] 성부　**合唱 héchàng** [동] 합창하다　**伴奏 bànzòu** [명] 반주하다
辅助 fǔzhù [동] 보조하다, 거들다　**技巧 jìqiǎo** [명] 기교　**激情四溢 jīqíng sìyì** [성] 매우 격정적이다　**闻名于世 wénmíngyúshì** [성] 세계적으로 유명하다
蝉 chán [명] 매미　**旋律 xuánlǜ** [명] 선율, 멜로디　**展现 zhǎnxiàn** [동] 드러내다　**内涵 nèihán** [명] 의미, 내포　**社交礼仪 shèjiāo lǐyí** [명] 사교 예절
载道 zàidào [동] 도를 담다　**传承 chuánchéng** [동] 계승하다　**载体 zàitǐ** [명] 매개체

28

问: 关于肇兴侗寨，可以知道什么?	질문: 자오싱 둥족 마을에 관해, 알 수 있는 것은 무엇인가?
A 是侗族三宝之一	A 둥족의 3대 보물 중 하나이다
B 曾经因大火而遭到损坏	B 큰 불로 인해 훼손된 적이 있다
C 是汉侗文化共存的地方	C 한족과 둥족의 문화가 공존하는 지역이다
D 有"侗乡第一寨"的美称	D '최고의 둥족 마을'로 불린다

해설　음성 초반에서 언급된 肇兴侗寨……素有"侗乡第一寨"之美誉를 듣고 선택지 D 有"侗乡第一寨"的美称을 정답의 후보로 고른다. 질문이 자오싱 둥족 마을에 관해 알 수 있는 것을 물었으므로, 선택지 D가 정답이다.

어휘　**侗族 Dòngzú** [고유] 둥족[중국 소수 민족 중 하나]　**损坏 sǔnhuài** [동] 훼손시키다

29 问：下列哪项属于肇兴侗寨鼓楼的名字所体现的内容？

A 无鼓楼不成寨
B 鼓楼神秘而不可侵犯
C 侗寨五团的悠久历史
D 儒家思想的“仁义礼智信”

질문: 다음 중 자오싱 둥족 마을 고루의 이름이 드러내는 내용에 속하는 것은?

A 고루가 없으면 마을이 될 수 없다
B 고루는 신비롭고 침범할 수 없다
C 둥족 마을 5개 구역의 유구한 역사
D 유가사상 중의 '인의예지신'

해설 음성 중반에서 언급된 侗寨里共有五座鼓楼，代表的就是侗寨中的“五团”，这五座鼓楼分别叫仁团鼓楼、义团鼓楼、礼团鼓楼、智团鼓楼、信团鼓楼，它们的名字合起来就是儒家思想所追求的“仁义礼智信”。을 듣고 선택지 D 儒家思想的“仁义礼智信”을 정답의 후보로 고른다. 질문이 자오싱 둥족 마을 고루의 이름이 드러내는 내용에 속하는 것을 물었으므로, 선택지 D가 정답이다.

어휘 侵犯 qīnfàn [동] 침범하다 儒家 Rújiā [고유] 유가

30 对于侗族人而言，鼓楼有着美好和吉祥的寓意。

둥족 사람들에게 고루는 행복과 길함의 의미가 있다.

해설 음성 중반에서 언급된 对于侗族人而言，鼓楼有着美好和吉祥的寓意。를 듣고 美好和吉祥을 정답으로 작성한다.

어휘 吉祥 jíxiáng [형] 길하다 寓意 yùyì [명] 비유적 의미, 함축된 의미

31 问：侗寨里的鼓楼有什么作用？

A 供寨里的长老居住
B 供奉侗族人崇拜的神灵
C 给侗寨的房屋提供建筑模板
D 是村民聚集和商讨事情的地方

질문: 둥족 마을의 고루는 어떤 역할을 하는가?

A 마을의 장로들이 거주한다
B 둥족 사람들이 숭배하는 신령을 모신다
C 둥족 마을의 가옥에 건축 양식을 제공한다
D 마을 사람들이 모이고 의논하는 곳이다

해설 음성 중반에서 언급된 鼓楼一般是全寨村民商议事情、集会，或是庆祝重大节日的主要场所。를 듣고 선택지 D 是村民聚集和商讨事情的地方을 정답의 후보로 고른다. 질문이 둥족 마을의 고루는 어떤 역할을 하는지 물었으므로, 선택지 D가 정답이다.

어휘 居住 jūzhù [동] 거주하다 供奉 gòngfèng [동] 모시다, 공양하다 崇拜 chóngbài [동] 숭배하다 聚集 jùjí [동] 모으다, 집합하다 商讨 shāngtǎo [동] 의논하다, 상의하다

32 问：侗族大歌《蝉之歌》有什么特点？

A 模仿了自然界的声音
B 节奏感强且形式多样
C 融合了各种鸟鸣叫的声音
D 歌词内容体现了侗族人的团结精神

질문: 둥족대가 <매미의 노래>는 어떤 특징이 있는가?

A 자연계의 소리를 모방했다
B 리듬감이 강하고 형식이 다양하다
C 다양한 새소리를 융합했다
D 둥족 사람들의 단결 정신을 드러내는 가사 내용이다

해설 음성 후반에서 언급된 侗族大歌大多是对大自然声音的模仿，其中最具代表性的歌曲是《蝉之歌》，它的基本旋律模仿了自然界中的蝉鸣을 듣고 선택지 A 模仿了自然界的声音을 정답의 후보로 고른다. 질문이 둥족대가 <매미의 노래>는 어떤 특징이 있는지 물었으므로, 선택지 A가 정답이다.

어휘 蝉 chán [명] 매미 节奏 jiézòu [명] 리듬, 박자 融合 rónghé [동] 융합하다 团结 tuánjié [동] 단결하다, 뭉치다

33 问：关于侗族大歌，下列哪项不正确？

A 音乐充满激情
B 不需要指挥和伴奏
C 是具有独特形态的独唱形式
D 成为了传承侗族文化的载体

질문: 둥족대가에 관해, 다음 중 옳지 않은 것은?

A 음악이 격정적이다
B 지휘나 반주가 필요 없다
C 독특한 형태를 가진 독창 형식이다
D 둥족 문화를 계승하는 매개체가 되었다

해설 음성 후반에서 언급된 侗族大歌……不利用指挥、伴奏等音乐辅助方式……以激情四溢的音乐风格而闻名于世 그리고 侗族大歌作为交流和传承文化的载体를 듣고 선택지 A 音乐充满激情, B 不需要指挥和伴奏, D 成为了传承侗族文化的载体를 정답의 후보로 고른다. 질문이 둥족대가에 관해 옳지 않은 것을 물었으므로 언급되지 않은 선택지 C 是具有独特形态的独唱形式이 정답이다.

어휘 激情 jīqíng [명] 격정, 열정적인 감정 伴奏 bànzòu [동] 반주하다 形态 xíngtài [명] 형태 独唱 dúchàng [동] 독창하다 传承 chuánchéng [동] 계승하다 载体 zàitǐ [명] 매개체

受吴承恩的小说《西游记》和以《西游记》为题材的影视作品的影响，唐三藏西天取经的故事在中国可谓家喻户晓。而小说中的唐三藏其实是真实存在的，他的原型便是唐朝僧人玄奘。³⁴玄奘的取经历程可以称得上是一场壮举，³⁴他传播的佛法更是深深地影响到了此后的中国以及周边国家。他堪称是中国历史上伟大的人物之一。

玄奘西行是中国佛教史上的重要事件，正是³⁵玄奘西行后带来的佛教经典，促成了中国佛教事业的发展。玄奘在十三岁时就出家了，并且³⁵常常跟随出家的二哥一起学习佛教的经论和典籍，通过十几年的积累，玄奘的佛学造诣达到了一定高度，他对佛学有了更多的了解和自己的见解。后来，³⁵得到了来自天竺僧人的启示，玄奘认识到了自己在佛学方面知识浅薄。玄奘在学习中发现，佛学典籍虽多，但是³⁶不同的人对经典的诠释都不同，甚至存在着极大的差异，这样长久下去会对佛教的发展很不利。于是经过深思熟虑，玄奘下定决心西行取经，希望通过自己的能力，为佛教做出一点贡献。

在小说《西游记》中，唐僧师徒一路西行取经，经历九九八十一难，终于到达西天，如愿取得真经。然而在现实中，玄奘的取经之路比小说情节中所描述的要艰苦得多。

³⁷玄奘西行时遇到的第一个困难就是来自本国的阻挠。当时大唐新立，朝廷根本不允许国人出境，这与《西游记》小说中的情节是有较大的出入的。玄奘之所以能够成功西行，是因为他乔装打扮，混入灾民中偷渡离开。在途中，玄奘还遇到了一路为难他的士兵，但是在他人的帮助下，玄奘顺利离开了国境。后来，玄奘的情况变得更加糟糕，马匹死了，帮助他的人也离开了，他只能孤身步行前往。小说《西游记》中的玄奘一路上都有徒弟的陪伴和保护，但现实中的玄奘只有自己孤身奋战。途经沙漠时，恶劣的环境条件让他举步艰难。³⁸沙漠中，没有水的玄奘孤身一人，还迷了路，在这般艰难的状况下，玄奘奇迹般地活了下来，并且成功走出了沙漠。之后玄奘西行时遇到的困难数不胜数，他还多次受到了生命的威胁，幸好他没有放弃，最终到达了天竺，取得了真正的佛教经典。

³⁹鲁迅曾经评价玄奘为"中华民族的脊梁"，玄奘为了实现目标，而不顾艰难困苦的精神是值得我们每一代人学习的。他的丰功伟绩得到了后人的赞赏，⁴⁰接下来我们一起来探讨，当时国家的发展和佛教在亚洲的传播，因玄奘的西行而发生了怎样的变化。

오승은의 소설 <서유기>와 <서유기>를 소재로 한 영상 작품의 영향을 받아 삼장법사가 서천에서 불경을 구해오는 이야기는 중국에서 모든 사람이 다 안다고 할 수 있습니다. 소설 속의 삼장법사는 사실 실제로 존재했으며, 그의 실제 모델은 바로 당나라 승려 현장입니다. ³⁴현장이 불경을 구해오는 과정은 위대한 일이라고 칭할 만하며, ³⁴그가 전파한 불교 교리는 더욱이 이후의 중국 및 주변국에까지 크게 영향을 미쳤습니다. 그는 중국 역사상 위대한 인물 중 하나라고 할 만합니다.

현장이 서쪽으로 가서 불경을 구해온 것은 중국 불교사에서 중요한 사건이며, ³⁵현장이 서쪽으로 가서 구해온 불교 경전이 중국 불교 사업의 발전을 촉진하였습니다. 현장은 13세 때 이미 출가했고, 또한 ³⁵출가한 둘째 형을 자주 따라다니며 불교의 경론과 서적을 함께 공부했습니다. 십여 년의 축적을 통해 현장의 불교에 대한 조예는 일정 수준에 도달했고, 그는 불교에 대해 더 많은 이해와 자신만의 견해를 가지게 됐습니다. 이후 ³⁵천축에서 온 승려의 가르침을 받고, 현장은 자신이 불교 방면의 지식이 얕다는 것을 알게 되었습니다. 현장은 공부하면서 불교 서적이 많지만 ³⁶사람에 따라 경전에 대한 해석이 다 다르고, 심지어 큰 차이도 있어서 장기간 이렇게 지속되면 불교의 발전에 매우 좋지 않다는 것을 깨닫게 되었습니다. ³⁶그리하여 심사숙고 끝에 현장은 서쪽으로 가서 불경을 구해오기로 결심했고, 자신의 능력으로 불교에 조금이라도 기여할 수 있기를 바랐습니다.

소설 <서유기>에서 현장과 그의 제자들은 서쪽으로 가서 불경을 구했고, 갖은 고난을 거친 끝에 마침내 서천에 이르러 바라던 대로 경전을 얻었습니다. 그러나 현실에서 현장이 불경을 구해오는 길은 소설 속 줄거리에서 묘사한 것보다 훨씬 험난했습니다.

³⁷현장이 서쪽으로 갈 때 맞닥뜨린 첫 번째 어려움은 본국으로부터의 저지였습니다. 당시 당나라는 새롭게 세워져 조정에서는 자국민이 국경 밖으로 나가는 것을 전혀 허용하지 않았는데, 이는 <서유기> 소설 속의 줄거리와는 비교적 큰 차이가 있습니다. 현장이 성공적으로 서쪽으로 갈 수 있었던 것은 그가 변장하고 이재민들 틈에 섞여 몰래 나갔기 때문입니다. 도중에 현장은 그를 괴롭히는 병사들을 맞닥뜨리기도 했지만, 다른 사람들의 도움으로 현장은 무사히 국경을 빠져나왔습니다. 이후 현장의 상황은 더욱 처참해졌는데, 말이 죽고 그를 도와준 사람들도 떠나면서 그는 홀로 걸어갈 수밖에 없었습니다. 소설 <서유기> 속의 현장은 가는 길 내내 제자의 동행과 보호가 있었지만, 현실 속의 현장은 홀로 분투했습니다. 사막을 지날 때, 열악한 환경 조건은 그가 발걸음을 내딛기 어렵게 했습니다. ³⁸사막에서 물이 없는 현장은 혼자였고 길도 잃었는데, 이러한 어려운 상황에서 현장은 기적처럼 살아남았으며, 성공적으로 사막을 빠져나왔습니다. 이후 현장이 서쪽으로 갈 때 맞닥뜨린 어려움은 셀 수 없이 많았고 그는 생명의 위협도 여러 차례 받았지만, 다행히 그는 포기하지 않았고, 결국 천축에 이르러 진정한 불교 경전을 얻었습니다.

³⁹루쉰은 일찍이 현장을 '중화민족의 중추'라고 평가했는데, 목표를 실현하기 위해 어려움과 고난을 무릅쓰는 현장의 정신은 우리 모든 세대가 본받을 만한 가치가 있습니다. 그의 위대한 업적은 후대에 높은 평가를 받았는데, ⁴⁰이어서 우리는 당시 국가의 발전과 아시아에서의 불교 전파가 현장이 서쪽으로 가서 불경을 구해온 것으로 인해 어떠한 변화가 생겼는지 함께 탐구해 보도록 하겠습니다.

어휘 **题材** tícái 몡 (문학이나 예술 작품의) 소재　**唐三藏** Táng Sānzàng 고유 삼장법사
西天 xītiān 몡 서천[옛날에 중국의 불교도들이 인도를 가리키던 칭호]　**家喻户晓** jiāyùhùxiǎo 졍 모든 사람이 다 알다　**僧人** sēngrén 몡 승려
玄奘 Xuán Zàng 고유 현장, 현장법사[당나라의 승려]　**壮举** zhuàngjǔ 몡 위대한 일　**此后** cǐhòu 이후　**周边** zhōubiān 몡 주변
玄奘西行 Xuán Zàng xīxíng 현장이 서쪽으로 가서 불경을 구해온 것　**事件** shìjiàn 몡 사건　**事业** shìyè 몡 사업　**跟随** gēnsuí 띵 따라가다
经论 jīnglùn 몡 경론[부처의 가르침을 적은 경(经)과 이를 해석한 논(论)을 아울러 이르는 말]　**典籍** diǎnjí 몡 서적[일반적으로 옛 고서를 가리킴]
造诣 zàoyì 몡 조예　**见解** jiànjiě 몡 견해, 소견　**天竺** Tiānzhú 고유 천축[인도의 옛 이름]　**启示** qǐshì 몡 가르침, 계시　**浅薄** qiǎnbó 졍 얕다
诠释 quánshì 띵 해석하다　**深思熟虑** shēnsīshúlǜ 졍 심사숙고하다　**师徒** shītú 몡 스승과 제자　**九九八十一难** jiǔjiǔbāshíyī nàn 갖은 고난
情节 qíngjié 몡 줄거리　**描述** miáoshù 띵 묘사하다　**阻挠** zǔnáo 띵 저지하다　**朝廷** cháotíng 몡 조정[왕조 시대에 군주가 업무를 주관하던 곳]
出境 chūjìng 띵 국경 밖으로 나가다　**乔装打扮** qiáozhuāngdǎbàn 띵 변장하다　**灾民** zāimín 몡 이재민　**偷渡** tōudù 띵 몰래 건너가다
为难 wéinán 띵 괴롭히다, 곤란하게 하다　**徒弟** túdì 몡 제자　**孤身奋战** gūshēn fènzhàn 홀로 분투하다　**艰难** jiānnán 졍 어렵다, 힘들다
数不胜数 shǔbúshèngshǔ 졍 셀 수 없이 많다, 일일이 다 셀 수 없다　**脊梁** jǐliáng 몡 중추[중심이 되는 중요한 부분을 가리킴]
不顾 búgù 띵 무릅쓰다, 아랑곳하지 않다　**丰功伟绩** fēnggōngwěijì 졍 위대한 업적　**赞赏** zànshǎng 띵 높이 평가하다
探讨 tàntǎo 띵 탐구하다

---

34 玄奘传播的佛法深深地影响到了此后的中国和<u>周边国家</u>。

현장이 전파한 불교 교리는 이후의 중국과 <u>주변국</u>에까지 크게 영향을 미쳤다.

해설 음성 초반에서 언급된 玄奘……他传播的佛法更是深深地影响到了此后的中国以及周边国家를 듣고 周边国家를 정답으로 작성한다.

어휘 **玄奘** Xuán Zàng 고유 현장, 현장법사[당나라의 승려]　**周边** zhōubiān 몡 주변

---

35 问: 关于玄奘, 下列哪项不正确?

질문: 현장에 관해, 다음 중 옳지 않은 것은?

A 常与家人学习佛学经典	A 가족과 불교 경전을 자주 공부했다
B 带来了影响中国的佛教经典	B 중국에 영향을 준 불교 경전을 가지고 왔다
C 遇到了对他有帮助的天竺僧人	C 그에게 도움이 된 천축의 승려를 만났다
D 参与了著名小说《西游记》的编撰	D 유명한 소설 <서유기>의 편찬에 참여했다

해설 음성 중반에서 언급된 玄奘西行后带来的佛教经典, 促成了中国佛教事业的发展……常常跟随出家的二哥一起学习佛教的经论和典籍……得到了来自天竺僧人的启示, 玄奘认识到了自己在佛学方面知识浅薄를 듣고 선택지 A 常与家人学习佛学经典, B 带来了影响中国的佛教经典, C 遇到了对他有帮助的天竺僧人을 정답의 후보로 고른다. 질문이 현장에 관해 옳지 않은 것을 물었으므로, 언급되지 않은 선택지 D 参与了著名小说《西游记》的编撰이 정답이다.

어휘 **天竺** Tiānzhú 고유 천축[인도의 옛 이름]　**僧人** sēngrén 몡 승려　**编撰** biānzhuàn 띵 편찬하다

---

36 问: 玄奘为什么决定西行取经?

질문: 현장은 왜 서쪽으로 가서 불경을 구해오기로 결심했는가?

A 收到了唐朝皇帝的命令	A 당나라 황제의 명령을 받았다
B 认为需要到天竺传播佛学	B 천축에 가서 불교를 전파해야 한다고 생각했다
C 为了成为天竺高僧的弟子	C 천축 고승의 제자가 되기 위해서
D 发现人们对佛学的解释存在极大差异	D 불교에 대한 사람들의 해석에 큰 차이가 있다는 것을 발견했다

해설 음성 중반에서 언급된 不同的人对经典的诠释都不同, 甚至存在着极大的差异, 这样长久下去会对佛教的发展很不利。于是经过深思熟虑, 玄奘下定决心西行取经을 듣고 선택지 D 发现人们对佛学的解释存在极大差异를 정답의 후보로 고른다. 질문이 현장은 왜 서쪽으로 가서 불경을 구해오기로 결심했는지 물었으므로, 선택지 D가 정답이다.

어휘 **皇帝** huángdì 몡 황제　**高僧** gāosēng 몡 고승[덕이 높은 승려]

---

37 玄奘西行时遇到的第一个困难是<u>来自本国的阻挠</u>。

현장이 서쪽으로 갈 때 맞닥뜨린 첫 번째 어려움은 <u>본국으로부터의 저지</u>였다.

해설 음성 중반에서 언급된 玄奘西行时遇到的第一个困难就是来自本国的阻挠。를 듣고 来自本国的阻挠를 정답으로 작성한다.

어휘 **阻挠** zǔnáo 띵 저지하다

38 问: 关于玄奘西行取经的经历, 可以知道什么?	질문: 현장이 서쪽으로 가서 불경을 구해온 경험에 관해, 알 수 있는 것은 무엇인가?
A 被士兵发现后被迫遣返	A 병사에게 발각되어 강제로 송환됐다
B 一路都有其他僧人的陪伴	B 가는 길 내내 다른 승려들이 함께 했다
C 曾在沙漠中度过了艰难的时间	C 사막에서 힘든 시간을 보냈다
D 与小说《西游记》中的情节大致相同	D 소설 <서유기>의 줄거리와 대체로 같다

해설 음성 후반에서 언급된 沙漠中, 没有水的玄奘孤身一人, 还迷了路, 在这般艰难的状况下, 玄奘奇迹般地活了下来, 并且成功走出了沙漠。를 듣고 선택지 C 曾在沙漠中度过了艰难的时间을 정답의 후보로 고른다. 질문이 현장이 서쪽으로 가서 불경을 구해온 경험에 관해 알 수 있는 것을 물었으므로, 선택지 C가 정답이다.

어휘 遣返 qiǎnfǎn[동] 송환하다 艰难 jiānnán[형] 힘들다, 어렵다 情节 qíngjié[명] 줄거리 大致 dàzhì[부] 대체로

39 问: 鲁迅如何评价玄奘?	질문: 루쉰은 현장을 어떻게 평가하는가?
A 佛学的奠基人	A 불교의 창시자
B 中华民族的脊梁	B 중화민족의 중추
C 唐朝最为虔诚的佛学家	C 당나라의 가장 경건하고 성실한 불학자
D 中国历史上最伟大的人物	D 중국 역사상 가장 위대한 인물

해설 음성 후반에서 언급된 鲁迅曾经评价玄奘为"中华民族的脊梁"을 듣고 선택지 B 中华民族的脊梁을 정답의 후보로 고른다. 질문이 루쉰은 현장을 어떻게 평가하는지 물었으므로, 선택지 B가 정답이다.

어휘 奠基人 diànjīrén[명] 창시자 脊梁 jǐliáng[명] 중추[중심이 되는 중요한 부분을 가리킴] 虔诚 qiánchéng[형] 경건하고 성실하다

40 问: 男的接下来要讲什么内容?	질문: 남자는 이어서 무슨 내용을 말할 것인가?
A 玄奘在天竺经历的事情	A 현장이 천축에서 경험한 일
B 玄奘不顾一切西行的真实目的	B 현장이 물불 가리지 않고 서쪽으로 간 진정한 목적
C 对《西游记》中各个角色的分析	C <서유기>의 각 캐릭터에 대한 분석
D 玄奘对中国和亚洲产生的具体影响	D 현장이 중국과 아시아에 미친 구체적인 영향

해설 음성 후반에서 언급된 接下来我们一起来探讨, 当时国家的发展和佛教在亚洲的传播, 因玄奘的西行而发生了怎样的变化를 듣고 선택지 D 玄奘对中国和亚洲产生的具体影响을 정답의 후보로 고른다. 질문이 남자가 이어서 무슨 내용을 말할 것인지 물었으므로, 선택지 D가 정답이다.

어휘 天竺 Tiānzhú[고유] 천축[인도의 옛 이름] 不顾一切 búgùyíqiè[성] 물불 가리지 않다

阅读 독해

41-47

[41]"信息茧房"这个概念由来已久，[41]它指的是人们只会接触符合自己兴趣、观点和价值观的信息，并拒绝接收与自己兴趣不同的信息，从而[41]形成一种自我封闭的信息环境，将自己的生活困在如同蚕茧般的"茧房"中。

[42]过去，在报刊、广播以及电视媒体作为主流的时代，信息茧房的问题还没有那么明显。[42]那时候的信息虽然有一定的延迟性，但涵盖面是很广的。人们看报纸或者电视时，会东看看西看看，因此浏览到类别多样的信息。[43]而在如今的大数据时代，我们的选择虽然看似变多了，但其实各大互联网平台让人们看到的信息大都是迎合了客户需求的信息。相比起"让人了解更广泛更多样的东西"，[43]媒体更倾向于"让人一直看到喜欢的东西"，从而体验到快乐和需求被满足的感觉。

互联网为每个人都提供了发布和传播信息的平台，因此人们不再只是被动地接收信息，而是主动地寻找并筛选自己感兴趣的信息。一些互联网平台提供了个性化推荐、内容聚合和用户定制等功能，通过算法分析用户的行为和偏好，为用户提供精准的服务。[44]这种基于算法的个性化信息筛选机制虽提高了获取信息的效率，却容易过度筛选，使人们只能接触到符合自己观念和兴趣的内容，从而错过一些有价值且有利于拓宽视野的信息。[44]这种机制容易造成信息茧房的出现，人们缺乏接触多元化观点的机会，导致他们的视野产生局限性。这可能会加剧社会分化，误解和不理解他人的情况增多，甚至人的判断力和决策力会受到影响。

[46]长期受信息茧房影响的人，容易产生盲目自信的心理，他们的思维方式会导致他们将自己的偏见当作真理。[45]他们只接触到了自己认同的信息，因而对不同的观点选择忽视和排斥。这容易造成言论环境的恶化，并且还会限制不同观点之间的交流和碰撞。

[47]为了避免信息茧房带来的影响，我们要努力拓宽接收信息的方式，主动探索和接触不同的信息和观点，以此来扩大自己的认知范围。此外，[47]要通过阅读不同领域的书籍、报刊、期刊等，了解不同领域的知识和观点，从而拓宽自己的视野。在与他人交流时，也要学会倾听他人的观点和看法，尊重他人的思想观念，避免盲目自信。只有这样，我们才能更好地认识世界、理解他人。

[41]'정보 고치'라는 이 개념의 유래는 매우 오래되었다. [41]그것은 사람들이 자신의 흥미, 관점 및 가치관에 부합하는 정보만을 접하고, 자신의 흥미와 다른 정보를 받아들이는 것을 거부함으로써, [41]자기 폐쇄적인 정보 환경을 조성하여 자신의 삶을 누에고치같이 '고치방'에 가두는 것을 말한다.

[42]과거 신문, 라디오 및 텔레비전 매체가 주류였던 시대에는 정보 고치의 문제가 그렇게 뚜렷하지 않았다. [42]그때의 정보는 어느 정도 지연성은 있었지만, 포괄하는 범위가 매우 넓었다. 사람들은 신문이나 텔레비전을 볼 때 여기저기 둘러보기 때문에 다양한 종류의 정보를 훑어볼 수 있었다. [43]그러나 오늘날의 빅 데이터 시대에 우리의 선택지가 보기에는 마치 많아진 것 같지만, 실제로 각 인터넷 플랫폼에서 사람들에게 보여지는 정보는 대부분 고객의 요구에 맞춘 정보이다. '사람이 더 넓고 다양한 것을 알게 한다'는 것보다 [43]매체는 '사람이 좋아하는 것을 계속 보게 한다'는 경향이 있으며, 이로써 즐거움과 요구가 충족되는 느낌을 경험하게 한다.

인터넷은 모든 사람에게 정보를 알리고 전파할 수 있는 플랫폼을 제공했고, 이로 인해 사람들은 더 이상 수동적으로 정보를 받기만 하는 것이 아닌, 적극적으로 자신이 관심 있는 정보를 찾고 선별한다. 일부 인터넷 플랫폼은 개성화된 추천, 콘텐츠 모음과 사용자 맞춤 등 기능을 제공하고, 알고리즘을 통해 사용자의 행동과 선호하는 것을 분석하여 사용자에게 정확한 서비스를 제공한다. [44]이런 알고리즘에 따른 개성화된 정보 선별 메커니즘은 비록 정보 획득의 효율성을 향상시켰지만, 과도하게 선별하기 쉬워 사람들이 자신의 생각과 흥미에 맞는 콘텐츠만 접할 수 있게 하여, 가치 있고 시야를 넓히는 데 도움이 되는 정보를 놓치게 한다. [44]이런 메커니즘은 정보 고치의 출현을 쉽게 유발하며, 사람들이 다양한 관점에 접근할 기회가 부족해지면서 그들의 시야에 한계가 생기는 것을 초래한다. 이는 사회 분화를 심화시키고, 다른 사람을 오해하고 이해하지 못하는 상황이 많아지게 하며, 심지어 사람의 판단력과 의사결정력에도 영향을 줄 수 있다.

[46]오랜 기간 정보 고치의 영향을 받은 사람은 맹목적인 자신감을 갖기 쉽고, 그들의 사고방식은 자신의 편견을 진리로 생각하게 한다. [45]그들은 스스로가 공감하는 정보만 접하기 때문에 다른 관점은 무시하고 배척한다. 이는 언론 환경을 악화시키기 쉽고, 다양한 관점 간의 교류와 충돌을 제한한다.

[47]정보 고치가 가져오는 영향을 피하기 위해 우리는 정보를 받아들이는 방식을 넓혀야 하고, 다양한 정보과 관점을 적극적으로 탐색하고 접하여, 자신의 인지 범위를 확장해야 한다. 이 밖에 [47]다양한 분야의 책, 신문, 정기 간행물 등을 읽음으로써 다양한 분야의 지식과 관점을 이해하여 자신의 시야를 넓혀야 한다. 다른 사람과 교류할 때는, 다른 사람의 관점과 견해를 경청하고 다른 사람의 사상 관념을 존중하는 것을 배워야 하며, 맹목적인 자신감은 피해야 한다. 그래야만 우리는 세상을 더 잘 이해하고 다른 사람을 더 잘 이해할 수 있다.

어휘 **信息茧房** xìnxī jiǎn fáng 정보 고치[자신이 흥미있는 정보만 접하며 누에고치처럼 고치 안에 스스로를 가두는 현상] **由来** yóulái 圓유래
价值观 jiàzhíguān 圓가치관 **封闭** fēngbì 圖폐쇄하다 **蚕茧** cánjiǎn 圓누에고치 **报刊** bàokān 圓신문, 신문과 잡지 등의 간행물
主流 zhǔliú 圓주류, 주된 추세 **延迟** yánchí 圖지연하다, 연기하다 **涵盖** hángài 圖포괄하다 **浏览** liúlǎn 圖훑어보다 **类别** lèibié 圓종류
大数据 dàshùjù 圓빅 데이터 **看似** kànsì 圖보기에 마치 **平台** píngtái 圓플랫폼 **迎合** yínghé 圖맞추다, 아첨하다 **客户** kèhù 圓고객
需求 xūqiú 圓요구 **倾向** qīngxiàng 圖경향이 있다 **发布** fābù 圖알리다, 발표하다 **被动** bèidòng 圖수동적이다 **筛选** shāixuǎn 圖선별하다
个性化 gèxìnghuà 圖개성화하다 **推荐** tuījiàn 圖추천하다 **聚合** jùhé 圖모이다 **用户** yònghù 圓사용자
算法 suànfǎ 圓알고리즘, 계산 방식 **偏好** piānhào 圖선호하다, 특히 좋아하다 **精准** jīngzhǔn 圖정확하다 **基于** jīyú 께~에 따르다
机制 jīzhì 圓메커니즘, 체제 **过度** guòdù 圖과도하다 **拓宽** tuòkuān 圖넓히다 **视野** shìyě 圓시야 **多元化** duōyuánhuà 圖다양한
局限性 júxiànxìng 圓한계 **加剧** jiājù 圖심화되다 **分化** fēnhuà 圖분화하다 **误解** wùjiě 圖오해하다
决策 juécè (정책이나 방법, 의사 등을) 결정하다 **盲目** mángmù 圖맹목적인 **思维方式** sīwéi fāngshì 圓사고방식 **偏见** piānjiàn 圓편견
真理 zhēnlǐ 圓진리 **忽视** hūshì 圖무시하다 **排斥** páichì 圖배척하다 **恶化** èhuà 圖악화시키다 **碰撞** pèngzhuàng 圖충돌하다
探索 tànsuǒ 圖탐색하다 **认知** rènzhī 圖인지하다 **领域** lǐngyù 圓분야 **书籍** shūjí 圓책 **期刊** qīkān 圓정기 간행물
倾听 qīngtīng 圖경청하다

---

41 关于信息茧房, 下列哪项正确?　　정보 고치에 관해, 다음 중 옳은 것은?

A 会影响人的办事速度　　　　　A 사람의 일 처리 속도에 영향을 줄 수 있다
B 会导致自我封闭的后果　　　　B 자기 폐쇄적인 결과를 초래할 수 있다
C 是新媒体时代独有的现象　　　C 뉴미디어 시대에만 있는 현상이다
D 只会在意志力薄弱的人身上发生　D 의지력이 약한 사람에게만 나타난다

해설 질문이 정보 고치에 관해 옳은 것을 물었다. 질문에 핵심어구가 없으므로 각 선택지의 핵심어구 办事速度, 自我封闭的后果, 新媒体时대独有的现象, 意志力薄弱的人과 관련된 내용을 지문에서 재빨리 찾는다. 첫 번째 단락에서 "信息茧房"······它指的是······形成一种自我封闭的信息环境, 将自己的生活困在如同蚕茧般的 "茧房" 中이라고 했으므로, 선택지 B 会导致自我封闭的后果가 정답이다.

어휘 **信息茧房** xìnxī jiǎn fáng 정보 고치[자신이 흥미있는 정보만 접하며 누에고치처럼 고치 안에 스스로를 가두는 현상] **封闭** fēngbì 圖폐쇄하다
意志 yìzhì 圓의지 **薄弱** bóruò 圖박약하다

---

42 与现在相比, 过去的媒体有什么特点?　　현재와 비교했을 때 과거의 미디어는 어떤 특징을 가지고 있는가?

A 信息的涵盖面有限　　　　　　A 정보의 포괄 범위가 제한적이다
B 传播的信息更有深度　　　　　B 전파하는 정보가 더 깊이 있다
C 有很大的影响力和可信度　　　C 큰 영향력과 신뢰성을 가지고 있다
D 发布的信息有一定程度的延迟性　D 전달하는 정보가 어느 정도의 지연성이 있다

해설 질문이 현재와 비교했을 때 과거의 미디어는 어떤 특징을 가지고 있는지 물었으므로, 질문의 핵심어구 过去的媒体와 관련된 내용을 지문에서 재빨리 찾는다. 두 번째 단락에서 过去, 在报刊, 广播以及电视媒体作为主流的时代······那时候的信息虽然有一定的延迟性이라고 했으므로, 선택지 D 发布的信息有一定程度的延迟性이 정답이다.

어휘 **涵盖** hángài 圖포괄하다

---

43 根据上文, 现在的媒体更想让人看到什么样的信息?　　위 글에 근거하여, 현재의 매체는 사람들에게 어떤 정보를 더 보여주고 싶어 하는가?

A 涉及面较广的信息　　　　　　A 다루는 영역이 비교적 넓은 정보
B 容易误导大众的信息　　　　　B 대중을 착각하게 만드는 정보
C 官方发布的权威信息　　　　　C 공식적으로 발표된 권위 있는 정보
D 使用户得到满足感的信息　　　D 사용자가 만족감을 얻을 수 있는 정보

해설 질문이 현재의 매체는 사람들에게 어떤 정보를 더 보여주고 싶어 하는지 물었으므로, 질문의 핵심어구 现在的媒体, 信息와 관련된 내용을 지문에서 재빨리 찾는다. 두 번째 단락에서 而在如今的大数据时代······媒体更倾向于 "让人一直看到喜欢的东西", 从而体验到快乐和需求被满足的感觉이라고 했으므로, 선택지 D 使用户得到满足感的信息가 정답이다.

어휘 **涉及** shèjí 圖다루다, 관련되다 **误导** wùdǎo 圖착각하게 하다 **官方** guānfāng 圓공식 **发布** fābù 圖발표하다
权威 quánwēi 圖권위가 있는 **用户** yònghù 圓사용자

44 个性化信息筛选机制有什么特点？

① 使人们能够拓宽视野
② 容易造成信息茧房的出现
③ 可以很好地保护个人隐私
④ 提高了人们获取信息的效率

A ①③
B ②③
C ①④
D ②④

개성화된 정보 선별 메커니즘은 어떤 특징이 있는가?

① 사람들의 시야를 넓힌다
② 정보 고치의 출현을 쉽게 유발한다
③ 개인 프라이버시를 잘 보호할 수 있다
④ 사람들의 정보 획득의 효율성을 향상시켰다

A ①③
B ②③
C ①④
D ②④

해설 질문이 개성화된 정보 선별 메커니즘은 어떤 특징이 있는지 물었으므로, 질문의 핵심어구 个性化信息筛选机制과 관련된 내용을 지문에서 재빨리 찾는다. 세 번째 단락에서 这种基于算法的个性化信息筛选机制虽提高了获取信息的效率……这种机制容易造成信息茧房的出现이라고 했으므로, ② 容易造成信息茧房的出现과 ④ 提高了人们获取信息的效率가 포함된 선택지 D ②④가 정답이다.

어휘 个性化 gèxìnghuà 개성화하다　筛选 shāixuǎn 선별하다　机制 jīzhì 메커니즘, 체제　拓宽 tuòkuān 넓히다
视野 shìyě 시야

45 根据上下文，第四段空白处最适合填入的词语是：

A 把关
B 排斥
C 研发
D 纳入

앞뒤 내용에 근거하여, 네 번째 단락의 빈칸에 들어갈 어휘로 가장 알맞은 것은:

A 엄격히 심사하다
B 배척하다
C 연구 개발하다
D 포함시키다

해설 질문이 네 번째 단락의 빈칸에 들어갈 어휘로 가장 알맞은 것을 물었다. 선택지 A는 '엄격히 심사하다', B는 '배척하다', C는 '연구 개발하다', D는 '포함시키다'라는 의미이다. 빈칸 주변이 '그들은 스스로가 공감하는 정보만 접하기 때문에 다른 관점은 무시하고 _____.'라는 문맥이므로, 빈칸에는 공감하지 않은 정보는 받아들이지 않는다는 의미를 나타내는 어휘가 들어가야 한다. 따라서 선택지 B 排斥이 정답이다.

어휘 把关 bǎguān 엄격히 심사하다　排斥 páichì 배척하다　研发 yánfā 연구 개발하다　纳入 nàrù 포함시키다

46 第四段主要谈的是什么？

A 清除信息茧房的方法
B 信息筛选机制的利与弊
C 信息茧房的定义和表现形式
D 长期受信息茧房影响的表现

네 번째 단락은 주로 무엇을 이야기하고 있는가?

A 정보 고치를 없애는 방법
B 정보 선별 메커니즘의 장점과 단점
C 정보 고치의 정의와 표현 방식
D 장기간 정보 고치의 영향을 받은 모습

해설 질문이 네 번째 단락의 중심 내용을 물었으므로, 네 번째 단락을 재빠르게 읽으며 중심 내용을 파악한다. 단락 초반에서 长期受信息茧房影响的人, 容易产生盲目自信的心理, 他们的思维方式会导致他们将自己的偏见当作真理。라고 하며 정보 고치의 영향을 오랫동안 받은 사람들에게 나타나는 모습에 대해 말하고 있다. 따라서 이를 통해 알 수 있는 선택지 D 长期受信息茧房影响的表现이 정답이다.

어휘 清除 qīngchú (깨끗이) 없애다

47 下列哪项属于避免受信息茧房影响的方法之一？

A 保证充足的睡眠
B 养成自我奖励的习惯
C 了解多个领域的知识
D 只使用公共数据库学习

다음 중 정보 고치의 영향을 피하는 방법에 속하는 것은?

A 충분한 수면을 취한다
B 스스로를 격려하는 습관을 기른다
C 다양한 분야에 대한 지식을 습득한다
D 공용 데이터베이스만 사용하여 학습한다

48-54

　　用榨菜下饭是中国人解决食物乏味的办法，只要有一包榨菜，整顿饭的味道就会好上许多。最近，"电子榨菜"这个说法在网络上很火。48/54电子榨菜，顾名思义是现代年轻人吃饭时用来"下饭"的音频和视频。48电子榨菜如同一包榨菜，为饭菜提味增香，有些人吃饭时如果不看视频，就会感觉饭菜味同嚼蜡。

　　电子榨菜的流行，是移动互联网深入发展所产生的文化现象。49电子榨菜并不局限于某种特定类型，可以涵盖各种影视题材，大部分电子榨菜虽然算不上"珍馐佳肴"，但却不乏一些经典影视节目，让观众愿意反复"咀嚼"。例如电子榨菜中不仅有《武林外传》《甄嬛传》这样的老剧，有《舌尖上的中国》这样的记录片，也有一些综艺节目、体育赛事集锦、游戏直播等等。

　　54电子榨菜如此受人们的青睐是有根据的。吃饭时看精彩的视频或听有趣的音频，可以让人分散注意力，忽略食物本身的味道和质量，导致增加食量。50特别是对于一些挑食的人来说，电子榨菜可以起到调节情绪和改善胃口的作用。而对于一些独居或者单身的人来说，吃饭时以电子榨菜作为佐餐良伴，既可排遣寂寞，也能自得其乐。吃饭时电子榨菜可以给人们带来一种陪伴和安全感。除此之外，51对于一些求知欲强的人来说，电子榨菜可以让他们利用吃饭的时间获得新闻、科技、教育等方面的信息和知识。这样既可以充分利用碎片化时间，又可以增加知识储备，开阔视野。

　　52/54电子榨菜54可以缓解孤独感和焦虑情绪，满足年轻人的社交需求，但它52/54也有副作用。52边吃饭边看视频会让人分散注意力，忽略自己的饱腹感，从而导致吃得过快或过多，增加摄入的热量和脂肪。同时，这种方式也会影响对食物的咀嚼和消化，增加胃的负担。此外，一些过度依赖电子榨菜来缓解孤独感的年轻人，如果在跟家人或朋友一起吃饭时也沉迷于电子榨菜的话，52会失去与他人交流和互动的机会，影响人际关系的建立和维护。更值得注意的是，53最近一些电子榨菜的质量也广受诟病，例如有些视频制作者为了吸引人们的眼球，获得"语不惊人死不休"的效果，往往在内容上设置各种悬念，让观众精神紧张，这反而会对人的食欲和情绪造成严重的不良影响。

자차이를 반찬으로 곁들여 밥을 먹는 것은 중국인들이 맛없는 음식을 해결하는 방법으로, 자차이 한 봉지만 있으면 밥맛이 훨씬 좋아진다. 최근 '전자 자차이'라는 말이 인터넷에서 크게 유행하고 있다. 48/54전자 자차이는 이름 그대로 현대 젊은이들이 밥을 먹을 때 '반찬으로 곁들여 먹는 것'으로 사용하는 오디오와 동영상이다. 48전자 자차이는 자차이 한 봉지처럼 음식의 맛을 내고 향을 더해주며, 어떤 사람들은 밥을 먹을 때 동영상을 보지 않으면 음식의 맛이 양초를 씹는 것과 같다고 느낀다.

전자 자차이의 유행은 모바일 인터넷이 심화 발전되어 생겨난 문화 현상이다. 49전자 자차이는 특정 유형에 국한되지 않고 각종 영화와 텔레비전의 소재를 포괄할 수 있으며, 대부분의 전자 자차이는 '진귀하고 맛있는 음식'은 아니지만 일부 고전 영화와 텔레비전 프로그램도 많아, 시청자들이 반복해서 '음미하고' 싶게 한다. 예를 들어 전자 자차이에는 <무림외전>, <견환전>과 같이 이런 오래된 드라마뿐만 아니라 <혀 끝으로 만나는 중국>과 같은 다큐멘터리도 있으며, 일부 예능 프로그램, 스포츠 경기 영상 모음, 게임 생중계 등도 있다.

54전자 자차이가 사람들에게 이렇게 주목받는 데는 근거가 있다. 밥 먹을 때 흥미로운 영상을 보거나 재미있는 오디오를 들으면, 사람의 집중력을 분산시키고 음식 자체의 맛과 품질에 주의하지 않게 하여 식사량을 증가시킨다. 50특히 일부 편식하는 사람들에게 있어, 전자 자차이는 감정을 조절하고 식욕을 개선하는 역할을 할 수 있다. 혼자 살거나 독신인 일부 사람들의 경우 밥 먹을 때 전자 자차이를 밥과 곁들어 먹는 반찬으로 하고 좋은 벗으로 삼으면, 외로움을 달래고 스스로 즐거움도 찾을 수 있다. 밥 먹을 때 전자 자차이는 사람들에게 함께한다는 느낌과 안정감을 줄 수 있다. 이 밖에 51지식을 얻고자 하는 욕망이 강한 일부 사람들의 경우, 전자 자차이는 그들이 밥 먹는 시간을 사용해 뉴스, 과학 기술, 교육 등 방면의 정보와 지식을 얻을 수 있게 한다. 이렇게 하면 파편화된 시간을 충분히 활용할 수 있을 뿐만 아니라, 지식의 축적을 늘리고 시야를 넓힐 수도 있다.

52/54전자 자차이는 54외로움과 초조한 감정을 완화하고 젊은이들의 사교 요구를 충족시킬 수 있지만, 52/54이는 부작용도 있다. 52밥을 먹으면서 동영상을 보면 집중력을 분산시키고 자신의 포만감에 주의하지 않게 되어, 이로 인해 너무 빨리 먹거나 너무 많이 먹게 되며, 섭취하는 칼로리와 지방을 증가시킨다. 동시에 이 방식은 음식을 씹고 소화하는 데에도 영향을 미치고 위의 부담을 증가시킨다. 이외에도, 과도하게 전자 자차이에 의지하여 외로움을 달래는 일부 젊은이들이 만약 가족이나 친구들과 밥을 먹을 때도 전자 자차이에 빠져 있다면, 52다른 사람들과 교류하고 상호 작용할 기회를 잃게 되며, 대인 관계의 형성 및 유지에 영향을 줄 수 있다. 더 주목할 만한 점은 53최근 일부 전자 자차이의 품질도 널리 비판을 받고 있는데, 예를 들어 일부 영상 제작자들은 사람들의 관심을 끌어 '사람들을 놀라게 하지 않으면 포기하지 않는' 효과를 얻기 위해, 종종 콘텐츠에 다양한 스릴있는 장치를 설정하여 시청자들을 긴장하게 만드는데, 이는 오히려 사람의 식욕과 기분에 심각한 악영향을 미친다.

可见，电子榨菜虽然很"下饭"，但也不宜"胡吃海喝"。避免电子榨菜带来的负面影响，关键在于我们如何合理地"食用"它。为了自己的身心健康，应该要控制好"食用"电子榨菜的时间和次数。另外，不同类型和时长的电子榨菜可能会对我们的食欲和情绪产生不同的影响，因此应该选择轻松、愉快的内容，不要选择过于刺激的内容，以免影响身心健康。

전자 자차이는 비록 '반찬으로 곁들어 밥을 먹을 때'는 좋지만, '마구 먹고 마시기'에는 적절하지 않다는 것을 알 수 있다. 전자 자차이가 가져오는 부정적인 영향을 피하려면 관건은 우리가 어떻게 합리적으로 그것을 '섭취하는지'이다. 자신의 몸과 마음을 건강하게 하기 위해서는 전자 자차이를 '섭취하는' 시간과 횟수를 잘 조절해야 한다. 그 밖에도 각기 다른 종류와 길이의 전자 자차이는 우리의 식욕과 기분에 서로 다른 영향을 미칠 수 있으므로, 가볍고 즐거운 콘텐츠를 선택하고, 몸과 마음 건강에 영향을 미치지 않도록 지나치게 자극적인 콘텐츠를 선택하지 않아야 한다.

어휘 榨菜 zhàcài 🅟 자차이[중국에서 생산되는 채소인 자채를 절여 만든 반찬] 　下饭 xiàfàn 🅥 반찬으로 곁들여 밥을 먹다 　乏味 fáwèi 🅗 맛이 없다
顾名思义 gùmíngsīyì 🅼 이름 그대로 　音频 yīnpín 🅟 오디오 　视频 shìpín 🅟 동영상 　提味 tíwèi 🅥 맛을 내다
味同嚼蜡 wèitóngjiáolà 🅼 양초를 씹는 것처럼 맛이 없다 　特定 tèdìng 🅗 특정한 　涵盖 hángài 🅥 포괄하다 　影视 yǐngshì 🅟 영화와 텔레비전
题材 tícái 🅟 소재 　珍馐佳肴 zhēnxiū jiāyáo 진귀하고 맛있는 음식 　不乏 bùfá (매우) 많다, 부족하지 않다 　咀嚼 jǔjué 🅥 음미하다, 씹다
集锦 jíjǐn 🅟 모음 　直播 zhíbō 🅥 생중계하다 　青睐 qīnglài 🅟 주목하다 　分散 fēnsàn 🅥 분산시키다 　忽略 hūlüè 🅥 주의하지 않다, 소홀히 하다
挑食 tiāoshí 🅥 편식하다 　调节 tiáojié 🅥 조절하다 　胃口 wèikǒu 🅟 식욕 　单身 dānshēn 🅟 독신 　佐餐 zuǒcān 🅥 반찬을 곁들여 밥을 먹다
良伴 liángbàn 🅟 좋은 벗 　排遣 páiqiǎn 🅥 달래다, 해소하다 　寂寞 jìmò 🅗 외롭다 　自得其乐 zìdéqílè 🅼 스스로 즐거움을 찾다
陪伴 péibàn 🅥 함께하다 　储备 chǔbèi 🅥 축적 　开阔 kāikuò 🅥 넓히다 　视野 shìyě 🅟 시야 　孤独 gūdú 🅗 외롭다 　焦虑 jiāolǜ 🅗 초조하다
社交 shèjiāo 🅟 사교 　需求 xūqiú 🅟 요구 　副作用 fùzuòyòng 🅟 부작용 　饱腹感 bǎofùgǎn 🅟 포만감 　摄入 shèrù 섭취하다
热量 rèliàng 🅟 칼로리 　脂肪 zhīfáng 🅟 지방 　负担 fùdān 🅟 부담 　过度 guòdù 🅗 과도하다 　依赖 yīlài 🅥 의지하다
沉迷 chénmí 🅥 빠지다, 중독되다 　互动 hùdòng 🅥 상호 작용을 하다 　维护 wéihù 🅥 유지하다, 지키다 　诟病 gòubìng 🅥 비판하다
语不惊人死不休 yǔ bù jīngrén sǐ bù xiū 사람들을 놀라게 하지 않으면 포기하지 않는다, 절묘한 문구가 떠오를 때까지 포기하지 않는다
设置 shèzhì 🅥 설정하다 　悬念 xuánniàn 🅟 스릴, 긴장감 　不宜 bùyí ~하기에 적절하지 않다 　胡吃海喝 hú chī hǎi hē 마구 먹고 마시다
负面 fùmiàn 🅟 부정적인 면 　食用 shíyòng 🅥 섭취하다 　身心 shēnxīn 🅟 몸과 마음 　过于 guòyú 🅟 지나치게 　以免 yǐmiǎn 🅟 ~하지 않도록

---

48 第一段中没有提到的是：

A 电子榨菜的功能
B 电子榨菜的受众
C 电子榨菜名字的由来
D 电子榨菜在国外受欢迎的程度

첫 번째 단락에서 **언급되지 않은** 것은?

A 전자 자차이의 기능
B 전자 자차이의 시청자
C 전자 자차이 이름의 유래
D 전자 자차이가 해외에서 사랑받는 정도

해설 질문이 첫 번째 단락에서 언급되지 않은 것을 물었다. 질문에 핵심어구가 없으므로 각 선택지의 핵심어구 功能, 受众, 名字的由来, 在国外受欢迎的程度와 관련된 내용을 지문에서 재빨리 찾는다. 첫 번째 단락에서 电子榨菜, 顾名思义是现代年轻人吃饭时用来"下饭"的音频和视频。电子榨菜如同一包榨菜, 为饭菜提味增香이라고 했으므로, 언급되지 않은 선택지 D 电子榨菜在国外受欢迎的程度가 정답이다.

어휘 榨菜 zhàcài 🅟 자차이[중국에서 생산되는 채소인 자채를 절여 만든 반찬] 　受众 shòuzhòng 🅟 시청자

---

49 关于电子榨菜，可以知道什么?

A 只包括影视剧
B 题材和类型五花八门
C 时长跟电影不相上下
D 所播放的内容都是最新的

전자 자차이에 관해, 알 수 있는 것은 무엇인가?

A 영화와 드라마만 포함한다
B 소재와 유형이 가지각색이다
C 길이가 영화와 비슷하다
D 재생되는 콘텐츠는 모두 가장 최신이다

해설 질문이 전자 자차이에 관해 알 수 있는 것을 물었다. 질문에 핵심어구가 없으므로 각 선택지의 핵심어구 影视剧, 题材和类型, 时长, 最新的와 관련된 내용을 지문에서 재빨리 찾는다. 두 번째 단락에서 电子榨菜并不局限于某种特定类型, 可以涵盖各种影视题材라고 했으므로, 선택지 B 题材和类型五花八门이 정답이다.

어휘 影视剧 yǐngshìjù 🅟 영화와 드라마 　题材 tícái 🅟 소재 　五花八门 wǔhuābāmén 🅼 가지각색이다
不相上下 bùxiāngshàngxià 🅼 비슷하다, 막상막하이다

50 根据上下文，第三段空白处最适合填入的词语是： | 앞뒤 내용에 근거하여, 세 번째 단락의 빈칸에 들어갈 어휘로 가장 알맞은 것은:

A 偏见
B 好感
C 胃口
D 幻觉

A 편견
B 호감
C 식욕
D 환각

해설 질문이 세 번째 단락의 빈칸에 들어갈 어휘로 가장 알맞은 것을 물었다. A는 '편견', B는 '호감', C는 '식욕', D는 '환각'이라는 의미이다. 빈칸 주변이 '특히 일부 편식하는 사람들에게 있어, 전자 자차이는 감정을 조절하고 _____ 을 개선하는 역할을 할 수 있다.'라는 문맥이므로, 빈칸에는 편식하는 사람들이 개선하면 좋을 것을 나타내면서, '개선하다'와 의미적으로 호응하는 어휘가 들어가야 한다. 따라서 선택지 C 胃口가 정답이다.

어휘 偏见 piānjiàn 몡 편견 好感 hǎogǎn 몡 호감 胃口 wèikǒu 몡 식욕 幻觉 huànjué 몡 환각

---

51 对于求知欲强的人，电子榨菜会起到什么作用？ | 지식을 얻고자 하는 욕망이 강한 사람에게 전자 자차이는 어떤 작용을 하는가?

A 缓解孤独感和焦虑情绪
B 抑制食欲以达到减肥效果
C 为人们提供学术交流的机会
D 让人利用碎片化时间开阔视野

A 외로움과 초조한 감정을 완화한다
B 식욕을 억제하여 다이어트 효과를 거둔다
C 사람들에게 학술 교류의 기회를 제공한다
D 파편화된 시간을 활용하여 시야를 넓힐 수 있도록 한다

해설 질문이 지식을 얻고자 하는 욕망이 강한 사람에게 전자 자차이는 어떤 작용을 하는지 물었으므로, 질문의 핵심어구 求知欲, 作用과 관련된 내용을 지문에서 재빨리 찾는다. 세 번째 단락에서 对于一些求知欲强的人来说，电子榨菜可以让他们利用吃饭的时间获得新闻、科技、教育等方面的信息和知识。这样既可以充分利用碎片化时间，又可以增加知识储备，开阔视野。라고 했으므로, 선택지 D 让人利用碎片化时间开阔视野가 정답이다.

어휘 孤独 gūdú 톙 외롭다 焦虑 jiāolǜ 톙 초조하다 抑制 yìzhì 통 억제하다 开阔 kāikuò 통 넓히다 视野 shìyě 몡 시야

---

52 下列哪项不属于电子榨菜带来的不良影响？ | 다음 중 전자 자차이가 가져온 안 좋은 영향에 속하지 **않는** 것은?

A 促使观众进行过度消费
B 容易摄入过多脂肪和热量
C 不利于一些人建立人际关系
D 会影响对食物的咀嚼和消化

A 시청자들이 과도하게 소비하도록 촉진한다
B 과도한 지방과 칼로리를 섭취하기 쉽다
C 일부 사람들이 인간관계를 맺는 데 불리하다
D 음식을 씹고 소화하는 데 영향을 미친다

해설 질문이 전자 자차이가 가져온 안 좋은 영향에 속하지 않는 것을 물었으므로, 질문의 핵심어구 带来的不良影响과 관련된 내용을 지문에서 재빨리 찾는다. 네 번째 단락에서 电子榨菜……也有副作用。边吃饭边看视频会让人分散注意力，忽略自己的饱腹感，从而导致吃得过快或过多，增加摄入的热量和脂肪。同时，这种方式也会影响对食物的咀嚼和消化……会失去与他人交流和互动的机会，影响人际关系的建立和维护라고 했으므로, 언급되지 않은 선택지 A 促使观众进行过度消费가 정답이다.

어휘 过度 guòdù 톙 과도하다 摄入 shèrù 섭취하다 脂肪 zhīfáng 몡 지방 热量 rèliàng 몡 칼로리 咀嚼 jǔjué 통 씹다

---

53 画线句子"语不惊人死不休"可以用来比喻什么？ | 밑줄 친 문장 '语不惊人死不休'는 무엇에 비유할 수 있는가?

A 迷惑不解
B 语惊四座
C 语无伦次
D 出言不逊

A 아리송하고 헷갈리다
B 주위 사람들이 놀랄 말을 하다
C 이야기에 조리가 없다
D 말버릇이 없다

해설 질문이 밑줄 친 문장 '语不惊人死不休'는 무엇에 비유할 수 있는지 물었으므로, 语不惊人死不休가 밑줄로 표시된 부분을 지문에서 재빨리 찾는다. 네 번째 단락에서 最近一些电子榨菜的质量也广受诟病，例如有些视频制作者为了吸引人们的眼球，获得"语不惊人死不休"的效果，往往在内容上设置各种悬念，让观众精神紧张이라고 했으므로, 문맥상 语不惊人死不休는 사람들의 관심을 끌기 위해, 콘텐츠에 놀랄 수 있는 장치를 설치한다는 의미임을 알 수 있다. 따라서 이를 비유할 수 있는 선택지 B 语惊四座가 정답이다.

어휘 **语不惊人死不休** yǔ bù jīngrén sǐ bù xiū 사람들을 놀라게 하지 않으면 포기하지 않는다, 절묘한 문구가 떠오를 때까지 포기하지 않는다
迷惑不解 míhuòbùjiě [성] 아리송하고 헷갈리다 **语无伦次** yǔwúlúncì [성] 이야기에 조리가 없다 **出言不逊** chūyánbúxùn [성] 말버릇이 없다

54 上文主要谈的是:
A 戒断电子榨菜的具体方法
B 电子榨菜的来源和制作方式
C 电子榨菜受到青睐的根本原因
D 电子榨菜的定义和其带来的影响

위 글에서 주로 말하는 것은:
A 전자 자차이를 끊는 구체적인 방법
B 전자 자차이의 출처와 제조 방식
C 전자 자차이가 주목을 받는 근본적인 원인
D 전자 자차이의 정의와 그것이 가져오는 영향

해설 질문이 지문 전체의 중심 내용을 물었다. 첫 번째 단락에서 **电子榨菜，顾名思义是现代年轻人吃饭时用来"下饭"的音频和视频。**이라고 하며 전자 자차이의 정의를 언급하였고, 세 번째 단락에서 **电子榨菜如此受人们的青睐是有根据的。**라고 하며 전자 자차이가 가져오는 긍정적인 효과를 언급하였으며, 네 번째 단락에서 **电子榨菜可以缓解孤独感和焦虑情绪，满足年轻人的社交需求，但它也有副作用。**이라고 하며 전자 자차이가 가져오는 부정적인 영향을 소개했다. 따라서 선택지 D **电子榨菜的定义和其带来的影响**이 정답이다.

어휘 **戒断** jièduàn [동] 끊다 **来源** láiyuán [명] 출처, 근원 **青睐** qīnglài [동] 주목하다 **定义** dìngyì [명] 정의

55-61

近日，一家脑机接口技术公司宣布，他们已获得独立评审委员会的批准，将进行首次人体试验——给瘫痪患者的大脑植入设备。这项人体试验为期6年，用于验证脑机接口技术的安全性和功能性。该技术将使瘫痪患者能够用大脑控制外部设备。

脑机接口是一种在大脑和外部设备之间创建直接连接，实现脑与设备之间信息交换的技术。当大脑进行各种认知活动，例如想象移动手臂、听取声音或思考某个概念时，都会产生独特的电信号。这些电信号可以通过放置在头皮上的电极来进行测量和记录。[55]通过解析这些电信号，脑机接口能够识别出大脑的意图，并将其转换为命令，从而控制外部设备。电极技术的微型化、柔性化、高通量，是脑机接口行业的技术关键。

作为一项颠覆性的技术，脑机接口在医疗领域的疾病治疗、功能恢复上展现出巨大的价值。据专家介绍，像精神疾病、运动障碍病、癫痫等，都可以用脑机接口的方式进行治疗。[56]专家们试图把电极植入到大脑里，通过给电极高频或低频的刺激，来调节大脑兴奋和<u>抑制</u>状态的平衡，从而达到治疗作用。

此外，[57]在脑健康管理方面，脑机接口或许可以发挥"神奇"功效。专家表示，[57]利用脑机接口预测疾病，也是脑科学、脑健康管理中非常重要的一个课题。当人处于健康状态时，就可以利用该技术预测其未来三年、五年、十年会发生哪些脑部问题。比如，根据一个人三年期间的脑电图的变化、脑功能的变化、认知及记忆的变化等，做一个曲线分析，就可以预测其未来五年可能会怎么样，十年后可能会得什么病，那样人们就可以提前去做预防。

최근 한 뇌-컴퓨터 인터페이스 기술 회사는 그들이 이미 독립검토위원회의 승인을 받아 몸이 마비된 환자의 뇌에 장비를 이식하는 첫 번째 인체 실험을 진행할 것이라고 발표했다. 이 인체 실험은 6년을 기한으로 하며, 뇌-컴퓨터 인터페이스 기술의 안전성과 기능성을 검증하는 데 사용된다. 이 기술은 몸이 마비된 환자가 뇌로 외부 장치를 제어할 수 있게 해줄 것이다.

뇌-컴퓨터 인터페이스는 뇌와 외부 장치 사이에 직접적인 연결을 생성하여, 뇌와 장치 간의 정보 교환을 실현하는 기술이다. 뇌가 다양한 인지 활동을 할 때, 예를 들어 팔을 움직이고 소리를 듣는 상상을 하거나, 어떤 개념을 생각할 때 독특한 전기 신호가 생성된다. 이러한 전기 신호는 두피에 설치된 전극을 통해 측량하고 기록할 수 있다. [55]이러한 전기 신호를 분석하는 것을 통해 뇌-컴퓨터 인터페이스는 뇌의 의도를 인식하고, 그것을 명령으로 전환하여 외부 장치를 제어할 수 있다. 전극 기술의 소형화, 유연화, 높은 처리량은 뇌-컴퓨터 인터페이스 업계 기술의 핵심이다.

파격적인 기술로서 뇌-컴퓨터 인터페이스는 의료 분야의 질병 치료, 기능 회복에서 큰 가치를 보여준다. 전문가의 소개에 따르면 정신 질환, 운동 장애, 뇌전증 등은 모두 뇌-컴퓨터 인터페이스의 방식으로 치료할 수 있다. [56]전문가들은 전극을 뇌에 삽입하고 전극에 고주파 또는 저주파의 자극을 주는 것을 통해, 뇌가 흥분하고 <u>억압되는</u> 상태의 균형을 조절하여 치료 효과를 달성할 수 있도록 시도하고 있다.

이 밖에 [57]뇌 건강 관리 측면에서 뇌-컴퓨터 인터페이스는 어쩌면 '신기한' 효과를 발휘할 수 있다. 전문가들은 [57]뇌-컴퓨터 인터페이스를 이용하여 질병을 예측하는 것은 뇌 과학 및 뇌 건강 관리에 있어서도 매우 중요한 과제라고 밝혔다. [57]사람이 건강한 상태일 때 이 기술을 사용하여 향후 3년, 5년, 10년 동안 어떤 뇌 문제가 발생할지 예측할 수 있다. 예를 들어, 한 사람의 3년 동안의 뇌전도의 변화, 뇌 기능의 변화, 인지 및 기억의 변화 등에 따라 곡선 그래프를 분석하면, 향후 5년 동안 어떻게 될지, 10년 후에 어떤 질병에 걸릴지 예측할 수 있고, 그러면 사람들은 미리 예방할 수 있다.

除了在医疗健康领域的应用之外，脑机接口在其他非医学领域也具有极大的潜力和应用价值。脑机接口在通信交流领域有着革命性的应用。[58]人们可以通过脑机接口，将脑中所想的直接转化为文字或语音，实现无障碍交流。对于那些因身体残疾或患有神经系统疾病而无法说话或书写的人来说，这无疑具有重大意义。在娱乐产业，脑机接口也有着广阔的应用前景。例如，游戏玩家可以通过脑机接口体验更加真实的虚拟现实，或者在游戏中通过思想来控制角色。脑机接口还可以被用于电影制作中，以创造更具沉浸感的观影体验。[59]在军事领域，脑机接口也显示出巨大的应用潜力。士兵可以通过脑机接口快速而准确地控制机器人战士或无人机，或者通过思想来操作各种军事装备。此外，脑机接口还可以被用于战场侦察、情报收集，以及作战决策的制定。

脑机接口是一项极具前景的技术，被称为"人工智能的下一步"。[60/61]它展现了无限可能，也吸引着科学家们前赴后继，不懈攻关，但它仍然面临着许多挑战和限制。其中包括技术的复杂性、信号解读的准确性、隐私和伦理问题，以及潜在的安全隐患等。在未来，研究人员仍需解决这些问题，并进一步探索脑机接口在不同领域的应用潜力。

어휘 **脑机接口** nǎojī jiēkǒu 뇌-컴퓨터 인터페이스[뇌와 컴퓨터를 연결하여 상호작용을 할 수 있게 하는 방식] **人体** réntǐ 圀인체
　　试验 shìyàn 圄실험하다 **瘫痪** tānhuàn 圄(몸이) 마비되다 **患者** huànzhě 圀환자 **植入** zhírù 圄이식하다, 삽입하다
　　为期 wéiqī 圄(~을) 기한으로 하다 **验证** yànzhèng 圄검증하다 **认知** rènzhī 圄인지하다 **手臂** shǒubì 圀팔
　　电信号 diànxìnhào 圀전기 신호 **电极** diànjí 圀전극 **测量** cèliáng 圄측량하다 **解析** jiěxī 圄분석하다 **识别** shíbié 圄인식하다, 식별하다
　　意图 yìtú 圀의도 **微型** wēixíng 圀소형의 **高通量** gāotōngliàng 높은 처리량[같은 시간 내에 더 많은 정보를 처리할 수 있는 능력]
　　颠覆性 diānfùxìng 파격적인 **领域** lǐngyù 圀분야, 영역 **疾病** jíbìng 圀질병 **展现** zhǎnxiàn 圄보이다, 드러내다 **障碍** zhàng'ài 圀장애
　　癫痫 diānxián 圀뇌전증 **试图** shìtú 圄시도하다 **高频** gāopín 圀고주파 **低频** dīpín 圀저주파 **调节** tiáojié 圄조절하다
　　抑制 yìzhì 圄억압하다 **神奇** shénqí 圀신기하다 **功效** gōngxiào 圀효과 **课题** kètí 圀과제, 프로젝트 **脑电图** nǎodiàntú 圀뇌전도
　　曲线 qūxiàn 圀곡선 **潜力** qiánlì 圀잠재력 **残疾** cánjí 圀장애 **患有** huàn yǒu ~을 앓고 있다 **神经** shénjīng 圀신경
　　书写 shūxiě 圄(글을) 쓰다 **产业** chǎnyè 圀산업 **广阔** guǎngkuò 圀광범위하다 **前景** qiánjǐng 圀전망 **虚拟现实** xūnǐ xiànshí 가상 현실
　　沉浸 chénjìn 圄몰입하다 **无人机** wúrénjī 圀드론, 무인 비행기 **操作** cāozuò 圄조작하다 **装备** zhuāngbèi 圀장비
　　侦察 zhēnchá 圄정찰하다 **情报** qíngbào 圀(주로 기밀성을 띤) 정보 **决策** juécè 圄결정하다 **人工智能** réngōng zhìnéng 인공지능
　　前赴后继 qiánfùhòujì (희생을 각오한 채) 용감하게 앞으로 나아가다 **不懈** búxiè 圄꾸준하다, 게으르지 않다
　　攻关 gōngguān 圄연구에 몰두하다, 난관을 돌파하려고 하다 **解读** jiědú (암호 등을) 해독하다 **隐私** yǐnsī 圀사생활 **伦理** lúnlǐ 圀윤리
　　潜在 qiánzài 圀잠재적인 **隐患** yǐnhuàn 圀위험 **探索** tànsuǒ 圄탐색하다

---

55 关于脑机接口，下列哪项不正确？　　뇌-컴퓨터 인터페이스와 관해, 다음 중 **옳지 않은** 것은?

A 其关键技术是电极技术　　A 그것의 핵심 기술은 전극 기술이다

B 由大脑直接控制外部设备　　B 뇌가 직접 외부 장치를 제어한다

C 大脑可与外部设备交换信息　　C 뇌는 외부 장치와 정보를 교환할 수 있다

D 首次人体试验将检测其安全性　　D 첫 인체 실험에서 그 안전성을 테스트할 것이다

해설 질문이 뇌-컴퓨터 인터페이스와 관해 옳지 않은 것을 물었다. 질문에 핵심어구가 없으므로 각 선택지의 핵심어구 **电极技术**, **由大脑直接控制**, **交换信息**, **首次人体试验**과 관련된 내용을 지문에서 재빨리 찾는다. 두 번째 단락에서 **通过解析这些电信号，脑机接口能够识别出大脑的意图，并将其转换为命令，从而控制外部设备。**라고 했으므로, 지문의 내용과 일치하지 않는 선택지 B **由大脑直接控制外部设备**가 정답이다.

어휘 **脑机接口** nǎojī jiēkǒu 뇌-컴퓨터 인터페이스[뇌와 컴퓨터를 연결하여 상호작용을 할 수 있게 하는 방식] **电极** diànjí 圀전극
　　人体 réntǐ 圀인체 **试验** shìyàn 圄실험하다

56 根据上下文，第三段空白处最适合填入的词语是：

A 感恩
B 喧哗
C 稳固
D 抑制

앞뒤 내용에 근거하여, 세 번째 단락의 빈칸에 들어갈 어휘로 가장 알맞은 것은:

A 은혜에 감사하다
B 떠들다
C 튼튼하다
D 억압하다

해설 질문이 세 번째 단락의 빈칸에 들어갈 어휘로 가장 알맞은 것을 물었다. A는 '은혜에 감사하다', B는 '떠들다', C는 '튼튼하다', D는 '억압하다'라는 의미이다. 빈칸 주변이 '전문가들은 전극을 뇌에 삽입하고 전극에 고주파 또는 저주파의 자극을 주는 것을 통해, 뇌가 흥분하고 ______ 상태의 균형을 조절하여 치료 효과를 달성할 수 있도록 시도하고 있다.'라는 문맥이므로, 빈칸에는 뇌의 흥분 상태와 반대되는 상태가 되게 하는 어휘가 들어가야 한다. 따라서 선택지 D 抑制이 정답이다.

어휘 感恩 gǎn'ēn [동] 은혜에 감사하다 喧哗 xuānhuá [동] 떠들다 稳固 wěngù [동] 튼튼하다 抑制 yìzhì [동] 억압하다

57 关于脑机接口在脑健康管理方面的应用，可以知道什么？

A 能治愈检测出的疾病
B 会测量人体各项健康指标
C 会预测未来可能会发生的疾病
D 能代替医生完成精密复杂的手术

뇌-컴퓨터 인터페이스의 뇌 건강 관리 측면에서의 활용에 관해, 다음 중 알 수 있는 것은?

A 검출된 질병을 치유할 수 있다
B 인체의 각종 건강 지표를 측량할 수 있다
C 향후에 발생할 수 있는 질병을 예측할 수 있다
D 의사를 대신해서 정밀하고 복잡한 수술을 할 수 있다

해설 질문이 뇌-컴퓨터 인터페이스의 뇌 건강 관리 측면에서의 활용에 관해 알 수 있는 것을 물었으므로, 질문의 핵심어구 脑健康管理方面的应用과 관련된 내용을 지문에서 재빨리 찾는다. 네 번째 단락에서 在脑健康管理方面……利用脑机接口预测疾病，也是脑科学、脑健康管理中非常重要的一个课题。当人处于健康状态时，就可以利用该技术预测其未来三年、五年、十年会发生哪些脑部问题。라고 했으므로, 선택지 C 会预测未来可能会发生的疾病이 정답이다.

어휘 治愈 zhìyù [동] 치유하다 疾病 jíbìng [명] 질병 测量 cèliáng [동] 측량하다 指标 zhǐbiāo [명] 지표, 수치 精密 jīngmì [형] 정밀하다

58 脑机接口如何帮助无法书写的人？

A 使机械臂替人书写想要表达的内容
B 用人工智能技术自动回复对方信息
C 将人的想法直接转化为文字或语音
D 在网上创建新的人物角色，替人进行书写

뇌-컴퓨터 인터페이스는 어떻게 글을 쓸 수 없는 사람을 돕는가?

A 로봇팔로 사람을 대신하여 표현하고 싶은 내용을 쓰게 한다
B 인공지능 기술을 사용해 자동으로 상대방에게 메시지를 답장한다
C 사람의 생각을 문자나 음성으로 바로 변환한다
D 인터넷에서 새로운 캐릭터를 만들어 사람을 대신하여 글을 쓴다

해설 질문이 뇌-컴퓨터 인터페이스는 어떻게 글을 쓸 수 없는 사람을 돕는지 물었으므로, 질문의 핵심어구 帮助无法书写的人과 관련된 내용을 지문에서 재빨리 찾는다. 다섯 번째 단락에서 人们可以通过脑机接口，将脑中所想的直接转化为文字或语音，实现无障碍交流。对于那些因身体残疾或患有神经系统疾病而无法说话或书写的人来说，这无疑具有重大意义。라고 했으므로, 선택지 C 将人的想法直接转化为文字或语音이 정답이다.

어휘 机械臂 jīxièbì [명] 로봇팔 书写 shūxiě [동] (글을) 쓰다 人工智能 réngōng zhìnéng [명] 인공지능

59 脑机接口会给军事领域带来什么样的影响？

A 使士兵们能更好地维持秩序
B 使士兵们可以准确地控制无人机
C 使生产机器人战士的效率得到提高
D 使上级可以快速辨别军事情报的真假

뇌-컴퓨터 인터페이스는 군사 분야에 어떤 영향을 미치는가?

A 병사들이 질서를 더 잘 유지할 수 있도록 한다
B 병사들이 드론을 정확하게 제어할 수 있도록 한다
C 로봇 병사를 생산하는 효율을 향상시키게 한다
D 상급자가 군사 정보의 진위를 신속하게 판별할 수 있도록 한다

해설 질문이 뇌-컴퓨터 인터페이스는 군사 분야에 어떤 영향을 미치는지 물었으므로, 질문의 핵심어구 军事领域와 관련된 내용을 지문에서 찾는다. 다섯 번째 단락에서 在军事领域，脑机接口也显示出巨大的应用潜力。士兵可以通过脑机接口快速而准确地控制机器人战士或无人机라고 했으므로, 선택지 B 使士兵们可以准确地控制无人机가 정답이다.

어휘 领域 lǐngyù [명] 분야 秩序 zhìxù [명] 질서 无人机 wúrénjī [명] 드론 上级 shàngjí [명] 상급자 辨别 biànbié [동] 판별하다
情报 qíngbào [명] (주로 기밀성을 띤) 정보 真假 zhēnjiǎ [명] 진위, 진짜와 가짜

<table>
<tr><td>60</td><td>画线词语 "前赴后继" 的 "赴" 与下列哪个括号中的词语意思相近？</td><td>밑줄 친 어휘 '前赴后继'의 '赴'는 선택지 괄호 안 어떤 어휘와 의미가 비슷한가?</td></tr>
</table>

A　（乘）虚而入	A　허점을 (틈타서) 들어오다
B　一（往）无前	B　거리낌 없이 씩씩하게 (나아가다)
C　力所能（及）	C　자신의 힘이 (닿다)
D　此起彼（伏）	D　이쪽에서 일어나면 저쪽에서 (엎드리다)

해설　질문의 前赴后继는 '용감하게 앞으로 나아가다'라는 의미이며, 이 중 赴는 '~로 가다'라는 의미이다. 마지막 단락에서 它展现了无限可能, 也吸引着科学家们前赴后继, 不懈攻关, 但它仍然面临着许多挑战和限制。이라고 하며, 과학자들이 뇌-컴퓨터 인터페이스가 보여준 가능성에 사로잡혀, 앞으로 전진하며 연구에 몰두할 것이라고 언급하였으므로, 赴는 '~로 가다'라는 의미로 사용됐음을 알 수 있다. 따라서 '~로 가다'의 의미를 가진 往이 포함된 선택지 B 一（往）无前이 정답이다.

어휘　**前赴后继** qiánfùhòujì 솅(희생을 각오한 채) 용감하게 앞으로 나아가다　**乘虚而入** chéngxū'érrù 솅 허점을 틈타서 들어오다
　　　一往无前 yìwǎngwúqián 솅 거리낌 없이 씩씩하게 나아가다　**力所能及** lìsuǒnéngjí 자신의 힘이 닿다, 스스로 할 만한 능력이 있다
　　　此起彼伏 cǐqǐbǐfú 솅 이쪽에서 일어나면 저쪽에서 엎드리다, 도처에서 끊임없이 발생하다

<table>
<tr><td>61</td><td>最适合做上文标题的是：</td><td>위 글의 제목으로 가장 적절한 것은:</td></tr>
</table>

A　脑机接口背景研究	A　뇌-컴퓨터 인터페이스 배경 연구
B　脑机接口与哲学思想	B　뇌-컴퓨터 인터페이스와 철학 사상
C　脑机接口：应用前景与挑战	C　뇌-컴퓨터 인터페이스: 활용 전망 및 도전
D　脑机接口：领头羊企业介绍	D　뇌-컴퓨터 인터페이스: 선두 기업의 소개

해설　질문이 제목으로 적절한 것을 물었다. 지문이 뇌-컴퓨터 인터페이스 기술을 소개하며, 의료 분야, 통신 커뮤니케이션, 엔터테인먼트 산업 등 다양한 분야에서의 활용 전망을 차례로 언급했고, 마지막 단락에서 它展现了无限可能, 也吸引着科学家们前赴后继, 不懈攻关, 但它仍然面临着许多挑战和限制。이라고 하며 뇌-컴퓨터 인터페이스 기술이 직면한 도전과 한계에 대해 언급했다. 따라서 선택지 C 脑机接口：应用前景与挑战이 정답이다.

어휘　**前景** qiánjǐng 몡 전망　**领头羊** lǐngtóuyáng 몡 선두, 리더

62-68

鼻烟壶是一种具有悠久历史和文化底蕴的工艺品, 它外观精美, 并且有独特的文化内涵。⁶²如今, 使用鼻烟壶的习惯几近绝迹, 但鼻烟壶作为一种精美的艺术品一直流传至今。

鼻烟壶是用来盛鼻烟的容器, ⁶³鼻烟传入中国是在明代万历九年, 当时, 意大利传教士利玛窦献给万历皇帝的贡礼中就有鼻烟这种东西, 万历皇帝对鼻烟爱不释手。此后, 鼻烟逐渐成为了西方使节赠予皇帝的重要礼物。在清代康熙年间开放海禁后, 西方传教士携带大量鼻烟和盛鼻烟的玻璃瓶进入中国。甚至到了乾隆嘉庆年间, 皇帝还会将鼻烟赏赐给大臣。上之所好, 下必从之, 鼻烟逐渐传入民间, 吸鼻烟也渐成风尚。

鼻烟最初传入中国时是被装于金属盒或玻璃瓶中的, 其实这两种容器极易使鼻烟走味和受潮, 因此使用起来并不方便。后来人们发现, ⁶⁴在用来装药丸的瓷质药瓶里存放鼻烟, 储存效果会更好。这种口小腹大的瓶子用来存放鼻烟时不仅不易走味, 能很好地保留鼻烟的

비연호는 유구한 역사와 문화적 의미를 지닌 공예품으로, 외관이 아름다우며 독특한 문화적 함의를 가지고 있다. ⁶²오늘날 비연호를 사용하는 습관은 거의 사라졌지만, 비연호는 아름다운 예술 작품으로서 오늘날까지 전해지고 있다.

비연호는 코담배를 담는 용기인데, ⁶³코담배가 중국에 전해진 것은 명나라 만력 9년으로, 당시 이탈리아 선교사 마테오 리치가 만력 황제에게 바친 공물 중에 코담배라는 이 물건이 있었는데, 만력 황제는 코담배를 애지중지했다. 그 후 코담배는 서양 사절이 황제에게 주는 중요한 선물이 되었다. 청나라 강희 시대에 해금이 풀린 후 서양 선교사들은 많은 양의 코담배와 코담배를 담는 유리병을 가지고 중국으로 들어왔다. 심지어 건륭 가경 시대에 이르러 황제는 코담배를 대신에게 하사하기도 했다. 윗사람이 좋아하는 것은 아랫사람도 반드시 따르기 마련으로, 코담배는 점차 민간에 전해져 코담배를 피우는 것도 점차 유행이 되었다.

코담배가 처음에 중국에 전해졌을 때는 금속 상자나 유리병에 담겨져 있었는데, 사실 이 두 용기는 코담배의 향이 쉽게 날아가고 습해지게 하기 때문에 사용하기 불편했다. 나중에 사람들은 ⁶⁴환약을 보관하는 데 사용되는 도자기 약병에 코담배를 보관하면, 보관 효과가 더 좋다는 것을 알게 되었다. ⁶⁴이런 입이 좁고 배가 큰 병으로 코담배를 보관하면 쉽게 향이 날아가지 않고 코담배 본연의 향을 잘 보존할 수 있을 뿐만

原味，还便于携带。此外，这种瓶子的造型具有传统的美感，极其美观。于是清宫造办处开始对药瓶进行了改良，这才有了真正意义上的鼻烟壶。到了嘉庆年间，中国的鼻烟壶还作为国与国之间交流时最珍贵的礼品流传于海外。

[65]鼻烟壶可由玻璃、陶瓷、玉石、珐琅、金银等材料制成，集琢磨、雕刻、镶嵌、内画等手法于一身，被誉为"集多种工艺之大成的袖珍艺术品"。用不同材料制成的鼻烟壶具有不同的特点，玻璃鼻烟壶通透亮丽，陶瓷鼻烟壶温润如玉，玉石鼻烟壶高贵典雅，珐琅鼻烟壶色彩艳丽，金银鼻烟壶精致考究。人们可以根据个人喜好和需求选择适合自己的鼻烟壶。另外，鼻烟壶的图案也丰富多彩，有山水、花鸟、人物、吉祥纹样等多种图案。可见，鼻烟壶不仅具有实用价值，还具有很高的艺术价值和收藏价值。

鼻烟壶的材质十分考究，这也是品评鼻烟壶优劣的一个重要标准。[66]著名的鉴赏家赵汝珍在其《鉴赏鼻烟壶》一书中指出：古玩的鉴别，注意点有二，一是辨其真伪；二是鉴定其优劣。先确定其真伪，然后再鉴定其优劣，这是器物鉴定的常规程序。所有古玩器物的鉴别方法都是如此，无一例外，惟独鼻烟壶的鉴别，情况不同。鼻烟壶只需要鉴别器质的优劣就足够了，不必考证它的真伪。[67]这是因为鼻烟壶的名贵及优劣程度在于其质料的好坏和做工的精细程度。倘若一件鼻烟壶的质料确属珍异，做工又奇巧，那么无论它何时出产，出自谁手，皆为上品。相反，如果鼻烟壶做工一般，质料又平凡，即便是为皇帝所用，也不值钱。

鼻烟壶作为一件小巧玲珑的工艺品，具有悠久的历史，且其制作工艺十分精湛。[68]它是历史与艺术的结晶，在岁月的长河中，浓缩了万般风景，沉淀了独特的东方之韵。各种炫丽的技法在小小的鼻烟壶上得到了不同层次的表现。可以说，鼻烟壶凝结了古人的智慧与匠心，以及对美的追求。

아니라 휴대하기도 편리하다. 또한 이런 병의 모양은 전통적인 아름다움을 가지고 있으며 매우 예쁘다. 이에 청나라 궁의 조판처는 약병을 개량하기 시작했는데, 이때 진정한 의미의 비연호가 생긴 것이다. 가경 때에 이르러 중국의 비연호는 국가와 국가 간의 교류에서 가장 진귀한 선물로서 해외로 퍼져나갔다.

[65]비연호는 유리, 도자기, 옥, 법랑, 금과 은 등의 재료로 만들 수 있으며, 다듬기, 조각, 상감, 내화 등의 기법을 결합하여 '다양한 공예를 집대성한 소형 예술품'으로 알려져 있다. 서로 다른 재료로 만들어진 비연호는 서로 다른 특징을 가지고 있는데, 유리 비연호는 투명하고 밝으며, 도자기 비연호는 옥처럼 보드랍고 윤이 나고, 옥 비연호는 고귀하고 우아하며, 법랑 비연호는 색이 다채롭고, 금과 은으로 만든 비연호는 세밀하고 정교하다. 사람들은 개인의 취향과 필요에 따라 자신에게 맞는 비연호를 선택할 수 있다. 이 밖에 비연호의 문양도 매우 다채로운데, 산수, 꽃과 새, 인물, 길한 문양 등 다양한 문양이 있다. 비연호는 실용적 가치가 있을 뿐만 아니라, 높은 예술 가치와 소장 가치도 지니고 있다는 것을 알 수 있다.

비연호의 재질은 매우 정교해서 이 또한 비연호의 우열을 평가할 때의 중요한 기준이기도 하다. [66]유명한 감정사 자오루전은 그의 <비연호 감상>이라는 책에서 다음과 같이 말했다. 골동품의 감정에는 두 가지 주의점이 있는데, 첫 번째는 그것의 진위를 가리는 것이고, 두 번째는 그것의 우열을 가리는 것이다. 먼저 그것의 진위를 확인한 다음 우열을 감정하는 것이 기물 감정의 일반적인 절차이다. 모든 골동품 기물을 감정하는 방법은 이러하며 예외가 없지만, 유독 비연호의 감정에 있어서는 상황이 다르다. 비연호는 품질의 우열만 감정하면 충분하며, 그것의 진위는 확인할 필요가 없다. [67]이는 비연호의 진귀함과 우열의 정도는 재료 품질이 좋은지 안 좋은지와 가공 기술의 정교한 정도에 있기 때문이다. 만약 한 비연호의 재료가 확실히 진귀하고 가공 기술이 정교하다면, 그것이 언제 생산되었든, 누가 생산했든 모두 최상품으로 친다. 반대로 만약 비연호의 가공 기술이 평범하고 재료도 평범하다면 황제가 사용했더라도 값어치가 없다.

비연호는 작고 정교한 공예품으로서 유구한 역사를 지니고 있으며 제작 기술이 매우 정밀하다. [68]그것은 역사와 예술의 결정체이며, 긴 세월 동안 온갖 풍경이 응축되었으며 독특한 동양의 정취가 응집되었다. 각종 현란한 기법들이 작은 비연호에서 차원이 다르게 구현되었다. 비연호에는 옛사람들의 지혜와 창의력, 그리고 아름다움에 대한 추구가 응축되어 있다고 할 수 있다.

어휘 鼻烟壶 bíyānhú 몡 비연호[코담배를 담는 병]　悠久 yōujiǔ 톙 유구하다　底蕴 dǐyùn 몡 의미, 내포된 지식　工艺品 gōngyìpǐn 몡 공예품
内涵 nèihán 몡 함의, 의미　绝迹 juéjì 图 사라지다, 자취를 감추다　盛 chéng 图 담다, 넣다　容器 róngqì 몡 용기
传教士 chuánjiàoshì 몡 선교사　皇帝 huángdì 몡 황제　爱不释手 àibùshìshǒu 젱 애지중지하다, 너무 좋아하여 손을 놓지 못하다
海禁 hǎijìn 몡 해금[중국 명조 시대에 실시되었던 해외 통상에 관한 금령]　携带 xiédài 图 가지다, 휴대하다　赏赐 shǎngcì 图 하사하다
大臣 dàchén 몡 대신　民间 mínjiān 몡 민간　风尚 fēngshàng 몡 유행, 풍조　金属 jīnshǔ 몡 금속　药丸 yàowán 몡 환약
存放 cúnfàng 图 보관하다　便于 biànyú 图 (~하기에) 편리하다　造型 zàoxíng 몡 모양, 형상
造办处 zàobànchù 몡 조판처[청나라 시대 때 황실 어용품을 제조하던 전문 기관]　改良 gǎiliáng 图 개량하다　珍贵 zhēnguì 톙 진귀하다
礼品 lǐpǐn 몡 선물　陶瓷 táocí 몡 도자기　珐琅 fàláng 몡 법랑　琢磨 zhuómó 图 다듬다, 갈다　雕刻 diāokè 图 조각하다
镶嵌 xiāngqiàn 图 상감하다, 박아 넣다　内画 nèihuà 몡 내화[중국의 전통공예 중 하나로 반투명한 용기 안쪽에 그림을 그리는 것]
手法 shǒufǎ 몡 기법, 수단　袖珍 xiùzhēn 톙 소형의, 포켓형의　精致 jīngzhì 톙 세밀하다, 정교하다　考究 kǎojiu 图 정교하다, 세련되다
图案 tú'àn 몡 문양, 도안　丰富多彩 fēngfùduōcǎi 젱 (풍부하고) 다채롭다　收藏 shōucáng 图 소장하다　材质 cáizhì 몡 재질
品评 pǐnpíng 图 평가하다, 품평하다　鉴赏家 jiànshǎngjiā 몡 감정사　鉴别 jiànbié 图 감정하다, 감별하다　鉴定 jiàndìng 图 감정하다, 평가하다
无一例外 wúyílìwài 예외가 없다　名贵 míngguì 톙 (유명하고) 진귀하다　精细 jīngxì 톙 정교하다　倘若 tǎngruò 접 만약 ~한다면
皆 jiē 틧 모두, 전부　平凡 píngfán 톙 평범하다　即便 jíbiàn 접 (설령) ~하더라도　值钱 zhíqián 톙 값어치가 있다
精湛 jīngzhàn 톙 정밀하다, (조예가) 깊다　结晶 jiéjīng 몡 결정체　浓缩 nóngsuō 图 응축하다　万般 wànbān 톙 온갖, 여러 가지
沉淀 chéndiàn 图 응집하다　炫丽 xuànlì 톙 현란하다　凝结 níngjié 图 응축하다, 응결하다　匠心 jiàngxīn 몡 창의, 정교한 구상

62

画线词语 "绝迹" 最可能是什么意思?

A 偶尔出现
B 不复存在
C 断绝关系
D 寻找踪迹

밑줄 친 어휘 '绝迹'는 무슨 의미일 가능성이 가장 큰가?

A 가끔 나타나다
B 더 이상 존재하지 않다
C 인연을 끊다
D 종적을 찾다

해설 밑줄 친 어휘 '绝迹'의 의미를 물었으므로, 绝迹가 밑줄로 표시된 부분을 지문에서 재빨리 찾는다. 첫 번째 단락에서 如今, 使用鼻烟壶的习惯几近绝迹, 但鼻烟壶作为一种精美的艺术品一直流传至今。이라고 했으므로, 문맥상 绝迹는 오늘날 존재하지 않는다는 의미임을 알 수 있다. 따라서 선택지 B 不复存在가 정답이다.

어휘 绝迹 juéjì 圈 사라지다, 자취를 감추다   断绝 duànjué 圈 끊다, 단절하다   踪迹 zōngjì 圈 종적, 발자취

63

第二段主要介绍了什么?

A 鼻烟传入中国的过程
B 使用鼻烟壶的具体方法
C 制作鼻烟所需的各类材料
D 鼻烟壶成为国宝的历史事件

두 번째 단락은 주로 무엇을 소개하고 있는가?

A 코담배가 중국에 전해지는 과정
B 비연호를 사용하는 구체적인 방법
C 코담배를 만드는 데 필요한 각종 재료
D 비연호가 국보가 된 역사적 사건

해설 질문이 두 번째 단락의 중심 내용을 물었으므로, 두 번째 단락을 재빠르게 읽으며 중심 내용을 파악한다. 단락 초반에서 鼻烟传入中国是在明代万历九年이라고 하며 코담배가 처음 중국에 전해진 배경부터 민간에서 유행하기까지의 과정을 언급하고 있다. 따라서 이를 통해 알 수 있는 선택지 A 鼻烟传入中国的过程이 정답이다.

어휘 鼻烟壶 bíyānhú 圈 비연호[코담배를 담는 병]   事件 shìjiàn 圈 사건

64

装药丸的药瓶为什么被用来存放鼻烟?

A 能放入大量的鼻烟
B 制作材料容易购买到
C 能使鼻烟味道更浓烈
D 不易使鼻烟的味道散失

환약을 담는 약병은 왜 코담배를 보관하는 데 사용되었는가?

A 코담배를 많이 넣을 수 있어서
B 제작 재료를 쉽게 구매할 수 있어서
C 코담배의 향을 더 강하게 해줄 수 있어서
D 코담배 향이 잘 사라지지 않게 해주어서

해설 질문이 환약을 담는 약병은 왜 코담배를 보관하는 데 사용되었는지 물었으므로, 질문의 핵심어구 装药丸的药瓶, 存放鼻烟과 관련된 내용을 지문에서 재빨리 찾는다. 세 번째 단락에서 在用来装药丸的瓷质药瓶里存放鼻烟, 储存效果会更好。这种口小腹大的瓶子用来存放鼻烟时不仅不易走味, 能很好地保留鼻烟的原味라고 했으므로, 선택지 D 不易使鼻烟的味道散失이 정답이다.

어휘 药丸 yàowán 圈 환약   存放 cúnfàng 圈 보관하다   浓烈 nóngliè 圈 강하다, 짙다

65

关于鼻烟壶, 下列哪项正确?

A 外观的颜色鲜明艳丽
B 采用了多种工艺技法
C 制作材料的可选范围较为单一
D 价格因绘制图案的不同而有差异

비연호에 관해, 다음 중 옳은 것은?

A 외관의 색상이 선명하고 화사하다
B 다양한 공예 기법을 사용했다
C 제작 재료의 선택 범위가 비교적 단일하다
D 가격은 그리는 문양에 따라 차이가 있다

해설 질문이 비연호에 관해 옳은 것을 물었다. 질문에 핵심어구가 없으므로 각 선택지의 핵심어구 外观的颜色, 多种工艺技法, 制作材料的可选范围, 价格와 관련된 내용을 지문에서 재빨리 찾는다. 네 번째 단락에서 鼻烟壶可由玻璃、陶瓷、玉石、珐琅、金银等材料制成, 集琢磨、雕刻、镶嵌、内画等手法于一身, 被誉为 "集多种工艺之大成的袖珍艺术品"。이라고 했으므로, 선택지 B 采用了多种工艺技法가 정답이다.

어휘 鲜明 xiānmíng 圈 선명하다   绘制 huìzhì 圈 (도안을) 그리다   图案 tú'àn 圈 문양, 도안

66 赵汝珍认为，鉴别古玩时要注意什么？

① 器物是真品还是仿品
② 器物本身的优劣程度
③ 器物当前收藏者的身份
④ 器物的实用性和功能性

A ①③
B ①②
C ②④
D ③④

자오루전은 골동품을 감정할 때 무엇에 주의해야 한다고 생각하는가?

① 기물이 진품인지 모조품인지
② 기물 자체의 우열 정도
③ 기물의 현재 소장자의 신분
④ 기물의 실용성과 기능성

A ①③
B ①②
C ②④
D ③④

해설 질문이 자오루전은 골동품을 감정할 때 무엇에 주의해야 한다고 생각하는지 물었으므로, 질문의 핵심어구 赵汝珍, 鉴别古玩과 관련된 내용을 지문에서 재빨리 찾는다. 다섯 번째 단락에서 著名的鉴赏家赵汝珍在其《鉴赏鼻烟壶》一书中指出：古玩的鉴别，注意点有二，一是辨其真伪；二是鉴定其优劣。라고 했으므로, ① 器物是真品还是仿品과 ② 器物本身的优劣程度가 포함된 선택지 B ①②가 정답이다.

어휘 鉴别 jiànbié [동] 감정하다, 감별하다　当前 dāngqián [명] 현재, 지금　收藏 shōucáng [동] 소장하다

67 鼻烟壶的名贵程度取决于：

A 瓶身的纹理及色泽
B 其文化价值和研究价值
C 其出土年份和出土地点
D 做工的精美程度和用料的选择

비연호의 진귀함의 정도는 무엇에 달려있는가:

A 병의 무늬 및 빛깔
B 그것의 문화 가치와 연구 가치
C 그것의 출토 연도와 출토 장소
D 가공 기술의 정교한 정도와 재료의 선택

해설 질문이 비연호의 진귀함의 정도는 무엇에 달려있는지 물었으므로, 질문의 핵심어구 名贵程度와 관련된 내용을 지문에서 재빨리 찾는다. 다섯 번째 단락에서 这是因为鼻烟壶的名贵及优劣程度在于其质料的好坏和做工的精细程度。라고 했으므로, 선택지 D 做工的精美程度和用料的选择가 정답이다.

어휘 名贵 míngguì [형] (유명하고) 진귀하다　纹理 wénlǐ [명] 무늬, 결　色泽 sèzé [명] 빛깔, 색깔과 광택　出土 chūtǔ [동] 출토하다

68 根据上下文，最后一段空白处最适合填入的词语是：

A 凯歌
B 领域
C 布局
D 结晶

앞뒤 내용에 근거하여, 마지막 단락의 빈칸에 들어갈 어휘로 가장 알맞은 것은:

A 승리의 노래
B 영역
C 구도
D 결정체

해설 질문이 마지막 단락의 빈칸에 들어갈 어휘로 가장 알맞은 것을 물었다. 선택지 A는 '승리의 노래', B는 '영역', C는 '구도', D는 '결정체'라는 의미이다. 빈칸 주변이 '그것(비연호)은 역사와 예술의 ______이며, 긴 세월 동안 온갖 풍경이 응축되었으며 독특한 동양의 정취가 응집되었다.'라는 문맥이므로, 빈칸에는 긴 역사와 온갖 예술이 집약된 것을 의미하는 어휘가 들어가야 한다. 따라서 선택지 D 结晶이 정답이다.

어휘 凯歌 kǎigē [명] 승리의 노래, 개선가[승전을 했을 때 부르는 노래]　领域 lǐngyù [명] 영역, 분야　布局 bùjú [명] 구도, 배치　结晶 jiéjīng [명] 결정체

[H]　晕是一种大气光学现象，是日光或月光透过卷层云中的冰晶时，经折射或反射而形成的。当光线射入卷层云中的冰晶后，经过两次折射，分散成不同方向的各色光。这时在太阳或月亮周围可能会出现一个或两个以太阳或月亮为中心的彩色光环，光环颜色内紫外红，这就是所谓的晕。晕的形状与冰晶息息相关，冰晶对晕的形成起着决定性作用。

[A]　卷层云里的冰晶有不同的形状，与晕的形成有关的冰晶主要有四种：六角片状、六角柱状、带盖帽的六角柱状和六角锥状。形状各异的冰晶被光折射之后会形成不同的晕。晕的种类繁多，呈环形的被称为"圆晕"，呈弧形的被称为"珥"，还有一些呈光斑状的则被称为"幻日"或者"假日"。最常见的晕是属于圆晕的"小晕"和"大晕"。

[F]　小晕是以太阳或月亮为圆心，视角半径约为22°，内圈呈淡红色的白色光环，小晕又被称为"22°晕"。小晕是太阳光穿过六角柱状冰晶顶角发生偏折形成的，色序与彩虹相反。一般而言，内侧的颜色最为清晰，外层的则最不明显。小晕的光强度和颜色特征是由冰晶的折射和衍射效应共同作用的结果。小晕的颜色分布与冰晶的大小具有明显的相关性，冰晶越大，冰晶大小分布越均匀，小晕的颜色越纯，反之亦然。

[G]　比起小晕，大晕则相对罕见，且亮度也不如小晕高。大晕是由日光或者月光从六角柱状冰晶的基面射入而形成视角半径为46°的晕圈，因此大晕也被称为"46°晕"。通过六角柱状冰晶的太阳光比较少，导致大晕在空中较为分散，因此大晕的光明显比小晕暗淡，往往只能看到白色的光环。但是由于视角半径较大，大晕的晕圈半径大概是太阳的两倍，看起来非常大。大晕环绕在太阳的周围，看上去宛如给太阳戴了美瞳。

[D]　古人经常会根据晕来预测天气。古人有云"日晕三更雨，月晕午时风"。意思是说如果白天出现日晕现象的话，那么在半夜十二点左右可能会下雨；如果在晚上出现月晕现象的话，那么第二天中午就很有可能会刮风。之所以出现晕，是因为有富含冰晶的卷层云存在，而卷层云通常出现在气旋的前端。随着气旋逐渐移近，云层愈来愈低，风力越来越强，卷层云依次转变为高层云、雨层云，这意味着将会有降雨。因此，日晕或者月晕的出现，常常预示着风雨天气即将到来。

[H]　무리는 일종의 대기 광학 현상으로, 햇빛이나 달빛이 권층운의 얼음 결정을 투과할 때 굴절되거나 반사되어 형성된다. 빛이 권층운에 있는 얼음 결정을 통과한 후에는 두 번 굴절되어 각기 다른 방향의 다양한 빛으로 분산된다. 이때 태양이나 달 주위에 한 개 또는 두 개 이상의 태양이나 달을 중심으로 한 색깔이 있는 빛의 고리가 나타날 수 있고, 빛의 고리 색상은 안은 보라색이고 밖은 붉은색인데, 이것이 이른바 무리이다. 무리의 형태는 얼음 결정과 밀접한 관련이 있으며 얼음 결정은 무리의 형성에 결정적인 역할을 한다.

[A]　권층운의 얼음 결정은 각기 모양이 다르며, 무리의 형성과 관련 있는 얼음 결정은 주로 육각판 모양, 육각기둥 모양, 모자를 쓴 육각기둥 모양과 육각뿔 모양 네 가지이다. 모양이 서로 다른 얼음 결정은 빛에 의해 굴절된 후 서로 다른 무리를 형성한다. 무리의 종류는 아주 많은데, 고리 모양을 '원무리', 아치형 모양을 '이'라고 하며, 반점 모양을 '환일' 또는 '가일'이라고 한다. 가장 흔한 무리는 원무리에 속하는 '작은 무리'와 '큰 무리'이다.

[F]　작은 무리는 태양이나 달을 원의 중심으로 시각 반경이 약 22°이며 안쪽 원이 옅은 붉은색을 띠는 흰색 빛의 고리로, 작은 무리는 '22° 무리'라고도 한다. 작은 무리는 햇빛이 육각기둥 모양 얼음 결정의 꼭지각을 통과한 뒤 굴절되어 형성되며, 색깔의 순서는 무지개와 반대된다. 일반적으로 안쪽의 색깔이 가장 뚜렷하고 바깥쪽은 가장 뚜렷하지 않다. 작은 무리의 빛의 세기와 색깔 특징은 얼음 결정의 굴절과 회절 효과가 함께 작용한 결과이다. 작은 무리의 색상 분포는 얼음 결정의 크기와 분명한 상관관계가 있다. 얼음 결정이 클수록 얼음 결정의 크기 분포가 균일하고 작은 무리의 색깔도 더 단순한데, 그 반대도 마찬가지이다.

[G]　작은 무리에 비해 큰 무리는 상대적으로 보기 드물고 작은 무리만큼 밝지 않다. 큰 무리는 햇빛이나 달빛이 육각기둥 모양 얼음 결정의 기저면에서 통과하여 시각 반경이 46°로 형성한 무리이므로, 큰 무리는 '46° 무리'라고도 한다. 육각기둥 모양의 얼음 결정을 통과하는 햇빛은 상대적으로 적어, 큰 무리가 공중에 분산되게 하는데, 이로 인해 큰 무리의 빛이 작은 무리보다 현저히 어둡고 종종 흰색 빛의 고리만 볼 수 있다. 그러나 시각 반경이 크기 때문에 큰 무리의 무리 반경은 태양의 두 배 정도로 굉장히 커 보인다. 큰 무리는 태양 주위를 둘러싸고 있어 마치 태양에 컬러렌즈를 끼운 것 같이 보인다.

[D]　옛사람들은 종종 무리로 날씨를 예측했다. 옛사람들은 '햇무리가 나타나면 한밤중에 비가 오고, 달무리가 나타나면 정오에 바람이 분다'라고 했다. 이 뜻은 낮에 햇무리 현상이 나타나면 밤 12시쯤 비가 올 수 있고, 밤에 달무리 현상이 나타나면 다음 날 정오에 바람이 불 가능성이 높다는 뜻이다. 무리가 출현하는 까닭은 얼음 결정이 풍부한 권층운이 존재하기 때문인데, 권층운은 일반적으로 회오리바람의 앞부분에서 발생한다. 회오리바람이 점차 가까워짐에 따라 구름층은 점점 낮아지고 바람은 점점 강해지는데, 권층운은 고층운과 난층운으로 순차적으로 바뀐다. 이는 곧 비가 올 것임을 의미한다. 따라서 햇무리나 달무리의 출현은 종종 머지않아 비바람이 불 것임을 예시한다.

[C]　而在热带气旋的外缘也会有卷层云存在，同样可以形成晕。因此在台风季，低纬度地区看到天空有卷层云并出现晕时，则可以推测其是台风将至的征兆。

[E]　当然，这并不意味着日晕的出现一定是下雨的征兆，月晕的出现就必定有强风，具体的情况还需要结合其他的天气条件来判断。如果卷层云只是在气旋的边缘经过，则不一定会有雨，也许只会出现云层增厚、风力增强、风向改变的现象而已。

[배열할 수 없는 단락]

[B]　当天空有薄云出现时，太阳光透过云层，在太阳或月亮周围会形成彩色的光环，这些内紫外红的彩色光环，是由云中水滴或冰晶衍射而成的。这些光环被称作"华"。云中的水滴或冰晶的直径越小，华的光环越大；云层内水滴或冰晶的大小越均匀，华的光环颜色越鲜明。如果云层里同时存在不同半径的水滴和冰晶，就会出现几道光环。

[C]　열대성 회오리바람의 가장자리에도 권층운이 존재하는데, 마찬가지로 무리를 형성할 수 있다. 따라서 태풍철에 저위도 지역에서 하늘에 권층운이 보이고 무리가 생긴다면 이는 태풍이 올 징조라고 추측할 수 있다.

[E]　물론 그렇다고 해서 햇무리의 출현이 반드시 비가 올 것이라는 징조이고 달무리의 출현이 반드시 강풍이 분다는 것을 의미하지는 않으며, 구체적인 상황은 다른 기상 조건과 결합하여 판단해야 한다. 권층운이 회오리바람의 가장자리를 지나기만 한다면 비가 안 올 수도 있으며, 구름층이 두꺼워지고 바람이 강해지고 풍향이 변하는 현상 정도만 나타날 수도 있다.

[B]　하늘에 얇은 구름이 나타날 때, 햇빛은 구름층을 통과하여 태양이나 달 주위에 색깔이 있는 빛의 고리를 형성하는데, 이러한 안은 보라색이고 밖은 붉은색인 색깔이 있는 빛의 고리는 구름 속 물방울이나 얼음 결정의 회절에 의해 형성된 것이다. 이 빛의 고리는 '화'라고 불린다. 구름 속 물방울 또는 얼음 결정의 직경이 작을수록 화의 빛의 고리는 커지고, 구름층 내부의 물방울 또는 얼음 결정의 크기가 균일할수록 화의 빛의 고리 색깔이 더 선명해진다. 구름층에 서로 다른 반경의 물방울과 얼음 결정이 동시에 존재하면 여러 개의 빛의 고리가 나타날 수 있다.

어휘　晕 yùn 명 무리[대기 광학 현상]　大气 dàqì 명 대기　透过 tòuguò 통 투과하다　卷层云 juǎncéngyún 명 권층운　折射 zhéshè 통 굴절하다　反射 fǎnshè 통 반사하다　分散 fēnsàn 통 분산시키다　息息相关 xīxīxiāngguān 성 밀접한 관련이 있다　环形 huánxíng 명 고리 모양　弧形 húxíng 명 아치형　视角 shìjiǎo 명 시각[물체의 양쪽 끝으로부터 눈에 이르는 두 직선이 이루는 각]　半径 bànjìng 명 반경, 반지름　穿过 chuānguò 통 통과하다, 관통하다　偏折 piānzhé 통 굴절되다　彩虹 cǎihóng 명 무지개　清晰 qīngxī 형 뚜렷하다　光强度 guāngqiángdù 명 빛의 세기　衍射效应 yǎnshè xiàoyìng 명 회절 효과　均匀 jūnyún 형 균일하다　反之亦然 fǎnzhī yì rán 반대로 해도 마찬가지다　相对 xiāngduì 형 상대적이다　罕见 hǎnjiàn 형 보기 드물다　暗淡 àndàn 형 어둡다　环绕 huánrào 통 둘러싸다　美瞳 měitóng 명 컬러렌즈　三更 sāngēng 명 한밤중, 깊은 밤　富含 fùhán 통 풍부하게 함유하다　愈来愈 yù lái yù 점점, 갈수록　预示 yùshì 통 예시하다　即将 jíjiāng 분 머지않아　热带 rèdài 명 열대　气旋 qìxuán 명 회오리바람　台风 táifēng 명 태풍　纬度 wěidù 명 위도　推测 tuīcè 통 추측하다　征兆 zhēngzhào 명 징조　意味着 yìwèizhe 통 의미하다　必定 bìdìng 분 반드시　边缘 biānyuán 명 가장자리　直径 zhíjìng 명 직경, 지름　鲜明 xiānmíng 형 선명하다

해설　69.　이미 배열된 F, C를 제외한 나머지 단락에서 첫 순서에 들어갈 단락을 찾아서 배열한다. H에서 晕(무리)이라는 대기 광학 현상에 대해 전반적으로 소개하는 내용이 포함되어 있으므로, H를 첫 순서에 배열한다.

70.　이미 배열된 F의 전반부에 언급된 小晕(작은 무리)을 키워드로 확인해둔다. F에서 확인한 키워드 小晕이 동일하게 있으면서 무리의 종류가 언급된 A를 F 앞에 배열한다.

71.　A의 후반부에서 언급된 小晕과 大晕(큰 무리), 이미 배열된 F의 전반부에 언급된 小晕(작은 무리)을 키워드로 확인해둔다. 키워드 小晕과 大晕이 동일하게 있으면서 大晕에 대한 세부 설명이 언급된 G를 F 뒤에 배열한다.

72.　D의 중반에서 卷层云通常出现在气旋的前端(권층운은 일반적으로 회오리바람의 앞부분에서 발생한다)이라고 하며, 권층운이 일반적으로 발생하는 곳을 언급했다. 이미 배열된 C의 전반부에서 热带气旋的外缘也会有卷层云存在(열대성 회오리바람의 가장자리에도 권층운이 존재한다)라고 하며, 권층운이 발생하는 곳을 추가적으로 언급했으므로, 문맥상 D를 C 앞에 배열한다.

73.　이미 배열된 C의 후반부에 언급된 征兆(징조)를 키워드로 확인해둔다. C에서 확인한 키워드 征兆가 동일하게 있으면서 무리의 출현이 반드시 비가 오고, 강풍이 분다는 것을 의미하지는 않는다는 내용이 언급된 E를 C 뒤에 배열하여 지문을 완성한다.

[배열할 수 없는 단락]
B는 지문에서 언급된 光环(빛의 고리)이라는 키워드가 포함되어 있다. 그러나 지문 전체적으로 무리의 종류에 따른 고리의 색깔, 특징에 대해 설명하고 있는데, B는 빛의 고리에 대해서만 언급하고 있으므로 배열할 수 없는 단락이다.

배열된 순서

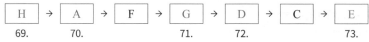

| H | → | A | → | F | → | G | → | D | → | C | → | E |

69.　　　 70.　　　　　　 71.　　 72.　　　　 73.

楚辞是战国时期出现的诗歌体裁。楚辞作为中国文学史上的一颗璀璨明珠，以其独特的文学风格和深邃的思想内涵，成为了中华文化的重要组成部分。人们谈及楚辞时，常常会想起一位伟大的诗人——屈原。屈原是楚辞的创立者和杰出代表，被誉为"楚辞之祖"。

屈原是战国时期楚国诗人、政治家。他出身于贵族，自幼接受良好的教育，具备深厚的文化素养。但同时，[74]他十分同情贫苦百姓，从小就做了许多体恤民众的好事，博得了众口一词的赞誉，很多百姓都很爱戴他。后来屈原入朝为官，进行了变法改革。他进行这场改革是为了让老百姓能过上好日子。然而改革触动了楚国贵族的利益，他陷入了政治斗争，遭到了小人的陷害，不幸被贬谪沅湘流域。流放期间，屈原将满腔热情投入到诗的创作中，通过诗句表达了自己对国家的忠心、忧虑以及对真理的追求。

在屈原的诗中，君臣之道是一个重要的主题。屈原在诗中表达了对忠臣孝子的敬仰、对奸臣贼子的憎恶以及对国家大事的关注和忧虑。[75]屈原擅长用某些相似的事物来形容另一事物，例如在代表作《离骚》中，他将自身比喻为"疾风中的兰花"，以表达自己高洁的品质和对国家的忠诚。

当时的政治中心在北方，因此北方诗歌代表了当时的主流文学。北方诗歌反映了劳动与爱情、战争与徭役、压迫与反抗、风俗与婚姻、祭祖与宴会，甚至天象、地貌、动植物等方方面面的内容，是社会生活的一面镜子。[76]北方诗歌属于现实主义文学，内容贴近当时的生活，这正是儒家所推崇的。

而屈原所生活的楚国则远离政治中心，[77]因此他的诗逐渐展示出了不同于北方诗歌的鲜明特色。首先，楚国民歌的诗句有长有短，参差灵活，还习惯用"兮"字当语气词，以增强节奏，舒缓语气。屈原也把这些特点加在了自己的诗里。其次，[78]楚国一直盛行一种迷信色彩浓厚的巫文化，老百姓有崇信鬼神的风俗，喜欢举行祭祀活动。这给屈原提供了很多素材，他的诗也因此具有独特的艺术魅力。最后，屈原的诗辞藻和形式华丽，富有浪漫主义色彩。

[79]屈原的诗被视为浪漫主义文学的开端。屈原开创了新的诗体后，文人们争相模仿他的风格写诗，于是一种新的诗歌体裁——楚辞逐渐形成了。楚辞的出现结束了北方诗歌独霸文坛的局面。

屈原和楚辞对现代文学产生了深远的影响。首先，屈原的形象和精神成为了中国文学史上的经典符号。他的爱国情怀、高洁品质和对真理的追求成为了文学创

초사는 전국시대에 등장한 시가 장르이다. 초사는 중국 문학사의 빛나는 진주이며, 초사의 독특한 문학 풍격과 심오한 사상적 의미로 중국 문화의 중요한 구성 부분이 되었다. 사람들이 초사를 말할 때 종종 위대한 시인 굴원을 떠올린다. 굴원은 초사의 창시자이자 걸출한 대표로, '초사의 시조'라고 불린다.

굴원은 전국시대 초나라의 시인이자 정치가이다. 그는 귀족 출신으로 어려서부터 좋은 교육을 받았고, 깊은 문화적 소양을 가지고 있었다. 그러나 동시에 [74]그는 가난한 백성들을 매우 동정하고 어려서부터 민중을 돌보는 좋은 일을 많이 하여, 많은 사람이 같은 목소리로 낸 칭찬을 받았으며 많은 백성은 모두 그를 존경했다. 이후 굴원은 조정에 들어가 관리가 되어 법을 고치고 개혁을 실행했다. 그가 이 개혁을 실행한 것은 백성들이 잘 살 수 있도록 하기 위해서였다. 그러나 개혁은 초나라 귀족들의 이익을 건드려서, 그는 정치 투쟁에 빠졌고 소인들의 모함을 받았으며, 불행하게도 위안샹 유역에 좌천되었다. 유배 기간에 굴원은 가슴속에 가득 찬 열정을 시 창작에 쏟았으며, 시구를 통해 국가에 대한 자신의 충성심, 우려 그리고 진리에 대한 추구를 나타냈다.

굴원의 시에서 군신의 도리는 중요한 주제이다. 굴원은 시에서 군자에 충성하고 부모에 효도하는 사람에 대한 존경, 군자에 충성하지 않는 사람에 대한 증오, 그리고 국가 대사에 대한 관심과 우려를 나타냈다. [75]굴원은 어떤 비슷한 사물로 다른 사물을 묘사하는 것에 뛰어났는데, 대표작 <이소>에서 그는 자신을 '질풍 속의 난초'로 비유하며, 자신의 고결한 인품과 국가에 대한 충성심을 나타낸 것이 그 예이다.

당시 정치의 중심은 북방에 있었기 때문에 북방의 시가는 당시의 주류 문학을 대표했다. 북방의 시가는 노동과 사랑, 전쟁과 부역, 억압과 저항, 풍습과 혼인, 제사와 연회, 심지어는 기후 현상, 지형, 동식물 등 모든 방면의 내용을 반영했고, 사회생활의 거울이 되었다. [76]북방의 시가는 사실주의 문학에 속하여 내용은 당시의 생활에 근접해 있는데, 이 점이 바로 유가가 추앙하는 것이었다.

굴원이 살았던 초나라는 정치의 중심에서 멀리 떨어져 있었고, [77]그리하여 그의 시가는 점차 북방의 시가와는 다른 뚜렷한 특색을 보여주었다. 먼저, 초나라 민가의 시구는 길고 짧음이 있고, 들쭉날쭉하고 유연하며, 습관적으로 '兮'자를 어기조사로 사용하여 리듬감을 높이고 어감을 부드럽게 했다. 굴원도 이러한 특징을 자신의 시에 추가했다. 그다음으로, [78]초나라에는 줄곧 미신적인 색채가 짙은 무속 문화가 성행했는데, 백성들은 귀신을 숭배하는 풍습이 있어 제사를 지내는 것을 좋아했다. 이것은 굴원에게 많은 소재를 제공했고, 그의 시도 이 때문에 독특한 예술적 매력이 있다. 마지막으로, 굴원의 시의 사조와 형식은 화려하고, 낭만적인 색채를 띤다.

[79]굴원의 시는 낭만주의 문학의 시초로 간주된다. 굴원이 새로운 시체를 처음으로 사용한 후, 문인들은 앞다퉈 그의 풍격을 모방하여 시를 썼고, 새로운 시가 장르인 초사가 점차 형성되었다. 초사의 출현은 북방의 시가가 문단을 독점하는 국면을 종식시켰다.

굴원과 초사는 현대 문학에 크고 깊은 영향을 미쳤다. 먼저, 굴원의 이미지와 정신은 중국 문학사의 고전적인 상징이 되었다. 그의 애국심, 고결한 인품과 진리에 대한 추구는 문학 창작의 주제이자 본보기가 되

作的主题和典范。其次，[80]楚辞的出现为中国文学开辟了新的创作方向。它独特的风格和丰富的表现手法为后来的诗歌创作提供了灵感和借鉴。此外，楚辞所蕴含的文化内涵和精神价值对现代社会仍具有重要的启示意义。通过对屈原与楚辞的溯源和解读，人们可以更好地了解中华文化的深厚底蕴和文学艺术的独特魅力。

었다. 그다음으로, [80]초사의 출현은 중국 문학에 새로운 창작 방향을 개척했다. 그것의 독특한 풍격과 풍부한 표현 기법은 이후의 시가 창작에 영감과 참고할 점을 제공했다. 이 밖에, 초사가 내포하고 있는 문화적 의미와 정신적 가치는 현대 사회에 여전히 중요한 시사적 의의를 가지고 있다. 굴원과 초사의 근원을 찾아 연구하고 해석하는 것을 통해, 사람들은 중국 문화의 깊은 저력과 학문과 예술의 독특한 매력을 더 잘 이해할 수 있다.

어휘 体裁 tǐcái 몡장르 璀璨 cuǐcàn 톙(반짝반짝) 빛나다 深邃 shēnsuì 톙심오하다 内涵 nèihán 몡의미 创立者 chuànglìzhě 몡창시자
　　 杰出 jiéchū 톙걸출하다 出身 chūshēn 됭~ 출신이다 贵族 guìzú 몡귀족 素养 sùyǎng 몡소양 贫苦 pínkǔ 톙가난하다
　　 体恤 tǐxù 됭돌보다, 그 입장이 되어 생각하다 民众 mínzhòng 몡민중
　　 众口一词 zhòngkǒuyìcí 솅많은 사람이 같은 목소리를 내다, 여러 사람의 의견이 일치하다 赞誉 zànyù 됭칭찬하다
　　 爱戴 àidài 됭존경하다, 추대하다 触动 chùdòng 됭건드리다, 불러일으키다 陷入 xiànrù 됭(불리한 지경에) 빠지다
　　 斗争 dòuzhēng 됭투쟁하다 小人 xiǎorén 몡소인[그릇이 좁고 간사한 사람] 陷害 xiànhài 됭모함하다 贬谪 biǎnzhé 됭좌천되다
　　 流域 liúyù 몡유역[강물이 지나가는 주위의 모든 지역] 流放 liúfàng 됭유배하다 满腔 mǎnqiāng 됭가슴속에 가득 차다
　　 创作 chuàngzuò 됭창작하다 忠心 zhōngxīn 몡충성심 忧虑 yōulǜ 됭우려하다 真理 zhēnlǐ 몡진리
　　 忠臣孝子 zhōngchénxiàozǐ 솅군자에 충성하고 부모에 효도하는 사람 敬仰 jìngyǎng 됭존경하다, 존경하고 우러러보다
　　 奸臣贼子 jiānchénzéizǐ 솅군자에 충성하지 않는 사람 憎恶 zēngwù 됭증오하다 关注 guānzhù 됭관심을 가지다
　　 擅长 shàncháng 됭뛰어나다 疾风 jífēng 몡질풍[몹시 빠르고 센 바람] 品质 pǐnzhì 몡인품 忠诚 zhōngchéng 톙충성스럽다
　　 主流 zhǔliú 몡주류 徭役 yáoyì 몡부역, 요역 压迫 yāpò 됭억압하다 反抗 fǎnkàng 됭저항하다 婚姻 hūnyīn 몡혼인
　　 祭祖 jìzǔ 됭(조상에게) 제사 지내다 天象 tiānxiàng 몡기후 현상 方方面面 fāngfāngmiànmiàn 몡모든 방면 贴近 tiējìn 됭근접해 있다
　　 儒家 Rújiā 고유유가 推崇 tuīchóng 됭추앙하다 展示 zhǎnshì 됭보이다, 드러내다 鲜明 xiānmíng 톙뚜렷하다
　　 参差 cēncī 톙들쭉날쭉하다, 가지런하지 못하다 灵活 línghuó 톙유연하다, 융통성이 있다 节奏 jiézòu 몡리듬감
　　 舒缓 shūhuǎn 됭부드럽게 하다 盛行 shèngxíng 됭성행하다 迷信 míxìn 됭미신을 믿다 浓厚 nónghòu 톙짙다 巫 wū 몡무속
　　 崇信 chóngxìn 됭숭배하다 祭祀 jìsì 됭제사를 지내다 素材 sùcái 몡소재 魅力 mèilì 몡매력
　　 辞藻 cízǎo 몡사조[시의 문채나 말의 미사여구를 가리킴] 华丽 huálì 톙화려하다 开端 kāiduān 몡시초 文人 wénrén 몡문인
　　 独霸 dúbà 됭독점하다 文坛 wéntán 몡문단 局面 júmiàn 몡국면 深远 shēnyuǎn 톙크고 깊다 符号 fúhào 몡상징, 부호
　　 情怀 qínghuái 몡감정 典范 diǎnfàn 몡본보기 开辟 kāipì 됭개척하다 手法 shǒufǎ 몡기법 灵感 línggǎn 몡영감
　　 借鉴 jièjiàn 됭참고로 하다 蕴含 yùnhán 됭내포하다 启示 qǐshì 됭시사하다 溯源 sùyuán 됭근원을 찾아 연구하다
　　 解读 jiědú 됭(암호 등을 읽고) 해석하다 底蕴 dǐyùn 몡저력, 오랜 연구로 깊이 쌓은 학식

74	第二段中，画线词语"众口一词"的意思是什么？	두 번째 단락에서, 밑줄 친 어휘 '众口一词'의 의미는 무엇인가?
	许多人都说同样的话	많은 사람이 같은 목소리를 낸다

해설　질문의 众口一词에서 众은 '많다', 口는 '입', 一词는 '한 말'라는 의미이므로, 众口一词는 '많은 입이 한 말을 한다', 즉 '많은 사람이 같은 목소리를 낸다'라는 의미임을 유추할 수 있다. 众口一词가 포함된 문장은 '그는 가난한 백성들을 매우 동정하고 어려서부터 민중을 돌보는 좋은 일을 많이 하여, 많은 사람이 같은 목소리로 낸 칭찬을 받았다'라는 자연스러운 문맥이므로, 众口一词는 유추해둔 '많은 사람이 같은 목소리를 낸다'라는 의미로 사용되었음을 확인할 수 있다. 따라서 许多人都说同样的话를 답변으로 쓴다.

어휘　众口一词 zhòngkǒuyìcí 솅많은 사람이 같은 목소리를 내다, 여러 사람의 의견이 일치하다

75	根据上下文，请在第三段的空白处填上一个恰当的词语。	앞뒤 내용에 근거하여, 세 번째 단락의 빈칸에 알맞은 어휘를 쓰세요.
	比喻	비유하다

해설　세 번째 단락의 빈칸 주변을 읽는다. 빈칸 앞뒤는 '굴원은 어떤 비슷한 사물로 다른 사물을 묘사하는 것에 뛰어났는데, 대표작 <이소>에서 그는 자신을 '질풍 속의 난초'로_____, 자신의 고결한 인품과 국가에 대한 충성심을 나타낸 것이 그 예이다.'라는 문맥이므로, 빈칸에는 사람을 '질풍 속의 난초'라는 특정한 대상에 빗대어 표현한다는 의미를 나타내는 어휘가 들어가야 한다. 따라서 比喻를 답변으로 쓴다.

어휘　比喻 bǐyù 됭비유하다

76	作为现实主义文学，北方诗歌的内容有什么特点？	사실주의 문학으로서, 북방 시가의 내용은 어떤 특징이 있는가?
	贴近当时的生活	당시의 생활에 근접해 있다

해설 질문이 사실주의 문학으로서 북방 시가의 내용은 어떤 특징이 있는지 물었으므로, 질문의 핵심어구 现实主义文学, 北方诗歌와 관련된 내용을 지문에서 재빨리 찾는다. 네 번째 단락에서 北方诗歌属于现实主义文学, 内容贴近当时的生活라고 했으므로, 해당 부분에서 언급된 贴近当时的生活를 그대로 답변으로 쓴다.

어휘 **贴近** tiējìn[동]근접해 있다

77		
	第五段主要介绍了什么?	다섯 번째 단락은 주로 무엇을 소개하고 있는가?
	屈原的诗的鲜明特色	굴원의 시의 뚜렷한 특색

해설 질문이 다섯 번째 단락의 중심 내용을 물었으므로, 다섯 번째 단락을 재빠르게 읽으며 중심 내용을 파악한다. 단락 초반에서 因此他的诗逐渐展示出了不同于北方诗歌的鲜明特色라고 하며 굴원의 시가가 북방의 시가와 다르게 어떤 뚜렷한 특색이 있는지 언급하고 있으므로, 다섯 번째 단락의 중심 내용은 굴원의 시의 뚜렷한 특색임을 알 수 있다. 따라서 屈原的诗的鲜明特色를 답변으로 쓴다.

어휘 **鲜明** xiānmíng[형]뚜렷하다

78		
	楚国的哪种风俗给屈原的诗提供了素材?	초나라의 어떤 풍습이 굴원의 시에 소재를 제공했는가?
	崇信鬼神的风俗	귀신을 숭배하는 풍속

해설 질문이 초나라의 어떤 풍습이 굴원의 시에 소재를 제공했는지 물었으므로, 질문의 핵심어구 风俗, 给屈原的诗提供了素材와 관련된 내용을 지문에서 재빨리 찾는다. 다섯 번째 단락에서 楚国一直盛行一种迷信色彩浓厚的巫文化, 老百姓有崇信鬼神的风俗, 喜欢举行祭祀活动。这给屈原提供了很多素材라고 했으므로, 해당 부분에서 언급된 崇信鬼神的风俗를 그대로 답변으로 쓴다.

어휘 **素材** sùcái[명]소재 **崇信** chóngxìn[동]숭배하다

79		
	屈原的诗被认为是哪种文学类型的开端?	굴원의 시는 어떤 문학 유형의 시초로 간주되는가?
	浪漫主义文学	낭만주의 문학

해설 질문이 굴원의 시는 어떤 문학 유형의 시초로 간주되는지 물었으므로, 질문의 핵심어구 文学类型的开端과 관련된 내용을 지문에서 재빨리 찾는다. 여섯 번째 단락에서 屈原的诗被视为浪漫主义文学的开端。이라고 했으므로, 해당 부분에서 언급된 浪漫主义文学를 그대로 답변으로 쓴다.

어휘 **开端** kāiduān[명]시초

80		
	楚辞为后来的诗歌创作提供了什么?	초사의 출현은 이후의 시가 창작에 무엇을 제공했는가?
	灵感和借鉴	영감과 참고할 것

해설 질문이 초사의 출현은 이후의 시가 창작에 무엇을 제공했는지 물었으므로, 질문의 핵심어구 后来的诗歌创作와 관련된 내용을 지문에서 재빨리 찾는다. 마지막 단락에서 楚辞的出现为中国文学开辟了新的创作方向。它独特的风格和丰富的表现手法为后来的诗歌创作提供了灵感和借鉴이라고 했으므로, 해당 부분에서 언급된 灵感和借鉴을 그대로 답변으로 쓴다.

어휘 **创作** chuàngzuò[동]창작하다 **灵感** línggǎn[명]영감 **借鉴** jièjiàn[동]참고로 하다

81-87

气势雄伟的岳阳楼与武昌黄鹤楼、南昌滕王阁并称为中国江南三大名楼。它被修建在岳阳古城西门城墙之上，是中华文化的重要瑰宝，自古有“洞庭天下水，岳阳天下楼”之誉。

相传，东汉末年，孙权命令手下大将鲁肃镇守巴丘，操练水军。在洞庭湖与长江相连的险要地段，[81]鲁肃建成了巴丘古城。建安二十年，[81]他在巴丘古城修筑了“阅军楼”，用于指挥和训练水军，阅军楼便是岳阳楼的前身。在西晋南北朝时期，[82]阅军楼被称为“巴陵城楼”，

기세가 웅장한 악양루는 우창의 황학루, 난창의 등왕각과 함께 중국 강남의 3대 명루로 알려져 있다. 악양루는 악양고성의 서문 성벽 위에 세워졌으며, 중국 문화의 귀중한 보물이고, 예로부터 '동정호는 천하제일의 호수이며 악양루는 천하제일의 누각이다'라는 명예를 가지고 있다.

동한 말기에 손권은 부하인 대장 노숙에게 파구를 지키고, 수군을 훈련시킬 것을 명령했다고 전해진다. 동정호와 장강이 서로 맞닿아 있는 험준한 지역에 [81]노숙은 파구고성을 건설했다. 건안 20년, [81]그는 파구고성에 수군을 지휘하고 훈련시킬 수 있는 '열군루'를 지었는데, 열군루가 바로 악양루의 전신이다. 서진남북조시대에 [82]열군루는 '파릉성루'라고

而在中唐时期，诗仙李白赋诗之后，它才开始被称为"岳阳楼"。随着历史的推移，岳阳楼逐渐演变成了人们登临游览、观光景象的地方。岳阳楼在漫漫历史长河中，屡遭毁坏又屡被修建，因此岳阳楼的建筑风格虽然在不同时期有所差异，但整体上没有太大的变化，基本保留了最原始的韵味。

岳阳楼是中国古建筑的杰作之一，有自身独一无二的建筑特点。岳阳楼的主楼坐西朝东，呈长方形，为纯木结构，共有三层，高达十五米。主体的四根大楠木被称为"通天柱"，从一楼直抵三楼。此外，岳阳楼还有独特的盔顶以及飞檐，[83]屋顶的四坡为盔顶，形状酷似一顶将军盔，上面还覆盖着琉璃黄瓦，四角的飞檐高高翘起，如同鹏鸟展翅。

岳阳楼内一楼悬挂着范仲淹《岳阳楼记》的雕屏以及其他诗文、对联和雕刻作品；二楼悬有紫檀木雕屏，上面刻有清朝书法家张照所书写的《岳阳楼记》；三楼则悬有毛泽东手书的杜甫《登岳阳楼》诗词的雕屏。[84]在三楼外面的斗拱上，挂着刻有"岳阳楼"三个镀金大字的牌匾，牌匾上的大字遒劲有力，刚柔并济，让人感觉酣畅淋漓、赏心悦目。自宋代以来，岳阳楼上便有了牌匾，不过由于牌匾或被毁于大火，或被毁于战乱，或被毁于风雨之蚀，所以岳阳楼的牌匾也不得不频繁更换。在1961年，岳阳楼迎来了一块新的牌匾，由当时著名考古学家郭沫若所题写，而这块牌匾也被使用至今。它与暗红色的楼窗，黄色的琉璃瓦和雄浑威武的盔顶浑然一体，凝聚了整个岳阳楼的灵气，可谓点睛之笔，令人赞叹不已。

除了岳阳楼建筑本身之外，其园林环境也十分宜人，最为著名的当属"洞庭春色"。[85]虽说岳阳楼四季皆有不同的景致，但春季的景色最为壮美。在春季，岳阳楼前的洞庭湖水波荡漾，周围的柳树也抽出嫩芽。[86]登上岳阳楼，就可以欣赏到樱花飘落、群芳争艳、绿意盎然的春色，这仿佛构成了一幅五彩缤纷的水彩画。

岳阳楼作为江南三大名楼中唯一一座基本保持原貌的古建筑，其建筑艺术价值无与伦比。千百年来，无数的文人墨客在此登临胜景，抒发情怀，并记之于文，留下了无数脍炙人口的诗篇。[87]岳阳楼作为一座历史悠久的建筑，见证了中国历史的变迁。它不仅是一座古老的建筑，也是一部活生生的历史长卷。

불렸으며, 중당시대에 시선 이백이 시를 지으면서 이는 비로소 '악양루'라고 불리게 되었다. 역사의 흐름에 따라, 악양루는 점차 사람들이 유람하고 구경하는 곳으로 변해갔다. 악양루는 오랜 역사의 과정에서 여러 번 훼손되고 또 여러 번 지어졌기 때문에 악양루의 건축 양식은 비록 시기별로 다소 차이가 있지만, 전반적으로는 큰 변화가 없으며 대체로 가장 처음의 멋을 간직하고 있다.

악양루는 중국 고대 건축의 걸작 중 하나로, 자신만의 독특한 건축 특징을 가지고 있다. 악양루의 본건물은 서쪽에 위치하여 동쪽을 향하고 있으며, 직사각형이고 전체가 목조로, 총 3층이며 높이는 15미터에 달한다. 중심에 있는 4개의 큰 녹나무는 '통천주'라고 불리며, 1층에서 바로 3층까지 닿아있다. 이 밖에, 악양루에는 독특한 투구 모양의 지붕과 비우가 있는데, [83]지붕의 네 경사면이 투구 모양의 지붕으로, 형태가 장군의 투구와 매우 비슷하고, 위에는 노란색 유리 기와로 덮여 있으며, 네 귀퉁이의 비우는 높이 솟아 있어 붕새가 날개를 펼친 것 같다.

악양루 내 1층에는 범중엄의 <악양루기>의 조각 병풍과 다른 시 및 산문, 대련과 조각 작품이 걸려 있다. 2층에는 자단목의 조각 병풍이 있고, 위에는 청나라 서예가 장조가 쓴 <악양루기>가 새겨져 있다. 3층에는 마오쩌둥이 직접 쓴 두보의 <등악양루> 시사가 있는 조각 병풍이 걸려 있다. [84]3층 바깥쪽에 있는 지붕 받침에는 '악양루'라는 세 개의 도금된 큰 글자가 새겨진 현판이 걸려 있는데, 현판의 큰 글자는 강건하고 힘이 있으며, 강인함과 부드러움이 함께 있어, 호쾌하고 눈과 마음을 즐겁게 한다. 송나라 때부터 악양루에는 현판이 있었지만, 현판이 화재로 훼손되거나, 전란으로 훼손되고, 비바람의 침식에 훼손되었기 때문에 악양루의 현판은 자주 교체될 수밖에 없었다. 1961년, 악양루에는 새로운 현판이 생겼는데, 당시 유명한 고고학자인 곽말약이 쓴 것으로 이 현판은 오늘날에도 사용되고 있다. 이는 검붉은색의 창문, 노란색의 유리 기와와 웅장하고 위풍당당한 투구 모양의 지붕과 혼연일체가 되었고, 악양루의 영기를 응집해 화룡점정이라 말할 수 있으며 찬탄을 금치 못하게 한다.

악양루의 건축 자체 이외에 악양루의 정원 환경도 매우 사람들을 기분 좋게 하는데, 가장 유명한 것은 '동정춘색'이다. [85]비록 악양루는 사계절이 모두 다른 경치가 있다고 하지만, 봄의 경치가 가장 아름답다. 봄에는 악양루 앞에 있는 동정호의 물결이 넘실거리고, 주변의 버드나무들도 새싹을 틔운다. [86]악양루에 오르면 벚꽃이 흩날리고, 꽃들이 아름다움을 다투며, 초록빛이 흐드러진 봄의 경치를 감상할 수 있으며, 이것은 마치 오색찬란한 수채화를 이루는 것 같다.

악양루는 강남 3대 명루 중 유일하게 옛 모습을 거의 유지하고 있는 오래된 건축물로, 이것의 건축 예술적 가치는 매우 뛰어나다. 긴 세월 동안 수많은 문인 묵객들이 이곳에서 명승지를 유람하고 감정을 표현하며 글로 기록하여, 사람들에게 회자되는 수많은 시를 남겼다. [87]악양루는 오랜 역사를 가진 건축물로서 중국 역사의 변천을 목격했다. 악양루는 오래된 건축물일 뿐만 아니라 살아있는 역사의 작품이기도 하다.

어휘　气势 qìshì 명 기세　雄伟 xióngwěi 형 웅장하다　城墙 chéngqiáng 명 성벽　瑰宝 guībǎo 명 귀중한 보물　相传 xiāngchuán 동 ~라고 전해지다
镇守 zhènshǒu 동 지키다　操练 cāoliàn 동 훈련하다　相连 xiānglián 동 서로 맞닿다　险要 xiǎnyào 형 험준하다　地段 dìduàn 명 지역
指挥 zhǐhuī 동 지휘하다　前身 qiánshēn 명 전신　诗仙 shīxiān 명 시선[중국의 시인 이백(李白)을 가리키는 말]　推移 tuīyí 동 흐르다, 변하다
演变 yǎnbiàn 동 변하다　登临 dēnglín 동 명승지를 유람하다, 산을 오르고 강을 찾다　游览 yóulǎn 동 유람하다　屡 lǚ 부 여러 번
毁坏 huǐhuài 동 훼손하다　有所 yǒu suǒ 다소 ~하다　韵味 yùnwèi 명 멋, 우아한 맛　独一无二 dúyīwú'èr 성 독특하다, 유일무이하다
楠木 nánmù 명 녹나무　直抵 zhídǐ 바로 닿다　盔顶 kuīdǐng 명 투구 모양의 지붕　飞檐 fēiyán 명 비우[네 귀퉁이가 높이 솟아있는 처마]

屋顶 wūdǐng 몡지붕　酷似 kùsì 동매우 비슷하다　盔 kuī 몡투구　覆盖 fùgài 동덮다
琉璃黄瓦 liúlí huáng wǎ 노란색 유리 기와[유리 유약을 발라서 구운 노란색의 기와]　翘 qiào 동솟다, 젖히다　悬挂 xuánguà 동걸다
雕屏 diāopíng 몡조각 병풍[글을 새긴 병풍]　对联 duìlián 몡대련[종이나 기둥 등에 새긴 글귀]　雕刻 diāokè 동조각하다
书写 shūxiě 동(글을) 쓰다　斗拱 dǒugǒng 몡지붕 받침　牌匾 páibiǎn 몡현판[글이나 그림을 새겨 문 위나 벽에 거는 판자]
遒劲 qiújìng 형강건하다　刚柔并济 gāngróubìngjì 강인함과 부드러움이 함께 있다
酣畅淋漓 hānchànglínlí 형(문예 작품 등이) 호쾌하다, 통쾌하고 후련하다　赏心悦目 shǎngxīnyuèmù 형눈과 마음을 즐겁게 하다
蚀 shí 동침식하다　雄浑 xiónghún 형웅장하다　威武 wēiwǔ 형위풍당당하다　浑然一体 húnrányìtǐ 형혼연일체이다
凝聚 níngjù 동응집하다, 모으다　灵气 língqì 몡영기, 신비한 힘　可谓 kěwèi ~라고 말할 수 있다
点睛之笔 diǎnjīngzhībǐ 몡화룡점정이다, 생동감 있는 필치　赞叹不已 zàntànbùyǐ 찬탄을 금치 못하다　虽说 suīshuō 젭비록 ~하지만
四季 sìjì 몡사계절　皆 jiē 튄모두　荡漾 dàngyàng 넘실거리다　柳树 liǔshù 버드나무　嫩芽 nènyá 몡새싹　飘落 piāoluò 동흩날리다
群芳争艳 qúnfāngzhēngyàn 꽃들이 아름다움을 다투다　盎然 àngrán 형흐드러지다　春色 chūnsè 몡봄 경치
五彩缤纷 wǔcǎibīnfēn 오색찬란하다　文人墨客 wénrénmòkè 몡문인 문객　情怀 qínghuái 몡감정
脍炙人口 kuàizhìrénkǒu 사람들에게 회자되다　悠久 yōujiǔ 형오래되다　见证 jiànzhèng 동목격하다　变迁 biànqiān 동변천하다
长卷 chángjuàn 몡작품, 긴 두루마리

81

鲁肃修建阅军楼主要是为了什么?	노숙이 열군루를 지은 것은 주로 무엇을 위해서인가?
指挥和训练水军	수군을 지휘하고 훈련시킨다

해설　질문이 노숙이 열군루를 지은 것은 주로 무엇을 위해서인지 물었으므로, 질문의 핵심어구 鲁肃修建阅军楼와 관련된 내용을 지문에서 재빨리 찾는다. 두 번째 단락에서 鲁肃……他在巴丘古城修筑了"阅军楼", 用于指挥和训练水军이라고 했으므로, 해당 부분에서 언급된 指挥和训练水军을 그대로 답변으로 쓴다.

어휘　指挥 zhǐhuī 동지휘하다

82

第二段画线部分主要谈了什么?	두 번째 단락의 밑줄 친 부분에서 주로 이야기하는 것은 무엇인가?
岳阳楼名字的由来	악양루 이름의 유래

해설　질문이 두 번째 단락의 밑줄 친 부분의 중심 내용을 물었으므로, 두 번째 단락의 밑줄 친 부분을 재빠르게 읽으며 중심 내용을 파악한다. 밑줄 친 부분에서 이백이 시를 지은 후 열군루가 악양루로 불리게 되었다고 했으므로, 밑줄 친 부분의 중심 내용은 악양루라는 이름의 유래임을 알 수 있다. 따라서 岳阳楼名字的由来를 답변으로 쓴다.

어휘　由来 yóulái 몡유래

83

岳阳楼的屋顶形状像什么?	악양루의 지붕 모양은 무엇을 닮았는가?
一顶将军盔	장군의 투구

해설　질문이 악양루의 지붕 모양은 무엇을 닮았는지 물었으므로, 질문의 핵심어구 屋顶形状과 관련된 내용을 지문에서 재빨리 찾는다. 세 번째 단락에서 屋顶的四坡是盔顶, 形状酷似一顶将军盔라고 했으므로, 해당 부분에서 언급된 一顶将军盔를 그대로 답변으로 쓴다.

어휘　屋顶 wūdǐng 몡지붕　盔 kuī 몡투구

84

刻有"岳阳楼"三个镀金大字的牌匾被挂在哪里?	'악양루'라는 세 개의 도금된 큰 글자가 새겨진 현판은 어디에 걸려 있는가?
三楼外面的斗拱上	3층 바깥쪽에 있는 지붕 받침

해설　질문이 '악양루'라는 세 개의 도금된 큰 글자가 새겨진 현판은 어디에 걸려 있는지 물었으므로, 질문의 핵심어구 三个镀金大字的牌匾과 관련된 내용을 지문에서 재빨리 찾는다. 네 번째 단락에서 在三楼外面的斗拱上, 挂着刻有"岳阳楼"三个镀金大字的牌匾이라고 했으므로, 해당 부분에서 언급된 三楼外面的斗拱上을 그대로 답변으로 쓴다.

어휘　牌匾 páibiǎn 몡현판[글이나 그림을 새겨 문 위나 벽에 거는 판자]　斗拱 dǒugǒng 몡지붕 받침

85

根据上下文, 请在第五段的空白处填上一个恰当的词语。	앞뒤 내용에 근거하여, 다섯 번째 단락의 빈칸에 들어갈 가장 알맞은 어휘를 쓰세요.
四季	사계절

해설 다섯 번째 단락의 빈칸 주변을 읽는다. 빈칸 앞뒤는 '비록 악양루는 _____이 모두 다른 경치가 있다고 하지만, 봄의 경치가 가장 아름답다.'라는 문맥이므로, 빈칸에는 봄을 포함한 모든 계절을 나타내는 어휘가 들어가야 한다. 따라서 四季를 답변으로 쓴다.

어휘 四季 sìjì 몡 사계절

86	第五段画线词语 "这" 指代什么?	다섯 번째 단락의 밑줄 친 어휘 '이것'이 가리키는 것은 무엇인가?
	岳阳楼的春色	악양루의 봄의 경치

해설 질문이 다섯 번째 단락의 밑줄 친 어휘 '이것'이 가리키는 것은 무엇인지 물었으므로, 질문의 핵심어구 这와 관련된 내용을 지문에서 재빨리 찾는다. 다섯 번째 단락에서 登上岳阳楼, 就可以欣赏到樱花飘落、群芳争艳、绿意盎然的春色, 这仿佛构成了一幅五彩缤纷的水彩画。라고 했으므로, '이것'은 악양루의 봄의 경치를 가리키고 있음을 알 수 있다. 따라서 岳阳楼的春色를 답변으로 쓴다.

어휘 春色 chūnsè 몡 봄 경치

87	作为一座历史悠久的建筑, 岳阳楼见证了什么?	오랜 역사를 가진 건축물로서, 악양루는 무엇을 목격했는가?
	中国历史的变迁	중국 역사의 변천

해설 질문이 오랜 역사를 가진 건축물로서 악양루는 무엇을 목격했는지 물었으므로, 질문의 핵심어구 历史悠久的建筑, 见证과 관련된 내용을 지문에서 재빨리 찾는다. 마지막 단락에서 岳阳楼作为一座历史悠久的建筑, 见证了中国历史的变迁。이라고 했으므로, 해당 부분에서 언급된 中国历史的变迁을 그대로 답변으로 쓴다.

어휘 悠久 yōujiǔ 톙 오래되다 见证 jiànzhèng 동 목격하다 变迁 biànqiān 동 변천하다

88

以下是有关A公司1月-5月汽车销量的统计图，请对图表进行描述与分析，写一篇200字左右的文章，限定时间为15分钟。

다음은 A 회사의 1월~5월 자동차 판매량과 관련된 그래프이다. 그래프를 묘사하고 분석하여, 200자 내외의 글을 쓰시오. 제한 시간은 15분이다.

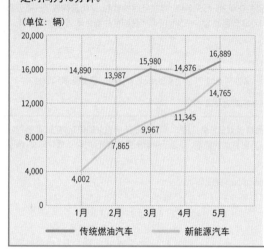

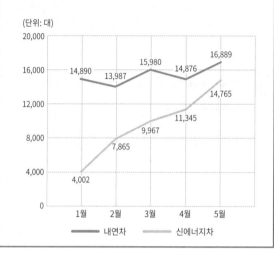

아웃라인

서론 주제 및 특징	• 제시된 그래프의 주제는 A 회사의 1월~5월 자동차 판매량과 관련된 내용임을 언급한다. 그리고 그래프의 전체적인 추세를 나타내는 내용을 언급한다.
본론 묘사·분석 내용	• 변화폭이 큰 신에너지차의 판매량이 크게 상승하고 있다는 특징을 언급한다. • 이후 내연차 판매량은 뚜렷한 규칙이 없이 매달 조금씩 변화하고 있다는 내용을 언급할 수 있다. • 마지막으로 신에너지차와 내연차의 판매 격차가 점차 줄어들고 있다는 점을 언급한다.
결론 분석 결과	• 이러한 추세가 지속된다면 신에너지차의 판매량은 지속해서 상승할 것이므로 A회사는 신에너지차에 더 많은 투자를 해야 한다는 내용을 결론으로 마무리한다.

모범답안

서론
주제 및 특징

본론
묘사·분석
내용

결론
분석 결과

　　上面的是有关A公司1月到5月汽车销量的统计图。从统计图可知，A公司的汽车销量整体上呈上升的趋势。具体来看，A公司的新能源汽车销量稳步增长，1月的销量为4002辆，而2月达到了7865辆，几乎是1月的两倍，到了5月，新能源汽车销量达到了14765辆。与新能源汽车相比，传统燃油汽车销量变化则没有明显规律，传统燃油汽车的销量在3月和5月都比前一个月有所增加，而在2月和4月都比前一个月有所减少。值得关注的是，新能源汽车和传统燃油汽车之间的销量差距越来越小。如果当前趋势持续下去，A公司的新能源汽车销量可能会持续上升，因此应该在新能源汽车上投入更多的资金和精力。

　　위는 A 회사의 1월~5월 자동차 판매량과 관련된 그래프이다. 그래프에서 알 수 있듯이 A 회사의 자동차 판매량은 전체적으로 상승세를 보인다. 구체적으로 보면, A 회사의 신에너지차 판매량은 안정적으로 상승하고 있고, 1월의 판매량은 4,002대지만, 2월에는 7,865대로 1월의 거의 두 배에 달한다. 5월에는 신에너지차 판매량이 14,765대에 달한다. 신에너지차와 비교했을 때, 내연차 판매량 변화에는 뚜렷한 규칙이 없다. 내연차의 판매량은 3월과 5월에 전월 대비 다소 증가했지만, 2월과 4월에는 전월보다 다소 감소했다. 주목할 만한 점은 신에너지차와 내연차 간의 판매량 격차가 갈수록 좁아지고 있다는 점이다. 만약 현재 추세가 지속된다면, A회사의 신에너지차 판매량은 지속해서 상승할 것이다. 따라서 신에너지차에 더 많은 자금과 에너지를 투자해야 한다.

어휘 **传统燃油汽车** chuántǒng rányóu qìchē 圐 내연차, 기존 연료차
新能源 xīnnéngyuán 圐 신에너지[화석 연료, 천연가스 등을 대체하는 에너지] **稳步** wěnbù 甲 안정적으로
关注 guānzhù 圐 주목하다 **当前** dāngqián 圐 현재

89 "纸上得来终觉浅，绝知此事要躬行"出自陆游的《冬夜读书示子聿》，意思是"从书本上得来的知识毕竟不够完善，如果想要深入理解其中的道理，必须要亲自实践才行"。你赞不赞同"纸上得来终觉浅，绝知此事要躬行"？请写一篇600字左右的文章，论证你的观点。

'종이로부터 얻은 지식은 결국 얕은 것이니 이를 제대로 알려면 몸소 행해야 한다'는 육유의 <동야독서시자율>에 나온 말로, '책에서 얻은 지식은 어디까지나 완벽하지 못하며, 만약 그 안의 이치를 깊이 이해하고 싶다면, 반드시 직접 실천해야 한다'라는 뜻이다. 당신은 '종이로부터 얻은 지식은 결국 얕은 것이니 이를 제대로 알려면 몸소 행해야 한다'에 동의하는가? 600자 내외의 글을 써서 당신의 관점을 논증하시오.

아웃라인

서론 동의 여부 및 주제	• 제시된 문장 '종이로부터 얻은 지식은 결국 얕은 것이니 이를 제대로 알려면 몸소 행해야 한다'에 대한 본인의 동의 여부를 한 마디로 언급한다. 이 문제의 경우 동의한다는 입장으로 답안을 전개하는 것이 좋다. • 책에서 얻은 지식을 제대로 이해하기 위해서는 반드시 실천을 통해 경험해야 한다는 것을 주제로 나의 입장을 간단하게 밝힌다.
본론 근거1~3	• 첫 번째 근거로 독서를 통해 글쓰기의 기술, 표현 기법 등을 배웠지만 직접 글을 쓴 경험이 많지 않아 글 쓰기가 힘들다는 내용을 예시로 든다. • 두 번째 근거로 '과학은 장군이고, 실천은 병사다'라는 유명인의 말을 인용하며, 지식은 장군에, 실천은 병사에 해당하므로 둘 중 어느 하나라도 빠져서는 안 된다는 내용을 작성한다. • 세 번째 근거로 일상생활의 작은 일에서도 실전은 중요하므로, 단순히 책에서 지식을 얻는 것으로는 부족하다는 내용을 작성한다.
결론 의견 재언급	• 제시된 문장에 동의한다는 입장을 다시 언급한 후, 책을 연구하기만 하고 직접 실천하지 않으면 새로운 지식과 경험을 얻기 어렵다는 내용으로 글을 마무리한다.

모범답안

서론
동의 여부
및 주제

　我赞同"纸上得来终觉浅，绝知此事要躬行"这句话。
　　"纸上得来终觉浅，绝知此事要躬行"这句话中包含了深刻的哲理。陆游认为如果想获得知识，需要努力读书，更需要实践。这是因为书本上的毕竟大部分只是理论知识，如果想透彻地理解这些知识，那必定要在实践中得出经验。

나는 '종이로부터 얻은 지식은 결국 얕은 것이니 이를 제대로 알려면 몸소 행해야 한다'라는 이 말에 동의한다.

'종이로부터 얻은 지식은 결국 얕은 것이니 이를 제대로 알려면 몸소 행해야 한다'라는 이 말에는 깊은 철학적 이치가 담겨 있다. 육유는 지식을 얻고 싶다면 열심히 독서를 해야 하고, 더욱이 실천할 필요가 있다고 주장했다. 이는 책에 있는 것은 어디까지나 대부분이 이론적인 지식이기 때문이며, 만약 확실하게 이 지식을 이해하고 싶다면 반드시 실천 속에서 경험을 얻어야 한다.

본론
근거 1~3

　举个例子，我平时对写作很感兴趣，所以会购买很多书籍在空闲时阅读，以此扩大自己的知识面。在阅读各类书籍的过程中，我掌握了写作的技巧、各种表达手法，以及丰富的词汇。但是无论我具备了多少理论知识，由于平时缺乏练习，每当写文章时，依旧会感到无从下手。这表明书本上的知识终究只是理论，只有亲自实践才能知道自己有没有真正掌握这些知识。

예를 들어보자면, 나는 평소 글쓰기에 관심이 많아서 많은 서적을 구매하여 한가할 때 읽고, 이로써 내 지식의 폭을 넓힌다. 각종 서적을 읽는 과정에서 나는 글쓰기의 기술과 각종 표현 기법, 그리고 풍부한 어휘를 습득했다. 그러나 내가 아무리 많은 이론 지식을 갖추었다고 해도 평소에 연습이 부족했기 때문에 매번 글을 쓸 때마다 여전히 어떻게 손을 대야 할지 막막했다. 이는 책에 있는 지식은 결국 이론에 불과하고, 직접 실천해야만 스스로가 이 지식을 제대로 파악하고 있는지를 알 수 있다는 것을 나타낸다.

某位名人曾说过，“科学是将领，实践是士兵”，意思是如果将知识比喻为一位指挥士兵的将领，那么实践就是实际作战的士兵。士兵如果没有将领的指挥，就会变成一盘散沙，而一个没有士兵的将领，也难以发挥他的才能。这句话充分说明了知识和实践缺一不可，不能因为单纯地掌握了知识，就不进行实践。

我们日常生活中的小事也可以体现出实践的重要性。打个比方，经常下厨的人在做菜时知道要保持怎样的火候、要放多少调料、要炒多长时间，这是因为他们善于实践，所以会在实践中得出经验。而不善于实践的人在做菜时一般会看着菜谱操作，并且可能会难以应对预料之外的状况。由此可见，实践在各方面都有着重要的意义，因此只是单纯地从书本中得到知识，是远远不够的。

어떤 한 유명인은 '과학은 장군이고, 실천은 병사다'라고 한 적이 있다. 만약 병사를 지휘하는 장군에게 지식을 비유하면, 실천은 실제로 전투를 하는 병사라는 뜻이다. 병사는 만약 장군의 지휘가 없다면, 오합지졸이 될 것이고, 병사가 없는 장군은 그의 재능을 발휘하기 어려울 것이다. 이 말은 지식과 실천 중에서 하나라도 빠져서는 안 되며, 단순히 지식을 파악했다고 해서 실천하지 않으면 안 된다는 것을 충분히 나타낸다.

우리 일상생활 속의 작은 일에서도 실천의 중요성이 드러난다. 예를 들면, 자주 요리를 하는 사람은 음식을 만들 때 불 조절을 어떻게 해야 할지, 조미료를 얼마나 넣어야 할지, 얼마 동안 볶아야 하는지를 아는데, 이는 그들이 실천에 능해서 실천에서 경험을 얻을 수 있었기 때문이다. 반면 실천을 잘 하지 않는 사람들은 음식을 만들 때 보통 요리책을 보면서 하고, 또한 예상치 못한 상황에 대처하기 어려워할 수 있다. 이를 통해 실천은 여러 방면에서 중요한 의미가 있어서 단순히 책에서 지식을 얻는 것은 턱없이 모자란다는 것을 알 수 있다.

결론
의견
재언급

总而言之，我赞同“纸上得来终觉浅，绝知此事要躬行”这句话。书本上的很多知识都是前人通过实践总结出来的，如果只是一味地钻研书本，而不动手实践，那么就很难真正地获得新的知识和经验。

결론적으로 말하자면, 나는 '종이로부터 얻은 지식은 결국 얕은 것이니 이를 제대로 알려면 몸소 행해야 한다'라는 이 말에 동의한다. 책에 있는 다양한 지식은 선인들이 실천을 통해 정리해 낸 것이다. 만약 그저 책만 깊이 연구하고, 실천에 착수하지 않으면 새로운 지식과 경험을 제대로 얻기 어려울 것이다.

어휘 **躬行** gōngxíng [동] 몸소 행하다 **陆游** Lù Yóu [고유] 육유[남송의 시인] **论证** lùnzhèng [동] 논증하다 **哲理** zhélǐ [명] 철학적 이치
透彻 tòuchè [형] 확실하다, 투철하다 **书籍** shūjí [명] 서적 **技巧** jìqiǎo [명] 기술, 기교 **手法** shǒufǎ [명] (예술 작품의) 기법
依旧 yījiù [부] 여전히 **将领** jiànglǐng [명] 장군, 고급 장교 **比喻** bǐyù [동] 비유하다
一盘散沙 yìpánsǎnshā [성] 오합지졸, 규율이 느슨하고 단결력이 없다 **打比方** dǎ bǐfang 예를 들다 **火候** huǒhou [명] 불 조절
调料 tiáoliào [명] 조미료 **菜谱** càipǔ [명] 요리책, 레시피 **操作** cāozuò [동] 일하다, 조작하다
总而言之 zǒng'éryánzhī [성] 결론적으로 말하자면 **一味** yíwèi [부] 그저, 무턱대고 **钻研** zuānyán [동] 깊이 연구하다
动手 dòngshǒu [동] 착수하다

翻译 통번역

90

전설에 따르면 옛날 중국에는 '연(年)'이라고 불리는 괴수가 있었는데, '연'은 섣달그믐날마다 나타나 인간의 ¹생명을 해쳤다. 어느 해 섣달그믐날, 마을 사람들이 '연'을 피해 산으로 갈 준비를 하고 있는데, 갑자기 마을 밖에서 ²구걸하는 노인이 나타났다. 모두 이 노인은 ³뒷전이고, 오로지 한 할머니만 그에게 피하라고 권했다. 뜻밖에도 노인은 만약 자신을 할머니 집에서 하룻밤 묵게 해주면 반드시 ⁴괴수를 쫓아내 줄 것이라고 말했다. 할머니는 허락할 수밖에 없었다.

한밤중에 '연'이 마을에 침입했을 때, 어느 집에 놀랍게도 ⁵촛불이 환하게 켜져 있고, 입구에 붉은 종이까지 붙어 있는 것을 보고 그것은 온몸을 떨며 소리를 질렀다. '연'은 집을 노려보며 달려들었다. 문 앞에 다다랐을 때 갑자기 폭죽 소리가 들렸고, 놀라서 더 이상 앞으로 나아갈 엄두를 내지 못했다. 알고 보니 붉은색, 불빛, 폭발음은 '연'을 두려움에 떨게 하는 것이었다. 다음날 마을 사람들이 돌아와서 마을이 ⁶무사하다는 것을 발견하고는 모두 놀랐는데, 할머니는 그제야 노인의 일을 마을 사람들에게 알려주었다. 그래서 모두 할머니의 집으로 갔는데, 집에는 붉은 종이가 붙어 있었으며, 입구에는 폭죽이 있었고, 집안의 초가 아직 다 타지 않은 것을 보았다. 이렇게 사람들은 '연'이 ⁷다시 세력을 회복해 쳐들어오지 않도록 매년 섣달그믐날 폭죽을 터뜨리고 붉은 대련을 붙이게 되었다.

모범답안

传说中, 中国古时候有一种叫作 "年" 的怪兽, "年" 每到除夕都会出来¹伤害人类的¹生命。在某一年的除夕, 村民们正准备到山上躲避 "年", 突然村外出现了一个²乞讨的老人。大家³顾不上这位老人, 只有一位老婆婆劝他也避一避。没想到老人说, 如果让他在老婆婆家住一夜, 他一定会⁴把怪兽赶走。老婆婆只好答应了。

半夜, 当 "年" 闯入村里时, 发现某间屋子居然⁵烛火通明, 门口还贴着红纸, 它浑身一抖, 叫了一声。"年" 怒视着屋子扑了过去, 到门口时它突然听到了爆竹声, 被吓得不敢再往前走动。原来, 红色、火光和爆炸声会使 "年" 感到恐惧。第二天村民们回来后发现村里⁶安然无恙, 都感到很惊讶, 老婆婆这才告诉村民们老人的事。于是大家走到老婆婆家, 看见她贴着红纸, 门口有爆竹, 屋里的蜡烛还没有烧完。就这样, 人们为了不让 "年" ⁷卷土重来, 每年除夕都会放爆竹, 并贴上红色的对联。

어휘 **怪兽** guàishòu 몡 괴수   **躲避** duǒbì 툉 피하다   **烛火** zhúhuǒ 몡 촛불   **通明** tōngmíng 혱 아주 환하다   **扑** pū 툉 달려들다
爆竹 bàozhú 몡 폭죽   **爆炸** bàozhà 툉 (큰 소리를 내며) 폭발하다   **恐惧** kǒngjù 툉 두렵다   **安然无恙** ānránwúyàng 졩 무사하다
惊讶 jīngyà 혱 놀랍다   **蜡烛** làzhú 몡 초   **卷土重来** juǎntǔchónglái 졩 다시 세력을 회복해 쳐들어오다
对联 duìlián 몡 대련[종이나 기둥 등에 새긴 글귀]

☑ **번역 TIP**

¹ 생명을 해치다
'생명을 해치다'는 호응어휘 伤害生命로 번역하면 더욱 자연스러운 중국어 표현이 된다.

² 구걸하다
'구걸하다'는 乞讨이다. 이때 乞讨가 떠오르지 않으면, '타인에게 돈이나 밥을 요구하다'로 의미를 풀어 向他人要钱或要饭으로 번역할 수 있다.

³ 뒷전이다
'뒷전이다'가 떠오르지 않으면 '신경 쓰지 못하다'로 쉽게 바꿔서 顾不上 또는 管不了로 번역할 수 있다.

⁴ 괴수를 쫓아내다
'괴수를 쫓아내다'는 把를 활용하여 把怪兽赶走로 번역할 수 있다.

⁵ 촛불이 환하게 켜져 있다
'촛불이 환하게 켜져 있다'는 호응어휘 烛火通明 또는 点了明亮的烛火로 번역하면 더욱 자연스러운 중국어 표현이 된다.

⁶ 무사하다
'무사하다'는 安然无恙이다. 이때 安然无恙이 떠오르지 않으면, '아무런 사고도 일어나지 않았다'로 의미를 풀어 没有发生任何事故로 번역할 수 있다.

⁷ 다시 세력을 회복해 쳐들어오다
'다시 세력을 회복해 쳐들어오다'는 卷土重来이다. 이때 卷土重来가 떠오르지 않으면, '다시 상태를 회복한 이후에 돌아오다'로 의미를 풀어 重新恢复状态后回来로 번역할 수 있다.

원소절은 등절이라고도 불리는 중국의 전통 명절이다. 이날 거리에는 등롱이 가득 걸려 있고, 곳곳에 명절 분위기가 가득하다. 고대에 원소절은 낭만적인 색채를 지닌 명절이었는데, 미혼 남녀는 이날 ¹등롱을 감상하러 나가며, 각양각색의 등롱은 독특한 분위기를 ²만들어냈다. 등롱은 신과 관련이 있고, ³많은 상징적 의미가 부여되었으며, 사람들은 등롱을 통해 아름다운 생활에 대한 갈망을 나타낸다. 이 때문에 원소절이 되면 사람들은 집 입구에 아름다운 등롱을 걸어 원소절에 ⁴경축의 정취를 더하곤 한다.

중국은 땅덩어리가 광활한데, 이는 지방마다 자신만의 원소절 풍습이 있게 했고, 그중 탕위안을 먹는 것은 원소절 풍습에서 가장 중요한 부분이다. 원소절에 먹는 탕위안은 찹쌀, 설탕, 참깨 등의 재료로 만들며, 사람들은 탕위안을 삶아 먹거나, 쪄서 먹거나 튀겨 먹을 수 있다. 중국에서 탕위안은 가정의 화목과 행복을 상징해서 원소절에는 온 가족이 모여 함께 탕위안을 먹는다.

원소절은 깊은 문화적 의미와 거대한 사회적 가치를 내포하고 있고, ⁵남다른 의미가 있어서 사람들은 이 전통 명절을 매우 중시한다.

모범답안

元宵节也被称为灯节，是中国的传统节日，在这一天，街上挂满灯笼，处处充满节日的气息。在古代，元宵节是一个具有浪漫色彩的节日，未婚男女会在这一天出门¹赏灯，各式各样的灯笼²营造出独特的氛围。灯笼与神有关，³被赋予了许多象征意义，人们会通过灯笼表达对美好生活的向往。因此到了元宵节，许多人都会在家门口挂上美丽的灯笼，为元宵节增添⁴喜庆的感觉。

中国地域辽阔，这使每个地方都有自己的元宵节习俗，其中，吃汤圆是元宵节习俗中最为重要的一个部分。在元宵节吃的汤圆是以糯米、白糖、芝麻等材料做成的，人们可以把汤圆煮着吃、蒸着吃或者炸着吃。汤圆在中国象征着家庭的和睦和幸福，因此在元宵节，一家人会聚在一起吃汤圆。

元宵节蕴含着很深的文化意义和巨大的社会价值，有着⁵与众不同的意义，因此人们十分重视这个传统节日。

어휘 **元宵节** Yuánxiāojié[고유] 원소절[음력 1월 15일] **灯笼** dēnglong[명] 등롱 **气息** qìxī[명] 분위기 **营造** yíngzào[동] (분위기를) 만들다 **氛围** fēnwéi[명] 분위기 **赋予** fùyǔ[동] 부여하다 **向往** xiàngwǎng[동] 갈망하다 **增添** zēngtiān[동] 더하다 **辽阔** liáokuò[형] 광활하다 **习俗** xísú[명] 풍습 **汤圆** tāngyuán[명] 탕위안[찹쌀가루 따위를 원료로 해서 만든 동그란 형태의 식품] **糯米** nuòmǐ[명] 찹쌀 **芝麻** zhīma[명] 참깨 **和睦** hémù[형] 화목하다 **蕴含** yùnhán[동] 내포하다 **与众不同** yǔzhòngbùtóng[성] 남다르다, 보통과 다르다

✅ 번역 TIP

¹ 등롱을 감상하다
'등롱을 감상하다'는 欣赏灯笼으로 그대로 직역하기보다 하나의 중국어 동사 赏灯으로 번역한다.

² 만들어내다
'만들어내다'는 없었던 것을 만들어냄을 나타내는 방향보어 出를 활용하여 营造出로 번역할 수 있다.

³ 많은 상징적 의미가 부여되다
'많은 상징적 의미가 부여되다'는 被를 활용하여 被赋予了许多象征意义로 번역할 수 있다. 이때 赋予 대신 给予를 사용해도 된다.

⁴ 경축의 정취
'경축의 정취'는 호응어휘 喜庆的感觉로 번역하면 더욱 자연스러운 중국어 표현이 된다.

⁵ 남다르다
'남다르다'가 떠오르지 않으면 '보통과 다르다'로 쉽게 바꿔서 与众不同으로 번역한다.

92 서예는 [1]한자에 뿌리를 두고 있으며, 중국의 문화, 철학, 예술 등의 요소가 결합되어 있다. 수천 년의 역사 발전 과정에서 서예는 무수한 변화를 겪었고, 점차 독특한 예술 형식으로 발전되었다. 서예는 겉보기에 매우 평범해 보이는데, 종이에 먹물로 글씨를 쓰는 것[2]에 지나지 않아, 누구나 할 수 있는 것처럼 보인다. 그러나 사실은 정반대인데, 단순해 보이는 서예는 도리어 풍부한 표현 형식을 [3]드러낼 수 있다. 서예에는 다양한 서체가 있어서 사람들은 유형의 글씨를 통해 무형의 자신의 [4]감정을 나타낼 수 있다. 이 밖에도 사람들은 훌륭한 서예 작품을 감상하는 것을 통해 [5]자신의 문화적 소양을 높일 수도 있다.

모범답변

书法[1]扎根于汉字，它结合了中国的文化、哲学、艺术等元素。在数千年的历史进程中，书法经历了无数的变化，并且逐渐发展成一种独特的艺术形式。书法表面上看起来非常普通，[2]不过是用墨汁在纸上写字[2]而已，似乎人人都能学会。但事实恰恰相反，看似简单的书法，却能[3]展现出丰富的表现形式。由于书法中有多样的字体，因此人们能通过有形的字，[4]抒发自己无形的[4]情感。除此之外，人们还能通过欣赏优秀的书法作品，[5]使自己的文化素养得到提高。

어휘 书法 shūfǎ [명] 서예 扎根 zhāgēn [동] 뿌리를 두다 元素 yuánsù [명] 요소 不过……而已 búguò……éryǐ ~에 지나지 않다
墨汁 mòzhī [명] 먹물 展现 zhǎnxiàn [동] 드러내다 抒发 shūfā [동] 나타내다 素养 sùyǎng [명] 소양, 교양

통역 TIP

1 한자에 뿌리를 두다
'한자에 뿌리를 두다'는 扎根于汉字이다. 이때 扎根于汉字가 떠오르지 않으면, '한자를 기초로 하다'로 의미를 풀어 以汉字为基础로 통역할 수 있다.

2 ~에 지나지 않다
'~에 지나지 않다'는 호응어휘 不过……而已로 번역하면 더욱 자연스러운 중국어 표현이 된다.

3 드러내다
'드러내다'는 상황이나 현상 등이 드러남을 나타내는 방향보어 出를 활용하여 展现出로 통역할 수 있다.

4 감정을 나타내다
'감정을 드러내다'는 호응어휘 抒发情感 또는 表达感情으로 번역하면 더욱 자연스러운 중국어 표현이 된다.

5 자신의 문화적 소양을 높이다
'자신의 문화적 소양을 높이다'는 使을 활용하여 使自己的文化素养得到提高로 통역하거나, 提升自己的文化素养으로 통역할 수 있다.

93 가상 현실은 20세기에 [1]발전하기 시작한 하나의 신기술로, 이 기술은 컴퓨터를 사용해 모의 환경을 생성하여, [2]사용자가 가상 환경에 몰입하게 한다. 가상 현실 기술이 시뮬레이션해 낸 현상과 물질은 실제로 존재하는 것이 아니라, 컴퓨터 기술을 통해 만들어진 것이기 때문에 [3]가상 현실이라고 불린다. 가상 현실 기술이 시뮬레이션해 낸 환경은 사실성이 매우 커서 [4]사람으로 하여금 진짜와 가짜를 [4]구별하기 어렵게 한다. 오늘날 가상 현실 기술은 점점 더 많은 사람의 [5]주목을 받고 있으며, 사용자는 가상 현실의 세계에서 사실에 가까운 경험을 할 수 있다. 미래에는 이 기술이 생활 곳곳에 녹아들어 사람들의 삶에 큰 변화를 불러올 것으로 예상된다.

모범답변

虚拟现实是在二十世纪[1]发展起来的一项新技术，该技术利用计算机生成模拟环境，[2]使用户投入到虚拟环境中。虚拟现实技术模拟出的现象和物质不是真实存在的，而是通过计算机技术做出来的，因此[3]被称为虚拟现实。虚拟现实技术模拟出的环境具有很大的真实性，会[4]令人难以辨别真假。如今虚拟现实技术[5]得到了越来越多人的[5]关注，用户可以在虚拟现实的世界中体验到接近现实的感受。预计在未来，该技术会融入到生活的方方面面，给人们的生活带来巨大的变化。

어휘 **虚拟现实** xūnǐ xiànshí 圆 가상 현실 **用户** yònghù 圆 사용자 **物质** wùzhì 圆 물질 **辨别** biànbié 튕 구별하다, 판별하다
关注 guānzhù 튕 주목하다 **预计** yùjì 튕 예상하다 **融入** róngrù 녹아들다

⊘ **통역 TIP**

[1] 발전하기 시작하다
'발전하기 시작하다'는 동작이 시작되고 계속됨을 나타내는 방향보어 起来를 활용하여 发展起来로 통역할 수 있다.

[2] 사용자가 가상 환경에 몰입하게 하다
'사용자가 가상 환경에 몰입하게 하다'는 使을 활용하여 使用户投入到虚拟环境中으로 통역할 수 있다. 이때 投入到 대신 沉浸在를 사용해도 된다.

[3] 가상 현실이라고 불리다
'가상 현실이라고 불리다'는 被를 활용하여 被称为虚拟现实으로 통역할 수 있다. 이때 称为 대신 叫做를 사용해도 된다.

[4] 사람으로 하여금 구별하기 어렵게 하다
'사람으로 하여금 구별하기 어렵게 하다'는 令을 활용하여 令人难以辨别로 통역할 수 있다. 이때 辨别 대신 识别 또는 区分을 사용해도 된다.

[5] 주목을 받다
'주목을 받다'는 호응어휘 得到关注, 受到关注 또는 受到瞩目로 번역하면 더욱 자연스러운 중국어 표현이 된다.

94

南方师范大学学术报告会日程安排		
时间		3月17日（星期五） 13:00-17:00
地点		南方师范大学大讲堂
发表 院系 及 报告 主题	图书情报 学院	关于儿童哲学绘本出版的研究
	心理学院	青少年攻击行为的成因及对策分析
	新闻与 传播学院	社会文化与大众传播的关系
	汉语 言文学 学院	网络用语对汉语言文学的影响

【注意事项】

1. 请提前15分钟入场，报告会开始后不得入场。
2. 请在入场前出示学生证，非本校生不得入内。
3. 入场处可领取本次学术报告会的资料，退场时需返还相关资料。
4. 报告会期间请将手机设置为静音模式，严禁使用手机进行与报告会无关的活动。
5. 不得用电子设备拍摄本次报告会的内容，违者必究。

【补充说明】

1. 本次学术报告会设有专门的答疑时间，可事先准备相关提问。
2. 学术报告会的考勤情况将作为今后评优时优先考虑的事项之一。

如果你是本次学术报告会的负责人，请你向想参加学术报告会的学生讲述具体日程安排以及注意事项，并说一些能提高学生参与积极性的话。

남방사범대학교 학술보고회 일정 계획

시간		3월 17일(금요일) 13:00~17:00
장소		남방사범대학교 대강당
발표 학부 및 보고 주제	문헌정보 학과	아동 철학 그림책 출판에 관한 연구
	심리학과	청소년의 공격적인 행위 발생원인 및 대책 분석
	언론커뮤니 케이션학과	사회 문화와 매스 커뮤니케이션의 관계
	중어중문 학과	인터넷 용어가 중국어 문학에 미치는 영향

[주의 사항]

1. 15분 전에 입장해 주십시오. 보고회가 시작된 이후에는 입장이 불가합니다.
2. 입장 전에 학생증을 제시해 주십시오. 본교 학생이 아니면 입장할 수 없습니다.
3. 입구에서 이번 학술보고회 자료를 수령할 수 있으며, 퇴장 시에는 관련 자료를 반환해야 합니다.
4. 보고회 중에는 휴대전화를 무음 모드로 설정해 주시고, 휴대전화와 보고회와 무관한 활동을 하는 것을 엄격히 금지합니다.
5. 이번 보고회의 내용을 전자기기로 촬영해서는 안 되며, 이를 위반한 사람에게는 반드시 책임을 묻겠습니다.

[보충 설명]

1. 이번 학술보고회는 별도의 질의응답 시간이 준비되어 있으니, 사전에 관련 질문을 준비하셔도 좋습니다.
2. 학술보고회의 출석 상황은 향후 우수 인원 선정 시 우선으로 고려하는 사항 중 하나로 삼을 것입니다.

당신이 이번 학술보고회의 책임자라고 가정하고, 학술보고회에 참여하고 싶어 하는 학생에게 구체적인 일정 계획 및 주의 사항을 설명하고, 학생의 참여 적극성을 높일 수 있는 말을 하세요.

어휘　绘本 huìběn 몡그림책　攻击 gōngjī 동공격하다　对策 duìcè 몡대책
大众传播 dàzhòng chuánbō 몡매스 커뮤니케이션[기술적인 매체를 이용하여 청중들에게 메시지를 조직적으로 전달하는 것]
事项 shìxiàng 몡사항　设置 shèzhì 동설정하다　静音模式 jìngyīn móshì 몡무음 모드　严禁 yánjìn 동엄격히 금지하다
拍摄 pāishè 동촬영하다　考勤 kǎoqín 동출석을 체크하다　评优 píngyōu 동우수 인원을 선정하다　优先 yōuxiān 동우선하다

제1회　제2회　제3회
口语 말하기
해커스 해설이 상세한 HSK 7-9급 실전모의고사

상황 언급	• 학술보고회에 참여하고 싶어 하는 학생에게 남방사범대학교 학술보고회의 구체적인 일정 계획 및 주의 사항을 소개해 주겠다고 언급한다.
자료 내용 언급	• 자료에 제시된 학술보고회의 시간, 장소, 발표 학부 및 보고 주제를 차례로 언급한다. • 5개의 주의 사항과 2개의 보충 설명을 언급한다. 소개 대상은 학생이므로 입장 전에 학생증을 제시해야 한다는 점, 본교 학생이 아니면 입장할 수 없다는 점을 반드시 언급한다.
마무리	• 적극적으로 참여하고, 이번 기회를 통해 새로운 체험을 하길 바란다는 내용으로 답변을 마무리한다.

모범답변

상황 언급

你好，我是本次学术报告会的负责人。我来告诉你具体日程安排和注意事项吧。

안녕하세요, 저는 이번 학술보고회의 담당자입니다. 제가 구체적인 일정 계획과 주의 사항에 대해 알려드리겠습니다.

자료 내용 언급

首先，说一下具体日程安排。这次学术报告会将在3月17日星期五下午1点到5点进行，地点在南方师范大学大讲堂，将有四个学院参加本次报告会。图书情报学院的报告主题是关于儿童哲学绘本出版的研究，心理学院的报告主题是青少年攻击行为的成因及对策分析，新闻与传播学院的报告主题是社会文化与大众传播的关系，汉语言文学学院的报告主题是网络用语对汉语言文学的影响。

其次，说一下注意事项，一共有五个注意事项。第一，要提前15分钟入场，报告会开始后不能入场。第二，入场之前要出示你的学生证，非本校生不能入场。第三，入场处可以领取本次学术报告会的资料，不过退场时要返还相关资料。第四，报告会期间要把手机设置为静音模式，不能进行与报告会无关的活动。第五，不能用电子设备拍摄本次报告会的内容，我们会对违反规定的人追究责任。另外，我再补充两点。一是本次学术报告会设有专门的答疑时间，你可以提前准备想要提问的问题；二是这次学术报告会的考勤情况会是今后评优时优先考虑的事项之一。

먼저, 구체적인 일정 계획에 대해 설명하겠습니다. 이번 학술보고회는 3월 17일 금요일 오후 1시부터 5시까지 진행되며, 장소는 남방사범대학교 대강당이고, 4개의 학과가 이번 보고회에 참여합니다. 문헌정보학과의 보고 주제는 아동 철학 그림책 출판에 관한 연구이고, 심리학과의 보고 주제는 청소년의 공격적인 행위 발생원인 및 대책 분석이며, 언론 커뮤니케이션학과의 보고 주제는 사회 문화와 매스 커뮤니케이션의 관계이고, 중어중문학과의 보고 주제는 인터넷 용어가 중국어 문학에 미치는 영향입니다.

그다음으로, 주의 사항에 대해 설명하겠습니다. 총 다섯 개의 주의 사항이 있습니다. 첫째, 15분 전에 미리 입장해야 하고, 보고회가 시작된 이후에는 입장할 수 없습니다. 둘째, 입장 전에 당신의 학생증을 제시해야 하며, 본교 학생이 아니면 입장할 수 없습니다. 셋째, 입구에서 이번 학술보고회 자료를 수령할 수 있지만, 퇴장 시에는 관련 자료를 반환해야 합니다. 넷째, 보고회 중에는 휴대전화를 무음 모드로 설정해야 하며, 보고회와 무관한 활동을 해서는 안 됩니다. 다섯째, 이번 보고회의 내용을 전자기기로 촬영해서는 안 되며, 저희는 규정을 위반한 사람에 대해서 책임을 물을 것입니다. 그 밖에 두 가지 내용만 더 보충하겠습니다. 첫째로 이번 학술보고회는 별도의 질의응답 시간이 준비되어 있으니, 당신은 물어보고 싶은 질문을 사전에 준비하셔도 좋습니다. 둘째로 이번 학술보고회의 출석 상황은 향후 우수 인원 선정 시 우선으로 고려하는 사항 중 하나가 될 것입니다.

마무리

最后，希望你能积极参与，并通过这次机会，获得一次崭新的体验。

마지막으로, 적극적으로 참여하고 이번 기회를 통해서 새로운 체험을 하길 바랍니다.

어휘　绘本 huìběn 圀그림책　攻击 gōngjī 圄공격하다　对策 duìcè 圀대책
大众传播 dàzhòng chuánbō 圀매스 커뮤니케이션[기술적인 매체를 이용하여 청중들에게 메시지를 조직적으로 전달하는 것]
事项 shìxiàng 圀사항　**设置** shèzhì 圄설정하다　**静音模式** jìngyīn móshì 圀무음 모드　**拍摄** pāishè 圄촬영하다
考勤 kǎoqín 圄출석을 체크하다　**评优** píngyōu 圄우수 인원을 선정하다　**优先** yōuxiān 圄우선하다　**崭新** zhǎnxīn 圀새롭다

很荣幸能和大家分享参加这次教育装备展示会的一些感想。⁹⁵为了开阔教育视野，我代表我校教师应邀参加了全国教育装备展示会。教育与科技的结合一直是我们在教学过程中比较关心的部分，科技的发展逐渐改变着我们的生活，结合多种科技的教育设备也改变着教育方式。在展示会上，能够应用于现代教育教学工作中的高科技产品随处可见，科技的应用明显已经渗透到教育的各个方面。我校深刻地意识到，如今我们的教育教学工作已经离不开科技，以人工智能为代表的新技术使教育内容更加精准化，教学质量也变得更高。⁹⁶使用高科技设备教学不但能使老师更有效地传达教学内容，⁹⁶还能激发学生的学习热情，对人才的培养起到一定的作用。我校一直在教育装备上积极投入资金，并且购入了部分高科技教育设备，这为实际教学带来了极大的帮助。世界在改变，科技也在进步，因此我们的教育方式也要随之改变。我们只有跟上时代的步伐，用科技手段升级教学方式，才能得到质量更高的教学成果。

여러분과 이번 교육 장비 전시회에서 느낀 바를 나눌 수 있게 되어 영광입니다. ⁹⁵교육의 시야를 넓히기 위해, 저는 우리 학교 교사를 대표해 초청받아 전국 교육 장비 전시회에 참가했습니다. 교육과 과학 기술의 결합은 줄곧 저희가 교육 과정에서 비교적 관심을 가진 부분입니다. 과학 기술의 발전은 점차 우리의 삶을 변화시키고 있으며, 다양한 과학 기술을 결합한 교육 장비도 교육 방식을 변화시키고 있습니다. 전시회에서는 현대의 교육 업무에 적용할 수 있는 첨단 기술 제품을 어디에서나 볼 수 있었으며, 과학 기술의 활용은 이미 확연하게 교육의 각 영역에 스며들었습니다. 우리 학교는 오늘날 우리의 교육 업무가 이미 과학 기술을 벗어날 수 없으며, 인공 지능을 대표로 한 신기술은 교육 콘텐츠를 더욱 정확하게 만들고 교육의 질도 더 향상시킨다는 것을 깊이 깨달았습니다. ⁹⁶첨단 기술 장비를 사용한 교육은 교사가 교육 내용을 더욱 효과적으로 전달할 수 있게 할 뿐만 아니라, ⁹⁶학생들의 학습 열정도 불러일으킬 수도 있어 인재 양성에 상당한 역할을 할 수 있습니다. 우리 학교는 줄곧 교육 장비에 적극적으로 자금을 투자해 왔고, 일부 첨단 기술 교육 장비를 구매했으며, 이는 실제로 교육하는 데 있어 매우 큰 도움을 가져다주었습니다. 세상은 변화하고 있고 과학 기술도 변화하고 있으니, 우리의 교육 방식도 이에 따라 발전해야 합니다. 우리가 시대의 흐름에 발맞추고 과학 기술이라는 수단으로 교육 방식을 업그레이드해야만, 비로소 더 질 높은 교육 성과를 얻을 수 있습니다.

어휘 开阔 kāikuò 图 넓히다　视野 shìyě 圆 시야　应邀 yìngyāo 图 초청을 받아들이다　装备 zhuāngbèi 圆 장비　展示会 zhǎnshìhuì 圆 전시회　高科技 gāokējì 圆 첨단 기술　渗透 shèntòu 图 스며들다　意识 yìshí 图 깨닫다　人工智能 réngōng zhìnéng 圆 인공 지능　精准 jīngzhǔn 图 정확하다　传达 chuándá 图 전달하다　激发 jīfā 图 (감정을) 불러일으키다　步伐 bùfá 圆 흐름, 발걸음　升级 shēngjí 图 업그레이드하다

95	问：为了开阔教育视野，说话人参加了什么展示会？	질문：교육의 시야를 넓히기 위해, 화자는 어떤 전시회에 참가했는가?
	为了开阔教育视野，说话人参加了全国教育装备展示会。	교육의 시야를 넓히기 위해, 화자는 전국 교육 장비 전시회에 참가했습니다.

해설 질문이 교육의 시야를 넓히기 위해 화자가 어떤 전시회에 참가했는지 물었다. 음성에서 为了开阔教育视野, 我代表我校教师应邀参加了全国教育装备展示会. 가 언급되었으므로, 为了开阔教育视野, 说话人参加了全国教育装备展示会. 라는 완전한 문장으로 답변한다.

어휘 开阔 kāikuò 图 넓히다　视野 shìyě 圆 시야　展示会 zhǎnshìhuì 圆 전시회　装备 zhuāngbèi 圆 장비

96	问：使用高科技设备教学能激发学生的什么？	질문：첨단 기술 장비를 사용한 교육은 학생의 무엇을 불러일으킬 수 있는가?
	使用高科技设备教学能激发学生的学习热情。	첨단 기술 장비를 사용한 교육은 학생의 학습 열정을 불러일으킬 수 있습니다.

해설 질문이 첨단 기술 장비를 사용한 교육은 학생의 무엇을 불러일으킬 수 있는지 물었다. 음성에서 使用高科技设备教学……还能激发学生的学习热情이 언급되었으므로, 使用高科技设备教学能激发学生的学习热情.이라는 완전한 문장으로 답변한다.

어휘 高科技 gāokējì 圆 첨단 기술　激发 jīfā 图 (감정을) 불러일으키다

97	问：你认为教育与科技的结合重要吗？请说出理由。	질문：당신은 교육과 과학 기술의 결합이 중요하다고 생각하는가? 이유를 말해보시오.

아웃라인

나의 입장	• 교육과 과학 기술의 결합이 중요한지에 대한 나의 입장을 언급한다. 이 주제의 경우 중요하다는 입장으로 답변을 전개하는 것이 좋다.
이유	• 과학 기술의 발전은 교육을 포함한 모든 방면을 변화시키고 있다고 언급한다. • 교육 장비는 교육의 질을 향상시킬 수 있고, 과학 기술과 결합한 교육은 학생들이 다양한 지식을 접할 수 있게 한다고 언급한다.
마무리	• 교육과 과학 기술의 결합이 중요하다는 내용으로 나의 입장을 다시 한번 언급하고 마무리한다.

모범답변

나의 입장	我认为教育与科技的结合很重要，以下是我的观点。	저는 교육과 과학 기술의 결합이 중요하다고 생각합니다. 아래는 저의 입장입니다.
이유	科技的发展改变着我们生活的方方面面，教育也包括在内。与科技相结合的教育设备可以使教育内容更加精准化，这能使教学质量得到提升。对教师来说，使用高科技教学设备可以更有效地传达教学内容，而且在指导学生的过程中，可以更加及时地修正和补充学习内容。对学生来说，以前只能从书本上获得知识，而与科技相结合的教育能让学生接触到更多的知识，这种高效率、高质量的教育方式能提高学生对学习的热情。	과학 기술의 발전은 우리 생활의 모든 방면을 변화시키고 있는데, 교육도 그 안에 포함되어 있습니다. 과학 기술과 결합한 교육 장비는 교육 콘텐츠를 더욱 정확하게 만들 수 있고, 이는 교육의 질을 향상시킬 수 있습니다. 교사의 입장에서 말하자면, 첨단 기술 교육 장비를 사용하면 교육 내용을 더욱 효과적으로 전달할 수 있고, 학생을 지도하는 과정에서 학습 내용을 더 빨리 수정하고 보충할 수 있습니다. 학생의 입장에서 말하자면, 이전에는 책에서만 지식을 얻을 수 있었지만, 과학 기술과 결합한 교육은 학생들이 다양한 지식을 접할 수 있게 합니다. 이러한 고효율, 고퀄리티의 교육 방식은 학습에 대한 학생들의 열정을 높일 수 있습니다.
마무리	综上所述，我认为教育与科技的结合很重要，科技可以为教师的教学带来很大的帮助，并能让学生通过更多途径学习到多方面的知识。	앞서 언급한 내용을 종합했을 때, 저는 교육과 과학 기술의 결합이 중요하다고 생각합니다. 과학 기술은 교사의 교육에 큰 도움이 될 수 있으며, 학생들이 더 많은 경로로 다양한 영역의 지식을 배울 수 있게 합니다.

어휘 **精准** jīngzhǔn [형] 정확하다 **传达** chuándá [동] 전달하다 **修正** xiūzhèng [동] 수정하다 **途径** tújìng [명] 경로, 수단

秦朝末年有一个懂得 "一诺千金" 的人，名叫季布。他乐于助人，一向说话算话，不轻易许下做不到的诺言，因此信誉非常高，许多人与他建立了深厚的友情。当时甚至流传着 "得黄金百斤，不如得季布一诺" 这样的谚语。只要是季布答应过的事，无论多困难，他都会想方设法办到，所以他的名声很好，很多人都愿意帮助他。楚汉相争时，季布是西楚霸王项羽的部下，他曾多次献策，使汉王刘邦的军队吃了败仗，把刘邦弄得很狼狈。之后刘邦成功当上了皇帝，但每当他想起自己败在季布手下的事，就十分生气，于是他在愤怒之下，下令通缉季布。当时有一个人得到了这个消息，在暗中帮助了季布，将他带到了一户姓朱的人家。朱家人很欣赏季布遵守承诺的品质，尽力将季布保护了起来。不仅如此，他们还请求刘邦的老朋友为季布说情。这位刘邦的老朋友很同情季布不幸的处境，于是在他的帮助下，刘邦终于赦免了季布，还给他封了官。正因为季布有 "一诺千金" 的品质，所以他在危急情况下得到了他人的帮助。

진나라 말기에 '약속한 말은 틀림없이 지키는' 것을 잘 이해하고 있는 사람이 있었는데, 이름은 계포였다. 그는 남을 기꺼이 도왔고 말한 것은 항상 지켰으며, 지키지 못할 약속은 쉽게 하지 않았기 때문에, 신망이 매우 높았고, 많은 사람이 그와 깊은 우정을 쌓았다. 심지어 당시에는 '황금 백 근을 얻는 것은 계포와의 약속 한 개를 얻느니만 못하다'라는 속담이 유행할 정도였다. 계포가 약속한 일이라면, 아무리 힘들어도 그는 갖은 방법을 다해서 해냈기 때문에, 그의 명성은 높았고 많은 사람이 기꺼이 그를 도우려 했다. 초나라와 한나라가 싸울 때 계포는 서초 패왕 항우의 부하였는데, 그는 여러 번 계책을 올려 한왕 유방의 군대를 패배시키고, 유방을 궁지에 빠뜨렸다. 이후 유방은 황제가 되는 데 성공했다. 하지만 그는 계포에게 패한 일이 생각날 때마다 매우 화가 났고, 분노하여 계포를 지명 수배하라고 명령했다. 그때 한 사람이 이 소식을 듣고 계포를 몰래 도와주었는데, 그를 주씨 성을 가진 사람의 집으로 데리고 갔다. 주씨 가족은 약속을 지키는 계포의 품성을 마음에 들어 했고, 최선을 다해 계포를 보호했다. 이뿐만 아니라, 그들은 유방의 오랜 친구에게 계포를 위해 사정을 봐 달라고 부탁했다. 유방의 오랜 친구는 계포의 불행한 처지를 동정하였고, 그의 도움으로 유방은 마침내 계포를 사면했으며, 그에게 관직도 주었다. 계포가 '약속한 말은 틀림없이 지키는' 품성이 있었기에, 그는 위급한 상황에서 다른 사람의 도움을 받을 수 있었다.

어휘 **一诺千金** yínuòqiānjīn 정약속한 말은 틀림없이 지킨다 **一向** yíxiàng 튀항상 **诺言** nuòyán 명약속 **信誉** xìnyù 명신망 **谚语** yànyǔ 명속담 **想方设法** xiǎngfāngshèfǎ 정갖은 방법을 다하다 **项羽** Xiàng Yǔ 고유항우[고대 중국의 장수이자 정치가] **献策** xiàncè 동계책을 올리다 **刘邦** Liú Bāng 고유유방[중국 한나라 초대 황제] **军队** jūnduì 명군대 **狼狈** lángbèi 동궁지에 빠지다 **皇帝** huángdì 명황제 **愤怒** fènnù 동분노하다 **下令** xiàlìng 동명령을 내리다 **通缉** tōngjī 동지명 수배하다 **说情** shuōqíng 동사정을 봐 달라고 부탁하다 **处境** chǔjìng 명처지 **赦免** shèmiǎn 동사면하다 **封官** fēngguān 동관직을 주다

98 问: 根据材料, 请你谈谈对 "一诺千金" 的思想认识。

질문: 자료에 근거하여, '약속한 말은 틀림없이 지킨다'에 대한 당신의 생각과 인식을 말해보시오.

아웃라인

나의 관점	• '약속한 말은 틀림없이 지킨다'라는 이치는 배울 만한 가치가 있다고 언급한다.
단문 줄거리	• 계포는 이치를 잘 이해하고 있는 사람이며, 그는 평소에 사람을 돕고 자신이 한 말에 책임을 져서 신망이 높고 명성도 높았으며, 유방에게 지명 수배되었을 때도 많은 사람이 그를 보호해 주어 위기를 넘겼다는 내용으로 간단하게 언급한다.
느낀 점	• 우리는 자신이 말한 대로 책임을 져야 다른 사람의 신뢰를 얻고, 깊은 우정을 쌓을 수 있다는 내용을 느낀 점으로 언급한다.
마무리	• '약속한 말은 틀림없이 지킨다'라는 이치를 잘 이해해야 한다는 내용으로 나의 관점을 다시 한번 언급하며 마무리한다.

모범답변

나의 관점	我认为"一诺千金"的品质是值得我们学习的。	저는 '약속한 말은 틀림없이 지킨다'라는 품성은 우리가 배울 만한 가치가 있다고 생각합니다.
단문 줄거리	首先，根据材料，我们可以知道季布是一个懂得"一诺千金"的人。季布平时喜欢帮助别人，并且说话算话，他的信誉非常高，名声也很好，因此民间流传着与他有关的谚语。由于季布在楚汉相争时得罪了刘邦，所以被刘邦通缉。然而，当时有很多人因为欣赏季布讲信用的品质，所以暗中保护了他。他在众人的帮助下渡过了危机，还被封了官职。	먼저, 자료에 근거하여 우리는 계포가 '약속한 말은 틀림없이 지킨다'라는 것을 잘 이해하고 있는 사람임을 알 수 있습니다. 계포는 평소에 사람을 도와주는 것을 좋아했고, 말한 대로 책임을져서, 그의 신망은 매우 높고 명성도 높아서 민간에 그와 관련된 속담이 전해졌습니다. 계포는 초나라와 한나라가 싸울 때 유방에게 미움을 샀기 때문에 유방에게 지명 수배되었습니다. 그러나 그때 많은 사람이 계포의 신용을 지키는 품성을 높이 평가하여 그를 몰래 보호했습니다. 그는 많은 사람의 도움으로 위기를 넘겼고, 관직도 받았습니다.
느낀 점	其次，这个故事让我们明白，一个人平时如果经常帮助别人，并且做到"一诺千金"，那么在他遇到困难的时候，得到过他帮助的人也会给予他帮助。讲信用的优良品质在日常生活的言行里就能体现出来。季布之所以信誉很高，得到他人的尊重，是因为他说到做到。一个人平时要说话算数，还要遵守自己许下的诺言，这样才能获得他人的信任，与他人建立深厚的友谊。	그다음으로, 이 이야기는 우리가 한 사람이 평소에 다른 사람을 자주 돕고, '약속한 말은 틀림없이 지킨다'면, 그 사람이 어려움에 부닥쳤을 때, 그의 도움을 받았던 사람들이 그에게도 도움을 준다는 것을 깨닫게 해주었습니다. 신용을 지키는 우수한 품성은 일상생활의 언행에서 드러날 수 있습니다. 계포가 신망이 높고, 다른 사람의 존중을 받을 수 있었던 것은, 그가 자신이 한 말은 반드시 지켰기 때문입니다. 사람은 평소에 말한 대로 책임을 져야 하며, 자신이 한 약속도 지켜야 비로소 다른 사람의 신뢰를 얻고, 다른 사람과 깊은 우정을 쌓을 수 있습니다.
마무리	综上所述，我认为我们应该做到"一诺千金"，无论在生活上还是在工作上，都要说话算话，做一个守信的人。	앞서 언급한 내용을 종합했을 때, 저는 우리 모두가 '약속한 말은 틀림없이 지켜야' 한다고 생각합니다. 생활에서든 아니면 업무에서든 말한 대로 책임을 져야 하며, 신용을 지키는 사람이 되어야 합니다.

어휘 **一诺千金** yínuòqiānjīn 성 약속한 말은 틀림없이 지킨다 **信誉** xìnyù 명 신망 **谚语** yànyǔ 명 속담
得罪 dézuì 동 미움을 사다 **刘邦** Liú Bāng 고유 유방[중국 한나라 초대 황제] **通缉** tōngjī 동 지명 수배하다 **品质** pǐnzhì 명 품성
封 fēng 동 (왕이 벼슬 등을) 주다, 하사하다 **官职** guānzhí 명 관직 **给予** jǐyǔ 동 주다 **诺言** nuòyán 명 약속

<통번역 추가문제 모음집 PDF&MP3> 제공
china.Hackers.com

해커스 해설이 상세한 HSK 7~9급 실전모의고사

부록

회차별
고득점 대비 어휘집

☑ 잘 외워지지 않는 단어는 박스에 체크하여 복습하세요.

[경제]

☐	金融 jīnróng	몡 금융
☐	电商 diànshāng	몡 전자상거래[电子商务의 줄임말]
☐	样品 yàngpǐn	몡 샘플
☐	上乘 shàngchéng	혱 (품질이) 우수하다
☐	流程 liúchéng	몡 (작업) 과정
☐	折扣 zhékòu	몡 할인
☐	实惠 shíhuì	몡 혜택, 실리
☐	突发 tūfā	동 돌발적으로 일어나다
☐	延误 yánwù	동 지연되다
☐	信赖 xìnlài	동 신뢰하다
☐	破例 pòlì	동 예외를 두다, 관례를 깨다
☐	条款 tiáokuǎn	몡 (법규·계약 등의) 조항
☐	履行 lǚxíng	동 이행하다
☐	秉持 bǐngchí	동 지키다, 장악하다
☐	宏观 hóngguān	혱 거시적인
☐	理念 lǐniàn	몡 이념
☐	落脚点 luòjiǎodiǎn	몡 목표점, 결과
☐	商议 shāngyì	동 상의하다
☐	沿革 yángé	몡 연혁, 내력
☐	转型 zhuǎnxíng	동 (사회 경제 구조·문화 형태·가치관 등을) 전환하다
☐	取代 qǔdài	동 대체하다
☐	雇佣 gùyōng	동 고용하다
☐	监管 jiānguǎn	관리 감독하다
☐	公认 gōngrèn	동 공인하다
☐	蓬勃 péngbó	혱 (기운이나 세력이) 왕성하다
☐	升级 shēngjí	동 업그레이드하다
☐	不败之地 búbàizhīdì	솅 확실한 우위, 튼튼한 기초
☐	前所未有 qiánsuǒwèiyǒu	솅 전례가 없다, 역사상 유례가 없다
☐	长盛不衰 cháng shèng bù shuāi	오랫동안 번성하며 망하지 않다

[시사 · 국제문제]

☐	论坛 lùntán	몡 포럼
☐	联合国教科文组织 Liánhéguó Jiàokēwén Zǔzhī	고유 유네스코[국제연합교육과학문화기구]
☐	切磋 qiēcuō	동 긴밀하게 토론하고 연구하다
☐	致辞 zhìcí	동 축사를 하다
☐	振兴 zhènxīng	동 활성화하다, 진흥시키다
☐	优化 yōuhuà	동 최적화하다
☐	夯实 hāngshí	동 기초를 다지다
☐	透彻 tòuchè	혱 치밀하다, 투철하다
☐	洞察 dòngchá	동 통찰하다
☐	谋划 móuhuà	동 계획하다
☐	宗旨 zōngzhǐ	몡 목적, 취지
☐	里程碑 lǐchéngbēi	몡 기념비적 사건
☐	瞩目 zhǔmù	동 주목하다
☐	覆盖 fùgài	동 포괄하다, 점유하다
☐	衍生 yǎnshēng	동 파생하다
☐	肩负 jiānfù	동 (임무 등을) 짊어지다
☐	筹备 chóubèi	동 (사전에 기획하고) 준비하다
☐	接纳 jiēnà	동 받아들이다
☐	公约 gōngyuē	몡 협약
☐	议程 yìchéng	몡 의제, 안건
☐	审议 shěnyì	동 심의하다
☐	审核 shěnhé	동 심사하다
☐	松懈 sōngxiè	혱 소홀하다, 해이하다
☐	歪曲 wāiqū	동 왜곡하다
☐	疑惑 yíhuò	동 궁금하다, 의심하다
☐	饱和 bǎohé	동 포화 상태에 이르다

□ 错综复杂 cuòzōngfùzá	(성) 여러 가지가 뒤엉키어 복잡하다
□ 千变万化 qiānbiànwànhuà	(성) 변화무쌍하다
□ 隐患 yǐnhuàn	(명) (드러나지 않는) 문제
□ 腐朽 fǔxiǔ	(형) 부패하다
□ 严峻 yánjùn	(형) 심각하다
□ 监视 jiānshì	(동) 감시하다
□ 折射 zhéshè	(동) (사물의 특징이나 실질을) 반영하다
□ 成气候 chéng qìhòu	발전하다, 발전 전망이 있다
□ 举国上下 jǔguóshàngxià	(성) 전 국민
□ 居安思危 jū'ānsīwēi	(성) 편안할 때에도 위험을 대비하다

[과학 · 의학]

□ 数据标注 shùjù biāozhù	데이터 어노테이션[인공지능이 데이터의 내용을 이해할 수 있도록 주석을 달아주는 일]
□ 门槛 ménkǎn	(명) 문턱
□ 机制 jīzhì	(명) 메커니즘, 체제
□ 范畴 fànchóu	(명) 범주
□ 圭臬 guīniè	(명) 표준, 모범
□ 崭新 zhǎnxīn	(형) 새롭다
□ 罕见 hǎnjiàn	(형) 보기 드물다
□ 科普 kēpǔ	(명) 과학 보급
□ 宇宙 yǔzhòu	(명) 우주
□ 观测 guāncè	(동) 관측하다
□ 借助 jièzhù	(동) (다른 사람 또는 사물의) 힘을 빌리다
□ 提炼 tíliàn	(동) 정제하다, 추출하다
□ 降解 jiàngjiě	(동) 분해하다
□ 更新换代 gēngxīnhuàndài	(성) 업그레이드하다, 갱신하다
□ 临床 línchuáng	(동) 임상하다
□ 掩盖 yǎngài	(동) 감추다, 숨기다
□ 代谢 dàixiè	(동) (신진)대사하다
□ 腋下 yèxià	(명) 겨드랑이
□ 腹泻 fùxiè	(동) 설사하다
□ 疟疾 nüèji	(명) 말라리아

□ 肺结核 fèi jiéhé	(명) 폐결핵
□ 病原体 bìngyuántǐ	(명) 병원체[병의 원인이 되는 본체]
□ 致病因子 zhìbìng yīnzǐ	(명) 병원성 인자[병을 유발하는 요소]
□ 针灸 zhēnjiǔ	(명) 침술, 침질과 뜸질
□ 拔罐 báguàn	(명) 부항
□ 萎缩 wěisuō	(동) 위축되다, 수축되다
□ 剂量 jìliàng	(명) 사용량, 조제량
□ 比比皆是 bǐbǐjiēshì	(성) 매우 흔하다
□ 望闻问切 wàngwénwènqiè	(중의학에서의) 4진[중국 전통 의학에서 환자를 진찰할 때의 진찰 방법으로, 환자의 병세를 보고, 듣고, 묻고, 맥을 짚는 것을 가리킴]

[역사 · 문화]

□ 朝代 cháodài	(명) 시대, 왕조의 연대
□ 朝廷 cháotíng	(명) 조정[임금이 신하와 정치를 의논 및 집행하던 곳이나 기구]
□ 宫廷 gōngtíng	(명) 궁전
□ 宫殿 gōngdiàn	(명) 궁전
□ 遗址 yízhǐ	(명) 유적(지)
□ 富丽堂皇 fùlìtánghuáng	(성) 웅장하고 화려하다
□ 国宴 guóyàn	(명) 국빈 연회[나라에서 주최하는 국빈을 위한 연회]
□ 帷幕 wéimù	(명) 막, 장막
□ 源远流长 yuányuǎnliúcháng	(성) 오랜 역사를 가지고 있다
□ 商贾云集 shānggǔyúnjí	(성) 상인들이 모이다
□ 追溯 zhuīsù	(동) 거슬러 올라가다
□ 纵观 zòngguān	(동) 통틀어 보다
□ 赋予 fùyǔ	(동) 부여하다, 주다
□ 问世 wènshì	(동) 세상에 나오다
□ 世袭 shìxí	(동) 세습하다, 대대로 물려주다
□ 鼎盛 dǐngshèng	(형) 흥성하다
□ 奠定 diàndìng	(동) 다지다
□ 遵循 zūnxún	(동) 따르다
□ 萌芽 méngyá	(동) 싹트다

☐ 弘扬 hóngyáng	동 더욱 발전시키다	☐ 繁琐 fánsuǒ	형 번거롭다, 자질구레하다
☐ 取经 qǔjīng	동 (불교도가 인도에 가서) 불경을 구해 오다	☐ 奇幻 qíhuàn	형 판타지스럽다, 기묘하다
☐ 供奉 gòngfèng	동 모시다	☐ 虚构 xūgòu	동 꾸며내다
☐ 见多识广 jiànduōshíguǎng	성 식견이 넓다	☐ 虚幻 xūhuàn	형 비현실적이다
		☐ 逼真 bīzhēn	형 진짜 같다
☐ 赐 cì	동 하사하다	☐ 还原 huányuán	동 복원하다
☐ 衰落 shuāiluò	동 쇠퇴하다	☐ 留念 liúniàn	동 기념으로 남기다
☐ 没落 mòluò	동 몰락하다	☐ 驰名中外 chímíngzhōngwài	성 중국 내외에서 명성을 떨치다
☐ 退缩 tuìsuō	동 물러서다		
☐ 堪称 kānchēng	동 ～라고 할 만하다	☐ 喜闻乐见 xǐwénlèjiàn	성 매우 환영받다
☐ 凝聚 níngjù	동 응집하다	☐ 别具一格 biéjùyìgé	성 독특한 풍격을 지니다
☐ 古朴 gǔpǔ	형 소박하고 고풍스럽다	☐ 普及 pǔjí	동 대중화되다, 보급되다
☐ 瞻仰 zhānyǎng	동 참배하다, (공경하며) 바라보다	☐ 契机 qìjī	명 계기
☐ 媲美 pìměi	동 (아름다움을) 견주다	☐ 落幕 luòmù	동 폐막하다
☐ 儒家 Rújiā	고유 유가	☐ 晋级 jìnjí	동 진출하다, 진급하다
☐ 蕴含 yùnhán	동 담다, 내포하다	☐ 循环赛 xúnhuánsài	명 리그전
☐ 涵盖 hángài	동 포괄하다	☐ 顽强 wánqiáng	형 꿋꿋하다, 완강하다
☐ 息息相关 xīxīxiāngguān	성 밀접한 연관이 있다	☐ 拼搏 pīnbó	동 전력을 다해 분투하다
		☐ 坚韧 jiānrèn	형 끈질기다, 강인하다
☐ 不容小觑 bùróng xiǎoqù	성 얕보면 안 되다	☐ 以身作则 yǐshēnzuòzé	성 솔선수범하다
☐ 弥足珍贵 mízúzhēnguì	성 매우 귀중하다	☐ 历练 lìliàn	동 경험을 쌓다
		☐ 扎实 zhāshi	형 탄탄하다
☐ 褒贬不一 bāobiǎn bùyī	좋고 나쁨이 엇갈리다	☐ 敏捷 mǐnjié	형 민첩하다
		☐ 寄托 jìtuō	동 걸다, 맡기다
[예술 · 스포츠]		☐ 脱颖而出 tuōyǐng'érchū	성 두각을 나타내다
☐ 小品 xiǎopǐn	명 단막극	☐ 名列前茅 mínglièqiánmáo	성 상위권을 차지하다, 선두에 있다
☐ 杂技 zájì	명 곡예, 서커스		
☐ 篇幅 piānfú	명 (문장의) 분량	☐ 为国争光 wèi guó zhēngguāng	나라를 빛내다
☐ 撰写 zhuànxiě	동 작성하다, 쓰다		
☐ 谱曲 pǔqǔ	동 작곡하다		
☐ 咏诗 yǒng shī	시를 읊다	**[환경 · 동식물]**	
☐ 讴歌 ōugē	동 노래하다	☐ 赤道 chìdào	명 적도
☐ 刻画 kèhuà	동 묘사하다	☐ 山脉 shānmài	명 산맥
☐ 晦涩 huìsè	형 알기 힘들다	☐ 海拔 hǎibá	명 해발
		☐ 沟渠 gōuqú	명 수로

☐ 纵横 zònghéng	刨 가로와 세로로 놓여 있다	☐ 奇花异草 qíhuāyìcǎo	성 기이한 꽃과 풀
☐ 险峻 xiǎnjùn	刨 험준하다	☐ 栽培 zāipéi	통 재배하다
☐ 人烟稀少 rényānxīshǎo	성 인적이 드물다	☐ 发芽 fāyá	통 발아하다
☐ 鸦雀无声 yāquèwúshēng	성 쥐 죽은 듯 조용하다	☐ 枯萎 kūwěi	통 시들다

[기타]

☐ 悄无声息 qiǎowúshēngxī	성 조용하다, 고요하다	☐ 诺言 nuòyán	명 약속
☐ 融化 rónghuà	통 (얼음·눈 따위가) 녹다	☐ 昼夜 zhòuyè	명 밤낮
☐ 隐蔽 yǐnbì	통 잠복하다, 숨기다	☐ 憧憬 chōngjǐng	통 동경하다
☐ 横梁 héngliáng	명 대들보	☐ 洋溢 yángyì	통 (감정·기분 등이) 가득하다
☐ 修葺 xiūqì	통 (건물을) 수리하다	☐ 畏惧 wèijù	통 두려워하다
☐ 砌筑 qìzhù	통 (돌·벽돌 등을) 쌓다	☐ 宣泄 xuānxiè	통 (감정을) 해소하다, 풀다
☐ 嵌置 qiànzhì	통 끼워 넣다	☐ 承载 chéngzài	통 무게를 견디다, 싣다
☐ 节能减排 jié néng jiǎn pái	에너지를 절약하고 오염 물질 배출을 감소시키다	☐ 驻足 zhùzú	통 걸음을 멈추다
☐ 因地制宜 yīndìzhìyí	성 각 지역의 구체적인 실정에 맞게 적절한 대책을 세우다	☐ 溜 liū	통 달아나다
		☐ 虔诚 qiánchéng	刨 독실하다
☐ 种群 zhǒngqún	명 개체군	☐ 筐 kuāng	명 광주리[대·등나무 등으로 엮어서 만든 용기의 총칭]
☐ 鳄鱼 èyú	명 악어		
☐ 蜥蜴 xīyì	명 도마뱀	☐ 干粮 gānliang	명 비상식량, 건조 식품
☐ 喙 huì	명 부리	☐ 帐篷 zhàngpeng	명 천막, 텐트
☐ 大雁 dàyàn	명 기러기	☐ 敬而远之 jìng'éryuǎnzhī	성 (존경하기는 하되) 멀리하다
☐ 栖息地 qīxīdì	명 서식지		
☐ 繁衍 fányǎn	통 번식하다, 많이 퍼지다	☐ 通宵达旦 tōngxiāodádàn	성 밤을 지새우고 낮이 되다, 밤을 새우다
☐ 滋生 zīshēng	통 번식하다		
☐ 抑制 yìzhì	통 억제하다	☐ 朝夕相处 zhāoxīxiāngchǔ	성 아침부터 밤까지 함께하다
☐ 紊乱 wěnluàn	刨 혼란스럽다		
☐ 濒危 bīnwēi	통 위기에 처하다	☐ 言行举止 yánxíng jǔzhǐ	명 말과 행동, 언행
☐ 灭绝 mièjué	통 멸종하다		
☐ 奄奄一息 yǎnyǎnyìxī	성 숨이 곧 끊어질 듯하다	☐ 心急如焚 xīnjírúfén	성 애간장을 태우다
☐ 花卉 huāhuì	명 화훼[꽃이 피는 풀과 나무을 포함한 관상용 식물의 통칭]	☐ 下落不明 xiàluòbùmíng	성 행방을 알지 못하다
☐ 荷花 héhuā	명 연꽃	☐ 猝不及防 cùbùjífáng	성 너무 갑작스러워 대비할 수 없다
☐ 牡丹 mǔdān	명 모란	☐ 不声不响 bùshēngbùxiǎng	성 소리 없이, 살그머니
☐ 柳枝 liǔzhī	명 버드나무 가지	☐ 不绝于耳 bùjuéyú'ěr	성 소리가 끊임없이 귓가에 맴돌다

☑️ 잘 외워지지 않는 단어는 박스에 체크하여 복습하세요.

[경제]

☐	货币互换 huòbì hùhuàn	몡 통화스와프[서로 다른 통화를 약정된 환율에 따라 일정한 시점에서 상호 교환하는 외환거래]
☐	筹措 chóucuò	동 조달하다, 마련하다
☐	债务 zhàiwù	명 채무
☐	境外 jìngwài	명 해외, (일정한) 지역 밖
☐	外汇储备 wàihuì chǔbèi	명 외환보유액
☐	浮动汇率 fúdòng huìlǜ	명 변동 환율
☐	汇兑损失 huìduì sǔnshī	명 환차손[환율 변동에 따라 발생한 손해]
☐	贬值 biǎnzhí	동 평가절하하다
☐	减免 jiǎnmiǎn	동 감면하다
☐	增收 zēngshōu	동 수입을 증가시키다
☐	对冲 duìchōng	헤지[보유하고 있거나 앞으로 보유하려는 자산의 가격이 변함에 따라 발생하는 위험을 없애려는 시도]
☐	财政 cáizhèng	명 재정
☐	赤字 chìzì	명 적자, 결손
☐	攀升 pānshēng	동 상승하다, 오르다
☐	迅猛 xùnměng	형 급속하다
☐	利好 lìhǎo	명 호재
☐	签署 qiānshǔ	동 체결하다, (중요한 문서상에) 정식 서명하다
☐	凭证 píngzhèng	명 증명서
☐	贸易保护主义 màoyì bǎohù zhǔyì	명 보호무역주의[외국으로부터 자국 산업을 보호하기 위한 무역정책]
☐	抵制 dǐzhì	동 저지하다, 거부하다
☐	产业链 chǎnyèliàn	명 산업 사슬
☐	进程 jìnchéng	명 프로세스, 절차
☐	变革 biàngé	동 변혁하다
☐	格局 géjú	명 구도
☐	重塑 chóng sù	재구성하다
☐	出货量 chūhuòliàng	명 출하량

☐	输送 shūsòng	동 운송하다
☐	开支 kāizhī	명 지출, 비용
☐	盈利空间 yínglì kōngjiān	명 수익성
☐	市场份额 shìchǎngfèn'é	명 시장 점유율
☐	多渠道营销 duōqúdào yíngxiāo	혼합 마케팅[다양한 경로를 통해 진행하는 마케팅 방식]
☐	旺盛 wàngshèng	형 왕성하다
☐	庞大 pángdà	형 거대하다, 방대하다
☐	驾驭 jiàyù	동 다루다, 구사하다
☐	应变能力 yìngbiàn nénglì	명 임기응변 능력
☐	不堪设想 bùkānshèxiǎng	성 생각만 해도 끔찍하다, 상상조차 할 수 없다

[시사 · 국제문제]

☐	阿根廷 Āgēntíng	고유 아르헨티나
☐	以色列 Yǐsèliè	고유 이스라엘
☐	碳达峰、碳中和 tàn dá fēng, tàn zhōng hé	탄소 피크, 탄소 중립[2030년까지 탄소 배출량을 더 이상 늘리지 않고 정점을 찍은 후, 2060년까지 탄소 중립을 실현하겠다는 목표]
☐	动荡 dòngdàng	형 (정세·상황 등이) 불안하다
☐	历程 lìchéng	명 (역사적) 과정
☐	追踪 zhuīzōng	동 추적하다, 쫓다
☐	源泉 yuánquán	명 원천
☐	典范 diǎnfàn	명 전형적인 사례
☐	焦点 jiāodiǎn	명 포커스, 초점
☐	基石 jīshí	명 초석
☐	涌现 yǒngxiàn	동 (대량으로) 생겨나다
☐	赋能 fù néng	능력을 부여하다
☐	残障 cánzhàng	명 장애
☐	偏见 piānjiàn	명 편견

□ 适老化 shìlǎohuà	노인 친화
□ 网络信息无障碍 wǎngluò xìnxī wúzhàngài	웹 접근성[장애인, 고령자를 비롯한 모든 사용자가 인터넷 상의 정보를 동등하게 접근하고 활용할 수 있게 하는 것]
□ 出台 chūtái	통 공포하다, 내놓다
□ 立足 lìzú	통 입각하다, 자리 잡다
□ 有待 yǒudài	통 ~할 필요가 있다
□ 旨在 zhǐzài	통 ~를 목적으로 하다
□ 响应 xiǎngyìng	통 부응하다, 호응하다
□ 顺畅 shùnchàng	형 원활하다
□ 清晰 qīngxī	형 명확하다
□ 青睐 qīnglài	통 주목하다, 호감을 느끼다
□ 筹码 chóumǎ	명 (자신에게 유리한) 조건, 요소
□ 争相 zhēngxiāng	부 서로 앞다투어
□ 撤销 chèxiāo	통 철회하다
□ 泄露 xièlòu	통 유출되다
□ 低估 dīgū	통 과소평가하다
□ 基金会 jījīnhuì	명 재단
□ 迄今为止 qìjīnwéizhǐ	성 (이전 어느 시점부터) 지금에 이르기까지
□ 与日俱增 yǔrìjùzēng	성 날이 갈수록 많아지다
□ 自然而然 zìrán'érrán	성 자연스레
□ 至关重要 zhìguān zhòngyào	아주 중요하다
□ 不约而同 bùyuē'értóng	성 약속한 듯이 (행동이나 의견이) 일치하다
□ 千钧一发 qiānjūnyìfà	성 아주 무거운 것이 머리카락 하나에 달렸다, 상황이 매우 위급하다
□ 一席之地 yìxízhīdì	성 (응당 있어야 할) 한자리, 조그마한 지위
□ 化险为夷 huàxiǎnwéiyí	성 위기를 변화시켜 평온하게 만들다
□ 勠力同心 lùlìtóngxīn	성 힘을 합하고 마음을 함께하다

[과학 · 의학]

□ 物联网 wùliánwǎng	명 사물인터넷
□ 数据驱动 shùjù qūdòng	데이터 기반의

□ 二维码 èrwéimǎ	명 QR코드
□ 迭代 diédài	통 업데이트하다, 바뀌다
□ 链接 liànjiē	통 링크
□ 黑客 hēikè	명 해커
□ 雏形 chúxíng	명 초기 형태, 원형
□ 先驱者 xiānqūzhě	명 선구자
□ 引力 yǐnlì	명 중력
□ 超声波 chāoshēngbō	명 초음파
□ 冲击波 chōngjībō	명 충격파
□ 波长 bōcháng	명 파장
□ 微米 wēimǐ	명 미크론[1mm의 1000분의 1]
□ 辐射 fúshè	통 (중심에서 여러 방향으로) 복사하다
□ 耗电 hàodiàn	통 전기를 소비하다
□ 反射 fǎnshè	통 반사하다
□ 无线电通信 wúxiàndiàn tōngxìn	무선 통신
□ 界限 jièxiàn	명 경계
□ 蛋白质 dànbáizhì	명 단백질
□ 替代蛋白 tìdài dànbái	명 대체 단백질
□ 微生物 wēishēngwù	명 미생물
□ 干细胞 gànxìbāo	명 줄기세포
□ 肺癌 fèi'ái	명 폐암
□ 养生 yǎngshēng	통 양생하다, 보양하다
□ 延年益寿 yánniányìshòu	성 장수하다
□ 气血 qìxuè	명 혈기
□ 脏腑 zàngfǔ	명 오장육부
□ 疏通 shūtōng	통 통하게 하다
□ 脉络 màiluò	명 맥락[동맥·정맥 등 혈관의 통칭]
□ 提取 tíqǔ	통 추출하다

[역사 · 문화]

□ 享有 xiǎngyǒu	통 누리다
□ 流逝 liúshì	통 흐르다
□ 传承 chuánchéng	통 계승하다
□ 沿袭 yánxí	통 답습하다
□ 葬礼 zànglǐ	명 장례

☐	精致	jīngzhì	형 정교하다	☐	纬度	wěidù	명 위도
☐	灿烂	cànlàn	형 찬란하다	☐	雹	báo	명 우박
☐	绝妙	juémiào	형 절묘하다	☐	霜	shuāng	명 서리
☐	深邃	shēnsuì	형 깊다, 심오하다	☐	极光	jíguāng	명 오로라[극지방의 대기 중에서 볼 수 있는 현상 중 하나]
☐	寓意	yùyì	명 (비유적) 의미	☐	大气层	dàqìcéng	명 대기권
☐	内涵	nèihán	명 (내포된) 의미	☐	臭氧层	chòuyǎngcéng	명 오존층
☐	巅峰	diānfēng	명 정점	☐	紫外线	zǐwàixiàn	명 자외선
☐	审美	shěnměi	동 심미하다	☐	跨越	kuàyuè	동 뛰어넘다
☐	精髓	jīngsuǐ	명 정수	☐	屏障	píngzhàng	명 장벽
☐	精华	jīnghuá	명 훌륭한 부분, 정수	☐	急剧	jíjù	형 급격하다
☐	糟粕	zāopò	명 쓸모없는 부분, 가치가 없는 것	☐	流失	liúshī	동 유실되다
☐	载体	zàitǐ	명 매개체	☐	枯竭	kūjié	동 소멸하다, 고갈되다
☐	构思	gòusī	동 구상하다	☐	荒凉	huāngliáng	형 황량하다
☐	框架	kuàngjià	명 틀, 골격	☐	侵袭	qīnxí	동 침입하다, 침범하다
☐	编排	biānpái	동 구성하다	☐	飞翔	fēixiáng	동 날다
☐	遴选	línxuǎn	동 선별하다, 신중히 고르다	☐	耕地	gēngdì	동 밭을 갈다
☐	拟人化	nǐrénhuà	동 의인화하다	☐	亩	mǔ	양 묘[중국의 토지 면적 단위]
☐	捕捉	bǔzhuō	동 포착하다	☐	土壤	tǔrǎng	명 토양
☐	共鸣	gòngmíng	동 공감하다	☐	作物	zuòwù	명 농작물
☐	阐述	chǎnshù	동 (상세히) 설명하다	☐	豌豆	wāndòu	명 완두
☐	诠释	quánshì	동 해석하다	☐	鹰嘴豆	yīngzuǐdòu	명 병아리콩
☐	抒怀	shūhuái	동 감정을 표현하다	☐	燕麦	yànmài	명 귀리
☐	触达	chùdá	전달하다	☐	化肥	huàféi	명 화학 비료
☐	熏陶	xūntáo	동 영향을 끼치다	☐	施肥	shīféi	동 비료를 주다
☐	歌颂	gēsòng	동 찬양하다, 칭송하다	☐	育种	yùzhǒng	동 품종을 개량하다
☐	博大精深 bódàjīngshēn		성 (사상·학식 등이) 넓고 심오하다	☐	播种	bōzhǒng	동 씨를 뿌리다
☐	远近闻名 yuǎnjìnwénmíng		성 이름 있다, 명성이 자자하다	☐	耕种	gēngzhòng	동 경작하다
				☐	改良	gǎiliáng	동 개량하다
☐	顾名思义 gùmíngsīyì		성 이름 그대로	☐	灌溉	guàngài	동 물을 대다, 관개하다
☐	独具一格 dújù yìgé		독자적으로 하나의 품격을 갖추다	☐	收割	shōugē	동 수확하다

[감정 · 태도 · 재능]

☐	无与伦比 wúyǔlúnbǐ		성 독보적이다
☐	开天辟地 kāitiānpìdì		성 천지개벽하다

☐	乐意	lèyì	동 기꺼이 ~하다
☐	郁闷	yùmèn	형 속상하다, 답답하다
☐	懊恼	àonǎo	형 괴로워하다
☐	气馁	qìněi	형 낙담하다, 기가 죽다
☐	苦涩	kǔsè	형 쓰다, (마음이) 괴롭다

[환경 · 농업]

☐	湖泊	húpō	명 호수
☐	经度	jīngdù	명 경도

☐ 滋味 zīwèi	몡 맛, 기분
☐ 柔和 róuhé	톙 부드럽다
☐ 圆活 yuánhuó	톙 매끄럽다
☐ 开明 kāimíng	톙 진보적이다, 깨어 있다
☐ 打交道 dǎ jiāodao	접촉하다, 왕래하다
☐ 耍嘴皮子 shuǎ zuǐpízi	말장난하다, 입만 나불대다
☐ 深思熟虑 shēnsīshúlǜ	심사숙고하다
☐ 足不出户 zúbùchūhù	집 밖으로 한 발짝도 나가지 않다
☐ 截然不同 jiéránbùtóng	셩 완전히 다르다
☐ 韧性 rènxing	몡 질김, 근성
☐ 敬佩 jìngpèi	통 존경하다, 탄복하다
☐ 生硬 shēngyìng	톙 딱딱하다, 서툴다
☐ 架势 jiàshi	몡 자세
☐ 不惜 bùxī	통 아끼지 않다
☐ 主宰 zhǔzǎi	통 지배하다, 주재하다
☐ 推敲 tuīqiāo	통 고민하다, 이것저것 생각하다
☐ 深造 shēnzào	통 더 깊이 공부하다, 학문을 더 닦다
☐ 坚持不懈 jiānchíbúxiè	통 꾸준히 하며 태만해지지 않다
☐ 苦尽甘来 kǔjìngānlái	셩 고진감래, 고생 끝에 낙이 온다
☐ 奋勇向前 fènyǒng xiàngqián	분발하여 용감하게 앞으로 향해 나아가다, 용기를 내어 전진하다
☐ 迎难而上 yíngnán'érshàng	셩 어려움에 맞서서 나아가다
☐ 举棋不定 jǔqíbúdìng	셩 망설이다, 주저하며 결정하지 못하다
☐ 退避三舍 tuìbìsānshè	셩 회피하고 마주하지 않다
☐ 上手 shàngshǒu	톙 익히다, 시작하다
☐ 威望 wēiwàng	몡 명성
☐ 风范 fēngfàn	몡 스타일
☐ 一帆风顺 yìfānfēngshùn	셩 일이 순조롭게 진행되다
☐ 能言善辩 néngyánshànbiàn	셩 말솜씨가 뛰어나다
☐ 文采斐然 wéncǎifěirán	셩 글재주가 뛰어나다
☐ 博览群书 bólǎnqúnshū	셩 다양한 책을 많이 읽다

☐ 满腹经纶 mǎnfùjīnglún	셩 높은 학식과 재능을 가지고 있다
☐ 肚子里有墨水 dùzi li yǒu mòshuǐ	학식이 있다, 배운 것이 많다

[기타]

☐ 黄昏 huánghūn	몡 해 질 무렵
☐ 馅 xiàn	몡 (음식 안에 들어가는) 소
☐ 烹饪 pēngrèn	통 요리하다
☐ 烙制 lào zhì	굽다, 구워 만들다
☐ 蒸制 zhēng zhì	찌다, 쪄서 만들다
☐ 嚼 jiáo	통 씹다
☐ 洗涤剂 xǐdíjì	몡 세제
☐ 油污 yóuwū	몡 기름때
☐ 残渣 cánzhā	몡 찌꺼기
☐ 痕迹 hénjì	몡 흔적
☐ 堵塞 dǔsè	통 (터널·통로 등을) 막다
☐ 噪音 zàoyīn	몡 소음
☐ 颠簸 diānbǒ	통 (위아래로) 흔들리다
☐ 铁锤 tiěchuí	몡 망치
☐ 镊子 nièzi	몡 핀셋
☐ 铲 chǎn	몡 삽
☐ 焊接 hànjiē	통 용접하다
☐ 衔接 xiánjiē	통 맞물리다, 이어지다
☐ 凝固 nínggù	통 굳어지다
☐ 填充 tiánchōng	통 채우다
☐ 掐 qiā	통 누르다
☐ 福气 fúqi	몡 복
☐ 冗余 rǒngyú	톙 쓸데없는
☐ 悄然 qiǎorán	톙 조용하다, 잠잠하다
☐ 纵然 zòngrán	젭 설령 ~하더라도
☐ 谈笑风生 tánxiàofēngshēng	셩 담소를 나누다
☐ 无济于事 wújìyúshì	셩 소용이 없다, 아무런 도움이 안 되다
☐ 化为乌有 huàwéiwūyǒu	셩 모두 없어지다

☑ 잘 외워지지 않는 단어는 박스에 체크하여 복습하세요.

[경제]

□	主打 zhǔdǎ	통 주력으로 하다	
□	口碑 kǒubēi	명 평판, 평가	
□	信誉 xìnyù	명 신용	
□	反馈 fǎnkuì	통 피드백하다	
□	订购 dìnggòu	통 (물건을) 주문하다	
□	双赢 shuāngyíng	통 윈윈하다, 양쪽 다 승리하다	
□	致力于 zhìlì yú	힘쓰다	
□	辅料 fǔliào	명 부재료	
□	筛选 shāixuǎn	통 선별하다	
□	抽样 chōuyàng	통 표본을 추출하다	
□	配送 pèisòng	통 배송하다	
□	管控 guǎnkòng	통 관리하다, 관리 통제하다	
□	领头羊 lǐngtóuyáng	명 선두, 리더	
□	传统燃油汽车 chuántǒng rányóu qìchē	내연차, 기존 연료차	

[시사 · 국제문제]

□	新宠 xīnchǒng	명 최근에 새로 나타나 인기를 얻은 사물이나 사람
□	预制菜 yùzhìcài	명 밀키트
□	旗帜 qízhì	명 본보기, 깃발
□	局限性 júxiànxìng	명 한계
□	权威 quánwēi	형 권위가 있는
□	逐年 zhúnián	부 해마다
□	拓宽 tuòkuān	통 넓히다
□	视野 shìyě	명 시야
□	照搬 zhàobān	통 그대로 모방하다
□	借鉴 jièjiàn	통 참고하다, 본보기로 삼다
□	引领 yǐnlǐng	통 선도하다
□	步伐 bùfá	명 흐름, 발걸음
□	商讨 shāngtǎo	통 의논하다, 상의하다
□	力求 lìqiú	통 힘쓰다

□	试点 shìdiǎn	통 시범적으로 해보다
□	为期 wéiqī	통 (~을) 기한으로 하다
□	可行 kěxíng	형 실행 가능하다
□	稳步 wěnbù	형 안정적이다
□	稳固 wěngù	통 튼튼하다
□	均衡 jūnhéng	형 균형이 맞다
□	良性 liángxìng	형 좋은 결과를 가져오는, 양성의
□	体恤 tǐxù	통 돌보다, 그 입장이 되어 생각하다
□	灾民 zāimín	명 이재민
□	把关 bǎguān	통 엄격히 심사하다
□	诉求 sùqiú	통 요구하다
□	投诉 tóusù	통 불만하다, 호소하다
□	侦察 zhēnchá	통 정찰하다
□	诟病 gòubìng	통 비판하다
□	严禁 yánjìn	통 엄격히 금지하다
□	偷渡 tōudù	통 몰래 건너가다
□	赦免 shèmiǎn	통 사면하다
□	遣返 qiǎnfǎn	통 송환하다
□	堪忧 kānyōu	통 우려되다
□	阻挠 zǔnáo	통 저지하다
□	出境 chūjìng	통 출국하다
□	众口一词 zhòngkǒuyìcí	성 많은 사람이 같은 목소리를 내다, 여러 사람의 의견이 일치하다
□	孤身奋战 gūshēn fènzhàn	홀로 분투하다
□	迷惑不解 míhuòbùjiě	성 아리송하고 헷갈리다
□	前赴后继 qiánfùhòujì	성 (희생을 각오한 채) 용감하게 앞으로 나아가다
□	坚不可摧 jiānbùkěcuī	성 난공불락이다, 대단히 견고하여 파괴할 수 없다
□	九九八十一难 jiǔjiǔbāshíyī nàn	갖은 고난

[과학 · 의학]

☐	数据库 shùjùkù	뗑 데이터베이스
☐	算法 suànfǎ	뗑 알고리즘, 계산 방식
☐	浏览 liúlǎn	동 훑어보다
☐	鉴别 jiànbié	동 식별하다
☐	切换 qiēhuàn	동 전환하다
☐	脑机接口 nǎojī jiēkǒu	뇌-컴퓨터 인터페이스[뇌와 컴퓨터를 연결하여 상호작용을 할 수 있게 하는 방식]
☐	虚拟现实 xūnǐ xiànshí	가상 현실
☐	沉浸 chénjìn	동 몰입하다
☐	解读 jiědú	동 (암호 등을) 해독하다
☐	攻克 gōngkè	동 난관을 극복하다
☐	钻研 zuānyán	동 깊이 연구하다
☐	均匀 jūnyún	형 균일하다
☐	微型 wēixíng	형 소형의
☐	电极 diànjí	뗑 전극
☐	高频 gāopín	뗑 고주파
☐	高通量 gāotōngliàng	높은 처리량[같은 시간 내에 더 많은 정보를 처리할 수 있는 능력]
☐	精密 jīngmì	형 정밀하다
☐	曲线 qūxiàn	뗑 곡선
☐	弧形 húxíng	뗑 아치형
☐	直径 zhíjìng	뗑 직경, 지름
☐	透过 tòuguò	동 투과하다
☐	穿过 chuānguò	동 통과하다, 관통하다
☐	天象 tiānxiàng	뗑 기후 현상
☐	征兆 zhēngzhào	뗑 징조
☐	药丸 yàowán	뗑 환약
☐	治愈 zhìyù	동 치유하다
☐	瘫痪 tānhuàn	동 (몸이) 마비되다
☐	慢性 mànxìng	형 만성의
☐	疫苗 yìmiáo	뗑 백신
☐	癫痫 diānxián	뗑 뇌전증
☐	人体工程学 réntǐ gōngchéngxué	뗑 인체 공학
☐	幻觉 huànjué	뗑 환각
☐	渗透 shèntòu	동 침투하다

[역사 · 문화]

☐	奠基人 diànjīrén	뗑 창시자
☐	脊梁 jǐliáng	뗑 중추[중심이 되는 중요한 부분을 가리킴]
☐	壮举 zhuàngjǔ	뗑 위대한
☐	踪迹 zōngjì	뗑 종적, 발자취
☐	相传 xiāngchuán	동 ~라고 전해지다
☐	编撰 biānzhuàn	동 편찬하다
☐	辞藻 cízǎo	뗑 사조[시의 문채나 말의 미사여구를 가리킴]
☐	韵味 yùnwèi	뗑 멋, 우아한 맛
☐	遒劲 qiújìng	형 강건하다
☐	抒发 shūfā	동 나타내다
☐	对联 duìlián	뗑 대련[종이나 기둥 등에 새긴 글귀]
☐	牌匾 páibiǎn	뗑 현판[글이나 그림을 새겨 문 위나 벽에 거는 판자]
☐	僧人 sēngrén	뗑 승려
☐	巫 wū	뗑 무속
☐	庇佑 bìyòu	동 지키다, 비호하다
☐	祭祀 jìsì	동 제사를 지내다
☐	乘虚而入 chéngxū'érrù	셩 허점을 틈 타서 들어오다
☐	卷土重来 juǎntǔchónglái	셩 다시 세력을 회복해 쳐들어오다
☐	安然无恙 ānránwúyàng	셩 무사하다
☐	伴奏 bànzòu	동 반주하다
☐	旋律 xuánlǜ	뗑 선율, 멜로디
☐	瑰宝 guībǎo	뗑 귀중한 보물
☐	璀璨 cuǐcàn	형 (반짝반짝) 빛나다
☐	名贵 míngguì	형 (유명하고) 진귀하다
☐	考究 kǎojiu	형 정교하다, 세련되다
☐	袖珍 xiùzhēn	형 소형의, 포켓형의
☐	结晶 jiéjīng	뗑 결정체
☐	映衬 yìngchèn	동 어우러지게 하다, 돋보이게 하다
☐	浓缩 nóngsuō	동 응축하다
☐	沉淀 chéndiàn	동 응집하다

어휘집

해커스 해설이 상세한 HSK 7~9급 실전모의고사

☐ 凝结 níngjié	통 응축하다, 응결하다	
☐ 五花八门 wǔhuābāmén	성 가지각색이다	
☐ 不相上下 bùxiāngshàngxià	성 비슷하다, 막상막하이다	
☐ 绝迹 juéjì	통 사라지다, 자취를 감추다	
☐ 鉴赏家 jiànshǎngjiā	명 감정사	
☐ 匠心 jiàngxīn	명 창의, 정교한 구상	
☐ 家喻户晓 jiāyùhùxiǎo	성 모든 사람이 다 알다	
☐ 脍炙人口 kuàizhìrénkǒu	성 사람들에게 회자되다	
☐ 闻名遐迩 wénmíngxiá'ěr	성 명성이 자자하다	
☐ 丰功伟绩 fēnggōngwěijì	성 위대한 업적	
☐ 绝无仅有 juéwújǐnyǒu	성 유례가 없다, 극히 드물다	
☐ 酣畅淋漓 hānchànglínlí	성 (문예 작품 등이) 호쾌하다, 통쾌하고 후련하다	
☐ 刚柔并济 gāngróubìngjì	성 강인함과 부드러움이 함께 있다	
☐ 赏心悦目 shǎngxīnyuèmù	성 눈과 마음을 즐겁게 하다	
☐ 点睛之笔 diǎnjīngzhībǐ	성 화룡점정이다, 생동감 있는 필치	

[환경 · 동식물 · 농업]

☐ 屋顶 wūdǐng	명 지붕	
☐ 斗拱 dǒugǒng	명 지붕 받침	
☐ 檐柱 yánzhù	명 처마 기둥	
☐ 琉璃黄瓦 liúlí huáng wǎ	노란색 유리 기와[유리 유약을 발라서 구운 노란색의 기와]	
☐ 城墙 chéngqiáng	명 성벽	
☐ 村寨 cūnzhài	명 마을, 촌락	
☐ 布局 bùjú	명 구도, 배치	
☐ 流域 liúyù	명 유역[강물이 지나는 주위의 모든 지역]	

☐ 角落 jiǎoluò	명 구석, 모퉁이	
☐ 坐落 zuòluò	통 (땅이나 건물이 어떤 곳에) 위치하다	
☐ 直抵 zhí dǐ	바로 닿다	
☐ 悬挂 xuánguà	통 걸다	
☐ 环绕 huánrào	통 둘러싸다	
☐ 密集 mìjí	형 밀집해 있다	
☐ 营造 yíngzào	통 (분위기를) 만들다	
☐ 气息 qìxī	명 분위기, 호흡	
☐ 喧哗 xuānhuá	통 떠들다	
☐ 通明 tōngmíng	형 아주 환하다	
☐ 辽阔 liáokuò	형 광활하다	
☐ 庄严 zhuāngyán	형 장엄하다	
☐ 险要 xiǎnyào	형 험준하다	
☐ 浑然一体 húnrányìtǐ	성 혼연일체이다	
☐ 与众不同 yǔzhòngbùtóng	성 남다르다, 보통과 다르다	
☐ 家禽 jiāqín	명 가금[닭, 오리 등 식용하기 위해 집에서 기르는 날짐승]	
☐ 畜产品 xùchǎnpǐn	명 축산물	
☐ 蚕茧 cánjiǎn	명 누에고치	
☐ 蝉 chán	명 매미	
☐ 怪兽 guàishòu	명 괴수	
☐ 楠木 nánmù	명 녹나무	
☐ 柳树 liǔshù	명 버드나무	
☐ 嫩芽 nènyá	명 새싹	
☐ 春色 chūnsè	명 봄 경치	
☐ 荡漾 dàngyàng	통 넘실거리다	
☐ 绽放 zhànfàng	통 꽃피우다, (꽃이) 피다	
☐ 飘落 piāoluò	통 흩날리다	
☐ 群芳争艳 qúnfāngzhēngyàn	성 꽃들이 아름다움을 다투다	
☐ 五彩缤纷 wǔcǎibīnfēn	성 오색찬란하다	
☐ 扎根 zhāgēn	통 뿌리를 두다	
☐ 糯米 nuòmǐ	명 찹쌀	
☐ 芝麻 zhīma	명 참깨	

[감정 · 태도 · 재능]

☐	情怀	qínghuái	[명] 감정
☐	迎合	yínghé	[동] 맞추다, 아첨하다
☐	忧虑	yōulǜ	[동] 우려하다
☐	憎恶	zēngwù	[동] 증오하다
☐	寂寞	jìmò	[형] 외롭다
☐	焦虑	jiāolǜ	[형] 초조하다
☐	排遣	páiqiǎn	[동] 달래다, 해소하다
☐	激发	jīfā	[동] (감정을) 불러일으키다
☐	触动	chùdòng	[동] 건드리다, 불러일으키다
☐	沉迷	chénmí	[동] 빠지다, 중독되다
☐	留意	liúyì	[동] 유의하다
☐	冷落	lěngluò	[동] 소외되다, 냉대하다
☐	爱戴	àidài	[동] 존경하다, 추대하다
☐	陷害	xiànhài	[동] 모함하다
☐	得罪	dézuì	[동] 미움을 사다
☐	说情	shuōqíng	[동] 사정을 봐 달라고 부탁하다
☐	极力	jílì	[부] 극렬하게, 있는 힘을 다해
☐	不懈	búxiè	[형] 끊임없다
☐	戒断	jièduàn	[동] 끊다
☐	造诣	zàoyì	[명] 조예
☐	擅长	shàncháng	[동] 뛰어나다
☐	躬行	gōngxíng	[동] 몸소 행하다
☐	一往无前	yìwǎngwúqián	[성] 거리낌 없이 씩씩하게 나아가다
☐	一诺千金	yínuòqiānjīn	[성] 약속한 말은 틀림없이 지킨다
☐	不顾一切	búgùyíqiè	[성] 물불 가리지 않다
☐	力所能及	lìsuǒnéngjí	[성] 자신의 힘이 닿다, 스스로 할 만한 능력이 있다
☐	想方设法	xiǎngfāngshèfǎ	[성] 갖은 방법을 다하다
☐	犹豫再三	yóuyùzàisān	[성] 계속 망설이다
☐	语无伦次	yǔwúlúncì	[성] 이야기에 조리가 없다
☐	出言不逊	chūyánbúxùn	[성] 말버릇이 없다
☐	自得其乐	zìdéqílè	[성] 스스로 즐거움을 찾다
☐	爱不释手	àibúshìshǒu	[성] 애지중지하다, 너무 좋아하여 손을 놓지 못하다
☐	赞叹不已	zàntànbùyǐ	[성] 찬탄을 금치 못하다
☐	语不惊人死不休	yǔ bù jīngrén sǐ bù xiū	사람들을 놀라게 하지 않으면 포기하지 않는다, 절묘한 문구가 떠오를 때까지 포기하지 않는다

[기타]

☐	车厢	chēxiāng	[명] (열차의) 객실, 화물칸
☐	菜谱	càipǔ	[명] 레시피
☐	榨菜	zhàcài	[명] 자차이[중국에서 생산되는 채소인 자채를 절여 만든 반찬]
☐	火候	huǒhou	[명] 불 조절
☐	调料	tiáoliào	[명] 조미료
☐	保质期	bǎozhìqī	[명] 유통 기한
☐	饱腹感	bǎofùgǎn	[명] 포만감
☐	下饭	xiàfàn	[동] 반찬으로 곁들여 밥을 먹다
☐	胃口	wèikǒu	[명] 식욕
☐	乏味	fáwèi	[형] 맛이 없다
☐	挑食	tiāoshí	[동] 편식하다
☐	珍馐佳肴	zhēnxiū jiāyáo	진귀하고 맛있는 음식
☐	登临	dēnglín	[동] 명승지를 유람하다, 산을 오르고 강을 찾다
☐	应邀	yìngyāo	[동] 초청을 받아들이다
☐	舒缓	shūhuǎn	[형] 부드럽게 하다
☐	狼狈	lángbèi	[형] 궁지에 빠지다
☐	处境	chǔjìng	[명] 처지
☐	诸如	zhūrú	[동] 이를테면 ~와 같이
☐	颇	pō	[부] 상당히
☐	愈来愈	yù lái yù	점점, 갈수록
☐	一味	yíwèi	[부] 그저, 무턱대고
☐	此起彼伏	cǐqǐbǐfú	[성] 이쪽에서 일어나면 저쪽에서 엎드리다, 도처에서 끊임없이 발생하다
☐	反之亦然	fǎnzhī yì rán	반대로 해도 마찬가지다

해커스 중국어

해설이 상세한
HSK7-9급
실전모의고사

초판 1쇄 발행 2024년 4월 5일

지은이	해커스 HSK연구소
펴낸곳	㈜해커스
펴낸이	해커스 출판팀

주소	서울특별시 서초구 강남대로61길 23 ㈜해커스
고객센터	02-537-5000
교재 관련 문의	publishing@hackers.com
	해커스중국어 사이트(china.Hackers.com) 교재Q&A 게시판
동영상강의	china.Hackers.com

ISBN	979-11-379-1498-8 (13720)
Serial Number	01-01-01

**중국어인강 1위
해커스중국어(china.Hackers.com)**

해커스 중국어

- 어려운 중국어 듣기를 완전 정복할 수 있는 **다양한 버전의 교재 MP3**
- 통번역 영역 집중 학습 및 따라 말하기 연습이 가능한 **통번역 추가 문제 모음집 PDF & MP3**
- 통역/말하기에 자신감이 생기는 **통역·말하기 모범답변 쉐도잉 연습 프로그램**
- 해커스중국어 스타강사의 **중국어 인강**(교재 내 할인쿠폰 수록)

중국어도 역시
1위 해커스중국어

중국어인강
1위

네이버
검색어 트렌드
1위

강의 만족도
96.4%

[인강] 주간동아 선정 2019 한국 브랜드만족지수 교육(중국어인강) 부문 1위
[트렌드] 주요 5개 업체 간의 네이버 검색어 트렌드 검색량 비교 결과(검색어: 업체명+중국어, 대표 강사 및 상품 등 2019.07.~2020.07.)
[만족도] 해커스중국어 2020 강의 수강생 대상 설문조사 취합 결과

중국어인강 **1위** 해커스의 저력,
수많은 HSK 합격자로 증명합니다.

HSK 4급 환급 신청자
합격 점수

평균 256점

* 성적 미션 달성자

HSK 5급 환급 신청자
합격 점수

평균 240점

* 성적 미션 달성자

HSK 6급 252점 고득점 합격

HSK 6급(2023.11.18) 汉语水平考试

듣기	독해	쓰기	총점
			총점
90	80	82	252

HSK 환급반 수강생 정*웅님 후기

이미 많은 선배들이 **해커스중국어**에서
고득점으로 HSK 졸업 했습니다.